新机遇　新使命　新作为

NEW OPPORTUNITY NEW MISSION NEW ACTION

2020年湖南发展研究报告

Research Report on Development of Hunan (2020)

湖南省人民政府发展研究中心
主　编／谈文胜
副主编／唐宇文　蔡建河

社会科学文献出版社
SOCIAL SCIENCES ACADEMIC PRESS (CHINA)

图书在版编目（CIP）数据

新机遇　新使命　新作为：2020 年湖南发展研究报告／谈文胜主编. --北京：社会科学文献出版社，2020.7

ISBN 978－7－5201－6763－5

Ⅰ.①新…　Ⅱ.①谈…　Ⅲ.①区域经济发展－研究报告－湖南－2020　Ⅳ.①F127.64

中国版本图书馆 CIP 数据核字（2020）第 100274 号

新机遇　新使命　新作为

——2020 年湖南发展研究报告

主　　编／谈文胜
副 主 编／唐宇文　蔡建河

出 版 人／谢寿光
组稿编辑／邓泳红　桂　芳
责任编辑／桂　芳

出　　版／社会科学文献出版社・皮书出版分社（010）59367127
地址：北京市北三环中路甲 29 号院华龙大厦　邮编：100029
网址：www.ssap.com.cn
发　　行／市场营销中心（010）59367081　59367083
印　　装／天津千鹤文化传播有限公司

规　　格／开　本：787mm×1092mm　1/16
印　张：35.25　字　数：536 千字
版　　次／2020 年 7 月第 1 版　2020 年 7 月第 1 次印刷
书　　号／ISBN 978－7－5201－6763－5
定　　价／258.00 元

主要编撰者简介

谈文胜 湖南省人民政府发展研究中心党组书记、主任。研究生学历，管理学博士。历任长沙市中级人民法院研究室主任，长沙市房地局党组成员、副局长，长沙市政府研究室党组书记、主任，长沙市芙蓉区委副书记，湘潭市人民政府副市长，湘潭市委常委、秘书长，湘潭市委常委、常务副市长，湘潭市委副书记、市长。主要研究领域为法学、区域经济、产业经济等，先后主持或参与《实施创新引领开放崛起战略，推进湖南高质量发展研究》《对接粤港澳大湾区综合研究》《湘赣边革命老区振兴与合作发展研究》《创建中国（湖南）自由贸易试验区研究》等多项省部级重大课题。

唐宇文 湖南省人民政府发展研究中心党组副书记、副主任，研究员。1984 年毕业于武汉大学数学系，获理学学士学位，1987 年毕业于武汉大学经济管理系，获经济学硕士学位。2001～2002 年在美国加州州立大学学习，2010 年在中共中央党校一年制中青班学习。主要研究领域为区域发展战略与产业经济，先后主持国家社科基金项目及省部级课题多项，近年出版著作主要有《创新引领开放崛起》《打造经济强省》《区域经济互动发展论》等。

前　言

党的十八大以来，习近平总书记就建设中国特色新型智库、建立健全决策咨询制度作出一系列重要论述和指示，指明了智库建设的定位使命、方向路径、总体格局和发展理念，是我们在新时代推进智库建设的根本遵循和行动指南。近年来，湖南省人民政府发展研究中心作为湖南省委省政府重要的智库机构，深入贯彻党的十九大和十九届二中、三中、四中全会精神以及习近平新时代中国特色社会主义思想，大力推进省级重点智库建设，不断加强政策研究、政策解读和政策评估工作，为促进党委和政府决策的科学化，做了大量积极有益的探索，并取得了较好的效果。

2019 年，中心在湖南省委省政府的坚强领导下，坚持以习近平新时代中国特色社会主义思想为指导，认真贯彻习近平总书记对湖南工作的重要讲话指示精神，立足服务全省经济社会发展，深入调研、狠抓成果质量，圆满完成了各项工作任务，推动中心事业高质量发展取得新的进展和成效。

总体来看，过去一年，中心完成的政策咨询研究工作主要有以下几个特点。

一　“一流省级智库”建设迈上新台阶

领导批示数量和层次再创新高。全年各类研究成果，累计获得省领导肯定性批示 87 人次，较上年增长 32%，数量上再创新高；其中，湖南省委省政府主要领导肯定性批示 15 人次，较上年增加 11 人次，质量上再获提升。部分研究成果进入省委省政府和相关部门决策程序。比如，《湖南“研究所现象”的经验与启示》获得湖南省领导的肯定性批示，并由中心会同湖南省委改革办和湖南省科技厅共同研究出台相关政策文件；《湖南省行政审批环节的中介服务亟须进一步规范》获得多位湖南省领导的肯定性批示，直接推动全省行政审批中介服务改革，所提建议被采纳并出台了《关于推进行政审批中介服务标准化建设的指导意见》（湘政办发〔2019〕50号）。完成的《湘南湘西产业转移发展规划》、《湖南省冷链物流业发展规划》及《关于促进冷链物流业高质量发展的若干政策措施》等规划和政策研究均已被决策层采纳并以正式文件形式下发。

二　高水平推进政策评估工作

根据2014年出台的《湖南省人民政府重大决策实施效果评估办法（试行）》，中心承担湖南省人民政府重大决策实施效果评估工作，历时三年，成效显著，得到多位湖南省领导肯定。2017年，湖南省政府决定将《湖南省人民政府重大决策实施效果评估办法》作为正式文件印发，继续委托中心为湖南省重大政策实施效果评估的唯一承办单位。2019年，中心按照湖南省政府的要求部署，对科技成果转移转化、产业园区改革和创新发展、污染防治攻坚战、城乡义务教育一体化改革、物流业降本增效等6项关系国计民生、经济社会发展的重大政策文件进行效果评估，有力地促进了政策效率的提高，得到多位湖南省领导的肯定性批示。

三　完善新型智库体制机制建设

从制度层面来讲，中心深入贯彻党的十九届四中全会精神，认真落实习近平总书记关于中国特色新型智库建设指示精神，深度聚焦制度机制建设，立足充分发挥智库作用，制定《加快建设一流省级智库推动决策咨询高质量发展的实施意见》，为进一步抓实抓细抓好“一流省级智库”建设，提供了制度保障、谋划了思路举措、指明了发展路径。从实践层面来讲，2019年7月和12月，分别组织召开2019年上半年和2020年经济形势分析座谈会，组建市州联席工作微信群，建立起中心与湖南省14个市州发展研究中心（研究室）之间的定期交流机制，促进了政策咨询工作开展。

四 以品牌化建设强化智库功能

近年来，在湖南省委和省政府的正确领导下，湖南人民政府发展研究中心以建设“一流省级智库”为目标，紧紧围绕湖南省委、省政府核心智库的功能定位，努力发挥研究优势和特色，在决策咨询领域强化精品导向和质量导向，智库建设取得了显著成效。一是提升渠道质量。着力打造《专报》《对策研究报告》《研究与决策》《经济蓝页》《湖南蓝皮书》以及公众号等主渠道品牌。全年完成《专报》75期、《对策研究报告》62期、《研究与决策》12期、《经济蓝页》30期；编辑出版蓝皮书4本，分别是《2019年湖南经济发展报告》《2019年湖南社会发展报告》《2019年湖南两型社会与生态文明建设报告》《新时代新征程新担当——2019年湖南发展研究报告》；编辑推送微信240期（至2019年12月19日）。二是高质量完成各类经济形势分析报告31篇，为湖南省委省政府决策提供重要基础信息。全年完成的形势分析报告主要有季度和全年《湖南主要经济指标分析预测》《湖南经济形势分析及对策建议》《湖南与全国及中部六省主要经济指标比较分析》《湖南各市州主要经济指标对比分析》《全国主要经济指标数据解读》《国际国内经济形势分析》《当前湖南省非公经济形势分析及对策建议》等。

五 智库社会影响力进一步增强

中心研究人员通过公开发表文章等方式，提升中心的社会影响力和知名度。一是在《清华大学智库大数据报告》中，中心总指标位居地方政府智库第二位。二是部分成果获得好评。如《生态环境保护和两型社会建设研究》荣获中国发展研究奖一等奖、国家经济信息系统优秀研究成果奖一等奖等国家级奖项；《“点亮”城市发展新名片——加快发展湖南省夜间经济的对策建议》《讲好城市“乡愁”故事，打造湖南城市文化 IP》均荣获湖湘智库论坛一等奖；《促进湖南经济高质量增长的投资问题研究》荣获湖南经济学会论文一等奖。三是在《湖南日报》《新湘评论》等报刊上发表多篇文章。

由于篇幅所限，本书只选编了中心完成的部分研究成果，主要包括得到湖南省领导批示肯定、产生了较好社会反响、适宜公开发表的报告。应该说，这些成果体现了中心研究的特点。一是选题紧贴实际，坚持问题导向，紧扣湖南省领导交办的重大任务和全省经济社会发展中的重点、难点、热点问题进行研究。二是重视调研。中心研究人员充分发挥调查研究在科学决策、破解难题、推动发展中的重要作用，深入基层、深入群众、深入一线，扎扎实实开展调研。三是不断提高对策研究水平。坚持理论联系实际的优良学风，立足为党和政府工作献计献策，力求提出的对策建议具有前瞻性、战略性和可操作性。

2020 年是决胜全面建成小康社会、打赢精准脱贫攻坚战、实现“十三五”规划收官之年，做好 2020 年工作意义十分重大。新的一年，中心将坚持以习近平新时代中国特色社会主义思想为指导，全面贯彻党的十九大和十九届二中、三中、四中全会精神，认真贯彻习近平总书记对湖南工作的重要讲话指示精神，坚决落实湖南省委省政府决策部署，以中心事业高质量发展为主线，以创新发展为引领，以铸造品牌为抓手，以制度落实为保证，加速推进“一流省级智库”建设，努力实现政策咨询有新突破、政务服务有新作为、服务大局有新气象，为建设富饶美丽幸福新湖南贡献中心力量、体现中心担当。

目　录

Ⅰ　“2/3现象”专题调研

Ⅱ　创新引领开放崛起

Ⅲ 产业高质量发展

Ⅳ 区域协调

Ⅴ 乡村振兴

Ⅵ 民生建设

Ⅶ　改革探索

Ⅷ　政策评估

“2/3现象”专题调研

小产业　大市场

——湖南省县域民营经济“2/3 现象”调研总报告*

湖南省人民政府发展研究中心调研组

改革开放以来，随着民营经济的发展，湖南省一些地方以“小产业”构建“大市场”，涌现出一批小而精、小而专、小而特、小而优的特色产业和特色群体，部分产业集群的生产能力和市场份额已经进入全国前列。如邵东市一次性打火机、小五金产品、永吉红包、书包等箱包产品，新化文印，临湘浮标等占全国 60% 以上的市场份额，形成特有的民营经济“2/3 现象”。一只打火机、一只扳手、一个书包、一支浮标……这些看似普普通通的小商品，被湖南人做成了大产业，闯出了大市场，也带动了成千上万的农民做起相关的小生意，成为促进县域经济发展、解决就业问题的支柱产业。近日，我们赴有关县市调研了具有代表性的一些产业的发展情况，并撰写了一个总报告和十一个专题调研报告。

* 本报告获得湖南省委常委、省政府常务副省长谢建辉的肯定性批示。

一　湖南省“2/3现象”的发展历程和特征

过去，湖南是一个农业大省，随着改革开放和经济社会的发展，传统的农业生产无法满足人民进一步提高生活水平的愿望。这一时期，“吃得苦、霸得蛮、耐得烦”的湖南人，敢闯敢拼、勤劳务实，通过“引进来”“走出去”等方式，打造了一批特色产业集群，民营经济“2/3 现象”开始出现，成为湖南省县域经济发展的重要推动力量。具体来看，这些产业呈现以下几个特征。

1. 产业特色鲜明，成为细分领域的“隐形冠军”

从搜集整理的 12 个产业来看，都具备产业特色鲜明、优势比较突出的特征，一些产品占据了全国较大的市场份额。如邵东市打火机产业年产打火机 60 多亿只，2018 年实现产值 130 亿元，一次性打火机占全球 70% 的市场份额。目前已经取代了温州打火机的地位——温州现有 600～700 家打火机厂，年出口 5 亿只打火机，销售额为 30 亿～40 亿元。邵东市小五金产业 2018 年实现产值超 20 亿元，扳手等五金产品占全国市场份额的 70% 以上。邵东市箱包皮具产业年产箱包 1.68 亿个，2018 年实现产值 80.16 亿元，其中，书包销量占国内市场份额的 70% 以上。邵东市“永吉”牌系列红包产品占全国 70% 的市场份额。嘉禾县钢锄占全国市场份额的 70% 以上。新化籍人士在全国开设的各类文印相关产业企业（门店）占据全国文印市场 70% 以上的份额，复印机、打印机等主要二手文印设备的营销业务占据了全国 65% 的市场份额。双峰县农机产业约占全国农机市场 2/3 的份额。

2. 源于历史契机，具有显著的县域地缘特征

特色优势产业大多立足本地历史渊源、特有的资源禀赋以及产业转移机遇，通过亲带亲、友帮友、师传徒的方式发展起来，产业集群与当地的社会网络密切联系在一起，呈现明显的县域地缘特征。例如，嘉禾县锻造业起源于明朝，已有 600 多年历史，逐渐形成以塘村镇为核心、辐射周边乡镇的产业发展格局。临湘市依托长江南岸芦苇、桐木（浮标生产的主要原料）供

应充足的优势，大力发展浮标产业，“临湘浮标”成为国家地理标志商标。邵东人抓住2000年前后打火机产业开始从广东等沿海地区向内地转移的趋势，从小作坊生产起步。新化打印机产业从20世纪60年代初几个新化人接触机械打字机维修行业开始起步，如今，新化人在全国设有6万余家文印门店、2000余家耗材经营企业、3000余家复印机再制造和经营企业。宁乡珠宝黄金产业从20世纪50年代老粮仓镇人将印章与戒指结合在一起开始，最终发展演变成了超过两万人的黄金珠宝首饰加工及销售的大产业，业务遍及除台湾西藏以外的全国各地。

3. 主要分两种模式，以“人”的资源为核心

湖南符合“2/3现象”特征的行业主要分为两种发展模式：一种是本土集聚型特色产业。例如邵东打火机、小五金、箱包、红包，临湘浮标，嘉禾刀具，双峰小农机等产业，这一类属于比较典型的县域特色产业集群，不断承接和吸引资源在本地集聚壮大。另一种是人才输出型特色产业。例如新化文印、衡南零担物流、宁乡黄金珠宝与创业投资等产业，这一类基本上是老乡带老乡在全国各地从事同一行业，在条件成熟的情况下，从业者有较强意愿回归家乡创立品牌。例如，2016年，衡南县将10余个省（市）20多个城市的100余家物流企业串联起来，成立了湖南中众衡物流有限公司，打造全国物流网络；张万福珠宝创始人张跃财董事长多次呼吁，要整合全国湘籍黄金珠宝商资源，在湖南打造黄金珠宝产业集聚区。

4. 经历了不同阶段，产业不断迭代升级

从产业发展的阶段看，基本经历了以下三个阶段：改革开放至90年代初的小作坊生产方式，90年代初至2000年初的规模化生产方式，以及2000年初至今的品牌化、高端化、全产业链的生产方式。例如，邵东打火机产业从小作坊开始，经历资源整合和产业升级，向现代化工厂转变，目前，邵东市共拥有打火机专利120多项，高端打火机品类已达到世界先进水平。嘉禾县刀具生产在20世纪70年代初期，还停留在生产“三刀两头”（菜刀、镰刀、蔑刀、锄头、镢头）的水平；改革开放后，经历了贴牌入市、借（购）牌上市、创牌占市的发展历程，实现了从手工锻打到机械锻造再到智能锻铸

的蜕变，产品从单一的农具刀具类发展到整个五金工具类和新兴科技产品。新化文印产业经历了机械打字机流动维修、复印机流动维修、文印店经营、二手复印机专业市场经营、文印设备制造等 5 个阶段。邵阳发制品产业园 2018 年成功获批国家外贸转型升级基地。衡南县零担物流行业已经由仓储、运输的传统物流，发展到涵盖信息软件、车队、仓储、园区、金融、第三方物流、第四方物流等众多领域。

二　存在的问题

尽管湖南省民营经济特色优势产业集群对经济的发展起到了很大的带动作用，但调研发现，与江浙等发达地区相比，发展还相对滞后，存在不少矛盾和问题。

1. 整体实力偏弱，缺少实力较强的龙头企业

调研中，我们发现各特色产业的整体规模还是偏小，实力较强的龙头企业不多，大多数企业的实力都偏弱，上规模企业数量偏少。产业关联程度较低，配套能力不强，产业链缺乏上下游延伸，例如邵东小五金虽然在细分市场有一定的市场份额，但品类有限，同质化严重，向上游的设计和下游延伸不够。鉴于很多企业都是从家庭作坊发展起来的，企业家小富即安的思想观念比较严重。在当前经济形势走弱的情况下，部分企业遇到了招工难、融资难、市场开拓难、利润下滑等问题，抗风险能力偏弱。

2. 处于价值链低端，亟须转型升级

湖南省“2/3 现象”产业大多数属于产品附加值不高的产业。例如，邵东小五金以低廉五金产品为主，涟源塑料百货制品大多是个体经营的产品，邵东打火机则主要是一次性打火机市场占有率较高，嘉禾主要是农具刀具、钢锄等。除了少数龙头企业自动化水平较高外，多数企业以劳动密集型、手工作坊式生产为主。拥有自主知识产权且附加值高的产品较少，产品雷同，竞争激烈，企业技术开放能力薄弱，与科研院所的互动机制不健全。不过，一些地区已经开始有针对性地采取措施，例如邵东成立了智能制造技术研究

院，推动工业企业转型升级。但整体产业升级的过程任重而道远。

3. 品牌意识不强，美誉度不够

湖南省“2/3 现象”产业虽然也有一些知名品牌，但其数量相对较少，尚缺乏像浙江、广东那种国内外知名的品牌，缺少浙江那种国人皆知的温州现象、义乌模式。邵东等地的产品甚至曾一度被视为假冒伪劣产品的代名词。多数企业并没有树立整体营销意识和区域品牌营销意识，结果往往受制于区外、省外的大企业或者中间商，失去营销主动权。

三　加快“2/3现象”产业发展的对策建议

“2/3 现象”正是湖南民营经济发挥“草根精神”、在市场磨砺中摸爬滚打、占据某个细分行业尖端的现象。鉴于该类产业大多属于价值链低端，因而长期被忽视。在国家大力发展民营经济、激发草根活力的当下，湖南省要加快推动一批小特精产业做大做强，并形成一批标杆型产业链群，将其打造成为湖南民营经济和县域经济转型升级的主引擎。

1. 强化认识，加强对“2/3现象”产业的顶层设计

将“2/3 现象”产业培育作为加快民营经济和县域经济发展的重要抓手，纳入全省经济社会发展“十四五”规划进行引导和扶持。研究出台《湖南省加快推动“小产业　大市场”发展的实施意见》，建设一批特色产业集群（基地），完善上下游产业链条，加强质量品牌建设，优化市场环境，加快形成规模体量大、专业化程度高、延伸配套性好、支撑带动力强的“2/3 现象”产业集群（基地）。

2. 推动升级，实施“2/3现象”产业链培育计划

在进一步梳理全省符合“2/3 现象”的产业基础上，遴选 10 ~ 15 条潜力大的产业链，作为全国“隐形冠军”产业链进行重点培育。按照“20 条工业新兴产业链”的做法，建立“链长制”，精准施策。着力解决产业低端化问题，推进产业升级，将“2/3 现象”产业链纳入省智能化改造重点，引入第三方智能制造企业或者研究院等参与智能化改造，推动产业向高端化智

能化方向升级转型。

3. 招商引资，形成“2/3现象”产业集聚效应

围绕产业链延伸，大力实施“引老乡，回故乡，建家乡”策略，一方面，依托现有龙头企业，加大以商招商、产业链招商力度，吸引和带动专业化配套企业集聚发展，形成一批“产品＋配套＋服务”链条完整的产业集群，例如小五金、农机、打火机、箱包、浮标等产业；另一方面，将在外地的产业、资源、人才不断吸引回湘，打造集聚地，形成强势品牌，例如黄金珠宝、创投、文印、零担物流等产业。

4. 唱响品牌，打造一批具有全国影响力的知名品牌

培育数个具有全国影响力的百年品牌和超级品牌，例如邵东小五金、娄底小农机、临湘浮标、新化文印、宁乡珠宝等精品品牌，推动品牌从低端向高端转变。充分发挥湖南传媒优势，利用报刊、电视、网络等各种新闻媒体，加大对湖南特色小产业和“隐形冠军”产业的宣传推介力度，同时，呼吁在全国其他地区的湘籍商人、非湘籍商人来湘创业集聚，提升湖南品牌知名度，树立良好品牌形象。

5. 政策支持，强化产业要素保障

设立“2/3 现象”产业发展基金，支持集群（基地）项目。各市县要统筹安排使用省下达的用地计划指标，重点保障“2/3 现象”产业发展。鼓励金融机构为“2/3 现象”产业集群（基地）建设制定系统性融资规划，合理提高综合授信额度。引导保险资金参与产业集群（基地）建设。定期组织“2/3 现象”产业集群（基地）与省内外高校院所开展产学研对接，组织集群（基地）企业参加省重大招商引资活动，结合湘商大会等开展专项推介。围绕产业加快培养一批各级各类急需的专业技术人才、经营管理人才和市场营销人才，不断提高业内专业人才的技术素质，要加快技能人才特别是高技能人才队伍的建设和培养，不断提高业内专业技能人才的技术素质，为产业发展提供智力支撑。

6. 行业自律，加强行业协会等组织建设

加强和创新各特色优势小产业的协会组织建设与管理，建立健全相关行

业组织，充分发挥行业协会的独特优势和桥梁纽带作用，加强政府、行业协会、企业及社会各方面的联系沟通，为行业内企业提供信息、市场、技术、标准、人才和培训等方面的服务，促进行业自律，规范同行业企业之间的生产经营行为，实现行业内公平竞争，保障企业合法权益。

“小产业　大市场——湖南 2/3 现象研究”系列报告之一

消费升级机遇下湖南黄金珠宝业大有可为*

湖南省人民政府发展研究中心调研组

全国黄金珠宝业从业人员按照地域来划分，湖南宁乡人已成为行业三股主要力量之一，在全国开设的珠宝店近 12000 家，从业人员近 10 万人。该行业领军人物张万福珠宝创始人张跃财董事长多次呼吁，要把这一湖南特色行业做强做大，打造成为千亿级规模产业。在消费升级的机遇下，湖南黄金珠宝业具备乘势而上的良好基础。

一　湖南发展黄金珠宝行业具有广阔前景

珠宝行业在中国虽是一个古老的行业，但是从生产及技术、市场的角度来看，中国现代意义的珠宝产业仅有 20 余年的历史，发展还处于起步阶段。

1. 黄金珠宝业是消费升级下不容错过的风口

经过黄金 10 年的发展，截至 2018 年，全国黄金珠宝市场份额已经超过 7000 亿元。对标发达国家，随着我国人均 GDP 突破 5000 美元（湖南省已经突破 7000 美元），黄金珠宝消费需求还会快速提升，特别是在三、四线城市，存在更大的成长空间。湖南省的黄金珠宝行业消费总额从 10 年前的不到 30 亿元增加到 2018 年的 300 亿元。参照发达国家年人均珠宝消

* 本报告获得湖南省委常委、省政府常务副省长谢建辉的肯定性批示。

费260美元的标准来预估，湖南的年黄金珠宝消费总额可突破千亿元，市场潜力巨大。

2. 湖南黄金珠宝业进入高速发展期

2018年，湖南省拥有黄金珠宝经营许可证的企业达到4242家，全省各种黄金珠宝企业总产值达到300亿元。其中：黄金总产值为200亿元、珠宝总产值为100亿元。湖南黄金珠宝行业的主导产业是黄金珠宝零售产业，在21世纪初黄金管制开放后，湖南黄金珠宝产业得到了迅速发展，在网点、质量、产品结构、店面装潢、从业人员数量及整体素质上都发生了重大变化，取得了显著成效，并涌现出一批产品质量好、信誉高、市场覆盖面广的优秀企业。张万福、克徕帝、DBE“三朵金花”娇艳绽放，风靡三湘，名扬四海。2018年，长沙芙蓉区启动“长沙黄金街”建设，打造中国首条文旅及产业相结合的特色街区，大力发展黄金珠宝设计、制作、批发、零售、金融、检测、售后、博览等黄金珠宝产业链上所有环节。

3. 湘商在全国业内已具备“三分天下”的实力

据业内人士介绍，将全国的黄金珠宝业从业人员按照地域来划分，湖南宁乡人、福建莆田人、广东潮汕人已成为行业三股主要力量。以宁乡为代表的一大批敢闯敢拼、勤劳务实的湘籍人士在全国各地开设门店、开创品牌。目前，在全国由湖南宁乡人投资开设的珠宝店近12000家，从业人员近10万人，除打造了张万福、克徕帝、DBE等品牌外，还打造了“客莱谛”“唐大福”等省外区域名牌，湖南人将“吃得苦、霸得蛮、耐得烦”精神在全国发扬，成为中国珠宝行业一支生力军。

4. 湖南的黄金开采和加工业基础不断夯实

目前，湖南已经成为继山东、河南、江西、云南、内蒙古之后全国第六个黄金年产量超20吨的省份，湖南黄金集团跻身“全国十大黄金企业”第五名，预测全省黄金资源潜力达2000吨。2017年以来，湖南黄金集团在长沙经开区启动100吨黄金精深加工项目，填补湖南及中西部黄金深加工产业空白，通过整合省内资源，促进全省黄金产业结构转型升级。

二 存在的五个发展瓶颈

湖南省黄金珠宝业发展取得了一定成效，但还存在一些问题，特别是与全国珠宝业发展先进省（区市）的差距在拉大。

1. 规模小，缺乏龙头企业的带动

湖南省大部分黄金珠宝企业规模小，产品结构单一，产值和销售收入不高。湖南省黄金珠宝类企业产值上 10 亿元的只有湖南黄金集团、张万福、克徕蒂等几家，其他企业大多数只有几千万元，更多的企业以加盟各种品牌、开设零售店为主。湖南黄金集团尽管跻身“全国十大黄金企业”前五名，但业务主要集中在黄金的选矿和采矿上，另两家成规模的企业也是以加盟零售为主，对整个产业链的前端没有涉足，导致企业在市场上的议价能力、抗风险能力以及盈利能力比较弱。

2. 产业集聚效应不高，配套产业落后

深圳的水贝、福建的长乐、广东的番禺、山东昌乐等地都是著名黄金珠宝产业集聚地，带动了当地黄金珠宝企业以及包装、展柜等配套产业的发展。而湖南省的宁乡虽然有大量的人员在全国从事黄金珠宝业的生产经营，对外也号称湖南黄金珠宝之乡，但相比之下，宁乡没有形成产业集聚效应，相关包装、展柜、陈列道具等配套产业基本没有发展起来。

3. 品牌战略实施不力，品牌影响力提升不快

湖南省许多地方珠宝品牌以家族企业为主，股权结构单一，缺乏足够的活力与干劲，对走品牌化道路往往知难而退。特别是随着香港一线珠宝品牌的扩张和国内二线品牌的不断渗透，大部分地方珠宝品牌面临“进不可攻，退不可守”的生存危机。目前，湖南省真正称得上全国知名的珠宝品牌没有一家，其他品牌都还局限于省内或市州，没有走向全国。从全国各地珠宝业发展情况来看，上海以老凤祥、老庙为代表的珠宝品牌已深受消费者的认同和青睐，广东的周六福、周大生和山东潍坊的梦金园、赛菲尔、招远招金银楼、福建长乐德诚集团等也在当地政府的扶持下实施珠宝名牌战略。

4. 竞争较激烈，市场份额不断被外地品牌挤压

湖南人消费档次较高，“穿名牌、戴名牌”是湖南市场的一大特点。湖南作为一个中高端珠宝品牌的“欢乐谷”，对珠宝企业具有极大的诱惑力和影响力，各大知名珠宝企业都非常重视湖南市场，各品牌中高端产品的销量都较好。湖南是周大福、周六福、中国黄金、周大生、老庙最重要的市场之一；市场的开放，既让湖南本地品牌学会了在竞争中求生存，也给本地珠宝企业的快速发展带来了很大的压力，甚至有让湖南黄金珠宝业“三朵金花”逐渐消失的可能。湖南人口在全国31个省区市中排名第七，每年珠宝产品的销售额近300亿元，但本土品牌只占市场份额的1/4，且有不断下降的趋势。

5. 政府重视不够，缺乏政策支持

湖南黄金珠宝行业规模不大，税收和就业贡献不大，难以得到政府的高度重视。珠宝产业已经成为广东的特色产业，广东省政府率先制定了《黄金及贵金属珠宝首饰行业“十二五”发展规划》，在政府层面为当地珠宝产业的发展提供了政策保证。上海、江苏、浙江、山东等省市都指定了主管部门对黄金珠宝类产业进行规划指导。湖南省虽然出台了《湖南省黄金行业“十三五”发展规划》，但引导和支持力度还有待进一步加大。

三　将黄金珠宝业打造成为湖南特色名片

黄金珠宝首饰行业是蓬勃发展的朝阳产业。湖南黄金珠宝业尽管面临的问题、困难很多，但是做大做强仍然有较大的优势：第一，从地理位置来看，湖南依托深圳水贝、广东番禺这个中国黄金珠宝行业的“南极”，辐射周边的湖北、江西、贵州、广西等省份。第二，从原料来看，湖南是黄金开采大省、重要的金矿资源基地，有强有力的资源保障。第三，从行业的现状来看，湖南人特别是宁乡人在整个中国黄金珠宝行业是一股不可轻视的力量。第四，从市场来看，湖南综合消费水平在全国排在前列，发展壮大湖南黄金珠宝行业，打造千亿级产业，大有可为。

1. 强化顶层设计

将黄金珠宝产业纳入湖南省“十四五”规划范畴，并出台专门规划进行引导。梳理和集聚与黄金珠宝产业相关的企业、人才、资金、市场等要素资源，大力实施“引老乡回故乡”行动，形成集聚壮大态势。相关职能部门要加大引导培育力度，进一步推动本土品牌做大做强。

2. 加强品牌建设

湖南作为文化资源大省和伟人故里，完全有资格、有能力在黄金产业领域培育数个百年品牌和超级品牌，将其打造成为“湖南文化名片”，成为湖南旅游、湖南文化、湖南礼品的首选品牌。加大对湖南珠宝业重点企业的扶持力度，培育壮大具有自主知识产权和自主品牌的珠宝产品，利用湖南宁乡人在全国开店多的优势，打造宁乡人的公共品牌。加大宣传力度，提高品牌影响力，扩大市场占有率。充分发挥湖南传媒优势，利用报刊、电视、网络等各种新闻媒体，加大对湖南珠宝品牌的宣传推介力度，提升湖南黄金珠宝品牌知名度，树立湖南黄金珠宝业的良好品牌形象。

3. 加快产业集聚区建设

珠宝行业呈现向原产地、规模化、品牌化集中发展的新趋势。近年来，黄金珠宝产业之间的竞争，越来越多地表现为区域之间的竞争。建设产业集聚区，是推动湖南黄金珠宝产业持续健康发展的有效载体。依托湖南黄金集团、张万福、克徕帝等企业，以宁乡等珠宝产业大市（县）为核心支撑点，推进省内资源的有效整合，促进产业集聚，提升创意设计与精深加工能力，进而形成一个集文创设计、加工、提炼、包装、展柜、物流、培训、鉴定检测、典当拍卖、旅游休闲于一体的黄金珠宝集中发展区，实现黄金珠宝业与城镇、旅游融合协同发展，形成“一品一镇”“一品一市”相促联动的融合发展模式。

4. 加强人才队伍建设

产业发展最核心的是人才。要建立黄金珠宝人才培养机制，通过学校培训、名师带徒、企业商学院培养等形式，加快培养一批急需的黄金珠宝类专业技术人才、经营管理人才和市场营销人才。不断提高业内专业人才的技术素质，加快技能人才特别是高技能人才队伍的建设和培养，为产业发展提供智力支撑。要充分发挥行业组织和人才中介机构的积极作用，采取有效措施，积极引进优秀珠宝业类专业技术人才、高级经营管理人才和战略性人才来湘创业发展。

5. 加强政策支持

黄金珠宝行业是资金密集型行业，资金门槛高。为此，建议成立一支黄金珠宝业发展产业基金。以政府产业基金作为引导基金，联合黄金珠宝龙头企业及社会资本成立产业股权发展基金。联合黄金珠宝行业和专业投资领域的专家共同组建顾问团队，委托专业基金公司管理，提高投资成功率。通过对龙头企业、成长型企业的股权投资，为新产品开发、新项目建设等提供资金支持，形成多元主体的资本市场结构，提高社会资本配置和投资运营效率。协助解决黄金珠宝企业的融资难题，缓解企业债务负担，降低产业金融风险，促进黄金珠宝产业的健康平稳发展。

“小产业　大市场——湖南2/3现象研究”系列报告之二

打造中部“小五金”之都的对策建议*

湖南省人民政府发展研究中心调研组

邵东市是著名的“五金之乡”。目前，邵东拥有五金生产和经营企业3500余家，其中规模企业48家，专业生产线300多条，从业人员10万余人，扳手、钳子、锤子等小五金年生产能力达3亿套件，产品远销欧美、中东、东南亚和港台日等20多个国家和地区。2018年，邵东市小五金产业产值超20亿元，上缴税收近亿元，扳手等部分五金产品占全国市场份额的70%以上。但与国内其他五金生产基地相比，还有较大差距，如浙江永康五金制造产值已超千亿元。当前，邵东小五金产业要依托现有产业基础，上游环节补齐五金专用材料短板，生产环节加快智能化改造，流通环节建立线上线下经销网络，将邵东市小五金产业打造为百亿元产业集群。

一　发展历程及主要特征

邵东五金生产最早可以追溯到汉平帝元始五年（公元5年）开始以土法炼铁铸造刀剑，至今已有2000余年的历史，明、清时期生产的菜刀、剃刀、剪刀远近闻名。改革开放后，由于投资小、回报快、经营灵活，五金加工业在邵东市仙槎桥镇及周边乡镇迅速发展起来，一度形成了“家家点火，户户冒烟”的繁荣景象。21世纪以来，邵东小五金产业经历了从作坊式生产向现代化企业转变的过程，涌现出邵阳东方神鹰工具制造有限公司等全国知名的五金工具品牌。

* 本报告获得湖南省委常委、省政府常务副省长谢建辉的肯定性批示。

从调研情况看，邵东小五金产业呈现以下三个特征。

一是基本形成产业集群发展态势。一方面，邵东小五金产业主要分布在仙搓桥镇、火场坪、佘田桥、两市塘、大禾塘等乡镇，其中又以仙搓桥镇为主，占整个五金产业的50%以上；产品种类涵盖钳子、扳手、锤子、把斧等刃具以及量具、模具等产品，门类齐全，基本形成涵盖锻压、锻造、机加、电镀、电泳等生产环节的完整产业链。另一方面，2016年12月，邵东市启动五金科技创新产业园建设项目，该项目占地1000亩。目前，累计投资已达30亿元，已建成电镀中心、电泳中心，科技研发中心、五金加工中心、集中锻压中心正抓紧施工；项目全部建成运营后，整个园区可实现年销售收入逾100亿元，可解决就业人员5万人以上，将成为我国中南地区最大的五金研发、生产和销售基地。

二是呈现以贸促工的发展格局。邵东市素有“百工之乡”“商贸之城”“民营之都”的美誉。40万邵商遍布世界各地（10万人走出国门），形成了“商通天下”的市场优势。据了解，目前，全国从事小五金经销的贸易商中邵东人占比达60%以上。依托这一独特优势，邵东小五金产品占据了较大市场份额，以扳手、钳子、锤子为代表的内销市场产品，占据着全国70%销售渠道和终端市场；外销市场70%以上产品远销欧美、中东、东南亚、日本和中国港台等地。自2017年以来，邵东市连续举办了三届中国·邵东五金机电博览会，搭建了成熟的五金会展平台。

三是建立了较为有力的技术支撑平台。2017年，邵东市在全省县级层面率先组建智能制造技术研究院，建立了完整的企业孵化链条。先后引进杭州先临三维、锐科机器人等智能制造企业，建立了快速加工中心、博士后工作站等公共技术服务平台，为五金产业的“机器换人”提供了有力的技术支撑。如智能制造技术研究院针对五金产业升级的关键共性技术进行攻关，目前，在五金工具领域已申请专利50多项，服务30多家规模企业、100多家中小企业，协助企业研发新产品10余项；锐科机器人为东方神鹰工具制造有限公司提供了从设备改造到技术革新全套服务的“智能化变装”，使东方神鹰工具制造有限公司生产效率提高35%。

二　存在的主要问题

近年来，邵阳小五金产业取得较大发展。但从调研情况看，仍存在几个问题，制约着产业进一步做大做强。

1. 竞争力不足，出口量日渐萎缩

从整体上看，邵东市五金产业依然处在粗放型生产的阶段。多数企业规模小、设备简单落后、产品附加值低、生产效率不高、自主创新能力弱，市场竞争力不足，致使行业发展整体下滑。邵东市共有 16 家企业办理了相关手续，有自营进出口权，但 2000～2018 年，未间断开展出口业务的只有五金机械和飞狮特两家公司。邵东市五金产业出口额从 2000 年的 43 万美元起步，到 2015 年达到峰值 2511 万美元，随后呈现逐年下降的趋势，到 2018 年已经跌至 959 万美元，占邵东市五金产业总销售额的比重不足 10%。

2. 企业实力不强，缺乏知名品牌

邵东拥有五金生产和经营企业 3500 余家，规模企业 48 家，其中采用先进设备、工艺技术生产的企业仅有东方神鹰、亿利金属等少数龙头企业，缺乏有影响力的产品和品牌。从调研情况看，多数企业在挖柄、抽槽等铸造工艺中存在不洗牙、不洗口、不热处等粗制滥造的现象。企业间通过降低质量标准减少成本、烂价抢单的恶性竞争现象时有发生；“小作坊靠仿造，大企业给别人做配套”的局面未得到根本改观。同时，五金行业也没有统一的质量标准，整个五金产业发展方向不够明确。

3. 五金产业原材料供应不足，制约产品质量提高

目前，国内还未有专门生产五金用高等级钢材的钢厂，邵东和国内其他小五金生产基地，如浙江永康等五金产品用钢主要依赖进口。主要原因是五金用钢量对钢厂来说太少，据邵东小五金行业估计，整个邵东五金行业每天用钢约为 1000 吨，这个量对于国内钢厂来说难以安排生产。从调研情况看，邵东大部分扳手生产厂家采用普通废钢或螺纹钢，产品硬度和扭力不达标，制约着产品质量的提高。

4. 税费负担偏重，利润空间不足

调研中，五金企业普遍反映税负太高。据了解，邵东市目前对五金企业实行双控收税。一方面按增值税的6%收取；另一方面，通过用电指标监控税收，并按照每度电不低于0.36元税收的上限收取。另外，自营出口增值税发票取票难、取票贵，每出口一个柜报关后，企业要亏损1.5%，大大压缩了企业利润空间，打压了企业出口的积极性。同时，大部分企业严重缺乏懂外贸和懂外语的人才，导致企业不会也不愿自己出口，很难拿到外贸订单。加上各家企业的产品比较单一，为了简化出口流程、提高出口效率，只好通过拼柜的方式发到义乌、广州，由代理公司出口，五金企业本身只赚取少部分加工费。

三　对策建议

如何整合各方资源，推动邵东小五金产业继续做强做大？我们建议：邵东小五金产业要充分发挥40万邵商所带来的不愁销优势，以“三个定位”为抓手，加快产业转型升级，不断完善产业链，推进产业向品牌化、高附加值转变，把邵东打造为我国中部的“小五金”之都。

1. 以“三个定位”推进小五金产业高质量发展

“三个定位”即顺应产业发展趋势，对标一流，深度谋划，把邵东小五金打造为我国重要的小五金生产基地、中西部小五金产品集散中心和国内五金用原材料供应基地。一是抓住浙江、广东五金产业转移的趋势，加快邵东小五金产业生产基地建设，引导企业集聚，把邵东打造为我国重要的小五金生产基地。二是依托中国·邵东五金机电博览会和邵东国际商贸城，通过政府引导、市场运作的方式，积极引进国内一流的展会服务商和展会人才，引导商流、物流、人流、资金流、信息流向邵东国际商贸城集聚，通过线上线下结合，将邵东打造为具有国内外影响力的小五金产品集散中心。三是完善上游原材料供应产业链。我国尚无专门的五金产品专用钢材生产厂家，建议邵东市通过牵头对接省内湘钢、涟钢并建立专用钢材生产合作机制，引进或

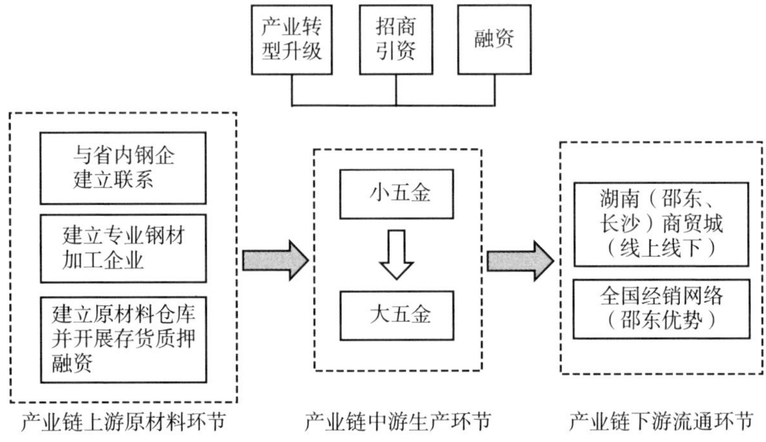

图1　邵东小五金产业链

设立小五金专用钢材加工厂，通过设立五金专用钢材原材料仓库等方式保障五金产业升级所需要的高品质原材料供应。依托五金钢材供应优势，抢占国内市场，将邵东打造为国内五金产品专用钢材供应基地。据了解，目前世界上知名的小五金生产国家或地区，如德国、日本、中国台湾等地都有专门的五金产品专用钢材生产企业。

2. 积极引导企业转型升级

一是通过技术创新提高核心竞争力。着力引导五金企业加强技术创新，通过生产线改造、购买先进生产设备、引进先进生产技术等，在技术、设备、质量等多方面转型升级，提高产品档次和质量，推动五金产品生产向智能化、自动化、高端化、标准化方向发展，增强五金企业核心竞争力。二是建立现代企业制度。通过加强生产全环节管理、推广 ISO9000 质量体系认证等手段，积极引导五金企业进行制度创新，推行现代企业管理制度。三是推进产品向高附加值转变。围绕打造“小五金”之都的发展目标，加快推进工业设计、智能制造、线上线下融合发展，推动小五金产业由扳手、钳子、锤子等小五金生产向电动工具、气动工具、切割工具、测量工具、切削工具等高附加值产品转变。

3. 落实减税降费政策

建议税务部门组织专门的税负调查，对五金产业的税负，尽可能在国家规定的幅度内取其下限，鼓励企业做大做强。借鉴宁乡“无收费园区”改革经验，全面清理涉企收费事项，可取消的坚决予以取消。落实好国家对五金行业的退税率从9%提高到13%的政策，提高出口退税办理效率，为五金产品出口提供优质的税务服务。

4. 切实解决融资难题

引导企业和银行等金融机构进行深层次对接，推出厂房贷、订单贷、专利贷等创新贷款产品，实行最低贷款利率，延长贷款期限，与发展潜力大、信誉良好的五金企业建立一对一帮扶关系，持续满足五金企业融资需求。推进原材料贷、存货贷等金融产品创新。充分发挥鼎成担保公司和中小企业贷款担保资金的作用，引导担保机构积极为五金企业提供贷款担保。

5. 不断优化企业发展环境

建议邵东市政府加大对技术、外贸、管理人才的引进和培训力度，将其列入人才引进的重点计划名单，落实购房补贴、子女就学、配偶就业等优惠政策。建议组织部分五金出口企业到浙江永康等地区考察学习，积极引进1~2家江浙资深的外贸公司，帮助五金产品做好出口业务。积极对接“一带一路”，发展“邵东总部+国外生产基地”新模式，打造跨国产业链。积极组织企业参加广交会、中非经贸博览会、巴西五金展会，开通邵东跨境电商交易平台。

“小产业　大市场——湖南 2/3 现象研究”系列报告之三

加速衡南零担资源整合 打造千亿零担产业*

湖南省人民政府发展研究中心调研组

衡南县零担物流业发展起步早，覆盖范围广，衡南籍人士在全国范围内创立的物流企业超过 1 万家，从业人员近 20 万人。鼎盛时期，物流货运量占全国零担专线市场份额的 1/3，形成了“车到之处必有物流，有物流必有衡南人”的局面。伴随着我国经济的发展，我国对零担货运的需求日益增长，零担产业的发展前景十分广阔。湖南省完全可以充分发挥衡南籍零担物流企业遍布全国的优势，加快推进行业资源整合，把衡南县零担物流业这一湖南特色产业做强做大，将其打造成为特色千亿级产业，更好地服务湖南省经济社会发展。

一　衡南县发展零担产业具有良好基础和广阔前景

零担产业作为国民经济基础产业物流业的重要组成部分，在我国起步较晚，但是发展前景十分广阔。

1. 零担产业是万亿货运市场的重要组成部分

零担运输是一种介于快递与整车物流之间的货运方式。据统计，2017 年我国公路货运市场规模在 5 万亿元左右，快递、零担、整车运输的市场规模占比分别为 10%、24%、66%，零担市场规模高达 1.25 万亿元，而且伴随着物联网、云计算等现代技术的发展和物流基础设施的日趋完善，我国的

---

* 本报告获得湖南省委常委、省政府常务副省长谢建辉的肯定性批示。

零担物流市场继快递市场之后也已迎来了高速增长期。据预测，我国零担市场未来5年将保持年均10%左右的增速，市场前景极其可观。按照网络布局的不同，零担行业可细分为全国网络型、区域网型和专线型三个不同类别。其中，专线型企业构成了零担行业最大的企业群体，大约90%的企业属于专线型企业。全国网络型和区域网型企业主导1吨以下的小票零担市场。其中，德邦、顺丰占据高端小票市场，安能、百世快运抢占平价小票市场，低价小票业务由以河南宇鑫和长通物流为代表的区域网型企业承揽。而专线型企业则主导1吨~10吨的大票零担市场，衡南籍物流企业绝大多数为专线型企业。

2. 衡南县零担产业在专线市场领域起步早、基础好

早在20世纪80年代初，衡南县花桥镇一些从事湖南与广东之间个体长途货物运输的司机敏锐地捕捉到零担货运市场的巨大商机，率先转型向物流行业进军，从简单的一辆车一条线路、夫妻或者兄弟姐妹共同运营到慢慢在市场上站稳脚跟，并越做越大。经过30余年的发展，由衡南籍人士开创和打造的货运网络，几乎覆盖了除台湾之外的中国全境。据不完全统计，截至2018年年底，衡南籍人士在全国各省会城市、地级城市、绝大部分县城及部分小城镇创办了规模不一的物流企业1万余家。其中，A级以上物流企业近百家，涌现了重庆联达、新疆阿凡提、山东新华顺、四川巨邦物流、衡阳白沙物流、雁城物流等一批衡南籍人士创建的知名物流企业。货运物流开通了省际线路3万余条、省内专线30余万条，带动从业人员近20万人。鼎盛时期，物流货运量占全国零担专线市场份额的1/3，与东北物流、江浙物流形成三足鼎立的局面，共同支撑着中国民间物流这个全球最大的区域性物流网络。2017年3月，中国交通运输协会授予衡南县“中国物流之乡”称号。

3. 国内零担物流业加速整合给衡南零担物流业转型发展带来巨大发展机遇

零担物流行业在我国的发展仅仅数十年，远远落后于欧美国家。目前整个行业以中小型企业为主，集中度较低，大型龙头企业尚未形成，整体经营效率低下。据统计，我国零担行业排名前十名的企业市场份额合计占比仅在3%~4%，而美国零担行业排名前十名的企业市场份额合计占比达到75%

左右。在经济下行和行业同质化恶性竞争的多方压力下，我国零担业已进入行业内部资源整合的新阶段。近年来，各路资本纷纷涌入零担行业，行业内的兼并、重组、收购、入股、联盟等情况不断上演，未来几年将是行业的黄金整合阶段。在此背景下，衡南县完全可以发挥衡南籍物流企业遍布全国的优势，加速推进资源整合，推动实现全网直达，在激烈的市场竞争中打造在全国范围内极具竞争力的龙头企业。2016 年，该县已经将 10 余个省（市）20 多个城市的 100 余家物流企业串联起来，成立了湖南中众衡物流有限公司。2019 年，该公司已完成重庆市场的资源整合，2019 年全年营业额达到 20 亿元以上，占重庆专线物流市场份额的 70% 以上，并计划于 2021 年底前实现全国组网战略目标。

二　衡南县零担产业发展面临三大瓶颈

衡南县零担产业虽然具有良好的基础，但在行业资源整合加速推进的大背景下，还面临三大发展瓶颈。

1. 缺乏龙头企业带动

衡南县零担物流大多以“夫妻店”“兄弟档”“朋友帮”起步，总体呈现“小、散、弱、混”的状况，大多数企业年营业收入在 50 万 ~ 100 万元。近年来，虽然也涌现出重庆联达、新疆阿凡提、山东新华顺、四川巨邦物流等区域性的知名物流企业，但仍缺少在全国范围内竞争力强和知名度高的龙头企业。截至 2017 年年底，衡南籍人士创办的零担物流企业没有一家能够进入全国零担物流行业收入前十强，衡南籍人士创办的零担物流企业排名最靠前的是重庆联达，排名第 29 位，营业收入为 4. 3 亿元。

2. 专线模式亟待转型升级

专线型企业是零担行业中一个极其庞大的群体，也是衡南籍物流企业的主体。近年来，随着经济增速下行、各类物流平台拔地而起以及竞争关系和客户需求的变化，绝大部分专线型企业已进入发展的瓶颈期，专线模式占比将会逐渐下降，被其他模式吸收整编。有专家称，未来将有 2/3 的专线型企业消失。从趋势来看，未来的物流公司一定是综合型的物流公司，既有全国型的零担运输网络，又承接全国范围内的三方业务。形成全国运输网络是成为综合型物流企业必不可少的条件，而专线型企业要想通过自身发展壮大，自建线路，完善区域网络，最终建成全国运输网络，发展成为综合型的物流企业，需要大量的人力、财力，耗时长且难度极大。因此，近年来众多中小专线企业积极谋求联合或联盟，这逐渐成为新的风向，这不仅是经济增速放缓下的被动抱团取暖，也是在高度竞争的状态下追求更高运营效率的客观需求。目前，国内已形成德坤供应链、三志物流联盟、聚盟物流、传化物流联盟等合作模式各异的专线联盟。

3. 政策支持力度有待加大

一方面，整合全国各地衡南物流资源需要有畅通的融资渠道支撑。但由于绝大部分专线物流企业规模较小，固定资产少，抗风险能力差，缺少有效的资产抵押物，抵押担保融资受限，很难在银行获得贷款，专线物流企业通过传统金融机构实现融资的不足 10%。另一方面，目前，衡南县希望通过无车承运人试点来推动全国各地线下衡南物流资源整合，但面临周边省份的激烈竞争，湖南省在推进无车承运人试点方面的支持政策与周边省份尚有差距。比如，湖北、江西等地出台相应配套政策，对无车承运人试点企业实行增值税返还和车辆购置税奖励。其中，江西赣州该项增值税前两年返还比例达 100%，吸引了全国很多物流企业到江西办理涉税业务和车辆挂靠。

三　推进资源整合，打造湖南特色千亿零担产业

零担业是发展前景广阔的万亿级产业，衡南县零担业起步早、基础好，在国内零担行业加速整合的背景下，完全可以发挥衡南物流资源遍布全国的优势，通过资源有效整合，推动行业做大做强，打造湖南特色千亿零担产业。

1. 大力推动衡南籍物流资源整合

当前，我国零担产业已进入内部资源加速整合阶段，尤其是专线模式更

是进入转型发展的关键时期。虽然与三志物流、聚盟物流、传化物流等国内专线企业联盟相比，衡南籍物流资源整合起步较晚，但遍布全国的衡南籍零担专线企业同根同源的乡土情结，决定了它们比单纯依靠资本推动形成的专线联盟，更容易产生抱团取暖、共谋发展的向心力。因此，下一阶段要坚持“政府引导、市场主导、企业主体”的原则，依托中众衡等领军企业，充分发挥异地商会、行业协会的力量，省、市、县三级政府在政府担保、项目融资、平台搭建等方面给予必要引导和支持，探索资源共享、优势互补、协同管理、互利共生的合作模式，实施“引老乡回故乡”行动，加快推进衡南籍物流资源整合，打造一个全国性的超大型物流企业，发展物流总部经济，引导省外税收回流湖南。

2. 加快推动零担产业转型升级

目前衡南零担物流已由传统的仓储、运输向第四方物流、供应链金融、物流园区、车队、仓储、信息软件等众多领域转型发展。要进一步推动物联网、大数据、云计算等先进信息技术与零担物流的有机融合，以省交通物流公共信息平台为基础，加快对物流园区及企业信息的整合，推动平台之间的数据对接、信息互联，为优化社会物流资源提供平台支撑。大力发展“互联网＋车货匹配”“互联网＋仓储交易”“互联网＋物流企业联盟”“互联网＋供应链管理”等模式，提升智慧物流配送水平。

3. 打造零担产业专业人才体系

零担物流是一个交叉学科，行业人才不仅需要有较高的专业素养、完整的相关学科知识，还需要具备实践经验，融汇物流与其他学科体系的知识。建议省内有条件有基础的高等院校、职业院校大力发展物流管理、供应链物流、战略采购、物流规划设计等物流相关专业，大力推动校企联合培养，鼓励高校与企业共建物流实习基地，对物流企业与职业院校开展现代学徒制合作给予一次性以奖代补支持，探索人才合作培养新途径。加强物流从业人员职业培训，在有行业特色的职业院校、大型物流企业中建立一批培训基地，开展物流从业人员岗前培训、在岗轮训。

4. 加大零担产业政策支持力度

将零担产业纳入湖南省“十四五”规划，并出台专门规划进行引导，梳理和集聚与零担产业相关的企业、人才、资源、资金、市场等要素资源。成立由政府产业基金牵头的引导基金，联合物流行业龙头企业、金融机构、社会资本成立物流产业发展基金，按照市场化原则运作，重点为领军企业推进资源整合、加强重要节点物流设施建设等提供资金支持。借鉴江西、湖北等地的做法，在一定年限内，将增值税的省市县提留部分全部返还给获得无车承运人资格的物流企业，并对上缴中央部分给予一定比例补贴。

“小产业　大市场——湖南 2/3 现象研究”系列报告之四

湖南日用塑料制品行业发展情况及对策建议*

湖南省人民政府发展研究中心调研组

日用塑料制品行业是国民基础产业，也是重要的民生产业，有着广阔发展前景。从全产业链角度看，日用塑料产业呈“扇形”结构，上游石化产业呈“点状”，集中在沿海沿江石化基地；中游生产环节呈“片状”，主要布局在广东、浙江等省份；下游塑料经销、消费环节呈“面状”，分散于省市县和街道乡镇的流通渠道，直接关系居民生产生活。据不完全统计，湖南涟源在日用塑料制品下游环节的市场份额占全国 2/3 以上，在上游、中游环节亦具有较大影响力。当前，湖南要以打造全产业链为目标，以资源整合为主要任务，引导在粤涟商制造环节回归，上接岳阳石化产业，下接涟商经销群体，对接创新资源和文创资源，重点建设涟源产业承接基地和四大特色平台，形成塑料制品千亿级产业集群。

一　湖南塑料制品行业基础雄厚

从业人员方面：据不完全统计，在外涟源籍塑料行业从业人员约 21 万人（见表 1），年销售额约 600 亿元。其中，广东约 12 万人，主要分布在东莞、广州、佛山、揭阳等地。长株潭地区约 5 万人，在长沙经营的涟商企业和个体工商户达 3600 余家，以长沙为例，涟源籍商人占高桥大市场的

* 本报告获得湖南省委常委、省政府常务副省长谢建辉的肯定性批示。

60%、涟源百货城的90%、中天广场的50%。西部地区约4万人，其中新疆约5000人、贵州约5000人、云南约1万人、广西约2万人。

表1 涟源籍塑料行业从业人员分布情况

主要区域	从业人员	从业区域
广东地区	约12万人	东莞、广州、佛山揭阳等地
长株潭地区	约5万人	红星市场、高桥市场、株易路口等地
西部地区	约4万人	新疆、贵州、云南、广西等地

资料来源：调研组整理。

生产能力方面：湖南本土的产能不大，2018年累计产量5.61万吨，仅居全国第13位（见表2）。但在全国最大的塑料生产省份——广东，涟源人占据了较大市场份额。特别在东莞，涟源籍从业人员近9万人，从业范围覆盖原材料、加工、模具、生产等所有环节，主导经营东莞大京九塑胶城、东莞塑胶模具城和塑胶产品原材料基地，入驻商户6000多家，生产制造企业590家，基本涵盖从原料进口到生产制造再到产品零售的所有环节。

表2 2018年全国部分省市日用塑料制品产量排行

单位：万吨

排名	地区	累计产量	排名	地区	累计产量
1	广东	173.11	9	重庆	10.09
2	浙江	85.78	10	河南	9.31
3	湖北	70.74	11	河北	8.92
4	四川	49.29	12	上海	7.81
5	福建	30.19	13	湖南	5.61
6	江苏	27.06	14	陕西	5.12
7	山东	26.14	15	江西	4.65
8	安徽	23.10	/	全国	559.21

资料来源：调研组整理。

二　涟源日用塑料制品行业发展的四大优势

1. 人才集聚优势

涟源日用塑料产业的最大优势是拥有一支庞大的从业人员队伍。经过近40年的发展，涟商拥有了丰富的行业经验，积累了一定资本，营销渠道深入全国各级市场，成为湖南（涟源）发展塑料制品产业的最大倚仗和推动湖南塑料制品产业从下游向上游延伸的先天优势。

2. 产业转移优势

塑料制品行业依存度高，原料依托石化产业，设备、模具依托装备制造产业，研发、设计依托生产性服务业，以前只有珠三角、长三角满足以上条件，所以涟源塑料制品行业的生产基地主要落户广东。当前，湖南省正在全力建设湘南湘西承接产业转移示范区，涟源地区可比照示范区政策，大力推动“涟商返涟”，在涟源本地再造产业集群。

3. 交通便利优势

日用塑料制品单价低、体积大、质量轻，物流成本在成本结构中占比高。受限于涟源当时的交通条件，本地塑料行业未能发展壮大。但是目前涟源交通条件已大幅改善，高速通车里程和互通数量在全国都首屈一指，娄新高速、长韶娄高速、安邵高速、沪昆高铁均已建成通车，有利于提高物流时效，降低物流成本，原有的交通劣势已转变为交通优势，为涟源引进日用塑料企业消除了最大的发展障碍。

4. 文创赋能优势

日用塑料产业的发展经历了从需求主导到要素主导再到目前的创意主导的三个阶段。涟源毗邻文创之都——长沙，文创资源丰富，通过文创产业赋能塑料制品产业，将文创内容与塑料载体相结合，合理运用知识产权工具，能有效提升产品附加值和文化内涵，重塑产业核心竞争力。

三　涟源日用塑料制品行业发展的三大瓶颈

1. 对上游把控力不足

塑胶制品的原材料是石化产品，石油价格具有很强的不确定性，供应链决策风险较高。其中，主要原料之一的聚碳酸乙酯近四年来保持在12000元/吨的高位，为四年前的两倍。此外，湖南本土日用塑料总产量偏低，龙头企业较少，对上游石化企业的议价能力不足，导致原料成本偏高。

2. 研发和设计能力欠缺

涟源塑料企业以中小企业为主，自身资金实力不强，研发投入不足，技术水平相对停滞，可持续发展能力薄弱，在产品设计、技术研发等方面与国际品牌还存在明显差距。

3. 行业整合难度大

从业人员数量庞大，商会、协会的协调难度大，行业资源整合力度不够。同时，由于落户本地的企业较少，对当地财源建设和产业发展贡献不大，相关部门、行业与涟商的沟通联络不足，对产业发展现状和发展方向把握不准。

四　湖南塑料制品行业发展建议

涟源日用塑料制品产业，要充分利用当前3～5年内“消费升级、技术变革、布局调整”的发展窗口期，以“资源整合”为总抓手，建设“一基地四平台”，形成“以基地承载平台，以平台提升基地”的发展态势和“南广东、中湖南、东浙江”的产业格局，打造以涟源为中心的“塑料制品千亿级产业集群”。

1. 整合省市县三级政企资源，高规格打造产业承接基地

坚持统筹规划、高位推进，不断压实责任，把塑料产业作为湖南省新材料产业的重要组成部分来重点培育。成立高规格塑料产业发展领导小组，加

快制定塑料产业发展专项规划，进一步明确发展重点，细化产业发展路线图，推进塑料产业健康发展。将涟源塑料产业基地纳入全省化工新材料产业总体布局体系加以支持，适用并落实《湖南省关于加快新材料产业发展的意见》《湖南工业新兴优势产业链行动计划》中化工新材料产业链相关政策。全力支持涟源高新区牵头创建国家级高新区，以园中园形式规划建设塑料产业园，为承接塑料产业回归落地搭建载体。引导支持在外涟商特别是在粤涟商返乡创业就业，充分利用统战部、工商联、行业协会商会等沟通平台，通过以商招商模式，定期走访涟商企业，举办项目商洽会，包装推介项目，解读优惠政策，以最浓郁的乡情、最优惠的政策、最好的环境吸引涟商返乡。

2. 整合产业链上下游资源，打造要素集聚平台

为上游岳阳石化企业与中游涟源塑料制造企业牵线搭桥，依托化工新材料产业链延伸产业链条，在涟源地区培育和引导塑料制品中小企业聚集发展，提高省内企业协作配套的能力。探索“园中园 + 扶贫车间”双向土地供应模式。整合涟商资源，通过园企共建标准厂房，化解园区用地矛盾。利用白马镇、茅塘镇等地的村镇集体土地，特别是利用废弃学校、空心房等闲置用地，建设扶贫车间，加大厂房土地供给。在不占用已划定的永久基本农田的基础上，将认定的“扶贫车间”用地纳入当地土地利用总体规划指标，并优先保障。学习浙江黄岩模式，由当地政府牵头，协会、企业共同出资设立注塑机租赁基金，为中小企业和创业者提供注塑机租赁服务，降低融资压力和创业门槛。

3. 整合区域创新资源，打造智能制造平台

深度结合创新驱动战略与产业承接战略，把握产业发展趋势，加快提升塑料制品行业智能制造水平，实现高标准承接、创新型落户、跨越式发展。完善塑料行业科技服务平台，充分利用粤港澳、长株潭地区的高等院校、科研院所等各类创新资源，鼓励企业积极为科研成果提供中试条件，主动承担中试工厂功能，建立以当地企业为核心纽带的创新网络。引导企业加速登录“工业云平台”，与长株潭国家自主创新示范区的中电云网、华为软件云、

中科云谷等工业互联网平台服务商加强对接，通过云平台实现注塑机、各类模具等设备的共用共享，通过大数据分析实现智能选择模具、智能调整工艺、智能安排原料等功能，实现终端产品的个性化、小批量生产。探索“机器换人”模式，加大工业机器人购置奖励力度，坚持补优补强，搭建“机器换人”技术交流平台，加大技术人才培养力度。

4. 整合“一带一路”市场资源，打造对外贸易平台

“一带一路”建设为日用塑料制品行业拓展了新的市场空间。由涟源市政府牵头，省、市政府大力支持，异地商会或龙头企业牵头主导，以涟源市为核心，整合涟源塑料行业遍布全国的生产、销售体系的优势资源，大力拓展“一带一路”沿线国家市场。鼓励企业在沿线国家谋划布局，以共建生产基地、经贸合作园或产业园区等方式，带动产品、服务进入当地市场，扩大在当地市场的品牌影响力。推动建立涟源塑料产业外贸基地和外贸综合服务中心，引进一批外贸综合服务企业，为外贸企业特别是中小企业提供通关、融资、退税、物流、信保、结汇等一体化专业服务。探索试行“市场采购”外贸模式。学习浙江义乌、江苏海门等地成功经验，变革监管理念，推动贸易便利化，大力发展高效、快捷、低成本的“市场采购”新型外贸模式，积极申请国家试点，吸引国际采购商聚集，形成小批量、多批次出口及快速应对国际市场变化的外向型产业集群。

5. 整合协会商会资源，打造利益共享平台

强化行业协会商会的统筹协调作用，整合产业链上下游资源。发挥行业协会商会在开拓新兴市场、防范投资风险、应对贸易摩擦等方面的积极作用。重点加强与国家和其他省区市行业组织的交流合作，建立长期战略合作机制，进一步扩大和深化对外投资合作。充分发挥涟源人才优势，支持返乡创业。加强与重点国家和地区境外湖南商会的沟通衔接，为在外涟商提供信息共享、资源聚集、产业整合、金融支持等服务。

“小产业　大市场——湖南 2/3 现象研究”系列报告之五

推动新化文印产业回乡发展对策研究*

湖南省人民政府发展研究中心调研组

新化文印大军遍布全国，占领了全国二手复印机、打印机经营维修市场70%的份额和打字复印市场85%的份额，全国高校95%以上的打字复印门店由新化人把控，新化文印是湖南省民营经济“2/3 现象”的典型代表。但是，由于没有在县域内设置总部经济进行资源的有效整合，庞大产业的“肥水”都流向了“外人田”，对新化乃至整个湖南的财政税收贡献并不明显。为将新化人的文印产业打造成新化县的文印产业，调研组开展深入调研，并形成报告如下。

一　新化文印产业发展现状

1. 新化文印产业历史脉络及现状

新化文印的诞生充满了历史性和机遇性。20 世纪 60 年代初，几个新化人偶然接触到了机械打字机，并发现了其中蕴藏的无限商机，由此闯入了机械打字机维修行业。亲带亲，友帮友，徒传徒，经过不断开拓创新、发展壮大，逐步形成了产业链条比较完整、带有浓重新化地缘印记的文印产业。

目前，新化文印在全国开设有 6 万余家文印门店、2000 余家耗材经营企业、3000 余家复印机再制造和经营企业，覆盖全国大多数县市镇，拥有掌握熟练技术的从业人员 20 余万人，形成了涵盖打字复印、绘图晒图、文印设备回收与再制造、耗材制造与经营的完整产业链，年产值达 880 多亿

* 本报告获得湖南省委常委、省政府常务副省长谢建辉的肯定性批示。

元。“新化文印”已经成为一张享誉全国的地缘经济名片，文印产业也成为新化县农民脱贫致富、转移就业的支柱产业。

2. 新化县支持文印产业回乡发展

近年来，新化县委、县政府认真落实湖南省委书记杜家毫“把新化文印产业作为千亿产值产业培育”的指示精神，成立了由县委书记任组长、县长任第一副组长、县政协主席任常务副组长的文印产业发展领导小组，出台了《关于加快文印产业发展的若干意见（试行）》，设立了5000万元的文印产业发展专项扶持资金，大力支持文印产业回乡发展，取得了阶段性成效。2019年4月，新化文印产业发源地洋溪镇被评为湖南省第一批省级特色产业小镇；新化文印产业园（含洋溪文印特色小镇与新化高新区向红工业园2个基地）已初具雏形，现有回乡企业150家左右，其中广州花都文印市场87家复印机再制造企业整体回迁落户园区，注册成立了龙头企业新印科技股份有限公司，探索出“新化基地+全国连锁”的全新经营模式，把“单兵作战”的图文小店组成了“联合舰队”；新化文印总商会着力打造“新化文印”公共品牌，制定行业标准，全力构建“六统一”（统一商标、统一形象、统一服务、统一定制、统一配送、统一物流）模式；鼓励加快向“一带一路”沿线国家输出，支持推动了越南图文广告加工中心、马来西亚复印机租赁公司、迪拜生产型设备租售与耗材贸易公司、加纳图文广告生产中心示范店与复印机耗材展销中心等海外布点。

二　产业面临问题及回乡发展思路

1. 新化文印产业亟须提质升级、整合发展

当前，新化文印产业主要有三种经营模式：文印店经营模式、二手复印机专业市场经营模式、文印设备制造经营模式。文印店超过90%的门店为夫妻店，文化素质普遍不高，经营分散，生产规模较小，设计能力有限，管理水平不高，大多只能接到利润低、规模小的业务，随着市场的饱和，市场竞争加剧，文印店经营服务的利润越来越低。在维修、翻新废旧文印设备

上，一方面，二手复印机货源的商业机密难以保守，面临来自国内同行的激烈竞争；另一方面，复印机再制造与日美设备厂家既是合作关系，又是竞争关系，很容易受制于国外厂商或政府，当前中美、日韩经贸摩擦已有前车之鉴。文印设备制造方面，核心技术被日美企业高度垄断，国内复印机生产技术尚未突破，短期内无法在技术上实现反超，文印设备制造囿于印后设备等领域。

2. 推动文印产业回乡的思路举措

推动产业回乡集群集聚发展，关键要整合行业并提质升级。新化文印产业链主要由前后两端组成，前端是碳粉耗材生产工厂、复印机再制造工厂、印后设备生产工厂等制造实体企业，后端是分散在全国的 6 万余家文印店。对于前端，主要是筑巢引凤，吸引分布在全国的文印产业上游制造企业回乡集聚，打好耗材研发、设备研发、人工智能三大攻坚战，推动形成极具地方特色的文印产业集群，逐步将新化县打造成为全国最大、最全的文印上游产业商贸集散地以及中国文印产业集群总部经济基地乃至国际文印之都；对于后端，主要是推动文印老乡抱团取暖，整合遍布全国的 6 万多家文印店，成立文印产业的全国性运营主体，形成新化文印图文广告全国统一加盟连锁品牌，提供复印纸、碳粉耗材、设备再制造、设备维修、人才培训、信息化支持等全方位服务，形成稳固的加盟产业链。

具体来说，一是要加快建设文印产业核心发展区。以中国文印小镇和新化高新区向红工业园为载体，加快建设专业园区。将文印耗材销售、文印总部、制造研发中心、个性化印刷、交易大市场、文印电商中心、会展中心、印刷博物馆等放在中国文印小镇，将文印设备与耗材生产放在新化高新区，努力打造一个生产、展览、销售、服务一条龙的千亿产值园区。二是要加快突破核心技术，促进产业升级。与大专院校、科研机构、企业集团合作成立研发机构，在拥有自主知识产权的复印机、碳粉和墨水等方面加紧研究，让国内涉密机关和军队用上放心安全的复印机。加快专业的企业资源管理系统、云印刷、文印店管理软件的开发。三是要建立产业服务网络，整合全国文印资源。依托领军企业新印科技，通过“生产运营中心 + 互联网 + 窗口店”的品牌化商业模式，在全国各个省会城市组建具有强大设计与生产能力的生产运营中心；生产运营中心作为连接与支持图文快印店的中心枢纽，把规模小的文印店转化为接单窗口，快速推动全国产业服务网络的建设和全国文印资源的整合，解决长期分散经营的弊端，形成规模与品牌效应。四是依托“一带一路”，拓展境外广阔市场。全球文印市场规模巨大，金砖国家和新兴市场国家对打印纸、耗材、打印复印设备、印后设备的需求不断增长，尤其是非洲国家文印市场还处于发展的初期阶段，市场前景非常广阔。利用“一带一路”建设机遇，特别是要利用好中非经贸合作博览会永久落户湖南的机遇，大力开展文印设备进出口及打印服务国际贸易，全面提高整合国内市场能力。

三　推动产业回乡发展的几点建议

1. 妥善解决当前产业回乡的瓶颈问题

土地厂房问题是承接文印老乡回乡发展最基本的问题。根据新化县文印产业发展计划，建设“三园一市一中心”第一期需要用地 5000 亩，而新化全县一年的用地指标仅 1000 余亩，目前获批的用地仅 283 亩，缺口达 4717 亩。新化文印是潜在的千亿级产业，建议省里考虑将新化文印产业作为湖南省地方特色产业重点支持，将新化文印产业集群打造成为文化强省建设的重要载体，建立省级湖南新化文印产业集群示范区，并立足建设国家级文印产业基地的目标，调整和优化园区土地利用规划，为新化文印产业发展留足用地空间。支持洋溪中国文印特色小镇申报国家级特色小镇，同时将新化文印小镇作为省级重点项目推进，单独增设土地指标。学习成都双流蛟龙（工业）港经验，采用土地作价入股发放固定股息的形式租用农民集体土地，降低园区用地成本。新修改的土地管理法破除了农村集体经营性建设用地进入市场的法律障碍，建议抓紧研究，争取在新化率先落地。加快湖南省“135”工程升级版政策落地，加大标准厂房建设支持力度。

建设资金问题是承接文印老乡回乡发展最迫切的问题。文印特色小镇发展所需产业载体建设及配套基础设施项目多，县级财政难以保障。近期在建的项目有文印产品展示展销中心、中国文印大市场，所需投资金额约 13 亿元，规划建设项目有复印机再制造及耗材生产标准化厂房、文印研发创客孵化基地等。预计未来 5～10 年，将有 2000 多家文印企业回乡发展，年产值可达 240 亿元，年税收可达 20 亿元，可解决 10 万人就业，使新化县生产总值翻番，利税收入增加 4 倍。建议参照湘江新区、马栏山视频文创产业园的相关产业扶持政策，给予新化文印产业每年 1 亿元的扶持资金，并成立专门的文印产业发展扶持基金，为龙头企业提供银行贷款担保；同时，在人才引进与使用、自主知识产权研发补贴、财政补贴、工商登记、税收优惠等方面予以支持。

通关时效问题是二手文印设备进口的卡脖子问题。全国二手复印机再制造业产值达 50 余亿元，新化文印企业占据该市场 90% 以上份额，净税收达 10 亿元以上。二手复印机进口和再制造是新化文印产业的重要组成部分，对促进新化文印产业回归、打造湖南新千亿级产业、减少企事业单位开支与外汇流失、开发自主可控复印机和发展外向型经济具有十分重要的意义。由于该产业高度依赖国外二手机器，而目前湖南省口岸对进口复印机货柜的布控掏箱查验率较高、检查时间过长、滞港费用较大，给二手复印机再制造企业带来了一定的影响，特别是对以新印科技股份有限公司为代表的新化回乡文印企业影响较大。据回乡企业反映，在企业迁出地原海关进口畅通无阻，并不存在二手复印机的固废争议问题，而且二手复印机再制造企业也是各地承接产业转移的重点对象。建议由省政府出面协调海关部门，解决进口二手复印机通关放行问题，并在新化设立保税仓，提升通关效率，降低企业通关成本，推动产业快速发展壮大。

2. 精准对接，加大力度承接产业回乡发展

据统计，在全国各地的新化籍文印加工生产企业有 2000 余家，产值 5000 万元以上的规模企业有 1000 家，产值达 1 亿元以上的文印企业有 200 余家，这些企业主要分布在广东、江苏、广西等地。招商政策上，用好用活《关于加快文印产业发展的若干意见（试行）》等优惠政策，聚焦广州、北

海、南京等新化文印人核心聚集地，采取以情招商、以商招商等方式，引导更多新化文印人回乡发展。瞄准佳能、理光、夏普等国际文印设备巨头，反复上门精准招商，力争引进知名国际文印设备制造商 1 家以上。扶持政策上，支持龙头企业发展，在全国大中城市建设“印刷生产运营中心 + 互联网 + 图文快印门店”的线上线下新零售模式，打造“新化文印”公共品牌，推动文印产业跨行业、跨国家发展。支持新化文印龙头企业在全省开展档案数字化业务、政府广告印刷外包服务和办公设备采购等业务，建立可持续发展模式，并向全国拓展，让遍布全国各地的新化文印店都能获得当地政府档案数字化的采购业务。协助推动新印科技与长城集团保密复印机的合作与对接，实现研发以长城集团为主，生产以新印科技为主，并最终实现将国产保密复印机生产线项目落地新化。此外，在保密、出版、印刷、文印设备租赁等政策上，加强分类指导，精准对接，助力新化文印产业持续健康发展。

“小产业　大市场——湖南 2/3 现象研究”系列报告之六

擦亮农机品牌，升级农机产业集群*

湖南省人民政府发展研究中心调研组

双峰县是中国农业机械之乡，是湖南省农业机械新型工业化示范基地。双峰农机生产历史悠久，在部分产业细分领域占据全国产量的 2/3 以上，具有较强产业竞争力。

一　双峰是全国重要的农机生产基地

1. 产业发展历史悠久

双峰农机产业起源于 1952 年县内先后成立的 3 个国营农机具厂。1976 年 7 月，县农机研究所成立，与生产企业科研队伍相结合，加快了农机产品的研发和推广，研制生产的小型拖拉机、农用三轮车、碾米机、小型磨粉磨浆机、机滚船等产品畅销全国。2000 年，全县拥有各类农机生产企业近 300 家，仅家用微型组合加工机生产企业就达 100 多家，年产量达 110 多万台，约占全国市场份额的 60%。2009 年，双峰县政府出台政策，对自愿进行资产重组的农机企业，在税收、融资、用地、服务等方面予以重点倾斜。在这一优惠政策的引导下，产业集中度开始提升，先后合并组建了农友集团、五丰机械、劲松机械等龙头企业，奠定了其在细分行业的主导地位。例如，在家用碾米机械、玉米脱粒机、薯类淀粉分离和饲料粉碎等专业领域，双峰农机占有全国 2/3 的市场份额。

* 本报告获得湖南省委常委、省政府常务副省长谢建辉的肯定性批示。

2. 综合竞争力明显增强

2018 年，双峰农机产业实现销售收入约 170 亿元，出口总额 1 亿美元（含第三方委托出口和边贸出口），拥有农机制造企业 85 家，其中规模以上企业 54 家，农机从业人员 3 万余人。作为全省农机产业基地、特色县域经济重点县，双峰农机形成了从原材料供应到产品研发、制造、销售、服务的完整产业链，主要产品有履带式收割机、履带式旋耕机、三轮车、碾米机等 60 多个品种、300 多种型号。现有中国驰名商标 2 个，国家企业技术中心 1 家，高新技术企业 11 家，湖南名牌 10 个，湖南省著名商标 12 个，国家专利 300 多项。湘中农机机电大市场已连续多年被中国农业机械流通协会评为“全国十大农机专业市场”，农机产业园二期、农机产品展示展览中心、农机产品检测平台等项目现已全面启动。2018 年，中国机械工业联合会授予双峰县“中国农业机械之乡”称号。

3. 主导企业表现突出

双峰农机产业拥有一批在多个细分领域具有较强竞争力的小巨人企业。湖南省工信厅发布的数据显示，2018 年湖南省农机行业主营业务收入增长 5.4%，利润增长 4.1%。从具体企业来看，以农友集团、劲松机械和五丰机械为代表的双峰小农机表现最为突出。其中，农友集团主营业务收入 3.12 亿元，增长 8.5%；劲松机械主营业务收入 1.21 亿元，增长 18.9%；五丰机械主营业务收入 0.62 亿元，增长 4.68%，是省内增长最快的企业之一。农友集团是我国目前最大的丘陵山区农机生产企业之一，其控股的湖南农友农业装备股份有限公司已成功挂牌“新三板”，产品在东南亚等 10 多个国家和地区设立了经销点，是国家技术创新示范企业。湖南农夫机电是省农业机械制造骨干企业，主导产品有系列耕整机、半喂入联合收割机和轻型履带拖拉机及其配套机具，以及旋耕机、起垄机、收割机、耕整机等产品，并已具有一定规模，产品结构可实现 50 ~ 160 马力的橡胶履带拖拉机全覆盖。湖南龙舟农机股份有限公司研发的水稻插秧同步精量施肥机，综合技术性能达到国内领先水平。劲松机械是东南亚市场碾米机产品的最大供应厂家，产销量居世界首位，并有望成为国内最大的碾米机流水线智能制造工厂。

二　农机产业面临的形势及存在的问题

湖南农机是全国农机市场的重要组成部分。从 2018 年市场情况来看，湖南农机产业发展机遇与挑战并存，湖南需克服五个方面的困难。

1. 普遍存在融资困难

尽管湖南农机在一些领域已经具有一定的影响力，但单个企业的收入规模并不算大。2018 年，省内最大的农机生产企业中联重机主营业务收入下降 39.3%，农夫机电也下降了 11%，农友集团的销售收入、资产总额都不高，农友集团为实现新三板上市准备了 10 年。这些企业都面临资金压力，融资成本较高和资金短缺问题依然突出。由于农机属于国家补贴产业，企业利润不高，能够得到银行贷款的企业为数不多，企业扩大市场占有率面临严重的资金制约，融资担保跟不上发展需要，普遍反映融资难度大，企业获得的上市辅导也不足，制约了产业发展。

2. 行业人才储备不足

双峰地处湘中地区，城市吸引力明显弱于长株潭地区，虽然近年双峰地区的农机企业在积极地调结构，但难以突破的瓶颈多，项目开发困难多。当地收入水平与沿海和二、三线城市之间差距明显，吸引高层次研发人员难度较大。机械行业生产加工过程对技工的要求较高，但从当地的情况来看，老年技工退休了，年轻人不愿留在本地，也难以稳定新的技工人员。为了解决人才问题，农友集团不得不将研发中心设在长沙，暂时缓解人才不足问题。

3. 基础设施配套能力较弱

对于大量处于转型升级中的中小农机企业，检验检测既是产品开发所必需的，也是影响研发效率的重要因素。双峰的永丰农机产业园是省内农机特色产业园，相比浙江的永康国家级农机特色小镇，虽然发展历史悠久，但发展速度和规模都稍显逊色。与发达地区相比，双峰农机特色产业园创新类基础设施为零，计划建设的省级农机质量检测中心和丘陵山区研究院都还未建成。

4. 行业补贴方式可影响市场格局

农机的市场对国家和地方的补贴政策高度敏感。近年来，国家削减了补贴的类别和数量，但是地方对农机的补贴日趋系统化。双峰农机在本地展会中，实施了购买双峰农机的双向补贴政策，仅 2018 年湘博会三天时间补贴金额就高达 130 多万元，有力地促进了农机的销售。省外市场由补贴带来的市场壁垒日益严重，江苏、浙江、江西、广西等省份对自身农机产业出台了保护性补贴政策，对合作社等省份内农机给予较系统的补贴支持。如江苏、浙江等省份设置了本地农机合作社购机补贴的地区。

5. 用地紧张制约集群发展

双峰大量区外农机配套产业表达了入园意愿，但园区反映难以供应足量的土地。当前县级财政实力普遍不强，在工业用地成本倒挂的情况下，财政难以持续支持园区土地拆迁和储备，导致土地成为企业入园的硬约束。产业园区原有审批范围内的土地开发程度已较高，所剩地区拆迁成本高，园区用地紧张问题持续恶化。据反映，当前递交入园发展申请的企业多达 30 多家，但是园区难以持续为开发提供充足的用地支持，集群规模扩张受到制约。

同时，传统农机市场有限，新型农机潜在市场巨大。目前，湖南省农机市场相应的生产和研发能力存在不足。只要措施得当，湖南农机市场还是大有可为。

三　促进农机产业集群发展的对策建议

农机是具有万亿级规模的潜力巨大产业。2019 年上半年，双峰农机自营出口突破 1000 万美元，实现了新跨越。抢抓当前农机产业战略机遇期，湖南还是可以有所作为的。

1. 加强对园区企业的融资支持

加强对县域金融体系的支持，建议特色园区设立特色产业专项融资基金，为特色园区产业集群企业开展产业链融资提供担保。加大省内中小企业贷款补助，在湖南省农信社和长沙银行等本地金融机构开展贷款贴息等金融支持服务，精准服务有发展潜力的增长型企业。积极支持创新型中小企业进入股权交易市场融资，推动有条件的企业上市，多渠道解决中小企业的融资难问题。

2. 发挥龙头带动和中小企业集群创新相结合优势

针对当前集群企业规模小和资金实力弱的问题，加强产业的优势互补。建立省内农机产业技术交易中心，活跃农机研发技术交易市场，促进中小企业创新，帮助具有研发能力和创新能力的小企业加速产品孵化。推广中联与巽帝的合作模式，推动省内优势技术领域快速发展。实施龙头带动战略，提升地方优势产品和技术的市场占有率，利用产业龙头提升产业规模化水平和营销实力。

3. 加大农机行业创新投入

尽快在省内成立农机行业专业协会，加强对农机市场的跟踪研究，针对省内农机行业企业情况提出地方补贴政策建议，收集“一带一路”沿线国家和地区的农机需求信息，积极做好争取将其纳入对非国家产业援助项目目录范围等方面的工作。加强对县级科研院所和检验检测机构的支持，在湖南农机的重要集聚区，设立中小型农机质量检验检测中心，并对检测中心运维给予财政补贴，向省内农机企业发放农机检测补贴券。加大对企业研发活动的投入，加强中小企业研发投入认定和所得税抵扣，解决产业集聚区渴望解决的丘陵山区小农机技术公共研发的问题，设立丘陵山区农机研究院，积极配合当地争取罗锡文等院士在双峰设立院士工作站，为本地农机技术突破提供支持。

4. 降低园区工业用地成本

针对当前开发区拆迁成本高、地方开发平台债务压力大问题，考虑通过规划调整和调区扩区等手段降低拆迁成本，减轻工业用地成本负担。建议下一步统筹做好地区中长期发展的国土空间规划体系，解决园区与城市融合发展供地问题，同时满足低成本工业用地需要。建立地方用地储备体系，支持地方发展统一规划、工业用地率先开发等拆迁征地政策，保证工业用地供应的可持续性。

5. 打造区域特色鲜明的“专、精、特、新”农机装备产业集群

重点发展适应小农生产、丘陵山区作业的小型农机以及适应特色作物生产、特产养殖需要的高效专用农机，聚焦农机发展智能化、绿色化、高效化，着重引进重点农机产品和关键零部件，打造区域特色鲜明的“专精特新”农机装备产业集群。针对优势农机装备企业开展定向招商，支持将落户企业培育成为具有国际竞争力的农机装备生产企业集团，鼓励对标国际先进水平，开展关键技术攻关和高端装备赶超研发，支持加快发展智能制造，提升产品质量，打造一批在国内外有影响力的农机品牌。

“小产业 大市场——湖南2/3现象研究”系列报告之七

集聚“铸造湘军”打造“江南铸都”升级版*

湖南省人民政府发展研究中心调研组

嘉禾县具有悠久的铸锻造历史，有“江南铸都”“中国锻造之乡”的称号，以嘉禾人为代表的“铸造湘军”，是我国铸锻造行业的重要力量之一。但总体来看，嘉禾铸锻造产业层次不高、配套不完善，企业规模小、管理模式落后，面临土地、资金、人才等要素制约。当前，我国铸锻造产业增长缓慢甚至下降，进入转型升级关键期，在此背景下，集聚“铸造湘军”力量，打造“江南铸都”升级版，是嘉禾铸锻造产业发展的必然选择。

一 “铸造湘军”叫响全国，在江南具有重要影响力

湖南省郴州嘉禾、临武、永兴等地有一大批从事传统铸造专业的人员，20世纪90年代以来，这些人挺进广东、广西、贵州等地，或打工挣钱，或投资办厂，或返乡创业，在全国铸造市场很有影响，形成“铸造湘军”品牌。鼎盛时期，“铸造湘军”人数达8万多人，创办企业500多家，产品占据珠三角地区78%的市场份额。目前，这批“铸造湘军”创办的企业很多成为行业内实力较强的企业。其中，产值百亿元以上的企业有近10家，“铸造湘军”在江南乃至全国都具有重要影响力。

* 本报告获得湖南省委常委、省政府常务副省长谢建辉的肯定性批示。

二 嘉禾打造“江南铸都”升级版有基础、有优势

1. 产品远销20多个国家和地区，占据珠三角市场60%的份额

2018 年，嘉禾县有铸造企业 156 家，其中年产万吨以上企业 62 家，铸件产量 100 万吨，实现产值 139 亿元，产量和产值均占全省的 20% 以上。有锻造企业 246 家，年产锻造五金工具 8500 万件（套），涵盖 59 个系列 2000 多个品种，实现产值 26 亿元。铸锻造企业中有自主出口经营权的 6 家，产品远销东南亚、非洲、欧洲、美洲及澳大利亚等 25 个国家和地区。2018 年，进出口额 1544 万美元，其中钢锄出口占东南亚市场份额的 50% 左右。

目前，嘉禾籍人在广东、广西、贵州、江西等地创办的铸锻造企业达 400 多家，年产铸件 120 多万吨，占据珠三角地区 60% 的市场份额，嘉禾县成为“泛珠三角”不可或缺的机械工业协作配套基地。

2. 初步奠定了产业转型升级的基础

过去，嘉禾铸锻造业“散小黑粗”，“家家点火，户户冒烟”，因环保问题突出，八成铸锻造企业曾被责令停产整改。2017 年 5 月以来，嘉禾县全面推进转型升级，拆除“冲天炉”250 多座，关闭退出“小、散、乱、污”铸造企业 100 家。先后引进新兴铸管、巨人集团、鼎新铸造等一大批带动性强、附加值高、成长潜力大的企业。目前，有 9 家企业被认定为国家级高新技术企业，11 家铸造企业拥有各类全自动化与半自动化生产线 32 条，32 家企业通过铸造行业准入公告。锻造五金工具行业拥有自主知识产权品牌 41 个，拥有中国驰名商标 1 个、湖南省著名商标 8 个。建成了全省唯一的铸锻造产品质量监督检验中心、铸锻造产业科技服务平台以及科技企业孵化器、众创空间等平台。

3. 具有集聚产业和“铸造湘军”的三大优势

一是平台优势。嘉禾是华南地区唯一以铸锻造立县的县（市区），拥有全省唯一的铸锻造产业园区，是“中国铸造产业集群试点县”。我国铸锻造产业布局深度调整，将对“铸造湘军”和业界同行产生越来越强的吸引力。

二是品牌优势。2012 年，嘉禾被中国铸造协会授予“江南铸都”称号

（2019 年 2 月通过复评），2015 年，被中国锻造（压）协会授予“中国锻造之乡”称号，品牌知名度和辨识度较高，有利于集聚产业、资金和人才。

三是龙头带动优势。2018 年，嘉禾县引进世界 500 强企业新兴铸管，正在建设规划用地 1000 亩、可容纳 30 家铸锻造企业的新兴铸管（嘉禾）绿色智能铸造产业园，将推动本地铸造产业由单一铸造配件生产向装备制造产业链转向。同时，也将吸引更多的客商来嘉禾投资兴业，引领更多铸造产业下游产业、企业、服务平台向嘉禾集聚。

三　存在的问题和瓶颈

1. 产业处于价值链低端，配套不完善

一是产品以低端为主。在铸造产业中，处于价值链低端的普通灰铁铸件占 70% 以上，约比全国水平（2018 年为 41.8%）高 30 个百分点；铸钢件和球铁件占比不足 10%，铝合金件占比更低，而 2018 年全国铸钢件和铝合金件占比分别达到 11.7% 和 14.5%。锻造产品中，以五金工具等低附加值产品为主，高端制造配件很少。

二是品牌竞争力不强。铸造行业没有 1 个自主品牌，与同行业先进县（市）比差距较大。如泊头市拥有国家级区域品牌 3 个、中国驰名商标 1 个、省著名商标 24 个；宁国市拥有中国驰名商标 2 个、省著名商标 15 个。

三是产业配套不完善，省内配套能力弱。部分零部件、配件需外购，原材料五花八门、不规范。产品大部分是给省外企业做配套，与本省的轨道交通、汽车等下游产业对接不紧密。从配套能力看，嘉禾的高端铸锻造企业能够满足湖南省装备制造业配套的要求，如嘉禾精工锻铸为奔驰车做配件。

2. 龙头企业少，管理模式粗放

嘉禾铸锻造企业数量虽多，但大部分规模较小，能够代表业内先进水平的龙头企业不多。龙头企业带动效应不显著，多数企业处于单打独斗状态。大部分企业缺乏现代经营管理者，以家族式管理为主。企业创新意识不强，目前，仅众合铸业建立了专门的技术研发中心，但运作效果不理想。

3. 土地、资金、人才等要素供应瓶颈突出

一是土地供给紧张。全县每年用地指标600亩，有时候单个项目用地规模就已超过600亩，企业“等地”建设的情况比较普遍。用地问题严重制约了好项目、大项目引进和产业转型升级。

二是融资困难。企业货款回收周期较长，短则3～6个月，长则一两年，全县铸造企业未回笼资金约10亿元。大部分铸锻造企业规模小，没有固定资产作抵押物，向银行等金融机构融资贷款十分困难。

三是人才短缺。高端铸造专业人才和现代化管理人才紧缺，引不进、留不住。一般技术工人招工难、用工贵，据反映，湖南省用工社保缴费约比广东高100元/人。

四是用能成本高。据反映，湖南省工业电价不仅远高于北方地区，比广东也高0.15元/千瓦左右。

四 政策建议

1. 推动产业升级

一是建议将湖南省20个工业新兴优势产业链范围延伸到配套产业。将高端铸造产业作为湖南省工程机械和轨道交通产业的配套产业纳入其中，进一步延伸优势产业链条。同时将铸造业纳入省智能化改造重点，推进产业升级。

二是加强省内产业配套对接。目前湖南省的轨道交通、汽车等重点制造业所需的铸件基本从北方采购，而省内的铸造产品基本为外省产业配套。建议省级层面建立鼓励“工业新兴优势产业链”省内配套的机制，组织召开相关上下游产业的专门配套对接会，提高省内产品配套率。

三是完善产业升级平台。支持嘉禾县申报“湖南省特色产业园区”，支持建立智能制造研究院、激光毛化院士工作站、众创空间等平台。

2. 促进产业集群集聚

一是深挖“铸造湘军”潜力。充分发挥在粤商会等行业组织的作用，紧盯省外湘籍铸锻造优势企业，深入实施“引老乡、建家乡”行动，积极

吸引嘉禾籍在外铸造业能人返乡发展，引回一批行业龙头企业及配套企业。

二是充分发挥龙头企业的集聚带动效应。重点围绕新兴铸管（嘉禾）绿色智能铸造产业园项目，加强以商招商、产业链招商，有针对性地引进上下游相关企业、产业，引进培育一批有发展潜力、成长性好的创新型企业，形成绿色智能铸造产业集群。

三是放大园区产业集群孵化的作用。依托现有铸造特色产业园，积极承接产业转移，重点引进先进机械铸造及上下游关联产业，培育一批专业化配套企业，围绕机床铸件、木工机械铸件、耐磨铸件、生活电器燃具类铸件、汽车铸件等，形成具有较强竞争力的专业产业链群。

四是组建集团公司。整合分散的家庭型铸锻造企业，组建 1 ~ 2 个集团公司或产业联盟，或以互相参股等形式，共同做强做大产业。

3. 打响“江南铸都”品牌

一是做强产品品牌。铸造业推动形成“江南铸都”区域品牌，培育 2 ~ 3 个中国驰名商标、10 个以上湖南省著名商标、1 ~ 2 家上市企业。锻造业依托现有国家驰名和湖南省著名商标，整合本地自主品牌资源，创建“塘村锻造”地理标志品牌，提升锻造业的整体形象和影响力。

二是唱响文化品牌。依托嘉禾铸锻造上千年的厚重文化底蕴，加大挖掘、塑造、宣传力度，将嘉禾铸锻造传统技艺申报为非物质文化遗产，推进“铁艺小镇”建设，积极承办行业技能大赛或高峰论坛、展销会等，让外界一提到铸锻造就想到嘉禾，一提到嘉禾就想到铸锻造。

4. 加大政策支持力度

一是加强用地保障。建议省级层面积极探索并建立工业用地征收、报批、供地的新机制，加大工业用地储备，保障重点产业项目用地供给。

二是加大资金扶持力度。省级财政加大对特色产业园区的扶持力度，并建立扶持资金稳定增长机制。鼓励金融机构开展金融产品创新，精准匹配各类产业需求。

三是完善各类人才激励机制。省级层面研究出台更加细化、涵盖各类人才的引进培养机制及优惠政策，切实解决相关产业专业技术人才紧缺问题。

“小产业　大市场——湖南2/3现象研究”系列报告之八

邵东打火机产业调研报告*

湖南省人民政府发展研究中心调研组

邵东市打火机产业生产基地是国家外贸转型升级基地，同时，打火机产业也是邵东市县域经济的支柱产业之一。全市现有打火机生产企业69家，其中出口企业13家，从业人员近20万人，产品外销100多个国家和地区，平均每月出口打火机10亿只，占全国打火机出口市场份额的65%，其中一次性打火机占全球70%的市场份额。2018年，打火机产业实现产值130亿元，进出口总额达2.2亿美元。

一　发展历程及基本情况

2000年前后，打火机产业开始从广东等沿海地区向内地转移，在这样的背景下，邵东很快涌现出近200家打火机生产小作坊。2005年，家庭式小作坊纷纷进行资源整合，逐步转向现代化工厂模式。2007年，13家打火机出口企业联合组建了邵东打火机行业监管委员会。由此，邵东打火机产业开始了资源整合和产业转型升级。目前，邵东打火机企业共拥有专利120多项，企业生产的高端打火机品类已达到世界先进水平，形成了以湖南东亿电气股份有限公司（日产达1000万只，年纳税达5000万元）、邵东县环兴打火机制造有限公司等为代表的13家龙头企业。

从调研情况看，邵东打火机产业呈现以下两个特征。

* 本报告获得湖南省委常委、省政府常务副省长谢建辉的肯定性批示。

1. 形成了较为完整的产业链

全市共有 10 多个打火机产业基地，机壳、机头、底座、弹簧、火石、电子等 15 个门类配件均已实现自产，各项加工工艺及相关配套均在基地完成，强大的产业配套能力和完善的产业集群，为邵东打火机产业进一步走专业化、品牌化发展道路，进一步巩固和提高在全球市场中的地位，奠定了坚实的基础。目前，从砂轮机、塑料机、金属机到烟具生产的低中高端产品邵东一应俱全。

2. 主要生产企业基本实现全自动化生产

邵东打火机产业从开始的纯手工制作，逐步向全自动生产转变。近年来，邵东打火机各出口企业投入 3.36 亿元，引进了先进的生产线和生产设备，目前共拥有自动组装线 22 条，定量览气流水线 196 条，自动空压机 716 台。同时，以自主模具研发为核心，加大投入力度，建成了全省一流的模具研发中心。

二　存在的主要问题

近年来，邵东打火机产业的发展取得了长足进步。2006 年，出口额为 890 万美元，到 2018 年达到 2.2 亿美元，12 年间增长约 25 倍。但从调研情况看，仍存在几个问题，制约着打火机产业进一步做大做强。

1. 新的打火机国家标准成为产业发展难以承受之重

2011 年 6 月，原国家检验检疫局联合标准化管理委员会发布《打火机安全与质量标准（GB2577 –2010）》，即新国标。在新国标制定之初，邵东 14 个出口企业就已经开发了符合新国标要求的模具并投入生产，然而销售情况很一般。原因是成本增加、价格上升，东盟等主要市场的客户不买账。新国标实施以来，对于出口企业的管制基本比较松。但邵东市打火机协会与海关部门达成协议，2020 年 8 月 10 日开始全面实施新国标。根据邵东打火机协会的测算，新国标的实施，意味着打火机因生产模具等更换损失接近 2 亿元，也意味着打火机的成本将提高 50%，将失去占出口市场 80% 份额的东盟等发展中国家市场。同时，邵东打火机行业企业众多，短时间内无法制造如此多的模具供企业更换。

2. 产品档次不高，缺乏具有世界影响力的品牌

目前，在邵东打火机协会注册的企业，共注册国内商标 62 个、境外商标 14 个，拥有省著名商标 6 个、专利 198 项。但作为全国主要的打火机出口基地和世界主要的打火机生产基地，邵东缺少全国知名乃至世界知名的打火机品牌。据调研，邵东打火机产业正在向高端转型升级，但中低端仍占主要部分，生产销售的产品仍是附加值较低的一次性打火机，很多打火机企业主要是为国外厂商做贴牌生产，赚取微薄的加工费用。

3. 土地问题制约了企业扩大规模，影响企业做大做强

目前，邵东市打火机企业除了湖南东亿电气股份有限公司外，其他多数企业都面临土地因素（规模化生产需要的厂房）的制约，使得企业难以扩大规模，也无法获得产业转型升级所需要的场地。据了解，目前邵东打火机产业大约有 1/3 的产能已经转移到贵州。

4. 缺乏产业转型升级需要的人才，企业管理制度仍较落后

目前，邵东打火机产业集群的内部组织形式呈现“金字塔”结构。它的底层是广大而分散的小作坊，位于顶端的是 13 家龙头企业。部分打火机企业仍然是家庭管理模式，管理水平低下，生产效率低，产品质量差。同时，企业的创新进取意识比较淡薄，缺乏优秀人才，尤其是缺乏优秀的管理和技术人员。据调研，在 13 家出口企业中，除湖南东亿电气股份有限公司外，其他 12 家企业还未配备全职的高级会计师。

三　对策建议

邵东打火机产业作为邵东市的支柱产业，在县域经济中具有特色优势。目前邵东打火机产业面临新国标实施等一系列问题，对此政府部门要加以重视，积极引导打火机生产企业适应新国标，促进企业结构调整和产业升级，提高产品的国际竞争力。

1. 建议由省政府指导，邵阳市政府牵头，组织打火机出口企业与海关部门协商

一方面，争取新国标在当前只对国内销售的产品执行，对于出口的产

品，根据进口国的质量标准要求，分类制定执行不同的检验标准；另一方面，在新国标的全面执行上，争取 2 ~ 3 年的缓冲期，例如与海关部门协商延缓至 2022 年全面实施。

2. 建议积极出台扶持政策，营造支持打火机产业发展的氛围

县域经济的持续健康发展，事关经济发展、民生改善、生态建设全局。加快县域经济发展，需要重视传统产业的做大做强。而传统企业的做大做强，需要政府重视并给予一定的政策支持。建议邵东市规划专门的打火机产业园，引导现有的打火机企业引进先进生产设备，向现代化企业转型发展。

3. 加快产品的技术创新和企业结构的调整

技术创新是企业整体素质提高的关键，只有解决好企业的技术依托和技术支撑、改变产品档次低下的局面，才能提高企业的竞争力。建议政府引导邵东市打火机行业协会规范发展，提高行业自律水平。进一步通过行业协会的引导，促进企业开发自己的专利技术，提高产品的科技含量，规范内部管理制度。同时，广泛借助外部科研力量，如高校或其他企业，形成技术联盟，推进创新，努力扩展行业技术领域的广度、深度。

4. 实施品牌战略

品牌代表着企业产品的市场地位。品牌培育和管理的过程也是一个不断整合企业资源、降低管理成本的过程。因此，邵东打火机企业除了应该维持自己的低端市场外，还需要加快开发中高端市场，塑造自己的打火机品牌，树立品牌形象。如温州打火机企业早已意识到了这一点，并为之努力，创立了虎牌等世界知名的打火机品牌。

5. 加快产业和人才集聚

抓住湘南湘西产业转移示范区建设的机遇，大力实施“引老乡，回故乡，建家乡”行动，吸引分布在全国其他地区打火机行业的湘籍商人、非湘籍商人来湘创业集聚。同时，打火机企业也应注重对人才的引进和企业员工的培训。在企业内部积极引导管理人员接受专业管理知识培训，完善各项管理制度；加强对生产人员在科技知识方面的培养，引进和培养专业的营销人员，转变传统观念，树立现代的市场营销理念，为开创名优品牌打下基础、做好铺垫。

“小产业　大市场——湖南2/3现象研究”系列报告之九

临湘市浮标产业发展情况及对策建议*

湖南省人民政府发展研究中心调研组

浮标是垂钓必备工具。业内有一句行话：“威海的杆，临湘的标”，足见临湘浮标的地位。早在20世纪90年代初，临湘就成为全国知名的浮标生产基地，产品国内市场占有率稳居80%以上。小小浮标造就了临湘一大产业，成为促进当地县域经济发展、解决就业的支柱产业。随着经济社会的不断发展和全民健身上升到国家战略高度，健康休闲类服务产业消费需求将逐步释放，钓具（浮标）产业即将迎来发展的黄金时期。

一　浮标产业的发展优势与机遇

临湘市有“中国浮标之乡”美誉，“临湘浮标”作为中国地理标志商标，市场占有率高、品牌竞争力强、行业知名度高，发展前景光明。

1. 产业基础好

2018年，全市生产的浮标超过1亿支，产值突破18亿元，国内市场占有率高达80%，夜钓电子浮标占全行业市场份额的1/3，稳居全国第一。临湘浮标已获专利57项，企业自主研发的浸漆机、成型机为全国首创，开发制作的高档工艺浮标填补了国内技术空白，达到国际先进水平。拥有中国地理标志商标1个、马德里国际商标1个、湖南省著名商标8个。同时，临湘还主导着浮标生产行业制造标准，为全国浮标生产行业制造标准提供技术文本的10家浮标企业中，临湘占了8家。

* 本报告获得湖南省委常委、省政府常务副省长谢建辉的肯定性批示。

2. 带动效应强

经过近 30 年的发展，浮标产业成为临湘的富民产业。据统计，2018 年，全市浮标生产经营主体共 1067 家，带动了 3 万余人就业，基本形成了集原材料供应、浮标生产、电商物流、竞技体育、旅游会展于一体的产业链条，产业链总产值近 30 亿元。培育原材料生产基地，全市芦苇、芭茅、泡桐基地面积已达到 1 万亩，有效带动了农民增收；通过“浮标 + 电子商务”“浮标 + 竞技体育”“浮标 + 文化旅游”带动了商业、餐饮、文化、旅游发展。2018 年，全市新增服务从业人员 2000 人，新增钓具（浮标）上下游服务企业 170 家，服务业收入新增 1 亿元。

3. 消费市场大

我国拥有庞大的钓具消费群体。业内统计，目前，国内钓鱼人群有 6000 万人，钓具市场消费额约 600 亿元，浮标在钓具装备中占比约 8%，市场消费额约 50 亿元；从国际市场来看，2017 年，全球钓具行业产值达到 147.8 亿美元，欧美日市场浮标份额约 30 亿美元。以人均每年消耗 4 ~5 支浮标计算，全球市场一年需消耗 10.5 亿支，而目前国内市场年生产销售约 1.2 亿支，消费市场十分庞大。此外，钓具消费市场增速快，以京东大数据为基础的《2016 中国体育消费生态报告》显示，垂钓用品消费近几年一直保持较高增速，2016 年消费额同比增速超过 75%。

4. 发展前景广

钓鱼产业链可分为钓具生产、休闲钓鱼和竞技钓鱼三大块。规范的浮标产销是一个低污染、高利润的产业。钓具生产比一般工业产品的利润要高 2 ~3 倍，特别是高档浮标，价格更是不菲，增值可上千倍。休闲垂钓运动将休闲、娱乐、旅游、餐饮等行业与渔业结合为一体，其产值为常规渔业产值 3 倍以上。2017 年，我国休闲钓鱼市场规模为 370.4 亿元。竞技钓鱼是一项高消费运动，能撬动较大的经济效益。2018 年，临湘国际垂钓中心举办全国垂钓俱乐部挑战赛事 15 场次，共吸引全国各地 1.2 万人次参赛，带动了当地休闲旅游业的发展。今后，随着国民收入水平不断提高和休闲时代的到来，钓鱼产业链市场的消费需求将进一步被释放，成为一个前景广阔的朝阳产业。

二　浮标产业面临的困难与瓶颈

临湘浮标产业虽然取得了一定的成绩，但在发展前行中，危机与希望同在，主要存在以下问题。

1. “市场的手”：企业“小、散、薄、弱”

临湘浮标企业主要问题可概括为“小、散、薄、弱”，影响了企业的健康成长。

一是规模小。目前，临湘浮标生产行业中90%是中小经营户，以家庭作坊为主，一般企业生产工人在20人左右，少的只有三五人，大部分企业综合实力较弱，有些甚至还停留在低水平的手工制作层面，抗风险能力较弱。

二是分布散。临湘浮标生产企业以家庭作坊为主，大多分布在各居民区，集聚度不足。全市1067家浮标生产经营企业，目前仅有30家左右入园，产值千万元以上的入园企业仅有两三家。

三是利润薄。临湘浮标产销恶性竞争严重，导致基本无利可图。如芦苇秆通用浮标，原来每支卖8元，企业成本1.1元，私人作坊成本0.3元；后来每支卖0.5元，企业反而要亏每支0.6元。

四是创新能力弱。目前，全市仅池海一家企业投入了专项研发经费，大多数企业缺乏创新意识和独立创新能力，没有核心技术，以模仿著名厂家产品和跟风生产为主。拥有自主产权和核心竞争力的龙头企业不多，临湘浮标产品上万个，但仅有8个品牌为湖南省著名商标，多数企业以贴牌加工为主，未建立自主品牌。

2. “政府的手”：措施“不力、不优、不足、不强”

从政府层面来看，临湘浮标产业主要问题可概括为“四不”，制约了行业的发展壮大。

一是管理不力。政府出于“放水养鱼”的考虑，直到2015年才成立浮标办，着手浮标管理。行业管理的长期缺位，加上浮标生产技术门槛低，产品容易模仿，导致恶性竞争严重，整个行业陷于低水平、低层次和重复发展之中。此外，行业内部缺乏合理分工和布局，没有从顶层设计上考虑行业长期性、稳定性与专业性的发展方向，出现大企业无法强、小企业不能长大的现象，整个产业处于停滞状态，甚至出现倒退。

二是配套不优。目前临湘浮标特色产业园标准化厂房建设滞后，电商仓储未建立，生活及公共配套设施不全，缺少共享车间、产品展销平台、外贸销售平台、人才培训平台、检测检验中心等公共服务平台，基础配套设施严重滞后。以浮标电商为例，临湘物流成本为 3.5～4 元/单，而江浙地区为 1.7 元/单，以每天 8 万单包裹计算，临湘物流成本要比江浙地区高大约 16 万元/天，容易导致电商企业流失。

三是统筹不足。浮标产业是临湘特色产业，省级和国家层面都没有相应的对口管理部门，而各部门资源又相对分散，很难对产业发展起到长足的支撑作用。以技术培训为例，大部分浮标企业都是通过低门槛模仿发展而来，没有接受过系统的专业培训，缺乏相应的专业技能和运营经验，亟待政府统一培训。调研反映，临湘市人社局每年有 500 万元的教育培训资金，可由于浮标培训无法颁布相应的证书，故培训资金无法使用。

四是政策不强。目前省级政府层面投入很少，项目申请门槛又高，基本上靠市级财政在支持，每年最多申请到 20 万～30 万的扶持资金。而相比“钓竿之乡”的山东威海，政府每年扶持龙头企业的资金都在 5000 万～8000 万元左右。此外，政府宣传引导不力，临湘作为“浮标之乡”，在省内知名度都很低，拥有“最美钓场”，大多数时间却处于闲置状态。

三　把浮标产业打造成为湖南“鱼米之乡”的新名片

钓具（浮标）产业是富民强省和蓬勃发展的朝阳产业，应当成为做强做大县域经济的主引擎。发展壮大浮标产业，推动浮标特色小镇建设，打造湖南“鱼米之乡”新名片，大有可为。

1. 加强全省统筹，引导行业整合

省级层面对民营经济“2/3 现象”要加强统筹规划，成立专项扶持资

金，在标准厂房、物流仓储、基础设施配套等方面给予政策资金和项目扶持。促进全省优势资源整合，将开发碳素钓具（浮标）新材料纳入全省碳基材料产业链，将新型发光浮标储能电池项目纳入全省先进储能材料产业链，将新型声呐浮标项目纳入全省人工智能及传感器产业链，将新型智能捕鱼器项目纳入全省自主可控计算机及信息安全产业链，将新型饵料、饵料添加剂纳入全省化工新材料产业链、中药产业链等。

行业层面要实行统筹整合，促进精细分工，引导企业将浮标制作的十几道工序进行分工协作，让龙头企业专注于品牌产品的研发，小微配套企业则聚焦前端部件的专业化生产，对油漆、尾彩等污染工艺环节实行集中管理，形成完善的产业链垂直分工协作体系和集约化生产经营。

2. 培育龙头企业，打造品牌形象

对钓具界各产品销量排名前列的企业盯住引进，靶向招商，补链延链；对本土潜力企业重点培育，打造“二八现象”，如重点培育池海浮标、小凤仙电商、渔我同乐电商等 3 家龙头品牌企业；优势企业加快优势资源整合，鼓励以实力强、管理优的浮标企业主导优化组合，打造一批亿元级的骨干企业，冲刺主板上市。

加强对临湘浮标品牌的保护，组织开展市场整治和规范管理，防范和打击损害名优品牌的生产经营行为。建立浮标产品检测检验中心，健全产品质量追溯制度，构建质量标准体系，指导和监督企业按标准生产。推进品牌整合，鼓励一般品牌向名优品牌捆绑集中，实行强弱融合，突出以浮标品牌整合带动浮标企业整合，实现联动发展。推动钓具龙头企业准入“临湘浮标”品牌，做到一企一牌或一企多牌。

3. 延伸产业链条，促进集聚发展

围绕“补链、强链、延链”，着力实施产业链条延伸工程。具体来说，第一产业要提质转型传统原材料，培植钓具（浮标）原材料基地，对分散低效的种、养业进行提质转型，引导专业种植。第二产业要促进由机械化设备逐步向智能化设备延伸，并向智能探鱼器、鱼线、饵料、假饵、钓箱、包装印刷等横向产品链拓展。第三产业要做好“浮标 + 农业”“浮标 + 休闲”

"浮标 + 文创"的文章，打造休闲垂钓高端论坛，建设钓具展示中心、垂钓休闲中心和全鱼美食中心，构建"产、旅、文"一体的浮标产业体系。

把集群集聚作为产业发展的主攻方向，推动"个转企、企升规、规改股、股上市"，形成抱团、共享的钓具产业集群。鼓励龙头企业入园，高标准规划浮标产业园，以成本价向企业供地，补贴建设标准厂房；对于电商企业，建成集电商办公、展示、销售等功能于一体的电商孵化商贸区，促进小微钓具电商企业的孵化及发展；对于小微家庭作坊企业，实行兼并重组、整聚融合、抱团发展，以提升产业整体水平，实现浮标生产由零散企业向规模企业发展。

4. 做好服务配套，优化平台建设

建设钓具电商物流园，集中打造共享仓库、智能化管理系统和钓具专业App平台，引进中国网库，在线上建设打造中国钓具产业带B2B平台，引进阿里巴巴、腾讯、京东等电商品牌，开设"临湘特色馆"；支持电商企业组建物流联盟、采购联盟和销售联盟，降低物流等销售成本。

强化科技创新服务体系。在产业园设立"临湘浮标"研发中心，联手湖南当地高校，在浮标生产的材料、工艺、设备和技术等方面加强合作，提升浮标的科技含量；建设钓具公共科技创新服务平台，为浮标产业转型发展提供研发设计、成果转化、检测检验、知识产权、文化创意设计、服务外包和人才培训等公共服务。以政府购买服务的方式，建立钓具产业大数据平台，为钓具企业提供大数据支撑。

5. 建设人才队伍，强化资金支持

在园区建设公共实训基地，进行钓鱼技术和钓具生产培训，培育消费梯队，扩散招商发展信息，培养钓具（浮标）设计、研发、生产、营销、宣传等专业化人才。加大对能制造浮标、懂电子商务的专业人才的引进力度，出台相关政策，给予其住房、医疗、养老等相关补贴，实现外地人才引得进、留得住。

针对浮标行业以小微企业为主的现象，通过贷款贴息、研发资助等方式支持初创期、成长期科技型钓具企业的技术创新活动。充分发挥科技型中小企业创新基金的引导作用，对龙头企业、成长型企业进行股权投资，为新产品开发、新项目建设等提供资金支持，形成多元主体的资本市场结构，提高社会资本配置和投资运营效率。

6. 统一宣传推介，开拓国际市场

充分利用省级政府公共平台优势，采取多种形式宣传“中国浮标之乡”，推介临湘浮标特色产品。通过举办高水平国际国内专业垂钓比赛、中国浮标文化节、天猫快乐垂钓节、钓具（浮标）产业展销会、临湘浮标高峰论坛等节会活动，提高“中国浮标之乡”知名度。编印宣传画册、录制专题宣传片、制作歌曲《小浮标》，运用户外广告、新闻媒体、电视网络对外统一宣传推介“临湘浮标”公共品牌，提高“临湘浮标”的知名度和市场认可度。

提供企业参展平台，对接产品外销市场，变企业无序竞争为政府有效引导。制定开拓国际市场的支持办法，对符合条件的浮标企业在海外参加重点展会的展位给予补贴。让企业通过参与国际市场竞争，学习国外钓具生产技术，站在国际钓具产品前沿，把握行业发展业态，提高钓具产品的品质和世界钓具市场份额，拓展钓具产品的直营外销渠道，走出一条特色产业 + 外向型经济的创新之路。

“小产业　大市场——湖南2/3现象研究”系列报告之十

邵阳发制品业发展情况及对策建议*

湖南省人民政府发展研究中心调研组

发制品业是有着广阔前景的朝阳产业。经过多年的积累和发展，湖南邵阳的发制品业在业内具有一定的实力和知名度，已成为湖南省外贸发展的一张亮丽名片。下一步，需要从开拓国内外市场、培育新业态、精准招商、提升产业链水平等方面发力，助推行业发展迈上新台阶。

一　邵阳发制品在非洲市场占有一席之地

在近年全球增长动力减弱的背景下，发制品业仍保持高速增长。邵阳发制品业在多年发展的基础上，积极开拓新兴市场，产品在南非等非洲国家具有一定影响力。

1. 发制品业是具有较大增长潜力的出口型行业

中国是发制品第一生产国和出口国。2018年，发制品出口额约36.21亿美元，增速为13.97%，占全球市场份额的比重约为80%。得益于非洲市场的迅速扩张，预计到2025年，中国发制品出口额将突破百亿美元。作为国内发制品的五大产区之一，2018年，湖南发制品进出口额3.58亿美元，占全国的比重达到9.89%，位居全国第三；增速40.06%，位居全国第一，增长空间广阔。

2. 邵阳发制品业发展有基础、有优势、有亮点

依托南方地区发质较好的资源优势，从20世纪80年代的手艺人走街窜

* 本报告获得湖南省委常委、省政府常务副省长谢建辉的肯定性批示。

巷收头发到如今发制品企业遍地开花，湖南邵阳已成为全球高端人发原材料的集散中心，占据全球90%以上的市场份额。邵阳目前共有发制品企业130余家，出口企业26家，产值过亿元企业10家，涌现出以阳光、鸿宇、美丽来等为代表的骨干企业，产品有4000多个品种，带动就业10余万人。2018年，邵阳发制品行业总产值52亿元，进出口总额3.26亿美元，占湖南省的比重约为90%。其中，对非洲出口额2.17亿美元，占非洲市场份额的15%以上；2019年首届中非经贸博览会期间，邵阳市发制品企业共接洽客商47批次，达成意向订单5166万美元。

产业发展水平不断提升。企业经营模式由贴牌代工向品牌建设转变，成功打造了悦翔、朵梦娜等一批知名品牌。当前，共有国家及省部级著（驰）名商标2个、名牌3个、自主品牌16个。部分企业探索向智能制造升级，如阳光发品的部分生产线采用智能化生产设备，用工成本削减了25%，产能增长了1/3。邵阳发制品产业园项目一期于2018年年底完工，组建了技术研发中心、生产力促进中心，获得专利80余项，是全省9个国家外贸转型升级基地之一。

二　制约发制品业发展的四个因素

邵阳发制品业发展进中有忧，产业转型升级和新模式新业态的培育落于人后，影响市场增长潜力的兑现。

1. 国内劳动力成本上升，国际贸易保护主义抬头，导致行业发展环境总体趋紧

发制品业是劳动密集型产业，国内劳动力成本持续上升，但企业生产线自动化改造程度不高、步伐不快，面临在东南亚等地设厂的日韩企业的竞争压力；比如，印度尼西亚发制品产业工人工资约1000元/月，但在邵阳以3000元/月的工资也难以招聘到相应熟练度的产业工人。即使有出口退税政策，产业向东南亚等地转移的趋势也日渐明显，阳光、宏宇等骨干企业纷纷在海外设厂。中美贸易摩擦影响也不容忽视，发制品业对美国出口额的占比

逐步下降，2018 年占比约为 30%，2019 年上半年发制品业产值同比下降 23.2%。此外，作为主要销售市场，非洲营商环境不优，部分国家和地区贸易壁垒严重。

2. “互联网 +外贸”新业态成长不快

相较于传统的对外贸易方式，跨境电商可节省约 20% 的财务成本，已成为发制品业的增长热点。邵阳发制品企业在应用互联网、大数据等技术推进线上销售方面做了有益探索，但存在资源整合不足、系统重复建设问题，调研中企业普遍反映平台建设质量不高、效果不明显；据了解，当前发制品线上销售额的占比不足 1/20，而行业的平均水平为 1/3。此外，企业一般从广州、上海等地申报出境，增加了物流成本，降低了企业市场竞争力。

3. 创新能力不强，处于产业中低端

发制品业生产方式大多为纯手工，并没有成熟适用的自动化生产技术，如每一顶高端发制品的手工植发环节就需耗时一周，企业有技术需求但创新能力薄弱。尽管发制品自主品牌建设初见成效，但仍有约 50% 产能属于贴牌，利润空间受到挤压，行业整体利润率为 10% 左右。除了阳光、鸿宇等骨干企业外，大多数企业规模小、实力弱，处于产业链末端，以原材料收购及初加工为主，尤其是缺乏高端化纤发的研发生产能力，导致欧美市场份额不断被蚕食。

4. 政策支持力度不足

作为外贸转型升级基地，省级安排的专项资金仅为 100 万元，难以支持企业发展。发制品业的流动资金需求量较大，企业融资难、融资贵问题仍然存在，而邵阳中小企业融资担保基金为 3 亿 ~5 亿元，杠杆作用有限，难以满足企业的资金需求。此外，邵阳发制品产业园的生活服务配套设施不完善，且企业入园审批手续过于烦琐，在一定程度上影响了企业入园积极性。

三 做大做强发制品业，打造“湘品”金字招牌

立足资源优势，突破发展瓶颈，加快发制品业转型升级的步伐，打造

“湘品”金字招牌时不我待。

1. 沉着应对困境，积极开拓国内外市场

化解用工难题。与职业院校开展合作，探索懂技术、会管理的复合型人才订单培养模式。将骨干企业作为就业扶贫基地，定期发布用工需求，支持开展专业技能培训，引导有条件的贫困劳动力就近转移、稳定就业。有效应对中美贸易摩擦的影响。一方面，趁着首届中非经贸博览会余热未减，鼓励企业在非投资，扩大非洲市场份额；另一方面，对受影响较大的重点企业给予适当的出口补助，用好出口信用保险政策工具。积极拓展国内市场。抓住国内发制品消费观念转变和消费水平提升的机遇，引导企业开展外销产品转内销，支持企业通过中国美博会、发博会、广交会等各类展销平台在国内市场抢占先机。

2. 加快培育贸易新业态新模式

充分发挥发制品行业协会的组织引领作用，考虑各个企业的发展需求，加强资源统筹，打造集大数据、物流仓储于一体的跨境电商综合服务平台，推动发制品销售由线下为主向线上线下深度融合转变。探索发展移动端跨境电商。以长沙跨境电子商务综合试验区获批为契机，鼓励企业合伙建立保税公共仓储，支持有条件的企业建设海外仓。积极与航空物流企业对接，探索合作模式，建立非洲国家物流专线，着力降低物流成本。

3. 精准招商，提升产业链水平

搭平台、优服务，“引凤来栖”。一方面，提升发制品产业园建设水平，完善交通、餐饮、社区医疗、农贸市场等生活配套设施，在供地、社保、厂房建设、业务培训等方面给予入园企业政策扶持。另一方面，依托邵阳在高端人发原材料方面的资源优势，积极争取中国发制品技术研究中心落户邵阳，加大新产品新技术研发力度，扩大在发制品行业的话语权和影响力。开展产业链精准招商。瞄准河南许昌、山东青岛等地的上下游关联企业，制定产业链招商目录，定期举办专题招商推介会，重点引进化纤发、女装假发和男装头套等高端生产线，助推发制品产业链向中高端迈进。推进品牌招商。提升自主品牌销售占比，对于在打造自主品牌方面卓有成效的企业给予一定的资金补贴，不断扩大品牌的规模和提升品牌档次。同时，加强媒体宣传推介，提升品牌的知名度。鼓励以商招商。发挥商会的沟通协调作用，充分激活企业的“朋友圈”，对于引进高端生产技术设备、做大产业链的企业管理人员给予适当的税收优惠。

4. 加大政策支持力度

建立高位推进机制。邵阳有发制品、打火机、箱包皮具等特色小产业集群，“邵阳现象”引人注目。建议由省领导亲自挂帅，成立特色小产业发展推进工作小组，定期研究解决行业企业面临的实际问题，着力推进传统特色产业加速向智能制造转型升级。加大资金支持力度。建议省融资担保集团设立适度规模的专项资金池，重点满足湖南特色小产业融资担保需求；支持设立专项公益性转贷基金，为企业提供低成本转贷过桥服务；对符合条件的银行业金融机构的信贷投放和担保机构的担保余额给予一定的风险补偿。

“小产业　大市场——湖南2/3现象研究”系列报告之十一

将邵东市打造成国际一流的箱包产业基地*

湖南省人民政府发展研究中心调研组

邵东市箱包行业起源于20世纪70年代末，经过近40年的发展，行业规模不断扩大，产业水平明显提升，国际市场竞争力日益增强，现已成为邵东特色经济支柱产业，邵东市成为国内重要的箱包皮具生产基地。邵东箱包产业的崛起充分说明：发展产业只要找准了符合市场经济内部规律的路子，在内陆甚至区域条件较差的地区同样可以打造优势产业链。

一　邵东箱包产业发展现状

邵东箱包产业在国内外一直享有美誉。近年来，在东部地区产业转移趋势的推动下，沿海先进的箱包企业和技术团队纷纷落户邵东，进一步推动了邵东箱包产业的跨越式发展。

1. 邵东市是年产量居全国第四的箱包皮具生产基地之一

2012年，邵东市被中国轻工业联合会、中国皮革协会授予“中国箱包皮具生产基地”称号，是全国8个箱包皮具生产基地之一，年产量居全国第四。截至2018年年底，邵东拥有布匹皮革配件市场3个、生产园区2个、产品交易中心2个，总占地面积780亩；箱包生产及配套企业达2200余家，规上企业达140多家，销售额过亿元的企业达6家，销售额超过5000万元的企业达30家。2018年，邵东箱包行业年产值达到100多亿元。邵东箱包

* 本报告获得湖南省委常委、省政府常务副省长谢建辉的肯定性批示。

产业产品涵盖书包、背包、旅行包等 7 大系列 5000 多个品种，其中书包的销售额占全国的 70% 以上。

2. 邵东箱包品牌升级成效显著

邵东箱包皮具产业从无牌、冒牌、贴牌转向创自己品牌、创优秀品牌，从“邵东制造”到“邵东创造”再到“邵东智造”，逐步向品牌化、高端化、国际化、集群化迈进，成为国内一流的箱包产销基地。目前，大部分家庭作坊个体户逐步往中端产品发展，龙头企业正以出口为主向高端产品和品牌推进。箱包产业拥有注册商标 421 个、海外商标 26 个，拥有“凯特伦”“好阿优”“金利狐”“醇龙”等省著名商标 17 个、省名牌产品 15 件。2018 年，邵东箱包行业获批国家级箱包外贸出口转型升级基地，被评为省级创新创业带动就业示范基地和省级创业孵化基地。

3. 出口业绩不断增长

邵东有相当一部分商人在国外销售邵东产品，他们在外经商多年，积聚了全球的人脉资源、信息资源、市场资源。邵商代表刘纯鹰借助侨商资源，召集邵商开拓海外箱包市场，并在邵东成立了邵东箱包进出口协会。在邵东箱包进出口协会的推动下，邵东箱包产品出口的一系列难点、痛点得到解决，邵东实现了由为广州、义乌代加工生产向企业自营进出口的转变。目前，出口额达到 3.2 亿美元，产品销往东南亚、中东、南美、墨西哥等 89 个国家和地区。

二 邵东箱包产业发展面临的问题

邵东箱包产业整体在转型升级，但仍面临诸多内部矛盾和外部制约因素，发展面临诸多困难，主要表现在以下方面。

1. 箱包产品整体处于价值链低端

邵东箱包产业持续创新能力弱，多数生产厂家处于粗放式、外延扩张阶段，规模小、结构散、技术装备落后、产品竞争力不足。箱包产业在产业链中处于附加值不高的低端产品生产阶段，高端化、品牌化产品不足，亟须提升产品研发和设计的能力、品牌宣传能力，加速邵东箱包产业的转型升级。

2. 专业人才紧缺，尤其是外向型经济人才短缺

邵东箱包产品出口占比较大，然而邵东地处湖南西南部，地理位置不优越，生活配套跟设施不优，生活、娱乐、就医、就学条件与沿海地区以及长株潭地区尚有不少差距。专业人才不足，尤其是高级技工不足，高端配件制造人员短缺，懂外贸、懂设计的高级人才难以引进和长期留住，专业技术人员不足成为邵东箱包业发展的重大阻碍。

3. 企业融资困难

邵东箱包企业多数属于中小企业，信用水平不高，可供抵押的资产相对较少，加之财务制度不健全，破产率比较高，多数商业银行认为贷款给这类企业风险太高。箱包企业发展外贸需要设备更新、技术创新、产品推新，前期投入资金量大，然而企业融资渠道有限，大部分银行只放短期贷，不能满足箱包企业的可持续发展需求。另外，银行抽贷行为也是制约中小箱包企业发展的一个痛点。

4. 产业发展空间受限

邵东生产加工皮具箱包的小微企业多，有 2000 来家，经营销售企业 1700 多家，配套企业 600 多家，它们一起挤在有限的产业园中，空间狭小，规模不足。在产业转移的背景下，一些有竞争优势的企业扩大规模、打开国际市场的硬性基础条件支撑不足。比如，拉杆箱生产企业湖南龙哥科技有限公司是一家从广州迁出在邵东成立的集研发、设计、生产及销售于一体的专门从事旅行箱生产的规模企业。限于生产产地受限，产能不足，该公司与箱包行业一线品牌新秀丽、啄木鸟、日默瓦等国内外知名公司的合作洽谈多次，但企业规模不足，合同一直搁置。

5. 产业链不完善

邵东箱包产业长期处于产品价值链低端，产业链不完善是箱包产业高质量发展的难点。在转型升级过程中，一些重要的产品配件本地生产跟不上，大部分配件需要从浙江、广东等地采购，不仅增加了运输成本、生产成本，而

且厂家难以控制产品质量及出货时间，限制了企业的高质量发展。此外，邵东箱包产业缺乏龙头企业的示范带动，产业发展后劲不足，全产业链的内部优势难以形成，需要加快引进国际国内一流的龙头企业，带动整个产业的升级。

三　推动邵东箱包产业发展的政策建议

当前，邵东箱包产业面临较好的前景。据行业预测，国际市场每年箱包需求在5000亿美元左右，有着巨大的发掘空间。同时，国内东部沿海地区的皮具箱包产业基地已经把发展定位为研发创新中心和设计服务中心，皮具生产企业将梯次向内地转移。邵东地处湘南湘西承接产业转移示范区内，承接好沿海地区箱包生产转移是邵东皮具箱包产业发展的一次重大历史机遇。

1. 加大箱包行业政策扶持力度

围绕打造全产业链，在用地、财税、金融等方面给予大力扶持，助推沿海地区箱包生产企业落户湖南；加大招商引资力度和提升规格，由地方政府主要领导带头，去沿海主要生产企业对接，在招商引资上下功夫，精准对接，真诚服务，将产业转移的主要品牌生产企业和配套企业引入湖南；加大资金扶持力度，对有关中小企业进行专项扶持；支持建立箱包产业园区，加大用地和税收优惠力度，尝试按高新企业政策配套支持园区发展。

2. 解决行业发展的人才瓶颈问题

在现有人才政策基础上，进一步加大人才引进培养力度。一方面，积极融入湖南芙蓉人才工程，做好重点人才选拔推荐工作，不断扩大高层次人才规模；另一方面，把高技能人才、箱包行业外贸人才等纳入人才工作表彰激励体系，通过多方面的政策扶持，促进箱包行业“高精尖缺”人才的加速集聚，助力企业创新发展。加强职业技能人才培训，与湖南大专院校合作建立箱包产业人才培训基地，加速解决行业技能人才短缺问题。加快建立懂外贸和会外语的高端人才引进机制，按照沿海地区标准给予生活补贴，确保高端人才引得进、留得住。

3. 扶持箱包行业及企业开拓国际市场

建议建立省级外经贸发展专项资金，支持外贸企业开拓国际市场及提升国际化经营能力，加大对外贸企业境外专利申请、商标注册、资质认证项目的支持力度；支持境外展会项目，包括境外参展团组项目、单个企业参展项目、企业赴境外自主办展（会）项目，以及企业参加商务部、省政府或省商务厅组织的国（境）外特定经贸展（会）项目。支持箱包企业提升国际化经营能力，通过减税、补贴等方式支持箱包行业企业实施走出去战略，适应国际化发展需求。

4. 着力解决行业融资难题

着力破解小微企业融资难题，成立行业担保公司，解决箱包企业融资抵押物不足的问题。加大政府投入，安排专项资金，引导金融机构支持企业转型升级，加大对产学研合作的技术创新投入和开拓海外市场。在财政、税收等多方面扶持箱包行业中小微企业发展，减轻小微企业发展的资金包袱，加快推动行业做大做强。在金融创新上加大力度，尝试推出针对小微企业的中长期贷款品种，满足小微企业购置设备、购买或新建厂房等扩大再生产需求，避免短贷长用，对已用于长期投资的短期贷款，根据实际情况，通过重定期限或采用续贷、年审制等方式进行合理接续，避免出现因断贷造成的企业资金链断裂问题。

5. 打造国内一流的箱包生产基地

目前，中国旅行箱产品占据全球95%的市场份额。2018年，全球旅行箱需求约为200亿美元，国内共有6大旅行箱生产基地，即浙江宁波、浙江温州、河北白沟、广东广州、江西新干、浙江义乌。随着国内产业转移的推进，浙江、广东旅行箱产业不断向内地转移，尤其是邵阳被纳入湘南湘西承接产业转移示范区建设范围，邵东市打造世界一流箱包产业大有可为。比如，浙江“日默瓦”“新秀丽”等世界知名品牌的加工基地年产值分别为50亿元、35亿元左右，与邵东隆源中小企业创业园和龙哥箱包有限公司都有合作基础，产业向内地转移的意愿强烈。政府要以融入国际市场为导向，加速引进1～2家全球十强龙头企业，比如“日默瓦”“新秀丽”“啄木鸟”

等，培育 40 家左右智能拉杆箱生产企业，培育 5～10 家高端配套产业企业，比如，上海聚通发展有限公司、江西昌新配件厂等全自动旅行箱智能轮子厂，将邵东打造成箱包全产业链生产基地。

6. 提高企业家的地位，营造重商、爱商的社会环境

企业家是生产的组织者，也是创新的组织者，企业家的社会地位决定了社会文化的取向。要更新观念，在省内营造尊商、敬商、重商、爱商的氛围。开展民营企业表彰活动，大力宣传民营企业家突出事迹，弘扬企业家精神。从体制机制上鼓励经商创业，从物质和精神两方面尊重企业家和一切创新创业的人才。深化改革，尽力破除制约民营企业发展的“卷帘门”“玻璃门”“旋转门”，着力破解民营经济当前遇到的市场、融资、转型三大难题。要大力发挥湘商的人才优势，主动对接，搭建平台，充分利用他们的信息和资源优势来助力湖南的转型发展。

创新引领开放崛起

实施创新引领开放崛起战略推进湖南高质量发展研究*

湖南省人民政府发展研究中心调研组**

创新是引领发展的第一动力，开放是加快崛起的必由之路。湖南深入贯彻习近平总书记重要指示精神，大力实施创新引领开放崛起战略，初步走出了一条以供给侧结构性改革推动湖南高质量发展的路子。2019 年 4 月以来，我中心成立专门调研组，对创新引领开放崛起战略的实施进行深度研究，并先后到广州、深圳、安徽、重庆、湖北等省市和省内部分市州开展调研。调研有关情况如下。

* 本报告获得国务院发展研究中心副主任隆国强的肯定性批示。本报告系 2019 年度湖南省社科基金智库专项重大委托项目“实施创新引领开放崛起战略，推进湖南高质量发展研究”的阶段性成果。

** 调研组组长：谈文胜，湖南省人民政府发展研究中心党组书记、主任；调研组副组长：唐宇文，湖南省人民政府发展研究中心副主任、研究员；调研组成员：禹向群、左宏、龙花兰、闫仲勇、候灵艺、贺超群，湖南省人民政府发展研究中心研究人员。

一 双轮驱动发展战略实施成效明显

创新和开放如湖南发展的“车之两轮，鸟之两翼”。创新引领开放崛起战略实施以来，全省各级各部门高度重视，陆续出台了一系列配套政策文件，实施了一系列重大举措，有力地提升了湖南的发展质量。

1. 经济发展稳中向好

经济规模快速扩大，全省GDP从2016年的3.1万亿元增加到2018年的3.6万亿元，年均增长7.97%，全国排名由第9位上升至第8位；省会长沙2017年跻身“万亿俱乐部”后，2018年GDP跃居全国省会城市第6位。财税质量持续提高，全省一般公共预算收入从4252亿元增加到4843亿元，年均增长6.7%，其中非税收入占比下降11个百分点。民生福祉不断改善，全省城乡居民人均可支配收入年均分别增长8.3%、8.7%，农村贫困人口减少到83万人，城乡融合加快推进，高速公路覆盖98%的人口，城镇化率提高到56.02%。

2. 产业结构不断优化

全省三次产业结构由2016年的11.5∶42.2∶46.3调整为2018年的8.5∶39.7∶51.8。第一产业占比下降，从2016年的11.5%下降到2018年的8.5%；实施三个“百千万”工程，智慧农业、精细农业快速发展。工业加快迈向中高端水平，高技术制造业增加值增速从2016年的11.4%上升至2018年的18.3%，初步形成了装备制造、农产品加工、材料等3个万亿级产业以及电子信息、移动互联网等11个千亿级产业，工程机械主营业务收入占全国的比重超过1/4。投资结构明显优化，2019年上半年，全省产业项目建设完成投资同比增长21.6%，高新技术产业投资增长34.6%，民间投资同比增长22%；新能源汽车、光纤、工业机器人、锂离子电池分别增长2.6倍、1.7倍、81.4%和34%，移动互联网产业迈上千亿级台阶，“马栏山”视频文创“高地”正在形成。

3. 创新动能持续增强

创新型省份建设取得重大成就，区域创新能力明显提升。2018年，全省财政科技支出增长46.3%，研发经费投入总量突破700亿元，研发投入强度达到新高1.94%。重大创新成果不断涌现，2018年，全省27项成果获国家科学技术奖励，占全国总数的1/10；其中，获一等奖4项，约占总数的1/7。自创区、高新区创新引领能力不断增强，全省国家高新区创新能力增长率居全国第二位，其中，长沙高新区较上年提升1位，湘潭高新区提升9位，衡阳高新区提升6位。长株潭自主创新示范区、岳麓山大学科技城、马栏山视频文创园建设如火如荼。高新企业快速增加，全省高新技术企业数2016年突破2000家，2017年再次突破3000家，2018年增加到4660家。高端科技人才队伍加速壮大，“两院”院士总数增加到82人，国家“万人计划”专家、“千人计划”专家、省“百人计划”专家分别达到68人、139人和269人。

4. 开放之门越开越大

湖南正在加速融入世界，国际经贸“朋友圈”拓展至200多个国家和地区。2019年上半年，全省实现进出口总额1823亿元，比2018年同期增长40.1%，增幅居全国第二位，1/3以上的世界500强企业在湖南有投资，173家世界500强企业在湖南有产业、有项目，19个第二总部项目落户湖南。2019年5月举办的长沙国际工程机械展览会，吸引了1150家全球知名工程机械企业参展，现场订单和采购金额超200亿元；2019年6月举办的中非经贸博览会，吸引了53个非洲国家及10多个国际组织和机构参会，推动签署81项合作文件，成交额达200多亿美元。“一带一路”共建成效明显，国际友城总数达88对；中欧班列城市增至3个（长沙、怀化、株洲），已开通线路11条，物流服务覆盖30个国家，黄花机场可通达“一带一路”沿线12个国家、31个机场；目前，全省有1500家企业在“一带一路”相关国家投资设厂，累计对外投资规模居中部第一位。2018年，湘南湘西国家承接产业转移示范区获批，开放强省建设必将迎来新的历史契机。

二 创新开放仍需克服五大问题

湖南省实施创新引领开放崛起战略虽然取得显著成效，但也面临一些突出问题，主要表现如下。

1. 总体规模有待扩大

对标高质量发展监测评价指标体系，湖南省创新和开放发展总体规模与其他地区及预期比存有一定差距，表现为：一是研发经费投入水平低，专利数量少，技术合同成交金额少。2018 年，湖南省 R&D 经费投入强度为 1.94%，比全国平均水平（2.18%）低 0.24 个百分点，与 2020 年 2.5%的目标比差距较大；专利授权量 48957 件，仅为河南的 59.5%、安徽的 61.4%、湖北的 76.4%；技术合同成交金额 281.7 亿元，仅占全国成交额的 1.6%，而同期中西部地区的湖北、四川、陕西等地均突破 1000 亿元。二是出口规模小、贸易依存度低。2018 年，湖南省进出口总额为 3080 亿元，仅占全国总量的 1%，居中部第五位，只相当于河南省的 56%，部分县市对外贸易尚未破零；外贸依存度仅为 8.5%，不足全国水平的 1/4，位居中部第五位。

2. 市场主体数量有待增加

近年来，随着“放管服”改革的深入推进，湖南省市场主体数量不断增加。但横向比较，湖南省市场主体数量仍然偏少。截至 2019 年 6 月，全省有各类市场主体 409.74 万户，居中部第四位，分别比河南、湖北、安徽少 222.46 万户、100.09 万户和 64.05 万户；2018 年，湖南省每万人拥有企业仅 121.74 户，居全国第 30 位，只相当于全国平均水平的 48.7%。龙头企业数量少。《财富》2019 年中国 500 强企业中，湖南省仅 5 家上榜，居中部倒数第一，且没有企业进入前百强；湖北、河南、安徽、山西、江西分别有 12 家、10 家、9 家、8 家、7 家企业进入中国 500 强。高新技术企业少。截至 2018 年年底，全国有高新技术企业 18.1 万家，湖南省仅有 4660 家，只占全国总量的 2.57%。外贸企业数量少。全省有进出口实绩企业 4630 家，而同期安徽、河南、湖北分别为 7611 家、7747 家、5827 家，差距明显。

3. 投入产出效率有待提升

2017 年，全省每投入 1 亿元 R&D 经费，产出的有效专利为 250 项，比全国平均水平少 100 项，排在全国第 28 位。湖南省国家级开发区亩均生产总值为130万～600万元，而上海、广东达到530万～1300万元；全省90%的国家级经开区、100%的国家级高新区工业用地地均税收低于国家同类园区平均水平，全省工业用地地均税收在30万元/亩以上的园区不足10%，55%左右的园区地均税收低于10万元/亩，122个产业园区工业用地地均税收低于26.67万元/亩的规划目标。

4. 金融服务能力有待提高

当前，金融业基础薄弱和融资难、融资贵仍是湖南省企业面临的突出问题。金融业基础薄弱。2018年，全省金融业增加值为1706亿元，占全国金融业增加值的2.47%，占全省GDP的比重为4.7%，比全国平均水平低3个百分点；金融机构本外币存款余额4.9万亿元，而河南达到了6.4万亿元；大数据显示，截至2019年6月，湖南省资本市场服务机构为923家，而安徽、湖北分别有1725家、1200余家，分别是湖南省的1.9倍、1.3倍。民企融资难、融资贵。非公经济贡献了湖南省经济总量的近六成，但在全部企业贷款余额中，非公企业所占比例从2013年的36.24%逐年下滑到2018年的23.6%，民营企业特别是中小微企业融资难、融资贵问题并未明显缓解；企业反映中小企业银行抵押贷款利率均超基准利率30%～40%；加上各类担保、评估、审计等费用，中小企业银行贷款的实际综合利率超过10%，过桥资金月息高达4%～10%，过桥资金风险过高。

5. 营商环境有待优化

近年来，湖南省不断改善投资和市场环境，但对标先进地区，营商环境有待优化，主要表现在"放管服"改革存在堵点、企业负担重、政府违约失信等方面。行政审批中介服务事项多、收费贵。如调研中发现，某投资额3000万～5000万元污水处理厂建设项目，前期需开展20多项审批中介服务，付费达244万元。企业承担的社会保障费用及用电、物流成本偏高，在承接产业转移时竞争力不强。如湖南企业的社会保障费用高于广东。湖南一般工商业电价0.7003元/千瓦时，比河南省高0.09元/千瓦时，比江西省高0.07元/千瓦时。招商引资领域政府违约失信问题仍较突出，已成为影响经济发展环境的一个主要痛点。"新官不理旧账"，地方政策延续性不强，导致出现短命工程、烂尾工程。如某市某粮油物流中心项目，在企业预交土地征地费并获批用地的情况下，政府换届后决定停建，不仅使得企业损失惨重，更严重地损害了政府信誉。

三　综合施策，推进双轮驱动，实现高质量发展

当前，湖南省经济社会发展处于全面小康决胜期，必须有的放矢、综合施策，坚持创新开放双轮驱动，以富饶美丽幸福为目标，在加强与国家战略对接、推动产业迈向全球价值链中高端、打造湘江西岸创新经济走廊、激活四大要素、优化营商环境上发力，有效助推湖南经济高质量发展。

1. 借东风，抢抓国家重大战略发展机遇

好风凭借力，机遇不可失。湖南的高质量发展离不开抢抓国家重大战略发展机遇，需要深刻领会习近平总书记提出的“一带一部”战略，立足中部崛起战略，对接粤港澳大湾区，融入长江经济带，加快形成结构合理、方式优化、区域协调、城乡一体的发展新格局。

立足国家中部崛起战略，深化改革开放，对标国际先进标准，向沿海发达省市看齐，实现从“沿海的内地”到“内地的沿海”跨越，把长株潭城市群建成中部崛起的“领头羊”。对接粤港澳大湾区，全面对标大湾区营商环境和现代化产业体系，打造湘港澳深度合作示范区。探索启动清水塘口岸经济园、跨境电商物流园等项目建设，做大做强外贸综合体和口岸平台。充分挖掘湘南湘西承接产业转移示范区潜在效应，探索区域产业转移、产业合作新模式，将湘南湘西地区建成粤港澳大湾区的产业转移重要基地，释放政策红利。积极融入长江经济带，发挥岳阳口岸优势，优化区域产业布局，营造长三角发展后花园。坚持绿色发展，兼顾生态效益、经济效益、社会效益，发展低碳环保的绿色产业。研究制定《湖南省融入对接国家战略行动方案》，建立对接国家战略规划动态项目库，争取建成一批、规划一批、储备一批。充分挖掘中国－非洲经贸博览会合作机遇，探索研究湖南省与非洲在现代农业、工程机械、轨道交通、工程承包等领域的合作机会，拓宽对非

发展之路，推进湘非经贸合作高质量发展。建立健全“一带一路”工作联动机制，加强与国家政策和国际需求的对接，把握国家战略机遇，打造内陆开放高地。

2. 抓产业，推进湖南产业迈向全球价值链中高端

根据湖南产业现状，不断优化产业布局。突出项目建设，研究出台产业项目建设五年规划，不断壮大创新开放发展主体，探索以产业融合为主抓手的高质量发展之路。一是优化产业布局。要抓住新一轮科技革命背景下全球价值链重塑的机遇，超前谋划全省产业链战略性攀升全球价值链高端环节。以应用场景为抓手，助推“四新经济”应用，力争在物联网、工业互联网、大数据、云计算、虚拟现实、智联网汽车、人脸识别等领域率先突破，打造人工智能、移动互联网、新材料等湖南创新名片，推动湖南产业链跨越式迈向全球价值链中高端。二是以项目建设为抓手，壮大创新开放产业发展主体。把“十四五”时期作为产业项目建设期，制定产业项目建设五年计划。通过产业项目建设，不断壮大创新开放产业发展主体。三是探索以融合为主抓手的高质量发展之路。坚持推进工业化与信息化深度融合，支持企业利用现代信息技术改造传统生产方式，以智能化改造提升制造业发展水平。坚持推进制造业与服务业深度融合，顺应国际产业发展趋势，鼓励制造企业服务化发展，延长制造业产业链，提升实体经济发展水平。

3. 强核心，打造湘江西岸“创新经济走廊”

长株潭湘江西岸集中了全省主要创新资源，具备打造创新经济走廊的基础。一要突出抓好资源联动。依托中南大学、湖南大学、湖南师范大学、湘潭大学、湖南科技大学、湖南工业大学等科教资源，联动长株潭 8 个国家级园区和马栏山视频文创园，以岳麓山大学城为核心，打造北起宁乡和望城经开区，途经金融中心、长沙高新区，向南联合湘潭九华经开区、湘潭高新区、株洲高新区的创新经济走廊，建成具有全国影响力的区域科技创新中心。二要重点支持科技创新和文化创新。科技创新方面，着力推进岳麓山国家大学科技城“一室一园一基地”建设，即岳麓山国家实验室、中南大学科技园（研发）总部和“两山一湖”（天马山、凤凰山、桃子湖）双创基

地建设，支持500强企业在创新经济走廊设立总部或第二总部；深化实施“红枫计划”，探索开展“瞪羚企业培育计划”和“独角兽企业生态圈建设计划”，做强一批出类拔萃科技小巨人企业，造就一批铺天盖地瞪羚企业，打造一批顶天立地龙头创新企业。文化创新方面，以湘江文化创意产业带为主轴，积极运用虚拟现实、增强现实等技术，对文化资源进行数字化转化和开发，探索互联网视听内容开发新模式，打造文化创意产业升级版，建设全球文化创新中心。

4. 活要素：增强双轮驱动支撑力

湖南省高质量发展，必须激活科技、金融、人才和土地四大要素，营造创新创业氛围。

一是争取国家科技资金，整合全省科技资金，加大研发投入。探索设立一批省级战略性新兴产业应用创新中心，促进科技成果跨越“死亡之谷”。推进科技成果混合所有制改革，允许发明人与单位共同约定知识产权占比。推出“企业出题、政府立题、协同破题”机制，启动科技成果直通车；加强科研管理创新，将科技人员实际贡献作为职称评聘重要指标，将技术合同成交额纳入高校院所考评指标。

二是突出金融服务保障力。开展金融服务创新专项行动，设立中小微企业融资担保基金和贷款风险补偿资金，对中小微企业贷款融资和债券融资进行再担保。鼓励金融机构推出“无还款续借”“年审制”“循环贷”创新产品，对中小微企业过桥资金给予50%贴息。支持中小企业依托应收账款、供应链金融、特许经营权等进行融资，支持通过新三板、科创板挂牌融资，探索研究可转换公司债发行。

三是突出人才政策吸引力。继续实施“芙蓉人才行动计划”、青年拔尖人才开发计划和院士引进计划。推行“柔性引才”“以才引才”“大数据引才”。依托重大项目，柔性引进100名院士。着力支持省级劳模、工匠或技能大师设立创新工作室，着力支持国家级高技能人才培训基地建设，着力支持大型骨干企业和职业院校开展“订单式”教育培训。

四是突出土地供给力。开展“亩产论英雄”改革，实施用地、用电、用水、用气、排污、信贷等资源要素与“亩产效益”挂钩的差别化激励机制。鼓励园区开展多层标准厂房建设，探索实行土地退出机制，盘活现有低效闲置土地。

5. 优服务，构建良好的营商环境

全面对标北京、上海、广东，围绕“简手续、压时间、降成本”，制定优化营商环境行动任务清单，着力形成开放便利的营商环境。

一是“简手续”。从源头上精简审批环节，简化投资审批，推动流程再造，提升开办便利度。推进“一标准、一清单、一网站、一超市”审批中介服务改革。“一标准”：出台中介服务指导意见和标准化指南；“一清单”：精简投资审批中介服务事项清单；“一网站”：依托省政务云平台和政府门户网站，推出湖南省行政审批中介服务网上平台；“一超市”：建立湖南省行政审批中介超市，坚持一库入驻、全省执业。

二是“压时间”。推进“一个综合服务窗口”提供管理和服务，压缩办理时间。推进政务服务标准化，尽快实现全省政务数据“互联、共享、共治”，破除数据壁垒。推进网上办理，打造“线上一网式、线下一窗式，线上线下一体化”的“互联网＋政务”升级版，让群众办事“少跑腿”。

三是“降成本”。出台降低企业税收负担、用地成本、社会保险成本、企业用电成本、运输成本、融资成本、制度性交易成本的政策。鼓励保险企业实施新兴市场出口信保费率优惠政策，督促政府找企业兑现政策，开设政策兑现专门窗口，为企业申请政策兑现提供“一门式”服务。

探寻高质量发展之路

——动力株洲推进新旧动能转换的调研与启示

湖南省人民政府发展研究中心调研组*

以高质量发展引领经济新常态，是当下中国走进新时代、迈向现代化的必由之路。2011 年 3 月 21 日，时任中共中央政治局常委、中央书记处书记、国家副主席的习近平到株洲考察时指出，株洲要切实转变发展方式，从抓好生态建设、节能减排上入手，在湘江流域治理方面取得更大的成绩。株洲牢记嘱托，不辱使命，深入推进产业转型升级，以新旧动能转换“转”出高质量发展的一片新天地，重现了工业新城的蓬勃朝气，成为解读中国高质量发展实践的典型样本。为此，调研组走进了株洲清水塘搬迁改造现场，考察了“中国动力谷”的企业和科研院所，探访了人才聚集的院士工作站与众创空间，调研和剖析株洲发展的经验和启示。

一　困境：老工业城市的三大转型难题

在高质量发展的道路上，株洲的转型并非一帆风顺，也不可能一蹴而就。作为老工业基地的株洲，如何平衡经济和生态问题；如何保持传统优势，并不断迭代更上一层楼；如何培育新兴产业，为城市孕育新活力？这成为新时代对株洲提出的三大转型难题。

难题一：拿什么换回“绿水青山”？

作为全国首批重点建设的八个工业城市之一，株洲既因工业而兴，也因

* 调研组组长：唐宇文，湖南省人民政府发展研究中心副主任、研究员；调研组成员：左宏、龙花兰、闫仲勇、李迪，湖南省人民政府发展研究中心研究人员。

工业而困。历史的车轮滚滚向前，一根根烟囱，给株洲带来快速增长的GDP的同时，也让株洲欠下了一笔沉重的环境债。其中，清水塘是一个绕不过去的名字。其核心区达到15.15平方公里，聚集了261家以冶炼、化工为主的企业，在为我国经济建设做出巨大贡献的同时，也给当地带来了严重污染，曾将株洲拖入全国十大污染城市行列。“黑乎乎、灰蒙蒙、臭熏熏”，是株洲人痛苦的记忆。“清水塘老工业区没治理好，长株潭两型社会建设综合配套改革试验就不能算成功。”国家发改委领导考察时曾断言。除此之外，省政府“一号工程”湘江保护和治理、长株潭绿心的整治……每一项治理背后，都是数百上千家企业的关停、数万名职工的安置、上百亿产值的减少，这无疑是一个个巨大的挑战。

难题二：靠什么催发“老树新芽”？

工业对株洲而言具有举足轻重的地位，一部株洲发展史，就是一部株洲工业发展史。然而，随着时间推移，作为老工业基地，株洲开始“老”态毕现——惯性太强，包袱沉重，转身艰难。常言道，“船大调头难”，体量越大，升级越难。2007年前后，管理者试图通过发展循环经济的思路来转型，摘掉株洲污染城市的黑帽子。但后来的实践表明，对于这片污染严重的土地来说，循环经济也只能望“江”兴叹。2008年以后，随着两型社会建设的推进，重化工业占比逐步下降，但株洲仍呈现比较单一的产业结构。2017年之前，第二产业一直占据株洲经济的半壁江山，尤其是轨道交通制造业更是“一业独大”。立足轨道交通产业，围绕已有优势以主带次，推动相关产业配套融合发展，不断延伸产业链条，争取优势产业“老树发新芽”，形成新的增长点，实现更高质量发展，是株洲跳出自身发展定式的艰巨任务。

难题三：凭什么实现“无中生有”？

发展“四新”经济，是一个“无中生有”的过程，也是壮大新动能的必然选择。新兴产业往往需要特定的“土壤”来孕育，包括技术、资金、人才、市场等一系列的配套。株洲，无论是资金实力还是科技水平，均与沿海开放城市、省会城市甚至中部一些主要非省会城市有较大差距。如2017

年末，株洲金融机构本外币存款余额低于同属中部非省会城市的芜湖、洛阳、襄阳等地，仅为洛阳的58%，一般公共预算支出中科技支出仅为芜湖的一半。截至2019年1月，株洲上市企业有23家，而中部非省会城市安徽芜湖有71家、滁州有29家、宣城有28家、马鞍山有26家、蚌埠有25家，河南洛阳有46家、新乡有37家、焦作有26家、许昌有25家，湖北宜昌有24家，江西赣州有27家、宜春有26家。可以说，在“培新”方面，株洲陷入四郊多垒的困境——一方面，要承受与其咫尺之遥的长沙的虹吸效应；另一方面，还要与省外其他大中城市角逐。如何找准自身定位，突破重围，“无中生有”生成一批新兴产业，也是株洲在探寻高质量发展路径时无法回避的难题。

二　突围：做好“破旧”与“立新”两篇大文章

“十三五”以来，面对三大转型难题，株洲坚决贯彻落实中央和省委决策部署，按照省委书记杜家毫要求株洲发挥好“四个作用”的指示，做好“破旧”“立新”两篇大文章，在推动新旧动能转换方面进行了一系列卓有成效的探索。

（一）“破”旧城，“立”新区：“腾笼换鸟”换出新天地

株洲对清水塘的综合整治进行了科学谋划，坚持“五个同步推进”，即企业关停与土地收储、搬迁转型、人员安置、污染治理、新城建设等五项工作同步推进，一气呵成，实现“打破一个旧世界、建设一个新世界”的无缝对接。

1. 壮士断腕，让“旧城”彻底消失

2018年是湖南产业项目建设年。在全省各地如火如荼引进500强企业时，株洲却将株洲冶炼集团这个排名中国500强中第462位的企业关停了——其推进新旧动能转换的决心，由此可见一斑。省委书记杜家毫要求，从2016年起，清水塘老工业区搬迁改造要一年初见成效、三年大见成效。为此，株洲以壮

士断腕的决心，推进清水塘老工业区企业搬迁改造，148 家中小企业关停搬迁进展迅速，5 家中央省属企业关停搬迁全面推进。随着 2018 年年底株冶的最后熄火，一座曾经的工业“旧城”，从物理意义上已彻底“消失”。

2. 悉心服务，让“阵痛”有效缓解

清水塘搬迁改造至少给株洲带来两大“阵痛”：一是给企业和居民带来的“阵痛”如 200 多家企业的关停搬迁、3 万名职工的下岗再就业、1. 2 万余户 3 万多居民的棚户区改造，等等。二是全市经济发展面临的“阵痛”。据测算，仅关停清水塘 260 多家企业，产值就要减少 350 亿元，直接影响全市工业产值下降 10% 以上，GDP 下降超过 6 个百分点。加上搬迁改造治理，还需 270 多亿元资金投入。为了有效缓解“阵痛”，一方面，株洲精心帮扶企业转型重建——株冶新材的 30 万吨锌基新材料项目即将开工；在中盐株化关停搬迁的同时，中盐红四方 100 万吨复合肥项目落户……同时，株洲主动与岳阳、衡阳等承接地协调，促进外迁企业尽快建成投产。目前，促成搬迁转型的企业有 61 家，其中，落户市内 51 家、市外 10 家。另一方面，为职工提供“贴心”服务，积极帮助职工再就业。系列举措避免了群体性事件的大面积爆发，实现了“经济转型有阵痛，社会发展无震荡”。

3. 精心再造，让“新区”浴火重生

即将重生的清水塘，被定位为“青山绿水、工业遗产、全面创新、开放平台”的绿色创新城。其中，体验式商业街、影视文化中心、创意工坊等项目，将以虚拟现实、情景体验、影视动漫、旅游休闲等形式，打造中国工业版“迪士尼”。目前，已投入 16 亿元，完成了 11 个重金属污染治理项目，总投资 19 亿元的全国首个污染土地修复、国家第三方治理试点等项目进展顺利，工业文化、科创展示等新产业加快发展，铜塘湾保税中心正式运营，清水塘产业新城初见雏形。

4. 扩区提质，让“新园”星火燎原

在老工业基地“去旧翻新”的同时，株洲不断扩展新承载地。2018 年，荷塘工业集中区、攸县工业集中区成功获批为省级高新区，攸县工业集中区核准面积由 428 公顷扩大至 579. 13 公顷，茶陵经开区核准面积由 400 公顷扩大至846公顷，建宁经开区核准面积由200公顷扩大至524公顷。目前，株洲每一个县市区都有一个园区，实现了产业平台全覆盖。

（二）“破”旧产，“立”新业：中国动力谷启航新征程

近年来，株洲坚决做好“减法”，加快淘汰落后产能。同时，围绕“3+5+2”产业重点，按照“主业做强、以主育新、推陈出新”这一路径，不断做好“加法”，建设具有株洲特色的现代化经济体系。

1. 做强主业，打造动力株洲

“中国动力谷”已成为湖南走向全球的响亮名片。近年来，株洲以“一张蓝图绘到底”的执着，围绕轨道交通、通用航空、新能源汽车三大动力产业，打造世界级产业集群航母。近年来，“中国动力谷”取得了6项世界第一、23项中国第一，产品已覆盖全球70多个国家和地区。目前，在龙头企业引领下，聚集了一批中小企业，形成了产业集群。例如，轨道交通产业集群集聚轨道交通装备企业320多家，其中规模以上企业54家，总产值已突破千亿元，本地配套率超过70%，形成全球最具影响的轨道交通装备制造产业基地和技术研发中心。

2. 以主育新，培育活力株洲

株洲围绕“三大动力”产业不断向上下游延伸，聚焦15个工业新兴优势产业链条，全面落实链长责任制，绘制产业链条全景图。一方面，推广以应收账款质押的产业链金融，在全省率先成立金融控股集团，建立4支总计110亿元规模的制造业发展基金，引导建设银行成立60亿元的轨道交通投贷基金。另一方面，勇于砸下“真金白银”培育核心技术及潜力产业，不惜血本，从市级财政中拿出15亿元资金支持IGBT芯片技术持续创新。目前，与三大动力产业高度关联的电子信息、新材料、新能源、生物医药、节能环保五大新兴产业不断集聚，2018年，“3+5+2”产业总产值占全市工业的比重达72%。

3. 推陈出新，形成特色株洲

目前，株洲加快推进服饰、陶瓷、硬质合金、烟花等传统产业的转型升

级，使其走向“高端”、强化“特色”。例如，株洲服饰产业经过多年发展，已形成集研发设计、生产加工、仓储物流、电商业务等于一体的全产业链格局，成为中南地区最大的服饰产业集群，发展出专业市场38个，贸易辐射20多个省、230多个县市，从业人员超过20万人。2018年，技工贸总收入超850亿元，正向千亿级产业集群挺进。“互联网+服饰产业”茁壮成长，阿里巴巴株洲产业带的综合排名，在阿里系统214个产业带中位列前三。

（三）“破”旧动力，“立”新动能：创新引领经济新活力

株洲坚决破除依靠高投入、高消耗、高污染的路径依赖，始终咬定“创新”这一新动能，做好“乘法”，形成了多个着力点，激发经济新活力。

1. 以“协同创新”为抓手增强科技实力

近年来，株洲建立了以企业为主体、高校和科研院所为支撑、园区为载体的“3+1”产学研结合模式，成立了全国唯一的中国IGBT国家级技术创新战略联盟，建立省级产业技术创新战略联盟6个。探索“五位一体”——“院士+创业导师团队+创新基地+引导基金+产业基地”模式。截至2018年上半年，中国动力谷自主创新园引进黄伯云、欧阳晓平等20位院士领衔的高端创新团队，设立了总规模5亿元的创新创业投资引导基金，15家高校院所在园区设立了成果转化基地，10家金融机构、15家科技中介服务机构入驻，园区在孵高科技项目59个，引进创业型企业155家。

2. 以“人才战略”为核心提升创新浓度

在将发展推向“高端”的关键时期，株洲市把培养和吸收创新人才作为核心战略。为此，株洲先后出台了“创新10条”“双创8条”等，启动实施“100项科技成果转化工程”。出台人才优先发展“30条措施”，紧扣产业链、创新链布局人才链，形成了“人才驱动－产业发展－人才集聚”的良性循环。近年来，株洲相继建立省级院士专家工作站10个、技术创新平台389个，其中，国家级平台38个、省级平台176个。2017年，株洲市引进本科学历以上人才6060人，引培国家“千人计划”“万人计划”专家13人，实现了该层次人才引进零的突破。

3. 以“产教融合”为特色助力“双创”

近年来，株洲围绕自身特色和需求，先后组建了南方铁路运输、株洲服饰和醴陵陶瓷等11个职教集团，与156个行业企业形成了资源共享、优势互补的教学链、产业链、利益链。同时，着力探索市场化方式，将实训基地建设与“双创”有机结合，形成了具有株洲特色的职业教育产教融合模式，获得了国家发改委的赞许。目前，株洲已拥有职业教育院校32所，全日制在校学生达到12.6万人，每年向社会输送各类技术技能人才3万多人。

（四）“破”封闭，“立”通达：开放拓宽发展新空间

加大开放力度，是拓宽产业高质量发展空间的重要途径。株洲加快建设“一带一部”开放发展先行区，“朋友圈”越来越大，“粉丝量”越来越多。

1. 架桥铺路，打通对外“新通道”

近年来，株洲积极对接“一带一路”、长江经济带、粤港澳大湾区等倡议或国家战略，着力打通对外开放通道。充分发挥京广高铁、沪昆高速等交通干线优势，加入“湘欧快线”国际物流平台，推进国际贸易“单一窗口”建设。2018年1~6月，进出口海关作业时间分别为6.15小时和0.53小时，较2017年同期分别压缩了58.3%和65.8%，均少于全国同期进出口平均通关时间。

2. 以商招商，打造引资“强磁场”

株洲积极吸引社会资本建设园区，调动社会资本招商引资的积极性。2013年进入株洲的成都置信集团，按照“政府主导、专业引导、市场化运作”的模式，投资株洲嘉德工业园，项目总投资超过10亿元，一期、二期已完成全部招商。2017年，引进了华夏幸福，采取PPP模式建设云龙产业新城。株洲特别重视“补链强链”的产业链招商，引发了经济发展的“葡萄串效应”。2018年全年共引进“三类500强”项目49个，超额完成年度任务。奇点汽车、中科院大数据中心、华录集团等一大批大项目、好项目相继落户株洲。

3. 主动出击，展示开放“新形象”

近年来，株洲主动融入中国（湖南）自贸试验区申报建设。积极鼓励企业走出去，全市有140多家企业与国外建立了业务合作关系，中车株所、立方新能源公司等企业与海外机构建立了研发合作关系，中车时代集团成功并购世界知名企业英国丹尼克斯公司，株洲·中国动力谷与美国加州“硅谷”、西雅图“云谷”及德国“碳纤维谷”建立“四谷”联动机制，合作建立中国动力谷·美国硅谷科技创新服务中心、德国碳纤维谷创新平台等离岸创新中心。

（五）“破”旧规，“立”新局：改革形成营商新环境

产业高质量发展的背后，离不开一个良好的营商环境的支撑。近年来，株洲坚持“把权力像毛巾拧水一样拧干”，简政放权做“除法”，实现了政府服务优质高效“新局面”。

1. “一次即办结”的企业注册速度

近年来，株洲大力推动集中化行政审批服务改革，努力实现开办企业“一件事，一次办”。梳理了开设餐馆、药店、食品生产厂等30个开办企业“一件事”清单。按照“一套流程资料、一份申请表格、一窗受理出件、一个联办系统”工作思路，申请人只需提交一次材料，即可审批办结。全面实行综合审批服务，企业设立登记的办结时限缩短为5个工作日，其中经营范围不涉及前置许可事项的办结时限缩短为3个工作日。

2. “拿地即开工”的项目审批速度

株洲市在项目建设审批阶段全面容缺，提前完成审批阶段耗时最长的技术性审查，待用地手续达到法定条件并补齐相关资料后，迅速形成正式审批结论，最终实现“拿地即开工”。建设项目报建收费耗时由过去20～30个工作日缩短到1个小时即可办结。整个项目审批由过去需要200个以上工作日，缩短到企业投资项目65～69个工作日、政府投资项目118个工作日。

3.“交房即交证”的不动产登记速度

株洲市着力加快部门职能的“物理整合”和数据信息的“化学融合”，推动不动产登记改革提速。近年来，4 次缩短办理时限，提速近 90%，实现存量房转移登记、税收缴纳“一次取号、一套资料、一窗受理、一次办结”，新建楼盘在交房时即可交不动产权证书。

三　嬗变：高质量发展坐标下的“株洲样本”

千淘万漉虽辛苦，吹尽狂沙始到金。株洲这个老工业城市正从转型升级的强烈阵痛中重获“新生”，为全省乃至全国提供了高质量发展的“株洲样本”。

（一）从发展维度来看，经济“含金量”不断提升

株洲在“四面关停”不断做“减法”和“严控债务”不断做“除法”的同时，实现了向高质量发展的突破，人均 GDP、地方财政收入、居民人均可支配收入等指标均稳居全省前列，经济指标“含金量”不断提高。

1. 动力变革出实效：经济增长后劲足

近年来，株洲在关停 1300 多家企业、产值减少 500 多亿元的情况下，不仅没有出现经济大幅下滑和社会震荡，还保持了与全省同步及稳健的增长。其中，作为高质量发展的核心指标——人均 GDP，由 2015 年的 58661 元增长到 2018 年的 65437 元，稳居全省前三。此外，在防控债务风险导致总投资额不断下滑的背景下，代表了实体经济和新动能发展“晴雨表”的工业投资增速逆势上扬，由 2015 年的 17.4% 上升到 2018 年（1～11 月）的 53%，高出全省 20 个百分点，增幅排名全省第一，为未来经济增长提供了强大后劲。

2. 质量变革出实绩：财税提质结构优

近年来，株洲市的 GDP 含税量（地方一般公共预算收入/GDP）不断提高，由 2015 年比全省低 0.5 个百分点，到 2016 年比全省高 0.2 个百分点，

再到2017年比全省高0.7个百分点，达到了8.7%，稳居全省第一；人均地方财政收入从2015年的4784元提升到2017年的5573元，是全省平均水平的1.4倍，稳居全省第二；财税结构不断优化，税收收入占财政收入的比重由2015年的54%增长到2018年的80.1%，提高了26.1个百分点。

3. 效率变革出实惠：居民增收有盼头

2016年以来，株洲市居民年人均可支配收入的增长均在8%以上，快于人均地区生产总值增幅。城镇居民、农村居民人均可支配收入均高于全省平均水平，分别由2015年高出全省5139元和4644元，提高到2018年高出全省6169元和5796元。2017年，株洲市成为全省七个一类市州中唯一一个在城乡居民人均收入方面达到全面建成小康社会目标的市州。与中部其他省份经济社会发展水平突出的非省会城市相比，近年来株洲市城镇居民人均可支配收入一直保持排名第一。

（二）从产业维度来看，“融合发展”态势正逐步形成

面对发展之困、转型之困、崛起之困，株洲着重做好延展优势产业链、培育新兴产业、完善产业配套等多手准备，产业发展实现了从“一业独大”到“融合发展”的转变。

1. 产业结构向“高端化”转变

截至2018年9月，全市三次产业结构调整为5.5∶46.4∶48.1，与“十二五”期末的7.6∶57.3∶35.1相比，第二产业占比回落10.9个百分点，第三产业占比提高13个百分点，完成了由“二三一”向“三二一”的实质性转变，实现了“第三产业产值突破1000亿元”“第三产业对经济增长贡献率突破50%”“第三产业占比首次超过第二产业占比”三大历史性跨越。其中，第三产业增幅是全省平均水平的3.5倍。

2. 产业效益向“高附加值”转变

株洲不断延伸优势产业链条，向“微笑曲线”两端延伸，实现高附加值发展。轨道交通产业已由原先单一的电力机车的生产转变成电力机车、城轨车辆、高铁/城轨牵引系统、核心控制系统的整套产业链，培育了4家百

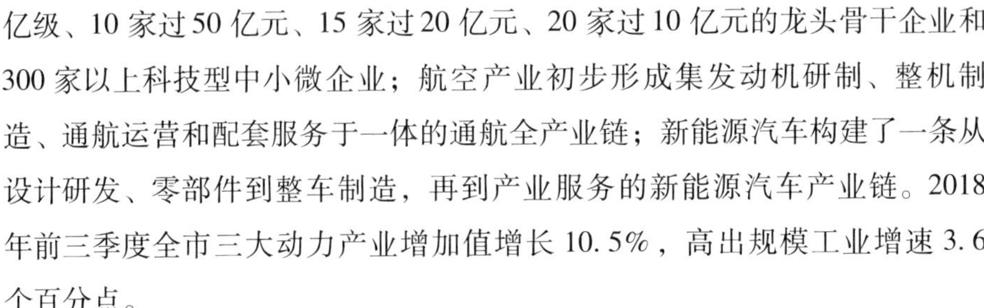

亿级、10 家过 50 亿元、15 家过 20 亿元、20 家过 10 亿元的龙头骨干企业和 300 家以上科技型中小微企业；航空产业初步形成集发动机研制、整机制造、通航运营和配套服务于一体的通航全产业链；新能源汽车构建了一条从设计研发、零部件到整车制造，再到产业服务的新能源汽车产业链。2018 年前三季度全市三大动力产业增加值增长 10.5%，高出规模工业增速 3.6 个百分点。

3. 产业动力向“多引擎”转变

一花独放不是春，百花齐放春满园。株洲以动力产业为基础，大力培育与动力产业高度关联的电子信息、新材料、新能源、生物医药、节能环保五大新兴产业，以此释放新动能。2017 年，电子信息、新能源、生物医药等战略性新兴产业产值分别增长 40.8%、20%、15.7%，五大新兴产业占规模工业的比重超过 30%，成为株洲经济增长的新引擎。

（三）从驱动维度来看，创新正成为第一推动力

从“火车拉来的一座小城”到全面掌握 9 大高铁核心技术、3 大新能源汽车核心技术，创新已成为株洲发展的第一推动力。2018 年，株洲被中国科协评为全国创新驱动示范市。

1. 创新实力跃上新高度

2016 年以来，株洲市发明专利申请量年均增长 20% 以上，每万人发明专利拥有量超过 10.2 件，是全省平均值的 2 倍；获得国家科技大奖 10 余项、省科技奖励 50 余项，科技进步对经济增长的贡献率超过 60%，综合科技实力稳居全省第二；2017 年株洲高新区在 146 个国家高新区和苏州工业园中，综合排名升至全国第 23 位，较前一年提升五位，创历史最高水平。

2. 创新主体迈上新台阶

高新技术企业数量由 2015 年的 179 家增加到 2018 年的 400 家以上，三年实现了倍增，高新技术企业总数稳居全省第二。2018 年全年共完成科技型中小企业认定备案 255 家，创新主体保持领跑态势。近年来，“株洲市万名人才计划”顺利实施，引进以 11 名院士为首的国家级高端人才 400 多名、

各类高层次人才4000多名，各类技术人才总量已达20万人。

3. 成果转化取得新进展

加快推进潇湘科技要素交易市场（株洲）建设，完成投资1.02亿元，入驻各类服务机构20家。连年组织实施“百项成果转化工程”，全球首条智能轨道快运系统示范线、拥有完全自主知识产权的中国首列2.0版商用磁浮列车等重大创新成果相继涌现。2018年，新认定重大科技成果转化项目123项，新增产值200亿元左右。2018年上半年，高新技术产业增加值增长17%，在全省“一点一线”7个一类市州中位居第一，增幅高出全省7.2个百分点。

（四）从环境维度来看，成就“宜居宜业”城市新标杆

株洲熬过转型升级的“阵痛期”，实现了从“黑色发展”到“绿色发展”的转型，走上了一条高质量发展的“绿色路径”，正在成为一座宜居宜业、浴火重生的现代化都市。

1. 生态环境不断改善

近年来，株洲的生态环境得到了明显改善，为全省两型社会建设添上了浓抹重彩的一笔。目前，湘江株洲段水质由Ⅲ类提升到Ⅱ类，已退出重金属污染重点防控区。市区空气质量优良天数，从2013年（新国标正式实施）的214天增加到2018年的286天，增加了近两个半月，增幅居全省第一。如今，轰鸣的机器声消失了，浓浓的黑烟消失了，刺鼻的臭鸡蛋味消失了，“绿茵茵、水灵灵”已成为株洲新形象。

2. 政务环境不断优化

近年来，株洲按照“帮在实处、帮在宽处、帮在高处、帮在深处”总要求，构建了市级领导、驻企联络员、各县市区、市直部门“四位一体”帮扶体系，搭建了企业联盟服务平台，成效显著。加快推进“放管服”改革，五年间行政许可事项由302项精简至144项，精简幅度超过50%，彻底取消非行政许可审批事项类别，每年为企业“减负”20亿元以上。

3. 软实力不断增强

2016～2017年，株洲成为国务院表彰的稳增长先进地市、发展战略性新兴产业先进地市、老工业基地转型升级先进地市，跻身中国绿色发展优秀城市，并蝉联“全国文明城市”称号。2018年，株洲入选中国社会科学院评选的全国改革开放40多年来最成功的40座城市，成为湖南仅有的2个入选城市之一和中部地区非省会城市仅有的2个城市之一；再次入选福布斯中国发布的2018年中国大陆最佳地级城市30强，成为湖南唯一上榜城市和中部地区仅有的2个城市之一，在中部地区排名第一；2016～2018年株洲市连续三年跻身全国百强城市、中国城市产业竞争力百强城市、中国城市创新竞争力百强城市。

（五）从贡献维度来看，“株洲元素”已经走向全球

株洲的创新不仅为湖南发展做出了重大贡献，更为全国高质量发展贡献了“株洲元素”，成为代表中国走向世界的一道亮丽的风景线。

1. 添彩中国制造“新版图”

在中国制造的版图上，鲜明的“株洲印记”越来越多。上到飞机上的航空发动机，下到深海机器人，再到地面门类齐全的轨道交通产品、最新型的纯电动汽车，株洲都能够大量生产，株洲·中国动力谷不断刷新世界关于“中国速度”“中国质量”“中国制造”的认知，被视为中国制造的“新版图”。

2. 踏上世界领先“新征途”

中国高铁名扬全球，被称为动车组“大脑”和“心脏”的网络控制系统、牵引传动系统等一批核心技术和部件均来自株洲。如今，电力机车、动车组、城轨等出口至70多个国家和地区，成为流动的国家名片。我国自行设计研制的大型水陆两栖飞机AG600飞机的“心脏”——涡桨六发动机由位于株洲的公司研制生产，世界级的超级工程港珠澳大桥则使用了株洲生产的世界上尺寸最大的橡胶隔震支座，该支座成为大桥的“定海神针”……

四 启示：株洲高质量发展实践告诉我们什么

伟大梦想不是等得来、喊得来的，而是拼出来、干出来的。株洲坚持以习近平新时代中国特色社会主义思想为指导，坚持新发展理念，坚持创新引领开放崛起，始终保持定力、坚定信心、攻坚克难、担当作为，实现了经济持续健康发展和社会大局的稳定。株洲的实践，至少给我们三个方面的启示。

启示一：推动新旧动能转换，要正确处理好“三个关系”。

首先，要正确处理好“不折不扣落实中央精神”和“创造性开展工作”之间的关系。习近平总书记在2018年中央经济工作会议上强调，做好经济工作，必须激励干部担当作为，创造性贯彻落实党中央方针政策和工作部署。株洲市不折不扣地落实中央精神和省委决策部署，坚持贯彻新发展理念，坚持“绿水青山就是金山银山”，面对生态环境压力不回避、不推诿、敢担当、善作为，不让恶劣的生态环境成为扼制经济发展的包袱和理由，探索出了一条资源节约、环境友好的发展之路。“不折不扣落实中央精神”并不意味着因循守旧。习近平总书记指出，“生活从不眷顾因循守旧、满足现状者，从不等待不思进取、坐享其成者，而是将更多的机遇留给善于和勇于创新的人们”。株洲市委市政府面对转型三难，以思想认识的新飞跃，打开了工作的新局面，以逢山开路、遇河架桥的意志，以求真务实、开拓进取的精神，为高质量发展书写了“株洲篇章”。

其次，要正确处理好“政府”与“市场”之间的关系。株洲在推进高质量发展的过程中，不断厘清政府与市场的边界，把该由社会办的事情、该由企业抓的项目交给市场来解决，充分发挥市场在资源配置中的决定性作用。例如，株洲市近年来采取以商招商生成新产业的模式，使一批新兴产业茁壮成长，很好地发挥了市场在培育发展新动能中的作用。而政府也没有懈怠，精心打造“最多跑一次升级版”，在营造法治化、国际化、便利化的营商环境中发挥了比以往更好的作用；同时，全力以赴解决“市场失灵”的社会保障、棚户区改造、公共服务、污染防治等问题。

最后，要正确处理好“速度”与“质量”之间的关系。正确处理好这两者的关系，就要做产业的“有耐心”，看产业的“有信心”，不以一时得失论成败。株洲在转型升级过程中，摒弃了“简单以生产总值及其增长论英雄”的观念，把推动质量变革、效率变革、动力变革作为长远发展的根本大计，坚持以转促进，以调促优。一方面顶住污染治理带来的压力，顶住化解政府债务的压力，忍受住结构调整的阵痛；另一方面确保经济增长不滑出底线、不出现大幅波动，又为产业转型升级创造了空间，为高质量发展打好了基础。

启示二：推动新旧动能转换，要努力实现“三个转变”。

首先，要实现从“数量追赶”向“质量提升”转变。从“数量追赶”向“质量提升”转变，背后是经济结构、增长动力和体制政策体系的系统转换，可称之为“转型再平衡”，也就是由高速增长的平衡转向高质量增长的平衡。株洲紧扣这一目标，着力在三个方面发力，值得借鉴。一是纠正资源错配。通过深化“放管服”等改革纠正资源错配，在“传统经济”中释放出资源和需求，化解潜在风险。二是激励产业升级。依托现有的优势主导产业，不断提升品质、扩大规模。三是营造创新环境。在协同创新、引进人才、成果转化等方面形成良好的生态系统。

其次，要实现从“要素驱动”向“创新驱动”转变。告别旧态势，进入新常态的“先手棋”就是创新驱动，株洲对此有着深刻的认识。实践中，株洲市委市政府不断弱化人们在经济发展上的“增长速度崇拜”和“要素驱动依赖”，注重激发全社会的创新活力；通过创新驱动，来解决株洲经济高速发展 30 多年积累的深层次矛盾和问题，适应高质量发展的新特征和新要求。

最后，要实现从“要我服务”向“我要服务”转变。“水深则鱼悦，城强则贾兴。”营商环境本质上是一种制度创新，这也体现了生产关系要适应生产力发展的需要。老工业城市的传统生产力已经发生变化，因此生产关系也要跟上步伐。株洲的放管服改革走在全省前列，极大地释放了机制的活力。株洲市委市政府不断强化服务意识，从“管理者”向“服务者”转变，从“要我服务”的被动服务向“我要服务”的主动服务转变，注重将政府手中的权力“像毛巾里的水一样拧得干干净净”，勇于改革破冰，做好企业“店小二”，释放新的内生动力。

启示三：推动新旧动能转换，要早日形成“三个新局”。

首先，要早日形成“产业融合发展”的新格局。株洲的发展历史已经决定了它“一业独大”的经济结构。该市面临的一个重要课题就是，在做落后产业“减法”的同时，新兴经济怎么做“加法”。株洲坚持不该做的坚决不做，该做的坚决做强做优，并保持定力和功力，将其做成世界级产业，通过延伸产业链的方式，不断“做强主业”，“以主带次”发展配套产业，“以旧孕新”“推陈出新”孕育新经济，培育新动能，形成既有优势产业与新兴产业协同共进的态势，开创从“一业独大”到“融合发展”的产业新格局。

其次，要早日形成“产业集群创新”的新格局。创新需要不断提升“浓度”，才能发挥知识的外溢效应，形成叠加效应。美国硅谷的高科技行业创新集群，日本的钢铁、化学、机械创新集群，德国的生物技术、环保技术、汽车、铁路装备制造集群等，无一不是“集群创新”的成功案例。株洲市通过引进优势人才、建立协同创新平台等措施，不断完善以“3 + 5 + 2”为核心的创新生态圈，持续提升创新“浓度”，从优势产业的单个创新“亮点”，不断延伸到提升整个产业集群的“亮度”，推动了创新的迭代和扩散，为区域经济的高质量发展奠定了关键的驱动力。

最后，要早日形成内外结合开放发展的新格局。株洲作为一个“火车拉来”的内陆城市，其高质量发展的途径仍然离不开“走出省门，走向全球”，在全世界范围内配置资源。株洲在近年的发展实践中，善于紧紧抓住“一带一路”建设，及国家实施长江经济带建设、京津冀协同发展和粤港澳大湾区战略等机遇，提出了“打开东大门”，搭上了国家扩大开放顺风车，加快项目“引进来”，鼓励企业“走出去”，不断拓宽转型发展的空间。

做强大企业、培育小巨人的对策研究*

湖南省人民政府发展研究中心调研组**

企业兴则经济兴，企业强则经济强。针对湖南省入选中国500强企业数量减少的情况，我中心组织课题组深入省外及省内市州、企业调研，剖析了湖南省企业进榜和排名提升的潜力，找出了制约湖南省企业发展的瓶颈，借鉴安徽省的先进经验，提出了做强大企业生态圈、提升小巨人企业精益度、提高政府服务针对性等对策建议。

一　总体特点：大企业少且不强、中型企业多但成长慢、小巨人企业蓬勃发展但单项冠军企业偏少

1. 大企业数量偏少且实力不强

大企业数量在中部地区偏少。在中国企业联合会发布的2019年中国企业500强榜单中，湖南仅有6家企业入围，居中部最后一位；全省仅有3家企业营业收入超过500亿元，为中部最少；2018年，湖南有25家企业营业收入超过100亿元，数量不到河南省的一半，居中部第四位；全省尚未有一家独角兽企业诞生，而湖北、安徽已分别有5家、1家（见表1）。

* 本报告获得湖南省委常委、省政府国有资产监督管理委员会党委书记姚来英，湖南省政府副省长陈飞的肯定性批示。

** 调研组组长：谈文胜，湖南省人民政府发展研究中心党组书记、主任；调研组副组长：唐宇文，湖南省人民政府发展研究中心副主任、研究员；调研组成员：李学文、张诗逸、夏露，湖南省人民政府发展研究中心研究人员。

骨干企业的税收贡献不强。2018 年，国家税务总局重点管理的 2050 家企业集团中，总部设在湖南的集团有 38 家，分别比河南和安徽少 77 家和 50 家；2018 年，湖南共实现税收 304 亿元，分别比山西、湖北、安徽、河南、江西少 689 亿元、476 亿元、419 亿元、406 亿元、9 亿元。其中，总部设在湖南且年缴税 3 亿元以上的集团只有 12 家，完成税收收入 162.26 亿元，均为中部省份最少，并且与山西（36 家、904.63 亿元）、湖北（24 家、721.87 亿元）、河南（25 家、498.98 亿元），安徽（31 家、575.04 亿元）存在明显差距。

表 1　中部六省大型企业情况

单位：家

省份	中国企业 500 强	营收超过 500 亿企业	百亿元企业（2018 年）	“独角兽”企业
湖南	6	3	25	0
山西	9	9	23	0
安徽	10	6	40	1
江西	8	6	19	0
河南	9	4	55	0
湖北	10	5	41	5
湖南在中部排名	6	6	4	—

资料来源：中国企联、中部六省企业 100 强名单等。

2. 中等规模企业较多但成长不快

从全省 100 强企业的情况看，营业收入在 10 亿～100 亿元的企业有 65 家，数量居中部第三位；2019 湖南 100 强企业营业收入总额占全省 GDP 的比重为 42.8%，比 2018 年的 43.62% 下降了 0.82 个百分点；除了 15 家企业新进外，在 85 家连续入围的老企业中，位次前移的企业仅有 38 家，平均前进 6.45 位；而位次后退的企业有 42 家，较上年增加 6 家，平均后退 7.55 位。

从全省上市公司数量来看，截至 2019 年 11 月，湖南省有 105 家 A 股上市公司，数量与湖北省并列中部第一位；但在 2013～2018 年，湖南省上市公司营业收入负增长超过三年的公司有31家，占全省上市公司数量的比重将近1/3；营业收入保持连续增长且有三年增长率超过20%的公司仅14家，其中有8家营业收入规模在30亿元以下，上市公司整体成长速度、规模都不太理想。

3. 小巨人企业蓬勃发展但单项冠军偏少

小巨人企业蓬勃发展。湖南有10家企业入选全国首批“专精特新”小巨人企业，数量居中部第二位（见表2）。截至2018年，湖南省累计认定“专精特新”小巨人企业达480家。其中，有308家小巨人企业参与了湖南省19个工业新兴优势产业链的建设，占比达64.2%，为全省19个新兴优势产业链的纵向延伸和横向耦合注入了内生动力。

单项冠军企业数量偏少。截至2019年11月，工信部共认定了四批单项冠军示范企业和培育企业，湖南省共有6家企业入选，入选企业数量在中部地区仅多于山西，居中部第五位，不到安徽、河南入选企业的一半，比湖北、江西也分别少5家和1家。

表2 中部六省“专精特新”小巨人企业、单项冠军企业情况

单位：家

省份	全国首批“专精特新”小巨人企业数量	单项冠军示范企业和培育企业数量
湖南	10	6
山西	2	2
安徽	19	14
江西	7	7
河南	5	14
湖北	9	11
湖南在中部排名	2	5

资料来源：工信部网站。

湖南省骨干企业发展呈现上述特征，主要是因为企业梯队建设支持政策不完善、做大做强企业堵点依然较多。在政策方面，以财政资金奖补为主的支持政策缺乏精准性，对大中型企业缺少吸引力；小巨人企业培育力度不及安徽、江西、湖北等省，安排的支持资金不到安徽的1/5；对中小企业的支持资金分散在多个部门，省内各市州至今未设立中小企业发展专项基金；对企业打响品牌和开拓国际国内市场的支持方式单一、力度不足。在堵点方面，人才、融资等要素成本偏高的问题未得到有效解决；企业税费依然较高，2018 年，全省非公经济增加值仅增长了7.6%，但实缴税金增长了19.5%；部分施工企业、物流企业、再生循环资源生产企业反映，营改增后部分行业税负不降反增；此外，缺乏对上市公司高管的所得税返还奖励，也导致一些上市公司将结算地运作到周边其他省份。

二　潜力分析：2020年三一集团排位有望大幅提升、中联重科有望重返500强榜单

1. 除三一集团外的其他500强企业排位难有较大提升

三一集团排位有望大幅提升。三一集团 2018 年营业收入为 641.94 亿元，位居中国企业 500 强榜单第 281 位，受工程机械行业景气程度提升影响，2019 年该公司营业收入大幅增长，前三季度增速高达 47.6%，全年营业收入突破 1000 亿元，因而其在 2020 年的中国 500 强排位有望大幅提升并进入上半区。

华菱钢铁排位有望保持小幅提升态势。作为湖南省排名最靠前的企业，华菱钢铁 2018 年营业收入为 1208.84 亿元，居中国企业 500 强榜单第 153 位，相较 2016 年排名上升了 51 位，近三年营业收入年均增长 21.86%，处于稳步上升态势，但 2019 年前三季度仅增长 11.8%，增速有所下滑，预计全年营业收入将突破 1300 亿元，在全国 500 强的排位将略有上升。

其他 4 家 500 强企业排名提升难度较大。湖南建工、博长控股、大汉控股、步步高 2018 年营业收入分别为 909.77 亿元、480.86 亿元、398.94 亿元、390.12 亿元，分别居中国企业 500 强榜单第 212 位、第 357 位、第 430

位、434 位，近三年营业收入年均分别增长 17.77%、16.37%、5.85% 和 7.95%；从 2019 年前三季度来看，这 4 家企业营业收入仍保持着个位数的增长态势。按照 2016～2019 年中国企业 500 强入围门槛营收年均 9.61% 的增速看，这 4 家湖南企业想实现排位提升难度较大。

表 3 湖南入选中国 500 强企业营业收入情况及排位提升预测

企业	2018 年营业收入（亿元）	2019 年排名	2016 年排名	近三年营业收入年均增长（%）	2020 年排位预测
华菱钢铁	1208.84	153	204	21.86	略有上升
湖南建工	909.77	212	238	17.77	保持稳定
三一集团	641.94	281	185	-5.10	大幅提升
博长控股	480.86	357	412	16.37	保持稳定
大汉控股	398.94	430	384	5.85	保持稳定
步步高	390.12	434	407	7.95	保持稳定

资料来源：中国企联。

2. 以中联重科为代表的部分企业有进榜潜力

中联重科将于 2020 年重返全国 500 强。从近期来看，中联重科、蓝思科技和省交通水利建设集团，距离 2019 年中国企业 500 强 323.25 亿元的入围门槛相对较近，三家企业 2018 年营业收入分别为 286.97 亿元、277.17 亿元、233.55 亿元。其中，中联重科 2019 年前三季度营业收入增速达到 51%，预计全年营业收入将超过 400 亿元，远超 2019 年的 500 强入围门槛，具备 2020 年重返全国 500 强的实力。蓝思科技 2019 年前三季度营业收入增速仅为 8.4%，即便全年能实现两位数增长，全年营业收入也仅能达到 300 亿元左右；省交通水利建设集团 2017～2018 年营业收入增长 16.7%，即便 2019 年也能保持这一增速，全年营业收入也仅有 270 亿元左右，这两家企业与全国 500 强还有一定距离。

以医药为主的部分优秀上市公司有较大进榜潜力。从中长期来看，长沙银行、老百姓大药房、爱尔眼科和益丰大药房四家上市企业，营业收入总量较大且成长性良好，“十三五”以来营业收入均保持高速稳定增长的势头

（见表4），未来有很大潜力进入中国企业500强。长沙银行作为湖南首家上市银行，2019年以5266.3亿元的资产规模稳居湖南省第一的宝座，在2019年英国《银行家》杂志全球银行1000强排名中列第273位，在全国城商行中颇具竞争力；老百姓大药房和益丰大药房作为全国四大上市连锁药店中的两家龙头企业，近年来都保持了20%以上的增速，未来发展前景依然广阔。爱尔眼科自2017年收购欧洲最大眼科集团后，成为全球最大眼科服务集团，以及全球唯一一家拥有中国、欧洲两家上市公司的眼科医疗连锁企业，服务辐射人口逾20亿人，其1400多亿元的市值也反映出市场对其发展前景的乐观态度。

表4　湖南中长期可能入榜中国500强潜力上市公司

单位：亿元，%

公司名称	2018年营业收入	营业收入同比增速			
		2016年	2017年	2018年	2019年前三季度
长沙银行	139.41	19.59	20.79	14.95	22.00
老百姓大药房	94.84	33.40	23.09	26.26	23.59
爱尔眼科	80.10	26.37	49.06	34.31	26.25
益丰大药房	69.13	31.21	28.76	43.79	58.36

资料来源：万得数据。

三　对策建议：做强大企业生态圈、提升小巨人精益度、提高政府服务针对性

1. 实施龙头企业壮大工程，构筑大企业生态圈

加大对进榜进阶企业的一次性奖补。对引进培育500强企业（世界500强、中国企业500强）的地方政府和企业进行奖励；对总部新落户湖南省的主导产业全国百强或首次进入全国行业百强的本土企业给予一次性奖补；鼓励企业上台阶，对首次过百亿元、50亿元、10亿元的优势骨干企业和高成长性企业进行一次性奖补。

引导大企业做好产业生态。围绕龙头企业完善产业配套，培育大企业上下游战略合作伙伴，建立共担风险、共同成长的利益联结机制；鼓励大企业、超大企业建立创业平台和公共技术服务平台，带动利用内部创新创业资源；进一步优化产业联盟、研究院与高校之间技术资源流动机制，营造政产学研金融合发展的良好生态。

加强对企业荣誉和企业家精神的宣传推介与鼓励。定期开展优秀企业家和主导产业综合实力50强企业评选表彰活动，并在湖南省主办的大型国际展会上进行公开宣传；不定期开展有关企业家精神的专题高管培训活动，组织大企业高管前往世界500强企业进行游学，增强企业家社会责任感和使命感。

2. 大力实施“专精特新”小巨人企业培育行动，提升小巨人企业精益度

加大对“专精特新”小巨人企业的政策支持力度。加快培育一批主业突出、拥有自主知识产权和知名品牌、专注细分领域的“单项冠军”企业，加大资金、要素和政策的倾斜支持力度，进一步扩大省认定的“专精特新”中小企业、成长型小微企业的支持范围。

夯实“专精特新”企业品质基础。开展企业质量管理“领跑者”行动，为中小企业高管定期提供企业内部管理培训，推广卓越绩效、精益生产等先进质量管理方法；探索建立企业“首席质量官”制度，聚力打造优品、精品、爆品，努力让品质成为湖南产品的鲜明底色。

围绕品牌塑造推动“专精特新”企业走出去。推动湖南小巨人企业品牌价值升级，开拓国际国内两个市场。完善政府采购政策，为中小企业在本土市场扎根提供沃土；在中非经贸博览会、智能制造大会、岳麓峰会等产销对接会上分批对本土“专精特新”小巨人企业进行特别推介；对开拓国际市场的企业给予展会、市场开拓、知识产权保护、信贷、出口贸易额补助等政策支持，定期举办外贸政策宣讲和外贸业务培训班，助力企业走出去开拓市场、扩大销售；采取“政策引导＋企业自愿＋广告扶持”模式，通过各地推选、按月优选、滚动遴选，在央视、湖南卫视等大众传媒平台集中开展湖南“专精特新”品牌宣传，着力提升湘品出湘的知名度、美誉度，打开全国乃至全球的市场。

3. 着力实施进企联企帮企行动，提高政府政策的精准性和服务的针对性

着力完善服务体系。提升政策通达性和知晓度。全面梳理各级政府出台的惠企政策，制定帮扶政策集成包，依托新媒体搭建涉企政策解读平台，利用党报党刊、政府门户网站、微信公众号、行政审批服务大厅等开展线上线下宣传。组织相关部门定期深入园区、企业开展政策宣讲、解读和答疑，帮助企业及时根据自身实际情况去申请、享受相关政策。畅通企业诉求表达渠道。可学习长沙“链长牵总、盟长搭台、校长支撑、行长帮扶”的联动体系，建立省市县各级领导联系企业和企业家的常态化制度。由省政府办公厅负责，依托各级政府门户网站，开发专门用于企业反映问题、提出建议的App工具，实行线上受理、现场办公，明确企业诉求的解决时限，将问题解决情况纳入部门和市州年度绩效考核目标，及时帮助企业解决遇到的各类难题。

拓展中小企业融资渠道。除设立各类针对中小微企业的基金、搭建银企对接平台等缓解融资难问题外，可探索依托省各主导产业投资基金，与省内龙头上市企业共同设立相关产业链子基金，助力龙头企业相关产业链发展；可借鉴安徽省做法，设立“专精特新”中小企业发展基金，在省股权交易中心设立“专精特新”版，通过股权质押、银行贷款、定向增资等多种融资方式，为“专精特新”小巨人企业提供融资支持。

进一步优化人才政策。尽快在全省实现五险统筹，加强各市州之间的社保基数监管与调剂；对于发展新技术、新产业、新业态、新模式企业，给予更多的人才政策倾斜。在企业引进高端人才方面，对于年薪达50万元以上，并在湖南省缴纳个人所得税、工作半年以上的人员，省、市、县（含市、区）每年可按其年薪一定比例奖励用人单位；对入选省相关人才计划长期项目或短期项目的专家和用人单位分别给予奖励性资助，并明确一定的比例给予专家个人所得税返还。在本土人才培育方面，适当给予骨干企业职工内部技能培训补贴支持，可由政府和产业联盟（协会）合作，根据企业需求定期组织围绕各个产业链业务的专题高管培训；研究支持科技型中小企业技术创新人才培养的政策措施，让优秀科技人才在企业能够留得住、用得好。

湖南省打造中部领先的人工智能创新枢纽研究

湖南省人民政府发展研究中心 *

习近平总书记指出：加快发展新一代人工智能是事关我国能否抓住新一轮科技革命和产业变革机遇的战略问题。当前，新一代人工智能浪潮已经来临，美国、英国、日本等国纷纷抢占人工智能高地，国内北京、上海、贵州、安徽、浙江、江西等省市纷纷出台人工智能发展规划，积极谋划，迅速布局。湖南省争创全国一流创新高地，亟须人工智能产业支撑。湖南要牢牢把握住这次人工智能产业“换道超车”的宝贵机遇，加快打造人工智能创新和产业化高地，当好新旧动能转换、推动高质量发展的领跑者。

一　把脉湖南：具备发展人工智能的条件

1. 理论和科研能力较强

近年来，湖南加大了对人工智能教育科研基础的投入力度，占据了人工智能的理论研究“高地”。清华大学发布的《中国人工智能发展报告 2018》显示，湖南位列人工智能人才第三密度梯队，其中中南大学位列“AI 高影响力论文产出机构 TOP20”榜单，人才投入量位列全国高校第八位，均居中部第二位。此外，湖南人工智能圈还聚集了一大批产学研结合的国家级或高校企业合作型研究机构，如中南大学蔡自兴教授牵头成立“自兴人工智能研究院”，湖南大学成立了机器人学院和人工智能学院，特别是国防科技

---

* 戴丹，湖南省人民政府发展研究中心研究人员。

大学机器人研发在国内处于领先地位，三所高校的团队多次在全国无人车竞赛中获冠军、亚军、季军，居全国第一梯队。

2. 大数据配套条件较优

人工智能和算法紧密相关，大数据在其中发挥了十分重要的作用。湖南省在数据处理能力、政务大数据、工业大数据及数据平台建设上，均走在国内前列。国防科技大学“天河二号”超级计算机曾取得“世界超级计算机500强排行榜”六连冠和HPCG五连冠，目前整体系统利用率达60.7%，是我国利用率最高的超级计算系统之一。湖南省政务大数据体系创造了全国社会信息体系建设的“湖南模式”，人口、法人、工商企业、空间地理框架等基础数据库初具规模，税务、质监、人社、政务服务等业务数据库基本建立；全省80%以上的城乡居民建立了电子健康档案，50%以上医院为病人建立了电子病历档案；省内县级以上城市基本建成电子安防系统。工业大数据在全国具有代表性，三一、中联以工程机械物联网为基础，深化大数据应用，在数据里进行挖掘，包括故障诊断、客户征信、市场预测、工业产品预测性维护等；中车株洲电力机车研究所正在建设国内第一个轨道交通领域的大数据中心和应用研究中心。此外，一批大数据平台如长沙工业云平台、天闻ECO云开放平台、智慧眼社保大数据平台、爱尔眼科健康医疗大数据服务平台等均走在全国前列。

3. 部分细分领域表现突出

湖南省人工智能产业尚处于起步阶段，但发展迅速，部分细分领域表现突出，在智能网联汽车、智能制造、超级计算机、特种传感器、高端通用芯片、自主可控操作系统等人工智能辅助产业领域较早积累了独特优势，在全国甚至全球处于领先水平。如智能网联车技术，湖南省一直走在全国前列，目前已突破无人驾驶汽车复杂环境感知与识别、智能行为决策和自主优化控制等系列关键技术，在定位导航领域掌握了卫星导航系统、应用、测试和仿真等多项核心技术；国防科大自主研制的红旗HQ3无人车，完成了长沙到武汉286公里的高速全程无人驾驶实验，在复杂环境识别、智能行为决策和控制等方面达到世界先进水平。在智能制造领域，湖南省有三一集团等16

家企业列入全国智能制造试点示范，获评国家智能制造标准化和新模式项目达到27个，在中部六省中排名第一。

4. 企业集聚生态初步形成

初步统计，目前湖南省人工智能核心产业整体规模约60亿元，年均增速在20%以上，长沙、浏阳、宁乡、湘潭等地已初步形成产业集聚区。其中，长沙人工智能高地——湖南湘江新区，集聚了人工智能产业重点关联企业347家，省级（含）以上研发机构108家，国家智能网联汽车（长沙）测试区拥有全国测试场景复杂程度最高、测试服务最全的设施，更是具备了全国领先的5G测试基站，吸引了地平线、腾讯智慧产业总部、华为云计算数据中心、德国大陆集团、猎豹移动、碧桂园人工智能科技城、京东无人车总部、百度Apollo等一大批人工智能巨头企业纷纷落户。

二　查摆问题：从“四个不足”看省内面临的问题

1. 技术到产品转换不足，未形成良性的产业生态

湖南人工智能产业发展的“硬伤”是有技术无产品，很多技术“墙内开花墙外香”，如中南大学唐琎教授的无人车视觉技术被华为收购。究其原因，一方面，产业链上游的科研机构与下游的企业未找到共同的利益契合点，前者注重科技成果的研发与转化，而后者更看重利润；另一方面，目前湖南省人工智能产业主要靠初创型企业自发推进，以单打独斗为主，公共基础服务平台的匮乏也限制了人工智能产业链上下游交流合作，无法形成发展合力。这种局面直接造成人工智能领域的进入门槛较高，无法形成良性循环发展的产业生态。

2. 市场主体培育不足，缺乏有影响力的本土企业

产业的发展最终由企业来推动，产业发展战略也最终由企业来落实。湖南省人工智能企业培育不足，从企业数量来看，《经济日报》发布的“2017年中国人工智能产业数据报告”显示，湖南省人工智能相关企业数量在全国排名第20位；在企业影响力方面，《互联网周刊》与eNet研究院联合发

布的“2018 中国人工智能企业 TOP100”显示，湖南省没有一家本土企业入围。无论是在数量上还是在质量上，湖南省人工智能企业都远远落后，缺少对整个产业发展具有较强带动作用的龙头企业，这是湖南省人工智能产业发展的一大短板。

3. 行业领军人才不足，人才储备断层分化

人工智能作为科技密集型行业，其人才积聚有很强的圈子吸附性，一般是围绕领军人物聚焦，然后由点到线到面，形成整个行业人才生态圈。“2018 年中国人工智能创业领军 20 人”显示，湖南省没有一名创业领军人物，如何吸引领军人才到湖南省创业是必须认真思考的问题。另外，省内主要高校培养的人工智能人才数量较少，且其中相当部分仍以一线城市作为就业首选去向。一项对 2017 年湖南某高校智能科学相关专业毕业生去向的调查显示，49.23% 的本科生和 51.53% 的研究生选择到一线城市就业。此外，长沙人工智能企业普遍反映非常缺乏转向产品开发的可用人才，终端工程师的需求量非常大，长沙拥有众多的职业教育高校，但人工智能职业教育几乎是一片空白。

4. 政策支持力度不足，产业发展亟须统筹规划

对全国 30 个省份 2009 ~2017 年人工智能政策发布情况进行统计发现，湖南仅发布了 9 项支持政策，在全国排名倒数第四，远远低于中部的河南（47 项）、安徽（37 项）与湖北（30 项）。引导人工智能行业发展的许多基础性工作和政策都不够健全。目前，虽已出台《湖南省人工智能产业发展三年行动计划（2019 ~2021 年）》，但是还没有出台全省的整体规划或方案，没有合理的规划指引，行业发展容易陷入重复建设、方向不明的状态，很可能造成短期井喷式发展，形成质低价廉的恶性竞争，重蹈光伏、风电等产业的覆辙。

三 对策建议：“六个加强”助力湖南省人工智能产业发展

1. 加强规划引导，协调统筹产业发展

积极对接国家战略，加强与兄弟省市特别是与粤港澳大湾区城市的沟

通，尽快出台《湖南省人工智能产业发展规划（2019～2025）》，明确提出产业发展定位、目标、方向，并制订配套实施方案，重点布局长株潭，其他市州走特色发展之路。加强产业发展组织领导，建议成立湖南省战略性新兴产业发展领导小组，下设人工智能产业专业委员会，负责协调与推进人工智能产业发展的具体工作。结合《湖南省人工智能产业发展三年行动计划（2019～2021年）》的发布实施，组织行业专家、骨干企业，联合制定湖南省人工智能产业技术发展路线图和全产业链发展政策，并健全相应监督机制。

2. 加强资源整合，推动“智能+”深度融合

推动飞腾高端计算芯片、麒麟操作系统、长城银河主机服务器和天河超级计算机等自主可控产品发展人工智能产品，推动湖南省特色的人工智能产品在专有领域的应用。组织利用好国内国际先进技术，加大关键算法框架和共性标准支持力度，推动“人工智能+产业”模式发展，把“智能+”与湖南省20个新兴优势产业链结合起来，明确“智能+”产品的落脚点，比如发展智能终端、智能制造、智能机器人、智能运载工具等。同时还要推动“智能+”与实体经济深度融合，形成“智能+先进制造”“智能+医疗”“智能+教育”“智能+农业”“智能+城市管理”等“智能+”体系，打造一批在共性技术方面有所突破的“智能+”，建设好国家智能网联汽车测试区、马栏山视频文创产业园等智能基础设施。

3. 加强主体培育，聚焦领军企业和重大项目

对国际国内人工智能产业图谱进行梳理，充分利用互联网岳麓峰会、世界计算机大会、中国（长沙）网络安全·智能制造大会等平台，围绕基础层、技术层和应用层各个细分领域的领军企业，积极开展靶向招商和全产业链招商，支持全球人工智能龙头企业在湘设立研究机构、第二总部、中部总部、创新中心、孵化基地等。支持长株潭地区率先编制全球人工智能产业重点招商项目库，策划引进一批高端产业项目和龙头企业，尤其是要利用好大量优秀的湘籍互联网企业家和投资人这个宝贵的资源，如IDG资本的熊晓鸽、58同城的姚劲波、映客直播的奉佑生等，主动出击，精准招商，以此形成集聚效应，迅速带动资源积聚和智能产业的发展。

4. 加强引技引智，集聚高端领军人才

加大对领军人才和创新团队的引进力度，在创业投资、融资担保、技术成果入股等方面给予优惠政策，加大对团队研发补助、公共支出补助力度。建立人才培养与企业需求精准对接机制，培养和引进更多人工智能领域的中央“万人计划”和省“芙蓉人才计划”等高端人才。鼓励探索在海外设立研发中心，就地招揽高端人才，或在全球主要人工智能聚集区设立人才工作站，搭建海内外人才引进的“桥头堡”。与国际知名猎头公司合作，为湖南网罗人工智能人才，构筑人工智能产业人才集聚高地。

5. 加强资金支持，注入产业发展资本动力

建立产业引导基金，省级层面设立人工智能产业发展母基金，各市按照自愿原则，根据本市人工智能产业发展重点方向设立子基金，以 1∶4 的杠杆率撬动社会资本，实现对人工智能全产业链的投资覆盖；具体来说，母基金占比 10%，市政府占比 20%，金融机构占比 70%。产业基金采取市场化运作原则，遴选拥有优秀业绩的基金管理公司来运营，避免“明股实债”，确保产业基金能够尽快实现对人工智能中小企业发展的支持。在财政科技经费中设立专项资金，专门用于支持人工智能领域重大科技攻关和成果转化。鼓励风险投资机构投资种子期、初创期人工智能企业，发挥政府财政专项资金杠杆作用，以市场化手段，撬动多方资金支持人工智能产业发展。

6. 加强数据共享，建设公共服务平台

开放智慧城市数据，打造国家级人工智能开放创新平台。建议分类推动重点领域数据开放，率先推进政务数据资源有序开放，鼓励引导公共服务机构数据开放，研究开放数据重点领域负面清单制度，出台政务数据依申请公开使用细则，建立系统化、结构化的数据库平台，为湖南省人工智能产业的发展提供资源。建立人工智能应用平台，在交通、医疗、教育、环保和金融等公共服务领域推动人工智能应用的先行先试，着力打造人工智能在生产和生活方面的创新范例，拓展“人工智能 +”的行业应用。

从“有”到“优”：湖南科技服务业发展现状、问题及对策*

湖南省人民政府发展研究中心**

科技服务业是创新链与产业链无缝衔接的“黏合剂”。随着湖南省创新引领战略不断深入实施，对科技服务业发展的需求愈发迫切；但目前湖南省科技服务业发展仍处于初级阶段，难以适应日益专业化的市场需求。要推动湖南省科技与经济深度融合，占领经济增长方式转变的先机，促进科技服务业发展从“有”到“优”势在必行。

一 摸清现状：整体仍处于发展的初级阶段

1. 产业增长势头较好，但总体效益不佳

近年来，湖南科技服务业规模持续扩大，科技服务产业增长势头较好。2016～2018 年，全省规模以上科技服务业企业实际营业收入由 1575.32 亿元上升至 2016.76 亿元（初步核算），年均增长率高达 13.15%；2017 年，湖南科技服务业固定资产投资达 434.43 亿元，居全国第 4 位、中部第 1 位，科技服务业规模以上企业达到 2031 家，实际营业收入 1893.69 亿元，利润总额达 256.53 亿元，营收利润率为 13.5%。但从科技服务业的产出来看，整体效益不佳。2017 年，湖南技术市场成交额 203.11 亿元，居全国第 14

* 本报告为湖南省社科基金智库专项课题“湖南实现从绿色大省向生态强省转变的思路与对策研究［16ZWB30］”的阶段性研究成果。

** 张诗逸，湖南省人民政府发展研究中心研究人员。

位、中部第3位，仅为湖北省技术市场成交额的1/5；全省三种专利授权数为37916项，居全国第13位、中部第4位；规模以上工业企业专利申请数21319项，居全国第11位、中部第4位。

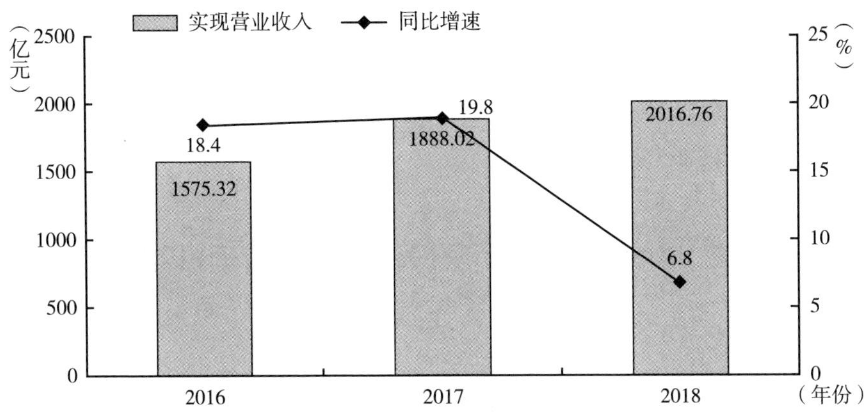

图1　2016～2018年湖南科技服务业企业实际营业收入及其年增长率

资料来源：湖南统计信息网。

2. 科技服务机构趋于多元化，但服务层次较低

作为科技服务的市场主体，湖南省科技服务机构呈现多元化特征。截至2018年，全省共有国家级重点实验室18个；国家级工程技术研究中心14个，省级工程技术研究中心356个；国家级科技企业孵化器19个，省级科技企业孵化器72个，省级以上科技企业孵化器孵化面积达286.82万平方米；国家级众创空间48个、省级众创空间152个；国家级国际科技合作基地18个；省级科技条件服务平台22个。湖南虽集聚了大量科技服务机构，但多为中小型服务机构。如2017年湖南省平均每个众创空间服务70家企业及团队，而江西、湖北、河南都在90家以上；湖南省众创空间团队平均获资额为142万元，仅为湖北省的40%；部分机构甚至缺乏实质性服务内容，且科技服务内容单一，围绕科技型企业“入园－孵化－培育－壮大”的完整服务体系欠缺，难以满足广大科技型企业对科技服务专业化、多样化的需求。

3. 科技服务从业人员大幅增加，但人才结构不优

湖南科技服务业从业人员逐年稳定增加，由2012年的20.08万人上升

至2016年的32.25万人，年均增长率达12.57%。科技服务业属于智力和技术密集型产业，但湖南科技服务从业人员的学历、技术职称普遍不高。以占全省科研机构从业人员64%的长沙市为例，除研究与试验发展行业的高端人才占科技活动人员比重较高外，互联网和相关服务、软件和技术服务业、技术推广和应用等其他科技服务业中高学历高职称人才仅占15%左右，专业化、复合型科技服务人才均严重匮乏，科技服务行业的领军人才更加稀缺，很难满足行业发展需要。

二　找准症结：顶层设计滞后、管理机制不全、要素供给不足

1. 科技服务业发展的顶层设计相对滞后

湖南科技服务业规划发展起步较晚，缺乏省级层面的统筹规划和实施细则。湖南省在2015年才出台《湖南省人民政府关于加快科技服务业发展的实施意见》，从十二大方面提出了二十四条意见，但具体措施、优惠政策等内容粗略，后续配套政策未能出台。在顶层设计方面与其他省份差距明显。如江苏早在2008年就出台了全省科技服务业发展规划，广东在2009年组织实施了促进科技服务业发展专项计划，浙江在2011年制定了科技服务业“十二五”发展规划。此外，安徽、陕西、云南等省也早已制定出台详细的政策措施。

2. 统计及经营管理等方面的机制尚不健全

完善的产业内统计调查制度是体现管理成熟度的重要表征之一。江苏早在2003年就已制定了较为完善的科技服务业统计报表制度，安徽也在2011年就建立了科技服务业统计季报制度；而湖南直到2017年才首次组织全省科技服务业统计调查，且该项工作进展缓慢。同时湖南省对科技服务业市场的规范管理严重缺位，科技服务机构各自为政，缺少行业规范、服务标准和自律管理；科技服务组织的经营范围和经营内容杂乱，技术交易场所的技术交易和咨询方面缺乏相应法律规定，从业机构等科技服务主体法律地位、经

济地位、运行机制未得到明确，“劣币驱逐良币”现象时有发生，严重损害了湖南省科技服务业的健康发展。

3. 支撑科技服务业发展的要素供给不足

一是资金投入不足。2017 年，全省 R&D 经费支出 568.5 亿元，R&D 经费投入强度为 1.68%，分别居全国第 10 位、第 15 位，其中 R&D 经费支出仅约为广东的 24%，R&D 经费投入强度低于全国平均水平 0.45 个百分点；财政科技支出 91.42 亿元，居全国第 14 位、中部第 5 位，财政科技支出占比仅有 1.33%，在全国排名第 18 位、中部最后一位，财政科技支出仅约为湖北的 39%。二是人才队伍建设滞后。2017 年，湖南 R&D 人员全时当量为 94228 人，位列全国第 9 名、中部第 4 名，仅相当于广东的 20.6%、浙江的 28.2%；科技服务业从业人员比 2016 年减少 5.52 万人，人才外流现象初步显现。三是专业化、高水平科技服务机构较少。以国家技术转移示范机构为例，长沙市目前仅有 7 家，低于武汉市的 16 家、合肥市的 10 家；制造业是湖南省优势产业，全省制造业科研机构数量仅为农业科研机构的 1/4；由于缺乏专业化、高水平的科技服务业企业或品牌，对高端人才的吸引力较弱，很大程度上束缚了湖南科技服务业的发展。

三　对策建议：围绕从“有”到“优”目标筑统领、强抓手、稳核心

1. 以制定专项规划为统领，加大政策支持力度

一是科学制定湖南科技服务业发展专项规划。由省科技厅、省发改委、省统计局等相关部门联合制定完善全省科技服务业发展规划，明确湖南科技服务业发展目标、重点领域、主要任务、空间布局和保障措施等；加强对行业的统计和监测，按照国家科技服务业统计分类标准，开展测算方法研究，完善湖南省科技服务业统计指标监测体系，准确把握行业发展态势。

二是建立多部门联动协调机制。充分发挥省服务业发展联席会议制度的作用，将研发设计产业专项协调小组优化重组为科技服务业专项协调小组，

形成高效运行的长效工作机制，指导、协调解决科技服务业发展中的重大问题，出台并督促落实科技服务业发展相关政策。

三是加大财税支持力度。运用好现代服务业专项引导资金，对符合条件的科技服务业项目予以大力支持，通过财政补贴、以奖代补、政府购买服务、贷款风险补偿等方式，支持科技服务领域共性关键技术研发和公共服务平台建设。创新财政支持方式，完善科技创新券制度，激发企业采购科技服务的积极性；在科技服务示范区逐步实现科技服务企业用水、用电、用气与工业企业同价。

2. 以壮大市场主体为抓手，提升科技服务质量

一是大力发展园区科技服务超市。依托发展基础较好的创新创业服务中心、孵化器、公共服务平台等各类服务机构，按照“服务专业化、管理规范化、发展规模化”的要求，筛选整合一批科技服务机构，在高新区、产业转移园、特色产业基地等各类园区内建设科技服务超市，将人才引进和培育、科技成果转化、创新创业、企业发展等全产业链的各类科技服务产品集中陈列，让企业可以像逛超市一样，根据自身需求选择服务，大力提升科技服务的质量和效率。

二是加快培育和壮大专业化科技服务机构。专业化、高水平的科技服务是推动科技服务机构发展壮大的核心力量。建议整合科技专项资金，培育和布局一批集关键共性技术研发、知识产权信息服务于一体的专业性科技服务平台，促进重点领域服务层次向高端延伸；围绕湖南省 20 个工业新兴优势产业链，组建产业技术创新战略联盟或产业技术研究院，构建贯通产业上下游的科技服务链；扶持壮大一批市场化运作能力强、核心业务特色鲜明的科技服务机构，引导省内科技服务机构通过并购或外包方式做大做强，打造特色服务高端品牌。

三是引导行业协会及战略联盟发挥作用。行业协会和战略联盟是推动科技服务业发展和实现有效内部治理的重要资源信息共享平台。扶持发展一批在省内具有广泛影响力的科技服务业行业协会，鼓励各类科技服务组织围绕湖南省特色产业发展建立行业协会。依托行业协会推进科技服务业行业调

查、行业统计、行业自律、行业规划及行业标准制定、行业执业资质考核等工作。围绕湖南省主导产业转型升级需求，引导和支持科技服务机构以国际化、高端化为发展目标，以技术、专利、标准为纽带，通过组织模式多样化、运营机制市场化的方式建立跨区域、跨领域的科技服务战略联盟，为产业创新发展提供科技支撑。

3. 以加强人才培育为核心，夯实科技服务支撑

一是建立学历教育和职业培训相结合的人才培养体系。在基础条件良好的高等院校和高科技现代服务企业中，建立一批科技服务业人才培养基地，为科技服务业发展培养一批懂技术、懂市场、懂管理的复合型科技服务高端人才。支持和引导大学、研究院所、服务机构、社会组织等合作成立科技服务社会教育组织，对科技服务业从业人员进行培训、认证和辅导。依托湖南省生产力促进体系打造人才引进、培训服务平台，组织开展科技服务机构管理人员和专业技术人员的业务培训，为企业及社会培训各类科技服务人才。

二是加强高端人才的引进。完善高端人才引进机制，充分利用各类人才引进计划和扶持政策，针对性地引进一批具有较强的市场意识、战略执行、经营管理和开拓创新能力的优秀职业经理人；将引进国内外顶尖科技服务创新团队纳入湖南省引进科技创新团队专项资金支持范围；建立人才柔性流动机制，为高层次科技服务人才来湘创新创业提供良好的发展环境。

三是加强科技服务业从业资质认定与管理工作。研究制定科技服务业职称评聘制度，建立包括培训、考核、认证、资格管理等各项内容的科技服务业人才认证体系，引导行业协会建立和完善技术经纪人、科技咨询师、评估师、信息分析师等人才培训和职业资格认定体系，为湖南省科技服务业发掘组织一批支撑行业发展的骨干队伍。

抢先建设全国互联网大学总部校区 将长沙打造成为智慧密集的创新高地*

湖南省人民政府发展研究中心调研组**

2018年，在移动互联网岳麓峰会上，湖南省委书记杜家毫对互联网企业发出热情邀约："我们期盼腾讯、京东、阿里巴巴等国内外知名互联网企业将'第二总部'落户长沙，推动形成北有北京、南有深圳、东有杭州、中有长沙的中国互联网产业发展新格局。"近年来，互联网知识付费平台在获得爆发性口碑传播与巨大经济回报之后，开始转向线下实体，不仅推动建成了互联网大学，也培育出更多的知识消费群体，这为长沙建设互联网大学总部校区提供了巨大机遇。为此，我中心成立了专题调研组，经调查研究认为，长沙应抢抓互联网共享经济发展机遇，加快落实好家毫书记的指示，力争将互联网大学总部落户到长沙，更好地发挥互联网在长沙高质量发展中的重要作用。

一　互联网大学发展情况

1. 从知识付费到互联网大学

2016年，受益于互联网用户知识付费意愿的转变、在线支付的全面普

* 本报告获得湖南省委常委、省政府常务副省长谢建辉，湖南省政府副省长陈飞，湖南省政府副省长吴桂英的肯定性批示。

** 调研组组长：谈文胜，湖南省人民政府发展研究中心党组书记、主任；调研组副组长：唐宇文，湖南省人民政府发展研究中心副主任、研究员；调研组成员：唐文玉、王颖、彭丽（执笔）、黄晶，湖南省人民政府发展研究中心研究人员。

及以及版权环境的日益优化，大批知识付费平台如喜马拉雅、得到、混沌、知乎、樊登读书等集中爆发并获得快速增长。《中国共享经济发展年度报告（2019）》显示，2018 年，我国知识技能领域市场交易额为 2353 亿元，知识付费用户达 2.92 亿人。

用户购买线上知识付费产品后，下一步必然要向线下课堂进行转化。成立于 2015 年的混沌研习社最早发现这个市场，他们把目标学员定位为早已步入社会的职场人，2017 年正式更名为混沌大学，在北京设立总部，并在上海、广州、杭州、长沙等多个城市设立分校区；2018 年炒热了知识付费概念的得到 App 创始人罗振宇成立了得到大学，校区覆盖北京、上海、杭州、广州、深圳、成都六大城市；而阿里巴巴创始人马云则直接在杭州建立了湖畔大学，每年招收数十位商界精英。

党的十九届四中全会指出，要构建服务全民终身学习的教育体系。在市场经济与互联网经济的双重推动下，由企业家创办的互联网大学必将成为服务全民终身学习的重要力量。未来互联网大学将形成一套线上线下数据融合的运作模式，即线上知识付费引流，平台内培育价值和信任，再向线下导流。目前，得到大学、混沌大学、樊登读书会就是这种模式，也印证了这种模式，且将带领这种模式走向成熟。

2. 创新是互联网大学最鲜明的标签

从教师来源来看，互联网大学由一线创新创业者担任讲师。互联网大学没有固定的专职教授队伍，由当前全球最有名的商业领袖、世界名师、投资人、产品经理等高精尖人才组成优秀导师团。如阿里巴巴创始人马云、混沌创始人李善友、腾讯创始人马化腾、小米科技创始人雷军、科大讯飞创始人胡郁，还有来自哈佛、北大、清华等的各领域专家学者，阵容异常强大。从学员来源来看，互联网大学汇聚了国内最具创新精神的群体。互联网大学的学员大多数是各领域创始人、商界精英，还有政府官员、律师、医生、专业技术人员、高校大学生等各类高级人才。这类群体本身具有非常强的创新创造能力，同时对进一步提升创新创造能力有着非常高的需求，是国内最好学、最上进、最具创新精神、最有希望的群体。从教学方式来看，互联网大学致力于将创新方法下沉到各个行业之中。互联网大学提出了“创业爱国　创新报国”的口号，混沌大学更是成立了专门的创新商学院，开设的课程既有丰富的理论知识，又有前沿商业案例解析，帮助学员培养创新精神，帮助各个行业找到创新转型的方向。

3. 缺乏校区是互联网大学面临的最大的现实问题

近几年，互联网大学学员人数增长速度非常快，得到大学线上用户量破2000万人，每年招收线下学员达千人；混沌大学线上用户量超30万人，线下学员仅长沙分校就有近万人。2018年李善友来长沙讲课，听课者达1800多人，很多人甚至是打“飞的”从其他城市远道而来，连过道里都坐满了听众。

在学员数量呈爆发式增长的情况下，互联网大学却面临着缺乏功能完善、容量足够的教学场地的尴尬局面。目前，只有湖畔大学在杭州拥有自己独立的校区，其他互联网大学的场地性质更接近于办公场所而不是教学场所。像混沌大学长沙分校落户在长沙高新区芯城科技园，得到大学深圳分校落户在南山科技金融城（华润置地大厦），场地基本是周末闲置的共享空间办公室，遇到大型教学活动，就要外出租赁场地。虽然国内很多城市都极力引进互联网大学，但都只提供办公场所，远远不能满足互联网大学日益增长的教学需要，这也是互联网大学迫切想要解决的最大的现实问题。

二　抢先建设全国互联网大学总部校区对长沙而言意义重大

1. 从国际经验来看，大学对城市有巨大的推动作用

美国斯坦福大学是这方面的典范，硅谷的兴起就是源于斯坦福大学的崛起。斯坦福在制订学校的发展规划时，把与企业的合作作为提高学校学术与科研水平的一部分，并且把研究园区列为学校为公众服务的一个职能。对于硅谷的公司来说，它们的成功并不取决于市场、原料或员工的素质，而是取决于能及早地取得斯坦福大学研究成果的技术转让。斯坦福与企业合作的办

学方针成就了硅谷，也使自己成了硅谷的智慧之源。

早先，我国政府和欧盟在上海共同创办了中欧商学院，李嘉诚基金会捐资在北京创办了长江商学院，它们均为中国经济发展和人才培养做出了巨大贡献，然而受体制影响，也存在很多的问题。正因为如此，由企业家创办的互联网大学脱颖而出，其中以湖畔大学、混沌大学、得到大学最为瞩目，未来“中国的斯坦福”很可能在这些互联网大学中产生。

2. 从国家层面来看，建设全国互联网大学总部校区是践行创新驱动发展战略的体现

党的十八大以来，国家提出实施创新驱动发展战略，强调科技创新是提高社会生产力和综合国力的战略支撑，必须摆在国家发展全局的核心位置。湖南省第十一次党代会提出创新引领开放崛起战略，长沙大力建设创新驱动示范市，科技创新已成为长沙经济发展新的动能。在长沙建设全国互联网大学总部校区，可以利用这个平台带动并直接推进湖南高科技成果市场化转化进程，为湖南省以创新推动经济增长和税收增加做出贡献。同时，还可以以长沙为中心，链接长株潭城市群企业，传播新思想、新方法，帮助企业培养创新人才，深入企业“把脉问诊”，促进众多企业实现转型升级。

3. 从城市竞争来看，人才是城市发展的战略性资源

近两年，随着本科落户、创业支持、购房优惠、所得税减免等“新一线”城市人才吸引政策的集中出台，城市间“抢人集团”的排位已初步显现，其中杭州、武汉、成都、郑州、西安五座城市人才吸引力最高，长沙处于并不领先的位置。此外，长沙还是一个重要的人才输出基地，人才流失现象严重。蚂蚁金服2015年发布的《大学生就业流行报告》显示，“长沙到深圳”位列毕业生跨省就业的第四名。抢先在长沙建设互联网大学总部校区，可利用这些学校的国内外影响力，以及导师和学员本身所具有的整合利用国内外高端要素资源的能力，开辟全球高端人才集聚长沙的新通道，让长沙成为中国创业家和创新型企业集聚地，在“抢人大战”中实现反超。

三　长沙建设全国互联网大学总部校区的优势

1. 战略机遇优势

长沙是“一带一路”重要节点城市和长江经济带中心城市，三大战略平台（全国两型社会建设综合配套改革试验区、国家自主创新示范区、国家级湖南湘江新区）、五大国家级园区（长沙经开区、长沙高新区、宁乡经开区、浏阳经开区、望城经开区）与20多项国家级试点相互叠加，战略机遇前所未有，政策红利持续释放，完全具备承接建设全国互联网大学总部校区的条件和能力。

2. 产业基础优势

经过近10年的精耕细作，长沙已逐步成长为中部地区移动互联网的“梦工厂”和中国移动互联网产业“第五城”。长沙连续6年举办了移动互联网岳麓峰会，世界计算机大会永久性落户长沙，形成了具有较大影响力的互联网品牌。在全国移动互联网领域精英人士中，近1/3是湘籍企业家。近几年，这些湘籍“大佬”纷纷回湘发展，腾讯、百度、京东、华为、中兴通讯、中国长城、中国移动、58集团等互联网巨头及互联网领军企业纷纷布局长沙，设立了全国总部或区域性总部，为湖南移动互联网产业蓬勃发展注入了强大动力。目前，长沙移动互联网全产业链人才库达751人，从业人员数量居中部前列，每年设立移动互联网发展专项资金4亿元，2019年共有130余家（次）移动互联网企业获得融资，累计获得融资额近百亿元。2019年，长沙市移动互联网发展指数为223分，在全国省会城市中排名第六，在中部地区排名第一。

3. 综合实力优势

从经济发展来看，从2007年开始，长沙地区生产总值连续5年以超过14.5%的增幅领跑全国；经济总量排名从2006年的全国城市第28位、省会城市第11位，跃居到2018年全国城市第14位、省会城市第6位，跃升幅度居同期全国城市第一位，成为省会城市竞争和全国区域经济发展的成功

“逆袭者”。从创新创造来看，2018 年长沙市研究与试验发展经费支出为 265.9 亿元，占 GDP 的比重达 2.42%；专利授权量为 21188 件，每万人发明专利拥有量达到 30.3 件，居全国省会城市第 6 位、中部省会城市首位。从科教资源来看，长沙拥有高等院校 55 所、科研机构 96 家、国家工程（技术）研究中心 17 家、国家重点（工程）实验室 19 个、中国两院院士 57 名、专业技术人员 42 万多名，信息技术领域的院士数量位居全国前四、中部第一。从城市环境来看，长沙连续 11 年获评中国最具幸福感城市，长沙是全国房价洼地，其现代交通便利、生态环境良好、城市功能完善的优势领跑全国。2018 年，在中国城市全面小康指数排名中，长沙位列全国第十、中西部首位。

四　建设全国互联网大学总部校区的建议

1. 加快引进互联网大学总部或教学总部

据目前所了解的情况，北京、上海、广州、深圳、重庆、杭州、雄安新区等城市都积极争取过成为混沌大学、得到大学的总部所在地。虽然这两所互联网大学的总部最终都落户北京，但从实际意义上来说，那只是“行政总部”，负责招生、教务、运营管理等工作，而长沙则完全可以另辟蹊径，引进互联网大学的“教学总部”。建议长沙市政府将此列为年度重大项目，成立专门工作领导小组，积极对接混沌大学、得到大学等互联网大学，在制定政策、规划用地、人才引进等方面，合理合法给予一定的空间和政策支持，确保引进工作顺利。

2. 建议互联网大学总部校区选址于岳麓山国家大学科技城

大科城生态环境优美、人文底蕴深厚、科教资源密集、创新创造活跃，是湖南省乃至全国的一张科教名片、文化名片。现阶段，大科城正在全力推进建设中，急需引进一批叫得响、立得住的总部企业、头部企业、创新型企业。将互联网大学总部校区建设于此，可实现两者基础设施和创新资源共建共享，进一步促进科研资源加快集聚并转化为现实生产力。在大科城建设互联网大学总部校区可考虑以下两种方式：一是参考湖畔大学，在大科城空白地块上规划新建校区，校区以“1+N”的模式进行空间布局，“1”代表公用资源，如大讲堂、会议室、大教室等，“N”代表得到大学、混沌大学，以及未来引进的湖畔大学分校、华为大学、腾讯大学等更多的互联网学校，这样既能最大限度地利用公共资源，又能保持独立发展空间，以总部校区为核心形成产业链的有效集聚。这种建设方式的优点是空间组织合理、教学功能完善，很可能成为长沙新地标；缺点是造价高昂，以企业自建还是政府投资的模式建设还有待进一步考量。二是利用大科城现有存量空间，共享高校教学场所和设施。这种方式的优点是能盘活现有空间资源，提高教学资源利用率，投入成本较低；缺点是沟通成本高，对互联网大学的吸引力不够。

3. 率先在湖南人才市场上承认互联网大学教育经历

把“学习”与“好工作”绑定在一起，是互联网大学可持续发展的必然途径。建议由省教育厅、省人社厅等职能部门牵头，推动互联网大学与脉脉、BOSS 直聘等网上招聘平台及湖南各级人才市场合作，让求职者的互联网大学教育经历成为一个“人才标签”——类似于专业证书那样被求职和招聘环节所认可，进一步提高有互联网教育经历求职者的社会竞争力。

4. 完善配套设施，提供优良的服务保障

一是优化营商环境。通过智慧的基础设施、管理体系、公共服务机制，提升长沙公共服务治理能力，为互联网大学提供优良的创新创业环境。二是提供优质的配套资源。教育方面要加大优质教育资源投入，增加优质学位供给，免除高端人才后顾之忧；医疗方面要对标一线城市，引进港澳和境外机构开设国际医疗机构，打造高端医疗服务园区。三是强化金融支撑，以湖南金融中心建设为契机打造金融高地，为企业加大研发投入、促进科技成果产业化提供金融服务。

将长沙打造成世界碳都的对策研究*

湖南省人民政府发展研究中心调研组**

21 世纪是碳的世纪，是碳替代硅的世纪。以碳纤维、碳纳米、石墨烯等新型材料的工业化应用为标志，将形成万亿级新兴产业，迅速推动世界新材料、新能源、新装备产业发展。本调研组在分析碳材料发展现状和长沙打造世界碳都条件的基础上，提出了将长沙打造成世界碳都的几点建议。

一　全球碳材料发展现状

碳广泛存在于大气、地壳和生物之中。碳材料主要指碳纳米材料、碳纤维、碳素材料三种。

1. 碳纳米材料发展现状

碳纳米材料主要指石墨烯，它在电子、航天、生物、新能源、半导体等领域蕴藏巨大产业价值。据 IEK 预测，石墨烯替代半导体晶硅制成高端集成电路，只需替代 1/10 就会产生 5000 亿元以上的市场收益；石墨烯制成负极材料能够大幅提高电池性能，目前全球超级电容市场规模在 100 亿美元左右，充电只需 1 毫秒的石墨烯超级电容器必将迎来大发展。

我国从事石墨烯研发、生产、销售、推广等相关单位达到数千家，2019 年产值将超过 500 亿元。“东方碳谷”常州聚集了超过 140 家石墨烯相关企

---

* 本报告获得湖南省政府副省长陈飞的肯定性批示。

** 调研组组长：谈文胜，湖南省人民政府发展研究中心党组书记、主任；调研组副组长：唐宇文，湖南省人民政府发展研究中心副主任、研究员；调研组成员：禹向群、李银霞、文必正、侯灵艺、贺超群、言彦，湖南省人民政府发展研究中心研究人员。

业，其中，上市企业7家（A股IPO企业5家、纳斯达克1家、港交所1家），新三板挂牌10家，上市后备企业超过10家。常州石墨烯粉体和透明薄膜产量分别占全国的50%和80%，初步形成了涵盖设备制造、原材料生产、下游应用、科技服务的完整产业链。国际上，世界各国都在加大研发力度，支持石墨烯发展，并已经在一些领域取得突破性应用。如德国西格里、日本东洋、美国步高、法国美尔森都取得了较大进步。

2. 碳纤维产业发展现状

碳纤维是含碳量在90%以上的高强度高模量纤维，其耐高温性居所有化纤之首，是制造航天航空等高技术器材的优良材料。碳纤维质轻于铝而强力高于钢，它的比重是铁的1/4，强力是铁的10倍，除了有高超的强力外，其化学性能非常稳定，耐腐蚀、耐高低温、耐辐射、消臭性好。吉林经济开发区碳纤维产业形成了规模，集聚了中钢吉碳集团、中国宝安集团、吉研高科等碳纤维龙头企业，建立了国内唯一的碳纤维工程技术中心。骨干企业发展到6家，作为国内首家国家级碳纤维高新技术产业化基地，原丝年产能1.5万吨（产能和市场占有率国内第一），碳丝年产能2860吨，终端应用领域不断拓展。

碳纤维是国内外正在逐步推广的新型应用材料。国内碳纤维复合材料年需求量为10000吨，而国内产能只有4000~5000吨。碳纤维技术基本被日本东丽、东邦、三菱丽阳垄断，国内T800还不能完美量产，东丽已经开始生产T1100。日本东丽和美国赫克塞尔几乎垄断了航空航天高性能碳纤维市场，东丽碳纤维供应空客至2025年，总价值高达32亿美元，并长期供应spaceX飞船。

3. 碳素材料发展现状

碳素材料主要包括金刚石、石墨和无定形碳三种同素异形体，它们的物理性能、化学性质及用途也各不相同。湖南人造金刚石历史悠久，湖南是全球重要的石墨产地，发展碳素材料基础良好。5G时代，金刚石的创新应用，关注点为金刚石在高端制造业、合成掺杂技术、相关制品应用，还要聚焦于钻石培育、热管理技术、金刚石半导体器件等前沿技术探索。

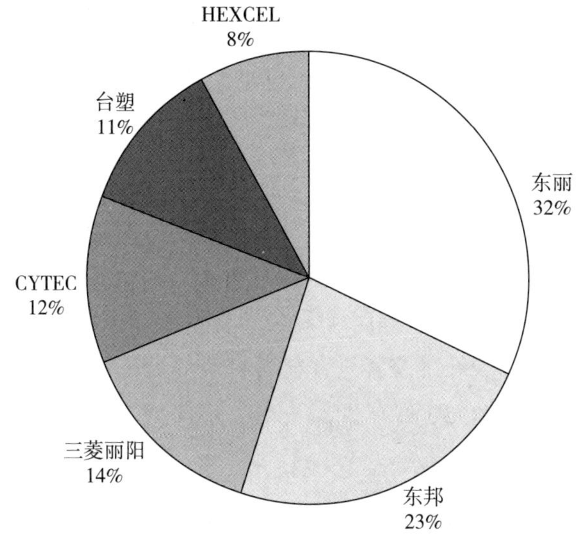

图 1　全球碳纤维企业产量占比情况

4. 碳材料应用市场预测

根据碳材料发展趋势，石墨烯将在晶硅芯片替代方面产生的市场收益高达 5000 亿元，锂离子电池负极材料替代方面产生的市场收益高达 500 亿元，超级电容方面产生的市场收益高达 350 亿元，手机触摸屏应用超过 150 亿元，平板电脑大尺寸触摸屏的需求也将达到 2. 3 亿片，这都为碳材料的应用提供了诱人前景。据不完全统计，到 2030 年全球碳材料市场收益将达到 1 万亿美元以上。

二　长沙具有打造世界碳都的产业基础

湖南石墨资源丰富，碳材料科研实力较强，一批碳材料企业快速崛起，具备把长沙打造成世界碳都的产业基础。

1. 丰富的石墨储量为世界碳都建设提供了资源条件

湖南丰富的石墨储量为碳材料产业发展奠定了资源基础。据不完全统计，中国石墨矿储量高达 20 亿吨，占世界总储量的 75%，湖南隐晶质（土状）石墨矿占全国总量的70%以上，占全世界总量的50%左右。其中，郴州已探明的微晶石墨储量达到3407万吨，占全国已探明微晶石墨总储量的72.5%。郴州也是我国微晶石墨的主要产区，鲁塘素有“石墨之都”美称，目前正在打造鲁塘石墨产业园，产业园预计到2025年产值将超过100亿元。湖南拥有成熟的开采能力，完全具备石墨烯、碳纤维等新型碳材料产业化发展的资源条件，具有打造世界碳都的天然优势。

2. 丰富的科教资源为碳都建设提供了科技保障

湖南在石墨烯、碳纤维及其复合材料科研领域已形成显著优势。国防科技大学、中南大学、湖南大学、湘潭大学、长沙理工大学、湖南科技大学等在高端材料、碳烯材料、石墨烯合成技术、复合材料等领域取得了重要成就，促进了石墨烯基础材料的大规模应用。元素密码石墨烯研究院依托中科院和高校研发平台，推进产学研融合，自主研发生产石墨烯及复合材料，已获得40多项相关实用新型专利和10余项发明专利，逐渐占据石墨烯产业应用、锂电研发与生产的行业领先地位。科研队伍中，中南大学的易茂中、湖南大学的陈小华、电子48研究所的巩小亮都是碳材料领域顶级专家，必将为世界碳都建设贡献力量。

3. 丰富的产业集群为碳都建设提供了产业基础

湖南具有发展碳产业集群的产业基础。2010年湖南与中国建材签订了《关于打造中国最大石墨产业基地的战略合作框架协议》，2011年又注册成立南方石墨有限公司，每年石墨矿产能达到51万吨。中蓝科技已实现石墨烯浆料及粉体绿色智能环保连续生产，在复合材料及其他新材料方面取得了新突破，与相关领域的核心单位签署了战略合作协议，并成为“中国石墨烯产业技术创新战略联盟”理事单位。博云新材与美国霍尼韦尔合资组建博云航空系统（湖南）有限公司，与中国商飞签署了C919大飞机项目飞机轮刹车系统主合同，使长沙一跃成为世界最大飞机炭炭刹车基地。中联重科与意大利CIFA合作生产碳纤维臂架，加快了长沙碳纤维产业技术跨越式发展。同时，湖南在装备制造、新能源汽车、电子信息等优势产业领域，具备与石墨烯产业融合发展的基础。

三　将长沙打造成世界碳都的几点建议

将长沙打造成世界碳都是当前湖南新材料产业后发赶超的重要机遇。推进世界碳都建设，当务之急是要在成立省碳产业发展办、成立世界碳都产业基金、成立世界碳都产业研究院、设立世界碳都产业园等方面发力。

1. 成立省碳产业发展办

发展碳材料产业是湖南谋划未来产业制高点的重要机遇。克服当前碳材料产业龙头企业带动力不强、企业布局分散等短腿，需要加强碳行业统一规划、统一发展、统一政策，迅速形成产业集聚和规模效益，促进企业间相互协作和高校科研成果高效转化，重大科研、产业项目快速申报和审批，构建完善的碳产业发展政策与服务体系，探索科研、产业和市场一体化创新发展模式。建议由省发改委牵头，联合省工信厅、商务厅、科技厅等部门成立省碳产业发展办。负责组织重大碳科研项目、产业项目、投资和合作项目申报、评估和审批；制定产业规划和产业政策，出台《省政府关于培育和加快碳产业发展意见》，指导企业与政府、大学、金融机构开展合作，组织实施世界碳都计划，开展高标准创客公寓建设，提供优良条件吸引高端人才来湘发展；加强与国家各部委对接，争取国家配套政策和重大专项资金支持。长沙市政府要成立高规格领导小组，负责省政府各项政策落实、招商引资和企业入园引导。通过体制创新、管理创新和发展方式创新，推动世界碳都建设上升为国家战略。

2. 成立世界碳都产业基金

发展新兴碳产业、建设世界碳都必须依靠金融支撑。新型碳产业处于培育期，大多数企业存在融资困难、融资渠道不畅、融资环节薄弱等现实难题。要建立“政府引导、企业主体、风险补偿”的投融资服务体系，设立或引进各级创投基金。建议由省财政厅、省发改委、省工信厅在年度专项资金中安排碳产业促进专项资金，联合省财信、兴湘公司、长沙城投等投融资公司，发起设立世界碳都产业基金，委托专业融资管理机构管理。设立科技金融超市，助力科技型中小企业融资，大力引进各种风投公司、科技银行，有效填补高新产业在研发投入与产业化阶段的资金缺口，满足碳技术成果转化、产业升级所需资金，促进早期投资创新型企业的产业化、市场化和规模化发展。积极扶持发展潜力大、成长性快、科技含量高的企业与国际战略资本融合，实现境内境外上市，推动世界碳都步入快速发展轨道。

3. 成立世界碳都产业研究院

建议由省科技厅牵头，联合省工信厅，整合中南大学粉末冶金研究院、国防科技大学航空航天学院、湖南大学材料工程学院、湖南科技大学材料工程学院、国家炭/炭复合材料工程技术研究中心和元素密码石墨烯研究院等研究平台，设立世界碳都产业研究院，打造国际新型碳研发中心、科技产品孵化中心和创新人才培养中心。研究院负责开展碳材料技术研发、碳标准制定与检测平台的创建，并针对石墨烯、炭/炭复合材料和碳纤维等热门应用领域成立若干专业研究、攻关小组和成果转化小组。研究院先期启动半导体芯片、锂离子电池负极材料、电容器、显示器件等多个应用领域研究，分阶段推进新型炭/炭复合材料以及石墨烯产业化项目。

4. 设立世界碳都产业园

围绕碳产业集群化、高端化和两型化目标，以现有隆平高科园、麓谷产业园、新材料产业园和郴州北湖石墨产业园为基础，布局设立世界碳都产业园，打造世界碳都核心产业集群。打造以博云新材为基础的航空航天碳材园，以郴州北湖为基础的高端碳产业园，以长宇、星城为基础的新能源碳材园，以南方博云、金博云为基础的高温结构碳材园和以湖南石墨烯、江南石墨为基础的新型碳材园等五个产业集聚区。积极引进日本东丽、东邦、三菱丽阳，美国赫克塞尔、卓尔泰克、氰特，德国西格里，土耳其阿克萨，法国美尔森等全球领先企业以及方大炭素、东旭光电等国内知名企业，并大力引导相关企业向专业园区集聚，提高产业集中度。

加快绿色技术创新发展 打造湖南发展强劲动力[*]

湖南省人民政府发展研究中心调研组[**]

绿色技术创新正成为全球新一轮工业革命和科技竞争的重要新兴领域。中央全面深化改革委员会第六次会议强调，绿色技术创新是绿色发展的重要动力，是打好污染防治攻坚战、推进生态文明建设、推动高质量发展的重要支撑。湖南省要在新一轮科技创新浪潮中实现后发赶超，就应积极抢抓绿色技术创新前沿，加快构建有利于绿色技术创新发展的体制机制，全面释放绿色技术创新潜力与活力，为推动高质量发展提供强劲动力支撑。

一 湖南推进绿色技术创新具备有利条件

近年来，湖南积极探索两型社会建设，加快创建绿色制造体系，大力推进创新型省份建设，为加快绿色技术创新发展提供了有利条件。

（一）绿色技术创新活力涌现

一是创新主体不断发展壮大。在节能环保领域，涌现出永清环保、凯天

* 本报告获得湖南省政府副省长吴桂英，湖南省政协副主席戴道晋的肯定性批示。绿色技术是指降低消耗、减少污染、改善生态，促进生态文明建设、实现人与自然和谐共生的新兴技术，包括节能环保、清洁生产、清洁能源、生态保护与修复、城乡绿色基础设施、生态农业等领域，涵盖产品设计、生产、消费、回收利用等环节的技术。

** 调研组组长：谈文胜，湖南省人民政府发展研究中心党组书记、主任；调研组副组长：唐宇文，湖南省人民政府发展研究中心副主任、研究员；调研组成员：袁建四、屈莉萍、刘海涛，湖南省人民政府发展研究中心研究人员。

环保、华时捷环保、华自科技、云中科技等一批龙头企业。如，长沙华时捷环保研发的环境在线监控预警系统，可检测出镉、砷、铅等 17 种重金属污染，从废水、废气、废渣中“淘金”；凯天环保在整体厂房除尘、大气环境烟气治理、重金属污染治理等领域拥有核心技术；永清环保已成为中国重金属土壤修复行业的先行者。二是一批重大创新平台加快布局。除国家重金属污染防治工程技术研究中心等已有创新平台外，亚欧水资源研究和利用中心、洞庭湖生态保护公共科技服务平台等一批重大科研平台正加快建设，国家生物种业技术创新中心、岳麓山实验室等一批重大创新平台正加快布局。2019年5月，郴州市成功获国务院批复，成为第二批国家可持续发展议程创新示范区之一（全国共6家）。三是绿色专利申请量、有效量逐步提升。2014～2017年，湖南绿色专利申请量累计达5511 件，居全国第 13 位。截至 2017 年年底，湖南绿色专利有效量达2948 件，居全国第 11 位、中部第 3 位（见表 1）。

表 1　2017 年中部六省绿色专利相关情况

单位：件

省份	2014～2017 年累计绿色专利申请量	全国排名	截至 2017 年年底绿色专利有效量	全国排名
安徽	18529	4	3371	7
湖北	6511	10	3103	10
湖南	5511	13	2948	11
河南	5443	14	2004	15
山西	2094	20	1319	21
江西	1955	21	848	23

资料来源：《中国绿色专利统计报告（2014～2017 年）》。

（二）两型社会建设基础扎实

湖南在生态文明建设和绿色发展方面有探索、有突破、有优势。自2007 年长株潭城市群获批国家两型社会建设综合配套改革试验区以来，湖南以绿色规划为引领、以绿色改革为动力、以绿色治理为重点、以绿色转型为目标、以绿色共建为依托，主动作为、先行先试，形成了两型社会建设的

"长株潭模式"。长株潭城市群先后实施100多项原创性改革，开展50多项全国性改革试点，资源性产品价格改革、湘江流域综合整治、科技体制创新等多项改革经验在全国推广。如今，绿色发展、低碳发展、循环发展的理念在三湘大地深入人心，形成了注重资源集约、支持环保、参与环保的良好氛围。

（三）绿色制造体系不断完善

2017年，湖南省工信厅印发了《湖南省绿色制造体系建设实施方案》，并会同湖南省财政厅研究提出配套奖励政策，有力地推动了湖南绿色制造体系创建。截至2018年10月，共有73家企业被评估认定为省级绿色工厂，3家园区被评估认定为省级绿色园区，19家单位获批为国家绿色制造示范单位（其中，湖南华菱、湘潭钢铁有限公司等15家企业获批为国家绿色工厂，浏阳经开区、宁乡经开区获批为国家级绿色园区，湖南红太阳光电科技有限公司获批为国家绿色供应链管理企业，长沙市紫荆花涂料有限公司生产的水性外墙漆获批为国家绿色设计产品），初步建立起高效、清洁、低碳、循环的绿色制造体系。

（四）绿色技术创新需求广阔

近年来，湖南省绿色节能环保领域需求增长迅速。如，环保产业2013年产值达到1073亿元，2018年达到2625亿元，2013～2018年年均增长率接近20%；新材料产业2014年增加值为755.61亿元，2018年达到1707.67亿元，2014～2018年年均增长22.61%。在国家加快推进生态文明建设、污染防治攻坚战以及社会公众节能环保意识增强等多重因素的推动，湖南省在长江岸线专项整治、湘江保护和治理"一号重点工程"、洞庭湖生态环境整治、长株潭等地区大气同治、黑臭水体综合整治、土壤污染综合防治、工业园区污染治理、矿山生态修复、有色化工造纸印染电镀等重点行业工业企业改造升级、城乡生活垃圾收集处置、城市固废处置与资源化、农村环境综合整治、农业面源污染治理等领域的绿色技术创新市场需求渐趋旺盛，绿色技术创新有望迎来爆发式增长。

二　湖南绿色技术创新发展面临的主要问题

（一）企业绿色技术创新的动力不强

一是绿色技术创新的研发和运行周期长，产生直接经济效益较慢，加上绿色技术专利保障机制不完善，大多数企业迫于生存和竞争的压力，不愿在研发和应用绿色技术上投入过多的时间和精力，往往追求经济效益而忽视生态效益和社会效益，缺乏足够的内在利益驱动力进行绿色产品和绿色技术创新。此外，企业组织绿色生产的难度高、投入大，存在较大的创新风险，这进一步遏制了企业的创新动力。二是企业绿色技术创新能力整体较弱。大多数企业研发多集中在一些外围技术方面，以生态环境价值为目标的核心技术突破较少，自主研发和创新能力不强。

（二）绿色金融信贷支撑不强

绿色技术项目主要依靠财政资助和政策性贷款，投入规模有限，未形成稳定的政府投入机制，对吸引社会资本参与的带动作用并不强。绿色金融滞后，绿色信贷、绿色债券、绿色保险及股权投资在内的绿色金融体系仍处于探索阶段，资本市场运作和专业化中介服务机构等尚不成熟。在税收激励方面，绿色技术成果转化的税收减免力度小，环境税收体系尚不健全，各级地方政府及企业投入绿色技术项目的积极性不高。

（三）绿色技术的市场激励机制尚不健全

主要表现在以下方面：消费者需求不足，政府采购的有效机制尚未建立，环境监管长效机制缺失；绿色采购清单覆盖面偏小，工程和服务类项目采购涉及较少；过于强调“资金节约率”等评价标准，采购预算信息不透明等；对产品全生命周期环保重视不足，能否列入节能环保产品清单主要看最终产品，对其生产过程是否节能环保的评估应用不够。此外，法律法规不少，但“有法不依、执法不严”。企业“守法成本高、违法成本低”，采用绿色技术的积极性不高。

三　对策建议

绿色发展是未来经济发展的趋势。湖南应加快构建有利于绿色技术创新发展的体制机制，全面提升绿色技术创新能力，为推动高质量发展提供强劲动力支撑。

（一）大力培育壮大绿色技术创新主体

一是强化企业主体地位。通过财政奖补、税收优惠、科研项目支持、政府采购等方式，支持企业加大对绿色技术创新的投入和加强产品研发，激发企业的创新热情和动力。重点培育一批绿色技术企业，力争通过约 5 年的努力，培育出年产值过 200 亿元的绿色技术创新领军企业、10 家左右年产值过 50 亿元的绿色技术创新龙头企业和一批规模以上绿色技术创新企业，基本形成层次分明、结构合理的绿色技术创新企业梯度体系。二是激发高校、科研院所绿色技术创新活力。健全科研人员评价激励机制，加大绿色技术创新科技成果转化数量、质量、经济效益在绩效考核评优、科研考核加分和职称评定晋级中的比重。对发达地区的一些先进经验做法，应积极借鉴、为我所有。如，广东省允许把横向课题经费给予科技人员的报酬及结余经费全部奖励给项目组，科技人员的报酬及项目结余经费奖励支出不纳入单位绩效工资总量管理。北京正在加快研究推动修订《促进科技成果转化条例》，科技成果产权由过去的国家单位拥有转化为科技人员可以个人拥有，国家参与分配。三是推进“产学研金介”深度融合。加快组建一批绿色技术创新联合体和专业绿色技术创新联盟，支持联合体、联盟整合产业链上下游资源，联合开展重大绿色创新技术攻关研究。在现有的省级产业技术创新战略联盟中，选择一批绿色技术相关领域的联盟开展示范试点，积极探索联盟运行及合作的新机制和新模式，为更多专业绿色技术创新联盟的建立和发展提供示范借鉴。

（二）强化绿色技术创新的导向机制

一是突出重点领域绿色技术创新。围绕湘江保护和治理“一号重点工程”、洞庭湖生态环境整治、矿山生态修复、农业面源污染等生态资源环境重点领域关键共性绿色技术创新需求，在省级科技重大专项、重点研发计划等科技计划项目中前瞻性、系统性、战略性布局一批研发项目，并积极争取国家科技计划支持，突破关键材料、仪器设备、核心工艺、工业控制装置的技术瓶颈，切实提升绿色技术原始创新能力。二是强化绿色技术标准引领。加快绿色技术强制性标准制定，支持绿色技术创新龙头企业、联合体和联盟参与或主导标准研制，推动优势技术领域标准成为行业标准、国家标准。逐步提高产品生产环节和市场准入的环境、节能、节电、节水、节材、质量、安全指标和标准，强化标准贯彻实施，倒逼企业进行绿色技术创新、采用绿色技术进行升级改造。三是建立健全政府绿色采购机制。将现有两型、节能环保产品采购整合为绿色产品采购，并将节水、循环、低碳、再生、有机等产品纳入政府绿色产品采购范围。四是健全政府支持的绿色技术科研项目立项、验收、评价机制。加快建立市场导向的绿色技术需求征集机制，通过政府购买服务，由第三方服务机构定期向重点排污企业、社会公众征集绿色技术创新需求，紧紧围绕市场需求部署科研项目。改革科研绩效评价机制，进一步强化目标任务考核和现场验收，重点考核技术的实际效果、成熟度与示范推广价值。

（三）打造具有湖南特色的绿色技术转移转化交易体系

一是加快建设湖南省科技成果转化公共服务平台。在平台中设立绿色技术专栏，搭建集绿色技术成果信息（成果评价）、知识产权、政策咨询、专家辅导、研发检测、挂牌交易、投资融资、创业孵化、股权流转等创新服务于一体的服务平台。二是完善潇湘科技要素大市场。在潇湘科技要素大市场中增设绿色技术交易分市场，建设功能齐全、服务完善的一站式绿色技术交易和服务场所。三是鼓励社会资本投资建设绿色技术交易服务平台。支持绿色湘军—湘江节能环保协作平台等一批服务平台建设，促进绿色科技创新成果与资本的有效对接，进一步提高绿色技术转移转化效率。四是支持省内绿色技术创新服务机构与国内外技术转移中介服务机构开展深层次合作，引进吸收先进经营理念和管理模式，逐步完善各类技术转移机构挖掘需求、整合成果、开拓市场的服务功能。

（四）完善绿色技术，创新金融支持

一是推动银行业金融机构在国家级高新区等科技创新资源聚集区设立科技支行，开展知识产权质押、股权质押等无形资产抵质押贷款业务。推进郴州绿色技术银行试点，鼓励郴州可持续发展议程区率先使用绿色技术。二是鼓励绿色技术创新企业到中小板、创业板、科创板、新三板或境外资本市场等上市融资。支持省股权交易所、省技术产权交易所开设“绿色技术创新专板”，为非上市绿色技术创新企业提供产（股）权登记、托管、评估和交易、融资等服务。三是鼓励保险机构开发专利权质押贷款、绿色技术首次应用险保险等创新险种。支持湖南省融资担保集团成立绿色技术融资担保子公司，对绿色技术创新成果转化和示范应用提供担保或其他类型的风险补偿。成立湖南绿色技术成果转化投资基金，积极发挥成果转化引导基金的作用，每年遴选一批重点绿色技术创新成果支持转化应用。

（五）加快绿色技术创新核心要素集聚

一是加强绿色技术人才队伍建设。通过项目带动、团队建设、院士带培、柔性引进等多种方式，培养一批掌握国际先进技术、引领产业跨越发展的绿色技术创新领军人物、拔尖人才。加强与省芙蓉人才行动计划的衔接，在中青年首席科学家、中青年领军人才和学术技术带头人等选拔中对绿色技术创新领域人才予以倾斜。在普通本科院校分批次设立绿色技术创新人才培养基地，加强绿色技术相关学科专业建设，主动加强绿色技术人才培养。二是鼓励和规范绿色技术创新人才流动。高校、科研院所科技人员按有关政策到绿色技术创新企业任职兼职、离岗创业、转化科技成果期

间，保留人员编制。高校、科研院所按国家有关政策通过设置流动性岗位，引进企业人员兼职从事科研，引进人员不受兼职取酬限制，可以担任绿色技术创新课题或项目牵头人，组建科研团队。三是积极引进先进绿色技术。支持国内外一流大学、科研机构、知名企业来湘设立企业、组建绿色技术创新转移转化中心和新型高端研发机构，推动绿色技术创新成果转化落地。对在湘设立具有独立法人资格、符合湖南省产业发展方向的研发机构，引入重大关键绿色核心技术并配置核心研发团队的，由省级财政通过科技相关专项资金给予奖励。

产业高质量发展

从税收看湖南产业形势变化及政策应对*

湖南省人民政府发展研究中心调研组**

税收是经济发展成果的重要体现。2015～2018 年，各行业税收政策大体稳定①，产业税收变化特征基本反映了省内行业兴衰的特征。本课题通过对全省分行业企业税收的基础增速和比重变化的比较，分析了近 3 年省内产业结构变化和行业发展变化，以及产业税收将面临的问题，为税收应对经济发展新常态提出意见建议。

一 2015～2018年湖南产业税收变化特征

2015 年以来，供给侧结构性改革持续推进，倒逼湖南产业高质量发展

---

* 本报告获得湖南省委书记杜家毫的肯定性批示。

** 调研组组长：谈文胜，湖南省人民政府发展研究中心党组书记、主任；调研组副组长：唐宇文，湖南省人民政府发展研究中心副主任，研究员；调研组成员：禹向群、李银霞（执笔）、文必正、候灵艺，湖南省人民政府发展研究中心研究人员。

① 这四年间，除了 2016 年 5 月 1 日在全国范围内全面推开营业税改征增值税（以下称营改增）试点，建筑业、房地产业、金融业、生活服务业等全部营业税纳税人被纳入试点范围，由缴纳营业税改为缴纳增值税外，其余行业的税收政策和税率基本稳定，具有跨年可比性。

转型，各行业主动或被动调整，税收形势出现波动变化剧烈特征。

1. 传统税源下滑的同时新兴税源崛起

2015～2018年，从税收行业大类来看，税收结构变化明显。10个行业门类比重上升，10个行业门类比重下降。根据上升比重的多少，对税收新增贡献较大的依次是房地产业、其他行业、租赁和商务服务业、社会保障和社会组织、水利环境和公共设施管理业、科学研究和技术服务业、卫生和社会工作、交通运输仓储和邮政业、教育、农林牧渔业，其中房地产行业税收的比重上升了3个百分点以上。根据下降比重的大小，在总税收中下滑较大的依次为制造业、电力热力燃气及水的生产和供应业、居民服务修理和其他服务业、金融业、建筑业、批发和零售业、采矿业、住宿和餐饮业、信息传输软件和信息技术服务业、文化体育和娱乐业，其中，制造业、电力热力燃气及水的生产和供应业在税收中的比重分别下降了3.5个和1.3个百分点。

行业税收的增幅高于平均水平的行业门类主要集中于提升居民生活质量、增进技术创新和新兴生产性服务业等相关方面的类型。2015～2018年累计税收增长率高于税收平均增长率的行业门类依次为：卫生和社会工作、教育、科学研究和技术服务业、社会保障和社会组织、租赁和商务服务业、交通运输仓储和邮政业、房地产业、农林牧渔业8个类型。同时，税收增速低于平均水平的行业门类依次为：居民服务修理和其他服务业、电力热力燃气及水的生产和供应业、住宿和餐饮业、采矿业、信息传输软件和信息技术服务业、文化体育和娱乐业、金融业、制造业、建筑业、批发和零售业。

2. 创新开放战略有力推动了税收结构的变化

"十三五"以来，湖南实施创新引领开放崛起战略，取得较好效果，并在产业税收变化规律中得以体现。一方面，在促进创新上，2017年、2018年政策效果非常明显，2018年度R&D经费的所得税加计扣除大幅增加，2017年扣除额为70.3亿元，2018年猛增到122.1亿元，增幅达到73.8%，说明研发经费投入呈现爆发式增长，减税政策效果明显，有力地激励了企业研发创新。另一方面，2018年在国际贸易复杂多变的情况下湖南外向型经济取得较大成绩。根据所得税的情况判断，2018年外资企业所得税占总所得税的比重为11.86%，比2017年提高了1.8个百分点，其中，文化体育和娱乐业、住宿餐饮业两大行业外资企业所得税的比重占该行业所得税比重已超过40%，而制造业外资所得税比重也已达到25.64%，并且相比2017年提升了1个百分点。

此外，外资高增长行业集中在效益较好的技术密集型制造和现代服务业。2018年，外资在居民服务维修和其他服务业、金融、租赁和商务服务业、文化体育和娱乐业、批发和零售业、信息传输软件和信息技术服务业的所得税增长速度远高于内资。制造业中，外资增幅明显高于内资的行业是居民生活改善性需求较大的领域：计算机通信和其他电子设备制造、汽车制造、皮革毛皮羽毛及其制品和制鞋、木材加工和木竹藤棕草制品、家具制造。同时，制造业行业中外资比重最高的行业是皮革毛皮羽毛及其制品和制鞋、汽车制造，两者外资所得税比重已经超过该行业总量的80%；其次是计算机通信和其他电子设备制造、文教工美体育和娱乐用品制造、家具制造、仪表仪器制造、废弃资源综合利用行业，这些行业外资的所得税比重也已高于40%。

3. 供给侧结构性改革与制造业的关系

在供给侧结构性改革的大背景下，湖南实体经济波动依然明显。制造业税收下滑，2016~2018年制造业总税收增速依次为：-1.81%、14.94%、6.51%，整体呈波动上升趋势，但2018年总税收增幅比2017年下降了8.43个百分点，31个制造业行业中有17个行业总税收增幅低于2017年。相比2017年，出现税收负增长的行业门类有所增加，其中汽车制造业,、电气机械和器材制造业、造纸和纸制品业、化学原料和化学制品制造业都是相比2017年新出现的税收负增长行业（见图1）。

但是，也有11个行业税收表现比较突出，2018年相比2015年的总税收增幅在50%以上的分别为：黑色金属冶炼和压延加工业，通用设备制造业，化学纤维制造业，汽车制造业，计算机、通信和其他电子设备制造业，非金属矿物制品业，文教工美体育和娱乐用品制造业，金属制品业，医药制造业，专用设备制造业，有色金属冶炼和压延加工业等，这些行业大多具有基础性和周期性特征。根据对总税收的影响大小来看，各制造行业中，2018

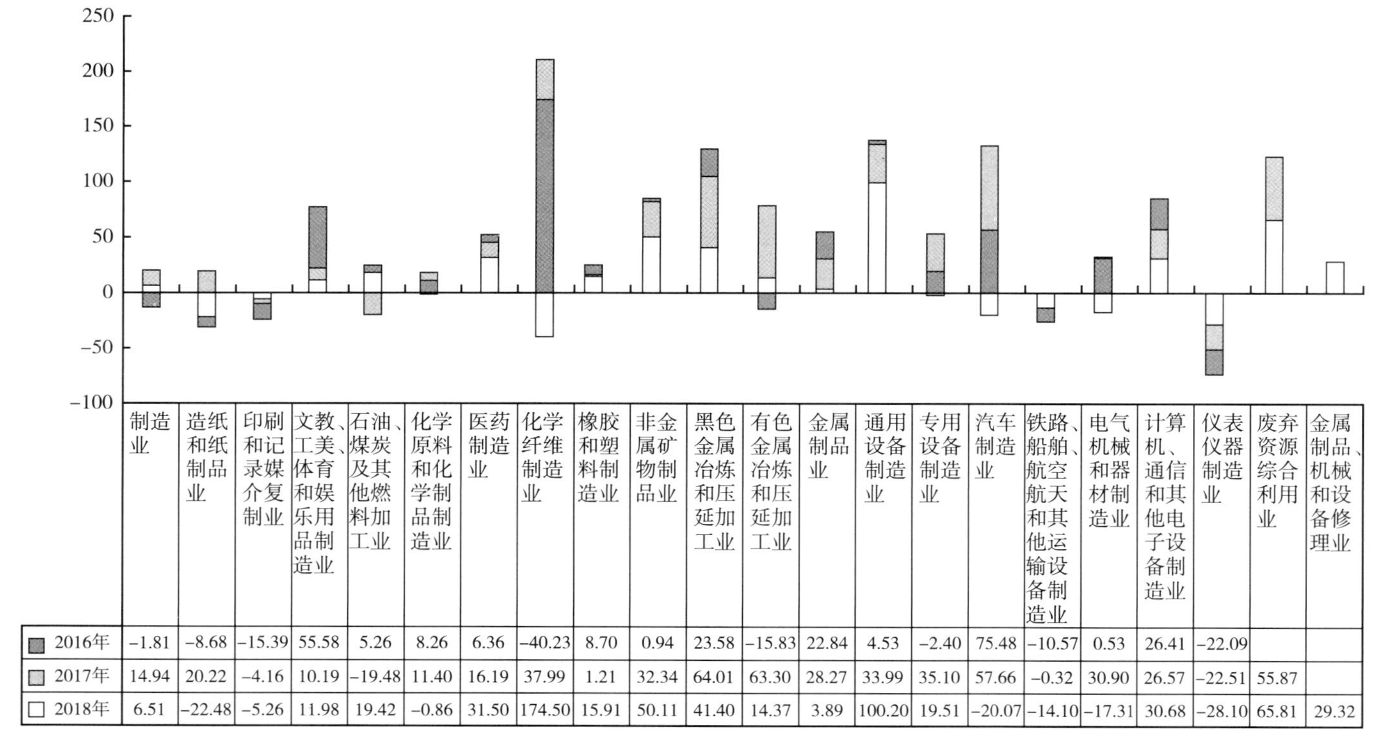

	制造业	造纸和纸制品业	印刷和记录媒介复制业	文教、工美、体育和娱乐用品制造业	石油、煤炭及其他燃料加工业	化学原料和化学制品制造业	医药制造业	化学纤维制造业	橡胶和塑料制造业	非金属矿物制品业	黑色金属冶炼和压延加工业
2016年	-1.81	-8.68	-15.39	55.58	5.26	8.26	6.36	-40.23	8.70	0.94	23.58
2017年	14.94	20.22	-4.16	10.19	-19.48	11.40	16.19	37.99	1.21	32.34	64.01
2018年	6.51	-22.48	-5.26	11.98	19.42	-0.86	31.50	174.50	15.91	50.11	41.40

	有色金属冶炼和压延加工业	金属制品业	通用设备制造业	专用设备制造业	汽车制造业	铁路、船舶、航空航天和其他运输设备制造业	电气机械和器材制造业	计算机、通信和其他电子设备制造业	仪表仪器制造业	废弃资源综合利用业	金属制品、机械和设备修理业
2016年	-15.83	22.84	4.53	-2.40	75.48	-10.57	0.53	26.41	-22.09		
2017年	63.30	28.27	33.99	35.10	57.66	-0.32	30.90	26.57	-22.51	55.87	
2018年	14.37	3.89	100.20	19.51	-20.07	-14.10	-17.31	30.68	-28.10	65.81	29.32

图1　2016～2018年制造业行业税收增速

资料来源：国家税务总局湖南省税务局。

年比2015年税收在制造业总税收中的比重提升0.5个百分点以上的有9个行业，依次为汽车制造业、黑色金属冶炼和压延加工业、通用设备制造业、非金属矿物制品业、计算机通信和其他电子设备制造业、专用设备制造业、废弃资源综合利用业、医药制造业、有色金属冶炼和压延加工业，它们对地方经济税收增长的正向作用最明显，这些行业大多也具有必需品和处于产业基础和上游地位的特征，可能预示着行业调整的影响还未完全传导到产业上游。

4. 提升人民生活质量的行业税收表现相对更好

湖南省2018年第一产业农林牧渔创造的税收占总税收的比重为0.18%，而农产品加工业中仅农副食品加工业所创造的税收占总税收的比重达到0.224%。相比工业制造业，农产品加工生产制造领域相对较为稳定。2018年农副食品加工业、食品制造业、皮革毛皮羽毛及其制品和制鞋业、木材加工和木竹藤棕草制品业创造的税收分别增长15.17%、32.12%、33.03%、22.48%。2018年，这些行业的税收增速数倍于省内制造业

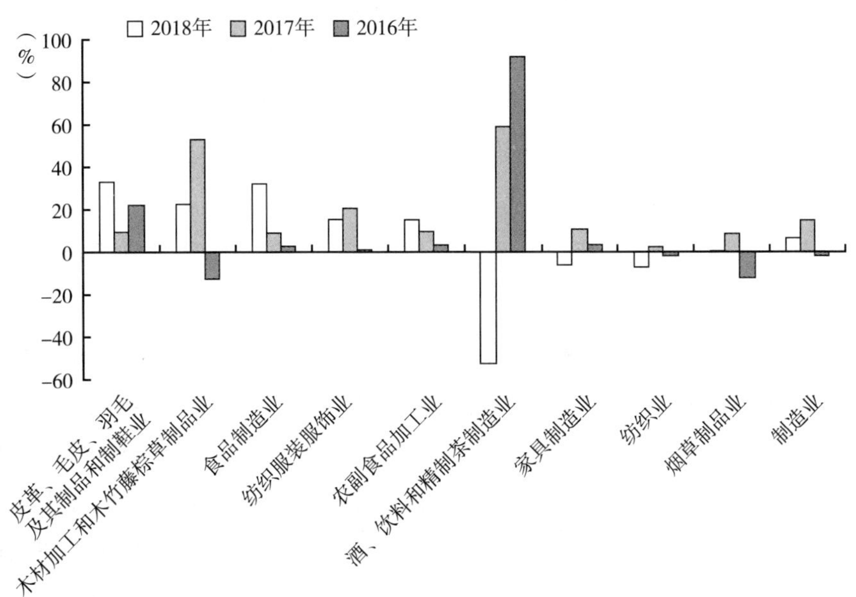

图2　2016～2018年农产品加工业税收增长情况

资料来源：国家税务总局湖南省税务局。

6.51%的平均税收增长水平。从行业税收在总量中的比重来看，农副食品加工业，食品制造业，纺织服装服饰业，皮革、毛皮、羽毛及其制品和制鞋业，木材加工和木竹藤棕草制品业的比重明显上升，2018年占制造业总税收的比重就分别上升0.048个、0.19个、0.018个、0.135个、0.027个百分点。但是，烟酒茶类消费品制造、纺织和家具制造行业呈现下降的特征，尤其是烟酒类利税大户的税收增长不理想。

二 从税收格局看湖南经济面临的困难

2019年是供给侧改革的第四年，仍是新旧动能转换的重要时期，大部分行业仍在产业转型升级的调整中，出现波动较大和下滑的现象；部分行业还将深度调整。通过税收的情况来看，未来湖南经济主要的困难和问题表现在以下几方面。

1. 税收重点行业增长疲弱，未来税收增长困难大

首先，减税降费大趋势下，地方税收可能面临明显减收形势。一是省内传统重点税源房地产和制造业受经济形势影响，税收下滑明显。房地产行业近年来一直是湖南税收的重要支柱，2018年房地产占总税收的比重达到18.54%，相比2015年总税收增长286亿元，比重提升了3.13个百分点。2019年上半年比重进一步提升至19.37%。虽然房地产对税收的增长维持了上升态势，但是，税收增速已从2017年的36.57%下调至2018年的24.03%，2019年上半年仅增长了3.01%。在“房子是用来住的，不是用来炒的”调控方针下，未来房地产税收增速明显放缓，并影响税收增速。

制造业税收占总税收的比重为35.99%，其中重点行业的税收形势比较严峻，例如，烟草税收占制造业总税收的44.0%，汽车制造业税收占制造业总税收的6.7%，但两大重点行业税收形势堪忧。2018年，烟草行业总税收仅增长0.47%，到2019年上半年总税收还下滑了0.03%，而汽车行业2018年总税收下滑20.07%，2019年上半年下滑33.08%。从增值税来看，制造业的下滑趋势更加明显，2018年造纸及纸制品业增值税下降28.1%，

有色金属冶炼和压延加工业下降2.4%，纺织业下降4.0%，汽车制造业增值税下滑41.59%，电气机械和器材制造业下滑33.81%，铁路、船舶、航空航天和其他运输设备制造业下滑30.22%，此外，新兴产业中信息传输、软件和信息技术服务业，增值税也下滑了33.26%。

2. 新兴产业崛起还面临较大不确定性

2015~2018年20个行业大类，行业总税收增长率的算术平均增幅约在10%，总税收能保持较高年均增速的行业除了农林牧渔和交通仓储、房地产外，属于实体经济行业的不多，制造业作为实体经济的代表，仅增长了6.55%。此外，湖南的文化类产业，虽为传统优势产业，但波动剧烈。2017年湖南文化体育和娱乐业总税收的负增长达33.64%，2018年湖南文化体育和娱乐业总税收虽有11.56%的正增长，但2018年仍未达到2016年高点时期的税收总收入水平。具体从分项目的情况来看，2018年文化体育和娱乐业虽然维持了11.56%的增长，但新闻和出版行业销售税收收入下降了16.18%，广播电视电影录音制作总税收仅增长了5%，而且广播电视电影录音制作占文体娱乐业的比重接近60%，虽然文化艺术增长了45.2%、体育增长了45.3%、娱乐业增长了18.2%，但是湖南省文化类新兴产业的结构性调整和行业波动将带来较明显的税收影响。此外，教育产业也进入稳定发展阶段，2018年教育行业总税收增长8.80%，相比2017年52.81%的高增长，增速趋于平缓（见表1）。

表1　2015~2018年行业大类总税收增长

行业	2018年增幅(%)	2017年增幅(%)	2016年增幅(%)	2015~2018算术平均增幅(%)
农、林、牧、渔业	37.59	112.44	-54.84	31.73
采矿业	7.65	33.07	-31.46	3.09
制造业	6.51	14.94	-1.81	6.55
电力、热力、燃气及水的生产和供应业	-9.57	-13.52	0.38	-7.57
建筑业	15.22	-6.31	12.93	7.28
批发和零售业	14.43	21.45	-8.67	9.07
交通运输、仓储和邮政业	31.91	17.18	6.17	18.42

续表

行业	2018年增幅(%)	2017年增幅(%)	2016年增幅(%)	2015～2018算术平均增幅(%)
住宿和餐饮业	3.34	-1.23	-21.69	-6.53
信息传输、软件和信息技术服务业	-9.96	9.34	7.14	2.17
金融业	2.56	10.08	4.44	5.69
房地产业	24.03	36.57	-6.40	18.07
租赁和商务服务业	4.75	12.71	48.18	21.88
科学研究和技术服务业	20.56	36.86	22.32	26.58
水利、环境和公共设施管理业	27.05	-1.89	—	12.58
居民服务、修理和其他服务业	2.67	-6.20	-27.87	-10.47
教育	8.80	52.81	27.32	29.64
卫生和社会工作	28.89	45.90	49.81	41.54
文化体育和娱乐业	11.56	-33.64	46.20	8.04
公共管理、社会保障和社会组织	25.25	-32.62	114.72	35.78
其他行业	9.53	—	—	—
合　计	11.24	15.33	2.75	9.77

资料来源：国家税务总局湖南省税务局

3. 湖南消费经济活力不足

湖南消费行业的税收也出现放缓特征，一是批发和零售业总税收增速有所放缓，增速从2017年的21.45%，下滑至2018年的14.43%；二是住宿和餐饮业的总税收增速虽然转正，但仍在低增长区间徘徊，2017年、2018年分别增长-1.23%，3.34%；三是租赁和商务服务业总税收增速持续下滑，从2016年的48.18%，2017年的12.71%，下滑到2018年的4.75%。虽然消费对税收的影响依然为正，但消费的增速呈现明显收缩特征。

三　应对当前产业税收形势变化的对策建议

产业高质量发展既是机遇也是挑战，行业企业正处于爬坡过坎的关键期和转型升级的困难期，把握好扶旧立新的政策平衡，把握好税收增长与增强企业转型发展的节奏，帮助省内企业度过结构调整的脆弱期。

1. 坚持减税降费稳税基，夯实税收长远增长根基

从整体来看，湖南经济仍处于转型发展的关键时期，实体经济和优势产业税收增长依然面临较大困难，同时，部分重点产业已经进入转型发展极为艰难的阶段，虽然国家的减税降费政策能够缓解企业部分税收负担，但是部分产业陷入负增长。此时税收政策的重点需关注稳定税收基数，在保持实体经济实力的基础上稳步释放政策红利。一是积极贯彻国家减税降费政策新政，加大本地企业的减税降费力度，为企业提供公平有利的国内竞争环境。二是利用公共基础设施和服务平台不断降低企业负担。通过大力投资循环产业园和专业园区，推行利用综合能源管理等两型政策，降低省内园区企业的用电成本；建设标准化的污染处理设施，降低高消耗和高治理行业的搬迁和污染治理成本，提升省内企业竞争力。三是设立省内民营经济战略投资资金以及企业纾困专项资金，加大对资金枯竭的政府性担保公司的本金注资，增强地方性担保公司的输血能力。为省内有较好发展前景但面临资金困难的民营企业提供补充和获取资金的途径，以及给省内资金链紧张的企业提供股权抵押贷款贴息，降低本地企业的融资成本。

2. 盘活省属国有企业资产，调动地方财政收益能力

积极应对减税的大趋势下税收过快下滑问题。一是加强对省属国有资产的资本运作。利用资本市场盘活省属资产，有针对性地退出部分运作低效、长期依靠财政输血维持的国有企业，让渡资产收益权，获得必要的资本性财政补充，弥补税收不足，以及用资本退出成立省内产业投资基金，灵活发挥国有国企出资人职责，充分发挥资产的公益性价值。二是加强政府投资基金的收益管理，积极帮扶处于转折期、发展关键期的国有企业转制和资本重组，对于仍处孵化期的战略性新兴产业，加强政府性产业基金的配套支持，建立社会资本与政府政策性产业基金的联动机制。三是积极鼓励民营资本参与国有企业改制，出台省属企业的混合所有制改造和操作方法，建立国有资本进入退出和资本收益的制度，允许国有企业改制过程中管理团队和企业员工持股，激发国有企业改制活力。

3. 逐步降低招商补贴负担，提高税收的利用效率

积极转变经济发展方式，从粗放的外延式发展向内涵式增长转变。一方面加快出台解决省内园区土地负担的政策，建立工业用地管理条例等制度，坚持先租后售供地原则，全面推行灵活供地和减少工业用地成本倒挂带来的财政负担，切实将经济增长方式从外延式扩张转向内涵式增长，增强本地经济活力，培育地方产业生态，以经济环境和制度环境优势替代土地和政策优势，降低地方财政补贴负担。另一方面积极加强对招商引资优惠政策及外资优惠政策的清理，明确省级园区对地方税收返还政策的标准，加强政策督查，保障省内招商引资环境的公平性，迫使地方政府转变经济发展的方式和理念，从土地财政和补贴式招商，转向创新培育和环境优化。

4. 积极研究和试点新地方税种，增加税收供应

一是抢抓国家即将实现消费税改革的机遇，增强消费税对地方税收的贡献。加大对省内高端消费奢侈品消费的税收研究，着手利用区块链等新信息技术手段，增强消费税税收征缴能力，实现应收尽收，强化本地消费税收征管，充分发挥消费税对财政的补充作用。二是向中央建议在湖南省研究开展槟榔等产业的消费税试点，借鉴烟酒行业的消费税征收办法，建立省内槟榔消费的税收政策，积极增加新税源。三是积极申请土地和房地产方面的地方税试点，加强地方住房交易等环节的税收研究，应对未来房产税及房地产交易增值部分征税的政策研究，为新税制建立探索地方改革新路。四是根据十九届四中全会以来将数据作为生产要素按贡献参与分配的新变化，积极加强省内政务大数据信息的管理，尽快成立大数据管理局，将大数据作为资产管理利用起来。加大大数据应用研究力度，并通过政务大数据资源为地方经济增加新税源。

附表：

表 1　2015～2018 年各行业门类总税收和增值税增长情况

行业	税收总收入增幅（%）				国内增值税增幅（%）			
	2018 年	2017 年	2016 年	2015～2018 年	2018 年	2017 年	2016 年	2015～2018 年
合计	11.24	15.33	2.75	31.82	11.82	47.08	35.52	122.88
农、林、牧、渔业	37.59	112.44	-54.84	32.00	21.36	60.77	64.72	221.39
采矿业	7.65	33.07	-31.46	-1.81	2.70	38.37	-9.61	28.45
制造业	6.51	14.94	-1.81	20.21	5.77	23.73	1.14	32.37
电力、热力、燃气及水的生产和供应业	-9.57	-13.52	0.38	-21.49	-9.08	-18.32	-3.31	-28.20
建筑业	15.22	-6.31	12.93	21.91	21.91	136.69	7479.98	21771.24
批发和零售业	14.43	21.45	-8.67	26.93	15.06	28.98	14.99	70.65
交通运输、仓储和邮政业	31.91	17.18	6.17	64.11	14.45	24.42	-2.77	38.46
住宿和餐饮业	3.34	-1.23	-21.69	-20.07	3.77	100.35	4922.17	10341.27
信息传输、软件和信息技术服务业	-9.96	9.34	7.14	5.48	-33.26	7.68	-13.28	-37.68
金融业	2.56	10.08	4.44	17.91	11.33	125.46	9010.32	22767.33
房地产业	24.03	36.57	-6.40	58.54	21.52	127.42	22044.97	61101.43
租赁和商务服务业	4.75	12.71	48.18	74.95	28.84	68.60	144.52	431.14
科学研究和技术服务业	20.56	36.86	22.32	101.83	12.49	51.14	49.94	154.92
水利、环境和公共设施管理业	27.05	-1.89	—	—	-7.16	162.41	—	—
居民服务、修理和其他服务业	2.67	-6.20	-27.87	-30.54	24.91	116.84	411.14	1284.42
教育	8.80	52.81	27.32	111.67	1.05	199.09	6155.91	18807.53
卫生和社会工作	28.89	45.90	49.81	181.73	39.06	238.43	303.83	1800.55
文化体育和娱乐业	11.56	-33.64	46.20	8.24	26.80	-11.94	-8.93	1.70
公共管理、社会保障和社会组织	25.25	-32.62	114.72	81.20	-4.61	18.69	-36.35	-27.94

数据来源：国家税务总局湖南省分局。

表 2　制造业各行业税收增长速度

行业	2018 年增长幅度(%)			2017 年增长幅度(%)			2016 年增长幅度(%)			2015～2017 年累计增幅(%)		
	总税收	国内增值税	一般纳税人增值税	总税收	国内增值税	一般纳税人增值税	总税收	国内增值税	一般纳税人增值税	总税收	国内增值税	一般纳税人增值税
制造业	6.51	5.77	5.93	14.94	23.73	23.73	-1.81	1.14	0.76	20.21	32.37	32.07
农副食品加工业	15.17	15.24	15.19	9.65	-5.51	-5.64	3.26	4.56	4.79	30.39	13.85	13.89
食品制造业	32.12	29.81	30.00	8.92	12.69	13.33	2.83	8.94	8.98	47.98	59.36	60.56
酒、饮料和精制茶制造业	-52.64	0.99	0.87	59.04	20.99	21.05	91.87	-3.64	-3.54	44.51	17.73	17.78
烟草制品业	0.47	-0.95	-0.96	8.62	9.34	9.33	-12.14	-4.17	-4.17	-4.11	3.78	3.77
纺织业	-7.10	-4.04	-4.19	2.43	0.77	0.66	-1.83	-13.38	-13.35	-6.58	-16.24	-16.43
纺织服装服饰业	15.31	18.79	14.74	20.63	36.03	46.21	1.08	-11.57	0.57	40.60	42.90	68.71
皮革、毛皮、羽毛及其制品和制鞋业	33.03	29.04	28.98	9.53	13.24	13.18	22.17	21.41	21.95	78.01	77.40	78.03
木材加工和木竹藤棕草制品业	22.48	15.87	18.52	53.14	56.94	53.38	-12.60	-1.54	-1.82	63.95	79.06	78.48
家具制造业	-6.06	-2.83	-13.09	10.69	8.05	8.06	3.38	-2.25	-2.06	7.50	2.63	-8.02
造纸和纸制品业	-22.48	-28.08	-27.80	20.22	30.48	30.08	-8.68	-0.24	-0.38	-14.90	-6.39	-6.43
印刷和记录媒介复制业	-5.26	-8.41	-10.57	-4.16	-8.06	-8.86	-15.39	0.80	0.04	-23.18	-15.12	-18.46
文教、工美、体育和娱乐用品制造业	11.98	20.38	21.94	10.19	0.95	0.89	55.58	82.78	68.90	91.97	122.13	107.78
石油、煤炭及其他燃料加工业	19.42	21.52	21.52	-19.48	-23.01	-23.17	5.26	18.87	19.11	1.21	11.22	11.20
化学原料和化学制品制造业	-0.86	-5.63	-5.06	11.40	5.25	5.70	8.26	12.37	11.67	19.56	11.60	12.07
医药制造业	31.50	38.78	38.84	16.19	19.22	19.18	6.36	4.08	4.05	62.51	72.19	72.17

续表

行业	2018 年增长幅度(%)			2017 年增长幅度(%)			2016 年增长幅度(%)			2015～2017 年累计增幅(%)		
	总税收	国内增值税	一般纳税人增值税	总税收	国内增值税	一般纳税人增值税	总税收	国内增值税	一般纳税人增值税	总税收	国内增值税	一般纳税人增值税
化学纤维制造业	174.52	323.88	324.29	37.99	17.68	17.45	-40.23	-48.91	-48.93	126.40	154.87	154.50
橡胶和塑料制品业	15.91	17.54	17.57	1.21	0.12	0.31	8.70	14.95	15.13	27.51	35.27	35.79
非金属矿物制品业	50.11	41.87	41.74	32.34	41.77	43.06	0.94	6.76	5.80	100.52	114.72	114.54
黑色金属冶炼和压延加工业	41.40	43.20	43.27	64.01	74.37	74.33	23.58	-3.39	-3.38	186.60	141.22	141.31
有色金属冶炼和压延加工业	14.37	-2.51	-2.51	63.30	73.78	73.72	-15.83	-16.43	-16.42	57.20	41.57	41.55
金属制品业	3.89	6.47	10.17	28.27	31.56	31.11	22.84	27.67	18.43	63.69	78.83	71.05
通用设备制造业	100.20	16.17	16.72	33.99	24.62	24.95	4.53	3.66	2.78	180.40	50.07	49.91
专用设备制造业	19.51	26.51	27.34	35.10	29.96	29.83	-2.40	-8.32	-9.12	57.58	50.74	50.24
汽车制造业	-20.07	-41.59	-41.63	57.66	105.22	105.22	75.48	47.75	48.77	121.15	77.11	78.21
铁路、船舶、航空航天和其他运输设备制造业	-14.10	-30.22	-30.29	-0.32	12.82	12.81	-10.57	-15.73	-15.74	-23.43	-33.66	-33.75
电气机械和器材制造业	-17.31	-33.81	-31.51	30.90	35.60	30.71	0.53	-14.57	-14.85	8.81	-23.32	-23.77
计算机、通信和其他电子设备制造业	30.68	24.13	24.36	26.57	21.46	21.30	26.41	41.60	41.04	109.07	113.51	112.75
仪表仪器制造业	-28.10	21.28	20.91	-22.51	-68.08	-68.14	-22.09	-53.27	-53.29	-56.59	-81.91	-82.01
其他制造业	15.83	41.14	44.72	9.29	10.75	20.44	-9.73	-31.12	-40.78	14.28	7.67	3.22
废弃资源综合利用业	65.81	83.43	83.16	55.87	57.15	57.02	—	—	—	—	—	—
金属制品、机械和设备修理业	29.32	17.56	22.67	—	—	—	—	—	—	—	—	—

数据来源：根据国家税务湖南省分局收入核算表计算。

表 3　湖南省研发费加计扣除数据

行业	年度抵扣户数（户）			加计扣除金额（万元）			抵扣企业数量增幅（%）			抵扣金额数量增幅（%）		
	2017 年	2016 年	2015 年	2018 年	2017 年	2016 年	2017 年	2016 年	2015～2017	2018 年	2017 年	2016～2018
采矿业	20	2	2	19423.88	1391.56	1283.30	900.00	0.00	900.00	1295.83	8.44	1413.59
电力、热力、燃气及水生产供应业	27	11	10	9902.58	6001.99	3949.17	145.45	10.00	170.00	64.99	51.98	150.75
建筑业	104	45	40	115431.52	74403.80	77231.63	131.11	12.50	160.00	55.14	-3.66	49.46
交通运输、仓储和邮政业	16	2	3	1892.15	995.76	1325.48	700.00	-33.33	433.33	90.02	-24.88	42.75
教育	3	3	1	329.01	170.16	14.29	0.00	200.00	200.00	93.35	1090.76	2202.38
金融业	6	—	—	1203.45	—	—	—	—	—	—	—	—
居民服务修理和其他服务业	28	8	8	3691.93	1216.04	1079.10	250.00	0.00	250.00	203.60	12.69	242.13
科学研究和技术服务业	328	88	49	59143.86	22535.34	15997.97	272.73	79.59	569.39	162.45	40.86	269.70
农、林、牧、渔业	121	6	2	7339.58	714.23	252.96	1916.67	200.00	5950.00	927.62	182.35	2801.48
水利环境和公共设施管理业	14	4	3	2571.57	406.52	308.38	250.00	33.33	366.67	532.58	31.82	733.90
卫生和社会工作	4	—	—	454.22	—	—	—	—	—	—	—	—
文化体育和娱乐业	3	1	1	822.69	165.12	250.62	200.00	0.00	200.00	398.24	-34.12	228.26
信息传输软件和信息技术服务业	503	124	65	66132.36	18094.51	8257.40	305.65	90.77	673.85	265.48	119.13	700.89
制造业	2929	1208	979	932835.71	576523.94	575516.86	142.47	23.39	199.18	61.80	0.17	62.09
合计	4106	1502	1163	1221174.51	702618.97	685467.16	173.37	29.15	253.05	73.80	2.50	78.15

数据来源：国家税务总局湖南省分局。

提升湖南省金融业服务实体经济水平研究

湖南省人民政府发展研究中心*

金融业包括银行业，证券业、保险业和其他金融活动。湖南省金融业发展较为稳健，没有泡沫化情况，主要依靠银行业，主要风险点集中在政府性债务。当前，湖南省金融业服务实体经济取得了一定成绩，对制造业、民营经济和小微企业金融支持明显增加，政府性债务稳妥处置。在较为宽松的货币政策环境下，全省金融体系流动性趋于宽松，利率水平有所下降。今后要着重通过结构性改革保持经济持续稳定发展，加强产业产品创新，做优资产端；要提升金融业的实力和发展水平，综合运用多种金融工具，盘活资产存量，扩大融资规模，提升精准服务实体经济的能力；要加强引入金融服务机构和人才，提升企业、政府工作人员利用金融服务的能力，建立良好的社会信用体系。

一 发展现状

1. 金融业稳步发展

金融业包括银行业、证券业、保险业和其他金融活动。2013～2018 年，湖南省金融业占 GDP 的比重持续增加，由 3.1% 提高到 4.7%，相较于全国 7%～8% 的水平，湖南省金融业没有泡沫化情况。湖南省主要依靠银行业间接融资，银行业增加值占金融业的比重为 75%，证券业占比为 15% 左右。

2018 年，全省银行机构共 207 家，全省支付系统处理金额 78 万亿元，

* 徐涛，湖南省人民政府发展研究中心研究人员。

大额支付规模占74%。大额支付中，跨省40万亿元，占69%，北京、上海、广东三地占74%；省内规模近20万亿元，长沙占57%，湘潭、株洲、岳阳、常德业务量较大。县级农商行100多家，基本实现农商行县域全覆盖，村镇银行63家。2013～2018年，银行业的存款余额年均增长12.8%，由2.68万亿元增加到4.90万亿元；贷款余额年均增长15%，由1.81万亿元增加到3.65万亿元，存贷比维持在67%左右。

湖南省公司债券、企业债券发行居中部首位。2014年至2019年6月，湖南省债权融资1.25万亿元，其中信托3200亿元，公司债券2200亿元，企业债券2000亿元，定向工具2000亿元，短期融资券1400亿元，中期票据1300亿元，资产证券化、可转债等其他形式融资400亿元，金交中心融资37亿元。债权融资总量和单项融资工具年度间存在较大波动。

2019年6月，全省境内外上市公司120余家，其中境内上市公司104家，排全国第9位、中部第1位，国有控股公司占40%。新三板挂牌企业201家，排全国第14位、中部第4位，累计融资76亿元。区域性股权市场（四板市场）挂牌企业252家、展示企业3179家，累计融资820亿元。2014～2018年，私募股权融资330亿元。

2018年，全省全年保费收入超过1200亿元。

2. 地方金融进一步发展

地方金融机构资产占全省金融资产总量的35%，地方金融实力明显增强。从银行业来看，商业银行中，建工中农四大行存贷款占比大，存款占比分别为13.7%、8.5%、9.6%和6.0%，贷款占比分别为13.0%、9.2%、6.7%、7.1%，但近五年来四家银行存贷占比均有不同程度下降，存款降低了1.5个百分点左右，贷款降低1个百分点左右。开发性银行中，国开行贷款占比9.8%，下降约1.2个百分点；农发行贷款占比5.6%，基本保持稳定。邮政储蓄银行存款占比9.1%，贷款占比仅为4.2%，贷款占比近年逐渐提升，但存贷失衡依然比较严重。本地金融机构存款占比由26.0%提高到32.3%，贷款占比由21.0%提高到24.5%。其中农合机构、长沙银行、华融湘江、村镇银行存款占比分别为18.5%、7.5%、4.8%、1.1%，贷款占比分别为 14.6%、4.3%、4.6%、0.7%。

3. 融资对信贷资金依赖增强

2017 年以来，国家严控资金脱实向虚，资金表外回流表内。2018 年，湖南省信贷占全部融资的比重达到 69%，2013 年最低时仅为 29%。债券也是较大的融资来源。股权融资逐步增加，但 2018 年下降较多。表外业务融资变化比较大。

表 1　湖南省 2013～2018 年社会融资规模分布

单位：亿元，%

<table>
<tr><th colspan="3">项目</th><th>2013 年</th><th>2014 年</th><th>2015 年</th><th>2016 年</th><th>2017 年</th><th>2018 年</th></tr>
<tr><td colspan="3">地区社会融资规模</td><td>4165</td><td>3945</td><td>4196</td><td>4437</td><td>6430</td><td>6024</td></tr>
<tr><td rowspan="9">其中：</td><td colspan="2">人民币贷款</td><td>2395</td><td>2464</td><td>3350</td><td>3495</td><td>4308</td><td>4655</td></tr>
<tr><td colspan="2">外币贷款（折合人民币）</td><td>64</td><td>59</td><td>16</td><td>-175</td><td>-1</td><td>-77</td></tr>
<tr><td colspan="2">委托贷款</td><td>417</td><td>361</td><td>266</td><td>294</td><td>187</td><td>40</td></tr>
<tr><td colspan="2">信托贷款</td><td>136</td><td>-20</td><td>-138</td><td>-47</td><td>288</td><td>42</td></tr>
<tr><td colspan="2">未贴现银行承兑汇票</td><td>362</td><td>-31</td><td>-420</td><td>-788</td><td>332</td><td>-289</td></tr>
<tr><td rowspan="2">债券</td><td>企业债</td><td>526</td><td>865</td><td>780</td><td>1228</td><td>731</td><td>350</td></tr>
<tr><td>政府专项债</td><td>—</td><td>—</td><td>—</td><td>—</td><td>—</td><td>800</td></tr>
<tr><td colspan="2">非金融企业境内股票融资</td><td>126</td><td>108</td><td>190</td><td>249</td><td>353</td><td>66</td></tr>
<tr><td colspan="2">其他</td><td>139</td><td>139</td><td>152</td><td>180</td><td>231</td><td>-360</td></tr>
<tr><td colspan="3">信贷融资所占比重</td><td>29</td><td>42</td><td>75</td><td>68</td><td>51</td><td>69</td></tr>
</table>

资料来源：中国人民银行。

4. 信贷资金主要投向服务业

2013～2017 年，金融机构对制造业贷款占比持续下降。2013 年制造业企业贷款 2080 亿元，占比 18.7%，2017 年 2400 亿元，下降到 12.4%。服务业占比由 64% 提升到 73%。其中，租赁和商务服务业持续上升，2013 年占比 5%，2017 年占比 16%。交通运输、仓储和邮政业持续保持较高占比，最高占 24%，最低占 21%。水利、环境和公共设施管理业占比 18%。这些行业中，包括具有政府背景的平台公司和有融资功能的集团公司。对比江苏，这种情况同样存在，其制造业占比 2013 年为 26.3%，2017 年下降到 15.8%，但仍然在各行业中占比最高；租赁和商务服务业由 7.4% 上升到 12.2%；其他行业基本在 10% 以下。

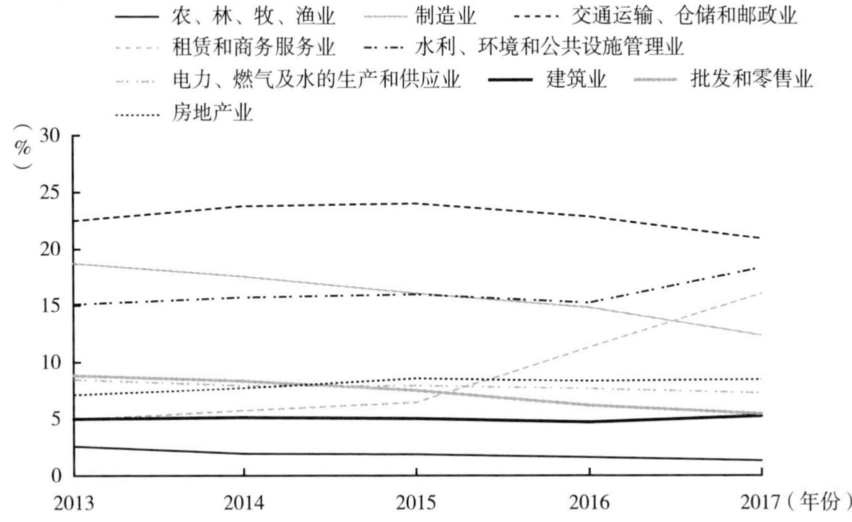

图 2 湖南省主要行业企业贷款分布变化

资料来源：相关年份《湖南统计年鉴》。

5. 金融服务努力回归实体经济

当前，金融服务回归实体经济有特定含义，主要指抑制房地产泡沫和投机性炒作以及地方政府性债务失控膨胀，治理金融乱象，加强金融业对先进制造业、创新型产业、民营企业和中小微企业的支持。相比全国，湖南省金融业发展稳健，房价中部居末，是房价洼地。但地方政府性债务压力大，债务比在全国居前，是主要风险点。

2018 年，湖南省制造业贷款同比明显增多，2019 年一季度，创 2015 年以来同期最高增幅。民营和小微企业贷款余额大幅增长，2019 年 4 月末，全省民营企业贷款余额 9200 亿元，同比增长 11.5%，小微企业贷款余额破万亿元，同比增长 8.3%，增速连续数月回升。2019 年 9 月全省新发放企业贷款加权平均利率较 2018 年下降 0.41 个百分点。2018～2019 年 1～6 月，涉农贷款增加 1800 亿元。个人住房消费贷款增速、基础设施类贷款增速下降趋稳，基础设施“补短板”项目贷款明显增加。采取“四个一批”化解存量债务，防范地方政府债务风险。

6. 全省金融体系流动性趋于宽松

宏观货币政策趋于宽松，金融领域恢复了足够的流动性，利率水平有所降低。近两年，全省社会融资规模逐步恢复，融资环境由紧趋松，有利于实体经济对抗经济下行压力。2019 年上半年，全省社会融资规模已高于 2017 年上半年的水平。

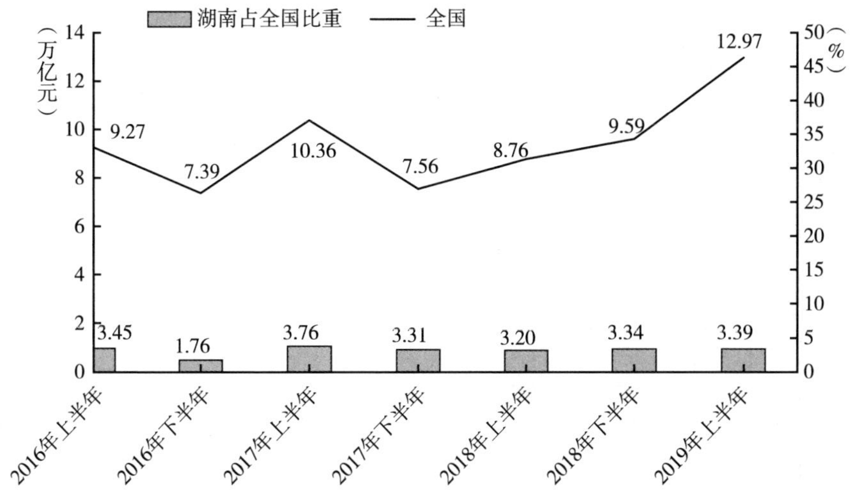

图 3　2016～2019 年全国和湖南半年期融资规模情况

资料来源：中国人民银行。

二　问题分析

1. 金融业发展相对较慢

金融业过度发展，会加重其他行业的融资成本负担，侵蚀其收益。从全国情况来看，近年来金融业的 GDP 占比在 8% 左右，相比于欧美国家，占比偏高。但湖南的金融业发展明显不足，2017 年，金融业增加值占 GDP 的比重仅为 4.7%（见图 4），和吉林省相当，居全国倒数第二。融资规模在中部地区也不占优势。

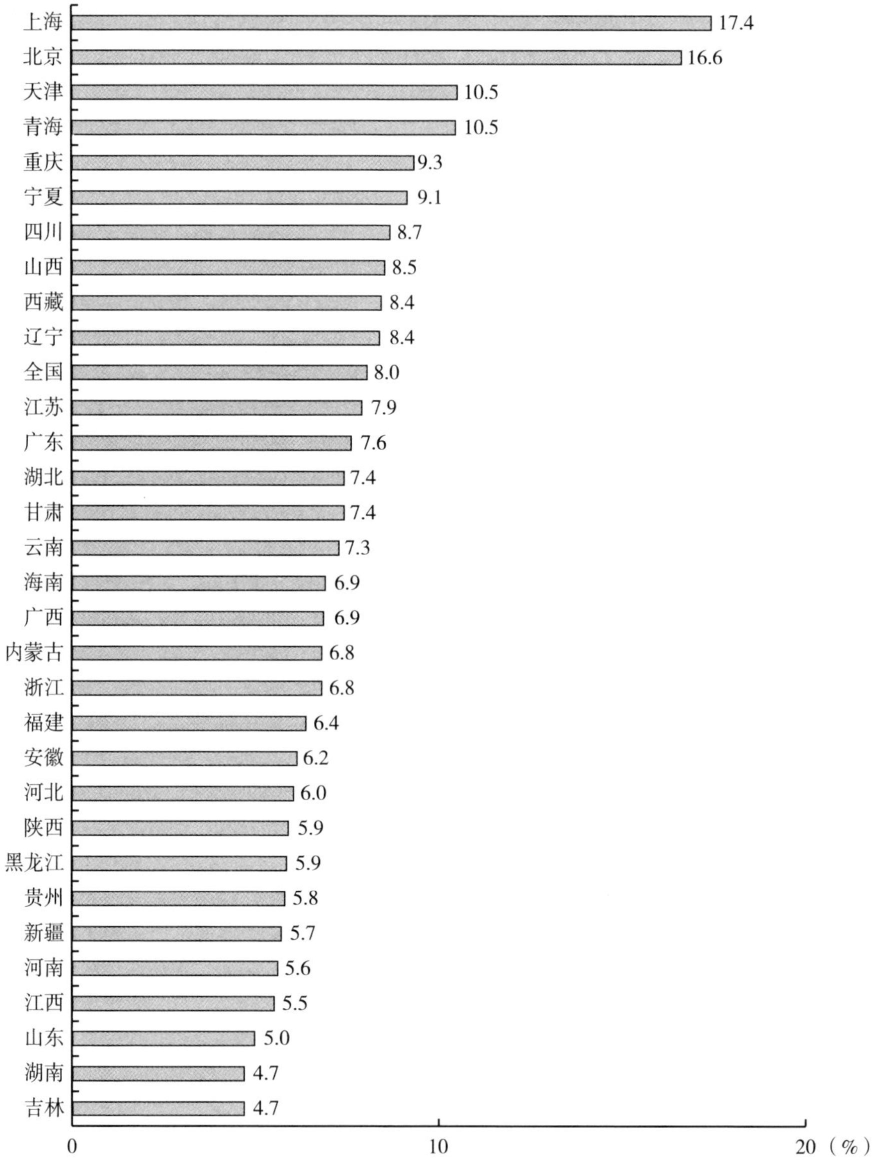

省份	占比（%）
上海	17.4
北京	16.6
天津	10.5
青海	10.5
重庆	9.3
宁夏	9.1
四川	8.7
山西	8.5
西藏	8.4
辽宁	8.4
全国	8.0
江苏	7.9
广东	7.6
湖北	7.4
甘肃	7.4
云南	7.3
海南	6.9
广西	6.9
内蒙古	6.8
浙江	6.8
福建	6.4
安徽	6.2
河北	6.0
陕西	5.9
黑龙江	5.9
贵州	5.8
新疆	5.7
河南	5.6
江西	5.5
山东	5.0
湖南	4.7
吉林	4.7

0　10　20（%）

图 4　2017 年各省份金融业增加值在 GDP 中的占比

资料来源：中国统计年鉴。

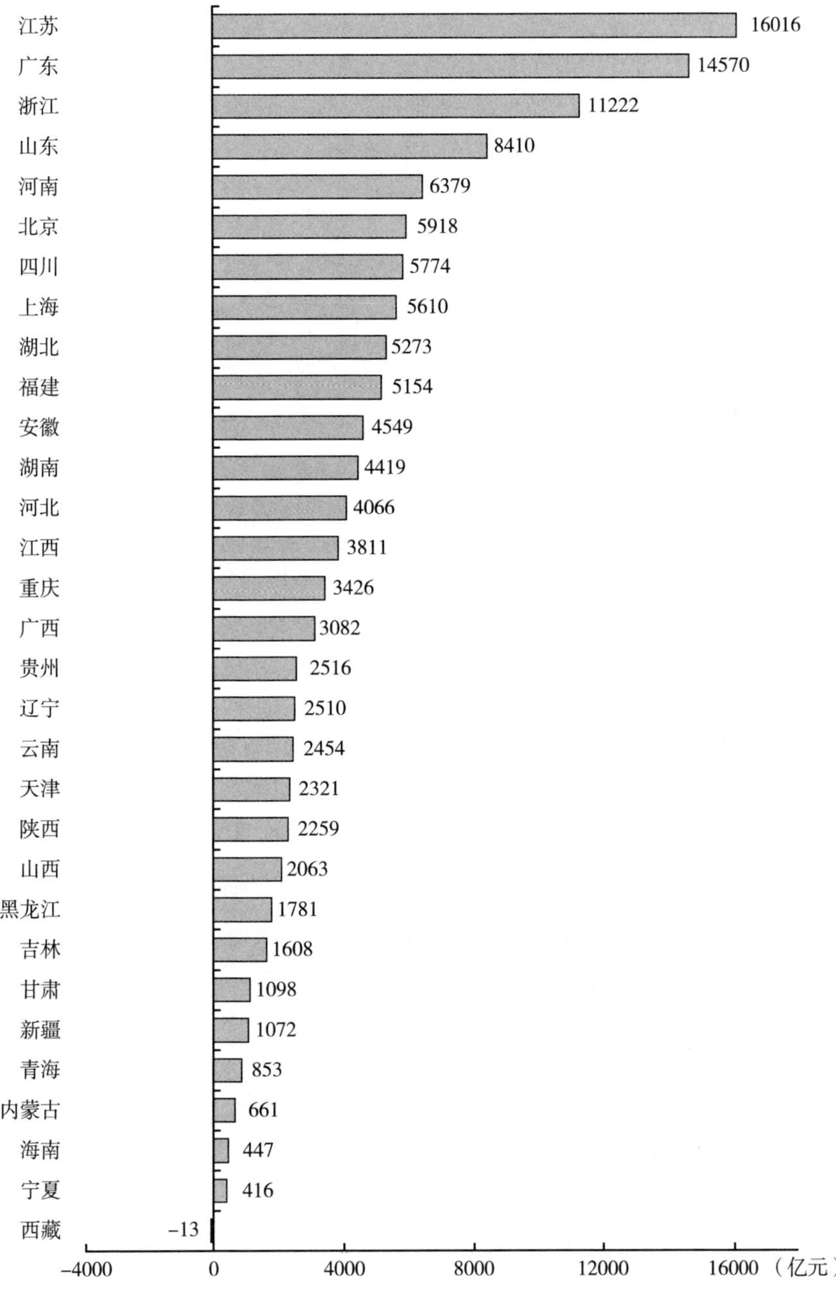

图 5　2019 年上半年各省份社会融资规模

2. 金融业服务实体经济水平仍有待提高

一是制造业在信贷资金中的占比持续下降。2017 年，制造业信贷份额已降到 12.4%。二是民营、小微企业占比低。工业中非公经济占比达 78%，GDP 占比 27%，信贷融资中非公经济占比仅为 20%；批发和零售业中非公经济占比 92%，信贷融资中非公经济占比 5.4%。直接融资中，民营企业、中小微型企业参与很少。三是政府性融资扩张。一些三产中有许多政府背景公司，主要目的是融资，本身并无造血能力，这些行业的信贷融资占比近年保持上升态势，极大地增加了地方政府债务风险。比如交通运输、仓储和邮政业在 GDP 中占比 4.4%，其信贷融资占比常年在 20%以上。

3. 民营、小微企业融资困境仍然存在

这表现在融资难、融资贵上。一是民营企业相对国有企业融资难度更大。国有企业融资规模远大于民营企业，民企主要是获得短期流动性贷款。民营上市公司股权质押额度较高，融资能力减弱。二是小微企业融资难度大。对小微企业放贷过于依赖抵押物、质押物，小微企业缺少抵押物、质押物，资信累积度低，难以满足银行放贷条件；银企信息不对称，银行尽职调查成本高、风险大、收益低；担保费用较高，小微企业难以承担。三是资产质量较差。比如，县域经济中的一些民营、小微等借贷主体的资产质量较差，缺乏成长性，部分县域不良贷款反弹较快，一些银行在当地的不良贷款率超过 10%，影响银行放贷信心。

4. 经济下行压力影响较大

一是股市较长时间处于低迷状态，严重影响上市企业估值和再融资。二是一些企业在前期盲目融资扩张，债务压力较大，应收账款较多，流动性紧张。三是企业投资趋于谨慎，对逆周期措施依赖性较大，观望情绪较重，缺乏主动投资意愿，实物投资资金需求不足。四是过去 10 年里，我国政府性负债和居民负债上升较快，产出能力过剩，国内市场饱和，通过负债扩张的空间受限。

三　政策建议

1. 保持经济持续平稳发展

近年来，湖南省发展稳健，发展前景看好。今后，稳增长将处于更加突出的位置。一方面，减税降费和货币宽松等财政、货币逆周期调节手段取得一定的成效；另一方面，逆周期调节手段也有局限性，将加大财政支出压力和通胀压力，长久的效果会递减，还要防止 CPI 和 PPI 背离等滞胀状况出现。长期来看，保持经济持续平稳发展，需要保持足够的社会有效需求，一是提升效率，二是改进或创造供给。提高效率需要改善收入分配结构，缩小地区发展差距，解决产业结构、资源配置结构等结构性失衡问题，引导社会资源更多地由创造需求转变为创造供给。改进或创造供给要将创新作为发展的第一动力，引领和驱动产业产品高质量发展。

2. 扎实做优资产端

要在产业产品优化上多做努力，提高科学技术在产业产品发展中的作用，引导金融资源向创新领域集聚，提高产业产品先进化水平，促进传统产业先进化，清理僵尸企业，支持湖南省装备制造、材料、电子信息、生物医药、农产品加工等支柱产业做大做强，提前布局 5G 商用、人工智能、工业互联网、物联网等战略性新兴产业。重视基础设施、高新技术、传统产业改造、社会服务等领域和新增长极地区的发展。扩大国内国际两个市场，积极参与国家“一带一路”建设。发挥地方政府专项债在稳定投资、改善民生、平衡财政收支、缓解政府性债务中的作用，用好用足政策红利。帮助各类企业解决困难和问题，保持资产端处于良好状况。

3. 进一步提升金融业服务实体经济水平

适度提高金融业的 GDP 占比水平，增强金融业服务实体经济的整体实力。一要加强精准对接。加强对民营、小微企业和先进制造业等重点领域的融资支持，支持基础设施、“三农”、民生等薄弱环节发展。开展金融机构“进园区、进企业、促融资、促发展”活动。利用国家针对中小企业新的融资担保政策，加大对民营经济中长期贷款和信用贷款投放力度，维持企业流动性稳定，落实无还本续贷，对困难企业尽量不抽贷、不断贷。健全尽职免责机制，打消基层一线金融服务人员的顾虑，打通“最后一公里”。帮助上市公司化解股权质押风险。二要服务实体。控制房地产部门的融资行为，抑制金融服务脱实向虚。利用当前流动性宽松、资金价格下降的时机，调整负债资产的成本水平。三要盘活存量。提升资产证券化、供应链金融的服务和交易水平，打造有实力、风控能力优的互联网 + 金融平台，提供便捷通道，将存量资产盘活起来，发挥融资潜力。四要争取支持。争取工农中建等全国性大行加大对湖南省的信贷投放比重，鼓励邮储持续扩大在湖南省的信贷投入。建立评价体系，鼓励金融企业将更多省内吸储资金留在省内使用。五要多渠道利用金融资金。防范风险，审慎开展直接融资，引导企业合规开展银行表外业务，发挥互联网金融优势。提升灵活运用不同融资方式的能力。

4. 推动本省金融业加快发展

一是提升本省金融企业实力。促进区域金融资源整合，建设长沙区域性金融中心，鼓励社会资本进入本地金融行业，加强牌照管理，打造全牌照地方金融体系，建设一批有实力的地方金融领军企业。推进财信金融控股集团、长沙银行、华融湘江银行、湖南信托、财富证券、湘财证券、吉祥人寿、湖南股权交易所发展，推动地方资产管理公司增资扩股，提升资本规模水平，推动金交中心、应收账款融资综合推进体系平台的健康发展，建设全省性的政府性融资担保体系。推动湘江基金小镇扩大规模。推动地方证券期货、保险机构提升创新服务能力，推进高端金融中介服务机构发展。二是支持县域金融发展。发挥现有农信机构的作用，支持现有农商行和村镇银行吸收社会资金，充实资本金，提升风控能力，防范金融风险，保持县域农村金融机构法人地位，减少行政干预。推进“资本市场县域工程”，引导县域中小微企业到湖南股交所挂牌融资。三是推动创新发展。推动本省小额贷款公司、私募投资等新型金融市场主体合规健康发展。鼓励金融业务创新，引导金融资本参与产业发展基金，参与国企混改。重视发挥“互联网 +”的作用，加快大数据技术、互联网技术与金融的深度集成和融合，提升全省金融平台的互联网交易水平。促进普惠金融健康发展。

5. 加强吸引和培训金融人才

金融人才带来金融意识，完善吸引金融人才的政策和配套服务体系。加强对企业、政府部门工作人员的金融服务和法规的专业培训，着力提高其利用、指导金融发展的能力。围绕金融业务，加大各类金融中介服务机构和人才引进和培育力度。

6. 建设良好的信用环境

加强法治建设，推动全省信用基础设施建设，积极融入国家征信体系建设，推进政府、企业和个人信用信息全国共享。切实维护金融机构的合法权益。化解企业、各级政府面临的债务风险，保持良好的信用等级水平。鼓励诚实守信经营，守护好群众的钱袋子，严厉查处打击非法、虚假融资，提高群众识别和防范金融风险的能力，防范系统性、地区性金融风险。

湖南冷链物流发展调研报告*

湖南省人民政府发展研究中心**

加快发展冷链物流，是推进农业供给侧结构性改革，提升农业价值链，适应居民消费升级趋势，保障农产品和食品消费安全，切实改善民生的必然要求。近年来湖南省冷链物流业较快发展，但与山东、河南等省份相比仍有较大差距。建议湖南从加强顶层设计、优化冷链空间布局、引进培育冷链龙头企业、提升冷链设施建设水平、加快建设冷链物流监控体系、加强政策保障等方面着力，尽快补齐冷链物流发展短板，推动冷链物流业高质量发展。

一 湖南冷链物流发展基本情况及存在的问题

（一）基本情况

截至 2019 年 10 月，湖南已建成容量 348.5 万吨的冷库，其中，冷冻库 180.4 万吨、占 51.8%，冷藏库 110.3 万吨、占 31.6%，保鲜库 57.8 万吨、占 16.6%；在建冷库 172 万吨；农产品批发市场冷库在各类冷库中占比最高。有冷藏车 2338 辆。全省从事冷链物流相关企业 599 家，其中规模以上企业 70 家，以农产品生产加工企业和商贸流通企业为主。拥有云通、红星、

---

* 本报告获得湖南省委常委、省政府常务副省长谢建辉的充分肯定和表扬，政策建议被决策采纳。

** 调研组组长：谈文胜，湖南省人民政府发展研究中心党组书记、主任；调研组副组长：唐宇文，湖南省人民政府发展研究中心副主任、研究员；调研组成员：彭蔓玲、罗会逸、刘琪，湖南省人民政府发展研究中心研究人员。

佳惠、新五丰、海吉星等冷链龙头企业，星级冷链物流企业4家，云通物流入围2018年全国冷链企业20强，湖南红星实业入围2018年全国农批市场冷库容量20强。拥有一批肉类食品、农产品、水产品批发市场、商业终端的冷链物流。医药冷链在全国有较强实力，拥有国药湖南、华润湖南、湘潭天士力、郴州凯程等大型冷链物流企业以及康程物流等第三方医药物流公司。空港冷链发展迅速，长沙黄花综保区采用“国际直采 + 冷链仓储暂养 + 产品精深加工 + 全国冷链配送”模式发展生鲜冷链，2019年1～9月冷链产品进口额1.2亿美元，龙头企业年年有鱼占据国内波士顿龙虾市场份额的70%以上。抽样调查结果显示，湖南省肉类、水产、水果、蔬菜的冷链流通率分别为31.6%、32.3%、23.2%、20.4%，腐损率分别为14.2%、13.5%、14.1%、16%。

（二）存在的主要问题

1. 农产品冷链短板突出

就冷链物流行业整体而言，湖南在医药和冷冻食品方面相对走在前面，农产品是短板。农产品冷链流通率大约10%，腐损率高达30%左右，品质差、附加值低、反季节性差、安全性难以保障、不具备可追溯性等问题突出。

2. 冷链设施供需矛盾突出

一方面，冷链基础设施严重不足。湖南现有冷库总容量比河南少126万吨，冷藏车数量不到河南的30%，与广东、山东等冷链物流发达省份的差距更大。另一方面，布局不合理。从区域分布看，全省2/3的冷库集中在长株潭和环洞庭湖地区，其他地区冷库建设相对滞后。从城乡分布看，冷链设施主要位于城镇，产地“最先一公里”预冷保鲜设施建设成为短板。从城区布局看，冷链设施集中度低，物流成本高。从冷库结构看，肉类冷库多、果蔬冷库少，大型储藏冷库多、批发零售冷库少。冷链设施选址、规模设计、辐射范围等缺乏科学规划，与实际需求的匹配度不高，部分冷链设施利用率较低，个别地区气调库自建成起就处于休眠状态，产地预冷设施严重缺乏，冷链设施闲置与供给不足并存。

3. 冷链物流企业实力较弱

冷链企业整体呈现散、小、弱特征。整个行业还是以低端仓储和运输为主流，能够提供冷藏加工、运输、配送等全程服务的第三方冷链物流企业比较少，整合行业资源和带动行业发展的能力有限，不能满足市场高质量的要求，难以吸引跨国商业机构把物流配送中心放在湖南。冷链物流龙头企业培育严重不足，全国百强冷链物流企业中，2017 年河南 7 家、山东 7 家、湖北 4 家、湖南 0 家，2018 年河南 10 家、山东 8 家、湖北 3 家、湖南仅 1 家，湖南与中部河南、湖北差距较大。

表 1　2016～2018 年中部六省中国百强冷链物流企业数量

单位：个

地区	2016 年	2017 年	2018 年
河南	8	7	10
湖北	8	4	3
安徽	0	1	2
湖南	2	0	1
江西	1	1	1
山西	1	1	0

资料来源：根据公开资料整理。

4. 冷链行业监管亟待加强

一方面，由于冷链流通的农产品难以实现优质优价，出于成本考虑企业采取冷链设施的动力不足，行业断链、掉链现象比较普遍，如湘菜预制菜绝大多数是使用非冷链的零担和快递。另一方面，第三方监控体系、产品质量追溯体系不健全，冷链运输、配送环节温控手段粗放，“冰块＋棉被”运输方式依然存在。

5. 冷链物流标准化、信息化建设滞后

湖南冷链物流运作流程的标准化建设滞后，与河南、山东等省份比差距明显，山东省已出台 2 项国家标准、3 项企业标准、3 项地方标准，而这些湖南都没有。冷链物流企业新技术、新工艺的应用不够，信息化智能化程度较低。缺乏冷链物流公共信息服务平台，信息资源难以实现有效衔接和共享，不利于冷链资源的整合，增加了冷链运输成本。行业统计基础薄弱，冷链物流相关基本情况没有正规统计数据。

6. 冷链物流管理体制亟待完善

湖南省组建了由发改委、经信委、商务厅、交通厅、财政厅等多个部门组成的湖南省推进现代物流业发展领导小组，但行业协会和企业均反映，多头管理导致财政资金使用较分散、政策落地有难度。

二 业内巨头冷链物流发展态势及外省经验借鉴

（一）行业巨头加速布局冷链物流

随着中产阶层规模不断扩大，大众对于食品的新鲜度和安全性有了更高的要求，生鲜电商迅速扩张，给冷链物流的发展带来了机遇。据中商产业研究院数据，2018 年中国生鲜电商市场交易规模达到 2103.2 亿元，同比增长 49.93%，据其预计 2019 年会突破 3000 亿元。生鲜电商迅速增长的背后是对冷链物流的高度依赖。近年来，顺丰、圆通、申通等快递巨头开始提供冷链配送，阿里、腾讯、京东等电商平台不断加码冷链物流和生鲜供应链投资。顺丰依托快递布局，发力冷链运输，旗下拥有冷运到家、冷运到店、冷运零担、冷运专车、冷运仓储五大冷运产品，2018 年顺丰与美国冷链物流巨头夏晖推出合资公司新夏晖。京东借助自营电商优势，抢占冷运版图，在北京、上海、广州、深圳、南京、合肥、杭州、武汉、成都、西安、沈阳等 11 个城市拥有 18 个生鲜冷库，提供一体化的智能冷链解决方案，创新推出了产地仓、协同仓等多种运营模式，2019 年 4 月发布云冷链计划，联合区域优质冷链企业形成“骨干网 + 合伙人”的创新模式，推动冷链行业高质量发展。苏宁自建冷链仓，布局冷链行业，截至 2019 年 8 月共投入使用 46 个生鲜冷链仓，覆盖 218 个城市。

（二）省外经验借鉴

2016 年，山东、河南、重庆、新疆、河北、广东、四川、青海、宁夏、宁波等 10 个地区被列为冷链物流综合示范省（区）市。经过几年的探索，各地形成了一些有益的经验，主要有以下几个方面。

1. 河南、江西加强规划引领和统筹协调

河南省建立“1 +3 +1”的政策体系，即 1 个规划——《河南省物流业转型发展规划（2018 ~2020 年）》，3 个工作方案——《河南省冷链物流转型发展工作方案》《河南省快递物流转型发展工作方案》《河南省电商物流转型发展工作方案》，1 套政策——《关于促进河南省现代物流业加快发展的若干政策措施》。加快构建以郑州为中心、区域物流节点城市为支撑、城乡分拨配送网络为基础的“一中心、多节点、全覆盖”的现代物流空间网络体系。洛阳市出台《洛阳市冷链物流发展规划（2019 ~2023 年）》，建设区域性冷链物流枢纽。河南省专门成立了物流业转型攻坚工作领导小组办公室，统筹推进冷链物流等重点物流转型发展各项任务落实，及时协调解决规划实施中的重大问题。

江西省相继出台《关于加快发展冷链物流保障食品安全促进消费升级的实施意见》《江西省冷链物流发展规划（2018 ~2022）》，构建以南昌、九江为核心，以赣中南、赣东北、赣东南、赣西等四大发展地带为支撑的“一核四带”冷链格局，建设冷链物流服务体系。

2. 湖北、河南、山东培育壮大市场主体

湖北等地支持国内外大型企业设立总部基地或区域性集散分拨中心。美国最大冷链企业美冷在华布局、率先落子武汉，计划投资 20 亿元，在武汉东西湖建设库容为 30 万吨的冷链交易库，打造高端智能冷库线上、线下相结合的一体化冷链综合服务交易平台。京东 2019 年发布了 B2B 产品冷链城配，业务首期覆盖 10 个城市，其中，在中部地区布局武汉和郑州。

河南发展壮大本地冷链物流企业。鼓励生产企业、贸易企业、餐饮企业将冷链物流业务剥离外包，推动专业化第三方冷链物流企业发展壮大；大力扶持双汇物流、鲜易供应链、华夏易通、大用运通、万邦农产品市场等企业成为冷链服务标杆企业；对冷链物流相关企业在用水、用电、用气方面实行与工业企业基本同价等政策。

山东省积极引导企业开展冷链物流星级认定。2018 年星级冷链物流企业总数达 18 家，占全国的 29.5%。商务部公布的首批农产品冷链流通标准化示范企业中，山东省有 9 家企业入选，数量居全国首位。济南市对通过国家级五星级冷链物流评定的冷链物流企业一次性奖励 100 万元。

3. 山东、河南、湖北推动冷链物流标准化规范化智能化发展

建立健全冷链物流标准体系。山东制定出台 2 项冷链物流国家标准、3 项地方标准、1 项团体标准、3 项企业标准；支持企业建设标准化硬件设施，购置标准化托盘、保温周转箱（周转筐）等；采取政府购买服务方式，由专家指导企业普及冷链操作管理标准，辅导企业开展标准化应用。河南鼓励双汇、三全等标杆性企业制定实施高于国家及行业标准的企业标准，支持龙头企业在速冻食品、肉制品、乳制品、果蔬等领域开展农产品冷链流通标准化示范；河南省对通过验收的冷链物流标准化试点企业，在冷链物流基础设施设备、信息化投入等方面给予一定比例的资金补助。

建立冷链物流监控体系。山东省建立企业冷链监控平台，支持试点企业购置信息化管理系统；建成山东省农产品冷链物流公共信息服务平台，初步建立农产品冷链流通监管体系，在线企业 120 家，冷库 938 个、冷藏车 1197 辆。河南第三方冷链服务平台冷链马甲应用导航技术、影像监控技术和温度传感技术，实现物流信息可视化、过程可追溯化，确保运输过程的产品质量。成都市多部门联合建立冷链监控管理平台，对生鲜农产品冷链流通过程中冷库温度等进行监控、查询、报警与统计分析，减少断链隐患。

提升冷链智能化水平。“武汉万吨冷储物流有限公司”以老企业（武汉徐东万吨冷库）搬迁和设施改造升级为契机，融合物联网、大数据、人工智能等先进信息技术，打造集食品交易、电商平台、冷链配送、休闲体验、行业会展、企业总部等功能于一体的华中冷链港，引领我国生鲜食品冷藏业从“库”向“链”转型。

4. 山东省探索冷链物流典型模式

山东省 2016 年开始在潍坊、烟台等 6 市开展冷链物流试点，2018 年出台《关于加快发展冷链物流保障食品安全促进消费升级的实施方案》，相关市和企业在全程冷链模式、冷链标准推广应用、冷链信息化等方面进行了积极探索，涌现出一批典型经验模式。如烟台栖霞市通过应用栖霞苹果物联网监管平台，对苹果生产、加工、储藏、运输、销售各环节进行透明化管理，实现栖霞苹果从“生产、出库到消费”全程监控。荣庆物流、烟台齐畅、淄博乐物等公司发展第三方物流全程冷链配送模式，通过信息化手段，实现精准温控管理，通过对订单追踪和运输可视化的整合，实现配送过程的“全程冷链、温度可视”等。

三　政策建议

（一）加强顶层设计

2017 年以来，山东、河南、安徽、贵州等十多个省份出台了《冷链物流发展规划》或《加快发展冷链物流的实施意见》，截至 2019 年 9 月，湖南尚未出台冷链物流的专项规划、政策等，建议在深入调查研究的基础上，尽快出台《湖南加快冷链物流业发展的实施意见和政策措施》，制定《湖南省冷链物流发展“十四五”规划》，明确产业发展的时间表、路线图、任务书，明确部门责任分工，统筹资源、形成工作合力。

（二）优化冷链物流空间布局

一是构建“一核心三中心多基地”冷链物流格局。一核心，即长株潭冷链物流核心区块。依托长沙国家物流枢纽城市建设，一方面，鼓励红星批发大市场、海吉星农产品物流园、马王堆海鲜水产批发大市场等冷链发展集聚区优化整合、提质升级，形成具有国际竞争力的统一冷链大市场；另一方面，发挥长沙航空、铁路冷链枢纽功能，推动建设长沙黄花综合保税区航空货运冷链专用通道，实施冷链保税货物和非保税货物“同仓共管”，延伸口岸功能；积极推动长沙国际铁路港打造多式联运冷链物流基地。同时，推动组建长株潭地区冷链物流战略联盟，共建物流枢纽，优化整合物流网络，形成衔接有效、往返互动的冷链流通网络。三中心，即湘南、环洞庭湖、大湘西冷链物流区域中心。（1）湘南：以郴州、衡阳、永州特色农产品生产、加工为基础，建设湘南冷链物流区域中心。重点发展对接粤港澳的生鲜产品供应基地和冷链物流体系。（2）环洞庭湖：以岳阳、常德、益阳特色农产品、水产品为基础，建设湘北冷链物流集散中心。充分发挥城陵矶进口肉类、粮食等指定口岸作用，岳阳重点发展水产品、进口冻品等特色冷链物流市场，常德、益阳重点发展以果蔬、肉类、水产为特色的冷链物流产业体系。（3）大湘西：加快推进怀化冷链物流中心城市建设，以怀化佳惠、邵阳豫湘工贸、娄底庆阳牧业、湘西金凤凰、张家界农副产品市场等为载体，建设大湘西冷链物流集散中心，打造对接成渝城市群、辐射大西南的冷链物流增长极。多基地，即若干冷链物流特色基地。加强特色农产品原产地冷链物流基础设施建设，开展优质农副产品基地产地仓建设试点，在全省布局建设20个左右冷链物流特色基地，如湘潭生猪、衡阳黄花菜、邵阳药材、张家界水果等。

二是优化冷链产地布局。果蔬：在大湘西（邵阳、怀化、湘西）、湘南（郴州、永州）及常德柑橘产业带重点布局柑橘冷链；在怀化中方、芷江（葡萄），怀化靖州（杨梅），湘西永顺、凤凰（猕猴桃）等地布局特色水果冷链。在株洲、湘潭布局都市蔬菜冷链；在郴州、永州等地打造供粤港澳蔬菜冷链基地；在衡阳祁东（黄花菜）等地布局特色蔬菜冷链。生鲜：在长沙、湘潭、衡阳、邵阳、永州等地布局生猪屠宰及加工冷链；在怀化洪江（鸡）、郴州临武（鸭）、湘西（黄牛）等地布局特色畜禽冷链。在岳阳、常德、益阳等地打造水产品冷链基地。中药材：在湘西龙山、邵阳邵东、邵阳隆回、怀化靖州等特色中药材产地建设一批无硫低温干燥、真空（充氮）包装、冷储一体化的产地预冷保鲜设施。依托邵阳廉桥药材市场，布局中药材冷链集散基地，引导湘产中药材产销无缝对接。

三是完善销地冷链配送网络。在长沙、岳阳、衡阳、邵阳等具有较大消费规模的地区，采用龙头企业参与连锁经营的模式，加快果蔬生鲜社区门店建设，在销售终端加强冷柜配置；大力发展“生鲜电商＋冷链宅配”“中央厨房＋食材宅配”等新业态新模式。在张家界、常德等具有消费增长潜力的地区，依托大型连锁超市、农产品批发市场，集约建设一批冷链加工配送处理设施。在湘潭、怀化等地区，利用开展农产品冷链流通标准化试点的契机，推广现代冷链物流技术标准，加强农副产品贸易市场、区域分拨中心和城市配送中心联动，加快构建快捷高效的冷链物流配送网络体系。

（三）健全冷链市场体系

以果蔬、生鲜、中药材和药品四大领域为重点，依托农副产品批发市场、冷链产品生产加工龙头企业和大型连锁超市等，健全冷链市场体系。

一是健全果蔬冷链市场体系。依托大型农业合作社，加强果蔬产地预冷、储存保鲜和低温运输，提高农产品附加值。鼓励农产品批发市场、冷链产品生产加工龙头企业建设具备集中采购、低温加工、跨区域配送能力的果蔬配送中心和中转保鲜库。在果蔬运输环节推广全程温控技术，建立面向销售终端的一体化冷链物流快速调配体系。积极推动特色果蔬产品产地直采直销，加快发展农村电商，推广“农批零对接”“农超对接”等新零售模式。充分发挥长沙黄花机场和张家界荷花机场进口水果口岸功能，积极对接境外水果供应商、航空物流等企业，增大进口水果规模。

二是健全生鲜冷链市场体系。依托冷链产品生产加工龙头企业，在长沙、邵阳、衡阳、永州等肉类主产区加强肉类屠宰后排酸、预冷等低温加工设施建设。提升长沙综保区进境食用水生动物、进境冰鲜水产品口岸冷链服务能力，建设航空货运冷链专用通道，打造全国高端进口水产品集散基地。充分发挥岳阳、郴州进口肉类指定口岸功能，打造进口肉类冷链基地。依托肉禽加工龙头企业，建设低温配送中心，提高胴体肉品质、延长冷鲜肉货架期。在洞庭湖水产片区，依托水产养殖加工龙头企业，加大冷链资源共享力度，以小龙虾、大闸蟹等特色水产品为重点，促进产地分级包装，配套发展保鲜储运设施，建设水产交易集散中心。结合特色湘菜原材料生产和预制菜加工，在长株潭和环洞庭湖等地区，重点建设一批“中央厨房 + 食材冷链配送”设施。

三是健全中药材冷链市场体系。围绕“湘九味”优势品牌品种，依托邵阳廉桥药材市场，建设辐射全省及周边省份的中药材冷链集散基地，引导湘产中药材产销无缝对接，推进形成种植、采收、加工、包装、仓储和运输一体化的中药材冷链市场体系。

四是健全药品冷链市场体系。以疫苗、生物制品等为重点，依托现有的医药冷链物流基地，建设生产、加工、储存、运输等过程一体化的药品冷链市场体系。加强质量管理，实现冷链药品全程温度记录可追溯。充分发挥长沙黄花综保区进口药品口岸功能，整合资源形成具备辐射全国冷链药品配送网络的医药商业流通集团，提升医药冷链整体水平。

（四）引进培育壮大冷链龙头企业

一是引进 1 ~ 2 家国内外行业龙头企业。瞄准从事冷链物流业务的“三类 500 强”企业和全国冷链物流业 20 强企业，实施“一企一策”靶向招商，重点引进 1 ~ 2 家实力雄厚的龙头企业落户湖南或在湖南设立区域总部。引进一批核心竞争力强的第三方农产品冷链物流企业及国内外知名冷链物流企业，重点引进冷链运输车辆，产地预冷、销地冷藏和保鲜运输、保鲜加工全产业链型企业，以及集配送、零售和便民服务等多功能于一体的冷链物流配送终端项目。如，对接澳大利亚太古、美国美冷、日本雅玛多等冷链行业巨头，争取在湖南省物流枢纽布局建设区域冷链仓储、物流、分拨中心；对接九曳供应链、冷链马甲等第四方冷链物流企业，整合全省农产品产销和冷链仓配资源，发展平台经济；对接中国供销农产品批发、京东、顺丰等国内龙头企业，争取在湖南省布局冷链物流区域中心等。

制定针对性政策，对落户湖南的重点龙头企业在土地、资金、税费、用电成本、车辆便利化通行等方面予以支持。如，对列入省重点建设项目的冷链物流项目，其用地指标不占用地方指标，并在布局、审批、土地登记方面予以倾斜；设立冷链物流发展专项基金；采取后奖补方式，对新建大型冷链物流设施的予以奖励，对新建（购置）产地预冷设施的予以补助；允许将冷链物流企业过路过桥费、车辆保险费、场地租赁费等有效抵扣凭证纳入进项税抵扣范围；新建产地预冷设施（含购置移动设施）及农产品冷库用电，参照农业生产用电价格；为达标冷链配送车辆办理市区通行证，对合法装载进出口鲜活农产品的冷链运输车辆实行“一次查验，一次放行”等。

表 2　2019 年中国主要冷链企业在湘布局情况

序号	企业名称	业务类型	业务范围	在湘布局
1	中外运冷链	综合型	仓干配一体化、进出口冷链、供应链综合服务	未开展实际业务
2	太古、普洛斯	仓储型	低温仓储	投入部分冷库、做常温配套使用
3	顺丰冷运	综合型	仓配一体，全国建有 10 个原产地预处理中心	自建 400㎡仓库，主要做冷运零担
4	京东冷链	综合型	冷链仓、宅配、全国 22 个城市建有大仓	2019 年开始在长沙布局冷链业务
5	苏宁冷链	综合型	生鲜加工中心 + 前置仓 + 即时配、新零售	苏宁小店业务，2020 年在望城自建仓储
6	九曳供应链	供应链	第四方生鲜冷链平台	干线运输
7	鲜易供应链	供应链	低温仓储、干线运输、城市配送、冷链平台	长沙布局有前置仓
8	驹马物流	运输型	同城配送、城市低温配送	部分低温运输配送
9	安鲜达	供应链	供应链、车货匹配	未开展实际业务
10	双汇、众荣	运输型	干线运输、车货匹配	干线运输
11	江苏雨润	供应链	低温仓储、干线运输	黑石铺肉联厂
12	荣庆物流	综合型	低温仓配、中转分拨	未涉及冷链
13	安能物流	综合型	零担、快运、快递小件	未涉及冷链
14	DHL 敦豪	运输型	供应链物流、快递	干线运输、低温配送
15	宇培	供应链	低温仓储、仓配一体、第三方物流	标准冷库在建，2020 年投入使用

资料来源：根据公开资料整理。

二是培育壮大本省龙头企业。整合省内分散的冷链资源，通过参股控股、兼并联合、合资合作等方式，省级层面打造 2～3 家大型现代化冷链物流企业集团，各市州按照“一市一龙头”的标准，重点打造技术先进、主营业务突出、核心竞争力强的冷链物流骨干企业。激活岳阳城陵矶进口肉类港、湘通国际铁路港、长沙黄花冷链空港等重大冷链资产资源，联合组建新的项目运营公司，共同打通国际、国内供应链系统，做好开源工作，使之成为湖南冷链流通领域的龙头标杆。支持社会资本打造城市配送龙头企业，整合长株潭城市冷链配送企业。在长沙培育具备为国际一流品牌提供区域中心仓配服务能力的龙头企业。支持云通物流等商贸企业，发展“中央厨房+食材冷链配送”“冷链配送+连锁零售”等商业模式，逐步发展成为提供公共服务的第三方冷链物流中心。

三是组建上下游企业联盟。鼓励上下游企业加强冷链物流战略合作，建立一批贯通产业链上下游和同业企业的冷链企业联盟、行业联盟，推动联盟内企业精细分工，加强供应链管理、创新商业模式、创新供应链产学研用合作机制，实现资源高效利用，扩展冷链物流服务网络。

（五）加快建设冷链物流监控体系

组织开展冷链物流相关国家标准、行业标准、地方标准的宣贯活动和“达标对标”活动，引导冷链物流企业自我声明公开服务，依靠标准加强冷链物流关键节点的管控，使冷链产品整个流通过程中均有标可依。建议政府部门与行业协会共同推动冷链物流监管平台和冷链物流企业信息化管理平台建设，开展行业数据收集、分析、发布等基础工作，满足冷链储存、运输、配送过程中的跟踪、监测与预警要求，并率先在长株潭地区试点。

（六）有序引导品质消费，倒逼产业转型升级

针对大众对于农副产品冷链物流认知度不够、农贸流通企业进行冷链技术改造动力不足的现状，一方面，以湖南省具有一定规模、实力和市场知名度的农产品品牌为重点，采取以奖代补的形式支持农产品流通全程冷链改造，探索实行农产品流通冷链认证；另一方面，加大对冷链农产品的宣传力度，通过引导对于农产品的品质消费充分激活冷链物流的市场有效需求。

（七）加强政策保障

探索设立产业引导基金，通过财政资金投入或者国有资产划拨等方式，吸引社会资本参与。降低冷链物流企业税费负担，探索实施冷链运输货车高速公路通行费优惠政策。保障冷链物流设施建设用地，强化用地规划，确保土地供应，降低土地成本。保障冷链物流企业用水、用电，固定冷库用电和移动冷库集中用电执行低谷用电优惠政策，支持符合准入条件的冷链物流企业参与电力直接交易。提供冷链物流运输便利，探索试点为达标的冷链配送车辆办理市区通行证，进一步落实鲜活农产品配送车辆便利通行、停靠政策，对进出口鲜活农产品实行“一次查验、一次放行”。

5G 背景下湖南工程机械高质量发展的思考和建议*

湖南省人民政府发展研究中心**

在工程机械行业向智能化转型之际，5G 商用大幕也已逐步拉开，开启了“百行千业竞智能”的万物互联时代。天生为远程驾驶而生的 5G 有效匹配了工程机械的无人远程操控，为工程机械插上了“智能翅膀”。作为全国最大的工程机械产业基地，湖南省要主动拥抱 5G 时代，把握 5G 给工程机械行业带来的千载难逢的历史机遇，大力推进 5G 在工程机械领域的应用，助力湖南省工程机械高质量发展，抢占行业发展制高点。

一　盘点基础：湖南发展5G＋工程机械优势凸显

随着湖南省工程机械行业竞争力的不断提升、5G 网络的加快部署以及部分重点企业开展 5G 试点示范，湖南省促进 5G 和工程机械融合发展的优势逐渐凸显。

1. 湖南省工程机械八大优势特点为5G 应用奠定“产业基石”

产值规模大——湖南省是全国最大的工程机械产业基地，产业规模从

* 本报告获得湖南省委常委、省政府常务副省长谢建辉，湖南省委常委、省委宣传部部长张宏森，湖南省政府副省长陈飞的肯定性批示。

** 调研组组长：谈文胜，湖南省人民政府发展研究中心党组书记、主任；调研组副组长：唐宇文，湖南省人民政府发展研究中心副主任，研究员；调研组成员：左宏、闫仲勇，湖南省人民政府发展研究中心研究人员。

2010 年起连续保持全国第一，2018 年湖南省工程机械主营业务收入约占全国总量的 26%，稳居全国第一。产品竞争力强——湖南省能够生产 12 大类 100 多个小类 400 多个型号规格的产品，占全国工程机械品种种类的 70%；混凝土机械产量世界第一，挖掘机、建筑起重机、桩工机械、掘进机等产品产量国内第一。领军企业优——2018 年全球工程机械 50 强中湖南省有 4 家，中国工程机械前 5 强中湖南省有 3 家。创新能力强——湖南省工程机械行业拥有 6 家国家级企业技术中心、4 家国家级工程技术研究中心、1 个国家重点实验室、11 个企业院士工作站，龙头企业每年研发投入超过主营收入的 5%。制造模式新——湖南省工程机械数字化、网络化、智能化水平居全国前列，三一重工离散型智能制造新模式、数字化车间智能制造模式以及树根互联、中科云谷的兴起成为引领行业制造模式的标杆。此外，湖南省工程机械具有国际化步伐快、产业链相对完整等优势，加之当前工程机械行业表现出市场全面回升的趋势特点，为 5G 在工程机械行业的应用夯实了产业基础。

2. 湖南积极绘制5G“发展蓝图”

2018 年湖南省印发了《湖南省信息通信基础设施能力提升行动计划（2018—2020 年）》，启动 5G 基站资源储备及商用网络建设工作；2019 年出台《湖南省 5G 应用创新发展三年行动计划（2019～2021 年）》，逐步展现了湖南省 5G 顶层前沿布局，明确了 5G 技术突破的思路和主要任务。当前，湖南省 5G 网络建设正在稳步推进，长沙成为中国移动 40 个 5G 试点城市之一，5G 信号已经覆盖长沙核心城区，为 5G 和工程机械的融合发展奠定了技术网络基础。

3. 湖南企业试点示范促使5G＋工程机械“落地生根”

湖南省三一重工已建立起全球协同的工业互联网，在远程实时操控、AR 协同、无人驾驶、高精度定位等前沿技术上均有探索和研究。如三一联合华为和跃薪智能打造了首台 5G 遥控挖掘机并投入使用，实现了在千里之外遥控位于河南洛阳栾川钼矿的挖掘机。中联重科依托灵活、可移动、高宽带、低时延和高可靠的 5G 技术，可实现远程操控点火、远程前后左右前进后退控制等5G应用操作。三一重工、中联重科等企业开展的5G特享应用示范为5G和工程机械融合发展提供了样本和典范，进一步加快了5G在工程机械行业的应用步伐。

二 直面挑战：湖南发展5G+工程机械仍需破解四大难题

当前，5G在工程机械行业的应用也面临一些制约因素，主要体现为四大难题。

1. 应用场景受限

在工程机械领域，5G应用面临的主要问题是基站的布局问题。湖南省部分工程机械在野外、山岭隧道等建设施工，目前3G/4G网络尚未完全覆盖，5G技术的应用有所限制。如中联重科反映，目前企业固定场地的应用效果比较好，但基于5G的遥控设备的商用存在较大的问题，因为设备的施工地点随机性较大，受限于目前5G信号的覆盖情况，规模性推广还存在时间周期。

2. 推广成本高昂

目前，成本依然是阻碍湖南省工程机械行业应用5G的主要障碍之一。从用电成本看，由于具备更强大的性能，5G单基站功耗是4G单基站功耗的3～5倍；从基站建设看，5G推广必须建新基站，而技术因素导致5G基站数量至少是4G的2～3倍。公开信息显示，湖南省5G投资需要约1万亿至2万亿元。

3. 实用举措不多

尽管湖南省出台了《湖南省5G应用创新发展三年行动计划（2019～2021年）》，明确了发展5G的基本思路和主要任务，但并没有出台促使政策落地的具体举措。而山西省同时出台《山西省加快5G产业发展的实施意见》《山西省加快5G产业发展的若干措施》，政策的可操作性很强。如对企业实际完成投资额1000万元以上的5G技术改造项目，给予其实际完成投资额的20%、不超过1亿元的资助；再如对参与市场交易后的5G基站，其实缴电费超出目标电价0.35元/千瓦时的部分，由省、市、县三级按一定比例给予支持，等等。江西省在出台《江西省5G发展规划（2019～2023年）》后，随之出台《加快推进5G发展的若干措施》，促使政策落地生根。如对经认定具有创新和重大推广价值的应用场景每个奖励30万元，对经认定可复制性强、社会带动效应明显的5G行业应用项目，按照项目投入的15%，给予不超过50万元的奖励，等等。此外，深圳、成都、苏州等城市也纷纷制定了促进5G产业发展的政策措施及实施细则，以实实在在的举措推动5G产业化发展。

4. 工业互联网标识发展滞后

"5G+工业"不仅仅是设备与网络简单的连接与应用，还需要多种类、跨领域的配套辅助设施。湖南省相关设施建设起步晚，部分领域已经处于落后状态，突出表现在作为网络的基础和"身份证"、能够实现工业各环节信息互通的标识发展滞后，制约了湖南省5G产业化发展。目前，湖南省仍在筹措资金进行工业互联网标识解析二级节点的建设环节，而根据工信部2019年8月公布的信息，北京、上海、广州、武汉、重庆5个国家顶级节点已全部上线试运行，广东省包括树根互联在内的14个二级节点正式接入广州国家顶级节点，山西、河南等多地首个工业互联网标识解析二级节点均已经正式上线，四川等地工业互联网标识解析应用服务平台也已正式发布，为展开丰富的应用场景探索和实践筑牢了基础。

三 抢抓机遇：以5G应用抢占工程机械行业制高点

习近平总书记告诫我们，面对科技创新发展新趋势，我们必须迎头赶上、奋起直追、力争超越。历史的机遇往往稍纵即逝，我们正面对着推进科技创新的重要历史机遇，机不可失，时不再来，必须紧紧抓住。面对5G发展带来的新机遇，湖南省要下好5G+工程机械先手棋，以更丰富的应用场景、更完善的政策举措、更健全的平台载体，促进5G与工程机械融合发展，闯出工程机械转型升级的新路子。

1. 拓展湖南5G应用试点示范，着重打造“三大应用场景”

制造云场景：依托三一重工18号智能工厂，以AR眼镜、工业机器人为载体，建设工程机械离散制造智慧工厂，加强基于5G+AR的工程机械设备巡检维护、基于5G智能巡检机器人的厂区巡检以及基于5G机器视觉的产品质量检测，通过大数据处理分析设备运行情况，推动设备智能化改造、网络互联、数据和系统集成，推动工程机械从“传统制造”向“服务制造”升级。动力云场景：加强偏远区域和特殊场景（如矿山、垃圾填埋场、野外、山岭隧道等）5G网络的覆盖，针对工程机械在偏远、有毒有害等特殊场景作业时人员成本高、危险性高等问题，利用5G网络推动工程机械的远程无人驾驶和操控、自主安全控制，降低人工作业成本和风险，提高作业效率。供应链云场景：组建湖南省工程机械行业协同供应链5G网络，将工程机械上下游重点企业的信息系统数据和设备、产品、零部件物理采集数据与长沙工业云平台进行对接，构建面向工程机械行业智能供应链管理平台，有效规划和管理供应链上发生的供应采购、生产运营、分销和所有物流活动，推进物流、信息流、资金流全方位融合，通过标识解析技术实现对象的标识、解析和信息互通，满足工程机械采购管理、物流管理、智能仓储管理、产业链协同、产品可追溯等需求。

2. 制定湖南政策实施细则，强化聚焦“四类要素保障”

依据《湖南省5G应用创新发展三年行动计划（2019～2021年）》，尽快出台实施细则，着重加强资金、电力、技术和人才支持。强化资金保障：探索设立省5G产业投资基金，支持湖南省工程机械行业相关投资基金设立5G产业子基金，统筹制造强省专项资金，对支撑智能机械发展的5G专网、产业密集区、试验区等产业发展配套区域的5G网络建设给予资金扶持。强化电力保障：设定目标电价，对参与电力市场交易后的5G基站超过目标电价部分进行补贴；推动存量转供电基站改为直供电，公变区域具备条件的基站全部采用直供电；建立5G基站用电报装绿色通道，提供“一证办电”“网上办电”等便捷服务，保障5G基站正常用电需求。强化技术保障：强化前瞻性基础研究部署，加快5G工业应用、边缘计算、人工智能等关键技术攻关，大力开发智能工程机械装备、智能工厂和智慧服务等应用技术。强化人才保障：继续以省“百人计划”和企业创新创业团队计划为抓手，在工程机械产业领域加快引进国际高端人才、行业领军人才和创新创业团队，支持其承担5G相关重大项目；建立5G高端人才库，积极培育引进5G产业顶尖核心团队，将5G高层次人才引进列入省高层次和急需人才引进目录；支持省内高校加强5G相关学科建设，推动省内高校、重点职业学校设立5G技术课程，与工程机械企业联合培养5G人才，提高湖南省工程机械5G应用型人才培养精准度。

3. 健全湖南5G设施载体，系统布局“三大平台”

加强工业互联网等多种类、跨领域的配套辅助平台建设，支撑智能工程机械发展。5G＋工业互联网平台：积极对接工信部“5G工业互联网”512工程，加快推进湖南省工业互联网标识解析二级节点建设，构建工程机械工业互联网标准体系，推进工业互联网平台发展率先在工程机械领域开展多种场景的工业互联网应用示范；支持三一重工、中联重科等省内龙头企业联合电信企业、互联网企业与科研院所开展合作，共同建设工业互联网平台测试验证环境和测试床，开展面向工业互联网的5G网络技术试验；支持工程机械龙头企业利用省内数据中心资源，建设企业级工业互联网平台，开发满足企业数字化、网络化、智能化发展需求的多种解决方案，推动低成本、模块化的工业互联网解决方案在中小企业部署应用。5G技术研发平台：支持湖南省工程机械龙头企业建设国家级和省级5G创新中心、工程研究中心、重点实验室，支持通信企业和工程机械企业联合建设5G创新应用实验室、5G融合应用技术创新中心和成果转化基地，推进5G技术在工程机械领域的应用。5G公共服务平台：支持湖南省工程机械龙头企业联合省内外高校院所建立工程机械产业监测、5G产品认证、应用测试、试验外场、网络性能监测等公共服务平台，面向企业提供基于软件定义网络或网络虚拟化的5G网络应用测试环境等。

湖南发展区块链产业的基础、问题与对策研究*

湖南省人民政府发展研究中心**

2018 年 5 月 28 日，习近平总书记在全国两院院士大会上讲话指出，“以人工智能、量子信息、物联网、区块链为代表的新一代信息技术加速突破应用”，明确将区块链定位为国家战略层面的重大技术。围绕这一前沿技术和产业，调研组在长沙、株洲、娄底等地调研，发现湖南已具备一定的基础，当前应积极谋划在技术、产业和应用方面提前布局，抢占发展先机。

一　湖南发展区块链产业的基础

区块链技术从本质上来讲，是一种分布式的数据库技术。与传统的集中式数据库相比，它具有分布式、去中心化、信息不可篡改和可追溯性的特点。比特币等数字货币只是区块链初期阶段的一个应用领域，第二阶段是智能合约的广泛应用，第三阶段是泛区块链应用生态（Token 经济）。

1. 市场前景巨大

区块链经过近 10 年的发展，目前已经应用到数字货币、支付清算、信贷融资、金融交易、证券、保险、租赁等各领域。区块链技术的广阔前景，在世界范围内引发广泛关注和各界的高度重视。当前，虽然区块链的初级应用数字货币在各国争议较大，但包括我国、美国、日本、英国、德国、法国在

---

* 本报告获得湖南省委常委、长沙市委书记胡衡华的肯定性批示。

** 左宏、李迪，湖南省人民政府发展研究中心研究人员。

内的各大国都在开展国家层面的法定数字货币研究，并且支持区块链技术发展。作为一个迭代性的重大创新技术，区块链将把目前的互联网升级为2.0版，实现从信息互联网向价值互联网的升级换代，推动网络治理变革。据市场研究机构Gartner预测，2020年，基于区块链的业务将达到1000亿美元，除金融业务外，制造业和供应链管理行业将为区块链带来万亿美元级别的潜在市场。

2. 湖南现有基础良好

调研组在长沙、株洲、娄底等地开展调研时发现，湖南已具备发展区块链产业的良好基础。一是基础技术在全国具有竞争力。国防科大等高校的信息技术在全国领先，国防科大团队天河国云创立的Ulord是国内首个内容分发领域的区块链底层公链，技术水平居全国前列。二是集聚了一批企业。据了解，湖南有一批企业在开展区块链研发或应用，初步统计有100多家，主要分布在长沙经开区和长沙高新区。其中，天河国云作为国内最早涉足区块链领域的国家高新技术企业，综合实力处于行业领先，已获授权专利40余项；此外，长沙阡寻科技在金融科领域发力；湖南铭泽数据、长沙绿蚁网络、湖南金指王在区块链应用领域发力；嗨币网、湖南搜云网络科技股份有限公司瞄准“区块链+数字资产”发力；火币网湖南运营中心、万象湖南俱乐部主攻区块链运营中心建设；咕泡学院、湘链技术社区重点在于媒体和培训类区块链技术应用。三是应用成效显著。2018年10月，国家互联网应急中心与长沙经开区签约成立全国唯一一家区块链安全技术检测中心，开展区块链代码审计、安全检测、风险监控等工作。株洲市政府打造了区块链敏感数据审计平台，采用区块链技术记录敏感数据的操作，能够进行溯源，该应用被写入了工信部发布的《2018中国区块链产业白皮书》。2018年11月，娄底市不动产区块链共享平台建成，颁发了全国首张区块链不动产电子凭证，该平台被评为2018年全国最优秀的区块链应用和“2018互联网+政务”50强项目。

3. 政策引导敢为人先

一是支持政策走在全国前列。2018年12月长沙市政府办公厅印发《关于加快区块链产业发展的意见》，这是全国市级层面最早出台的扶持政策之一。“2019 互联网岳麓峰会”区块链技术应用论坛在长沙举办，会上率先推出长沙市区块链公共服务平台，面向全球征集区块链行业应用解决方案。二是园区招商扶持力度较大。2018 年初，长沙经开区、长沙县率先成立了区块链工作领导小组，2018 年 6 月，出台了《长沙经开区关于支持区块链产业发展的政策（试行）》，被业内认为是全国支持力度较大文件之一，明确了近 20 项可获得现金奖励的扶持政策，并牵头启动院士工作站申报、星沙区块链研究院筹建等工作；2018 年 11 月长沙高新区印发了《促进区块链产业发展的若干政策》，2018 年 5 月娄底在湖南率先挂牌成立区块链产业园。

二　湖南发展区块链产业存在的困难与不足

湖南在推进区块链产业发展中仍然存在很多困难和不足，主要体现为以下几个方面。

1. 各界对区块链技术及应用认识不足

政府层面，对区块链技术知识较为缺乏。调研中我们发现，政府各部门和园区对区块链技术不甚了解，掌握的情况十分有限，部分单位甚至将“区块链”误解为“产业链”。企业层面，大多数企业并不清楚区块链跟自身业务怎么融合，存在认识不足、积极性不强等问题。社会层面，对区块链的认识普遍主要停留在“挖矿”、“炒币”、“比特币”和“以太坊”等词语上，甚至认为区块链是一种类似传销的存在，对区块链的认识存在较大误区。

2. 现有技术和产业尚不成熟

中国区块链应用研究中心发布的《中国区块链行业发展报告 2018》称“中国区块链产业链可谓基本成型”，但湖南在区块链技术研发、产业集聚等领域还不成熟。目前，湖南长沙已有 1 家区块链研究机构，相比而言，北京有 26 家、杭州有 7 家、贵阳有 2 家；在胡润研究院与嘻哈财经联合发布的《2018 胡润区块链企业排行榜》中，湖南尚未有企业入围领军企业前 20 强和创新企业前 50 强。根据工信部《2018 中国区块链产业白皮书》，湖南省未进入区块链创业活跃前十名省份。前十名中的北京、上海、广东、浙江依然是区块链创业的集中地，四地区块链公司合计占比超80%。区块链公司地域分布相对集中，产业集聚效应越来越明显，湖南在区块链发展中已稍显落后。

3. 各地竞争日趋激烈

目前，已有多个省市对区块链出台了扶持政策，竞争日趋激烈。截至2018年3月，共有11个省（直辖市）就区块链发布了指导意见，多个省份将区块链列入本省战略性专项发展规划。此外，部分城市出台区块链专门性指导文件，其中贵阳市制定了较为完善的纲领性文件，推动各类区块链要素汇聚贵阳，形成了较为完善的区块链产业生态。

表1 部分地区将区块链列入战略性规划情况

名称	时间	文件名	内容简介
广东省	2016.11	《深圳市金融业发展“十三五”规划》	支持金融机构加强对区块链、数字货币等新兴技术的研究探索
北京市	2016.12	《北京市“十三五”时期金融业发展规划》	将区块链归为互联网金融的一项技术，鼓励发展
江苏省	2017.2	《市政府办公厅关于印发“十三五”智慧南京发展规划的通知》	明确提出要使区块链等一批新技术形成突破并得以实际应用
贵州省	2017.2	《贵州省数字经济发展规划(2017~2020年)》	提出“建设区块链数字资产交易平台，构建区块链应用标准体系”等目标
浙江省	2017.5	《宁波市智能经济中长期规划(2016~2025)》	其中提到加强区块链、人工智能等技术的推广应用
江西省	2017.9	《江西省“十三五”建设绿色金融体系规划》	鼓励发展区块链技术、可信时间戳认定等互联网金融安全技术，应用于金融业务场景
重庆市	2017.11	《关于加快区块链产业培育及创新应用的意见》	努力将重庆市建成国内重要的区块链产业高地和创新应用基地
广州市	2017.12	《广州市黄埔区广州开发区促进区块链产业发展办法》	黄埔区每年将增加2亿元左右的财政资金，投入区块链产业发展
福建省	2018.1	《关于加快全省工业数字经济创新发展的意见》	提出要探索区块链技术创新，挖掘区块链技术价值，鼓励企业加入开源社区，利用国际开源技术资源进行再创新
河北省	2018.2	《关于加快推进工业转型升级建设现代化工业体系的指导意见》	提出要积极培育发展区块链、量子通信、太赫兹等未来产业
上海市	2018.9	《促进区块链发展的若干政策规定(试行)》	对区块链行业的发展给出了12条具体政策性支持，包括开办费补贴、联盟支持、融资支持等
山东省	2019.2	《数字山东发展规划(2018~2022年)》	提出要培育前沿新兴产业，其中包括区块链产业，加强区块链理论研究和底层技术的突破创新

资料来源：课题组搜集整理。

三　湖南发展区块链产业的几点建议

湖南要抢占区块链这一新技术新产业发展的制高点，必须从全省层面高度重视，在其发展之初就提前布局，以宽容审慎的态度鼓励发展。

1. 将区块链产业纳入20条新兴产业链中的“自主可控计算机及信息安全”产业链统筹推进，明确发展“路线图”

湖南已经形成推进 20 条新兴产业链的行动计划方案，建议进一步将区块链产业纳入行动计划，统筹推进。因为区块链技术是加密技术的一种，属于信息安全范畴，可纳入“自主可控计算机及信息安全”产业链，参照相关政策加强引导培育。同时，完善顶层设计，形成发展共识，确定发展“路线图”。

2. 重点围绕“三技术两平台”，培育区块链生态系统

结合湖南现有基础，建议着力突破三大技术：一是底层公链技术。底层公链被誉为区块链领域的“操作系统”，是区块链技术的核心竞争力。要大力发展底层公链技术，重点在加密算法、共识技术、智能合约、侧链与跨链等技术上取得突破。二是区块链安全技术。重点在安全审计、防御部署、漏洞监测、金融风险防范等技术上取得突破。三是区块链应用技术。重点在区块链基础架构理论及技术、区块链高并发服务实时处理技术、智能合约预言机技术、区块链金融计算理论及方法等技术上突破。加强两大平台建设：一是强化基础支撑平台。加强通信网络基础设施和数据中心平台建设，为区块链发展和应用提供高速宽带泛在的网络服务、海量存储服务和高性能云计算服务。二是打造园区载体平台。鼓励长沙市经开区、长沙市高新区、娄底市区块链产业园加大产业培育和引进力度，政策上先行先试。

3. 着力打造“三大应用场景”，为区块链发展提供条件

让区块链技术能在各种应用场景中落地，形成示范效应，从而带动整个产业的发展。可以率先在三大应用领域开展工作：一是“区块链＋政务”。设立基于区块链的政府数据共享开放平台，构建政府各职能部门的联盟链、

政府面向公众的公有链和公安政法等涉密系统的私有链；将娄底“不动产区块链共享平台”适时向其他地区推广；借鉴佛山经验，开展以党建为核心的“区块链+智慧社区”“区块链+智慧村庄”试点，探索社区食品、医疗、民生可溯源系统。二是“区块链+金融”。支持金融企业开展“小微企业征信及风险管理区块链应用”，利用区块链与大数据技术，给企业风险画像；支持试点开展“票据区块链应用”，提升风控能力和监管能力，实现传统票据市场向数字票据市场的跨越式发展。三是“区块链+文创产业”。以马栏山视频文创园为核心，打造全国性的数字资产区块链交易平台，打造若干在国内有一定影响力的内容分发公链，建设区块链视频版权（交易）服务平台。

4. 引进培育一批高端人才，打造人才集聚高地

《2018中国区块链产业白皮书》显示，专业区块链技术人才的供需比仅为0.15∶1，供给严重不足。一是将区块链专业人才列入湖南省人才引进计划，给予补助或资金奖励。二是引导本省高校开设区块链相关课程，培育区块链人才；支持高校、科研院所、产业联盟和骨干企业合作建设面向重点行业应用的区块链人才实训基地。三是开展全国性的区块链设计大赛，鼓励和吸引人才来湖南发展。

5. 完善监管配套制度，不断创新体制机制

为区块链产业创造一个宽松的发展环境至关重要，建议以“沙盒监管”的方式来扶持区块链产业发展，创新体制机制。一是完善区块链安全防护体系。研究完善区块链环境中个人和企业信息保护、网络信息安全相关法规与制度，加强区块链产品的评测和认证，确保关键领域区块链平台的安全。二是鼓励制定标准规范。研究制定区块链技术、应用和治理等标准规范，鼓励区块链企业参与区块链国际、国家、行业标准制修订工作。三是完善公共服务体系。统筹规划，整合资源，完善区块链公共服务体系，提供网络支撑、数据服务、资源共享、认证许可、检验检测等公共服务，加强知识产权保护利用、标准制定和相关评估测评等工作，促进协同创新。

湖南打造集成电路产业特色集聚区的对策研究*

湖南省人民政府发展研究中心调研组**

中美贸易摩擦给中国“芯”发展敲响了警钟。发展集成电路[①]（又称芯片，缩写为“IC”）产业不仅是实施“进口替代”的经济战略，更是从国家安全角度着眼的安全战略。湖南作为集成电路产业规模排名全国前十的省份，当前形势下，要抢抓机遇，主打特色牌，着力打造中部“芯”都，形成全国集成电路产业特色集聚地。

一　判断产业机遇：未来十年将成为湖南集成电路战略机遇期

近年来，我国集成电路市场需求不断攀升，未来十年实现自主可控仍需持续高速增长。湖南省要紧紧把握住战略机遇期，加速发展集成电路特色产业集群。

1. 集成电路市场需求不断攀升，进口依赖难以满足发展需求

根据 2019 年 1 月海关总署最新数据，2018 年中国集成电路进口金额达

* 本报告获得湖南省政府副省长陈飞的肯定性批示。

** 左宏、闫仲勇，湖南省人民政府发展研究中心研究人员。

① 集成电路是把一定数量的常用电子元件，如电阻、电容、晶体管等，以及这些元件之间的连线，通过半导体工艺集成在一起、具有特定功能的电路。集成电路是当今信息技术产业高速发展的基础和原动力，已经高度渗透到信息、通信、消费电子、汽车电子、医疗电子等国民经济和社会发展的每个领域。

3120.58 亿美元，同比增长 19.8%，首度突破 3000 亿美元关口。2015 年后集成电路超过原油连续四年占据我国进口商品第一大品类，2018 年占我国进口总额的 14.6%。大量的进口表明我国集成电路需求庞大，国产替代空间巨大。

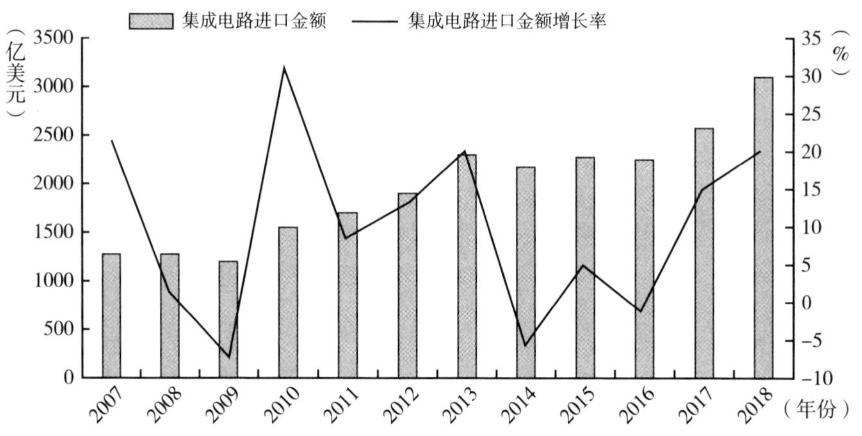

图 1　我国集成电路进口金额及增长率

资料来源：海关总署。

2. 自给率预计将在2025年达20%，未来十年要实现自主可控须持续高速增长

根据市场研究机构 IC Insights 的评估，2018 年中国集成电路自给率为 15.3%，预计 2018 ~ 2023 年中国集成电路产值 CAGR（复合年均增长率，后同）为 15%，市场规模 CAGR 为 8%，由此测算到 2023 年自给率为 20.5%，仍然较低。由此可见，实现自主可控是以十年计的长期过程，国内集成电路行业将长期保持较高成长性。

3. 国家支持力度加大，湖南要把握两大政策机遇

一是国家集成电路产业投资基金（大基金）二期投资机遇。大基金二期 2018 年已获批，拟募资 1500 亿 ~ 2000 亿元。若按照 1∶3.5 的撬动比可带动 5250 亿 ~ 7000 亿元社会资金，规模超过一期，预计于 2019 年启动。二期将提高设计业投资比例，高于一期的 20% 比例，龙头企业仍是重点投资对象，还将涉足新兴行业如智能汽车、智能电网、人工智能、物联

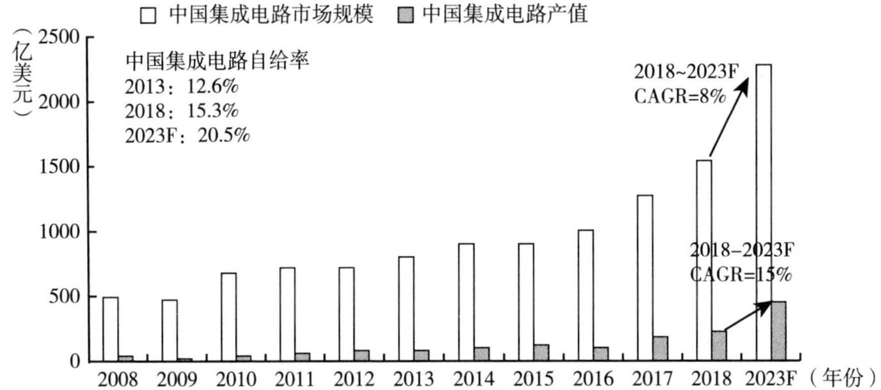

图 2　中国集成电路市场规模及产值趋势

资料来源：IC Insights（含预测）。

网、5G 等。二是国家集成电路政策密集发布机遇。2019 年 5 月，财政部、税务总局公告 2019 年第 68 号，明确集成电路设计和软件产业企业所得税将自 2018 年开始“两免三减半”。预计国家还将启用一系列税收、补贴、融资政策手段。

二　评估湖南实力：规模居全国前十，特色显著

湖南省集成电路产业规模居全国前列，高端芯片研发设计进入国家战略布局，关键装备实现量产应用。

1. 产业规模居全国前十、中部第一

湖南集成电路联盟统计，2017 年湖南省集成电路企业销售收入为 179. 34 亿元。据中商产业研究院数据库显示，2018 年，湖南省全年累计产量 47188. 9 万块，同比增长 8. 45%，排名全国第十、中部第一。2018 年全国集成电路产量前十省市分别是江苏省、甘肃省、广东省、上海市、北京市、四川省、浙江省、天津市、重庆市、湖南省。

2. 产业链布局不断完善，形成三大产业集聚区

湖南省目前在集成电路设计、制造、封测、装备及材料等产业链环节均

表 1 2018 年全国各省区市集成电路产量排行榜

排名	地区	产量(万块)	增长率(%)
1	江苏省	5642402.2	8.95
2	甘肃省	3177018.0	13.12
3	广东省	3007888.9	14.42
4	上海市	2334806.8	0.13
5	北京市	1374911.5	47.62
6	四川省	765897.4	31.90
7	浙江省	653605.1	-18.18
8	天津市	162960.1	13.39
9	重庆市	54062.3	16.71
10	湖南省	47188.9	8.45
11	云南省	36670.0	161.26
12	湖北省	32940.9	51050.47
13	陕西省	32832.0	1063.84
14	黑龙江省	29098.0	1.39
15	福建省	20283.2	-9.62
16	安徽省	12494.0	-82.92
17	山东省	4446.7	147.24
18	贵州省	3782.1	-71.74
19	河北省	1237.9	169.11
20	广西壮族自治区	70.9	—

资料来源：中商产业研究院数据库。

有布局，初步形成长沙经开区、长沙高新区及株洲中车三大产业集聚区，逐步培育出一批以卫星导航、工业控制、轨道交通、数字电视等领域核心芯片设计、制造为主业的集成电路企业以及相关联的整机企业 30 多家。中车时代电气建成国内首条、世界第二条 8 英寸 IGBT 专业芯片生产线，形成了一整套具有自主知识产权的 IGBT 芯片，成为国家集成电路重大生产力布局中的重要环节。

3. 高端芯片研发设计进入国家战略布局

国防科大技术优势奠定了湖南省在 CPU（中央处理器）、GPU（图形处理器）、DSP（数字信号处理）、SSD（固态驱动器）等核心高端芯片研发设计方面的全国领先地位；国家高端芯片联盟成员国科微电子、景嘉微电子相继获得国家“大基金”支持，占据国家“大基金”一期投资6家设计企业中的2席，成为企业数最多的省份。其中，国科微电子是国内首家实际获得国家“大基金”注资的集成电路设计企业；长沙景嘉微电子承担国家GPU研发任务。此外，进芯电子承担国家工业智能控制DSP项目。

4. 集成电路关键装备实现量产应用

IGBT亮相复兴号高铁，实现了自主国产化，并进入新能源汽车应用领域；国防科大高性能微处理器团队研发的“飞腾”系列芯片成功应用于“天河”高性能计算机及多种型号武器装备；中国电子科技集团第48研究所“90～65nm（纳米，后同）大角度离子注入机研发及产业化”项目实现28nm工艺量产应用，极大地缩小了与国外差距；此外，进芯电子的32位DSP，代表目前工业控制类国内32位单核DSP的最高水平，将广泛应用于物联网智能接入、工业控制、汽车电子、机器人等领域；融创微电子设计的芯片用于国家某型号航天设备之上，融和微快速充电芯片能使手机的充电速度比原来提升75%。

三　查找湖南不足：整体实力处于逆水行舟状态

湖南省集成电路产业存在整体规模偏小、政策扶持力度偏弱、成果转化渠道不畅等影响产业发展的突出问题。

1. 整体规模偏小

湖南省集成电路企业数量偏少，设计企业多未形成销售规模。产业项目体量普遍偏小，大部分为千万元、百万元级项目。虽然湖南省集成电路产量排全国前十，但产量在全国占比为0.27%，仅为江苏、甘肃、广东的0.84%、1.49%、1.57%。同时，湖北、福建、安徽等省市的追赶势头也非常猛，根据中商产业研究院数据库2019年1～3月的数据，湖南集成电路产量仅为6228.3万块，排名落到了全国第14位，占全国的比重仅为0.18%。虽然这一排名变化可能属于季节性的差异，但是这表明，湖南省总体处于后有追兵、不进则退的状态。

2. 政策扶持力度偏弱

当前，全国集成电路产业布局主要集中在以北京为核心的京津冀地区，以上海为核心的长三角地区，以深圳为核心的珠三角地区，及以四川、重庆、陕西、湖北、湖南、安徽等为核心的中西部地区。全国 20 多个省市制定了面向集成电路的扶持政策，10 省 4 直辖市及近 10 个省会城市和地级市已成立或宣布设立集成电路产业基金，总计规模达到了 5000 亿元。湖南省虽出台了《关于鼓励集成电路企业产业发展的意见》《关于鼓励集成电路产业发展的若干政策的通知》等文件，但无配套措施，政策都没有落地；虽设立省级产业投资基金，目前仅有 2016 年设立的首期规模 2.5 亿元的湖南国微集成电路创业投资基金，计划在 2015～2017 年起步阶段设立的 30 亿～50 亿元规模的投资基金一直未落地。

表 2 我国主要地区集成电路产业基金情况

单位：亿元

梯队	基金规模	地区
第一梯队	500	上海、重庆、福建、南京
第二梯队	300～320	北京(300＋20)、安徽(300＋2.5)、陕西、湖北
第三梯队	100～200	深圳、厦门、无锡、辽宁、广东、四川、昆山、合肥
第四梯队	100 亿元以下	天津、江苏、山东、贵州、湖南

资料来源：调研组网上搜集整理。

3. 成果转化渠道不畅

集成电路设计、制造和测试平台（EDA）是集成电路产业的基础。湖南省目前还缺少为集成电路设计与制造、封装测试提供公共服务的平台。搭建一个完善的集成电路设计和测试平台耗资至少 5000 万元，每年维护费在 500 万元以上，中小企业无力承受，导致湖南省重大科技成果外流。国防科技大学等科研机构的优质研发成果没有在本地形成经济效益，CPU 最终落户天津飞腾，DSP 研发成果和团队目前尚无本地的产业化平台承接，外流风险高；中南大学先进封装方面的最新成果也面临外地争抢先机的竞争。

四 找准发力关键：立足“两个关键优势”“三大重点领域”“两大产业生态”

立足技术和应用优势，用足国家大基金和产业政策，抓住 IGBT 和 DSP 等高端芯片发展契机，走“特色”强芯路。

1. 要紧靠“两个关键优势”，做足“政产学研金”文章

湖南集成电路产业最大的优势在于“两个关键”。一是把国防科大技术优势转化为集成电路产业优势是湖南当前的关键。加快推进军民融合，依托国防科大和军民融合产业园积极搭建集成电路产业公共服务平台，形成产学研合作的良好局面。二是抓准市场需求的导向带动作用是关键。调研中，株洲中车时代电气反映：IGBT 能够成功，取决于轨道交通强烈的应用需求带动，必须要认识到市场是关键，先占领市场，然后反哺研发能力。

2. 要紧抓“三大重点领域”，不求“全”而求“特”

一是集全省之力推动 IGBT 产业做大做强。中车时代电气通过十年持续投入，IGBT 事业部已于 2017 年实现盈利，现在正是扩产采摘果实的最好时机，应全力支持其做大做强。二是支持以 DSP 为代表的高端芯片研发和产业化。大力推动 DSP 落地及产业化，鼓励“本土有志气的企业”加快并购步伐，支持 GPU、AD/DA、SSD 等高端芯片的国产化应用，在高端芯片设计研发上承载国家战略。三是中电科 48 所集成电路重大装备研制和产业化项目。进一步整合中电科装备的设备和工艺优势，推进中电科 48 所的“一线三基地”项目。

3. 要抓紧建设“两大应用场景”，打造产业生态体系

其一，建造 IGBT 下游应用场景，打造智能产业生态。目前除轨道交通、电网等领域企业外，长安汽车、格力电器等企业也对 IGBT 有需求意向。高位推动，放大先进技术带动作用，吸引上述公司在湖南布局创新研发中心及产业基地，打造下游产业应用场景。其二，建造 DSP 等高端芯片应用场景，打造基于 PK（飞腾 CPU－麒麟操作系统）体系的自主可控信息安

全生态。将国防科大成果通过中国电子在湖南布局的中国长城有序承接落地，以自主可控计算机整机、基于PK体系的多样化产品应用等，打造自主可控信息安全生态。

五　实施应对举措：开展“四个一”重点工作

着重开展“一个示范区、一支基金、一个平台、一系列政策”的“四个一”重点工作。

1.“一个示范区”：以长沙和株洲为主打造一个集成电路产业示范区

重点围绕“一校三区”——国防科技大学、长沙高新区、长沙经开区、株洲高新区打造国家级新型功率半导体器件与应用创新中心。以集成电路设计业为龙头，引进和培育一批龙头企业及高层次人才，围绕国家自主安全可控战略，重点发展有一定产业基础的中央处理器、固态存储、图形处理、北斗导航定位、工业控制、汽车电子、安防监控、智能传感器等优势特色芯片，布局未来前景较好的可穿戴、移动智能终端、云计算、物联网、大数据等领域的芯片设计，打造具有全球影响力的特色产业集群和集成电路设计与应用基地。

2.“一支基金”：打造一支百亿级产业基金

有效整合相关财政专项资金，引导和支持国有企业、投资机构、应用企业、集成电路企业共同出资成立100亿~300亿元的省级“集成电路产业投资基金”。主要支持集成电路产业公共平台建设、关键技术突破、重点产品和工艺研究，特别是“中试环节”孵化转化工作。

3.“一个平台”：搭建一个国际一流的集成电路创新服务平台

依托省级集成电路企业技术中心、长沙市集成电路产业技术创新战略联盟等平台，积极引进国家级集成电路公共服务平台、技术中心、检测中心等平台或通过与国家级集成电路公共服务平台开展战略合作，搭建国际一流的集成电路设计和测试平台，开展EDA工具租赁、试用验证、集成电路设计培训、仿真和测试、IP核库等服务，为集成电路设计企业提供一站式全产业链专业技术服务，满足设计企业共性需求。建设第三代半导体研究院，搭建6~8英寸碳化硅/氮化镓器件制造中试等平台，打造国际一流第三代半导体协同创新中心，并积极筹建5G中高频器件创新中心。

4. “一系列政策”：兑现和制定一系列可落地的政策

一是对上争取政策。积极投资参与国家集成电路产业投资基金二期设立，争取国家基金支持和产业布局。对接好财政部和税务总局出台的《关于集成电路设计和软件产业企业所得税政策的公告》，制定相应实施细则，引导企业积极申报。二是对内健全落实政策。加快制定扶持本土集成电路产业发展的配套政策，在行业资质认定、专利技术奖励、产业化扶持、高端人才补助和融资担保等方面给予扶持。对湖南省已发布的《关于鼓励集成电路企业产业发展的意见》（湘政发〔2014〕21号）、《关于鼓励集成电路产业发展的若干政策》（湘政办发〔2015〕22号）政策实施情况做评估，推动政策落地，并对部分政策条款进行调整完善。

湖南省加快布局氢能源产业的对策建议

湖南省人民政府发展研究中心调研组*

氢能产业是新能源体系中最值得关注的领域，全球和全国各地区都在抢占布局氢能源的先机。2019 年，氢能产业首次写入国务院《政府工作报告》，上升到国家战略层面。为此，调研组对湖南省氢能源产业进行调研，认为要以试点示范先行，探索构建氢能产业生态体系，为湖南补齐能源短板提供一种解决方案。

一 湖南布局氢能源产业正当其时

氢能源不仅是一个地区产业发展的问题，而且是关系到一个地区能源体系的重大战略问题。

1. 氢能产业将成为全球能源结构调整和产业结构转型必由之路

氢能源的重要性已引起全球的高度关注。国际能源界预测，21 世纪将告别化石能源，进入氢能经济时代。氢能将在 2050 年前取代石油成为主要能源。氢能被认为是最有望成为新能源的终极解决方案原因在于：第一，氢能储量大、来源广泛、无污染、零排放、能量密度高、易于存储和转换、地理环境制约少、投资成本低，生产和使用可形成循环闭环。第二，氢的深度二氧化碳减排作用明显，可有效应用于难以减排的航空、航运、工业生产以及建筑物等领域。第三，氢储存电力特性，可解决可再生能源电力不稳定性问题，助推可再生电力的快速增长继续下去。

* 李迪、左宏，湖南省人民政府发展研究中心研究人员。

2. 氢能源产业带动性强，有望成为地区支柱性产业

氢能源产业链涉及面广，能带动一批产业发展，尤其是氢能装备制造业。氢化产业上游为氢气的储备，主要技术包括传统能源的化式原料制氢法，化工原料制氢法、工业尾气制氢法、电解水制氢法。中游是氢能的储存，主要包括高压储运、液态储运、固态储运、有机液态储运和气态储运。下游是氢能的应用，涉及多方面，上下游包含了万亿级的应用场景，除了汽车外，还能在家电、航空航天、潜艇、重型卡车、无人机、高铁等所有能用移动式电源的地方用氢能源。2019 年 6 月发布的《中国氢能源及燃料电池产业白皮书》，预计到 2050 年，氢能在中国能源体系中占比约为 10%，氢能需求量接近 6000 万吨，年经济产值超过 10 万亿元，全国加氢站达到 1000 座以上。

3. 氢能源已处于大规模使用的临界点，各地在发力抢占先机

从国际来看，日本、美国、德国、欧盟都出台了氢能战略路线图，将其上升到国家能源战略高度。截至 2018 年底，日本已建成 106 座加氢站，政府补贴加氢站投资的一半左右。德国拥有 60 座对外运营的加氢站，并计划至 2023 年建成 400 座加氢站，以覆盖 60% 的德国人口。美国在 2012 年对氢能及燃料电池等清洁能源研发投入 63 亿美元，已公开对外运营加氢站达到 42 座。2017 年，丰田、现代、宝马、奔驰、通用等公司都开始商业化发售氢燃料电池汽车。从国内来看，2016 年发布的《能源技术革命创新行动计划（2016～2030）》、2017 年出台的《“十三五”交通领域科技创新专项规划》均提出推进氢能源产业发展。全国已经形成七大氢能源产业集群，上海、广东、深圳等省市政府出台政策支持氢能源产业链发展。

表 1　各地氢能源产业发展情况

地名	时间	相关政策	发展现状	代表企业
上海	2017.9	《上海市燃料电池汽车发展规划》	目前首批荣威 950 燃料电池乘用车和 500 辆氢燃料电池物流车即将在上海开始营运，同时化工区首批 20 辆上汽大通燃料电池汽车开始商业运行	上汽集团，上海舜华新能源，上海新源动力，上海中科同力，上海神力科技，上海启元空分技术

续表

地名	时间	相关政策	发展现状	代表企业
广东	2018.6	《广东省人民政府关于加快新能源汽车产业创新发展的意见》	目前在佛山、云浮产业转移园已形成年产5000辆燃料电池汽车和两万台燃料电池电堆的产能。首批28辆燃料电池公交车已经在佛山、云浮投入营运;加氢站方面已经建成佛山瑞晖加氢站、云浮思劳加氢站;目前中石化在云浮市已经开始建造加油加氢合建站	中石化,长江氢动力研发中心、大洋电机、国鸿氢能、飞驰客车
深圳	2018.11	《深圳市战略性新兴产业发展专项资金扶持政策》	深圳龙岗加氢站于2011年建成,五洲龙的燃料电池公交车下线	深圳五洲龙汽车
浙江	2019.4	《浙江省培育氢能产业发展的若干意见(征求意见稿)》	由台州市、淳华氢能科技股份有限公司联合上海淳大集团等单位共同参与的台州氢能小镇项目五年内总体投资将达到160亿元,培育一批氢能产业的龙头企业	淳华氢能科技
北京	2017.12	《北京市加快科技创新培育新能源智能汽车产业的指导意见》	2017年北京市氢燃料电池发动机工程技术研究中心正式挂牌,吸引和培养国内外高端人才形成人才领先优势。目前在北京营运的福田欧辉氢能源大巴达到100多辆,同时上汽集团也投入多辆燃料电池汽车参与营运	北京亿华通科技有限公司、国投氢能科技公司、北汽福田汽车、中国航天集团
辽宁	2018.2	《辽宁省加快发展新能源汽车的实施方案》	2018年2月辽宁省新宾氢能产业园项目启动,目前,新宾县已初步完成新能源汽车产业集群基本结构布置,产业集群将完成5~8个加氢站建设,氢燃料电池项目建成投产,力争实现年产3000台电池堆的生产能力。大连高新加氢站于2016年建成	中科院大连化物所,沐与康集团
湖北	2018.1	《武汉市氢能发展规划方案》	拥有氢能、燃料电池研发生产的国内龙头企业——雄韬电源公司,并已落户武汉经开区,拟投资115亿元建设全国首个氢燃料电池产业园。2019年武汉开发区将建成3座加氢站,并在全市率先开通氢能源公交。湖北轨道交通领域即将展开"氢能火车"的应用	雄韬股份,泰歌氢能汽车,武汉资环工研院,中石油

续表

地名	时间	相关政策	发展现状	代表企业
江苏	2018.3	《苏州市氢能产业发展指导意见》	苏州市从事氢能产业的企业超过30家，基本覆盖了氢能源产业链各环节。张家港市拥有沙钢、东华能源、华昌化工等优质副产氢资源，集聚富瑞特装、圣达因等氢储运企业。昆山市桑莱特、弗尔赛等企业已开展燃料电池电堆、动力系统和关键材料零部件的研发与批量化生产	弗尔赛、百应能源、富瑞特装、氢云新能源研究院、神华集团、苏州竞争
山东	2017.3	《山东省十三五战略性新兴产业发展规划》	山东潍坊市、淄博市、滨州市都开始积极推进氢能源项目。东岳集团的燃料电池膜测试行车里程达到6000小时，全球领先。潍柴动力在与苏州弗尔赛能源签订股份认购协议成为弗尔赛第二大股东后，与博世签署战略合作框架协议。山东省提出要建立“氢谷”	东岳集团，潍柴动力，中通汽车
四川	2019.5	《四川省打好柴油货车污染治理攻坚战实施方案》	目前，四川省氢能及燃料电池汽车已进入产业化的初级阶段，拥有一批龙头企业，涵盖从整车、燃料电池动力系统及关键材料研发设计、生产制造到加氢及应用一体化等产业链	中国东方电气集团有限公司，四川省天然气投资有限责任公司，成都客车股份有限公司，四川金星清洁能源装备股份有限公司，中植一客成都汽车有限公司

资料来源：课题组搜集整理。

二　湖南发展氢能源产业具备三大有利条件

目前，氢能运输和存储成本远超制氢成本，当前阶段采取“当地制、当地用”的发展路径比较适合。所以，发展氢能源的两大关键是：具备丰富的氢气资源和下游应用场景。

1. 湖南省具备生产氢气的焦炉煤气

目前，省内生产焦炉煤气的企业有华菱炼钢厂、资兴焦电股份有限公司、娄底涟源市汇源焦化有限公司。其中，华菱炼钢厂为省内产焦炉煤气最大的企业，年产焦炉煤气大约17亿立方米，与宝钢产量相当。其他企业具备年产焦炉煤气4亿～5亿立方米产能。按照PSA（变压吸附法）生产方法，1立方米焦炉煤气，能生产0.44立方米氢气，华菱的焦炉煤气如果全用来生产氢气，大概能生产7.48亿立方米氢气。

2. 湖南省电力峰谷相差较大，适合发展富余电解水制氢

湖南省电力峰谷相差较大，是少数几个执行峰谷分时电价的地区。第一，湖南省水电占比高，调节能力差。截至2018年底，湖南省水电总装机容量1597.59万千瓦，占全省电力装机的34.79%，占技术可开发容量的84.22%。水电的“调节能力差”，省内具备调节能力的水电站不足10个，年调节水库装机容量仅占水电调度口径装机的13%左右，特别是主汛期多流域持续来水，造成大量水电富余。第二，风电、水电同期性高，产生弃风电量。据省电网报告数据，2017年主汛期风电装机有240万千瓦左右，已成为水电之后第二大清洁能源，而风电、水电发电需求同期性高，且风电呈现反调风特性，增加了峰谷差。2016年湖南省弃风弃水电量共达到了11亿千瓦时，2017年弃风弃水电量接近30亿千瓦时。目前弃风和弃水发电的成本价格为0.15元/度，远低于上网电价电解水的成本，这是发展氢能源的有利基础。

表2　湖南省电力发展情况

单位：万千瓦·时，%

2018年全省电力装机情况			2018年全省发电情况	
总装机	4591.99	占比	总发电量:14642915	占比
水电量	1597.59	34.79	4334922	29.60
火电	2283.97	49.74	9190534	62.77
风电	347.90	7.57	603531	4.12
光伏	292.33	6.37	204927	1.40
生物质	70.26	1.53	309011	2.11

资料来源：湖南省能源协会。

3. 湖南省部分市州和企业已在布局氢能源产业

岳阳市政府与中国工业经济联合会签订战略合作框架协议，拟把岳阳打

造成为氢能区域中心。中国工业经济联合会拟在岳阳投资100亿元建设氢能城市示范项目，成立了中工经联（岳阳）氢能产业协同创新研究院，着手建设占地约535亩的“中工经联（岳阳）氢能产业示范园区”。2019年5月31日，岳阳城陵矶新港区与江苏建康汽车有限公司签署招商引资合同，由江苏建康汽车有限公司投资20亿元，总用地面积300亩，建设涵盖四大工艺的氢能源汽车整车生产基地。株洲市政府制定了《氢能产业发展规划（2019～2025年）》，分别打造“株洲高新区氢能源示范生态产业园”和“清水塘生态工业新城氢燃料电池汽车创新示范产业园”。依托化工、制造业基础和全国唯一的“三电”产业，株洲市将发展氢能和燃料电池作为清水塘绿色低碳产业转型升级和株洲·中国动力谷实施“中国制造2025”战略的引领工程。

三　湖南省发展氢能源产业的制约瓶颈

湖南省氢能源发展还面临一些制约因素，特别是制氢成本过高以及下游应用基础有待提升等方面。

1. 氢气资源总量相对缺乏

湖南属于氢气资源相对短缺的地区。第一，从制备氢气的天然气来看，湖南天然气产量为0。第二，从利用工业尾气制备氢气的烧碱行业来看，2018年湖南省烧碱产量为44.81万吨，全国总产量3420.18万吨，产能占比仅为1.3%，在全国各省份产能中排名第18位，而氢能源集聚地山东，具备每年1000万吨的烧碱产能。第三，从制备氢气的原煤来看，2017年湖南省原煤产量为1860.51万吨，在全国占比为0.53%，绝大部分靠外调，能够用于制备氢气的原煤有限。

2. 湖南省电价偏高

在所有制氢方法中，电解水制氢低污染、可持续，特别是可再生能源（水电、风电、光伏）电解水制氢将会是未来主流方式。电解水制氢成本中，电力成本占据了总成本的78%。湖南省电价一直居高不下，不满1000伏

表 3　主流制氢方式比较

制取方式	所需原料	特点
化石原料制氢	天然气（甲烷约占85%，乙烷，丙烷）	目前化石燃料制氢是应用得最多的制氢方法，成本也比较低
尾气、副产氢回收	氯碱、焦炉煤气	提纯工艺复杂，制氢的过程耗时长、对环境造成污染
甲醇裂解制氢	柴油、精甲醇	原料可获得性高，但是成本波动大，制氢规模小但是装置成本低，因此适用于间断性、补充性的氢气制造
电解水制氢	电能、水	水电解制氢设备费用昂贵，耗电量大

资料来源：课题组根据资料整理。

一般工业用电为 0.7511 元每千瓦・时，高于全国平均电价 0.6684 元每千瓦・时，电价排名位居全国第五，高电价对于未来发展氢能源有一定的限制。

3. 氢能下游产业有待培育壮大

在氢能源产业下游应用前景最大的就是氢燃料电池汽车，我国也是以氢燃料电池车为切入点来推广氢能源的使用。2017 年湖南汽车总产量为 95.26 万辆，仅占全国总产量的 3.2%，排全国第 11 位。虽然近年来大众、吉利、广汽、比亚迪、北汽相继入湘，但是以中低端汽车为主，在新能源汽车上投入有限。此外，矿山港口重型车、物流车、轨道交通、航空器，都是未来氢能应用的方向，这些产业都有待加快布局。

四　以“跳蛙战略”推进氢能源产业发展

湖南省是能源匮乏省，对能源体系转型的需求迫切，率先构建氢能源体系或将成为“变道超车”的机会。要以“跳蛙战略”率先谋划、构建氢能发展生态。

1. 尽快加强氢能产业的顶层设计、系统规划和科学布局

一是系统规划引领。将氢能产业发展纳入全省“十四五”规划以及能源规划，谋划关键技术攻关、基础设施建设、示范运营推广等细则。二是推动氢能试点示范。以创建联合国计划开发署“氢经济示范城市”为契机，

率先在岳阳、株洲等基础较好地区开展试点，借鉴佛山经验，按照“六个一”（即出台一批规划政策，建设一批加氢站，打造一批研发标准化平台，建设一批氢能产业园，推动一批产业链核心项目，举办一批“氢能”周等重大活动）推进。三是出台配套政策。建议将氢能产业纳入“工业新兴优势产业链”，设立氢能产业发展基金。研究出台氢能源安监、消防等管理办法，明确氢能标准体系，明确加氢站、制氢厂等基础设施的审批和管理部门。

2. 以发展氢能装备制造为重点，打造氢能源全产业链

推进制氢、氢储存和输送、基础设施、氢燃料电池电堆、关键材料、零部件和动力系统集成、整车生产、运营与配套服务等氢能源全产业链发展。基础设施方面，建设一批制氢厂和加氢站，推动开展加油、加氢、充电“三合一”站点建设。加强管道和输送网络等基础设施建设，研究发展天然气管道加掺氢气项目。利用岳阳城陵矶港口低成本、低碳氢的集散地，发展氢能国际贸易航线。氢能制造方面，初期主要依托湖南省化工、金属冶炼工业优势，积极推广工业副产制氢；中长期利用电力波谷波峰差距大、弃风弃水较多特征大力发展可再生能源富余电解水制氢。氢能下游方面，引导企业发展氢能装备制造业、重卡重载氢能源技术，依托株洲等地现有的氢能、电控电机电堆“三电”技术与产业优势，尤其是中车 IGBT 电控技术优势，大力支持株洲开发装备制造业及氢燃料电池汽车。

3. 引导核心技术突破，构建氢能技术创新体系

一是引进、培育氢能龙头企业。在“五个一百”项目招商中，重点引进氢燃料电池企业与氢燃料电池汽车知名企业，着力引进氢能源产业链上下游企业。二是引导核心技术突破。强化全球先进氢能前沿技术引入，推进氢安全实验室和重大试验装备建设，鼓励省内高校院所开展氢能前沿技术研究，支持湖南大学重点实验室开展氢燃料电池汽车研发，支持引导中南大学、湘潭大学基础材料团队攻克燃料电池关键技术。三是搭建氢能协同创新平台。打造湖南省氢能协同创新园及氢能创新应用的配套区和孵化区。借鉴苏州、成都等地经验，省发改委联合氢能研发中心及骨干企业，组建湖南省

氢能产业创新联盟。加强与国际先进氢能源发展城市的合作。

4. 以市场换产业，构建氢能示范应用驱动发展模式

一是推动氢能应用示范。加快制定加氢站、运营路线图，开通示范运营公交线、有轨电车线路及园区物流车辆示范运营。以租赁模式为支点逐步向乘用车领域渗透。开展风电、光伏电力等可再生能源制氢示范和电网谷段“浅绿”电力制氢示范。拓展多元化氢源渠道，推进氢能分布式应用示范，推进氢能在热电联供领域的应用示范。二是推广氢能源科普知识。利用媒体、网络、会议、讲座等形式，普及宣传与氢能源相关知识。建设氢能源的科技体验馆和氢能源社区等平台，推广氢能源使用方法、氢能源安全知识、氢能源产品的体验。

直面问题，促进湖南槟榔小产业创造大价值[*]

湖南省人民政府发展研究中心[**]

世卫组织认定槟榔致癌后，近年来槟榔行业坏消息不断，至今槟榔没有被列入国家食药同源目录，槟榔食品行业也没有建立国家安全标准。国家卫健委发布的《健康口腔行动方案（2019～2020年）》提出针对性地开展嚼食槟榔地区的宣传教育和口腔健康检查，湖南全面禁止槟榔行业广告。而海南省却明确地把槟榔作为需要长远发展的产业，不仅大力吸引湖南槟榔企业到海南投资，而且利用槟榔原料价格波动等手段，动摇湖南槟榔加工产业根基。湖南槟榔行业发展已陷入内外交困的局面，行业处于决定前途命运的关键时期。是否支持槟榔产业发展以及如何支持其健康发展，是当前政府需要直面的问题。

一 客观评价槟榔产业，行业发展功大于过

湖南加工和食用槟榔有400多年的历史，是国内最大的食用槟榔加工区和槟榔消费市场。全国槟榔全产业链总规模在500亿元以上，其中湖南槟榔产业规模接近400亿元，槟榔加工是湘潭和益阳等槟榔加工集聚区地方税收的重要支柱，对地方病防治、带动就业和脱贫方面都有巨大贡献。但受形势

---

* 本报告获得湖南省政府副省长陈飞的肯定性批示。

** 调研组组长：谈文胜，湖南省人民政府发展研究中心党组书记、主任；调研组副组长：唐宇文，湖南省人民政府发展研究中心副主任、研究员；调研组成员：李银霞、文必正，湖南省人民政府发展研究中心研究人员。

影响，2019 年湖南省内槟榔销售下跌了 30%，部分企业库存积压，也给地方财政带来明显影响。综合来看，槟榔产业贡献与其潜在致癌风险相比，功大于过。

1. 槟榔的致癌性并未达到需完全禁止的标准

2003 年世卫组织把槟榔定义为一级致癌物，与其并列的还有烟酒、烤肉、咸鱼以及日光浴等，但此类食品及生活方式明显有别于黄曲霉等强致癌物质，既不明确其中致癌的物质成分，又没有明确的致癌剂量，致癌物质及致癌机理尚不明确，仅作为致癌的参考性因素，因此尚不能作为全面禁止槟榔的科学依据。在国内相关报道中，槟榔致癌的看法主要基于大量嚼食槟榔人群的口腔癌患病率统计上高于一般人群，粗纤维咀嚼损伤口腔黏膜为主因，但也与其个人生活方式有极大关系，口腔癌多发不完全是吃槟榔一个因素导致的。对待槟榔致癌，需要综合其他因素，过量食用槟榔，与抽烟、喝酒致癌一样，并且槟榔的危害大体不超过卷烟，与酒类的损害程度接近，可增大致癌风险，但不能作为完全禁止的依据。

2. 槟榔的药用价值和有益成分值得研究和开发

槟榔在全球范围被广泛食用，槟榔入药也有上千年历史。《本草纲目》中记载槟榔无毒，主治消谷逐水，除痰癖、杀三虫、疗寸土、治腹胀、健脾调中、下水肿、治心痛、通关节等。在中医里，槟榔是四大南药之首，含有多种人体所需的营养素和有益物质，同时也含有多种药理活性成分，主要包括生物碱、酚类化合物、脂肪油以及多种氨基酸和各种各样的矿物质等，具有杀虫、消积、行气利水和节疟的功能。其中湖南槟榔的用法主要采用的是槟榔果壳部分，即中药“大腹皮”，主要功效是下气宽中、利水消肿。湖南广泛食用槟榔的习惯也源自古人用槟榔防治地方病功效显著。目前，国内用槟榔为原料的药品有百余种，其中比较常见的有汉森四磨汤、开郁舒肝丸、开胸顺气丸等。此外，海南省热带农业科学院与药物研发的院士团队正考虑合作研发槟榔解酒、降血糖、降血压的药用方法。湖南槟榔加工能够发展成几百亿元规模的特色农产品加工业，主要是利用槟榔的药用价值，开发具有提神醒脑、舒畅心胸的功效又便于食用的休闲食品。相比现在对槟榔产业的开发程度，槟榔精深加工产业还有巨大潜力。

3. 现有槟榔产业的经济和社会贡献不容忽视

槟榔是农产品加工业中少有的高效益高税收行业。省内槟榔企业没有完全统一税率，但槟榔龙头企业均是地方纳税大户。口味王槟榔2018年仅益阳一个厂区就年创造税收1.7亿元；湘潭皇爷槟榔2016年创造税收5400万元，2017年6300万元，2018年7970万元。据槟榔行业协会统计，槟榔龙头企业10%的销售收入增长，约可以带来20%以上的税收增速，若进一步规范税收征缴制度，槟榔市场将带来更可观的税收增长。同时，槟榔加工是典型的劳动密集型产业，对劳动者素质要求不高，对解决劳动就业问题和扶贫富民具有重要意义。当前湖南取得食品生产许可证的槟榔生产企业120多家，其中规模企业7家，从事槟榔生产销售的人员超过30万人，并且大量雇用的是四五十岁的就业困难人员。此外，槟榔行业民营企业家具有良好的社会责任感，在捐资助学和抗震救灾等活动中，贡献较大，以“皇爷槟榔”的张刚强为代表，一次建设学校的慈善捐款就上亿元。

二　湖南槟榔行业面临的现实问题

1. 槟榔产业发展面临的重大政策抉择

国家卫健委已明确不同意将槟榔定位为“食品”，今后槟榔行业企业的发证及监管可能面临制度性障碍。槟榔种植地海南，旗帜鲜明地支持槟榔产业延伸产业链、多元化发展，湖南作为槟榔消费和加工大省是否支持槟榔产业发展，成为地方政府必须面对的重大抉择。首先，完全放弃对槟榔产业的管理，任其自生自灭不合理。槟榔在湖南湘潭等地方具有“生活必需品”性质，在计划经济时期，槟榔凭票发放，并且接受程度很高。虽然预期未来槟榔食用人口可能呈现萎缩态势，但是中短期而言，食用槟榔人口和槟榔消费习惯依然存在。如果政策环境导致规范的企业不能生产，则市场会分散到小作坊中去，将带来更大的食品安全风险。其次，湖南槟榔产业具有较强国际竞争力，例如在“一带一路”有槟榔食用习惯的地方，普遍接受和认可湖南槟榔，东南亚槟榔消费国大量出现湖南省槟榔的仿冒品。在菲律宾，湖南省的7个主要槟榔品牌商标全部被抢注，在澳门赌场湖南槟榔是热销品，一包20元左右的湖南槟榔在越南西贡地区售价15美元。湖南干果槟榔在国际市场上明显优于鲜果槟榔及其他食用方式，如果对行业的发展不予重视，就可能放弃了一个千亿级以上的农产品加工产业及其巨大的海外市场。

2. 行业缺乏有力规范，引发劣币驱逐良币

湖南槟榔加工产业门槛相对较低，湘潭家家户户都有自制槟榔传统，加之槟榔行业没有强制性食品卫生监管标准，对槟榔行业的市场监管难度较大，导致槟榔小作坊有天然生长的市场空间。随着槟榔加工产业化，龙头企业为提高品牌知名度广告投入巨大，导致一时间槟榔广告盛行。禁播令后，槟榔行业龙头品牌效应弱化，也使小作坊产品生产抬头。作坊产品在工艺稳定性、产品质量等方面标准较低，并且税收负担、品牌建设、质量控制、就业等方面贡献和社会责任相对较轻。在行业竞争恶化的情况下，规范化企业不敌小作坊，槟榔行业出现劣币驱逐良币的问题。加之槟榔行业税收征缴存在标准不统一问题，龙头企业是税收的主要贡献者，逆向淘汰将导致行业税收大量流失。此外，在权威质量安全标准缺乏、行业自律性安全标准相对宽松的情况下，槟榔加工企业配方各异，对槟榔加工中哪些物质严格禁止添加没有明确标准，监管体系缺位将给行业健康发展埋下巨大隐患。

3. 湖南槟榔产业面临向海南强势转移态势

省内槟榔加工业中虽然龙头企业实力较强，但由于湖南不是槟榔产地，产业转移的形势严峻。一是海南特别重视槟榔产业发展，不仅视其为重要的扶贫产业，还视其为有重要经济价值的潜力行业，近年来出台的有利政策强力吸引槟榔加工产业链向产地转移，每年派多个代表团到湖南招商，对湖南槟榔加工企业形成收割之势。2017年湖南槟榔果的收购价格上涨30%，在外部市场变化剧烈的时期，省内企业渴望一个稳定原材料价格机制，为发展创造一个稳定的环境。海南也利用原料优势和价格手段，从产业链优化和降低价格波动影响的角度，成功收割湖南优势加工企业。口味王、和畅等厂商已经在琼投资建厂，并获得当地土地和税收等大量补贴，未来部分槟榔加工

企业流失将成为趋势。二是相比海南打造槟榔产业链的决心和力度，缺乏政策支持和关注的湖南槟榔产业呈离心之势。湖南槟榔企业的市场已从省内拓展到省外甚至国外，需要产业国际化市场和金融支持，而海南则相对更舍得投入。例如，由于槟榔一年只产一季，企业长期储存占有大量资金，而海南给予槟榔企业惠农贷支持，加之国际旅游岛等政策环境优越，极大地助力槟榔企业走出去，对省内槟榔企业形成巨大吸引力。

4. 湖南槟榔产业转型发展的动力不足

湖南槟榔继承和发扬湘潭地区张新发传统制作工艺，加工槟榔干果，形成了独具特色的槟榔食用方法，解决了槟榔储存和远距离运输问题，并且口味和提神效果更佳，相比其他地区槟榔产品具有明显优越性。人们随着生活质量的提高，对低风险和无危害的槟榔食品的需求提升。据了解，湘潭规模以上槟榔加工企业的研发投入均超3000万元，投入比例高达6%以上，但企业投入主要集中在口味创新和设备自动化方面，对低风险无危害产品研发重视不够。槟榔与口腔癌高相关性的问题，是传统槟榔加工企业必须要面对的问题。省内相关部门缺少关于槟榔行业药物提取、新产品开发等共性技术研发支持，对属于公共技术研发的无害化创新投入不足。随着海南大力补贴槟榔产业化无害化应用研究，以及海南槟榔研究所和槟榔工程技术研究中心的建设，海南未来很可能在槟榔新功能研究和新产品开发利用方面对湖南传统市场形成替代。

三　促进槟榔小产业创造大价值的对策建议

槟榔行业的存在有其合理性，支持槟榔行业发展利大于弊，未来积极规范和引导产业扬利避害，并加速产业升级，更好地发挥槟榔产业的经济和社会效益，可使槟榔小产业也能够创造巨大的价值。

1. 系统加强槟榔行业管理，试点槟榔税地方性立法

根据国际惯例，对成瘾性行业需要进行监管。食用槟榔行业与烟酒行业具有较强相似性，但目前国内没有对槟榔产业全面系统监管的规范性制度。

建议借鉴对具有成瘾性食品的行业治理经验，建立健全食用槟榔从生产到流通各环节的系统性管理体系。一是出台槟榔行业的地方性管理规定，并在条件成熟时向全国推广。由省市场监管局、省商务厅出台支持槟榔行业规范发展的管理办法，制定槟榔加工企业准入、广告宣传和营销等方面的规范性文件，为对地方槟榔产业加强监管提供制度保障。二是加强市场执法，加强执行《食用槟榔生产许可细则》，完善槟榔行业销售监管，严格市场准入门槛，建立对终端销售产品食品安全的监管，最大限度地把不符合食品健康标准的槟榔产品逐出市场。三是试点省内槟榔行业税收改革，加强流通环节资质管理和地方税征缴，规范省内槟榔税率，增强在消费流通环节的税收征缴。此外，利用消费税下放地方的契机，适时研究开征槟榔消费税，借鉴烟酒税收流通环节税收征缴的有效经验，让槟榔消费创造的税收被充分收缴，为地方经济发展做出更大贡献。

2. 多措并举，支持槟榔行业降低风险和危害

一是形成在包装上强制印刷安全风险提示语的行业规则。对槟榔的食用量进行实验，科学警示“过量槟榔可能诱发口腔癌，每日食用槟榔不应超过 X 包”。二是建立槟榔行业创新研究规划，制定《槟榔产业 2025 年发展规划》，引导行业健康发展。探寻产业减害路线，构建槟榔产业链合作机制，启发行业新产品开发思路，加强对产业创新的引导，拓展槟榔产业发展空间。加速槟榔产业向医药、零食等多领域拓展，向槟榔茶饮和槟榔糖果、口香糖等创新方向发展，充分开发其四大南药之首的药用价值。三是积极支持槟榔行业组建槟榔有效成分提取和槟榔无害化研究产业联盟。集中省内槟榔研究人才优势，合力解决槟榔产业发展关键问题，通过公共研发平台和产业技术联盟建设，引导省内槟榔企业在基础性研发领域加大投入，利用平台共同开发基础性研究成果，提高研发资金效率。四是从槟榔税收中提取一定比例设立槟榔产业发展基金，设立解决槟榔渣口腔损害和牙齿磨损等研究专项；对自主开发槟榔新产品、对企业自主研发提取有效成分等方面取得重大成果的，给予一定的奖励；补助新产品开发、槟榔有效成分提取和改进工艺等问题，保障湖南槟榔产业技术的绝对领先。

3. 发挥政策引导作用，促进槟榔产业健康发展

回应市场和企业需求，支持产业健康发展。一是对处于发展特殊时期和关键节点的槟榔产业给予特别关照，借鉴战略性新兴产业链发展经验，成立有省领导负责的产业链协调管理办公室，做好顶层设计和高端协调，并由工信厅消费品工业处负责产业链日常产业政策方面的对接。二是加强对槟榔产业的政策研究，对制定行业监管解决方案，并对牵头出台行业规范的协会组织给予一定的支持和奖励。积极支持行业协会在产业链协调管理办公室指导下，出台产业发展的行业自律性规则和生产标准。三是积极鼓励槟榔产业承担更大社会责任，对槟榔企业积极投身慈善和公益事业的，给予肯定和嘉奖。四是关注和回应槟榔企业普遍关切的问题，适当加大对槟榔龙头企业的资金支持，将槟榔列入惠农贷补贴范围，对四五十岁的灵活用工人员的社会保险给予适当政策优惠，对不良媒体的信息讹诈，组织集体应对舆情风险。

4. 加强与海南的产业协作，实现产业共赢

积极应对海南槟榔的强势崛起，开展与海南槟榔产业的多领域合作。一是搭建湖南与海南两省槟榔产业合作的平台和协商对接机制，加强两省操作层面相应厅局衔接，并共同向国家层面呼吁解决制约行业发展的瓶颈问题。二是积极倡导建立“中国槟榔产业联盟”，两省合作开展前沿技术开发，分享研发技术成果。建议湖南槟榔产业链协调管理办公室组织相关研究机构和行业协会，对接海南促进槟榔产业发展领导小组，共同开展各领域合作，争取主导在槟榔有效成分提取和新产品开发等方面的研究合作。三是加强两省高层的对话对接，与海南省签订槟榔加工产业互惠协议，通过建设原料基地，以加工能力输出换取稳定的原料供应，提升省内企业价格决定权。此外，通过搭建对话平台和机制，签署一系列互助合作协议，形成多个产业协作联盟，推进两地在热带水果、农作物、林业经济等其他产业方面形成产业链协作关系，通过在技术和产地优势方面形成互补，实现共同发展，打造湖南与海南热带作物研究和产品开发应用合作平台。

区域协调

砥砺七十载成就辉煌，奋进新时代再谱新章

——从五个维度看七十年来湖南在全国与中部的发展态势

湖南省人民政府发展研究中心*

新中国成立70年来，湖南省经济规模不断扩大，产业结构持续优化，民生不断改善，经济和社会发展取得了巨大的成就。

一 从规模维度看：湖南省GDP居全国前列，人均GDP居全国中游，年均增速均高于全国

一是GDP居全国前列，年均增速高于全国。新中国成立初期，湖南省经

* 调研组组长：谈文胜，湖南省人民政府发展研究中心党组书记、主任；调研组副组长：唐宇文，湖南省人民政府发展研究中心副主任、研究员；调研组成员：李学文、田红旗，湖南省人民政府发展研究中心研究人员。

济规模小。但是，改革开放以来，全省经济总量不断扩大，特别是1993年以来，湖南省经济总量连续突破千亿和1万亿、2万亿、3万亿元大关，GDP由1952年的27.8亿元增加到1978年的147亿元，再扩大到2018年的36425.8亿元（统计年鉴数据，未按普查数据调整，下同）。按可比价计算，2018年湖南省GDP是1952年的163倍，年均增长8%；GDP在全国的排位由1978年的第11位上升到2018年的第8位。从增速看，改革开放以后，湖南省经济增速明显加快，1978～2018年，湖南省GDP年均增长9.8%，年均增速比1952～1978年年均增速提高4.4个百分点。1952～2018年，全国GDP年均增长8.1%，湖南省年均增速比全国低0.1个百分点；其中，1978～2018年全国GDP年均增长9.5%，同期湖南省GDP年均增速比全国高0.3个百分点。

二是人均GDP居全国中游，年均增速高于全国。湖南省人均GDP从1952年的86元提高到1978年的286元，1989年突破千元，2005年突破万元，2018年达52949元，人均GDP在全国的排位由1978年的第22位上升到2018年的第16位。按年平均汇率计算，2018年湖南省人均GDP为7883美元，达到中等偏上收入国家水平。从增速来看，1952～2018年，湖南省人均GDP年均增长6.7%，全国年均增长率与湖南省持平；其中，1978～2018年，湖南省人均GDP年均增长8.9%，全国年均增长8.5%，湖南省年均增速比全国高0.4个百分点。

二 从结构维度看：湖南省三次产业结构由“一三二”调整为“三二一”，第一产业比重明显下降，第三产业比重突破50%

湖南省三次产业结构经历了“一三二”“二三一”“三二一”的发展历程。新中国成立初期，湖南省第一产业增加值占GDP的比重远高于第二产业和第三产业，1952年第一产业比重高达67.3%。70年来，湖南省不断调整产业结构，特别是改革开放以后，产业结构调整力度加大，1988年和1992年全省第二产业、第三产业比重分别首次超过第一产业，三次产业结构由1952年的67.3∶12.3∶20.4调整为1988年的37.2∶37.9∶24.9和1992年的32.8∶34.2∶33.0；2011年，第二产业比重达到最高值，此后，第三产业比重继续上升，2016年第三产业比重超过第二产业，三次产业结构由2011年的12.8∶48.5∶38.7调整为2016年的9.4∶43.2∶47.4。总体上看，1952～2018年，湖南省三次产业结构由67.3∶12.3∶20.4调整为8.5∶39.7∶51.8，全国三次产业结构由50.5∶20.9∶28.6调整为7.2∶40.7∶52.1。从三次产业比重升降来看，1952～2018年，湖南省第一产业比重下降58.8个百分点，全国第一产业比重下降43.3个百分点，湖南省比全国多下降15.5个百分点；湖南省第二产业比重和第三产业比重分别提高27.4个、31.4个百分点，全国第二产业和第三产业比重分别提高19.8、23.5个百分点，湖南省分别比全国多提高7.6个、7.9个百分点。2018年，湖南省第一产业比重居全国第17位，第二产业比重居全国第20位，第三产业比重居全国第12位。

三　从需求端看：湖南省投资、消费均居全国前列，进出口总额居全国中游水平

一是投资额居全国前列，投资结构不断优化。改革开放以来，湖南省投资较快增长，特别是邓小平同志南方谈话以后，投资增速明显加快。从全社会固定资产投资来看，1981～2018年，湖南省全社会固定资产投资额从33.45亿元增长至3446.9亿元，增长了1030.2倍，年均增长20.6%；全国年均增长19.2%，湖南省年均增速高于全国1.4个百分点。湖南省全社会固定资产投资额在全国的排位由1981年的第13位上升到2018年的第7位。从投资结构来看，湖南省投资结构不断优化，第一产业投资比重逐步下降，第二产业和第三产业投资比重上升，2017年，湖南省第一、二、三产业投资比重为4∶36.3∶59.7，第三产业投资比重已近60%；湖南省第一产业投资比重比全国高0.7个百分点，第二产业投资比重比全国低1个百分点，第三产业投资比重比全国高0.3个百分点。

二是社会消费品零售总额居全国前列，城镇居民升级类消费品拥有量全

国领先。新中国成立70年来，湖南省消费品由短缺匮乏、种类单一向供给充裕、品种繁多转变，居民消费由基本生活型向发展享受型转变，零售市场规模持续扩大，家用电器、家用汽车和移动电话从无到有，消费升级明显。从消费品零售市场来看，2018年湖南省实现社会消费品零售总额15638.3亿元，居全国第9位，零售总额是1952年的1579.6倍，年均增长11.8%；全国同期年均增速为11.6%，湖南省年均增速比全国高0.2个百分点；其中，1978~2018年，湖南省年均增长15.2%，全国年均增长14.7%，湖南省年均增长高于全国0.5个百分点。

从城镇居民升级类消费品拥有量来看，2017年，湖南省城镇居民每百户电冰箱拥有量为102.5台，比全国平均水平多4.5台，居全国第3位；每百户洗衣机拥有量为100.8台，比全国多5.1台，居全国第4位；每百户移动电话拥有量为254部，比全国多18.6部，居全国第5位；每百户空调器拥有量为159.8台，比全国多31.2台，居全国第10位；每百户彩色电视机拥有量为119.1台，比全国少4.7台，居全国第12位；每百户家用汽车拥有量为34.3辆，比全国少3.2辆，居全国第17位。

三是改革开放后进出口年均增速明显加快，但进出口总额居全国中游。改革开放以前，湖南省的对外贸易长期在低水平上徘徊。1952年，湖南省进出口总额仅有3321万美元，1952~1978年，全省进出口总额年均增速6.2%，全国同期年均增长9.5%，湖南省年均增速比全国低3.3个百分点。改革开放以后，湖南省进出口贸易快速发展。2018年，湖南省进出口总额达465.3亿美元，居全国第19位，进出口额是1978年的292.3倍，年均增长15.3%；1978~2018年，全国进出口总额年均增长14.5%，湖南省进出口总额年均增速比1952~1978年高9.1个百分点，比全国高0.8个百分点。

四　从供给端看：湖南省全部工业增加值居全国前列，年均增速高于全国

新中国成立初期，湖南省工业十分薄弱，1952年全部工业增加值仅为

2.9 亿元。改革开放以后，特别是 1992 年邓小平同志南方谈话以来，湖南省工业快速发展，形成了 3 个万亿级产业、11 个千亿级产业、20 条工业新兴优势产业链，产生了华菱钢铁、中车株机、三一重工、中联重科等一批大型骨干企业，湖南工程机械、轨道交通等行业具有较强的全球竞争能力。2018 年，湖南省全部工业增加值为 11916.4 亿元，居全国第 10 位，全部工业增加值是 1978 年的 229.6 倍，年均增长 12.1%；全国同期年均增长 10.8%，湖南省年均增速比全国高 1.3 个百分点；其中，1992 ~2018 年湖南省全部工业增加值年均增长 13.3%，年均增速比 1978 ~1991 年高 4 个百分点。

五　从民生维度看：湖南省城乡居民收入、高等教育和医疗卫生事业发展居全国中游，但就业结构仍需进一步改善

一是湖南省城乡居民收入居全国中游，城镇居民收入增速较快。1949 年，城镇居民家庭人均现金收入不足 100 元，农村居民人均纯收入仅为 44 元。20 世纪 50 ~70 年代，湖南省经济发展缓慢，再加上人口快速增加，城乡居民收入缓慢增长。改革开放以后，经济快速增长带动百姓收入大幅增加。2018 年，湖南省城镇居民人均可支配收入为 36698 元，比全国低 2553 元，居全国第 11 位；1978 ~2018 年，湖南省城镇居民人均可支配收入年均增长 12.6%，年均增速与全国持平，比 1949 ~1978 年高 8.5 个百分点，年均增速居全国第 10 位。2018 年全省农村居民人均可支配收入为 14093 元，低于全国 524 元，居全国第 12 位；1978 ~2018 年，湖南省农村居民人均可支配收入年均增长 12.2%，全国农村居民人均可支配收入年均增长 12.5%，湖南省农村居民人均可支配收入年均增速比全国低 0.3 个百分点，比 1949 ~1978 年高 8.1 个百分点，年均增速居全国第 18 位。

二是第一产业就业人员比重明显下降，第二产业和第三产业就业人员比重提高，但就业结构仍需进一步改善。新中国成立初期，由于经济不发达，

湖南省就业人员主要集中在以农业为主的第一产业，1952 年，湖南省城乡就业人员 1188. 76 万人，其中，第一产业就业人员比重高达 83. 2%。改革开放以来，随着经济的发展和就业优先政策实施，湖南省就业规模大增，大量农村富余劳动力向第二、三产业转移。2017 年，湖南省就业人员达 3817. 22 万人，是 1952 年的 3. 2 倍；其中第一产业就业人员比重较 1952 年下降 43. 5 个百分点至 39. 7%，全国第一产业就业人员比重较 1952 年下降 56. 5 个百分点，湖南省仍比全国平均水平高 12. 7 个百分点；第二产业就业人员比重较 1952 年提高 16. 3 个百分点至 22. 8%，全国第二产业就业人员比重提高 20. 7 个百分点至 28. 1%，湖南省第二产业就业人员比重比全国低 5. 3 个百分点；第三产业就业人员比重提高 27. 2 个百分点至 37. 5%，全国同期提高 35. 8 个百分点至 44. 9%，湖南省比全国低 7. 4 个百分点。

三是湖南省高等教育发展水平居全国中游。新中国成立初期，湖南省和全国一样，高等教育十分落后，1952 年，湖南省每万人在校大学生数仅为 2 人。20 世纪 50 ~70 年代，高等教育逐步加强，但发展仍然缓慢，1978 年，湖南省每万人在校大学生数为 7 人。改革开放以来，随着国家工作重心转移到经济建设上来，急需大量高学历建设人才，高等教育得到快速发展。2017 年，湖南省每万人在校大学生数达 241. 9 人，比 1978 年增加 234. 9 人；全国每万人在校大学生数达 257. 6 人，比 1978 年增加 248. 7 人，全国比湖南省多增加 13. 8 人。2017 年湖南省每万人在校大学生数比全国少 15. 7 人，居全国第 14 位。

四是湖南省每万人卫生机构床位数居全国前列，每万人医生数居全国中游。新中国成立之初，湖南省医疗卫生水平很低，1952 年湖南省每万人医生数仅为 5 人，卫生机构床位数仅为 2 张。改革开放以来，随着人民生活水平的提高，对医疗卫生需求急剧扩大，国家也大力支持发展医疗卫生事业，湖南省医疗卫生事业得到快速发展。2017 年，湖南省每万人医生数为 25. 2 人，比 1952 年增加 20. 2 人；全国为 24. 4 人，比 1952 年增加 17 人。2017 年，湖南省每万人医生数比全国多 0. 8 人，居全国第 13 位。2017 年，湖南省每万人卫生机构床位数 65. 9 张，比全国多 8. 7 张，居全国第 5 位。

六　从湖南省与中部其他省比较来看，湖南省经济和社会发展总体居中部中游

一是从主要经济总量指标来看，湖南省人均 GDP 居中部前列，GDP、全部工业增加值、全社会固定资产投资额和社会消费品零售总额均居中部中游，进出口总额在中部排位靠后。2018 年，湖南省 GDP 居中部第 3 位，河南和湖北分别比湖南省高 11630.1 亿元和 2940.8 亿元；人均 GDP 居中部第 2 位，湖北比湖南省高 13721 元；全部工业增加值居中部第 3 位，河南和湖北高于湖南省；全社会固定资产投资额居中部第 3 位，河南和湖北分别比湖南省高 12940.7 亿元、917.7 亿元；社会消费品零售总额居中部第 3 位，河南和湖北分别比湖南省高 4956.4 亿元和 2695.3 亿元；进出口总额居中部第 5 位，仅高于山西。

二是从年均增速来看，湖南省消费品零售总额年均增速居中部前列，投资额年均增速居中部中游，GDP、人均 GDP、全部工业增加值、进出口总额年均增速在中部排位靠后。1978 ~ 2018 年，湖南省 GDP 年均增长 9.8%，居中部第 5 位，河南、湖北、安徽、江西年均增速分别为 10.8%、10.5%、10.5%、10.3%，分别比湖南省高 1 个、0.7 个、0.7 个、0.5 个百分点；人均 GDP 年均增长 8.9%，年均增速居中部第 5 位（山西缺数据），河南、湖北、安徽、江西分别比湖南省高 1 个、0.9 个、0.8 个和 0.3 个百分点；全部工业增加值年均增速居中部第 5 位，仅高于山西；社会消费品零售总额年均增长 15.2%，与河南并列中部第 2 位，湖北高于湖南省 0.2 个百分点；进出口总额年均增速居中部第 6 位；1981 ~ 2018 年湖南省全社会固定资产投资额年均增长 20.6%，年均增速居中部第 4 位，安徽、江西和湖北分别比湖南省高 2.3 个、1.1 个、0.1 个百分点。

三是从经济结构来看，湖南省第三产业比重提高至中部首位，但第二产业比重降至中部最低。从 1952 年至 2018 年中部各省三次产业比重升降来看，安徽第一产业比重下降 66.3 个百分点，下降幅度超过湖南省 7.5 个百

分点；安徽、江西、湖北第二产业比重分别提高 36.2 个、33.5 个、27.8 个百分点，提升幅度分别比湖南省多 8.8 个、6.1 个、0.4 个百分点；中部各省第三产业比重提升幅度均不及湖南省。2018 年，湖南省第一产业增加值比重居中部第 5 位，高于山西，第二产业增加值比重居中部最后一位，第三产业比重居中部第 1 位。

四是从民生来看，湖南省城镇居民收入、每万人医生数和每万人卫生机构床位数居中部前列，农村居民收入和每万人在校大学生数居中部中游水平，就业结构仍需进一步优化。2018 年，湖南省城镇居民人均可支配收入居中部第 1 位；全省农村居民人均可支配收入居中部第 3 位，湖北和江西分别比湖南省高 885 元和 367 元；高等教育方面，2017 年，湖南省每万人在校大学生数居中部第 4 位，湖北、江西和河南分别比湖南省多 58.1 人、25.7 人和 3.6 人。医疗卫生方面，2017 年，湖南省每万人医生数为 25.2 人，仅低于山西，居中部第 2 位；每万人卫生机构床位数 65.9 张，居中部第 1 位。就业方面，2017 年，湖南省第一产业就业人员比重居中部第 1 位，第二产业和第三产业就业人员比重分别居中部第 6 位、第 5 位。

综合以上分析，新中国成立 70 年来，湖南省 GDP、全部工业增加值、固定资产投资总额和社会消费品零售额均已进入全国前 10 位，人均 GDP 和进出口总额居全国中游；第一产业增加值比重明显下降，第三产业增加值比重大幅提升，经济结构持续优化；湖南省城乡居民收入、高等教育事业发展居全国中游，但就业结构仍需进一步改善。在看到湖南省经济社会发展取得辉煌成就的同时，也要清醒地认识到，与中部其他省相比，湖南省经济和社会发展水平总体居中部的中游，湖南省可谓前有标兵、后有追兵，要实现走在中部前列的目标，仍需持续发力。

湖南对接粤港澳大湾区的几点建议*

湖南省人民政府发展研究中心调研组**

粤港澳大湾区建设是习近平总书记亲自谋划、亲自部署、亲自推动的国家战略。省委省政府主要领导也多次强调，对接粤港澳大湾区是湖南新时期对外开放的重要机遇。为了更好地对接粤港澳大湾区，把湖南打造成粤港澳大湾区的第一腹地，我们赴广东、深圳、长沙、株洲等地进行了深入调研，提出五点对策建议。

一　定位再拔高：明确提出“南进”战略，全面融入大湾区

对接大湾区是湖南省参与全球产业链分工的关键，是湖南省在中部率先崛起的关键，湖南省必须进一步提高认识，举全省之力全面融入大湾区，才能在区域竞争中赢得先机。在大湾区调研时，多方反映，湖南对接粤港澳大湾区积极性不及广西、江西、贵州等地。广西明确提出“东融”战略、江西明确提出“南下”战略，都出台了全面对接粤港澳大湾区的高规格举措。

1. 提出“南进战略”

明确提出全面融入粤港澳大湾区的全省性的高规格战略举措——“南

* 本报告获得湖南省委书记杜家毫，湖南省委常委、省政府常务副省长谢建辉肯定性批示。

** 调研组组长：谈文胜，湖南省人民政府发展研究中心党组书记、主任；调研组副组长：唐宇文，湖南省人民政府发展研究中心副主任、研究员；调研组成员：左宏、龙花兰、闫仲勇，湖南省人民政府发展研究中心研究人员。

进战略”。在泛珠三角湖南省领导小组基础上组建高规格的对接粤港澳大湾区省政府领导小组。建立与粤港澳大湾区的高层协商机制、常态化合作平台。支持郴州建设南进先行示范区。对接《粤港澳大湾区规划》，加快出台《湖南全面融入粤港澳大湾区建设规划》，布局重点项目、重大项目，并纳入湖南省“十四五”规划，积极争取进入国家“十四五”规划。开展“全面融入粤港澳大湾区三年行动”，争取在招商引资、平台合作、政策复制等方面取得新突破。

2. 聚焦“六个对接”

高层对接，在政府、企业、社会等各个领域都打造高层对接的机制，开展各项活动以推进高层对话和交流。产业对接，瞄准粤港澳大湾区世界级制造产业集群，建立产业项目库和对接机制，积极承接湾区产业转移。基础设施对接，加快铁路、公路、航空、港口等交通基础设施的对接，畅通通道。科技对接，对接国际科技创新中心建设，着力打造对接粤港澳大湾区的科技成果转化基地。文化旅游对接，共建共享高铁旅游大市场，把湖南打造成为粤港澳大湾区的后花园。制度对接，复制广东自贸区经验，学习湾区的制度创新。

3. 制定“两个清单”

每年年初制定对接粤港澳大湾区的“项目清单”和“问题清单”。“项目清单”：从全省各部门、各市州征集对接大湾区的重大项目，经专业人员筛选、整理、会审，每年年初确定一批重大项目，广泛覆盖规划机制衔接、基础设施互联互通、产业协作、环境共保共治等经济社会发展的方方面面。“问题清单”：通过网上调查和各部门、各市州自查的方式，全面梳理对接粤港澳大湾区需要破除的壁垒，逐项列出对接大湾区工作“问题清单”，建立台账，明确责任，逐一制定可操作、可监督的措施，并限期解决存在的问题。

二　关键再突破：以“正向飞地、反向飞地”打造“两个示范区”，拓展合作新路径

发展“飞地经济”是大湾区城市解决土地瓶颈问题的重要方式，也是

湖南加快对接融入粤港澳大湾区的有效途径。为此，湖南省要借鉴深汕特别合作区“飞地经济”的成功经验，通过“正向飞地——借一块地出去”“反向飞地——买一块地进来”的方式，着重打造“湘－粤港澳特别合作区”“湘－粤港澳科创园”两个示范区。

1. “借一块地出去”——在郴州设立一个由深圳全权代管的“湘－粤港澳特别合作区”

在郴州划定一块区域，作为深圳园区的“园外园”，全面由深圳代管，全面移植深圳经验，形成特别合作示范区。一是划定“一块区域”：设立湘－粤港澳特别合作区。由湖南省政府与广东省政府签署《湘粤战略合作框架协议》，参照深汕特别合作区的做法，在郴州配套较好、交通便利的地区划定面积为 400 平方公里的区域，设为完全由深圳代管的湘－粤港澳特别合作区，特别合作区所有事务由深圳主导，合作期限为 30 年，合作期内合作区的 GDP、财税、土地收益等由双方协商分配，为了调动深圳的积极性，考虑 60% 以上分配给深圳。二是移植“一套体系”：全面移植深圳经验。从深圳选派干部组建特别合作区管委会作为深圳市派出机构，全面移植深圳团队及深圳体制机制、政策体系、理念、营商环境，落户特别合作区的企业享受深圳同等待遇标准，符合企业条件的人才可办理深圳户籍和深圳社保等，彻底突破传统飞地经济在体制、利益、观念方面的束缚。三是预留“两倍空间”：在合作区周边预留后续产业发展空间。将特别合作区打造成飞地标杆，预计 3～5 年将会产生较大的外溢效应，吸引更多的产业和企业向合作区周边聚集。因此，在建设特别合作区的同时，需在周边预留两倍特别合作区的用地，为后续产业引进预留空间。

2. “买一块地进来”——在深圳南山区设立“湘－粤港澳科创园”

学习成都等地的做法，以湖南省政府的名义在创新资源集聚的深圳南山区购置一座 2 万平方米左右的楼宇，将其打造成兼备“研发孵化基地”“产业协作平台”功能的湘－粤港澳科创园。一是建设一个基地：设立技术转移孵化中心。以科创园为平台，针对大湾区的技术、人才和项目出台专门

“政策包”，吸引大湾区企业、高校院所在科创园设立研发中心、孵化基地，促进粤港澳大湾区优质创新创业项目在湖南完成产业化落地，实现“孵化在大湾区、产业化在湖南”“研发在大湾区、生产在湖南”。二是搭建一座桥梁：依托科创园，推动与香港大学、香港科技大学、南方科技大学、中山大学等大湾区高校院所合作，设立湘－粤港澳产学研金创新联盟，每年开展3~5次科技成果和人才对接专题大会；联合粤港澳大湾区高校举办“双创”大赛，组织对湖南有意向的高校专家和项目负责人到湖南路演、考察交流，促进大湾区高校积累的前端技术和专利成果技术在湖南应用和产业化。

三　窗口再前移：创新“招商引资+政务服务站”平台，深入大湾区一线

在内地承接粤港澳大湾区的产业转移竞争愈加激烈的情况下，湖南省招商引资需要进一步前移到湾区，提升竞争力。

1. 服务大厅嵌湾区——设立湖南政务服务大厅湾区服务站

在深圳设立一个“招商推介平台+政务服务站”实体平台。一方面，发挥“招商引资+”平台功能，作为湖南招商引资的集中平台；另一方面，将省市县各级的政务服务功能前移，赋予“服务站”部分政务服务局、公安分局、市场监督管理局等部门职能，办理商事登记、人才引进、人才公寓、人才落户等。加强湖南与广东、深圳的政务合作，签订营业执照双向异地通办合作协议。

2. 招商队伍驻湾区——派驻招商队伍到前线

建立驻外招商长效机制，在全省范围内遴选100名业务能力强的中青年后备干部，组织精干队伍赴深圳开展驻外精准招商。围绕湖南自身产业体系，通过异地商协会、行业商协会、同乡会、同学会等多元化渠道，积极积累客商资源。立足“补链、创链”的需要，有针对性、有计划、有步骤地拜访目标企业，对接重点招商项目。

3. “直通快车”连湾区——开通“湘粤港直通快车”

2017年9月开通的“湘粤港直通快车”已经停运。恢复开通后，香港、长沙两地海关对进出口货物实行一次申报、一次查验和一次放行，深圳海关实行途中自动核放，运输车辆可直接进（出）境，全程运输时间比过去缩短10小时，湘粤港直通车24小时内即可往返，每辆直通车可节省费用1000余元。“湘粤港直通快车”将实现香港、深圳和长沙三地通关“无缝对接”，货物提单全程“一单到底”，可以把香港国际机场、国际货仓的功能延伸到长沙金霞口岸。

四　经验再复制：对标大湾区政策，推广先进做法

对标大湾区的先进经验和做法，在湖南复制推广，打造与大湾区“无差异”的营商环境。

1. 复制个税政策，出台“个人所得税”返还政策

对在湖南工作的境外（含港澳台）高端人才和紧缺人才（详细情况见附件3），超过个人所得税15%的部分给予财政返还或者奖励，吸引企业核心部门的高端人才来湘工作。

2. 复制协同政策，建立重大项目“省长直通车”制度

学习广东的经验做法，针对各市州在招引大项目过程中，本级权限不够，又缺乏高效的对上沟通的渠道这一难题，建立重大项目“省长直通车”制度，即允许每个市州每年度就1个重大项目的引进，提请省长召集相关部门主要负责人开现场办公会，集中会商，提出解决问题的具体方案，明确落实方案的责任单位、推进措施和时间节点，并对解决情况跟踪督查，解决项目落地的各项问题，加速重大项目落地。

3. 对标“广深科创走廊”，打造“湘江西岸创新走廊”

广东沿广深轴线区域所形成的创新要素集聚区域，以广州到深圳的高速公路、轨道等交通要道为依托，构建“一廊十核多节点”的空间格局，打造总面积约462平方公里的广深科技创新走廊。湖南省要借鉴广深科创走廊

经验，以岳麓山大学城为核心，向南北延伸，打造北起宁乡和望城经开区，途经湖南金融中心、长沙高新区，向南联合湘潭九华经开区、湘潭大学城、株洲高新区的“湘江西岸创新走廊”。尽快出台《湘江西岸创新走廊发展规划》，它的定位为全国科技产业技术创新策源地、全国科技体制改革先行区、湖南国际科技创新中心的主要承载区、长株潭国家自主创新示范区的核心区。集中长株潭创新资源，三市连成一个产业联动、空间联结、功能贯穿的创新经济带。

4. 对标人才交流政策，选派一批年轻干部到深圳、广州、港澳等地挂职

调研中，广东、深圳等都反映，江西、青岛等地都纷纷选派干部到深圳学习。建议湖南与广州、深圳、港澳等地签署干部挂职备忘录，每年向大湾区派出挂职干部30名，锻炼场所包括政府机构、深圳大型企业、投资机构和中介组织等，让更多湖南干部学习大湾区的市场意识、服务意识、效率意识，增强建设湖南的本领。

五　承接再精准：引进一批、共同培育一批产业，实现“优势互补、链条互嵌”

湖南省要编制湖南产业发展指导目录，指导每个市州结合自身优势承接粤港澳大湾区的产业，形成产业集群。

1. 引进一批产业

粤港澳大湾区是世界重要的科技产业、金融服务业、航运物流和制造业中心，11个城市产业体系完备、分工各具特色。湖南省要重点针对装备制造、能源化工、生物制药、有色冶金等领域，引进相关行业的龙头企业，每个城市要有所侧重地引进一批产业。长株潭地区重点承接汽车及零部件、轨道交通、电子电器等装备制造产业。衡阳重点承接电子信息、装备制造、有色精深加工、资源化工等。郴州重点承接矿产开发及加工、新材料等产业。永州重点承接轻工纺织、农产品深加工、生态旅游等产业。邵阳重点承接新材料、轻工纺织、农产品精深加工等。湘

西自治州和怀化重点承接农产品精深加工、生物医药、健康养老等产业。

表1 粤港澳大湾区的产业布局

城市	优势产业
香港	贸易及物流业、金融服务业及工商业支援服务业与旅游业
澳门	博彩旅游、出口加工、建筑地产、金融服务
广州	石化产业、汽车制造业、电子产品制造业
深圳	电子信息、生物医药、新能源、新材料
珠海	电子信息、石油化工、家电电气、精密机械制造、生物医药、电力能源
佛山	机械装备、家电、陶瓷、金属加工、家具
惠州	电子信息产业、石化产业、汽车产业及现代服务业
东莞	电子信息、电子机械、纺织服装、家具、玩具、造纸及纸制造业、食品饮料、化工
江门	交通及海洋装备、石油化工、电子信息、包装印刷及纸制品、食品饮料、现代农业
中山	电子电器、五金家电、灯饰光源、装备制造、健康医药、纺织服装
肇庆	金属加工、电子信息、汽车零配件、食品饮料、生物制药、林产化工、农业等

资料来源：各地方政府官网汇总。

2. 共同培育一批产业

湖南省要积极主动，面向未来，与大湾区共同培育通信电子信息、新能源汽车、无人机、机器人等高端产业，在5G、人工智能、生命科学等领域加强合作，抢占新经济制高点。智能网联汽车已成为传统产业与新兴产业融合发展的巨大风口，湖南省要发挥“国家级”智能网联汽车（长沙）测试区的平台优势，通过测试服务的带动，打造出技术先进、产业配套、国际领先的智能系统创新生态，吸引大湾区的科技企业、大型车企、智能网联车来湘设立“第二总部”。深圳生物医药产业已经形成以基因检测、医疗器械和医药等为重点的发展领域，产业规模已突破2800亿元。湖南省要充分发挥优势，加强与深圳在生殖与遗传、干细胞与再生医疗、肿瘤防治、医学人工智能等领域的合作，在推动学科交叉中催生颠覆性技术和引领性原创成果，促进湖南省生物医药行业的高质量发展，激发经济增长新动力。

湖南深度融入长江经济带、促进高质量发展对策研究*

湖南省人民政府发展研究中心**

长江经济带建设是国家三大战略之一，为湖南提供了重要战略平台和战略机遇。当前，湖南融入长江经济带建设仍面临诸多挑战，应以“五个融入”为着力点，在融入中寻找发展机会，加快推动湖南经济高质量发展。

一 湖南深度融入长江经济带发展的现实基础

近年来，湖南深入贯彻习近平总书记在深入推动长江经济带发展座谈会上的重要讲话精神，坚持从长远利益考虑，将生态保护与修复摆在压倒性位置，积极融入长江经济带建设，取得了显著成效。

1. 生态屏障扎紧筑牢

一是生态环境突出问题整治进展迅速。湖南省涉及长江经济带生态环境突出问题共 18 个。目前，巴陵石化码头装卸污染等 9 个突出问题基本完成整改。岳阳市云溪工业园填湖造地和废水废气污染等 6 个问题年底前可整改到位。常德市石板滩镇石煤矿坑废水直排等 3 个问题预计在 2020 年底前整改到位。二是扎实推进城镇污水处理、尾矿库污染治理、化工污染治理、农业面源污染治理、船舶污染治理“4 +1”工程。三是深入推进“一湖四水”

---

* 本报告获得湖南省政府副省长陈飞的肯定性批示。

** 调研组组长：卞鹰，湖南省人大社会建设委员会副主任委员；调研组副组长：唐宇文，湖南省人民政府发展研究中心副主任，研究员；调研组成员：曾万涛、刘海涛、袁建四、屈莉萍，湖南省人民政府发展研究中心研究人员。

综合治理、非法码头和非法采砂专项整治、入河排污口排查整治等专项行动，成效显著。如大通湖已退出劣Ⅴ类。

2. 绿色发展态势持续向好

一是持续推进供给侧结构性改革。2018 年，全省原煤、水泥产量分别为 1692.9 万吨、10920.6 万吨，比 2016 年减少 902.6 万吨、1257.1 万吨；为企业减税 125 亿元左右，降费 6760 万元。二是创新引领作用不断增强。2016 ~ 2018 年，全省高新技术企业由 2212 家增加到 4463 家，年平均增速达 42.04%。“鲲龙 500”采矿机器人、“海牛号”海底深孔取芯钻机等一批重大科技创新成果涌现，2018 年湖南共有 27 个项目（团队）获国家科学技术奖项，居全国第 4 位。三是绿色制造体系不断完善。截至 2018 年 10 月，全省共有 73 家企业被评估认定为省级绿色工厂，3 家园区被评估认定为省级绿色园区，19 家单位获批国家绿色制造示范单位，初步形成高效、清洁、低碳、循环的绿色制造体系。四是集聚发展水平进一步提升。2018 年，省级及以上产业园区规模工业增加值同比增长 8.9%，增加值占全部规模工业的 69.7%，集聚程度达到较高水平。

3. 综合立体交通体系加快建设

水运方面，湘江二级航道二期工程全线建成贯通，湘江三期工程（永州至衡阳）283 公里 1000 吨级航道开工建设；沅水常德至鲇鱼口 192 公里航道已达到 1000 吨级，浦市至常德 296 公里航道工程有望在 2019 年底前全部建成通航；铁路方面，蒙华铁路湖南段、怀邵衡铁路、石长复线、渝怀复线等建成通车，黔张常铁路预计 2019 年 12 月通车，常益长高铁全面开工建设；高速公路方面，2016 ~ 2018 年共建成通车高速公路 1072 公里，全省高速公路通车总里程达到 6725 公里，居全国第 4 位。民航机场方面，“十三五”以来，建成运营邵阳武冈机场、岳阳机场，全省运营的干支机场达到 8 个，新开工建设湘西机场、郴州机场。2018 年全省旅客吞吐总量达 3024 万人次。

4. 开放合作步伐加大

一是开放型经济不断提升。外贸进出口快速增长。2016 ~ 2018 年，全省进出口总值由 1782.2 亿元增加到 3079.5 亿元，年平均增速达 31.45%；

投资环境更具吸引力。2018年，全省新引进120家“三类500强”投资项目217个，投资总额4878.1亿元，在湘投资的世界500强存续企业达到173家。口岸平台体系更加完善，截至2018年底，全省共有1个电子口岸、2个航空口岸、3个水运口岸、4个公路口岸、5个铁路口岸、7个海关特殊监管区、12个指定口岸等，立体化、多功能的口岸平台体系基本形成。二是通过加强省际协商合作、省会城市合作以及政企合作，区域协调合作机制进一步健全。如，2016年12月，湖北、江西、湖南三省签署了《关于建立长江中游地区省际协商合作机制的协议》；2013~2018年连续六年举办长江中游城市群省会城市会商会，形成了《武汉共识》《长沙宣言》等一系列合作协议；2018年7月，湖南省政府与三峡集团签订了《共抓长江大保护推动长江经济带绿色发展战略合作框架协议》，岳阳市进入第一批合作试点城市。

二　湖南融入长江经济带发展存在的主要问题

1. 生态环境治理任重道远

一是治理任务仍然艰巨。如河湖污染治理，湘江、资江部分支流断面仍然超标，洞庭湖水环境质量有所好转，但总磷短时间难以降解到位；重金属重点防控区中，娄底青丰河、涟溪河，郴州临武甘溪河老桥等断面存在砷、锑、锰超标问题。二是加强治理面临资金、技术储备不足等困难。资金不足，大部分生态环境污染治理项目实施周期长、资金需求量大，资金来源基本依靠政府单一资金，难以吸收社会资金投入。地方财力特别是市县财政紧张，整改资金筹措压力较大；技术储备不足，如在耒阳蔡伦竹海、常宁大义山、隆回小沙江等地矿山断面、边坡生态复绿中，栽种的绿植难以成活，急需找到科学有效的复绿方法。三是联防联控机制不健全。大气和水的污染具有本地污染和区域污染叠加效应，由于跨区域联防联控体系不健全，易陷入“你污染，我治理”的怪圈中，难以实现流域同步环境治理。

2. 生态保护与绿色发展协调共进难度较大

一是部分产业转型升级困难较大。如造纸业退出使洞庭湖区 6000 多名职工失业，影响了 13 个芦苇场近 4 万苇农，遗留纠纷较多，地方维稳压力大，芦苇资源也基本闲置；又如非法码头、非法采砂整治，洞庭湖区砂石产量占全省 60% 左右，开展砂石整治后，砂石供应严重不足，而相关建筑资源化利用产业发展未能及时跟进，河砂价格从 50 元/吨涨到了 200 元/吨，社会各方面反应强烈。二是生态保护区域亟须调整优化。多地反映，此前划定的生态保护区过宽、过大，生态保护区数量、面积、边界等要素的科学性、精确性有待优化，加上与相关规划衔接不足，导致一些重大交通、水利、能源通道建设项目无法顺利落地。如《岳阳港总体规划（2017 ~ 2035）》因环评迟迟未能获批，致使岳阳 LNG 接收站（储备中心）、华容煤炭铁水联运储配基地项目两个项目至今未能开工建设。三是流域性生态补偿机制不完善。目前的生态补偿偏重于政府补偿，融资渠道和主体单一，补偿范围过窄、标准偏低，一些补偿以“项目工程”为主，缺乏稳定性。四是绿色发展意识亟待加强。一些地区在推进优化产业结构、转变发展方式中，不是大力推进质量、效率和动力变革，而是简单层层加码，甚至一关了之。如《长江经济带生态环境保护规划》要求，除在建项目外，严禁在干流及主要支流岸线 1 公里范围内布局新建重化工园区。但个别地区在实施中，则强化为“涉化类企业一律关停”“3 公里以内不搞化工企业”。

3. 综合立体交通体系仍存有短板

公路运输仍是湖南省目前主要运输方式（见图 1）。水运方面，湖南占全国内河航道总里程 8.5%，居全国第三，长江中游六省份第一，但货运中水运占比只有 10%，与安徽、湖北存在不小差距（见图 2）；拥有长江岸线 163 公里，但进入长江的通道只有岳阳城陵矶一个口子，湘西北货物要进入长江必须绕道洞庭湖。公路方面，仍有一些区域内的断头路未打通。铁路方面，全省目前还有张家界、湘西等市州未开通高铁。此外，铁水公空运输网络衔接也有待进一步加强。

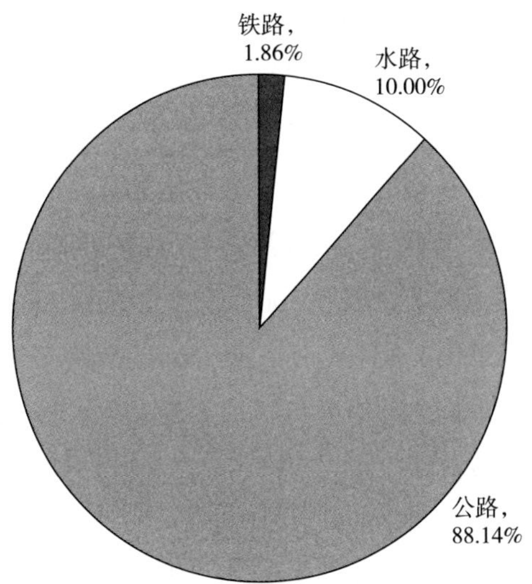

图 1　2017 年全省货物运输构成情况

资料来源：《湖南统计年鉴（2018）》。

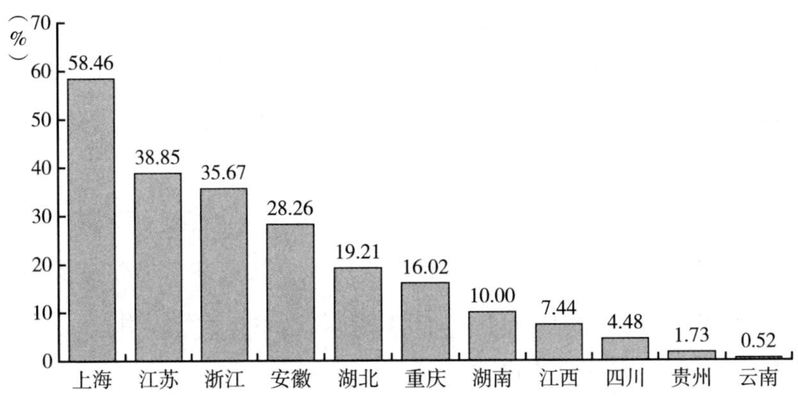

图 2　长江经济带 11 省份 2017 年水运占货运量比重情况

资料来源：根据各省统计年鉴整理。

4. 区域协调发展格局有待优化

一是长株潭核心引领作用不强。当前，长株潭正处于集聚发展时期，对周边城市的“虹吸效应”大于“辐射效应”，周边城市易成为长株潭大都市阴影区。如常德市反映，受长株潭虹吸效应影响，近年来常德的烟草、装备制造、食品等行业的龙头企业总部已陆续搬迁到长沙。二是岳阳增长极、桥头堡作用有待增强。作为湖南经济核心的长株潭与长江相隔超过 160 公里，岳阳作为湖南唯一临靠长江的地级市，区位优势可谓得天独厚，但就目前的经济总量和结构而言，仍不足以引领湖南全面融入长江经济带发展。三是湘西北边缘化明显。作为湘西北区域中心的常德目前仅有盐关码头一个二类水运口岸，没有公路、铁路、航空口岸，至今未通高铁，高速公路通车里程在全省占比低，公路与铁路之间有效衔接程度低，铁水联运的优势和沅江黄金水道的作用未能充分发挥。

5. 开放合作质量有待提升

一是开放经济需提速、提质。对外贸易规模偏小。2018 年湖南省进出口总额为 465. 30 亿美元，居中部第 5 位，仅为中部排名第一位河南省的 56. 17% （见表 1）；外贸依存度 8. 45%，位居中部六省份第 5 位、长江经济带 11 省份第 10 位；招商引资需提速。2018 年，全省实际使用外资 161. 90 亿美元，来湘投资的世界 500 强企业数量只有 1/3 强，而截至 2019 年 8 月，在湖北投资的世界 500 强企业数量已达到 306 家；外贸经营主体不强。2018 年湖南省有进出口实绩企业达 4630 家，但进出口 1 亿美元以上企业占比较低，而同期安徽省有进出口实绩的企业达到 7611 家，过亿美元进出口额企业占全省的 60. 6%。二是省际合作质量有待提升。目前，流域内各类合作协议签订了不少，但在一些具体项目推进中，要达成共识仍存在不小阻力。如在松虎航道建设推进中，常德、荆州围绕松滋口建闸相关事宜，协调多次仍未达成一致，已基本处于停滞。

表 1　2018 年长江经济带各省份经济指标及湖南排名

省份	总人口（万人）	GDP（亿元）	进出口（亿美元）	固定资产投资增速（%）	实际利用外资（亿美元）	地方财政收入（亿元）	税收收入（亿元）
全国	139538. 00	900309. 00	46231. 95	5. 9	1350. 00	97903. 38	75954. 79
上海	2423. 78	32679. 87	5156. 41	5. 2	173. 00	7108. 15	6285. 04
江苏	8050. 70	92595. 40	6640. 43	5. 5	255. 90	8630. 16	7263. 65

续表

省份	总人口（万人）	GDP（亿元）	进出口（亿美元）	固定资产投资增速（%）	实际利用外资（亿美元）	地方财政收入（亿元）	税收收入（亿元）
浙江	5737.00	56197.15	4324.77	7.1	186.00	6598.21	5586.63
安徽	6323.60	30006.82	629.74	11.8	170.00	3048.67	2180.74
江西	4647.57	21984.78	482.36	11.1	125.70	2373.01	1663.15
湖北	5917.00	39366.55	528.02	11.0	119.41	3307.08	2463.52
湖南	6898.77	36425.78	465.30	10.0	161.90	2860.84	1959.67
重庆	3101.79	20363.19	790.40	7.0	102.70	2265.54	1603.03
四川	8341.00	40678.13	899.37	10.2	114.98	3911.01	2819.77
贵州	3600.00	14806.45	76.01	15.8	44.86	1726.85	1266.02
云南	4829.50	17881.12	298.95	11.6	10.56	1994.35	1423.25
11 省份中湖南占比（%）	11.52	9.04	2.29	—	11.05	6.53	5.68
11 省份中湖南排名	3	5	9	7	5	7	7

资料来源：根据各省份统计年鉴整理。

三　对策建议

1. 加强生态融入，抓好大保护

一是强力推进突出问题整改。对于巴陵石化码头装卸污染等 9 个已完成整改的突出问题，建议由省生态环境厅抓紧组织验收销号，并报请生态环境部复核。对岳阳市云溪工业园填湖造地和废水废气污染等6 个年底前可整改到位的问题，应加快推进整改，确保年底前整改到位。对常德市石板滩镇石煤矿坑废水直排等 3 个预计在 2020 年底前整改到位的问题，应严格按照既定整改方案推进，确保如期完成。二是持续推进“4 +1”工程和各类专项行动。严格按照国家部署，有序推进“4 +1”工程实施。同时，大力推进岸线利用项目清理整治、小水电清理整顿、入河排污口排查整治等专项行动。三是完善跨区联防联控体系。推动从国家层面统筹开展流域水污染、区域大气污染联防联控，建立水域岸线占用补偿机制，搭建生态保护监测网络，建立流域环境信息网络平台，健全环境联合执法机制，实现长江流域生态环境共治。

2. 加快通道融入，打造顺畅高效交通网

水运方面，从省际层面加强与湖北的沟通协作，加快推进松虎航道建设，打通湖南进入长江第二黄金水道。加强湘江长沙枢纽下游航道疏浚，确保湘江航道畅通。推动长江中游航道疏浚整治，争取常年维护水深提升到6米以上。加快发展多式联运，以岳阳港、长沙港、衡阳港、常德港等港口为重点，加强铁路、高等级公路与港区、码头的连接线建设，实现枢纽港与铁路、公路运输互联互通，提升货物中转能力和运输效率。铁路方面，加快推动常岳九铁路、荆州－岳阳－南昌、襄常高铁、武广高铁复线等一批高铁项目建设。公路方面，加快打通一批区域间断头路，启动环洞庭湖公路、华容－监利高速、平江－江西铜鼓高速等项目建设，推进区域通道联通。民航机场方面，加快启动湘西州、郴州、娄底支线机场建设，支持岳阳三荷机场构建中部国际航空货运枢纽，争取桃花源机场航空口岸早日正式开放。

3. 加快产业融入，促进区域绿色发展

一是深入推进供给侧结构性改革。持续巩固“三去一降一补”成果，继续加强“僵尸企业”处置，进一步加快淘汰落后产能，降低全社会营商成本，有效减轻企业负担。二是以创新引领推动制造业高质量发展。大力抓好创新型省份建设，加快“两山四谷”等一批战略创新平台建设。加快制造强省建设，扎实推进工业新兴优势产业链建设，力争在部分重点领域率先突破，努力将工程机械、轨道交通装备、中小型航空发动机打造成为具在国际影响力的世界级产业集群。三是加快以数字经济发展带动传统产业转型升级。推动人工智能、云计算、大数据等新一代信息技术与实体经济深度融合，鼓励制造业企业依托工业互联网加强产业链协同，在石化、有色、建材、冶金、造纸、纺织等传统制造业领域，大力实施数字化、网络化、智能化、绿色化改造，加快传统制造业企业转型升级步伐。四是科学有序地承接产业转移。加强与长三角地区园区合作共建、招商信息共享，积极承接关联度大、聚集度高的上下游配套企业，推动产业集聚集群发展。

4. 统筹区域融入，构建区域协调发展新格局

一是强化长株潭核心引领作用。加快推进长株潭一体化，依托长株潭两型试验区、自主创新示范区和湘江新区等国家级平台，加快形成以战略性新兴产业为先导、现代服务业为支撑的新型产业格局，打造全国先进制造业基地和现代服务业区域中心。二是进一步突出岳阳增长极、桥头堡作用。加快打造长株潭 - 岳阳协同经济区，从交通互联互通、产业协作机制、共抓生态环境保护等方面，促进长株潭与岳阳协同发展。如，建设长株潭到岳阳的综合立体交通走廊，将湘江大道和芙蓉北路向北延伸，直抵岳阳城区。加快建设长岳城际铁路，加强湘江 - 洞庭湖航道建设，在湘阴、汨罗与长沙一带规划建设经济新区，将长株潭地区传统制造业、劳动密集型产业集中到新区，带动长沙、岳阳中间地带发展，打造与武汉都市圈隔江相望的大都市连绵区。三是提升湘西北战略地位。加快推进松虎航道建设，打通洞庭湖入长江第二黄金水道，以常德为中心，整合湘西北地区货源，加强与重庆、宜昌、泸州、荆州等地港务合作，积极融入长江上、中游城市群发展，将常德打造成湘西北地区连接“一带一路”的枢纽。

5. 推动开放融入，提升中部崛起湖南竞争力

一是优化营商环境。加快推进“一件事一次办”改革，简化审批程序，提升审批效率。精简涉企审批事项，清理取消经营服务性收费和行业协会商会收费，降低通关环节费用。积极借鉴推广各省市自贸区改革试点先进经验和典型做法，提高开放便利度。二是积极争取国家各类开放平台试点。积极向国家层面争取自贸区、开放型经济新体制综合试点试验区等平台，加快推进长沙跨境电商综合试验区试点并争取各项政策创新在全省范围内推广，积极争取郴州综保区开展的企业增值税一般纳税人资格、内销选择性征税等政策试点在全省海关特殊监管区域落地实施。三是加快“引进来　走出去”步伐。重点围绕新兴优势产业链对接国际 500 强、国内 500 强、民营 500 强企业，引资引智引技。健全境外投资管理服务体系，重点围绕“一带一路”沿线国家基础设施建设和市场需求，结合湖南省工程机械、轨道交通、资源勘探开发等领域竞争优势产业和企业，开展境外投资，实现联动发展。

湖南充分发挥“一带一部”区位优势增强发展后劲对策研究*

湖南省人民政府发展研究中心**

2013年11月，习近平总书记作出“一带一部”战略论断，为湖南发展明确了定位、指明了方向。六年来，湖南将新定位转化为发展新优势，加速打造粤港澳大湾区建设、长三角区域一体化发展的经济腹地和长江经济带的重要战略支撑，为优化国家改革开放空间布局做出了贡献。新形势下，湖南省应充分挖掘和发挥“一带一部”区位优势，增强发展后劲，加快构建开放型经济新体系，加速成长为中部崛起标杆。

一　不断探索“一带一部”区位优势实现路径

湖南坚持“一带一部”战略定位，大力实施创新引领、开放崛起战略，全面开展“451”行动计划，大力推进产业项目建设，打通联通世界的通道，搭建开放发展的平台，培育经济增长新动能，不断探索和创新“一带一部”区位优势实现路径，全省开放型经济呈追赶式跨越发展态势。

1. 大力实施创新创业园区“135”工程

全省已建成3800余万平方米标准厂房，短短3年共引进6000多家企业。这些企业很多是以产业链形式“抱团”来湘。如祁阳县，在凯盛鞋业带领下，

* 本报告获得湖南省政府副省长何报翔的肯定性批示。

** 调研组组长：卞鹰，湖南省人大社会建设委员会副主任委员；调研组副组长：唐宇文，湖南省人民政府发展研究中心副主任、研究员；调研组成员：禹向群、文必正，湖南省人民政府发展研究中心研究人员。

诚信鞋材、景辉鞋材等配套鞋材企业纷纷进驻，形成了完整的制鞋产业链，湘南崛起最大的制鞋生产基地；郴州经开区已形成电子新材料产业聚集区，衡阳正在成为电子信息产业新高地，湘西泸溪高新区正着力建设中南地区最大高性能复合材料产业基地，怀化健康产业正在阔步迈向千亿产业，等等。2019 年，湖南省再推“135”工程“升级版”。在巩固“135”工程成效基础上，再扶持 100 个以上优势特色产业园区，建设产业发展、技术支撑、融资担保三大平台，引进 5000 家以上产业型企业落地，实现园区动能升级、功能升级、效能升级。

2. 对标北上广深不断优化营商环境

坚定不移地推进“放管服”改革，全面落实“非禁即入”原则，严格实行市场准入负面清单和公平竞争审查制度，鼓励民间投资进入基础产业、基础设施、公用事业等重点领域。各市州开展“母亲式服务”“一站式服务”“保姆式服务”“一分钟响应”，让企业进得来、留得住、做得大。全省持续减权限权，放宽行政审批，降低准入门槛，放活中介服务，为市场主体和群众办事松绑减负，大开投资兴业便利之门。2018 年 12 月，粤港澳大湾区研究院发布报告，在全国 35 个大中城市排名中，长沙软环境和营商环境排名分别跃升至第二、第九位。长沙排名的跃升，是湖南营商环境持续优化的缩影。

3. 争当承接产业转移的“领头雁”

近 5 年，湖南全省承接产业转移项目超过 1. 6 万个，投资总额约 1. 7 万亿元，每年带动城镇新增就业 70 万人以上。2018 年 11 月，湘南湘西承接产业转移示范区获批，湖南省承接产业转移迎来黄金机遇期。2019 年湖南 - 粤港澳大湾区投资贸易洽谈周在香港、澳门、深圳同时举行，共达成投资类签约项目 445 个，投资总额 4150. 77 亿元，引进资金 3831. 88 亿元。省级签约项目中，总投资 30 亿元以上的项目 30 个，占项目总数的 16. 4%；投资总额 2059. 77 亿元，占总投资额的 66. 5%。2019 年上半年，招商引资实际到位资金 4158. 95 亿元，同比增长 17%。最大的外资来源地香港实际使用外资占全省总额的 75. 1%，同比增长 22. 6%，较上年同期分别提高 6. 6 个和 14. 6 个百分点。

4. 着力构筑内陆开放新高地

湖南开拓开放强省新途径，逐步实现了湖南大通道“国内段”与“国际段”的无缝对接。武广、沪昆、渝厦三条高铁交会于长沙，黄花国际机场基本实现了东南亚国家首都和重点城市全覆盖，构架起全面辐射东亚、东南亚、南亚三大核心腹地，连接欧洲、美洲、大洋洲、非洲的航线网络；城陵矶港通江达海，已开通直达上海的“五定班轮”航线、港澳直达航线和至东盟、澳大利亚等国际接力航线；长沙、怀化、株洲开通直达欧洲铁路货运班列，运输时间较海运缩短 70%，运输价格较空运降低 80%；拥有衡阳、湘潭、郴州、岳阳、长沙等多个综保区，加上金霞保税物流中心、株洲铜塘湾保税物流中心、益阳龙桥公共保税仓和出口监管仓、邵阳保税仓和出口监管仓，湖南成为中西部拥有海关特殊监管区最多的省份。越来越多的湘企在国际舞台长袖善舞，海外并购也好戏连台。截至 2019 年 6 月，1570 家湘企走进 93 个国家和地区，累计境外合同投资 233.82 亿美元，稳居中西部第一。国际“朋友圈”不断壮大，互联网岳麓峰会、国际工程机械展、国际矿物宝石博览会、中非经贸博览会等重大国际活动轮番精彩登场，世界计算机大会、中国国际轨道交通和装备制造产业博览会永久落户湖南，推动湖南企业加速对接国际国内优质资本。

二　湖南发展水平与“一带一部”区位仍不相称

进入新时代，湖南发展不平衡不充分问题突出，与中西部省份趋同竞争明显，与东部地区协调互补不够。在国家区域协调发展战略中，被寄予厚望的“一带一部”发展战略还没能充分发挥作用。

1. 当前的开放水平与“一带一部”区位不相称

近年来，虽然湖南追赶步伐在加快，但开放发展总水平仍然偏低，与“一带一部”区位极不相称。2018 年，按经营单位所在地分，全省货物进出口总额为 465.3 亿美元，仅占全国的 1%，居第 19 位，远低于同期 GDP 在全国的排名。与全国前九名相比，差距惊人，其中广东、江苏、上海分别是湖南的 23.3 倍、14.3 倍和 11.1 倍。

从中部省份比较来看，湖南进出口规模居中部第 5 位，仅高于山西。根据近 10 年数据分析，湖南进出口规模与其他四省的差距呈倒 U 形（见

图1），虽然近3年有所缩小，但与河南、安徽相比，差距仍然较大，河南、安徽2018年分别比湖南高出78.0%和35.3%。

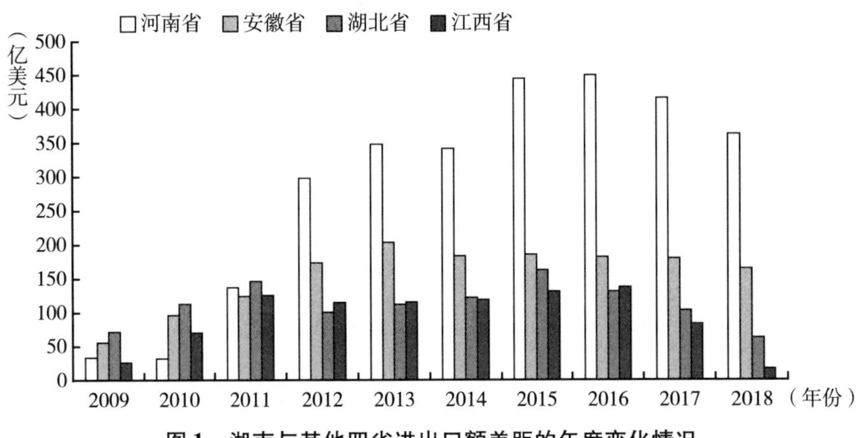

图1　湖南与其他四省进出口额差距的年度变化情况

资料来源：根据Wind资讯计算整理。

从高新技术产品进出口情况来看，湖南处于中部垫底位置，占全国的比重仅为0.5%左右。2018年，湖南省进口高新技术产品240.7亿元，出口高新技术产品243.8亿元，分别占全省进、出口总值的22.9%和12.0%；高新技术产品贸易顺差3.1亿元，而同期河南高新技术产品出口2277.4亿元，占该省出口总值的63.6%，贸易顺差额步入百亿美元行列。河南、湖北、安徽高新技术产品出口均破百亿美元大关。

2. 当前的国家定位与“一带一部”地位不相称

湖南“一带一部”区位优势没有充分发挥好，国家自由贸易区和国家中心城市旁落便是最鲜明的例证。2019年8月30日，国家自由贸易试验区再次扩容，总数已达18个，空间布局上遍布东西南北中，功能定位差异化明显。从“一带一部”区位来看，“过渡带”和“结合部”的两头都遍布自贸区，而坐拥“一带一部”区位优势的湖南却成了中空地带。尤其是湖北、河南、陕西、重庆、四川等中西部省份都成功获批，承担了各有侧重的差别化改革试点任务，其省会武汉、郑州、西安、重庆、成都也都成为国家中心城市，成为新时代中国城市高质量发展的“领跑者”。

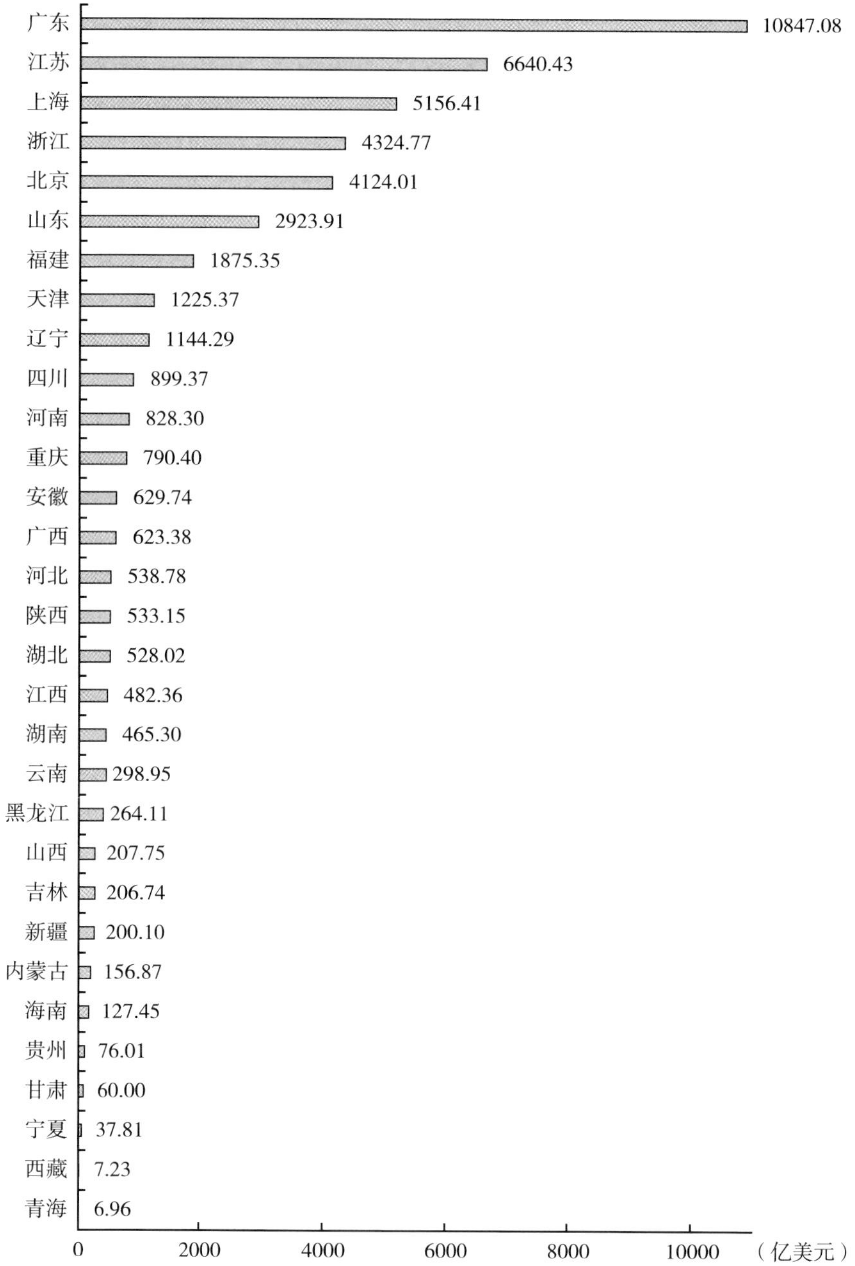

地区	货物进出口总额（亿美元）
广东	10847.08
江苏	6640.43
上海	5156.41
浙江	4324.77
北京	4124.01
山东	2923.91
福建	1875.35
天津	1225.37
辽宁	1144.29
四川	899.37
河南	828.30
重庆	790.40
安徽	629.74
广西	623.38
河北	538.78
陕西	533.15
湖北	528.02
江西	482.36
湖南	465.30
云南	298.95
黑龙江	264.11
山西	207.75
吉林	206.74
新疆	200.10
内蒙古	156.87
海南	127.45
贵州	76.01
甘肃	60.00
宁夏	37.81
西藏	7.23
青海	6.96

0　2000　4000　6000　8000　10000　（亿美元）

图 2　2018 年各地货物进出口总额及排名情况

资料来源：Wind 资讯。

表 1　建设中的国家中心城市及新设的自由贸易区

定位	地区	差别化改革试点任务/国家中心城市定位
新设的自由贸易试验区	山东	培育贸易新业态新模式、加快发展海洋特色产业和探索中日韩三国地方经济合作等
	江苏	提高境外投资合作水平、强化金融对实体经济的支撑和支持制造业创新发展等
	广西	畅通国际大通道、打造对东盟合作先行先试示范区和打造西部陆海联通门户港等
	河北	支持开展国际大宗商品贸易、支持生物医药与生命健康产业开放发展等
	云南	创新沿边跨境经济合作模式和加大科技领域国际合作力度等
	黑龙江	加快实体经济转型升级和建设面向俄罗斯及东北亚的交通物流枢纽等
建设中的国家中心城市	成都	四川省省会，国家历史文化名城，国家重要的高新技术产业基地、商贸物流中心和综合交通枢纽，西部地区重要的中心城市。国家发改委支持其以建设国家中心城市为目标
	武汉	湖北省省会，国家历史文化名城，中国中部地区的中心城市，国家重要的工业基地、科教基地和综合交通枢纽。国家发改委支持其建设国家中心城市
	郑州	河南省省会，国家历史文化名城，中国中部地区重要的中心城市，国家重要的综合交通枢纽。国家发改委支持其建设国家中心城市
	西安	陕西省省会，十三朝古都，中国西部地区重要的中心城市，国家重要的科研、教育和工业基地，国家重要的综合交通枢纽。国家发改委支持其建设国家中心城市、建成具有历史文化特色的国际化大都市

湖南在国家中心城市和国家自由贸易区的省际竞争中，之所以败给同处中部的河南和湖北，在近几年经济发展对比中可看出一些端倪。2013～2018年，湖南经济总量与两省之间的差距不断拉大了（见图3）。

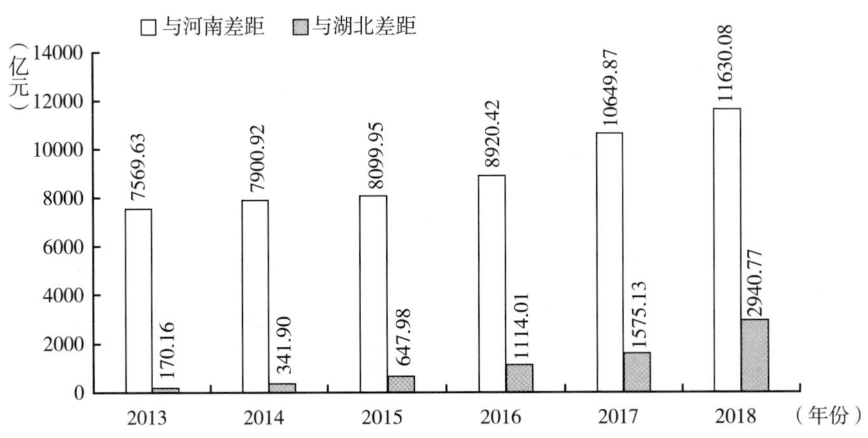

图 3　湖南 GDP 与河南、湖北差距年度变化

资料来源：Wind 资讯。

经济实力的落后，一定程度上反映了湖南"一带一部"区位优势发挥不够，这也很可能是落选的原因之一。因此，湖南发挥"一带一部"的区位优势，关键要发展壮大自身经济综合实力，也只有增强发展后劲、发展壮大自己，"一带一部"战略才算真正贯彻落实好了。

三　湖南发挥"一带一部"优势、增强发展后劲对策建议

习近平总书记强调，"历史从不等待一切犹豫者、观望者、懈怠者、软弱者"。国务院会议提出，支持愿意干事创业、敢于担当、有较好发展潜力的地区和领域"加快发展"，并高度重视基础设施、高新技术、传统产业改造、社会服务等领域和"新增长极地区的发展"。湖南应精准把握最新形势和"一带一部"战略定位实质内涵，应势而谋、顺势而为，培育发展新动能，不断增强发展后劲，努力成为中部崛起标杆和国家新增长极地区。

1. 以湘南湘西承接产业转移示范区为龙头，发挥"一带一部"区位优势，打造粤港澳大湾区产业转移第一目的地

粤港澳大湾区规划定位为国际科技创新中心，其产业发展重点进一步向重点行业和重点环节集聚，为周边区域参与产业分工释放更多空间。湘南湘西地区是粤港澳大湾区的直接辐射区域和拓展区，二者间产业联系紧密、人才交往频繁、文化风俗相近，前者承载空间充裕，承接产业转移具有得天独厚的优势。建议湖南全面对接、积极融入粤港澳大湾区产业链布局，加速转型升级，着力成为粤港澳大湾区产业转移第一目的地。湖南－粤港澳产业转移综合服务中心，可作为省产业招商平台，加强经贸信息研究，建立商情监测体系，为企业提供信息、咨询、供需配对、法律等服务。将科技、人才、金融、资金、能源等要素对接也纳入粤港澳产业招商工作重点，并对标新西兰、新加坡和中国香港、深圳、北京、上海等先进经济体，打造不输于大湾区的政务软环境。推进与粤港澳大湾区在交通、能源等基础设施建设以及科技、金融、信息平台、生态保护等重点领域的合作，加强信用体系、市场准

入、质量互认和政府服务等软环境对接，构建统一开放的市场体系。建设面向粤港澳大湾区的优质农产品基地、能源原材料基地、交通物流基地、旅游休闲基地和康养基地。支持各地园区与粤港澳大湾区合作共建飞地园区，在运营模式、财政收入分成、统计指标的分享和归属、事务的权责划分等方面大胆探索创新。

2. 以长株潭城市群建设为抓手，发挥“一带一部”集聚资源优势，增强湖南开放发展核心区的经济和人口承载力

“一带一部”战略区位需要一个强有力的中心城市和城市群作为发展的核心载体。长沙落选国家中心城市与长株潭城市群建设滞后不无关系。比如湘江新区的设立、渝长厦高铁北线的选择等都没有将长株潭城市群作为发展整体来考量。要将长株潭城市群放在国家中心城市来考量，把长株潭打造成承载发展要素的主要空间形式，增强长株潭在经济发展中的经济和人口承载能力。深入落实国家发改委《关于培育发展现代化都市圈的指导意见》的精神，以促进中心城市与周边城市同城化发展为方向，推动长株潭统一市场建设、基础设施一体高效、公共服务共建共享、产业专业化分工协作、生态环境共保共治、城乡融合发展，培育发展现代化都市圈。应充分发挥集中力量办大事的制度优势，在长株潭城市群的核心地区，重点推进都市圈建设，切实增强长株潭城市群的经济、人口承载力。探讨或尝试建立都市圈或城市群区域服务型管理机构，努力消除阻碍要素流动、阻碍要素高效配置的各种不合理的障碍，深化都市圈的住房市场一体化，优化教育、医疗等公共服务和基础设施的布局，建立统一市场。

3. 以“中国－非洲经贸博览会”为平台，发挥“一带一部”开放合作先天优势，打造服务全国对非经贸合作的核心枢纽和湖南对外开放发展重要窗口

近年来，CP、TBP、PPIP、CETA、RCEP 等双边及区域贸易协定逐渐兴起，在市场开放度、标准上都超过 WTO 现有框架。中非经贸博览会长期落户湖南，是湖南第一个国家级、国际性对外开放平台。湖南应充分利用好这一平台，努力将其打造成为服务全国各省份对非经贸合作的核心枢纽和全国对非经贸合作高地。以此作为国家自由贸易差别化的改革试点，争取成功申

报国家自由贸易试验区。建立对非投资信息服务平台，整合中国与非洲国家政府、商（协）会、企业、金融机构、中介机构等信息资源，发布非洲国家投资政策、统计数据、市场动态、风险预警、营商指南、投资商机和文化习俗，为企业走进非洲提供全方位的信息支持和服务。建立企业“走进非洲”数据库，强化对重点企业的跟踪服务。加强与世界银行、亚洲基础设施投资银行、中非发展基金、国家开发银行、国家进出口银行、中国信用保险等机构的沟通，及时了解国家对非投资的政策，扩大融资渠道，降低投资成本，规避金融风险。以承包工程为重点，加强湖南对非洲基础设施投资；以技术为纽带，加强湖南对非农业合作。发挥湖南在装备制造、矿产勘探开发、基础设施、农业、医疗等方面的优势，开展重点投资。

4. 以“世界计算机大会”为契机，发挥“一带一部”创新发展优势，加快先进计算技术研发，推进湖南省信息产业迈进全新发展空间

国务院批准将世界计算机大会这一世界科技最前沿的国际性盛会永久落户长沙，湖南省计算机及其相关产业发展面临世纪机遇。伴随人工智能、物联网等新一代技术和应用快速发展，以及量子计算、类脑计算等新型计算技术相继涌现，先进计算技术已成为新一代信息技术的核心。湖南省 20 个新兴优势产业链，无不与信息化、人工智能等技术紧密相连。湖南要以举办世界计算机大会为契机，瞄准全国乃至世界信息化、数字化、智能化产业高地的目标，大力推动 5G 应用、智能制造、人工智能、自动驾驶、超算应用等相关产业发展，强化产业链思维，培育产业生态，吸引更多国内外知名企业来湘投资发展，带动湖南省电子信息及计算机、移动互联网、智能网联汽车、工程机械、轨道交通、视频文创等相关优势产业链加快发展。鼓励科学家走出“象牙塔”，围绕市场热点、需求痛点、产业空白点，进行应用研究、技术革新。以应用为导向，突破大数据关键技术，特别是加快高性能计算、大数据计算系统等能力提升，用计算力“赋能”数字经济。

实现湖南省区域经济协调发展研究*

湖南省人民政府发展研究中心**

实施区域经济协调发展战略是新时代国家重大战略之一。党的十九大提出要建立更加有效的区域协调发展新机制，将基本公共服务均等化、基础设施通达程度比较均衡、人民生活水平大体相当确立为实现区域协调发展的三大目标。当前湖南省区域经济发展的不平衡不充分还比较突出，主要表现为要素分配对欠发达地区不利、欠发达地区产业发展不足。要将区域经济协调发展和经济可持续发展联系起来，重视解决结构问题。支持欠发达地区产业发展，增加就业机会，提升收入水平，使区域经济发展为湖南省经济的可持续发展发挥更重要作用。

一　现状分析

1. 各市州经济发展均保持了增长态势

在经济总量方面，2013～2018 年，全省 GDP 实际增长 8.3%。14 个市州中，张家界、邵阳、益阳、永州、长沙、湘潭、常德 7 市超过了全省平均水平，张家界市、邵阳市、益阳市增速较高。

在固定资产投资方面，2013～2018 年，全省平均增速为 13.8%，各市州水平比较接近，衡阳、湘潭、常德、郴州等 8 市超过平均水平。但绝对额差距比较大，最高的长沙市 2018 年固定资产投资为 8438 亿元，最少的湘西州仅为 461 亿元。

---

* 本报告获得湖南省政协副主席戴道晋的肯定性批示。

** 徐涛，湖南省人民政府发展研究中心研究人员。

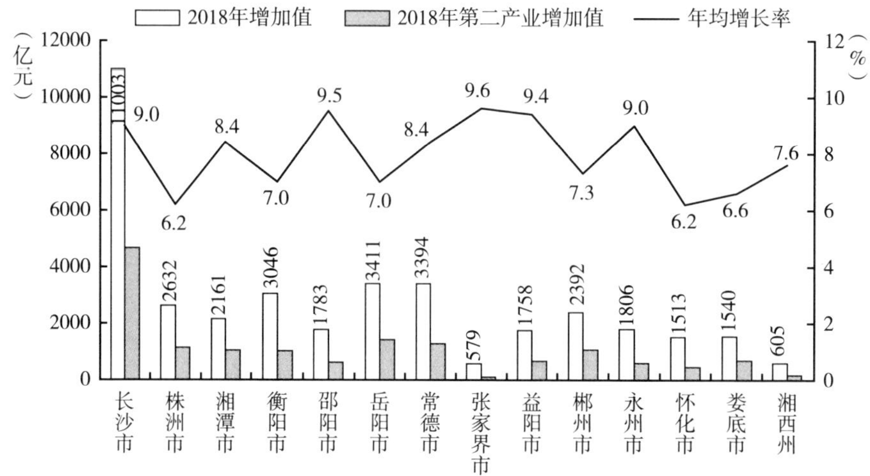

图 1　2013 ~2018 年各市州 GDP 增长情况

资料来源：湖南省统计年鉴。

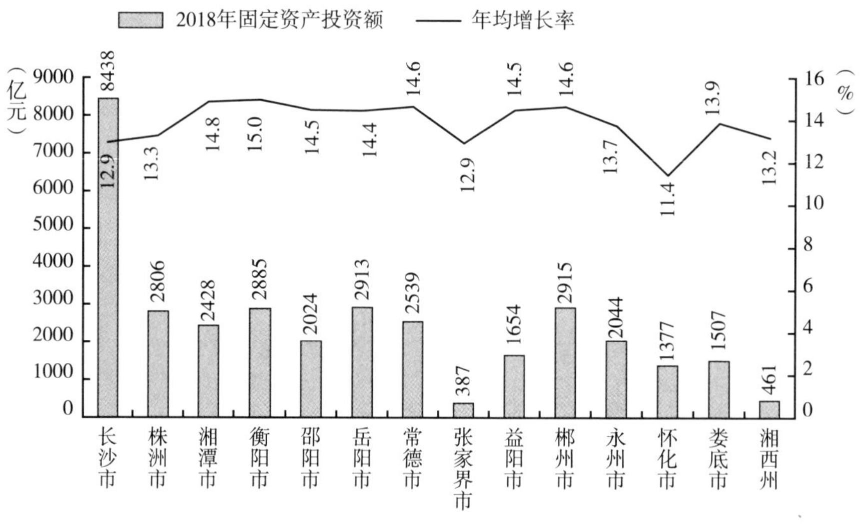

图 2　2013 ~2018 年各市州固定资产投资情况

资料来源：湖南省统计年鉴。

在社会消费品零售总额方面，2013 ~2018 年，全省平均增速为 11.6%，邵阳、永州、张家界、衡阳、益阳、怀化等 6 市超过平均水平。绝对量上，

2018 年，长沙社会消费品零售总额为 4765 亿元，株洲、衡阳、岳阳、常德、郴州 5 市超过千亿元。

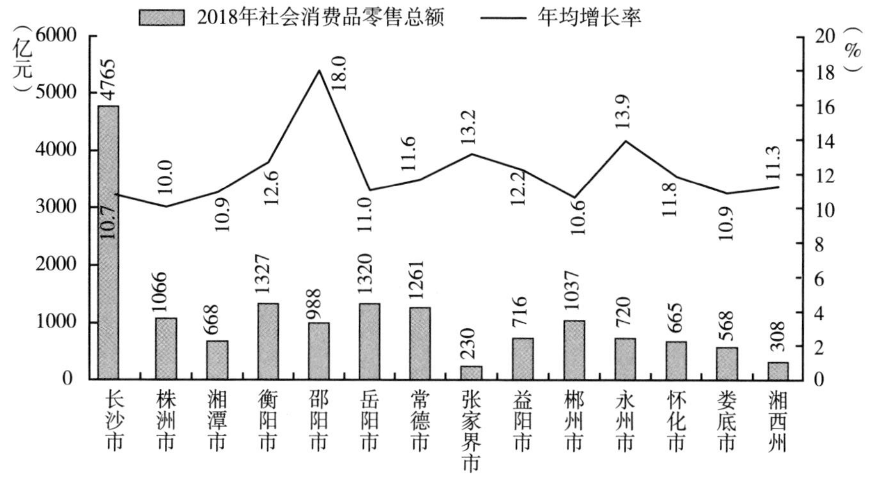

图 3　2013～2018 年各市州社会消费品零售总额情况

资料来源：湖南省统计年鉴。

在财政方面，2013～2017 年，全省地方财政收入平均增速为 7.9%。2017 年，受“三去一降一补”影响，除长沙逆势增加 56 亿元外，各市州地方财政收入较 2016 年普遍下降，衡阳、郴州两市有较大的下降，均下降了 40 多亿元。

在金融方面，2013～2018 年，全省贷款增速为 15.3%，存款增速为 12.8%。湘西、岳阳、永州、张家界、常德、邵阳、衡阳、株洲等 8 市贷款增速高于全省平均水平，张家界、岳阳、永州、常德、邵阳、益阳、娄底、湘西、长沙等 9 市州存款增速高于全省平均水平。

2. 长沙首位度持续提升，GDP 的全省占比保持稳定

长沙在湖南省区域发展中处于一骑绝尘的位置，首位度（与省内 GDP 排名第二的岳阳市比较）水平不断提升。5 年来，长沙市 GDP 占全省的比值略有提升，基本保持在 29% 的水平。省内常德、湘潭、邵阳、益阳、永州 GDP 增长比较稳定，GDP 居于第三位的常德与岳阳的差距由 2013 年的 170 亿元缩小到 2018 年的 16 亿元。

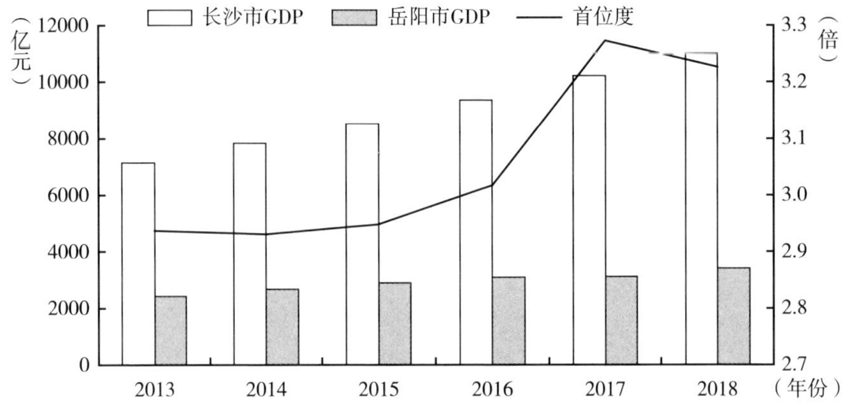

图4　长沙市首位度变化情况

资料来源：湖南省统计年鉴。

3. 资金持续流入省内发展洼地

从省外境内资金（内联引资）实际到位情况和实际利用外商直接投资情况来看，2013～2017年，内联资金对长沙以外的市州更为青睐，资金持续流入这些投资洼地。在内联引资总量上，长沙、郴州、岳阳较多；增速上，全省为15.3%，常德、湘潭、邵阳、娄底、株洲、怀化等地水平较高，湘西、张家界水平较低。在外资利用总量上，长沙、郴州较多；增速上，常德、娄底、邵阳、张家界等地增长较快。在固定资产投资增长方面，2013～2018年长沙以外的其他市州合计年均增长14.1%，高于长沙的12.9%，衡阳、湘潭、郴州、常德都保持了较高的增长水平。在财政支持方面，绝大多数市州的财政支出收入比（转移支付支持力度）都有增加。

4. 经济结构向优化演进

在市场主体方面，民营经济占主导地位。2019年，全省各类市场主体410万户，其中，长沙市达到100万户，个体工商户和私营企业占全部的90.64%。在全省工业规模企业中，所有市州民营企业数占比均超过90%，一半市州该比例超过95%；近五年民营经济固定资产累计投资中，有9市（州）比重超过65%。在产业结构方面，第三产业普遍成为第一大产业，高新技术

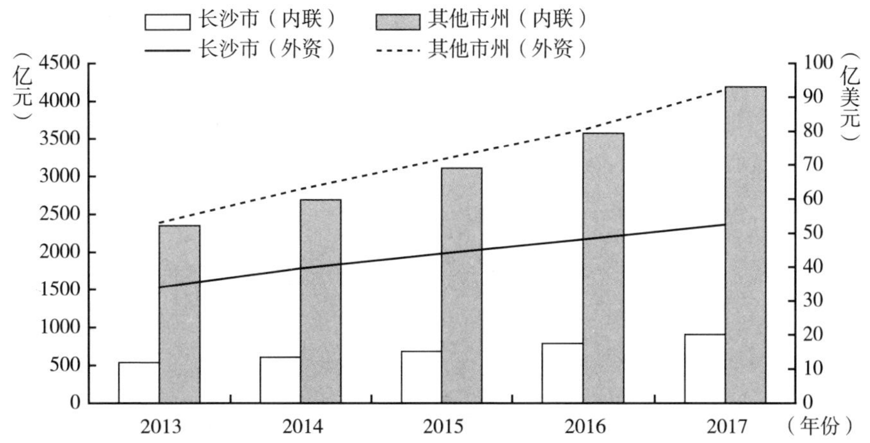

图 5　内联引资和实际利用外资分布

资料来源：湖南省统计年鉴。

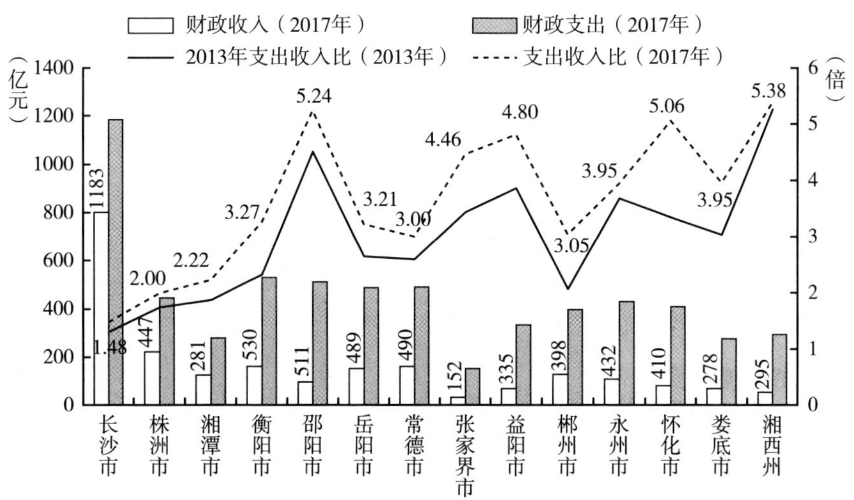

图 6　2013～2017 年各市州财政收支情况

资料来源：湖南省统计年鉴。

产业增加值占 GDP 的比重普遍提升，长沙、湘潭、株洲、郴州超过了 25%，多的提升了 14 个百分点，永州、怀化、张家界、益阳、邵阳、湘西等市州的高新技术产业有较快的增长，永州年均增长了 72%。省级园区主营业务收入年均增长16.3%，张家界、永州、常德、娄底、湘西增速较快，年均增速超过了28%。在发展质量方面，近年来，随着“三去一降一补”工作的推进，落后产能加速退出，“三高两低”产业加速出局，各市州的经济增长质量得以提升。

5. 基础设施条件不断完善

交通方面，全省通车里程跻身全国前5位，实现了100%县市区通二级及以上公路，100%的乡镇和具备条件的建制村通沥青（水泥）路。内河水运通航里程位居全国第三。省内高铁覆盖率已达到70%以上。通信方面，全面建成“光网城市”，城乡基本实现4G网络全覆盖，基本实现了村村通宽带、通光缆，缩小了城乡数字鸿沟。电力方面，湖南省成为中东部地区售电增长最快的省份，未来三年电网投资可达1000亿元以上，全省供电能力可翻一番。

6. 发展软环境普遍改善

全省各市州贯彻落实习近平新时代中国特色社会主义思想，贯彻落实创新、协调、绿色、开放、共享发展理念。以供给侧结构性改革为契机，推进“三去一降一补”工作，加大环境整治力度，推进产业结构转型升级，促进当地经济高质量发展。着力打造一流营商引商环境，推进“放管服”和商事制度改革，加快“互联网+政务服务”深度融合，努力实现企业和群众办事“最多跑一次”。落实各项减税降费措施，进一步减轻企业发展负担、激发民间活力。营造法治化制度环境，构建亲清新型政商关系。

二　问题分析

1. 发展的剪刀差持续扩大

湖南省发展梯度差距表现为“一点（长株潭）一圈（洞庭湖）一线（京广线）一边（西边）”的特点。长沙市一枝独秀，长株潭地区发展条件较好。虽然从长沙市和其他市州二分法来看，资金持续流入省内发展洼地，但单独比较来看，长沙和其他市州在GDP、社会消费品零售总额、固定资产投资、城镇居民人均可支配收入、农村居民人均可支配收入、人均消费额、财政收支、银行贷款余额等发展水平和要素投入的差距上，剪刀差持续扩大。比如贷款余额，历年来，长沙市一直比其他市州的总和还要多，占全部的50%以上。

区域发展失衡一方面导致发达地区强者恒强，产业和人口持续流入，导致当地土地资源紧张，高房价、高地价，严重挤压了消费空间，生活成本高，压力大，生育意愿降低。另一方面，也侵蚀了欠发达地区的发展基础，阻碍了当地就业机会、财政和收入水平的提升。

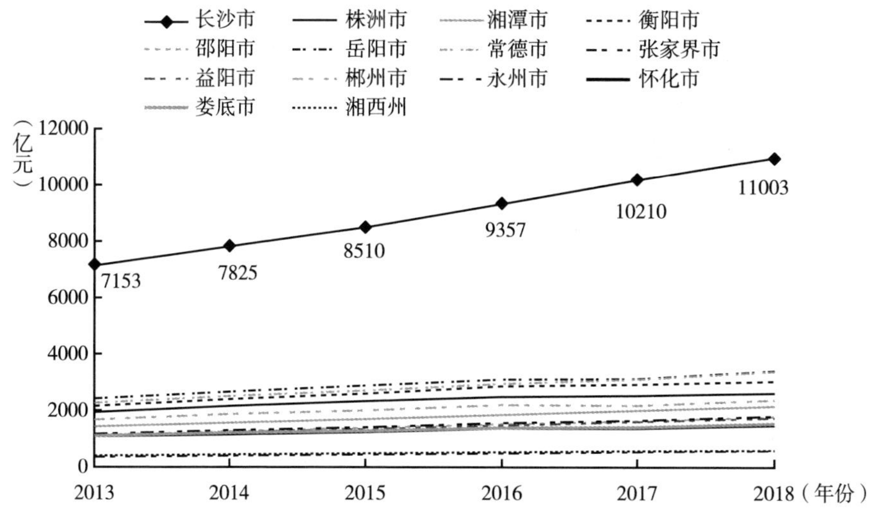

图7　2013～2018年长沙市与其他市州GDP剪刀差状况

资料来源：湖南省统计年鉴。

2. 其他市州要素资源流出问题仍然严重

一是资金要素的流出。从存款贷款比值来看，全省水平为1.4，有11个市州超过全省水平，表明大多数市州本地资金利用水平较低。2018年，长沙市贷款增量占全省的52%；存款增量占全省的比重急升至66%，其他市州显著下滑。二是人才的流出。按近年湖南省人口年自然增长率6.5‰的水平估算，有10个市州常住人口增长水平低于人口自然增长率，全省14个市州中，只有长沙的常住人口有比较明显的增加，衡阳几乎无增长，部分市

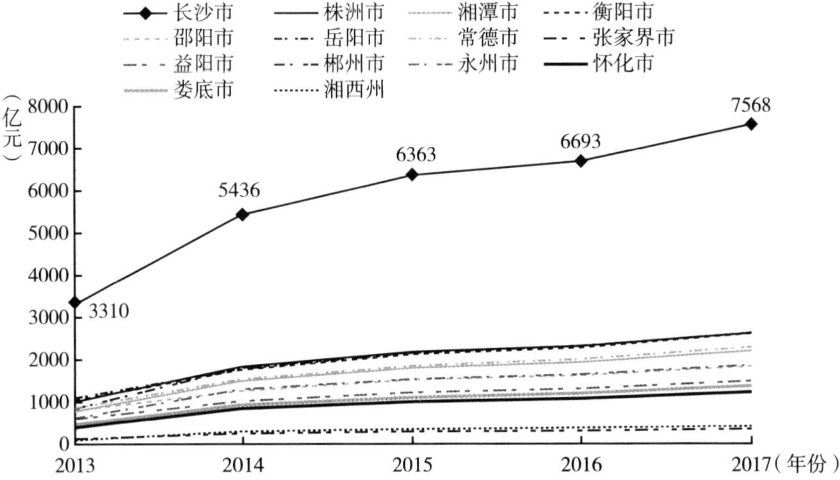

图 8 2013～2017 年长沙与其他市州民营经济固定资产投资剪刀差状况

资料来源：湖南省统计年鉴。

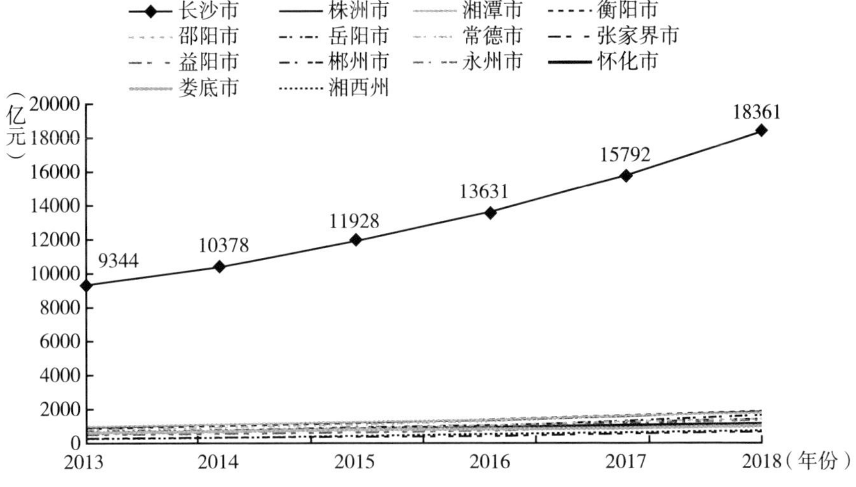

图 9 2013～2018 年长沙市和其他市州银行贷款余额剪刀差状况

资料来源：湖南省统计年鉴。

州人口流出情况较为严重。另外，比人口流出更严重的问题是人才的流出，特别是企业和农村地区，人才来不了，来了留不住。

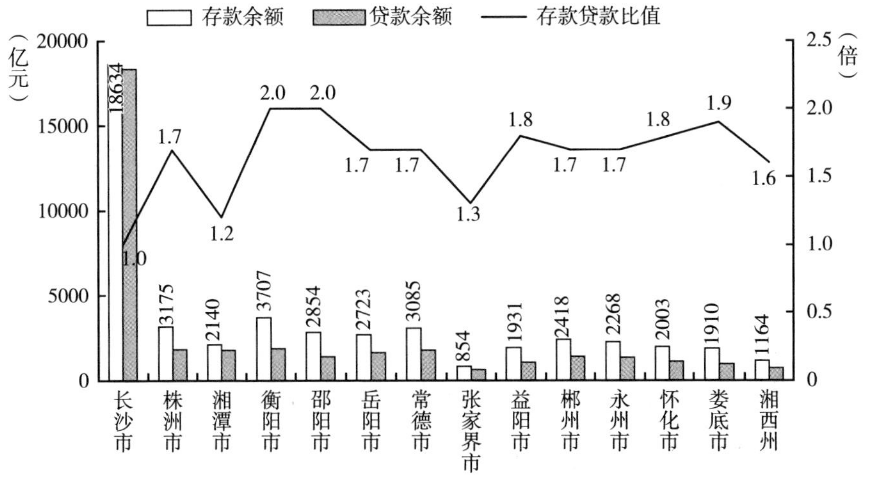

图 10　2018 年各市州存贷款余额情况

资料来源：湖南省统计年鉴。

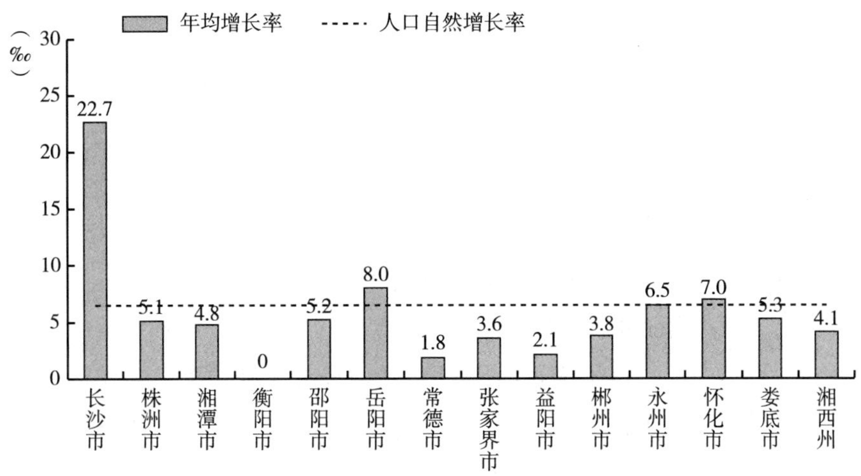

图 11　2013～2018 年各市州常住人口年均增长率

资料来源：湖南省统计年鉴。

3. 产业发展不足，体量不大

对于一个地区，光看产业结构不足以判断其产业发展水平，产业体量才是判断其发展水平的重要标准。湖南省大多数市州产业发展不足，体量偏小，有而不强，有而不大。比如张家界、湘西州旅游产业较为发达，但旅游产业体量不大，人均值依然较低。邵阳市仅有一个邵东（人均 GDP 4.73 万元）也远远不够。

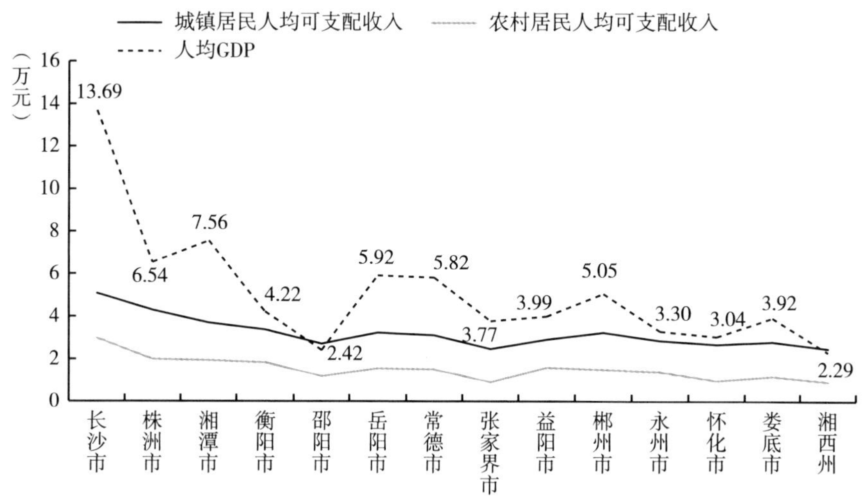

图 12　2018 年各市州人均 GDP 和居民收入状况

资料来源：湖南省统计年鉴。

4. 区域产业发展政策有待完善

公共服务均等化政策对于促进落后地区基础设施和社会事业发展发挥了重要作用，但没有阻止这些地区人口和资金的外流，甚至还提供了便利，产业发展乏力。当前，民生支出占一般公共预算支出比重达到 70% ~80%，但对欠发达地区产业有力度、稳定性的支持政策几乎没有，普惠性或竞争性产业支持政策实质上还是有利于发达地区。单纯的公共服务均等化政策，不能完全促进区域协调发展。

5. 经济面临紧缩的压力比较大

2013 ~2018 年，湖南省 GDP 年均名义增速 8.3%，实际增速 8.35%，名义增速落后于实际增速 0.05 个百分点，表明湖南省增速虽然还保持在中高速上，但经济基本上已失去扩张势头，抗紧缩、抗下行已成为必须面对的问题。同时，外部环境的不可预测性也在增加。当前，欠发达地区传统动能大幅削减，发展新动能仍然不足，实体经济比较困难，风险隐患化解任务比较重，面对当前经济环境，困难会更多。

三　政策建议

1. 将促进区域经济协调发展与保持宏观经济的可持续发展联系起来思考

当前，我国经济的下行压力加大，经济下行是现有经济格局下经济渐失动能的一种反映，这种失效的经济格局反映在区域发展上，就是区域发展的不平衡和不充分状况不仅没有缓解还有进一步加深的可能。当前，在以逆周期的手段对抗经济下行压力的同时，应该对现有经济格局的局限性进行反思，从结构层面反思经济渐失动能的原因，通过一系列调整经济结构的手段来促进宏观经济的可持续发展。在区域发展方面，要制止区域发展不平衡不充分状况进一步加剧，为消费驱动提供空间，促进欠发达地区产业发展，增加就业机会，普遍地提升大众的收入水平。

2. 推动长株潭城市群加快融合发展

长株潭城市群发展条件好，发展有空间，要将长株潭城市群发展作为湖南省平衡区域发展的重要抓手，通过在项目、资金、土地等方面的支持，将长株潭城市群打造成为更大规模的产业中心、人口吸纳中心、消费中心。长沙市是湖南省经济社会发展的先进代表，长沙市要利用人才资源优势、经验优势、队伍优势和产业优势走内涵式的发展道路，长沙的发展要惠及株洲、湘潭。株洲、湘潭产业发展有优势，要通过产业发展加大对人口的吸纳能力，成为全省新的人口吸纳中心。进一步加强长株潭交通基础设施建设，发挥高铁、轻轨、地铁、城市公交的综合优势，提高长株潭城市群中产业、人口聚集区等重要节点通勤的便捷性，提高同城化水平，促进匀质化发展。不断提升科学技术在经济发展中的作用，努力提升生产效率，存优汰劣，扩大高新技术产业的发展规模，形成科技优势产业集群和产业园区，努力培育出大型科技产业巨人，提升长株潭城市群在全省、中部地区以至全国的影响力。

3. 推动其他区域发挥自身优势、加快发展

推动环洞庭湖地区利用洞庭湖通江达海的优势积极融入长江经济带发展。加强和长三角城市群的联系，提升外向型经济、水运经济发展水平。推动湘南地区利用地利优势加快融入粤港澳大湾区建设。积极承接产业转移，做好当地资源性产业的转型升级工作，做好文旅产业发展文章，打造好粤港澳后花园。推动西部地区利用好政策优势加快发展。要利用国家扶贫、促进西部地区发展、促进老少边穷地区发展等政策全面提高当地基础设施建设水平，利用企业税收优惠政策加大招商引资力度。利用旅游资源优势和声誉，积极发展全域旅游，加强信息资源共享，扩大旅游产业的整体规模，惠及更多的当地群众。

4. 着力发展实体经济

一是要积极招商引资。将抓产业项目作为解决县域经济、民营经济、开放型经济等短板问题的不二法门。积极招商引资，将本籍外出客商和能人作为倚重的力量，鼓励其返乡创业。压实招商引资责任，兑现承诺，整治招商引资违约失信行为，提高招商引资项目的履约水平。二是加大财政对产业发展的支持力度。发挥财政资金“四两拨千斤”的作用，统筹各部门在促进产业发展方面的项目资金，形成合力。建议设立专门的产业发展扶持基金。突出对欠发达地区的支持。三是改善金融服务。提高对实体经济、特色经济、民营经济、中小微企业、个体商户的金融支持水平，打通金融服务的微循环，解决好融资难、融资贵问题，推进金融服务实体经济取得新成效。四是持续推进新旧动能转换。实施创新引领开放崛起战略，发展大数据、物联网、人工智能、智能制造等新业态、新动能。推进供给侧结构性改革，推进“三去一降一补”工作，推动高质量发展。正确看待供给侧结构性改革对传统落后产业的冲击和对当地经济的影响，加快推进传统产业先进化进程。五是提升全社会发展实体经济的本领。要改变经济发展的“铁公基、房地产”的路径依赖，克服“离开房地产，什么都不会”的本领恐慌，学习促进实体经济发展的本领，学习推动创新发展的本领。

5. 营造良好的营商环境

营造法治化制度化的营商环境，政府、各类市场主体、劳动者都遵纪守法，依法依规办事。政府要依法保护各类市场主体，坚决维护普通劳动者权益。时刻保持反腐工作的高压态势，构建亲清新型政商关系。继续深化“放管服”改革，精简行政审批事项，加快“互联网＋政务服务”深度融合。开展“一企一策”帮扶活动，提供精准服务，坚决禁止对市场主体乱检查、乱收费、乱要求等行为。深入推进重点领域、关键环节改革，优化资源配置，增强微观主体活力。

6. 不断提升和改善区域发展条件

一是继续推进基本服务均等化。完善教育、职业培训、医疗卫生、文化、社会服务、体育等领域公共服务基础设施，加大基础设施领域补短板力度。二是统筹城乡发展。着力推进乡村振兴战略，促进县域内产城融合发展和城乡一体化，将县域经济作为区域经济协调发展的基础支撑。

将湖南打造成全国文旅融合发展先行区*

湖南省人民政府发展研究中心**

湖南文化和旅游厅的组建，标志湖南省文旅融合新时代已经开启。如何走好新时代文旅融合之路，实现“1 +1 >2”效应？这是湖南文旅产业当前迫切需要思考和解决的课题。带着这个问题，我中心课题组到常德、张家界等地进行了实地调研。调研发现，湖南具有文旅融合发展的产业、资源和消费基础。湖南省应抓住机构改革的历史机遇，充分发挥现有优势，从体制、服务、业态、人才四方面着手，加快产业融合发展，将湖南打造成全国文旅融合发展先行区。

一　发展基础：湖南有成为全国文旅融合发展先行区的潜力

1. 产业基础：主要经济指标稳居全国第一方阵

2015 ~2018 年，全省文化和创意产业增加值从 1707. 18 亿元增长到 2260 亿元，占 GDP 的比重达到 6. 2%；全省旅游接待游客从 4. 7 亿人次增长到 7. 5 亿人次，年均增长 16. 8%，旅游总收入从 3712. 9 亿元提高到 8355. 7 亿元，年均增长 24. 8%。2019 年春节，湖南游客净流入位列全国第一。国家新闻出版广电总局批复设立中国（长沙）马栏山视频文创产业园，园区入选国家第三批文化与科技融合示范基地，文创园集聚了文化企业 300 多家。2018 年全国排名

* 本报告获得湖南省委常委、省委宣传部部长张宏森的肯定性批示。

** 调研组组长：谈文胜，湖南省人民政府发展研究中心党组书记、主任；调研组副组长：唐宇文，湖南省人民政府发展研究中心副主任、研究员；调研组成员：禹向群、李银霞、文必正、侯灵艺、贺超群、言彦，湖南省人民政府发展研究中心研究人员。

前10的网络综艺节目中，有8部出自该园区制作团队。全省上市文化企业达8家，居中西部前列。长沙获评“世界媒体艺术之都”，并成为中部地区首个国家级文化出口基地。从中国人民大学发布的“中国文化产业发展指数（2018）”和“中国文化消费发展指数（2018）”来看，湖南的综合指数排名稳居第七（见图1），影响力排名第六（见图2）。从人民网舆情数据中心发布“2018年全国文化旅游品牌影响力排行榜”来看，湖南品牌影响力在全国排名第八（表1）。

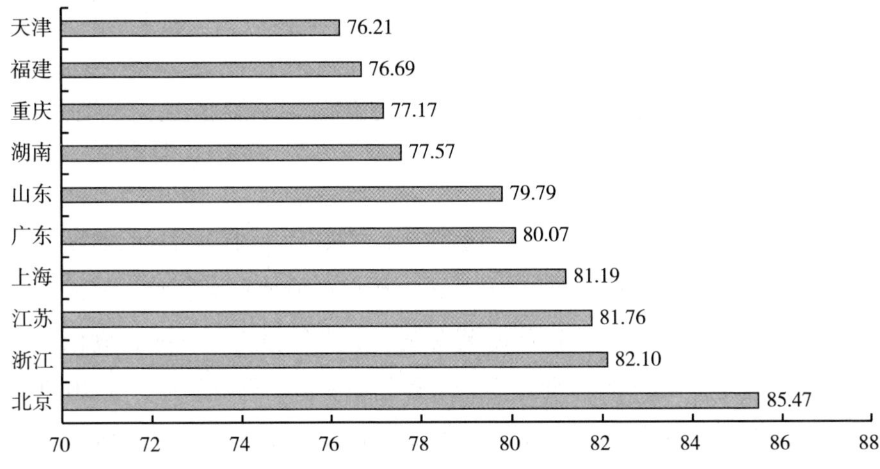

图1　2018年中国省市文化产业综合指数排名（前10位）

资料来源：中国人民大学文化产业研究部。

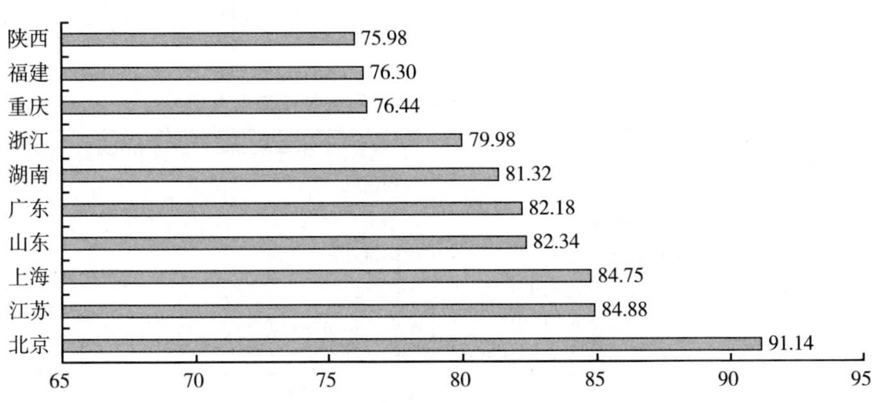

图2　2018年中国省市文化产业影响力排名（前10位）

资料来源：中国人民大学文化产业研究部。

表 1 2018 年中国省区市文化旅游品牌影响力排行榜（前 10 位）

排序	地区名称	品牌关注度	品牌活跃度	品牌美誉度	品牌影响力
1	北京市	96.45	82.12	97.22	92.38
2	上海市	83.69	87.61	93.61	87.84
3	山东省	67.01	96.77	92.66	83.63
4	浙江省	70.93	64.51	91.03	75.03
5	四川省	66.07	71.82	89.61	74.86
6	江苏省	53.14	83.10	91.72	73.70
7	重庆市	54.28	71.06	92.32	70.73
8	湖南省	54.33	74.60	87.88	70.48
9	河南省	51.02	73.13	91.12	69.68
10	广西壮族自治区	39.81	92.60	85.03	69.21

资料来源：中国人民大学文化产业研究院。

2. 资源基础：全国唯一入选2018年世界十大最物超所值旅行目的地省份

在 2019 年举办的中国湖南（第九届）旅游产业博览会暨首届旅游装备展上，首次发布的《2018 中国旅游装备制造业发展报告》显示，湖南省作为全国唯一省份，入选 2018 年世界十大最物超所值旅行目的地。在 2019 年中国旅游产业发展年会上，湖南共有 10 个项目（单位）入选“2018 年中国旅游产业影响力风云榜”，成为获奖最多的省份（见表 2）。31 家单位入选国家全域旅游示范创建单位名单，数量位居全国第一。长沙市荣获“东亚文化之都”、最美中国榜“国际知名旅游度假城市”、2018 年中国十大旅游

表 2 2018 年中国旅游产业影响力风云榜湖南获奖名单

2018 中国旅游影响力营销推广活动 TOP10	“锦绣潇湘”走进“一带一路”文化旅游合作交流系列活动
2018 中国旅游影响力城市 TOP10	长沙市
2018 中国旅游影响力文化景区 TOP10	中国桃花源
2018 中国旅游影响力自驾游目的地 TOP10	平江县
2018 中国旅游影响力社会责任企业 TOP10	湖南天岳幕阜山旅游开发股份有限公司
2018 中国旅游影响力旅游装备制造企业 TOP10	湖南地球仓科技有限公司
2018 中国旅游影响力旅游装备制造企业 TOP10	亚光科技集团股份有限公司（原太阳岛游艇股份有限公司）
2018 中国旅游影响力乡村民宿 TOP10	慧润民宿（长沙县开慧镇）

影响力城市的美誉。湘潭市获评为全国唯一的红色旅游融合发展示范区、第一个“红色旅游国际合作创建区”。南岳区、平江县等地被评为国家级旅游业改革创新先行区。全省现有世界遗产3处，5A级景区9家、4级景区100家，国家森林公园63个，国家级风景名胜区22个，国家历史文化名城名镇14个，中国特色小镇16个。五星级乡村旅游区（点）428个，为文旅融合发展提供了资源基础。

3. 消费基础：消费不断升级，以亚洲市场为主体、欧洲和美洲市场为两翼的入境旅游发展新格局基本形成

2018年，全省实现社会消费品零售总额15638.26亿元，同比增长10%，增速比上年同期低0.6个百分点，比全国平均水平高1个百分点。全省实现电影票房19.36亿元，同比增长24.3%。省博物馆新馆开馆一年接待观众362万人次，成为全国接待人数最多的省级博物馆。2018年底，在国家文化和旅游部的专项督导中，作为国家首批文化消费试点城市，长沙文化消费试点获评国家一档奖励、位居全国前列。2019年春节假日期间，湖南省共接待游客3074.56万人次，同比增长12.99%；实现旅游综合收入210.08亿元，同比增长18.34%。各主要旅游城市、旅游景区的旅游收入普遍大幅度增加。2018年湖南省接待的365.1万入境游客中，港澳台入境游客为186.3万人次，占全省入境游客的51.0%；入境外国游客178.7万人次，占全省入境游客的49.0%。在入境外国游客结构中，亚洲游客为107.9万人次，占全省入境外国游客的60.4%；欧洲游客35.9万人次，占全省入境外国游客的20.1%，同比增长22.1%；美洲游客为18.41万人次，占全省入境外国游客的10.3%，同比增长17.0%。以亚洲市场为主体、欧洲和美洲市场为两翼的入境旅游发展新格局已基本形成。

二　发展瓶颈：急需突破的四大问题

湖南在文旅产业融合发展方面有显著的发展优势，但在融合理念、广度深度、市场主体及人才培养等方面仍存在一些问题，主要表现在以下四个

方面。

一是融合理念有待强化。缺少顶层设计和总体规划。目前，国家和省级层面的文旅融合发展规划还没有出台，各地和业界更多的是在“摸着石头过河”。文旅部门整合前，两个部门是并列的，各自职责不同。文化部门侧重于从文化建设的视角考虑产业发展，旅游管理部门则专注于旅游服务、市场化运行，各有优势，但没有形成合力。另外，文旅融合发展与自然资源、生态保护、市场监管等部门的协调，在新的空间改革、资源改革谋篇布局等各方面还需进一步提升。

二是融合广度和深度需要拓展。此前湖南省文旅部门联合出台了若干文件，积极推动发展文化旅游，但总体上过去文化和旅游还是平行多、交叉少，发展融合度不高。文旅融合的创新性开发还远远不够，更多的是块状结合，真正意义上的融合还不多。文化创意、高科技元素应用较少，产业链的纵向延伸不充分，市场化运作程度比较低，制约着融合发展。比如，以文化资源为核心的历史文化名城、特色小镇等，相当一部分文化特色不鲜明，吸引力不强；以自然资源为核心的旅游景区、度假区等文化内涵挖掘不够，吸引物不多；文物活化方式相对落后，仅仅停留于静态展示，难以对游客产生吸引力；在融合发展模式上，多复制、少创新，业态创新、内容创新、模式创新和管理创新等不足；产品开发方面随大流、同质化、跟风严重。个别产品只追求形式上的“新”，外表上的“特”，不注重产品的内涵，既没有“灵魂”，也没有“骨骼”。

三是缺少带动性强的龙头企业和超级 IP。湖南省是典型的文化和旅游大省，文旅资源丰富。一些湖湘特色的资源集群优势不明显，品牌识别度不够，同质化太高，很多地方的产品与服务项目是一致的，感受上给顾客惊喜的东西很少，真正有带动性和影响力的龙头企业和超级 IP 不多。比如，湖南省有旅行社 1011 家，但还没有真正能够与美国运通、德国途易在国际市场竞争的旅游企业和品牌；有景区景点 2000 多个，但还没有能够与浙江横店、广东长隆相媲美的主题乐园企业和品牌。

四是缺少各类人才。全省文旅人才总量有限、质量不优、分布不均衡。

文化人才投入还是有限，培养模式也有待进一步拓展，缺乏大的人才工程，在全国有较强影响的领军人才也不多。既懂文化又懂旅游的综合性人才很少。高素质的管理人才、营销人才、设计人才、开发人才、学科带头人、讲解员、导游等各类人才都很缺乏，急需培养一批既懂文化又懂旅游的综合型人才。

三　对策建议：从四方面着力将湖南打造成全国文旅融合发展先行区

针对湖南现有的文化旅游基础，结合当前文旅融合发展的典型趋势，湖南省可以从四个方面来发力，推动文旅融合加速发展，全力将湖南打造成全国文旅融合发展先行区。

1. 创新管理体制，完善政策保障

推进文旅融合的管理体制和政策创新，包括制订文物活化利用管理负面清单，创新文化文物单位运营合作机制，加强资源系统梳理、市场化开发利用等。建立部省共建、省市（县、区）共建机制。组建班子研究和梳理部委相关政策，积极争取国家文化和自然遗产保护利用设施建设项目补贴等国家资金支持。按照“资源共享、优势互补、互惠互利、合作共赢”原则，以业务合作为基础，共同创新各部门文旅融合发展模式，动员多部门协调配合，形成管理合力。尽快完成顶层设计。在探索、实践和充分调研的基础上，尽快制定出台湖南省文化和旅游产业融合发展的指导意见，在编制“十四五”规划过程中，应充分考虑文旅融合发展的客观需求，专门制定湖南文化和旅游产业融合发展的专项规划。明确湖南省文旅融合发展的要求、目标和任务，打造旅游核心吸引物。适应旅游全域化趋势和要求，深入挖掘湖南旅游资源、特色和内涵，明确主题定位和整体战略，进行差异化、特色化、功能化、联动化的开发，明确重点发展板块和区域，强化湖南省文旅发展机制和政策保障，形成独具魅力的文化影响力、特色鲜明的旅游吸引力、优质高效的产品供给力、领先水平的产业竞争力。

2. 创新智力支撑，形成一批影响全国的一流科研成果

文化和旅游产业界，既要有市场竞争的紧迫感，也要有放眼未来的长远眼光，不断提高前瞻性和执行力。需要不断创新各项服务，为文旅融合提供强劲支撑力。建议更加重视文旅第三方智库的作用，强化研究支撑服务。整合现有智库、高校、企业资源，成立高规格的湖南省文化旅游研究院，高起点谋划湖南文旅产业发展。成立专家顾问团，建立专家顾问机制，深入开展调研，加强文旅融合产业发展趋势研究，及时跟踪产业发展动态，开放式做研究，为融合发展提供智力支持。用 2 ~ 3 年时间建设拥有一批科研骨干、学术领军人物、实用性技术人才的一流科研团队，取得一批立足湖南、辐射中部、影响全国的重大应用研究和引领性学术研究的一流科研成果。支持文旅产业第三方智库发展，加强智库成果的宣传和应用转化，全力将智库打造成湖南省文旅事业发展的“思想库、智囊团、资源库”，为湖南乃至全国文旅融合、高质量发展提供智力支持。

3. 创新产业业态，精心打造一批全国标志性的文旅品牌

文化和旅游的基础在产业，活力在市场。没有强大的品牌企业，就没有强大的文化和旅游产业，也很难实现文旅产业的融合和创造性发展。大力推动产品业态创新，打造一批标志性的核心吸引物，实现全省文化旅游由观光为主向观光、休闲、度假并重转变。一是做大康养和红色旅游。发挥湖南省红色旅游，尤其是伟人文化和张家界独特自然风光等资源优势，深度挖掘文化内涵，树立湖南省的红色和康养品牌，做大做强几个叫响全球的品牌，着力打造一批特色文化旅游区，把湖南建成国内有影响的红色和康养旅游目的地。二是大力发展新产品新业态。加快推进“文化旅游 +”和“ + 文化旅游”，实现文化旅游业与其他行业的融合，鼓励发展会展农业、众筹农业、森林人家、温泉小镇、研学旅游等新业态。深入挖掘先进思想、文化基因、多彩民俗、生态价值、艺术灵感等 IP 元素，辅助现代科技手段，促进文化、文物的升级利用，使传世国宝穿上时尚外衣，让遗产“活”起来，让景区“嗨”起来。三是不断壮大市场主体。鼓励中南出版传媒集团股份有限公司、芒果超媒股份有限公司和湖南电广传媒股份有限公司等文化领军企业，

在湖南文旅融合发展中发挥更加积极的“领头羊”作用。发挥马栏山视频文创园、天心文化产业园等优势园区的集群效应，积极打造湖南文旅品牌集群，包括文化旅游产业综合体、旅游演艺综合体、文化主题公园、文化旅游休闲度假品牌等，做好一个有国际影响力的文化旅游论坛，提升湖南文旅品牌在国际上的美誉度。

4. 创新人才培育，成为全国最大的文旅融合复合型人才的输送地

文旅融合的综合性人才培养是当务之急。湖湘文化源远流长，需要一大批既懂湖湘文化又懂旅游市场的专业人才。促进文旅融合发展，必须加强对文化旅游人才的引进和培养。建议从省级层面组织宣传部、文旅厅、教育厅、文旅企业、第三方智库、高校、协会等单位多方位协商，围绕文化和旅游市场巨大的人才需求，利用湖南省现有资源优势，制定湖南省的专属文化旅游人才培养计划，特别是培养行政管理、规划设计、景区管理、文化创意、市场营销、产品开发等方面人才，将湖南省打造成全国最大的文旅融合复合型人才的输送地。各级各类文化和旅游协会可以充分发挥社会组织优势，结合市场需求和人才培养需要，积极开展分类培训。文化和旅游企业可根据自身发展实际，采取“走出去”和“请进来”相结合的方式，支持员工在岗学习，并邀请专家学者、业界资深人士对员工开展针对性培训。鼓励省内高等院校特别是文化旅游类职业院校应该因需育才，结合办学定位和专业优势，与文旅企业加强合作，联合举办“校企合作班”“订单班”“就业直通班”等，提高人才培养的针对性，为文旅企业培养急需的高素质、职业化专门人才。

湖南省县城常住人口增长和产业发展现状、问题及建议[*]

湖南省人民政府发展研究中心[**]

县城人口集聚和产业发展对提升县域经济竞争力、促进城乡融合发展、改善民生具有重要作用。为深入了解湖南省县城常住人口和产业发展情况，我中心成立调研组，先后到省住建厅、省农业农村厅、省教育厅等省直部门，以及耒阳市、新化县等县市开展实地调研。总体来看，虽然近年来，湖南省推进县域城镇化成效明显，但县城集聚人口功能仍然不强、产业支撑能力有待提升。下一阶段，要从突出特色、做强产业、合理利用教育资源、提升公共服务等方面着力，推动县城人口集聚，以县城发展引领乡村振兴战略的实施。

一 湖南省县城常住人口增长和产业发展主要特点

1. 县域城镇化处于快速发展阶段，城镇化率稳步提高

截至2017年底，湖南87个县市（县级行政区划中去掉市辖区，下同）常住人口中城镇人口数量达到2405.63万人，比2013年增加416.06万人。2013～2017年，全省87个县市常住人口城镇化率从38.69%上升至46.29%，提高7.6个百分点。同期全省常住人口城镇化率从47.96%上升

* 本报告获得湖南省政府副省长陈文浩的肯定性批示。

** 调研组组长：谈文胜，湖南省人民政府发展研究中心党组书记、主任；调研组副组长：唐宇文，湖南省人民政府发展研究中心副主任、研究员；调研组成员：彭蔓玲、刘琪、戴丹，湖南省人民政府发展研究中心研究人员。

至 54.62%。全省 87 个县市常住人口城镇化率低于全省平均水平的幅度从 9.27 个百分点降至 8.33 个百分点（见图 1）。

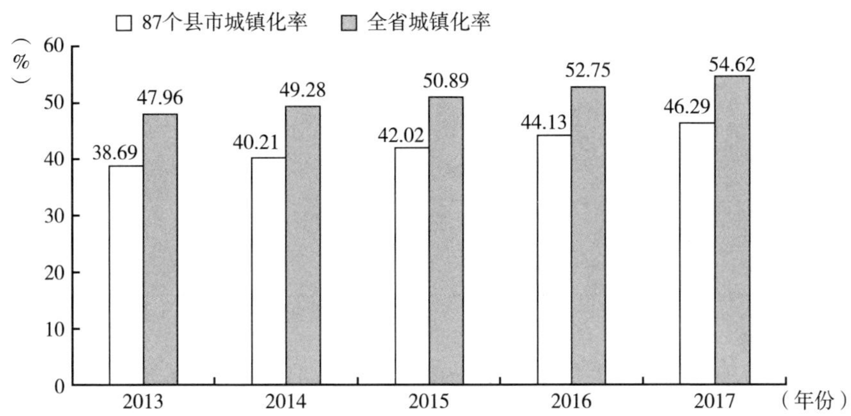

图 1　2013～2017 年全省及 87 个县市城镇化率变化情况

资料来源：湖南省历年县城建设统计年报。

2. 县城常住人口占全省城镇常住人口的比重持续增加，县以下建制镇比重逐步降低

2017 年，湖南 14 个地级市、87 个县市城区、县以下建制镇城镇常住人口占全省城镇常住人口的比重分别为 41.30%、38.53% 和 20.17%。相较于 2013 年，县级城市占比提高了 2.35 个百分点；地级市占比提高 4.08 个百分点；县以下建制镇占比降低了 6.43 个百分点（见图 2）。县城人口集聚效应初步显现，而县以下建制镇的城镇人口有明显外流趋势。其中，县城常住人口增长较快的包括长沙县、洪江市、衡东县、祁东县、临武县、衡山县、新化县等。

3. 工业和园区是县域城镇化和城区人口增长的主导力量

将全省 87 个县市所在县域按三次产业主导分类，不难发现，第二产业是提升城镇化率的主导力量，第二产业占比越高的县市，城镇化率也越高，而第一产业占比高的县市，城镇化率则相对较低（见表 1）。

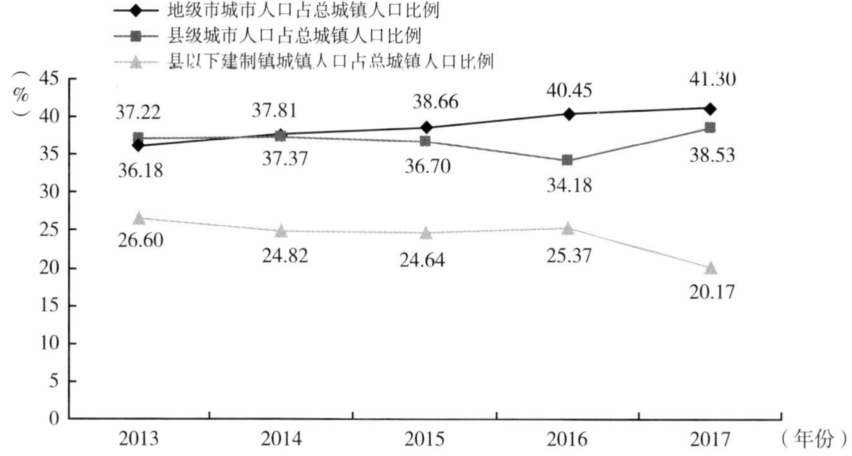

图 2　2013～2017 年各行政级别城镇人口规模变化情况

资料来源：《2018 湖南新型城镇化发展报告》。

表 1　2017 年湖南县域中小城市产业与城镇化情况

主导类型	特征	城市	产业结构	城镇化率(%)
第二产业主导型	第二产业占比≥0%	长沙县、宁乡市、浏阳市、醴陵市、湘乡市、湘潭县、汨罗市、临湘市、资兴市、花垣县、沅陵县、中方县、株洲县、冷水江市	9.83∶56.69∶33.48	53.85
第三产业主导型	第三产业占比≥55%	凤凰县、桑植县、吉首市、桂东县、会同县、耒阳市、龙山县、慈利县、衡山县	13.67∶24.53∶61.79	45.99
第一产业主导型	第一产业占比≥25%	江永县、武冈市、洞口县、双牌县、永顺县、新宁县	26.86∶29.15∶43.99	42.29

资料来源：根据《2018 年湖南统计年鉴》整理。

园区集聚效应明显。2016 年，全省 87 个县市中，有 93 家省级及以上产业园区，实现技工贸总收入 1.82 万亿元，吸纳入驻企业 1.5 万个、从业人员 175.6 万人，分别为全省 139 家省级及以上产业园区的 45.3%、38.8% 和 54.9%。其中，工业企业主营业务收入 1.6 万亿元，工业企业 8978 个，从业人员 148.1 万人。可见，县域产业园区在吸纳从业人员和集聚人口等方面作用比市（区）更为明显，而工业企业则是吸纳从业人员的主力，占园区总从业人员的84.3%。

4. 县城相对优质的教育资源成为集聚人口的重要因素

随着城乡发展水平的大幅提升，农村家庭对子女教育越来越重视，部分有条件的选择直接到县城购房，部分外出务工者选择租房，让子女进城就读。根据在耒阳和新化的调研情况来看，农村义务教育阶段学生如果在城区租房就读公办学校比留在农村就读，每户每年需要增加支出1.2万~2.0万元，这在很多农村家庭的可承受范围以内，因此也有部分条件稍差的农村家庭选择在城区租房让孩子进城就读，这使得越来越多农村人口因为子女教育在县城集聚。湖南省教育事业发展统计显示，全省进城务工人员随迁子女中在校小学生也呈现逐年上涨的趋势，2011~2018年，年均增长7.39%。在此背景下，湖南省县城义务教育阶段学生明显呈逐年增长的态势，而农村义务教育阶段学生数量逐年下降。以耒阳为例，该市2019年秋季，城区义务教育阶段学生数占到全市义务教育阶段学生总数的63.3%，其中小学阶段占62.0%，初中阶段占66.1%。城区学生中拥有城区户籍或房产的人员子女占67.2%，进城务工或经商人员子女占29.2%，农村进城择校学生占3.6%。

二　存在的主要问题

1. 县城常住人口规模偏小，部分县市出现人口下降

截至2018年底，湖南省87个县市城区平均常住人口规模为18.48万人。其中，中等城市（50万~100万人）只有长沙县和耒阳市2个，Ⅰ型小城市（20万~50万人）19个，Ⅱ型小城市66个（其中人口少于10万人的有16个）。同时县城常住人口在县域总人口中所占比例普遍偏低，全省县级城市城区常住人口平均只占24.4%，县城常住人口占县域总人口比重超过40%的只有8个。另外，截至2018年底，有14个县市的城区常住人口相较于2015年出现下降，占全部87个县市的16.1%。降幅最大的三个县市

分别是浏阳市（-16.1%）、嘉禾县（-9.72%）和沅陵县（-8.08%）。

2. 县城吸纳外来流动人口的能力弱

非户籍暂住人口数的多少被认为是反映一个城市人口集聚能力和评价当地经济活力的重要指标，在广东、江苏、浙江等沿海发达省份的不少县级城市，非户籍暂住人口占常住人口的比重超过50%。而截至2018年底，湖南87个县市城区非户籍暂住人口数占城区常住人口数的比重平均只有15.3%，其中占比低于15%的城区达到59个，占比最高的是长沙县，比重达到52.6%，超过30%的还有宁乡市、古丈县和耒阳市。87个县市城区非户籍暂住人口数平均每县市只有2.84万人，其中，29个县市城区不足1万人，57个县市城区不足2万人。

3. 产业发展水平不高制约县城常住人口增长

一方面，县域工业亟待转型升级。湖南省县域产业多数仍以农副产品为主，产品附加值低，处于产业链的低端。2017年，全省87个县市中，长沙县、浏阳市、宁乡市第二产业占比较高，分别达到65%、68%和64%，远高于87个县市平均水平（45.2%），约60%（52个）的县（市）第二产业比重在40%以下，这说明湖南省县域总体上处于工业化初级阶段，对县域城镇化的支撑乏力。

另一方面，第三产业发展水平低。2017年，全省87个县市第三产业人均产值为15317.7元，是全省平均水平（25397.1元）的60%，只有6个县市超过全省平均水平，绝大部分位于全省平均水平之下，而湖南省第三产业占比低于全国平均水平，由此可见，湖南省县域第三产业发展水平较低，对人口的集聚效应也不强。

4. 县城公共服务资源不足影响城区常住人口增长

国务院发展研究中心和中国社会科学院曾对农民工市民化的人均公共成本进行过测算，得出的结果分别为8万元和10.4万元。但对于大多数县域而言，由于经济基础差、底子薄，财政能力有限，为本土市民提供公共产品和公共服务尚且困难，很难做到为农村进城人员提供同等教育、医疗、劳动就业、住房保障、社会保障等产品和服务。以教育为例，城区新建、扩建学校进度相对滞后，同时教师编制增编空间小，再加上2018年全省基本消除义务教育超大班额、2020年全省完全消除大班额的压力，湖南省县城中小学校数量不足、学位有限问题十分突出，不利于县城人口集聚，甚至可能影响社会稳定。

三 对策建议

1. 突出比较优势，坚持分层推进县域城镇化

根据区位、产业基础和资源禀赋，对县域中小城市性质进行科学定位，合理确定县城发展方向。

发展基础薄弱，城镇化发展水平低，人才、技术、资金缺乏，市场发育不够成熟的特小县城、小县城，如大湘西和湘中地区的某些县城，应当利用其旅游资源大力发展旅游业和服务业，完善城市基础设施和公共服务设施，吸引县域内农业转移人口向县城、商贸名镇和旅游名镇集聚，全面促进城镇化水平提高。

发展基础较好，城镇化水平一般的大中县城及规模较小的县级市，如洞庭湖地区及湘南地区，要将县城及县级市建设与产业园区建设密切结合起来，加快产业园区的基础设施建设，大力承接劳动密集型产业和资源密集型产业，使产业园区成为发展的重要支撑。尤其应当鼓励其中经济相对发达、城镇化水平相对较高的县城，加快土地流转、农业转移人口市民化，优先发展成为中等城市和工业型小城市，发挥市州区域次中心的极化效应，带动周边县域经济社会发展和新型城镇化。

发展水平较高的特大县城及县级市，如长株潭地区，应进一步加强现代交通、通信、物流建设，大力推动要素聚集，为承接市区产业转移和协同、加快战略性新兴产业园区建设创造有利条件，发挥产业链、产业园区的纽带和载体作用，打造专业特色鲜明、服务平台完备的现代产业集群。同时要着力于生态环境建设与政府服务能力的建设，将城市的建设与生态文明建设紧密结合起来，优化发展环境和人居环境，进一步推进县城及县级市的发展。

2. 壮大特色主导产业，增强县域吸引人口能力

一是大力发展县域特色产业集群。改革开放以来，湖南省涌现出一批小而精、小而专、小而特、小而优的县域特色产业和特色群体。建议将县域特色产业培育作为加快县域经济发展的重要抓手，纳入全省经济社会发展“十四五”规划进行引导和扶持。研究出台《湖南省加快推动县域特色产业发展的实施意见》，建设一批特色产业集群（基地），加强技术创新、标准引领和产业链条延伸，提升行业引领力和国内外市场影响力。将在外地的产业、资源、人才不断吸引回湘，努力打造或引进一批产业关联度大的优势行业、规模企业和名牌产品。

二是因地制宜推动县城产业发展。依据各县的实际情况，因地制宜发展工业带动型、交通枢纽型、旅游型、商贸型、农产品加工型、县城与中心城市一体化型等不同模式的县域城区。牢牢把握产业梯度转移的机遇，依托湘南湘西承接产业转移示范区建设，进一步完善顶层设计，因地制宜、分类施策，大力营造良好环境，发挥县城承接产业转移主战场的作用，吸引发达地区产业批量向县域中小城市转移。引导分散在众多小城镇中的污染小、劳动力密集的产业加快向县城附近的园区集中，做强以县城为中心的增长极。

3. 合理利用义务教育资源，拓宽县城集聚渠道

一是加强县城和农村义务教育发展的统筹规划。县市政府要根据本地城乡人口规模和流动趋势，加强城乡义务教育资源的预警预测和前瞻规划，在此基础上，制定义务教育学校建设规划和年度实施计划，严格落实，有效保证农村义务教育阶段学生入学需求。对于城区现在已经学位不足且预测未来仍会继续增长的，要通过新建改扩建学校增加学位，在制订用地规划、城镇规划等时，统筹考虑学校布局和建设，给学校扩建预留充分的建设用地。

二是细化落实县城义务教育阶段学校建设的相关政策。认真落实《国务院关于统筹推进县域内城乡一体化改革发展的若干意见》中关于城镇义务教育学校教育用地预留、教育用地联审联批等制度，并细化相关立法规

定。依法落实《湖南省中小学校幼儿园规划建设条例》，研究制定该条例的实施细则，细化小区按规模配套学校建设的具体要求，根据各区县市学位情况确定小区配套学校建设的规模。建立现有住宅小区学校配套追查机制，测算教育用地欠账情况，探索教育用地归还机制。确保配套学校建设与住宅建设首期项目同步规划、同步建设、同步交付使用，学位建设与城镇建设同步发展，保障新增适龄儿童有充足学位。

三是多措并举增加县城学位供给量。积极推进新建以及改扩建义务教育学校建设，及时扩充县城学位，缓解就学压力。通过资源整合、调整现有闲置富余教学场地，增加县城义务教育学校学位。同时，也可采取租赁、购买社会场地等方式，补充解决大班额问题。允许更多的投资主体参与办学，充分发挥民办学校在扩大城镇学位中的积极作用，鼓励、支持社会力量办学，缓解公办义务教育学校学位压力。

四是加强县城义务教育师资队伍建设。充分发挥地方能动性，按学生规模和教学需要，核定义务教育学校教职工编制，统筹协调编制调配。积极探索教师“区管校聘”管理体制改革，加强教师流动。通过政府购买服务的方式，加大对优秀教师的招聘力度，并提高薪酬待遇。全面落实县城中小学教师绩效工资和奖金，充分调动广大教师的工作积极性。

4. 提升县城基本公共服务水平，营造集聚人口的良好环境

一是促进基本公共服务领域均衡发展。根据县城常住人口增长和分布情况，强化对医疗卫生、养老服务、社会保障等基本公共服务薄弱领域和环节的支持力度，统筹规划和布局公共服务设施，不断扩大覆盖范围，提高设施利用率和服务标准。全面增强县城消费功能，探索打造集休闲、购物、康养于一体的县级城市综合体，实现商业聚集、消费聚集、人气聚集。

二是加强对县级城乡基本公共服务建设的绩效评估。把城乡基本公共服务作为县级政府绩效评估和行政问责的重要内容，提高基本公共服务绩效评估在政府和干部政绩考核中的权重。通过社会调查、民意测验等方法，扩大征求社会公众对县域政府公共服务满意度评价的范围，提高公众评议在政府绩效评估中的权重。

三是为进城创业就业人员提供更好的服务和保障。制定更具激励性的大学毕业生以及医务、教育专业技术人员到县级城市择业就业、创新创业的支持政策。健全农民工返乡创业担保贷款，设立贷款担保基金，对符合条件的创业农民发放银行贴息贷款。为创业农民工在工商注册、创业场地、税务登记等方面提供“一站式”代办服务。建设农民工返乡创业园，对农民工在创业园内创业的，安排专项补贴资金，用于减免物业管理、房租、水电费等费用。

湖南推进市域社会治理现代化研究*

湖南省人民政府发展研究中心调研组**

市域社会治理是国家治理在市域范围的具体实施，是国家治理的重要基石。我中心调研组前往省委政法委、部分市州就湖南市域社会治理现代化问题开展了专题调研，并赴北京、杭州等地学习成功经验。在此基础上，探讨提出了进一步提升湖南市域社会治理现代化水平的政策建议，供领导决策参考。

一　湖南推进市域社会治理现代化的亮点

市域社会治理是发挥市级层面在国家治理体系中承上启下的枢纽作用，整合各级、各种社会治理资源，由市级统筹谋划和组织实施的治理模式。推进市域社会治理现代化，是实现国家治理体系和治理能力现代化的必然要求，是应对新兴社会矛盾风险挑战的必然选择。湖南在推进市域社会治理现代化中主要有以下亮点。

1. 创新举措保平安

一是以市场化力量，推进“雪亮工程”。常德破解资金难题，探索市场运作，引导企业投资 3 亿多元，全市 2265 个村（社区）雪亮工程全面建成，走出了一条“政府引导、企业负责、群众参与”的建设新模式。二是走群众路线，破解警力不足难题。永州大力推行“蓝背心”“红袖章”工

* 本报告获得湖南省委常委、省政法委书记李殿勋的肯定性批示。

** 调研组组长：谈文胜，湖南省人民政府发展研究中心党组书记、主任；调研组副组长：唐宇文，湖南省人民政府发展研究中心副主任、研究员；调研组成员：唐文玉、王颖，湖南省人民政府发展研究中心研究人员。

程，发展以出租车、公交车司机、环卫工人为主要对象的社会治安志愿者2万余名；娄底新化县大力开展群防群治，“上梅红”治安联防志愿者服务队伍建设新模式得到全国推介。

2. 网格融合新机制

岳阳积极探索打造网格化+12345+110联动融合新机制。岳阳以市政府12345公众服务热线为支撑，以户主为终端，将网格中、社区里不能自主解决的问题以及110非警务求助事项，及时推送到12345服务热线逐级分流办理。同时，中心城区以网格化为基座，打造五个“一公里公共服务圈”，实现“网格化+城市治理”。常德完善“微信群+网格”模式。通过建立网格化服务管理清单，将党建、综治、扶贫、信访等综合服务管理下沉到网格，并以网格微信群实现全网联动。目前，常德市共建立了1.4万多个平安网格微信群，实名入群198万多人，排查预警矛盾隐患2.67万起，受理求助找人2000多起。

3. 区域智能显神通

张家界推进景区防控能力“智能化”，率先建设景区游客集散地和旅游环保车治安视频监控系统，运用视联网、物联网、人像识别、数据结构化等现代技术，自动全天候监测火险、危险地段、人车流量和治安状态。株洲致力打造全国领先的智慧警务新模式，归集整合100.3亿条数据，全面推进智慧法院、智慧检务、智慧司法。同时，株洲深入推进互联网+政务服务平台、网格化管理平台、数据共享交换平台、信用信息共享交换平台“四台合一”，建设社会治安资源“数据云”。

二 湖南推进市域社会治理现代化进程中存在的问题

总结、对比湖南与发达省份经验发现，湖南在推进市域社会治理现代化中存在体制机制不顺畅、投入不足、管理落实不到位、信息化建设滞后等问题，造成治理水平难以提高。主要表现如下。

1. 市域社会治理顶层设计难以突破

当前，社会矛盾复杂多变，湖南一些地方政府和部门的社会治理理念却依旧固化，存在弱化社会治理职能或简略化治理内容的现象，使得顶层设计缺乏突破，具体表现为市域社会治理体制机制不健全，部分地市基层党建引领弱化，政府包揽社会事务的局面未得到根本性改变。在社会治理的法治和德治建设中，湖南还有一段较长的路要走，这不仅要求在化解社会矛盾中有较强的制度化保障，还要求“互联网 +”电子政务方面的法规制度进一步完善，以及运用道德全方位引导和约束民众行为。

2. 市域社会治理基层基础有待增强

一是网格化管理欠完善，落实不够。要使城市网格化管理更有“温度”，不仅须狠抓职能下沉后的事项落实，更要强调各个网格的联动。与发达地区相比，湖南各地市网格化管理发展不均衡、落实不到位，联动机制仍需加强，服务管理模式有待进一步完善和创新。二是基层社会自治建设能力欠缺。虽然基层已经搭建出多层级议事协商平台，建立了议事协商制度和程序，但实际成效并不理想，这与未有效调动居民积极性和缺乏专业化的议事代表队伍有着直接关系。同时，在社会治理中，政府对社会组织的引导和培育依然不足，利用社会组织提供公共服务的力度有限，造成基层社会自治建设能力欠缺。

3. 市域社会治理创新能力有待提升

湖南在加强市域社会治理、破解社会治理难题方面，缺乏运用大数据辅助决策的能力，也缺乏运用新一代信息技术手段为群众和企业服务的能力，具体表现在：一是“互联网 + 政务服务”难以满足人民需求。随着网络化的高速发展，市域社会治理现代化的最终目的，是要打破部门数据壁垒，实现共建共治共享，但湖南在政务数据共享方面仍处于深度推进当中，且在推动公共服务个性化、全时化、定制化方面也有待进一步提高能力和水平。2018 年省统计局民意调查中心开展的湖南“高质量发展”民意调查发现，39.6% 的调查者认为政府机关的服务质量有待提升。二是“智慧城市”建设有待加快。目前，由于缺乏资金支撑，湖南智能化基础设施建设不完善，如运用科技手段推动治安防控从被动“堵风险”向主动“查漏洞”转变的能力有限，交通、管网等智能化基础设施不足。

三　对策建议

（一）重核心，发挥党委和政府在社会治理中的引导作用

1. 强“大脑”，理顺体制抓指挥

一是建立健全指挥系统。随着社会治理内容日益丰富，建议湖南社会治理成效突出的地市参考北京做法，试点在市委政法委和市民政局下，分设社会治理委员会及社会治理工作办公室，合署办公，指导和统筹推进市域社会治理研究、决策和任务落实等工作，有效发挥“大脑”中枢系统作用。二是进一步完善和强化综治中心职能。建议参考杭州西湖区社会治理服务管理中心做法，结合湖南实际情况，将政法委、司法、民政、信访、政务服务及政府12345热线平台等涉及社会治理部门资源力量的，整合至综治中心，使其具有维稳安保指挥、信访接待处置、公共法律服务及政务服务等多种功能，实现从“发现问题”到“工作下派”再到“信访、维稳处置和调解”的完整工作闭环，真正达到精细化社会治理的目标（见图1）。

2. 夯基础，完善市域党建体系

一是健全基层党建模式，以街道社区党组织为核心，有机联结单位、行业及不同领域党组织，引导他们突破条块壁垒，通过“支部+支部”“党委+支部”“党委+党委”等方式建立党建链，以利益、感情和价值为共同点整合资源，组成区域化党建协商议事平台。二是完善基层党建运行体系，强化街道社区党组织的统筹协调和服务作用，立足基层群众的生产生活，对需要协调解决的“难事”“大事”“实事”，组织社区群众、党员进行共议共商，不断增强社区党组织的凝聚力和战斗力；在议事协商中，强化街道社区党组织在推进社区治理和服务创新工作中的政治、思想制度引领和指导，发挥党员的示范作用，以党建带社建，实现“党建引领，民主促民生”。

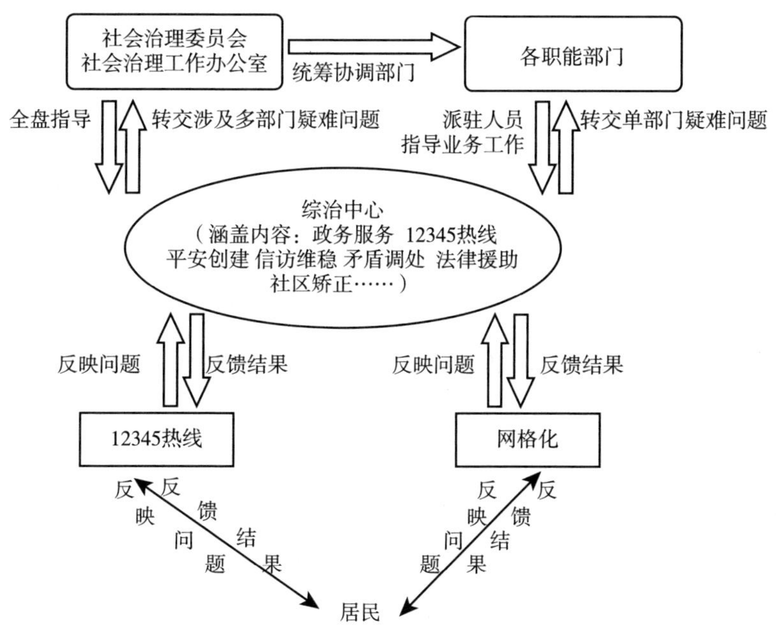

图1　市域社会治理指挥协调

3. 增投入，加强智慧城市基础设施建设

一是建议出台社会治理基层基础建设专项补助财政政策，支持县市区推进市域社会治理现代化建设，促进区域均衡发展。二是逐步加大智慧城市重点基础设施建设力度。着力推进智慧安防，以雪亮工程建设为核心，不断完善市域空间地理信息系统建设和基础设施，加大地理信息资源更新力度，建设覆盖广、精度高的地理市情资源库；加快推进公共安全视频监控人脸识别系统建设，扩充人脸视频监控点位。加强智慧交通建设，加强与百度、阿里巴巴、滴滴等公司的合作，利用其数据和技术优势，实现智慧治“堵”；积极加强本省智能交通的研发，引入新制式轨道技术。

4. 育“市场”，加大政府购买公共服务力度

坚持公益性原则，逐步扩增政府购买服务范围和规模，增强财政资金保障，完善以项目为导向的规范的政府购买服务机制。充分发挥社会组织在公共服务供给中的独特功能和作用，在购买民生保障、社会治理等公共服务项

目时，同等条件下优先向慈善公益类以及社区服务类的社会组织购买。探索项目合作共建等多渠道、多类型的政府购买形式，加大社会组织承接政府购买服务支持力度。

（二）强方式，创新“智能化服务＋社会治理”现代化模式

1. 整合资源，打通“数据高速路”

一是加强视频监控信息共享。建立雪亮工程公共视频监控图像资源共享接入机制，要求将省各市直单位、中央和省驻单位的公共视频监控图像资源尽快接入工程共享总平台，实现互通互联、信息共享、实时监控、综合监测。二是持续推进政务信息整合工作。以推进政务服务向网上和基层延伸为目标，不断加强数据资源集成，推动省、市、县（市、区）和乡镇街道网上服务统一口径、统一标准和资源共享，使群众、企业到政府办事“最多跑一次”，甚至全程网上办理“一次也不跑”。加强政务大数据统筹运用，充分发挥其对比、分析数据的功效，促进形成更具价值的信息资源，为精细化治理奠定良好的基础。同时，深度对接国家政务服务平台，实现国家、省两级平台的互联互通和数据共享。三是推动不同领域数据互联互通。促进政府数据与社会数据融合，构建覆盖城市运营各领域信息的“城市数据湖”，提高社会治理决策的科学性、系统性和协同性。

2. 统筹协调，实现全省社会治理综合管理服务一张网

一是尽快实现“多网合一”。建议省政府政务服务中心立足于省电子政务外网，将行业、厅局的各业务专网进行整合、对接、联通，其中包括综治信息系统与政务服务等，实现多网合一，建设全省统一的社会治理管理服务工作大平台，并实现省、市、县、街道、社区“五级联网”共享。二是尽快实现“多指挥平台合一”。依托综治中心，建成统一的综合指挥平台，整合现有设在社区、街道的党的建设、综合治理、社区治理、数字城管等各系统指挥平台信息资源，强化信息共享和技术支撑。

3. 建设标准化网格化服务管理，完善网络化动员体系

一是全面推动网格化服务和管理下沉。以点带片，大力推行社会治理的

网格服务管理，组建专业化的网格化管理队伍，将涉及党建、综治、城管、市场监督、信访、医疗、教育等的综合服务管理统一下沉到综治中心网格，通过网格服务平台开展党建、法治宣传教育，进行便民服务工作，收集矛盾纠纷信息，推进网格化服务管理标准化建设，提高网格管理规划化、精细化水平。二是实现“支部+网格”模式，坚持“支书就是网格长、党员都是网格员”，完善党员联户的工作机制，推动形成服务和管理下沉后的基层治理模式，将“落实”渠道真正打通。三是不断深化网络化动员体系，利用网格化服务管理途径，逐步构筑纵横交错的社会动员网络，实现大事全网联动，及时处理各类突发事件。

（三）抓基点，健全社会治理自治体系

1. 健全规范自治运行体系

一是完善自治运行体系。切实推动社区减负增效工作向深度拓展，继续完善社区工作事项清单，探索社区考核以居民满意度为主的机制，促使社区回归自治功能。不断完善社区自治运行体系，努力形成社区居民委员会、居民小组、楼栋小组等上下贯通、左右联动的社区居民委员会体系，健全联系走访、居务公开、民主协商等工作制度。通过吸收有能力、有责任和有时间的专业人士，组成专业化议事代表队伍，参与基层协商，帮助群众反映诉求，协助基层政府解决问题。二是丰富共商共治方式方法。以议“小事”为突破口，延伸议事协商平台至社区、楼门，创新问需问策机制，鼓励发展居民带头人，吸引社区居民自主参与；在社区服务项目实施中，吸收志愿者、居民代表等作为项目评估方，参与考核和监督，进而提升基层社会治理合力、参与度。

2. 加强社会组织服务体系建设

一是建立健全社会组织服务体系。建立健全专业化的社会组织孵化机制，重点培育社会公益慈善类、社区服务类的社会组织。以公益创投活动为契机，推动政府、企业及其他组织对社会组织的公益服务资助。建立市、区、街道社会组织综合服务中心及基地，便于社会组织管理和申报购买服务

项目指导；设置社区社会组织联系站，为社会组织与居民建立连接平台，满足居民需求。二是重点发展学生和退休人员的志愿服务。大力培育学生志愿服务精神，将其教育内容纳入学校课程，将志愿服务活动情况计入综合实践课程学分管理，充分发挥大学生、研究生志愿服务的实践育人作用，增强他们的社会责任感。充分发挥退休人员的社会余热，探索建立社会志愿者公益储蓄中心等方式，鼓励退休人员参与社区关爱帮教、平安创建、环境保护等社会志愿服务，实现老有所为。

3. 建立健全立体化约束体系

一方面，逐步完善市域社会治理法律规范体系，其中包括涉及网格化服务管理、智能化大数据安全运用、媒体舆论及舆情管控等方面的地方性法规文件，探索将省内社会治理成功经验转化为政策制度，突破社会治理中的一些改革难点，依法治理，依规治理。另一方面，积极发挥乡贤、社区文化、居民公约、行业职业守则等方面的作用，营造以德治理的良好氛围。

（四）创试点，打造湖南市域社会治理现代化标准模式

1. 推广探索精准分类模式，强实践

转变过去粗放治理模式，按照市域内不同社区房屋类型构成，如老旧城社区、商业圈社区、商品房社区、单位社区等，探索实施社区分类的精准治理模式，推动社区党委、居委会、社区单位以及社会组织等社区主体的深度融合，发挥各自效应，形成市域内各有特色和实践意义的社会治理体系。

2. 总结各地市经验，树典型

以打造国家市域社会治理现代化试点为契机，培育、发现、总结各地市改革创新中的成功经验，设立湖南社会治理标杆城市，并制订本省社会治理现代化城市标准，为进一步提升市域社会治理现代化水平奠定基础。

乡村振兴

运用“四个一”推动小农户和现代农业有机衔接*

湖南省人民政府发展研究中心**

党的十九大报告提出要“实现小农户和现代农业发展有机衔接”，后来中央深改委又通过了《关于促进小农户和现代农业发展有机衔接的意见》，2019年中央一号文件再次明确要落实促进这一衔接的有关政策。湖南是农业大省，更是传统小农户大省，普通小农户数量居全国第五位，能否有效带动小农户发展不仅关系粮食安全，更关系到农村文化传承、生态保护和社会稳定。在对省内外进行调研的基础上，我们提出要用好“一类资本”、夯实“一批载体”、完善“一项服务”、提升“一种能力”，促进小农户和湖南省现代农业发展有机衔接，使小农户成为发展现代农业的积极参与者和直接受益者。

---

* 本报告获得湖南省委常委、省政府常务副省长谢建辉，湖南省政协原副主席袁新华的肯定性批示。

** 调研组组长：卞鹰，湖南省人大社会建设委员会副主任委员；调研组副组长：唐宇文，湖南省人民政府发展研究中心副主任、研究员；调研组成员：李学文、张诗逸，湖南省人民政府发展研究中心研究人员。

一　小农户是湖南省推进农业现代化的重要现实基础

按照农业普查统计标准，种植业规模在50亩以下（一年两熟）、生猪年出栏在200头以下、鸡鸭年出栏在10000只以下、林地面积在500亩以下、淡水养殖面积在50亩以下都属于非规模农业经营户（即小农户）。小农户在湖南省农户中的占比在99%以上，耕种了全省一半以上的耕地，是湖南省重要的农业微观经营主体。

一是小农户数量多。根据第三次农业普查数据，2016年底湖南省登记农村住户为1368.51万户，农户数量仅次于山东、河南、河北、四川，居全国第5位，比湖北、江西分别多432.28万和581.12万户；其中湖南省普通小农户占99.1%，达1356.3万户，规模农业经营户仅有12.21万户，规模农户数量比湖北少6.1万户。二是农户户均耕地少。按照全省4148.76千公顷耕地进行平均，2016年底湖南省农户户均耕地面积仅有4.5亩/户，而全国平均水平为8.79亩/户，几乎为湖南省平均水平的一倍。三是小农户数量短期内难有明显减少。从耕地面积来看，全省耕地总面积将保持稳定，尽管近年来耕地流转情况大幅增加，2017年底全省耕地流转面积达2377万亩，占家庭承包耕地面积的46.4%，2018年耕地流转率上升至49.64%，但仍有超过一半的耕地未流转；从人口年龄结构来看，全省59岁以下的农村常住人口占比达78.8%，按照平均预期寿命预计，未来一段时间内农户数量仍将保持总体稳定。

但是，在湖南省农业现代化过程中，小农户也存在被挤向“边缘地位”的现象。一是已有的农业政策基本上以扶持规模化的龙头企业、大户以及专业合作社、家庭农场等新型农业经营主体为主，如2017年全省财政农林水支出中，针对新型农业经营主体的规模经营补贴就达到10.9亿元，却鲜有针对小农户的支持政策。二是在参与现代农业的实践中，小农户容易陷入弱势地位，如在生产过程中，小农户受资金、技术制约大多只能采取传统的技术方式进行农业生产；在市场竞争中，大多数小农户的生产经营活动被挤压在收益低的农产品初级生产环节；在与新型农业经营主体和工商资本的合作中，容易遭受违约、压价、拖欠等行为，成为利益盘剥和风险转嫁的对象。

二　小农户和现代农业可以融合共赢：成功案例及启示

1. 创新经营和管理方式的江西省绿能农业发展模式

从种粮大户成长起来的江西省绿能农业发展公司，通过创新经营、管理模式，破解了“规模发展”与“分散经营”的矛盾，每年优质稻种植规模达2.1万亩，辐射带动周边区域农户2万余户。在推动小农户与现代农业有机衔接方面，该模式具有以下特点。

一是创新经营模式。探索“大规模、小适度”“大公司、小农户”的经营形式，建立以家庭为单元的新型承包制，最大限度地提高生产效率和农民积极性；建立全托管和半托管的“土地托管”模式，全托管农户把土地产前、产中、产后的工作交给公司，自身只需跟踪管理，便能坐收每亩1000元纯收益；半托管农户根据服务需要，享受公司低于市场价30%的优惠服务。二是创新管理模式。将商业管理的模式推广到种田管理上，将农田划归16个生产队，聘请了160多名农民进行管理，各生产队实行相互竞争、绩效考核、优胜劣汰，年终给种粮能手发年终奖。三是创新与小农户的“四重红利”共享机制。以高于市价、动态调整、租金分红等确保地租红利，以种地保底工资、贫困户保底分红确保保底红利，以产量奖金带来奖金红利，以免费提供政策性和商业性保险实现保险红利。

2. 以服务创新为核心的省内系列有效衔接模式

一是“整合、提升、返包”模式。如衡阳安邦新农业科技股份有限公司在土地流转后，分片确定不同的科学种植培管模式，转包农户负责田间管理；同时建立县、乡、村三级平台为农民提供全程生产服务，将产品统一组织销售，服务小农户达20多万户。

二是“订单服务”模式。由龙头企业与农户签订生产合同，农户按企业标准种植、管理，企业提供生产社会化服务，收获后按协议价统一收购。如衡山角山米业与衡阳县及周边 7.3 万户小农户签订高档优质稻生产协议，农户负责田间管理，公司提供种、药、肥、技、耕、插、防、收、购“九统一服务”，产出的高档优质稻谷由公司按高于国家保护价 30 元/百斤收购。安仁温氏畜牧公司提供种苗、饲料、药物、技术，委托农户饲养，为每 20~30 个家庭养殖场安排 1 名管理人员，为农户提供全方位技术指导和服务，产品则由公司统一收购。道州玉华鹅业公司与农户签订年度供种苗、饲料、技术、销售合同，实行保底价收购，农户可以自由在市场上销售，销售价格低于保底价的，差价部分由公司补助，带动小农户达 4500 户。

三是“站点服务”模式。服务组织通过成立分社、服务站等方式，为农户提供辐射范围广，覆盖产前、产中、产后等多环节的立体式服务。如常德锦绣千村农业合作社建立了 1 家县级总社、13 家镇级分社、97 家村级服务站的三级服务体系，合作社直接向一线厂家采购农资直供农户，降低成本近 20%，生产服务涵盖全产业链，带动小农户 10 万余户。

3. 几点启示

一是小农户与现代农业发展可以有机衔接。尽管小农户存在经营规模狭小、抗风险能力弱、科技推广成本高等不足，但农户家庭经营更能克服农业劳动监督困难，保持内在激励、合理分工、精耕细作的优势，因而具有旺盛的生命力，只要采取适合的方式扬长避短，小农户与现代农业发展可以实现共赢。二是小农户与现代农业的衔接需要借助第三方力量。为了克服小农户与大农业、大市场的矛盾，必须利用工商资本和农业企业在项目开发、精深加工、市场开拓、品牌建设等方面的优势，但企业与小农户直接联系的成本高、监督难，这就需要新型农业经营主体发挥联结纽带和载体作用。三是推进有效衔接离不开农业农村领域的改革创新。必须创新农业政策支持方式，在土地制度、经营制度、人才培养等方面更加重视支持小农户；必须创新小农户参与现代农业的方式、模式，完善土地流转制度，积极推进经营权入股，健全新型农业经营主体与小农户的利益联结机制；必须创新小农户权益保障机制，在农业全产业链条上进一步维护小农户权益等。

三　进一步推动小农户和现代农业有机衔接的对策建议

1. 用好“一类资本”：发挥工商资本的引领带动作用

工商资本和农业企业在规模经营、农业服务业、农产品精深加工业、农业品牌建设等方面具有不可替代的作用。一要进一步支持鼓励工商资本下乡。引导工商资本进入农户及合作社无法承担的关键环节，以及农业产业发展的薄弱环节；继续落实税费减免或以奖代补、用水用电优惠等鼓励支持政策；做好工商资本下乡后的后续服务，切实帮助解决周转资金短缺、农业企业专门技术人才短缺等问题。二要创新小农户和工商资本的联结模式。推广“公司 + 基地 + 农户”“公司 + 新型农业经营主体 + 农户”等服务型规模经营模式，带动小农户加入农业规模经营；探索建立工商资本与农民土地相结合的股份公司，实现利益共享、风险共担。三要严格工商资本下乡的准入与经营监管。把好农地流转准入关，农民集体经济组织（或村委会）有权参与审核工商企业的资格、信用、农业生产经营能力、生产计划、流转期限和面积、风险防范措施等，坚决制止有非农化以及有明显圈地占地意图、无意经营农业的工商资本进入农业；建立健全跟踪监管机制，监管流转土地的用途、土地租金的支付、工商资本注入农业的进度，督促工商企业按照合同约定及时兑付土地租金，切实保障集体经济组织和农民权益。

2. 夯实“一批载体”：发挥新型农业经营主体的衔接纽带作用

新型农业经营主体是提升小农户组织化程度、带动小农户迈入现代农业发展轨道的重要力量。一要继续支持新型农业经营主体发展壮大。深入推进体制机制创新，积极开展林权、农村土地承包经营权、农民住房财产权等担保融资，探索开展大中型农机具、商标权、专利权等抵质押物贷款，解决新型经营主体贷款难问题；深入开展经营主体示范创建活动，推进生产标准化、产品品牌化、经营规模化、管理规范化，建立优进劣出动态管理机制，对各级示范主体实行动态监测管理。二要完善新型农业经营主体与小农户的利益联结机制。将新型经营主体对小农户的带动能力，作为获取政府扶持政策的重要衡量指标，引导新型农业经营主体与小农户之间建立稳固的利益纽带（如保护价收购、利润返还、股金分红等）；支持新型农业经营主体为小农户提供技术培训、市场营销、品牌建设、生产融资等方面的服务，提升小农户专业化生产水平。

3. 完善“一项服务”：发挥农业社会化服务的支撑作用

将专业服务规模化，通过服务带动小农户奔向大市场，是目前引导小农户与现代农业发展有机衔接最为便捷可行的方式。一要继续大力发展和培育农业社会化服务组织。围绕小农户生产需求和农业全产业链条，鼓励创新发展农业服务超市、为农服务中心、地方性专业农业协会等专业性农业社会化服务组织；通过补贴、发放服务消费券等方式加大对服务规模化的支持力度。二要拓宽农业社会化服务范围。以产业为基础，立足小农生产的特点和需要，为小农户提供及时的农业政策、农技推广、市场价格等农业信息服务；指导小农户采用测土配方施肥、有机肥替代化肥等减量增效新技术，为小农户提供农业科技创新和技术推广服务；在做好机耕、播种、植保、收割采摘等服务的基础上，支持服务组织为小农户提供储藏、烘干、清选分级、包装等初加工服务，积极发展农产品电子商务，进一步完善农业保险制度，为小农户提供农业生产和农产品流通服务。三要加强农业公共服务能力建设。探索政府购买公益性农业社会化服务；在全省普遍健全乡镇或区域性农业技术推广、动植物疫病防控、农产品质量监管等公共服务机构，重点支持农业技术推广机构在乡镇成立综合型农业服务机构，并逐步建立村级服务站点；加强农业社会化服务设施建设，按照机械化要求提升田间道路、水利等基础设施建设水平，推动城镇物流基础设施向农村延伸，加大农业仓储、冷链物流基础设施建设，加快农村物联网、云计算、大数据、移动互联等信息基础设施建设。

4. 提升“一种能力”：发挥小农户自我发展能力的关键作用

提升小农户自我发展能力，培育其内生增长动力，是促进小农户和现代农业发展有机衔接的关键。一要在政策措施和要素投入上更加重视小农户。积极探索将财政补助资金以股份形式量化给农民专业合作社成员或小农户，加大涉农金融机构对小农户的支持力度，使小农户获得与新型农业经营主体平等的发展机会。二要加强对小农户的培训。依托现有的“阳光工程”“雨露计划”“一村一名大学生”等农村人才培养工程，搭建田间学校等多种形式的培训平台，完善农业职业教育体系，加强对小农户的技术、经营、管理培训，提升一批有经验、懂技术的“老农”，吸引一批有知识、想返乡、善经营的“新农”，促进小农户适应现代农业发展需要及农产品市场需求的变化。三要切实保障小农户权益。建立健全农村产权交易体系，推进土地使用权、经营权公开透明的市场化交易；完善纠纷调解机制，妥善解决小农户在土地流转、入股、务工等方面的矛盾纠纷，保护其承包地、宅基地、集体资产收益等财产权益。

当前湖南农村饮水安全工程存在的问题和建议*

湖南省人民政府发展研究中心调研组**

湖南省从 2005 年启动农村饮水安全工程建设以来，历经“十一五”“十二五”大规模饮水安全建设和“十三五”进一步巩固提升两个阶段，农村饮水安全保障能力极大提升。随着社会发展，农村居民用水需求日益增长，供需矛盾和管理运营问题不断显现，中心调研组在深入省水利厅、省卫健委等部门以及常德等市县调研的基础上，认为以更高标准推进工程建设、改造和管理，保障长效运行，是农村饮水安全工程化解供需矛盾、实现良性发展的主要途径。

一 湖南省农村饮水安全工程建设概况

（一）大规模饮水安全建设阶段

2005 年，国家开始实施农村饮水安全工程，截至 2015 年底，全省共投入 171 亿元，其中中央 108 亿元、省级 24 亿元、其他 39 亿元，建成各类工程 2.67 万处，累计解决了 3480 万农村人口饮水不安全问题。

（二）巩固提升阶段

自 2016 年湖南省农村安全饮水工程进入巩固提升阶段，到 2018 年底，

* 本报告获得湖南省委副书记乌兰的肯定性批示。

** 黄君，湖南省人民政府发展研究中心研究人员。

共完成投资124.1亿元，兴建工程10584处；巩固提升农村饮水安全人口1099.6万人，其中建档立卡贫困人口439.6万人；农村自来水普及率达到86.51%，比2016年提高9.9个百分点；农村饮水工程水质合格率67.11%，比2016年提高12个百分点。

二　农村饮水安全工程进一步巩固提升需解决的主要问题

（一）后续巩固提升任务重，资金筹集难

一是待巩固提升人口还较多。按照《湖南省农村饮水安全巩固提升工程"十三五"规划》中要求的2020年水质合格率达到78%，全省待巩固提升人口为586万人，若按照2020年全面建成小康社会的要求，水质全面合格达标，全省待巩固提升人口1768万人。

二是新建改造任务重、难度大。一方面是后期需新建工程难度增加。随着农村饮水安全工程的推进，人口相对集中的平原、湖区已基本覆盖，未覆盖的大部分都是山丘区。由于山丘具有区地形复杂、高差变化大、人口分散等特点，主体工程选址难、水源选择难、供水网络长、加压等设备需求多、网管铺设难度大，因此工程建设难度和成本相对增加。另一方面是早期建成供水工程需改造量大。早期建成的供水工程大部分规模较小，目前全省小型分散、低标准的"单村单组"工程数量占比85%以上，这批工程提标改造难度和资金需求较大。

三是地方政府筹资难，资金缺口较大。部分地方政府依靠国家和省级奖补资金的思想仍占主导，主动筹资积极性不足。"十三五"以前，国省奖补资金占工程使用资金的80%左右，进入巩固提升阶段以后，农村安全饮水工程按贫困人口500元/人、非贫困人口120元/人标准进行补助，不足部分由县级地方政府筹集，部分地方政府筹集资金的积极性不高，工作推动措施效果不明显。有需求农民人数增加，但国家和省级规划人口有限。部分地区

因农民生活需求，工程整体推进较快，人口计划不足，如常德市鼎城区有10万人未进入国家规划，但已实现了全区饮水安全全覆盖，形成了约3800万元的资金缺口。巩固提升工程资金需求量大，但筹资难度加大。市县需筹措的建设资金缺口较大，其中贫困县“十三五”规划解决人口需投资56.86亿元，而实际需求是规划人口的两倍，国省补助资金仅落实15.51亿元，这一缺口需要地方政府解决。但化解政府债务风险背景下，银行中长期贷款、PPP融资等难度加大，地方政府筹措资金难。

（二）供水保障能力还存在不足

一是水质安全风险大。根据近年来卫生部门检测结果，在放宽检测指标的情况下，全省农村供水的水质合格率仍然偏低，2018年农村饮水安全工程水质合格率为67.11%，与2020年目标比还有较大差距，主要原因包括以下几个方面：水源保护地划定滞后。县级以上千吨万人水源地划定虽已完成，但是千人以上和乡镇一级千吨万人水源保护地划定滞后。水源水质不稳定。地下水水源方面，洞庭湖区域地下水普遍铁锰超标严重、部分氨氮超标，加药处理不及时易造成水质不达标；地表水水源大部分采用水库水，部分水库在枯水季节水质恶化，但水厂在处理能力不足的情况下依然被迫供水。散小工程处理能力欠缺。部分水厂管理、工作人员普遍专业技能素质低，消毒净化处理操作不规范；部分水厂缺乏有效的消毒设备、净水设施，20吨以下饮水工程基本没有配备净化设施。水质检测还存在不足。目前仍有部分千吨万人规模以上水厂未按规定建立水质化验室，规模以下水厂自检设备和人员更加缺乏；机构检测一般采取县级水质检测机构月巡检、卫生计生部门季抽检的方式，难以对水质稳定达标形成保障。

二是水量难以保障。农村安全饮水工程因为农村居民用水高峰集中、水源地水量变化、工程设计标准偏低等导致供水能力相对不足。水源地水量不稳定。部分地下水水源随着饮水工程运行，水位下降严重，严重影响供水能力，有些甚至不能保证正常供水。水库和山丘区泉水作为水源受天气影响较大，在旱季供水能力降低比较严重，部分小型水库受降水量较少极端天气的影响甚至断水，如汉寿县白家铺集中供水厂，出现过连续128天没有供饮用水的情况。供水设计标准和增压能力偏低。目前湖南省早期农村安全饮水工程大部分按照人均每天用水定额60～80升的标准进行设计，后提高到100升左右，但对比城市供水每人每天150升的标准明显偏低，随着农村居民生活水平提高，用水量明显增大，原有水量标准已不能满足居民用水需要。部分水厂采取重力供水，未采取加压措施，因地势产生的供水不均现象严重。

（三）多数农村安全饮水工程还难以实现良性运行

一是运营管理水平偏低。全省已建成的农村安全饮水工程的运营形式有县级水利部门管理、乡镇管理、村组集体管理、承包管理、买断经营和自建自管等，其中非专业化经营管理占90%以上，这些工程缺少懂业务的运行管理人员，多数从业人员未经过正规培训，专业技术人员不足10%，专业技能差，管理水平偏低。

二是运行成本高，收益难以保障。湖南省农村安全饮水工程普遍未实现盈利，2018年6月水利厅调研数据显示，湖南省贫困地区水厂仅2.4%实现了盈利。首先是电费成本高。湖南省农村安全饮水工程用电执行的是农村居民生活电价，抽水电费成为运行成本中比较大的一项支出，调研中规模水厂电费成本占总成本的20%左右，单村水厂在40%以上，规模水厂二次能耗占35%以上。其次是收费难，收费成本高。农村地区水表普遍采用机械表，水费收取方式以上门收取为主，水费回收率低，2018年全省约为60%。抄收费用在水厂成本中占比较大，如汉寿江东湖水厂2018年占比约14%。再次是维护费用高。目前大部分水厂的经营状态决定其难以从水费中提取维修和养护费用，多数县级财政未落实农村饮水安全工程维修养护资金，随着设备老化，维护费用逐年增多，资金不足制约了工程的良性运行。

三是水厂超负荷运行和运行不足现象同时存在。一方面是工程效益未充分发挥。由于大量农村居民进城务工，且农村居民用水观念尚未完全转变，部分地区尤其是贫困地区仍更愿意用自来水以外的其他方式取水，导致实际供水人口较设计值偏低。另一方面是水厂“小马拉大车”现象严重。一些地区由于居民用水需求增长，原有水厂设计供水量已经不能满足需求，为保障供水，只能采取超负荷运行的方式，尤其节假日高峰期，这一现象更加普遍。

（四）管理力量薄弱，工程设施保护难

一是缺乏专业管理人员和管理机构。虽然大部分县建立了农村供水工程管理机构，但仍有少部分县还未建立县级农村供水专管机构，管理体制和营运机制尚未健全。有些县设立了乡镇供水工程管理站，但由于受编制制约，工作人员一般只有2～3人，要实现对几十个供水工程、几十万用户的管理，难度非常大。

二是工程设施破坏现象时有发生。农村供水点多线长面广，管网覆盖范围大，工程保护难度大，且遭到破坏不易察觉。现有管网大多沿公路、渠道埋设，在农村建房、农机作业、沟渠清淤等生产建设过程中易受到破坏。此外，乡村公路"窄改宽"建设，沿线的供水管网损坏较多，还有部分管网因公路改宽被埋入路中，后期损坏后无法及时发现，且抢修难度大。干旱季节农村群众擅自破坏管网进行灌溉、偷水养殖的事件屡禁不止，私接水管、改接水表等避交水费现象大量存在，且缺乏有效的法律手段进行处理。

三　满足群众需求，实现湖南省农村饮水安全工程可持续发展建议

（一）科学推进饮水工程"三化"发展

坚持城乡供水一体化大方向，以规模化供水为主体，管理专业化为主流，努力推动农村供水发展再上新台阶。一是分类推进规模化发展。对现有的大型地表水厂，重点进行巩固提升，提高水厂的供水能力和扩大覆盖面积；对中小型集中供水工程采取并网为主的方式进行改造，对不具备并网条件的单村供水工程，进行配套改造；充分利用城镇自来水厂、现有规模较大

农村水厂的富余供水能力，延伸供水管网。二是创新运营模式。加快农村供水基础设施产权制度改革，积极创新工程运行管理模式，落实专业化管理机构，继续以县为单位建立管理服务机构，鼓励建立供水户协会、公私合营建立股份制公司以及政府购买服务等新的工程运行管理形式。三是分步推进城乡供水一体化。优先面积较小、当前自来水覆盖率偏低的县（市、区），借鉴“武冈模式”，以“BOT + ROT”的 PPP 融资方式，推进整县市区城乡供水一体化；其他地区可采取城镇自来水厂对农村自来水厂供水的方式逐步推进城乡供水一体化。四是提高设计标准，推进现有管网改造。按照城乡一体化要求，以城市人均日供水标准对现有农村地区供水管网进行逐步改造，对新建安全饮水工程按城市供水标准进行设计。

（二）加强工程建设改造的资金支持力度

通过争取国家资金、加强奖补支持、鼓励融资等多种方式，保障满足巩固提升工程资金需求，缓解基层资金压力。一是积极争取中央预算内投资。对于已经解决安全饮水问题但没有纳入国家建设规划的人口，积极争取纳入中央预算，或争取以奖代补的方式进行扶持；争取提高贫困地区饮水安全工程的补助标准。二是调整奖补政策。建议以工程量作为奖补标准的依据；按照工程建设成本，适当提高补助标准；按照有利于推进“三化”的原则，将奖励资金范围扩大到“三化”项目建设任务完成较好的县（市、区）。三是加大 PPP 模式支持力度。对农村饮水安全工程 PPP 项目尤其是城乡一体化项目在行政审批方面开辟绿色通道。鼓励市县政府采取“存量 TOT + 新建项目 BOT”“BOT + ROT”等 PPP 模式推动本地区饮水安全工程建设。

（三）保障农村饮水安全工程长效运行

实现长效运行，需要从农村饮水安全工程市场和民生特性出发，使成本降低、运营科学，使经营者能够盈利。一是加强信息化建设。以县为单位建立农村饮水安全信息化管理体系，引入供水管网监测系统、智能水表、在线水质监测设备等，分批次对农村饮水安全工程进行信息化改造，提升企业对水量、水质实时监测调整的能力和收费能力。二是降低工程用电电价。借鉴山西、重庆等地经验，加强物价部门与电力部门的协调，对农村饮水安全工程电价按农业排灌电价收取，根据取水方式采取不同标准。三是适当进行水价补贴。各级地方政府可利用财政预算、非税收入、城市供水收益等渠道多方筹措资金，对水价达不到成本水平的工程给予必要的成本补贴，重点支持贫困地区，确保工程运行与合理收益。四是建立维修养护基金。建议省财政将农村饮水安全工程维修养护资金纳入财政补助范围，引导县级政府以财政补贴和水费提留作为来源建立维修养护基金，对日常维修养护进行支持。

（四）着力提升农村饮用水水质

一是加强饮用水水源地保护。加强水利部门与生态环境部门的合作，加快完成千吨万人和千人以上规模农村供水工程水源保护区（范围）的划定工作。各职责部门和地方政府严格按照《湖南省饮用水水源保护条例》要求开展饮用水水源日常管理工作。二是提升水厂处理能力。推进中小型水厂的标准化建设和改造，督促水厂完善净化、加药、消毒、检测等水处理设施，对水厂负责人、净水工和水质检验工等关键岗位人员定期开展专业技术培训，做到特殊岗位持证上岗。三是完善农村饮水水质检测、监测体系。完善水厂自检、市县农村饮水水质检测中心巡检和各级卫生部门监测三位一体的水质保障体系，建立农村饮用水水质检测专项资金，用于提升水质日常监测能力和水厂自检能力。

（五）提升农村饮水安全工程管理和设施保护能力

一是提升管理力量。完善农村饮水安全工程管理和水质检测与监测机构，聘用专业技术人员，并纳入财政供养，增加基层管理力量，并逐步实现农村供水管理专业化。二是建立和完善农村饮水安全法律法规。建议尽快出台“湖南省农村供水条例”，从法律层面规范和保护农村供水事业健康持续发展，明确农村饮水安全的法律性质、法律地位和法律责任，确保农村饮水安全工作在水源安全、制水安全、供水安全、设备管网安全等方面有法可依，并理顺管理体制，明确管理责任。三是减少农村基建对工程设施的破坏。加强交通、水利、自然资源等部门间的协调，促进农村饮水安全工程与其他工程对接和协调，在农田水利设施建设、农村公路建设等建设中综合考虑供水管网因素。

发展壮大村级集体经济 增强村级组织自我发展的造血功能

湖南省人民政府发展研究中心调研组*

近年来，湖南省以增强村级集体经济实力、增强村级组织自我发展的造血功能为目标，探索创新集体经济实现形式，加大财政扶持力度，增强了村集体自我保障、自我服务、自我发展能力，取得了较好成绩，但也存在资金、土地、政策、人才和内生动力不足等问题。我中心调研组就村级集体经济发展问题赴长沙、株洲、湘潭、岳阳、常德、郴州、永州等地市进行了调研，现将调研情况及我们的思考汇报如下，供领导决策参考。

一 湖南省村级集体经济发展的现状

1. 农业农村发展有新气象，村级集体经济收入稳步增长

近年来，湖南省把发展壮大村级集体经济作为提升农村基层党组织组织力的重要抓手，着力破解村级集体经济发展难题，促进农民增收。据省农业农村厅统计，截至 2018 年底，全省 29182 个村级组织（行政村 23902 个、涉农居委会 5280 个）集体总资产 493 亿元，净资产 281 亿元，村集体经济年收入达到 197 亿元，比 2013 年增长 72 亿元，年均增长 12%，特别是村级集体经济“空壳村”大幅减少，由 2013 年的 22552 个（并村前）减少到

---

* 调研组组长：谈文胜，湖南省人民政府发展研究中心党组书记、主任；调研组副组长：唐宇文，湖南省人民政府发展研究中心副主任、研究员；调研组成员：唐文玉、王灵芝，湖南省人民政府发展研究中心研究人员。

2018 年底的 2186 个。

2. 省、市高度重视、全力推动，全方位、多渠道扶持保障

省委、省政府把扶持村级集体经济发展作为夯实基层基础的重点任务持续推进。2014 年，以省委、省政府名义出台《关于加快发展村级集体经济的意见》（湘发〔2014〕6 号），将加快村级集体经济发展纳入重点工作。省委组织部将村级集体经济发展纳入了全省基层党建考核重要内容。省农业农村工作部门加大工作指导力度，帮助制定工作规划，落实发展项目，开展业务培训。省财政厅从 2014 年起每年安排 6000 万元村级集体经济发展奖励专项资金，用于奖励扶持集体经济强村、重点培育村、进步村。2016 年启动扶持村级集体经济发展试点工作，遴选发展潜力较大的村，发挥示范带动作用。市、县将发展村级集体经济工作列为市、县、乡党委书记抓基层党建工作责任述职的重要内容，大部分市、县出台了发展村级集体经济的实施意见和发展规划，明确了工作目标和举措。郴州、岳阳和常德等市每年分别安排 500 万元、300 万元和 200 万元，专项用于村级集体经济奖励扶持。

3. 各地积极探索、勇于实践，形成了多元化创新发展模式

湘发〔2014〕6 号文件，鼓励支持各地按照科学发展、市场主导、因地制宜、村级主体原则，结合地方实际和资源禀赋，探索物业经济、服务经济、资源经济等多种村级集体经济发展模式，建成了一些集体经济发展典型村落。如江永县兰溪瑶族乡勾蓝瑶村是江永“四大民瑶”之一勾蓝瑶族的祖居地，利用资源优势，大力发展旅游产业，村级集体收入达 50 万元以上，村民人均纯收入达 1 万元以上（资源经济型）。醴陵市长庆示范区珊田村成立株洲首家村级体制的珊田集团股份公司，全村 2786 人都成为公司的股东，2018 年全村实现总产值 21. 2 亿元，村级集体经济纯收益 423 万元，村集体经济实力全国排名第 152 位，全省排名第一（股份合作型）。蓝山县毛俊镇毛俊村以村干部垫资的方式破土兴建商业铺面，兴建 11000 平方米的村级企业园，引进和发展竹木加工企业 85 家，年产值近 2 亿元（产业带动型）。醴陵市东岗村在上海成立了流动党支部，注册了轩和物流、东岗建设、港峰建设等 8 家不同资质的公司，保证这些驻外企业的劳务输出，村年创收 50

多万元（服务创收型）。

4. 村级党组织配备更有力，集体经济发展基础得到强化

持续整顿软弱涣散基层党组织。印发《关于加强基层服务型党组织建设的意见》《关于集中整顿软弱涣散基层党组织的通知》，强化政治属性，发挥服务功能，以服务型党组织建设激发基层党组织的战斗堡垒作用。加强换届后村“两委”班子建设，大力实施“头雁培训计划”，组织开展村党组织书记和第一书记的全面轮训工作，进一步充实了基层党组织领导力量。发展壮大薄弱村、空壳村集体经济，全面推行以村党组织为领导核心、村民议事会为议事主体、村民委员会为执行主体、村务监督委员会为监督主体的“四位一体”村级治理机制，进一步理顺了村级治理机制。

二 制约湖南省村级集体经济发展壮大的几大问题

1. 推动发展的动力不足，村级集体经济总体偏弱

一是村支两委推动乏力。一些地区不重视村级集体经济发展问题，寄希望于争取项目获得资金的“输血”来替代村集体“造血”，将集体经济发展作为扶贫项目去安排，推进力度不大，效果不明显。一些村干部对搞集体经济责任担当意识不强，缩手缩脚，想谋事怕失败，想干事怕担责，思想上顾虑重重。部分村干部文化程度偏低，综合素质不高，在发展集体经济方面缺少思路，缺乏对策。二是村集体经济总量较小。据省农业农村厅统计，2017 年底，全省集体经济经营收入在 100 万元以上的村仅 191 个，主要集中在经济条件较好的长株潭地区。农村集体经济发展较好的长沙与先进地区也存在较大差距，全市集体经济收入 5 万元以下的薄弱村占了 60%，收入 100 万元以上的村只有 71 个，经营收入占村集体经济收入的比重仅为 16.2%。三是产业结构不优。村集体经济发展模式单一，主要为茶叶、水果等产业，属近两年来发展的扶贫产业，产业结构单一，抵御市场风险能力薄弱。有集体经济产业的村收入主要依靠出租集体资产、资源来获取租金、承包金，经营性收入比重偏低，如湘潭市村级集体经济收入中物业型收入占全市村集体营业收入总额的 80% 以上。

2. 配套政策欠完善，市场主体地位尴尬

一是政策可操作性不强。各地区发展基础、目标、方式不尽相同，国家政策更着重于全局、整体，因而针对性和可操作性不强，省级层面政策没有突破国家的政策构架，扶持政策针对性、可操作性、实效性不够，关于用地的政策、财政短缺等配套政策缺位，由此带来的问题十分突出。二是法律地位不明确。《民法总则》明确赋予农村集体经济组织特别法人地位，意义重要但规定过于简单，在实践中多地反映村级集体经济组织与村支“两委”关系没有厘清，在日常管理上出现集体经济组织名称不一致、登记管理不统一等问题。目前大部分村级集体经济组织仍然按传统方式进行管理，没有参照现代企业制度设立相应的组织架构，难以有效地进行民主决策、民主选举、民主管理、民主监督。

3. 用地需求难满足，土地集中利用较困难

一是农田单户闲置多与集中流转少的矛盾。目前农民的土地承包经营权已经完成确权，按照“所有权、承包权、经营权”三权分置要求进行了确认。但对资源在参与生产经营过程中的流动流通、价值评估、抵押融资等方面的政策指导不明确，有些政策的可操作性不强，相关的社会机构不健全，农村土地承包权分散，村级集体难以实现规划化、集中化、机械化经营。二是建设用地闲置难利用与项目集中用地需求难满足的矛盾。村集体在发展工业、商业、旅游、休闲等产业项目时，普遍面临缺少建设用地问题，一些村集体与社会资本合作开发的经营实体，建设停车场、游客服务中心、加工车间等配套设施都面临无地可用的问题。目前集体经营性建设用地不能入市交易，既无法建设开发成村集体资产，做产业发展的设施，也无法进行资产评估、抵押贷款，农村的融资空间与通道无法形成。

4. 资金效能不显著，村集体债务压力大

一是政策扶持资金总量有限。涉村资金偏重于硬件项目建设，党建扶贫、基础设施和支农惠民投入多，明确用于村级集体经济发展的直接投入较少。二是村集体债务负担过重。近年来，农村道路、文化设施、农民养老、绿化保洁、社会治安等已逐渐成为湖南省农村重要支出项目，大多涉及村级资金

配套，社会福利和管理费用等经常性支出呈刚性增长，有的村旧债未还、新债不断。三是合乡并村后集体资产和债权债务难处理。因法规政策不明晰，界定缺乏可操作性，大部分合并村的村级资产处置和债权债务的处理未完全到位。处理方式上，合并后的建制村基本采用合村不合账，或以旧账单列等待债务化解、新账统一的方式，同时也存在并账不规范、并账难协调等问题。

三　发展壮大村级集体经济的对策建议

发展壮大村级集体经济，要始终坚持加强党的基层组织这一关键，抓住脱贫攻坚和精准脱贫两大发展机遇，正确处理好政府、企业、集体三者关系，从根本上增强村集体经济发展的“造血”功能，促进农民增收，推动农业农村现代化。

1. 突出“强基础”，夯实农村基层党组织，选准配强村支两委，健全发展机制，形成村级集体经济发展合力

一是选优配强村支两委。实行选拔配备一批、调整撤换一批、帮带培养一批、发现储备一批、激励表彰一批的“五个一批”工程，特别注重从经商返乡人员、民营企业家、大学生村官等群体中选拔一批思想过硬、有开拓精神、有创业干事能力、懂经营、善管理的“能人”“贤人”进入村支“两委”任职，担任村支两委干部。二是确立村党组织领导机制。充分发挥村党组织的政治功能和组织优势，建立村党组织领导成员兼任集体经济组织负责人的领导机制，村级集体经济的重要事项，需经村党组织研究决定。三是依法确立村集体经济组织特殊法人地位。建议借鉴浙江、广东等地区的经验，尽快开展前期调研，启动地方立法工作。通过地方立法明确新型村级集体经济组织的法律地位、性质、功能和职责，明确集体所有产权关系，探索农村集体所有制经济有效实现形式。

2. 突出“找方向”，盘活资产资源，创新发展模式，激活村级集体经济发展动力

一是有效盘活集体资源，变“废”为宝。一方面，深度挖掘贫困地区

富集的生态资源、自然光热资源、水文资源和历史人文资源等，构建乡村产业与集体经济发展的紧密衔接机制，通过招商引资、股份合作、村有民营等形式，创造条件发展特色农业、观光农业、康养农业、生态旅游、光伏发电、文化创意等多种产业和业态。另一方面，盘活农村承包地、“四荒地”、闲置宅基地、村属学校、厂房等不动产，采取招标出租等方式，提高资产利用率，鼓励有条件的村以集体资产入股企业。二是创新产业发展模式，变“特”为优。从省级层面加强对区域性主导产业、地域优势特色产品发展的整体规划和顶层设计，按照“一县一特一品牌”“一片一品牌”思路，引导发展“高端、小众”特色农业，着力打造地方农业名片，推进品牌共建共享。加大政策和项目倾斜力度，建立农产品加工企业和新型经营主体发展、农业品牌创建的激励和奖补机制，促进区域性特色产业科学布局、联动发展。三是融合多业态经济，变“一”为“+”。围绕一、二、三产业融合发展，通过“集体+生产服务”模式，大力发展生产服务型经济，领办、创办各类服务实体，为农民提供技术、信息、物资、流通、仓储等服务；探索“集体+电商”模式，利用电商平台，发展特色农产品电子商务，将周边专业合作社、基地、农民个人的特色农产品汇集到电商平台，由集体组织专人经营管理，增加集体经济收入；在城郊接合部、中心镇村，探索“集体+物业”模式，大力发展物业经济；在旅游资源丰富、自然风光优美的村落，探索“集体+旅游”模式，以村集体为主导大力开发特色旅游资源，发展休闲农业、观光旅游、体验旅游。四是深化帮扶，强力推进薄弱村集体经济发展。

3. 突出“破难题”，加大扶持力度，优化发展环境，破解土地难题

一是全面推进土地合作经营。规模化生产是发展现代农业的基础条件，也是发展农村集体经济的重要途径。继续抓好农村土地制度改革，全面完成农村土地确权登记颁证扫尾工作。全面推进农村土地“三权分置”制度改革，通过集中流转等形式，把农户分散的土地承包经营权集中到土地合作社等平台载体，发展土地流转型、土地入股型、服务带动型规模经营。二是探索集体经济多村联营制。鼓励多个村集体经济组织通过共同出资的方式联合

成立多村合作集体经济组织，以农村股份合作社联合社或土地股份合作社联合社的组织形式实现对多村资源的有效整合，形成“强强联合”、“弱弱抱团”或“强弱互补”的发展格局，拓展集体经济发展空间，增强集体经济发展实力。三是强化改革创新，有效提升土地资源价值。探索实施城乡建设用地增减挂钩机制，对村庄整治、宅基地整理以及学校、仓库等闲置用地加以整合，节约、置换出的建设用地可优先安排用于发展商贸流通、旅游休闲、现代农业等多种集体经济经营项目，节余指标经批准可有偿调剂到城镇使用，将其土地增值收益返还村集体所有，用于发展村集体经济。各地根据需求每年单列一定比例土地利用计划，专门支持农村新产业、新业态和产业融合发展。建议加快启动集体经营性建设用地上市交易试点工作，以进一步加快农村集体经济发展。

4. 突出“强资本”，加大财政支持力度，引进社会资本参与集体经济建设

一是发挥财政资金的引导作用。按照“发展一批、帮扶一批、清零一批”的思路，对村级集体经济发展基础不同的村分类帮扶，设置分类补助标准，由中央财政、省财政和市县财政按比例承担。通过整合现有各部门涉农资金，设置支持集体经济发展的专项基金，作为集体经济发展的启动资金或贷款贴息、融资担保资金。制定《支持村级集体经济发展税收优惠政策汇编》，将农村基础设施建设、土地资源配置、农业生产、农产品流通等方面的税收优惠文件结集成册，公布在省政府门户网站。由财政设立村级债务化解专项经费，分步逐批化解村级债务。建议各级党委、政府将合并村的债权债务、资金使用和资产处置清理审计结果及时张榜公示，并明确村级债务消化时间表。对存在的问题逐一建立台账，针对群众反映强烈的问题，由相关职能部门成立工作组进行调查、清理、处置。同时，建议省委、省政府出台具体村级债务化解指导性意见，设立村级债务化解专项经费，尤其是对于基础设施建设所负债务，统一分步逐批予以解决。二是撬动金融资本投入。发挥政策性、开发性金融机构的作用，鼓励金融机构开发面向村级集体经济发展的金融服务和产品，积极协调农业银行、农村信用社、邮政储蓄银行等涉农金融机构，将村级集体经济组织纳入评级授信范围，对符合条件的村级

集体经济项目在信贷上实行计划优先，给予增加授信额度、降低贷款利率、延长贷款期限等专项支持。加强农村担保体系建设，扩大农村有效担保物范围，开展生产设施、集体山林权、村级股权等抵质押贷款业务，实行农村集体建设用地使用权、土地承包经营权、村集体资产、农房等抵押贷款试点。三是加快引进社会资本。在不改变集体经济实际控股权的前提下，允许和鼓励民间资本、专业技术人才和社会能人进入村集体经济，形成完善的股份制运营政策体系，进一步深化民主制度，强化资产管理，建立起与市场经济规律相适应、管理有序、运作规范的村级集体经济管理体制，充分调动广大股民发展集体经济的积极性。

5. 突出“抓示范”，开展典型创建，发挥带动效应，提升村级组织自我发展能力

组织实施村级集体经济示范创建，重点打造示范镇、示范村，分类指导和支持土地合作型、资源开发型、物业经营型、乡村服务型等新型村级集体经济发展形态。要加强对基层实践的调研指导，及时发现和解决工作中遇到的困难和问题，认真总结各地的有益探索和成功经验，提炼形成可复制、可推广的发展模式和路径，以点带面，推动村级集体经济发展迈上新台阶。营造良好氛围，做好宣传引导，引导社会各界支持和参与村级集体经济发展，形成全社会支农、助农、兴农的舆论环境和社会氛围。

从收入结构中进一步挖掘湖南省农民收入新增长点*

湖南省人民政府发展研究中心**

近年来，湖南省农民收入实际增速不及 GDP 增速。通过对农民收入的构成、分组和地区结构进行深入分析后发现，湖南省农民收入仍有很多潜在增长点，亟须进一步加大挖掘力度，不断优化结构，全面释放湖南省农民收入增长潜力。

一　农民增收现状：有提升但更有压力

1. 农民收入总额稳步增加，但实际增速低于 GDP 增速

2014～2018 年，湖南省农民人均可支配收入从 10060 元增加至 14093 元，五年累计增长了 40.1%；与全省 GDP 增速比较，2014 年，湖南省农民收入实际增速高于 GDP 增速 0.4 个百分点，但 2015 年以后全省农民收入实际增速均低于 GDP 增速，2018 年湖南省农民收入实际增速比 GDP 低 1 个百分点。

2. 城乡居民绝对收入差距拉大，但相对差距稳步缩小

2014～2018 年，湖南省农村与城镇居民收入绝对差距从 16510 元扩大到 22605 元，收入差距不断拉大；但从城乡居民收入增速看，除 2017 年农民略低 0.1 个百分点、2016 年增速持平外，其他各年湖南省农民可支配收

* 本报告为湖南省社科联智库课题“湖南高质量发展的考核目标和考核办法研究”（ZK2019008）的阶段性研究成果。

** 执笔：李学文、黄玮、张诗逸，湖南省人民政府发展研究中心研究人员。

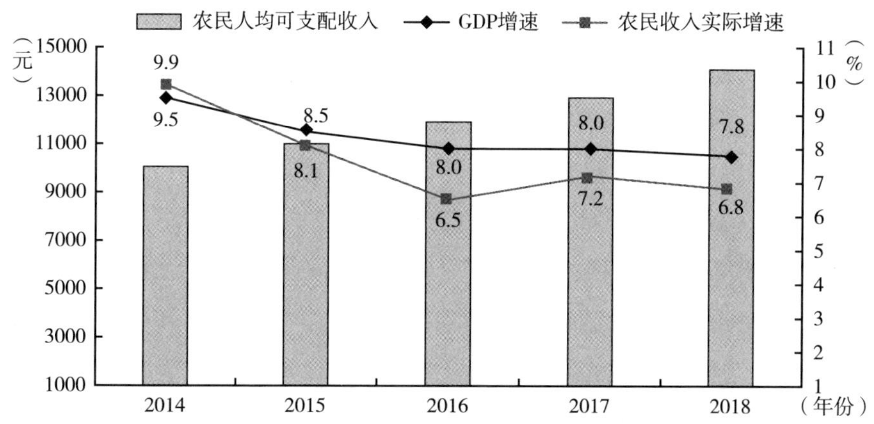

图 1　2014～2018 年湖南省农民人均可支配收入和 GDP 增速

资料来源：历年湖南调查资料。

入增速均高于城镇居民，进而推动城乡收入相对差距稳步缩小，2014 年湖南省城镇与农村居民收入比为 2.64∶1，2018 年下降至 2.6∶1。

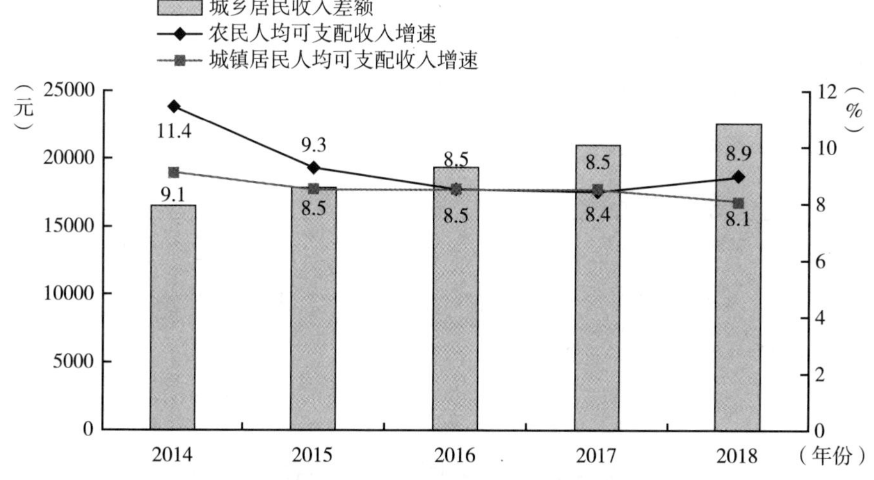

图 2　2014～2018 年湖南省城乡居民收入增速及差额

资料来源：历年湖南调查资料。

3. 收入水平居中部中游位置，面临被追赶压力

从总额来看，2018 年湖南省农民人均可支配收入比全国平均水平少 524

元，落后于湖北、江西，居中部第三位，比湖北、江西分别少 885、367 元；而 2016 年湖南省与湖北、江西的农民收入差距仅为 795、207 元，收入差距有拉大趋势。居中部第四位的安徽与湖南省农民收入差距不断缩小，2016 ~ 2018 年从 210 元缩小至 97 元；与全国先进省份比较，2018 年湖南省农民人均可支配收入仅为浙江的 51.6%、江苏的 67.6%，存在较大差距。

从增速来看，2018 年湖南省农民人均可支配收入增速比全国高 0.1 个百分点，落后于安徽、江西，与山西并列为中部第三位；尤其是与安徽的增速差距，从 2016 年的领先 0.2 个百分点，到 2018 年转变为落后 0.8 个百分点；与收入总量居全国前列的浙江省相比，2017 年、2018 年湖南省农民收入增速分别低 0.7 个、0.5 个百分点。

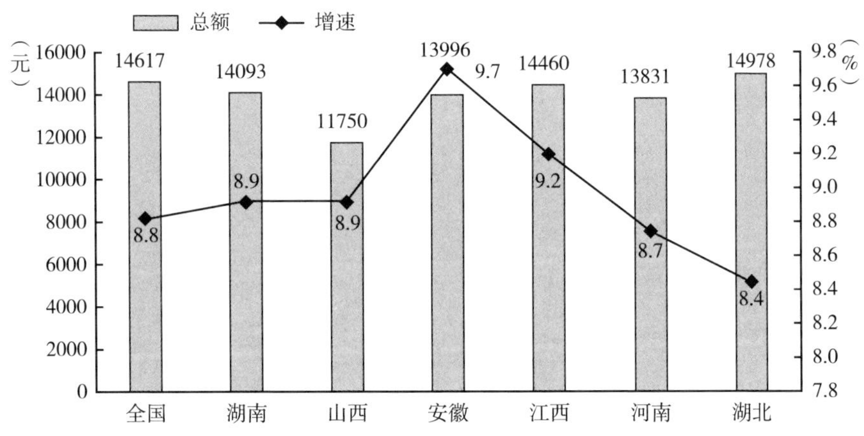

图 3　2018 年全国及中部省份农民收入总额及增速比较

资料来源：历年《中国统计年鉴》。

二　农民增收方向：结构方面蕴含诸多潜在增长点

1. 从来源结构看：经营性和财产性收入仍是增长方向

湖南省农民可支配收入低于全国平均水平，主要差距体现在经营性和财产性收入两方面。2018 年，湖南省农民可支配收入比全国少 524 元，其中经营性收入差距达572元，财产性收入差距为163元。作为传统农业大省，湖南省水稻产量全国第一，生猪出栏量全国第三，蔬菜、水果、茶叶等经济作物面积和产量居全国前列；2017年以来，通过大力实施"百千万"工程，推进农业品牌建设，扭转了农民经营性收入增速和贡献率持续下滑的势头；2018年，全省农民经营性收入与全国的差距较上年减少了87元，农民经营性收入占总收入的比重提高了0.2个百分点，表明湖南省农民经营性收入增长是有潜力可挖的。湖南省农民人均财产性收入仅比全国平均水平的一半略多，增长潜力巨大，以省内株洲、湘潭市为例，2017年农民人均财产性收入分别达到666元和517元，远高于全省和全国平均水平，随着农村宅基地、集体用地和土地流转等方面改革的深入推进，未来全省农民财产性收入存在巨大的增长空间。

2. 从收入分组看：高收入农户群体仍有增长空间

从表1可知，湖南省中低收入、中等收入和中高收入农户收入水平与全国、江西省（地形地貌及农业结构与湖南省相似）基本处于同一档次，低收入农户收入甚至比全国平均水平高出974元；但高收入农户收入水平存在较大差距，2017年湖南省高收入农户收入比全国、江西省分别少4047元、3216元，而2015年这一差距仅为2360元、1211元，这表明近年来湖南省高收入农户与全国、江西省的差距呈逐年拉大态势，成为导致湖南省农民收入低于江西和全国平均水平的"短板"因素，而这一"短板"也将是未来湖南省农民收入的重要潜在增长点。

表1　2017年按户数五等份分组的农村居民人均可支配收入比较

单位：元

区域	收入总额	低收入户	中低收入户	中等收入户	中高收入户	高收入户
湖南	12936	4276	8304	11955	16590	27252
全国	13432	3302	8349	11978	16944	31299
江西	13242	4654	8327	11638	16374	30468

资料来源：历年《中国统计年鉴》。

3. 从地区来看：湘东南、湘西南和湘西北地区农民收入仍有增长潜力

按照收入总量和增速，对全省122个县市区进行排序，筛选出收入总量

低于全省平均水平，并且近两年来增速相对较低的24个县市区。从表2的分布情况来看，这些县市区主要集中在湘东南、湘西南、湘西北地区，其中郴州有5个，永州、怀化各有4个，株洲、张家界、邵阳各有2个，岳阳、常德、益阳、娄底、湘西州各有1个。

上述24个县市区都面临加快发展的有利机遇，张家界武陵源区属于乡村振兴引领区，此外还有12个乡村振兴重点区、11个乡村振兴攻坚区；有16个处于湘西湘南承接产业转移示范区内；有7个处于湘赣边区域合作示范区内，有4个仍属于尚未脱贫摘帽的贫困县，在一系列有利机遇的推动下，上述县市区农民收入增长潜力有望进一步释放。

表2　农民收入总量和增速“双低”县市区分布情况

郴　州	临武县、安仁县、宜章县、汝城县、桂东县
永　州	江永县、双牌县、祁阳县、东安县
怀　化	中方县、溆浦县、会同县、洪江市
株　洲	炎陵县、茶陵县
张家界	武陵源区、慈利县
邵　阳	绥宁县、新宁县
岳　阳	平江县
常　德	石门县
益　阳	安化县
娄　底	新化县
湘西州	泸溪县

资料来源：根据历年《湖南省统计年鉴》整理。

三　农民增收对策：围绕“+”“大”“补”做文章

1.做好“农业+”的文章，增加经营性和财产性收入

一是加快推进“农业+”，不断提升农业生产的效率与效益。推进“农业+”信息化，以高标准示范基地建设为依托，提升信息技术在育种、

栽培、灌溉、收割等环节的利用水平，建立全程可追溯体系，打造新型智慧农业；以电子商务建设为核心，积极引进和培育精通网上商城销售、能够对接大城市电商圈和整合挖掘农产品电子商务资源的各类人才，积极推广“生鲜电商＋冷链宅配”“中央厨房＋食材配送”“智能生产＋会员定制”等加工和流通模式，不断提升农业流通和销售环节的信息化程度。推进“农业＋”文化旅游，突出特色，提升服务，支持各类农业主体发展休闲农业、创意农业、教育农园、健康养生等体验式农业，不断提升农业经营效益。推进“农业＋”特色工艺产品，大力发展特色编织、特色手工业等乡土特色产业，深入推进农产品精深加工，不断提升农业产品的附加值。

二是积极推进“农户＋”，让农户成为现代农业的直接受益者。推进农户与现代农业的有机衔接，创新农户与工商资本、新型农业经营主体的利益联结模式，推广“公司＋基地＋农户”“公司＋新型农业经营主体＋农户”等服务型规模经营模式，鼓励农民将经营权、设施装备、政府补贴等折股量化参与现代农业经营，引导新型农业经营主体与小农户之间建立稳固的利益纽带（如保护价收购、利润返还、股金分红等），带动小农户加入农业规模经营，实现利益共享、风险共担。

三是深入推进“农村改革＋”，不断增强产权生“金”能力。进一步深化农村产权制度改革，加快建立省市县乡四级产权交易中心和土地流转管理服务平台，保障农民土地流转收益。推进“物业富民”，支持城中村、城郊村、镇中村和靠近工业园区农民利用富余房屋及其他资产出租，或通过政府统一规划、农民自愿出资、集中建造统一出租的形式，因地制宜建设各类物业载体，增加农民租金收入。深化农村集体产权制度改革，抓好农村集体资产清产核资、产权登记和管理，推行“保底收益＋按股分红”分配方式，使农民分享集体资产股份分红收益。深化农村金融改革，支持农村金融机构开发适合农民的投资理财品种，提升理财服务，开展农民理财培训，拓宽农民理财渠道。

2. 做好“大”的文章，在促进新型农业经营主体发展壮大中提升领军农户收入水平

一是加大扶持力度，完善相关法律法规。进一步增加财政扶持专项资

金，加大对技术推广、产品认证、直供直销、人员培训和信息化服务的直接扶持力度。从省级层面整合支农资金项目，落实关于新型农业经营主体的税收优惠和减免政策，落实农业生产用水、用电价格优惠政策。明确土地流转政策边界，加强土地流转服务和管理，完善土地流转纠纷调解机制，引导土地经营权在公开市场良好有序流转；加强土地流转用途管制，建立工商资本租赁农地资格审查、分级备案、项目监管和定期督查机制，遏制耕地“非农化”。

二是健全农业金融保险政策，破解融资难融资贵问题。规范金融机构农业融资收费，简化农业融资手续，缩短放贷周期，提高融资效率。扩大贷款抵押担保物范围，积极开展林权、农村土地承包经营权、农民住房财产权等担保融资，探索开展大中型农机具、商标权、专利权等抵质押物贷款。创新农业贷款担保模式，实行利率、担保费优惠政策，建立担保费补贴和担保风险补偿机制，打造“政银担”三方为新型农业经营主体“抱团”服务的联动工作机制。进一步推动完善农业政策性保险，通过税收减免、财政补贴等措施，鼓励商业性保险公司扩大对新型经营主体的保险覆盖面。

三是深入开展示范创建，培育领军主体。深入开展示范性种养大户、家庭农场、农民合作社、社会化服务组织创建活动，支持新型经营主体引进推广新品种、新技术、新设备，推进生产标准化、产品品牌化、经营规模化、管理规范化，提高标准化、规模化水平。对示范性新型农业经营主体建立优进劣出动态管理机制，实行动态监测管理。加强培训，建立轮训和进修制度，分层次培育农业工人级新型职业农民、骨干级的家庭农场主和企业家级的农业发展领军人物，帮助新型农业经营主体提高经营管理水平。

3. 做好“补”的文章，抢抓重大战略机遇补齐总量和增速“双低”地区农民收入增长短板

一是抓住乡村振兴战略实施机遇。乡村振兴战略将推动湖南省农业全面升级、农村全面进步、农民全面发展；在全省深入实施产业兴村强县行动中，祁阳、平江、茶陵要加快融入并推进油茶产业带建设，宜章、临武、东安、新宁、溆浦、洪江、泸溪、石门要积极做好湘南、湘西柑橘产业带建

设，武陵源区、江永、汝城、临武要加快推进都市蔬菜和粤港澳蔬菜产业片建设，安化、新化、茶陵、平江要大力做好黑茶、红茶和黄茶产业片建设，通过特色产业带、产业片和产业基地建设，带动自身特色农业发展提质升级，进而助推农民经营性收入保持快速增长。

二是抓住精准脱贫攻坚战机遇。对 24 个农民增收相对滞后的县市区，一方面，要持续做好产业帮扶、生态补偿、教育扶贫、特殊贫困人口兜底扶贫、易地搬迁扶贫和健康扶贫等工作，确保农民转移性收入继续保持稳定的增长态势。另一方面，要加大就业帮扶力度，大力推进扶贫车间建设和职业技能培训，加强农民转移就业服务，实现有劳动能力的贫困人口稳定就业，全面提升农民工资性收入水平。

三是抓住湘南湘西承接产业示范区建设机遇。通过积极落实中小企业融资、五险一金、改革试点、金融服务、开放发展等方面的优惠政策，加快引进装备制造业、轻工纺织、农产品加工和食品制造业、文化旅游业、现代农业等产业，推动湘南湘西地区产业科学布局、有序承接、错位发展，为当地农民提供更多的就业机会和致富门路，实现示范区内农民收入的稳定增长。

优化湖南农村正规金融供给对策研究*

湖南省人民政府发展研究中心**

金融是现代经济的核心，加快推进农业农村现代化必然要求加强农村金融供给。近年来，湖南农村正规金融服务“三农”力度与质效不断提升，但也还存在供需结构失衡、抵押物评估处置难、风险收益不对称等问题。要积极顺应农业农村现代化发展要求，精准施策，加快完善湖南农村正规金融供给。

一　湖南农村正规金融发展现状

近年来，湖南农村正规金融持续发力，服务“三农”力度与质效不断提升，为加快推进湖南农业农村现代化提供了有力支撑。

1. 涉农贷款投放稳步增长

近年来，湖南积极引导正规金融机构加大对“三农”的金融支持力度，涉农信贷投放保持了持续增长的良好态势。2014～2018 年，全省年末涉农贷款余额从 6718.50 亿元增加到 11287.80 亿元，年均增长 13.85%。从放贷机构来看，全省农村信用社、农业银行湖南省分行、邮储银行湖南省分行是涉农贷款投放主体，2018 年末涉农贷款余额分别为 4029.00 亿元、936.63 亿元、653.67 亿元，在涉农贷款余额中分别占比 35.69%、8.30%、5.79%。在保持

* 农村金融通常划分为正规金融与非正规金融两种类型。正规金融主要包括中国农业银行、中国农业发展银行、农村信用社、邮储银行等正规金融机构提供的金融产品和服务。非正规金融主要包括实际存在于农村中的民间自由借贷、合伙投资、私人钱庄和互助基金等。

** 调研组组长：谈文胜，湖南省人民政府发展研究中心党组书记、主任；调研组副组长：唐宇文，湖南省人民政府发展研究中心副主任、研究员；调研组成员：袁建四、徐涛、屈莉萍、刘海涛，湖南省人民政府发展研究中心研究人员。

涉农贷款投放增长的同时，各金融机构采取有效措施积极防范风险。如省农信系统在发放扶贫小额信用贷款中，强化风险补偿，确保贷款风险总体可控。截至2019年3月，省农信系统已对38.21万户贫困户累计发放扶贫小额信用贷款188亿元，贷款余额116亿元，全系统计提风险补偿金余额17.76亿元。目前省农信系统不良贷款率在3%左右，风险总体可控。

2. 服务体系不断完善

一是“一县两行”布局基本完成。目前，全省农信系统有102家法人行社，村镇银行累计已组建72家，另有2家正在筹建，已开业、获批的村镇银行已覆盖全省85个县（市）。二是基础金融服务基本全覆盖。截至2018年底，全省乡镇及以下银行网点共有9531个，网点服务覆盖行政村5604个，各类电子机具服务覆盖行政村（含社区）27692个，其他方式服务覆盖行政村15297个，实现“乡乡有机构，村村通服务”。三是农村信用体系逐步完善。截至2019年3月，全省农户建档数共有816.8万户，占农户总数的50.5%。评定农户645.2万户、信用村4124个，其中192.9万户获得了信用贷款，信用贷款余额为519.6亿元。四是服务机制不断完善。如，农业银行湖南省分行设立了“三农”金融事业部，邮储银行湖南省分行成立了“三农”风险管理中心、“三农”计划财务管理中心、“三农”人力资源管理中心。

3. 抵押贷款试点工作稳步推进

一是积极开展“两权”抵押贷款试点。目前，全省共有汉寿、岳阳、桃江等8个农村承包土地的经营权贷款试点县（市）和浏阳市、耒阳市、麻阳县等3个农民住房财产权抵押贷款试点县（市）。试点县（市）围绕农地“两权”抵押贷款进行了有益探索。如汉寿县邮储银行、农商行与土流网、担保公司合作，创新推出“银行+担保+土流网”模式，累计发放贷款1823万元。截至2018年底，全省银行业金融机构累计发放“两权”抵押贷款3.75万笔、金额74.73亿元。2018年新增“两权”抵押贷款1.08万笔、金额23.11亿元，年末余额为1.33万笔、金额33.94亿元。二是加快推进浏阳市农村集体经营性建设用地使用权抵押贷款试点。截至2019年3月底，浏阳市农村商业银行已发放农村集体经营性建设用地使用权抵押试点贷款10笔、金额6340万元，土地流转44宗，流转面积75.39万平方米。

4. 农村金融创新不断涌现

一是信贷产品不断创新。针对农业生产季节性资金需求旺、资金使用周期长等特点，积极探索“量体裁衣”式的金融产品。如，湖南农行推行县域支行“一行一策”发展战略，与湖南农担公司创新推进“惠农担”系列产品，累计投放贷款30亿元。二是业务模式不断创新。通过加强银行业机构与政府、省农担公司、农业保证保险合作，创新业务模式，积极化解新型农业经营主体融资难等问题。如，邮储银行湖南省分行推出“财银保”，通过引入贷款保证保险，以保单作为担保方式，辅以省财政1∶100的比例设立风险补偿基金做后盾，积极构建财政、农业、银行、保险多方合作的贷款保证体系，使新型农业经营主体能以合理的成本较快获得银行贷款。目前，“财银保”保证保险贷款已累计发放贷款139笔，贷款金额达1.17亿元；湖南农行积极布局互联网金融，围绕乡村农户创新推广惠农e贷，较好地提升了金融服务水平。截至2019年3月末，湖南农行惠农e贷余额52.5亿元，总量排在全国农行系统第9名。

5. 金融扶贫力度不断加大

一是扶贫信贷执行有力。截至2019年3月底，全省185家银行机构精准扶贫贷款余额1691亿元，较年初增加91亿元，已完成年初借贷计划的50.26%，精准扶贫贷款保持持续增长的良好态势。二是强化深度贫困地区信贷服务。对贫困县扶贫再贷款从额度、利率、期限和操作等方面倾斜，确保在2020年前，11个深度贫困县扶贫再贷款占全省的比重逐年提升。截至2018年末，11个深度贫困县扶贫再贷款余额33.4亿元，占全省的比重为28.1%、较上年提高3.6个百分点。

二　湖南农村正规金融发展面临的主要问题

1. 供需结构失衡

一方面，农业的产业特性（经营收入的不确定性，投资的长期性、低收益性）与农村金融需求主体的弱质性，导致了农村金融有效需求相对不足。另一方面，银行业商业化改革使得农村金融服务不断弱化，加上信息不对称等因素影响，致使农村金融产品创新不足，难以满足农业生产、农民生活中的金融需求，制约了农村金融的有效供给。

2. 抵押物评估处置难度大

金融机构对贷款抵押物有严格的要求。虽然目前农村承包土地经营权、农民住房财产权抵押正在逐步开放，但金融机构对开展“两权”抵押贷款仍持谨慎态度。一是评估难。农村土地长期归集体所有，其间没有进行有效的流转和买卖，受区位、交通、土地状态、房屋结构等因素的影响，加上土地经营权价值评估体系的不完善和第三方公允定价机制的缺乏，农村“两权”抵押价值难以得到公允体现。二是处置难。一些县市尚未建立产权交易中心或农村产权流转交易平台，影响农村产权上市流转交易。按照相关法律法规，集体土地上的房屋目前只能在本村组集体内转让，由于村组内都是熟人，碍于情面一般不会接手，导致被抵押的土地、住房处置和变现非常困难。此外，由于“两权”涉及民生和社会稳定，一旦出现“两权”抵押贷款违约，法院执行阻力也比较大，制约债权的实现。

3. 收益风险不对称

在风险保障机制还不完善的背景下，农村金融呈现“双高”属性。一是经营成本高。农户信贷需求量大面广、额度小，造成金融服务难度大。加上农户居住分散，从业地点不固定，借款用途难以掌控，贷后检查和跟踪难度大，致使涉农贷款经营成本较高，效益不佳。据中国人民银行平江县支行测算，涉农贷款综合成本约为6.5%。因此银行业金融机构在逐利性的驱使下，对农村居民的贷款申请受理缺乏积极性。二是风险较高。农业作为弱质产业，生产经营风险较大。加上政策性农业保险、涉农贷款风险补偿等保障机制还不完善，涉农贷款形成不良贷款的风险较高，影响金融机构开展涉农贷款业务的积极性。

4. 信用环境有待改善

一是信用意识相对淡薄。一些地区，企业、个人信用意识淡薄，失信行为时有发生。部分农户借到贷款后，缺乏主动还贷意识，难以按期还本付息。二是社会征信体系建设相对滞后。目前，湖南仍有近一半的农户没有完成信用建档。农村居民由于缺少稳定收入，信用数据远少于城市居民。特别是部分偏远地区，征信基础工作还非常欠缺。

三 对策建议

完善湖南农村正规金融供给，应加快补齐农村正规金融发展短板，着力推动“两权”抵押贷款规范发展，加大政策支农扶农力度，不断提升农村金融服务水平。

1. 完善金融产品和服务，进一步拓展农村金融市场

一是优化银行业金融机构战略定位。进一步明确农业发展银行职能定位，健全和完善其政策性金融功能；充分发挥农业银行和邮政储蓄服务地方经济的功能，大力推动农业产业持续健康发展；督促农村中小金融机构坚守“支农支小、服务县域”的市场定位，持续加大涉农信贷投入。二是创新金融服务和产品。积极引导银行业机构利用现有金融服务基础设施，找准服务重点，持续推进“三农”金融产品、政策和渠道创新，加大县域贷款投放力度，为农业农村发展提供支撑；大力探索互联网＋普惠金融发展之路。互联网金融具有网络覆盖广、综合成本低、信息储量大等优势，能较好地克服传统商业银行发展普惠金融中的成本高、收益低以及信息不对称等问题，应积极引导和鼓励银行业机构利用互联网技术创新金融服务，提供更符合农村需求的金融产品。

表1 国内主要互联网金融运营模式参考

类型	代表企业	备注
基于线下风控的 P2P 模式	翼龙贷、沐金农	解决了部分地区贷款难的问题，但没有解决好贷款贵的问题
基于电子商务的大数据模式	蚂蚁金服、京东金融	京东侧重于做农业生产资料，蚂蚁金服则依托于淘宝服务站村淘
基于供应链的“三农”服务模式	新希望、大北农	供应链中必须要有主导的企业，整个金融发展依托于主导企业的信用与实力

2. 多措并举，推动“两权”抵押贷款规范发展

一是完善“两权”交易平台。农村承包土地经营权和农民住房财产权如果不能在公开的交易平台上进行流转，相关金融机构的债权就难以得到衡量和保障，就会成为农村“两权”抵押贷款工作向前推进的“绊脚石”。建议由县一级政府牵头，完善农村产权流转交易平台，激发农村“两权”抵押贷款的运转活力。二是规范交易流程。加快制定统一、科学、公开、透明的交易规则，明确监管部门以及具体的管理职责、手段，通过竞价、协议转让、拍卖等多种形式处置、变卖抵押物，为农村产权流转和交易双方提供中介服务，规范引导各方参与农村产权交易。三是强化“两权”风险补偿。县级政府要加快建立健全“两权”抵押贷款风险补偿机制，牵头设立农村产权抵押融资回购基金，明确各方风险分摊比例，当农村“两权”抵押贷款发生违约、银行实现抵押权困难时，由政府对抵押产权进行收购，以提高抵押物的处置效率，减少银行可能出现的亏损。四是积极分散风险。引导和鼓励保险部门在现行法律法规框架内，探索设立农村“两权”抵质押贷款保险品种。同时，加快成立新型农业信贷担保机构，推出针对农村“两权”抵质押贷款的融资担保业务，进一步分散银行发放“两权”抵质押贷款的风险。

3. 加大政策扶持力度，增强农村金融持续发展力量

一是加大财政支农力度。针对农业农村基础设施建设的涉农中长期信贷投放，给予财政存款倾斜、税收优惠、贴息等激励，引导金融机构加大农村信贷投放。进一步提高财政对农业保险保费补贴标准，扩大农产品承保覆盖面，加大价格保险、收入保险、保险 + 期货等政策支持力度和财政补贴力度。二是用好用足货币政策工具。综合运用再贷款、再贴现等多种措施，积极发挥政策的导向功能和激励作用，调动农村金融机构主体信贷投放积极性。如，对于邮储银行从农村吸收的资金可全额或按一定比例就地返还，由当地人民银行以再贷款的形式发放给农村信用社或农业银行，用于发放涉农贷款。三是保障信贷投放力度。加强对农村金融机构信贷投向、投量的监测，按照农村经济发展需求，合理规定其农业贷款投放比例，并督促考核落

实。如，要求农业银行将新增存款按比例用于发放农业贷款。

4. 夯实基础，营造良好农村金融信用环境

一是强化宣传力度。加大金融知识教育普及力度，进一步提升农村居民金融素质。加大诚实守信文化宣传力度，增强社会公众的信用意识，积极营造“知信、用信、守信”的良好社会氛围。二是完善社会信用体系。加快推进社会信用体系建设，切实推进失信信息在部门间的共享与应用。加快推进农户信用信息数据库建设，鼓励各地因地制宜制定信用乡镇和信用村评价标准，通过信用评定促进地方金融生态环境优化，进一步减少金融机构放贷成本，降低交易费用。三是严厉打击逃废金融机构债务行为。进一步完善失信联合惩戒工作机制，加强对失信企业和失信人的行为惩戒，不断优化金融信用环境。

发展壮大湖南农产品加工业的思考及建议

湖南省人民政府发展研究中心*

农产品加工业是国民经济的重要产业，是促进农业提质增效、农民就业增收的重要支撑。对标国务院《关于加快农产品加工业发展指导意见》的精神，2025 年要实现农产品转化率 75%，湖南需大幅提升初级农产品的加工率，实现从传统型农产品生产和加工大省向加工业强省转变。

一 湖南与农产品加工业强省之间的差距

湖南是农业和农产品加工大省，2018 年湖南第一产业增加值 3083.6 亿元，农产品加工业销售收入达到 1.65 万亿元，形成了粮食、畜禽和蔬菜三大千亿元产业，水果、水产、茶叶、油料、中药材、楠竹等七大有千亿元前景的产业，农产品加工产值与农业产值的比例约为 2.3∶1，而河南达到 3.76∶1。与农产品加工业强省相比，湖南有三方面的差距。

1. 龙头企业的差距

从农产品加工类龙头企业数量看，2017 年湖南省规模以上企业 4500 家，但真正从事农产品加工的过 50 亿元龙头企业不超过 10 家，过 100 亿元

---

* 调研组组长：谈文胜，湖南省人民政府发展研究中心党组书记、主任；调研组副组长：唐宇文，湖南省人民政府发展研究中心副主任、研究员；调研组成员：禹向群、李银霞（执笔）、文必正、侯灵艺、贺超群、言彦，湖南省人民政府研究中心研究人员。

的仅唐人神一家，而河南省规模以上企业约8000家，规模过50亿元的企业22家，过100亿元的企业12家。山东规模以上企业则超过13500家。另外，从顶尖企业的实力比较来看，规模差距明显。四川的新希望集团2018年实现销售收入685亿元，湖北稻花香550亿元，河南的双汇539亿元，江西正邦集团620亿元，广东温氏食品556亿元。而湖南农产品加工领域没有产值超200亿元的龙头企业，省内最大的农产品加工企业唐人神2018年销售收入154亿元。

2. 优势品牌的差距

湖南农产品加工品牌众多，但知名度不高，品牌附加值和市场地位不高。2017年底，全省“三品一标”认证总数有3500多个，远低于湖北（4518个）、四川（5142个）、浙江（2015年7762个）等省份；“三品一标”产品总产值700多亿元，占农业总产值的比重仅13%左右。省内外顶尖品牌的市场差距大，河南双汇集团品牌价值606.41亿元，占领了全国高温肉制品市场60%的份额，而省内肉类加工第一品牌唐人神品牌价值65.26亿元，湖南省品牌在省外市场影响力较弱。酒类第一品牌茅台品牌估值2700亿元，五粮液估值1646.17亿元，青岛啤酒估值1455.75亿元，湖南省酒类第一品牌酒鬼酒品牌价值仅为茅台的1/10。

3. 产业集群的差距

湖南农产品加工企业的集聚效应不明显。一是特色农产品优势产区加工链不长，优势农产品加工程度不高。省内获得地理标志产品认证的特色农产品众多，例如新晃黄牛肉、宁乡花猪、汉寿甲鱼等，但由于加工度不高，产业链规模均未上百亿元。二是产业的组织化程度不高，产业上下游协同发展特征不明显。据统计，2018年省级以上农产品生产龙头企业708家，湖南农业专业合作社约8.9万家，家庭农场3.8万个，农民入社的比例约在20%，土地流转率50%左右，农产品生产和加工业的组织化程度不高，合作社的运营效果差，缺乏对公共品牌的有组织运营，市场开发能力较弱。省内石门蜜橘、麻阳冰糖柑，相比褚橙、沃柑等竞争力下降，石门壶瓶山茶和常宁高山云雾茶等地方名茶，长期做不大。

二　湖南农产品加工业大而不强的原因

湖南历来重视农业和农产品加工业，但省内农产品加工业大而不强，主要原因有三个方面。

1. 业界对新趋势认识不足

当前农产品加工业进入了市场全面开放、现代化生产加工组织、产业链产业集群竞争的新阶段。

一是新时期传统农产品市场格局发生深刻变化。随着人们生活水平提高和消费升级，初级农产品的市场空间缩小。随着市场开放，世界各地优质农产品涌入中国，国际商超、电商体系的强大渠道使农产品销售网络无死角，企业不依靠外部市场已不能承载持续的增长，加工企业发展必须走出去。省内肉类加工领域，新五丰和唐人神在双汇、金锣等全国性优势品牌的竞争之下，成长较慢；在保健和高端食用油领域，省内茶油企业被橄榄油抢占了高端食用油的市场空间，省内茶油如不能打开外部市场，则必然面临市场缩水。

二是企业对走现代农产品加工企业道路认识不深刻。农产品加工企业要成为现代化企业，需实现专业化、精细化分工，具备高标准的质量检验检测体系和现代生产工艺技术。要成为有竞争力的农产品加工企业需要优质的原料、高知名度的品牌、高质量的产品，以及现代加工检验质量体系等方面技术保障。企业进入门槛不断提高，跟不上现代质量技术标准的企业被逐步挤出市场，而能够适应高技术要求的企业则快速发展。金浩茶油曾因触碰到食品安全标准高压线，几乎面临灭顶之灾，但地处石门的湘佳牧业，因为能利用好技术手段，走上了持续快速成长道路。

三是加工企业对如何打造全产业链竞争优势认识不足。由于高品质加工需要高品质原料保障，大量加工企业涉足基地建设。当前企业基地建设容易取得成效，但利用高品质农产品形成加工业优势的效果不明显。省内大量中小加工企业对如何挖掘基地最大价值研究不深，热衷于基地建设，但对基地农产品加工新产品研发关注不够，甚至出现部分地区基地补贴一停，基地就转向的短期行为，没有形成产业链的优势。例如，湖南省茶油基地建设已有相当规模，但没有成长出具有绝对优势的龙头企业。省内茶油企业分布广泛，加工企业分散，产业规模大但品牌知名度不高，大量散户的存在给企业原料资源和价格方面带来恶性竞争，从全产业链看，由于产业缺乏强有力的组织，没将产品优势转化为产业集群优势。

2. 产业扶持政策效果不给力

农产品加工业强省的农产品加工业发展扶持政策需要具有持续性，需要形成多部门配合的政策合力，应用更加市场化的手段扶持农产品加工企业的现代化转型。

一是缺少战略统筹，加工业集聚度不高。湖南一县的农产品总量不大，一特的产业规模不足，要发展现代加工企业，需要支持跨地区的合作社发展，或组织大规模的产业联合体，把粗加工农产品资源组织起来，实现规模化现代化的精深加工。从“十五”规划以来，在湖南的地方经济发展主要战略中，农产品加工业发展就没有明确发展思路，也缺少全省性的农产品加工战略规划。农产品加工业长期面临思路不系统、规划体系不健全、各个地方对农产品加工业发展缺乏协调统筹等问题，以致长期来看，全省的农产品加工发展具有盲目性。对比河南和湖南，均是粮食和生猪大省，但由于河南长期坚持发展农产品加工业，形成了万亿级产业集群，农产品加工度明显高于湖南。

二是补贴制度设计不合理，催生补贴依赖症。与河南相比，企业对湖南省的产业扶持政策的满意度不足。调研中，湖南县域企业反馈的信息是扶持补贴资金少，优惠政策力度不够，哪些环节还应该加大补贴等问题，尽管每年“一县一特”等政策和惠农措施力度在增加，但感受到的是满意度在下降，主要是因为对依靠补贴生存的企业而言，外力援助永远解决不了它们的问题。而在河南漯河调研中，企业从地方政府获得的补贴单个来看明显低于湖南，主要以奖励和贷款贴息等形式出现，以税收企业和科技成果等显性指标为依据，企业不但没有抱怨补贴少，还对地方政府提供的公平透明的环境满意度很高，企业的主动性强，竞争力也强。对比后发现，对某一个企业或者一个行业的补贴，往往带来了其他类型企业的不满和不公，扶持政策出台前需考虑制度设计的公平性。

三是金融扶持不得力，融资难问题突出。湖南加工企业融资环境相对恶劣。调研中加工企业反映贷不到钱，生产经营扩大不了，贷了款的又受金融波动影响“死得快”。2016 年信贷紧缩期间，益阳市在国开行贷款企业大面积受到影响，五大农场停产，四家国家级农业产业化龙头企业中三家受到严重波及，口口香和油中王倒闭，益华水产停业整顿，此外还有 22 家企业被拖垮。而同一时期，河南积极出台了贷款担保救助等一系列稳定措施，帮助地方农产品加工企业脱困，最大限度地消除了金融环境波动的影响。此外，为了贷款须接受严苛的贷款条件，针对加工企业的贷款严重不足，惠农贷没企业的份，贴息贷款和免抵押贷款在县域地区推广很少，企业期盼出台特色农产品收购的专项贷款等类型的金融政策支持。

3. 公共服务和配套保障跟不上

一是公共服务存在短板。首先是基层企业家群体教育缺乏，企业高质量发展氛围不浓，走现代加工业道路的观念意识不够，投资者教育和企业家培养激励方面缺少有效的措施，导致基层发展农产品加工业的观念相对落后。其次是对农产品加工行业的质量安全监管、品牌运营保护方面的服务不足，2013 年湖南大米镉超标风波，金浩茶油苯并芘事件，严重打击了湖南农产品加工重点领域的龙头企业，龙头企业的品牌危机，也暴露了省内食品安全监管和保护地方品牌方面的不足。

二是现代加工制造配套体系不发达。首先是支持现代农产品加工业发展的公共资源不足，研发和检测等环节的外部支持体系很不发达，进出口口岸及质量检测平台、食品安全检验检测相应的平台机构缺乏。其次是农村电商的物流配套体系、省内农产品流通体系不发达，农产品专业交易市场不多，生鲜市场配套冷链物流及专业化物流园区等仍比较落后。此外，加工业发展需要的技术服务和中介组织不发达，基层的行业协会等组织作用弱，基层科技技术服务缺乏，技术服务难获得。

三　加强湖南农产品加工业发展的建议

1. 聚焦高质量发展，确立集群化战略思路

首先，根据高质量发展的要求，各级政府加强规划引导，明确加工业发展重点。坚持产业方向的有所为有所不为，缩减对不适销农产品的政策补贴。鼓励加工企业走集聚化、规模化、品牌化道路，逐步构建加工业生态网络，建设本地化粗加工和产业链配套，园区相对集中精深加工企业，按照现代生产标准集中治理生产环境。

其次，围绕优势农产品，打造地区性产业集群。通过延伸特色产业链，聚集上下游关联企业，构建农产品从产出到精深加工的全产业链竞争优势。根据产业特征，制定差异化的产业集群发展路径。对以粮食、油、猪肉类加工为代表的大宗农产品加工产业链，政策鼓励重点加强产业链在原料产地附近的链条延伸，丰富产品产出结构，优化农产品生产基地、加工基地到销售体系的全产业链生态系统，提升产业附加值。对蔬菜、茶叶、水产等地域特征明显的产品，一方面促进原材料品质提升，提高产品品牌知名度，提高单位产品的附加值；另一方面提升加工、保鲜技术和市场渠道建设，拓展销售市场半径。对以竹木、中药材为代表的单一功能、附加值不高的产品，加大研发和精深加工技术投入，改进产品的功能，改造产品特性，丰富产品内容，形成高技术高附加值的新产品体系。

2. 植入创新发展理念，加速转型升级步伐

引导农产品加工企业走技术支撑的发展道路。出台以创新投入为标准的新龙头企业认定方法，形成以技术创新型农产品加工龙头企业为核心的创新支持体系，出台扶持政策，为创新型龙头企业崛起创造条件。

加强农产品加工企业的组织创新。鼓励基层农户的创新创业，培养扎根基层的乡村企业家。组建合作社、联合体等产业组织，发展集体经济等多种形式的加工组织，壮大农产品加工的新实体，增强基层农产品加工实体自组织能力。强化现代化管理方式和市场体系在农产品加工业的应用，增强加工

企业创新投入和市场营销、渠道建设等方面的能力，形成集体、合作经营等多种类型的规模化现代化经营实体。

加速涉农加工技术创新成果的应用和孵化，支持鼓励省内农业科研院所改制和市场化运作，对成功实现市场化的农业科研活动加大科研经费奖励，让农业科研院所参与专业基地及合作经营，分享技术溢出收益，扶持直接参与市场经营的新技术龙头，参与产业经营。

3. 完善制度设计，有效提升扶持政策效果

一是鼓励加工业走差异化发展之路。编制产业集群发展规划和农产品生产基地国土空间规划，根据地方农产品生产特征和结构，引导农产品加工业在特色主产区聚集。坚持园区的专业化特色化发展，加大对园区开展产业链招商的支持力度，引导加工业资本向优势农产品产区集聚。

二是创新激励方式方法，增强产业活力和集聚能力。加强对农产品加工园区和基础设施体系的投入，以奖代补强化正向激励，根据龙头企业带动作用大小，设立龙头企业带动奖；根据园区聚集的关联企业数量和规模，设立特色园区和聚集区奖励；根据各类聚集区产业上规模上台阶情况和企业集聚数量增长情况，设立年度产业集群进步奖。

三是创新涉农产业扶持方式，增大普惠性扶持政策力度。设立农产品加工产业发展扶持基金，增大对加工企业的融资支持力度，加大贷款贴息专项资金规模，增强加工产业链融资支持的长期性、稳定性。鼓励金融机构降低企业杠杆率，通过政府担保和补贴等方式鼓励金融机构债转股，及时化解具有龙头带动作用的困境企业资金风险。

四是增强政府品牌服务及质量安全监管考核工作。对促进品牌服务的工作成效，将新增国家“知名品牌”“品牌强国战略联盟”的企业数量、新增地理标志产品品牌数量、处理公共品牌危机事件的评价结果等，作为地方政府绩效考核的加分选项，将质量安全体系建设失职和管控不到位行为作为地方政府绩效考核的扣分项目。

4. 健全产业基础设施，完善产业升级配套环境

支持农产品供销网络体系建设。加强对农村电商物流的支持，对物流企

业将电商物流网络延伸到县乡的，按站点补贴运营费，对农村电商企业按物流费用的一定比例补贴物流成本。鼓励龙头企业共享自身的产品供销网络体系，根据龙头企业与本地农产品协会签订的代销协议，政府对完成协议的企业给予相应的奖励。加强对流通环节的支持，鼓励加工企业依托农村供销社体系发展，同时，积极支持公共的商超、电商和农贸市场等供销网络体系发展。

推进公共检测服务下沉。一是新增检测点向县域集群、园区下沉，授权行业协会根据企业需求决定政府投资的检验检测中心选址。二是提高公共检测体系平台的利用率，开放公共检测检验体系，通过公共服务购买或者发放补贴券等形式给予企业公共检测服务补贴，降低企业创新发展成本。

增强政府信息服务能力。整合分散的政策信息渠道以及政务服务功能，实现涉企信息一网通查和一网通办。加强国际市场特色农产品需求信息收集，利用政府平台资源，帮助企业拓展国际市场。建立区域性农业技术、服务交易市场，通过政府公共服务购买为企业提供育种、加工、保鲜等技术和服务。

发挥绿心生态功能 创造优质生态产品[*]

湖南省人民政府发展研究中心调研组[**]

党的十九大明确提出，要提供更多的优质生态产品，不断满足人民日益增长的优美生态环境需要。长株潭绿心作为三市重要的生态隔离地带，多年来在涵养水源、保持水土、净化空气等方面发挥着积极作用，提供了宝贵的生态产品。然而，近年来一度因过度开发遭到破坏，影响了优质生态产品的供给。展望未来，创造优质生态产品，是保护长株潭绿心的重要举措，是生态文明建设的题中应有之义，也是由绿水青山通往金山银山的坚固桥梁。

一 长株潭绿心地区生态产品现状分析

生态产品一般分为两类：一是直接生态产品，如清新的空气、清洁的水源、多样性的物种、宜人的气候、良好的人居环境等；二是间接生态产品，如生态旅游休闲、生态农业等所提供的产品。长株潭绿心十年来在生态屏障和生态服务功能方面发挥着积极的成效，也为我们提供了相应的生态产品。

（一）直接生态产品较为丰富

生态资源逐步增长。截至 2018 年底，绿心森林覆盖率为 43.4%，比

* 本报告系 2018 年度湖南省智库重点委托项目“创新长株潭生态绿心保护机制研究”（18ZWB13）的阶段性成果。

** 戴丹，湖南省人民政府发展研究中心研究人员。

2012 年提高了 4.41 个百分点，林地面积达 226 平方千米；区域内有湘江、浏阳河、石燕湖等过境水系和水库湖泊，总水域面积达 19 平方千米。近五年来，生物多样性显著提升，植物、动物和微生物种类及数量呈增长趋势，啮齿目动物及雉类动物增长显著，初步形成了森林城市生态体系。

生态环境得到改善。长株潭三市整体环境质量稳中有升，绿心的治污减霾能力提升，2018 年主要环境指标较为良好，水环境质量总体保持稳定，饮用水源水质达标率为 97% 以上；绿心地区地表水监测断面为湘江昭山断面，全年水质达到地表水Ⅲ类标准。

据林业部门监测分析，绿心地区森林 2018 年为全社会提供涵养水源、保育土壤、固碳释氧等直接生态产品价值达 12.82 亿元。

（二）间接生态产品特色鲜明

人文资源众多。绿心地区历史悠久，人文景观、文物古迹、神话传说众多，主要分布着左宗棠墓、昭山古蹬道、抗日阵亡将士墓、福笔桥、铁炉塘宋元遗址、刘琦故居、秋瑾故居、昭山寺等 10 处历史文化保护单位，其中省级 1 处、市级 3 处、县区级 6 处。

生态产业鲜明。当前绿心建成省级森林公园 3 处（石燕湖、九郎山、昭山）、省级风景名胜区 2 处（昭山、仙庾岭），共有风景名胜区、森林公园、郊野公园 17 个，总占地面积为 1815 公顷，积极发展生态旅游、林下经济、花卉苗木等生态产业。柏加、跳马、云田等地的园林苗木生产具有较大规模，闻名全国。拥有“中国花木之乡”美誉的柏加镇，2017 年花木总产值超 300 亿元，产品远销至全国 29 个省、自治区、直辖市以及香港、台湾等地区，农业特色鲜明，具备提供生态农业、生态旅游休闲等优质生态产品的潜质。

二 制约绿心优质生态产品供给的因素

（一）生态建设质量不高，自然资源等生态产品质量提升不够

绿心总面积 522.87 平方千米，但最大的整体连片绿地面积只有 17 平

方千米，山水之间的生态联系被各种建筑和道路分割、切断，生物多样性保护受到冲击，生态循环系统受到抑制。此外，一系列林相改造、生态修复提质等工作中，生态建设质量不高、生态产品质量实质性提升与改善不足，如：林木缺乏统一的规划和布局，发展的树种较为单一，以低矮灌木林、单层结构树林为主，阔叶林、高大乔木林、复层群落树林偏少，没有形成结构层次丰富的自然植被群落，森林生态景观效果不佳，影响了绿心生态产品价值的实现。

（二）生态产业整体统筹不够，间接生态产品品质不高

当前绿心地区生态旅游休闲呈散点式分布，缺乏整合和系统开发，尚未形成区域性的生态旅游产业格局；另外，绿心旅游以低档次的农家乐为主，产品缺乏吸引力，游客停留时间短，消费额度不高，经济效益较低。中南林业科技大学的一项调查显示，绿心地区乡村旅游呈现“两个 2/3”特征：一日游的游客占 2/3，消费在 150 元以内的占 2/3。

生态农业以乡镇经济为主，特色产业仅为苗木花卉种植，但也存在产业效益不高、名牌产品不多、专业人员偏少等问题。以柏加镇为例，绿化苗木的种植面积占总面积的 80% 以上，但产值不到总产值的 60%，相比之下切花、切叶等盆栽植物，尽管种植面积仅占 12%，产值却占 37.6%，每亩产值高出绿化苗木近 2.5 倍。此外，现有的花卉苗木从业人员中，专业技术人员不足 5%，直接导致了花卉种植的技术得不到大幅提升，无法培养独立自主的品牌，难免造成相对竞争力不足。

（三）社会生态问题较多，影响到优质生态产品创造

当前，对绿心的保护与发展，集中在自然生态资源、空间管制界限、红线的划定和管理等方面，忽视了原居民作为绿心发展主体的诉求，缺乏对乡村的针对性指导。因此，在村庄迁并、选择土地流转模式时，容易出现“一刀切”现象，导致较多的社会生态问题出现，如劳动力析出与就业岗位供给不协调、农村居民点盲目撤并导致农民利益受损等问题。对昭山示范区

的社会生态调研显示，农村居民家庭收入中，农业收入仅占 16.1%，38.1% 的家庭有人在湘潭市区就业但住在村里，且越靠近市区的村庄，这一比例越高；村庄的土地流转已经具备一定规模，有近 50% 农田已经流转出去，近 80% 的村民愿意将现耕种的土地流转出去，未来三五年内有搬入城里居住打算的占 20.8%。

（四）没有形成稳定、持续的生态建设投入机制

目前，绿心地区的生态建设方面的公共财政投入不足，对绿心保护的支撑力度较弱。生态补偿机制没有形成配套、补偿标准不高，如，公益林补偿标准虽然提高到 50 元/亩・年，但仍然偏低；其他如水源保护、湿地保护、土壤改良等，都没有相应的补偿机制，造成居民责任感不强、积极性不高，保护成效十分有限。而且到目前为止，还没有落实固定的针对绿心的生态补偿专项资金。另外，生态建设投入机制不完善，对社会资本的吸引力不强，未形成多元化、社会化的投融资体系。如：九郎山片区复绿及林相改造，预计需要资金 3 亿元，单靠国家和地方财政支持是不够的。

三　创造更多优质生态产品的思路与对策

（一）基本思路

深入贯彻党的十九大精神和习近平总书记关于生态文明的重要论述，牢固树立五大发展理念，全面践行“绿水青山就是金山银山”的指示，坚持生态优先、绿色发展，聚焦一个总体目标、围绕一条主线、沿着两条路径、把握三个关键点，在长株潭绿心地区加大优质生态产品供给力度，最大限度地发挥绿心的生态屏障和生态服务功能，真正实现生态与产品高度融合、生态效益与经济效益同步增长。

一个总体目标，即保护好长株潭生态绿心。一条主线，就是抓好“创造优质生态产品，强化绿心保护”这条主线。两条路径，就是要实施生态

产业化和产业生态化双轮驱动。三个关键点：一是注意生态优先、保护为主，严格落实绿心保护；二是注意平衡社会生态系统，绿色、适度发展，实现多方协调共赢；三是注意生态产品价值实现的机制建设，这是创造优质生态产品的关键。

（二）对策建议

1. 保护优先、高位引领，以创造优质直接生态产品为核心

一是转变发展理念。树立“保护好生态环境就是促进发展、提供优质生态产品就是发展”的理念，加大对绿心关键区域、关键生态系统的保护力度，坚决执行《绿心保护条例》和《绿心规划》，严格按“三区”管控要求，强化对禁止开发用地的建设活动管制，对于违法违规破坏绿心的行为，要严格执法、坚决整改，督导退出企业和矿山开展生态修复，增强绿心区域生态功能的稳定性和优质生态产品的供给能力。

二是坚持高位推动。设置跨区域强力统筹平台，加强三市沟通和交流，形成相应的联系沟通机制和共同治理机制，组建绿心联合执法队伍，加大执法力度。条件成熟时，对绿心地区进行单独管理和保护，组建“长株潭绿心新区”，成立长株潭绿心新区管委会；积极申请国家生态产品试点，争取更多国家政策和资金的支持来保护生态绿心，将其打造为中部区域生态文明发展的示范窗口。

三是加大生态建设力度。推动绿心区生态系统修复，加强公益林（地）培育，加快裸露山地复绿，建设河流和道路生态廊道，营造水源涵养林；加强风景林建设，逐步进行林相调整、林分改造，优化植物群落，增加季相林，营造以常绿阔叶林为主、落叶阔叶林为辅的植被景观，增强生态景观功能。借鉴兰斯塔德绿心打造地下交通线路和渠化交通，减少交通线路对绿心山体、林地、湖泊等自然环境的破坏，在站点地段以“绿色 TOD”[①] 模式发展；构建“生态－生活－生产－休闲”有机结合的综合功能绿道网，打造

① TOD：以公共交通为导向的开发。

景观通道，串联绿心特色景点，让绿心通过带状绿地、河流廊道等方式嵌入长株潭三市中心城区，为人们享受生态产品提供便捷。

四是全面整治村庄环境。分类开展村庄整治，对规模较小的散户居民点或自然村，采取“村庄合并－生态优化”模式；对于区位条件较好、聚居面积较大的村庄，采取“村庄改造－生态改良”模式。同时加快镇村环境绿化，开展污染治理，坚决退出污染企业，控制畜禽养殖污染。提高农村生活垃圾和污水的收集处理能力，建立小型分散化设施，就地处理村庄污水，实现污染源头控制。继续推广太阳能、风能、沼气等新能源的利用，缓解环境压力。

2. 绿色发展、精准定位，以优质生态产业促进绿心保护

一是推进林业转型发展，促进“老树发新芽”。要把有限的林地资源用于发展珍贵树种和优质用材林，鼓励发展木材质量好、市场价值高、培育前途大的珍贵乡土树种，建设大径级材培育基地，推进“藏富于地、蓄宝于山”。同时，在坚持生态优先的前提下，适度发展林下经济，如绿色食品业、林下养殖业等具有优势的产业，不仅可增加当地财政收入、提升了居民生活水平，还可增加就业机会、保障林区社会经济稳定发展。

二是推动生态农业发展，促进“特色变优势”。借鉴浙江“丽水山耕”品牌运营模式，整合绿心地区农产品，创建和运营绿心农产品标志性集体品牌“有机绿心”，建立全产业链一体化公共服务体系，同时完善农产品质量安全追溯体系、加快农村电商建设。推动苗木产业向高端转型升级，一方面，加强管理和专业技术人才培育和引进，加大科研投入力度，支持龙头企业发展，注重品牌培育，推进花卉品种创新；另一方面，改变传统苗圃单一生产扩张的模式，采取综合经营模式，如：与旅游观光结合，与园艺生产、立体绿化结合，或结合碳汇交易等，为苗木产业发展注入全新活力。

三是整合生态旅游资源，促进“旧貌换新颜”。借鉴乌镇旅游开发管理模式，成立国有控股公司“长株潭生态绿心文化旅游股份有限公司”，淡化行政区域边界，整合生态旅游资源，进行统一开发和管理，通过科学合理的

功能分区和各特色组团，打造旅游“趣味地图”，形成整体、系统、有机、各具特色的绿心文化旅游休闲产业链。同时，采用“重点项目引领、大型活动搭台”的形式，提高绿心知名度、增强综合竞争力，如：支持绿心申报举办世界园艺博览会等，推动生态旅游发展。

3. 多方筹资、加大投入，解决打造优质生态产品的资金难题

一是成立绿心保护与发展基金。从长株潭三市土地出让金划出专项资金，并整合其他相关部门专项资金，成立长株潭绿心保护与发展基金，集中投向绿心地区的生态保护与修复、环境治理等；同时，鼓励社会资本投入绿心地区生态保护，最大限度地吸纳社会资本，拓宽资金来源，夯实资本保障。

二是选择合理的投融资模式。如对绿心区内一些重大的环境治理、生态修复项目或者较大规模的湿地公园项目，政府可以通过特许权协议，授权投资者组建项目公司进行融资、设计、建造、运营和维护，经营期满后无偿转交政府；政府则将绿心区域外周边的一些土地开发权出让给项目公司，以捆绑的方式提高项目公司的盈利能力，政府负责监管各个环节以维护公共利益，并确保绿心受到严格保护。

三要善用民间资金。对于能够获得稳定现金流的基础设施项目，可采用PFI（民间主动融资），如农村污水处理设施，可采取PFI中的“可用性付费+运营维护服务费”的模式，在污水处理等设施建成后，运营期内每年按约定支付可用性付费，按绩效考核及运营维护成本等因素，测算支付运营维护服务费。鼓励群众、佛教协会等积极筹资保护修缮上林寺、昭山寺等古寺庙。

4. 完善机制、创新发展，推动生态产品共建共享

一是提升生态补偿的效果。在目前进行生态公益林补偿的基础上，根据保护的重要性程度分等级提高生态补偿标准。完善生态补偿制度保障，建立起基于生态补偿实施效果的考核机制，将生态补偿的范围、对象、方式、标准等以制度法规的形式确立下来。加强生态补偿实施效果的考核与应用，引导补偿受益主体履行生态补偿义务，同时加强相应的监测，对生态补偿效益

进行评估，将保护成效纳入绿心地区各级政府的效能考核范围。

二是探索全社会参与的保护模式。积极引导全社会参与绿心保护和建设，引导企业转变生产方式，引导人民群众改变生活方式。探索开放合作机制，充分发挥各市县区的积极性。完善监督机制，充分发挥人大、政协、各级基层组织、社会团体及公众的监督作用，为绿心保护提供重要保障。营造全民参与、各级政府配合的全社会保护和建设绿心的良好社会氛围。

三是探索建立生态产品价值实现体系。积极探索绿心地区在保护生态环境的过程中创造生态产品、增加生态财富、提升生态价值的途径和方法。创新保护和发展机制，在生态绿心整体框架下，积极探索研究绿心地区的资源确权、土地流转、财政奖惩等方面的制度和办法，如可在绿心地区先行先试，试点出境水水质财政奖惩制度，森林覆盖率、林木蓄积量奖惩制度，生态环保财力转移支付与“绿色指数”挂钩制度，“两山”建设财政专项激励政策等，建设和保护更多的优质生态资源，推动生态产品的价值实现。

民生建设

洞见未来：从发展趋势看湖南消费升级新策略*

湖南省人民政府发展研究中心调研组**

当前湖南消费升级稳步推进，但社会消费品零售额增速自2011年以来持续回落。为满足全省人民日益增长的美好生活需要，进一步提升消费对经济增长的贡献率，湖南省应顺应国内外消费升级新趋势，紧紧围绕“新潮、品质、活力、放心”的升级策略，前瞻性地推动湖南消费升级迈上新台阶。

* 本报告为湖南省社科联智库课题“湖南高质量发展的考核目标和考核办法研究”（ZK2019008）阶段性研究成果

** 调研组组长：谈文胜，湖南省人民政府发展研究中心党组书记、主任；调研组副组长：唐宇文，湖南省人民政府发展研究中心副主任、研究员；调研组成员：李学文、张诗逸、夏露，湖南省人民政府发展研究中心研究人员。

一　湖南消费升级过程呈现四个特点

1. 消费业态有亮点、无支点

从传统零售业态看，近年来湖南社会消费品零售总额增速保持在10%以上，九龙仓长沙国金中心带动超过70家品牌首次进驻湖南，2018年月均销售额超过3亿元，友谊阿波罗、步步高等本土零售企业稳步成长；但由于未能及时推进新技术与传统商业模式融合，导致湖南限额以上批发和零售企业大多不优不强，平均规模小于周边省份。2018年，湖南省限上企业平均年零售额约1.15亿元，而山西、湖北、安徽分别达到了2.39亿元、1.78亿元和1.24亿元。从网上零售情况看，近年来湖南网上零售快速增长，2018年，全省网络零售额达2041.11亿元，同比增长31.14%；但湖南省缺乏大型电商平台企业，存在严重的购买力外流，2017年全省购买力外流达1435.1亿元。从新兴零售业态看，湖南省创新案例层出不穷，社区团购起源于湖南，兴盛优选、邻里说、你我您等社区团购品牌快速成长，开辟了全新的家庭式生活消费市场；孚利购、全天、五人便利店等无人店业态蓬勃发展，2017年长沙城市便利店指数居全国城市第一位；但湖南省现有新零售企业多处于发展初期，对线上线下资源的统筹整合能力较弱，尚未形成消费新支点。

2. 消费产品有招牌、无品牌

从消费产品看，湘绣、湘菜、湘茶、湘米、湘油及湖湘文化产品享誉国内外。但是，受创意设计、品牌创新等因素制约，湖南在本土品牌开发方面还较为薄弱，部分老字号经营缺乏活力和创新能力，本土品牌对国内外消费市场的影响力不强；以八大菜系之一的湘菜为例，在中国饭店协会公布的2018年中国正餐集团50强中，湖南仅有长沙餐饮集团居榜单第31位。考虑到湖南省有近80%人口年均可支配收入低于5000美元，仍处于由大众消费向品牌消费过渡阶段，没有优秀的本土品牌，难以吸引并留住省内外消费群体。

3. 消费群体有潜力、未激活

从人口年龄分布来看，湖南在老年消费和青少年消费市场还有很大潜力可挖（见图1）。2017年年末人口数据显示，湖南“50后”“60后”人口占比28%，他们乐意尝试网络购物，消费意愿强烈；“70后”人口占比16.3%，他们是目前中产的核心力量，消费较为务实、看重品牌，随着“70后”逐渐步入老龄阶段，老年市场将真正爆发；湖南“95后”人口占比17.1%，他们消费意识超前，更注重个性，将引导定制化、品质消费成为未来消费的主旋律。但从目前来看，湖南瞄准青少年和老年消费者的商业业态发展还较滞后，巨大的市场空间亟待开拓，需要加快个性化、时尚化、便利化、品质化的业态发展，以满足各类消费群体需求。

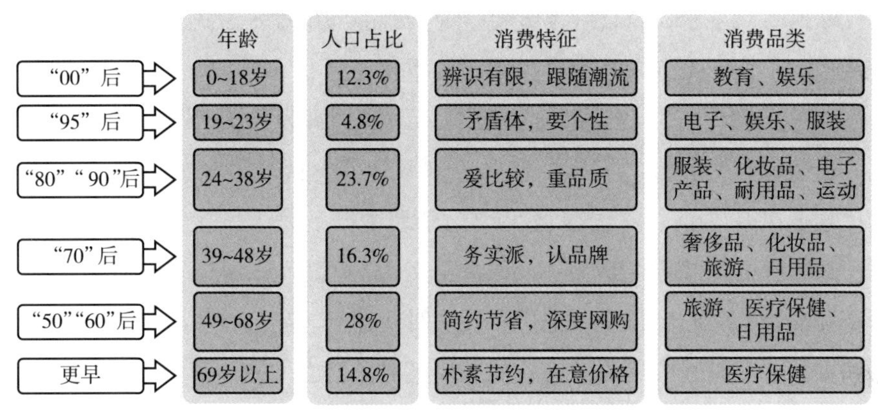

图1　湖南省消费群体构成与消费偏好（2017年末）

资料来源：湖南省自然人信息大平台、国泰君安证券研究。

4. 消费环境有待改善

从消费环境看，通过持续推进商贸流通“千百工程”，深化流通体制改革，近年来湖南省消费环境得到进一步优化。但进一步改善提升的空间依然较大，突出体现在三个方面：一是面向新模式新业态的法律法规不健全，服务业的统计和监管缺失问题突出，缺乏制度化的解决方案。二是促进消费的政策力度有待增大，湖南省商贸流通企业在土地、投融资等方面的支持政策尚未落实，税收减免、奖补政策等有利于激发消费载体积极性的支持措施力度不够。三是消费事中事后监管薄弱，保障消费体验的信用体系和消费者权益保护机制尚未有效发挥作用，一定程度上阻碍了消费潜力的释放。

二　当前国内外消费升级的四种新趋势

1. 从 O2O（从线上到线下）加快向 O&O（线上线下共生）转变，互联网与实体商业融合呈现新特征

实体商业与电商将日益从对立走向深层次融合，通过线上巨头兼并或入股线下企业，传统企业完整的线下数据与线上平台数据体系的对接将产生叠加效应，推动数据驱动的企业决策更为精准有效。从湖南的情况看，如何适应互联网时代要求，整合线下零售企业资源并与电商平台进行数据对接，进一步拓宽市场，是未来必须着力解决的重要课题。

2. “新世代”、中老年市场消费潜力巨大，社群消费蓬勃发展

据统计，“新世代”（15～35 岁）消费者在全国城镇 15～70 岁人口中的占比超过 40%，消费占比接近 50%，消费力增速是上一代消费力增速的 2 倍，对品牌的知晓程度是上一代的 3 倍多；“新世代”将成为消费市场的主力军和消费趋势的引领者，他们对反映时代潮流、先进技术和新型体验的商品和服务具有较强的购买意愿，如顺应其需求诞生的社群消费蓬勃发展。以拥有超过 200 万微信粉丝的“吴晓波频道”为例，通过为消费者增添细节真切的产品体会，5 个月卖出了超过 10 万份产品。同时，国内中老年消费市场潜力巨大，从 2017 年中老年人的网络渗透率、网购渗透率看，40～49 岁阶段为 48% 和 54%，50～59 岁阶段为 21% 和 40%，60 岁以上阶段为 18% 和 32%，中老年人消费中蕴藏着巨大的培育和挖掘空间。从湖南来看，抓住重点消费群体的需求特征，对于激发“新世代”和中老年人消费潜力尤为关键。

3. 社区商业生命力仍然强劲，社交枢纽和精致服务吸引力不可替代

从全球范围看，社区商业仍然占据着重要位置，且越来越向精细服务化方向发展，实体店铺既是购物场所，更是消费者体验、社交场所；如日本社区商业的代表“枚方 T－SITE”，已变成城市社区的“配套服务者”“社交枢纽”，为商业空间带来新的活力。从国内看，通过大的互联网平台为社区零售店提供品类扩充、店面改造、金融服务、数据分享等也成为社区商业升

级的一条新路径，如阿里零售通过对传统夫妻店的“数字化”改造，店铺客流、销售额都出现了大幅提升。对于湖南来说，如何推动社区商业变革，为消费者提供购物、社交、休闲等多重体验，将成为新的重要课题。

4. 实物消费向服务消费拓展，文化旅游、休闲娱乐、医疗健康等进一步融合升级

随着收入水平的提高，消费结构日益从注重实物产品消费向注重服务产品消费转变，休闲娱乐、医疗健康、教育文化等日益成为消费热点。从文化消费看，国际经验显示，人均 GDP 接近或超过 5000 美元时，文化消费进入“扩张时代”。2013～2016 年我国居民人均文化消费额年均增长 11.53%，远高于居民收入增速，但与全国文化消费市场近 5 万亿元的潜在规模相比，仍有快速增长空间；湖南历史文化底蕴深厚，文化资源丰富，文化消费的潜力巨大。从健康与旅游的融合发展趋势看，有预测显示，到 2020 年全国旅游业和健康服务业总规模将分别达到 7 万亿元和 8 万亿元；湖南具有丰富的森林康养、中医药健康旅游资源，健康旅游具有广阔的融合发展空间。

三　围绕“新潮、品质、活力、放心”推进湖南消费升级

顺应消费发展新趋势，依托互联网快速发展和庞大市场规模，立足湖南实际，紧紧抓住“新潮、品质、活力、放心”四大策略。“新潮”即打造以长沙为核心的国际时尚潮流消费中心；“品质”即高标准实现“湖南购物”与“湖湘文化”“湖南服务”的融合发展；“活力”即以互联网激活下沉市场、焕发传统消费新活力；“放心”即不断完善制度，营造放心消费环境，打响“湖南购物品牌”，加快推进消费升级。

1. 打造以长沙为核心的国际时尚潮流消费中心

一是吸引和培育一批细分领域的新消费领军企业。针对电商新兴业态总部的特定类型、特殊需求，探索制定差别性优惠政策，积极吸引国内外电商

巨头的新消费业务总部或第二总部落户；同时瞄准有发展前景的商业细分领域，积极孵化培育本地“独角兽”企业。

二是培育品质商圈和夜市消费地标。提升传统商圈的知名度和影响力，全面完善五一商圈商业、文化、交通、金融、信息化等基础设施，建设精品云集享誉全球、服务创新引领世界、商业气氛浓厚的国际商业街区；推动滨江新城、红星、梅溪湖等商圈错位发展、互补联动，形成各具特色的品质商圈。打造国际知名夜市消费地标，围绕打造“中国娱乐之都”“东亚文化之都”“世界媒体艺术之都”，全力丰富夜经济产品，着力打造具有国际影响力、彰显文化特色的夜市品牌。

三是聚焦时尚潮流塑造新型消费文化。打造“酷”经济，把握年轻消费群体特点，依托长沙消费商品和服务的创新能力，聚焦动漫周边、服装服饰、美容化妆品、工艺美术、珠宝首饰、智能穿戴、时尚数码消费品等领域，发展兼具时尚性和潮流性的原创品牌。塑造“潮”文化，依托互联网岳麓峰会，积极引进国内外著名互联网企业来长沙，举办新品发布、创意设计作品发布、互联网高峰论坛等主题活动，将长沙打造为知名的互联网前沿产品展览展示和文化交流中心。

2. 高标准推动“湖南购物”与“湖湘文化”“湖南服务”融合发展

一是打造国际知名休闲康养目的地。依托武陵源、凤凰、岳麓山等世界级旅游载体，积极引入 Waze 地图、City Maps 社区、Google Glass 与旅游相关的新业态、新产品，为游客提供更加丰富多元的体验。紧跟中老年群体消费需求，聚焦韶山、衡山、崀山、东江湖等重点区域，精心设计红色记忆、宗教祈福、森林康养、休闲娱乐等慢游线路。支持张家界和湘潭市创建国家健康医疗旅游示范区，引进和培育大型高端医疗企业和养老服务企业，打造一批国际康疗度假中心。

二是积极发展文化消费。充分挖掘湖湘文化内涵，打造红色印记之旅、名人足迹之旅、都市夜色之旅等文化主题旅游线路。搭建文化消费信息平台，采取“电商 + 活动 + 资讯发布”的运营模式，集公共文体产品与服务供给，文体市场产品与活动推介，文化产品预订、消费、评价、奖励等于一体，有效打通文化消费“最后一公里”。推进金鹰电视艺术节、橘洲音乐节等各种节庆活动与餐饮、旅游、会展业的联动，通过延长产业链拓展消费链。

三是大力发展体育消费。深耕国际龙舟赛、国际马拉松等品牌赛事，结合全省夜市特色，策划夜光跑、彩虹马拉松等活动，提升区域知名度和美誉度。大力发展“互联网+”体育产业，重点发展赛事IP经营、赛事运营管理、智慧体育预订、运动社交娱乐、移动体育培训、垂直社群媒体、第三方服务等。开发不同层次体育消费品，如面向中老年的“银发健身市场”，面向少年、幼儿的体育培训市场，面向男女青壮年的“青春美容健美健身市场”等。

3. 以互联网激活下沉市场，焕发传统消费新活力

一是引导电子商务与传统商业深度融合。推动线下企业的物流、服务、体验等优势与线上企业的商流、资金流、信息流融合，拓展智能化、网络化的全渠道布局。培育线上线下融合发展的新型市场主体，鼓励省内电商企业对接天猫、京东、拼多多等大型电商平台，引导省内线上线下企业以战略合作、交叉持股、并购重组等多种形式实现数据资源互联互通，提高社会化协作水平，进一步满足下沉市场消费需求。

二是创新经营方式，重新焕发老字号活力。支持老字号通过跨界融合、创新技术应用等发展新业态、新模式。鼓励老字号开设旗舰店、体验店、集成店、“快闪店”等新型线下商业；推动传统店铺向老字号文化展示中心、定制体验中心、技艺见习中心转型，引导老字号开展跨界合作，研发联名系列、文创系列、伴手礼系列等，开拓更广阔的消费市场。

三是培育壮大社区实体商业新模式。湖南的社区商业创新走在全国前列，要加强社区商业发展新模式的研究，对有利于社区商业发展、尚处于成长期的中小企业，制定相应的发现和培育机制，扶持各类新模式商业进入社区提供服务。支持社区提升商业能级，加大资源对接力度，推动社区实体商业与互联网渠道融合，引导社区超市和便利店拓展线上订购、统一配送功能。

4. 不断完善制度，营造放心消费环境

一是创新消费市场制度供给。对不涉及安全、权益保障的消费新模式、新业态采取“包容审慎”监管模式，积极创新新消费发展的制度供给。加快商事登记制度改革，建立跨部门抽检信息共享机制，逐步放宽健康医疗、文化创意、休闲娱乐等新兴消费行业准入，简化资质条件和审批流程。加强促进消费的政策供给，对吸引消费能力强的载体予以一定的奖补支持，鼓励民营资本投资。

二是完善商业服务质量标准体系。支持企业通过标准化试点示范建立企业标准体系，树立行业标杆。完善产品质量监督抽查和服务质量监督检查制度，建立第三方服务监测评价机制。以核心商圈、骨干企业为重点，开展大范围多层次的语言、礼仪等服务技能培训和职业道德教育。

三是健全消费者权益保护机制。优化信用消费环境。加快推进商业信用体系建设，搭建商务举报投诉服务网络平台，严厉打击商业欺诈、制假售假、侵犯知识产权等行为，营造公平、有序、规范的市场环境。构建安全消费环境。加快食用农产品、食品、药品等重要产品追溯体系建设，推动食药品安全监管和消费维权长效机制的建设，切实保障消费者权益，实现湖南消费“放心买”。

“点亮”城市发展新名片

——加快发展湖南省夜间经济的对策建议

湖南省人民政府发展研究中心调研组*

2019 年 8 月 27 日，国务院办公厅发布《关于加快发展流通促进商业消费的意见》提出，有条件的地方可加大投入，打造夜间消费场景和集聚区，完善夜间交通、安全、环境等配套措施，提高夜间消费便利度和活跃度。11 月 4 日，湖南省委常委会扩大会议指出，要在发展夜间经济等方面精准发力。最近，从北京、上海、天津等大城市到兰州、绍兴等二、三线城市，相继推出了多项鼓励夜间经济的举措，长沙也出台了《长沙市加快推进夜间经济发展实施方案》。湖南省如何积极发展夜间经济、提振消费，是值得关注的一个问题。

一　夜间经济打造城市三张“新名片”：发展夜间经济是紧跟时代潮流的战略性决策

发展夜间经济，不仅是拓展新消费领域的重要抓手，也是满足人民对美好生活需要的必然选择，发展夜间经济对湖南省意义重大，将会成为湖南新的名片。

1. “民生新名片”:夜间经济具有强大的就业带动效应

夜间经济通过延长经济活动时间，增加就业岗位；同时，夜间经济主要

* 调研组组长：谈文胜，湖南省人民政府发展研究中心党组书记、主任；调研组副组长：唐宇文，湖南省人民政府发展研究中心副主任、研究员；调研组成员：左宏、李迪（执笔），湖南省人民政府发展研究中心研究人员。

以第三产业为主，对劳动力的吸收能力大于其他产业，在相对意义上可以提供更多就业机会。例如，根据经济研究咨询机构 TBR 的研究，在伦敦，夜间经济直接支持伦敦 1/8 的工作岗位，总计约有 72 万个；若包括间接影响，夜间经济总共提供了 126 万个就业岗位，占就业总人数的近 1/4，可谓带动效应巨大。再如，长沙市太平街著名小吃传承人董顺桃的臭豆腐店平均一晚卖一万多片臭豆腐，文和友 2019 年“五一”期间网友排队到 7900 多桌，商家反映工作人员经常奋战到凌晨，常常还人手不够。夜间强劲的消费动力和就业时间的延长有效带动了本地就业。

2. “经济新名片”：夜间经济具有强劲的消费带动能力

中国商务部发布的城市居民消费习惯调查报告显示，中国城市居民消费活跃度夜间强于白天，约有 60% 的消费发生在夜间，城市大型商场晚上 6 时至 10 时的销售额占全天销售额的 50% 以上。数据显示，长沙市平和堂夜间的商业销售额占到全天的一半。在琴岛演艺，800 人的剧场，在 21 时至 23 时 30 分这一时间段，能达到日均 70% 的上座率。在我省颐而康，全年夜间消费人数 600 万人次。长沙市化龙池、都正街、马王堆海鲜夜宵街、沁园夜宵街等街区 2/3 左右的餐饮营业额是在夜间实现的。浏阳河婚庆园每年接待游客达 3000 万人，其中 70% 来自夜间。2019 年上半年，长沙市夜购营业额达 136 亿多元。近期，国务院《实施更大规模减税降费后调整中央与地方收入划分改革推进方案》的出台，将引导地方政府从投资驱动转为消费驱动，而发展夜间经济对拉动本地消费具有重要作用。

3. “文旅新名片”：夜间经济具有承载城市文化和提升城市软实力的功能

国内外夜间经济无不拥有特色文化的有力支撑，而本土文化也通过夜间经济不断融汇创新。如北京皇城文化、广州茶文化、杭州评弹文化以及成都草堂文化与夜经济深度融合，创建出极具城市个性的商业品牌与夜间经济标签。夜间经济传承了城市文脉，展示了城市文明。璀璨的夜间经济也丰富了旅游业态，让城市软实力得到提升。湖南省夜间经济历史发达，从以湖南广电、长沙广电为依托的“粉丝经济”，到以酒吧、歌厅、剧院、影院等带动旅游、住宿、餐饮等经济发展的“夜间经济”，湖南省的夜间经济不仅仅是商业上的表象，还是塑造这个城市灵魂的重要元素。

二　发展夜间经济的国际及外省经验借鉴

英国、法国等地从20世纪八九十年代起就将发展夜间经济纳入了城市发展战略。目前上海、南京、天津、北京等城市相继推出促进夜间经济发展的政策。国外和国内都已经提供很多发展夜间经济的经验。

1. 国际经验

一是行政管理方面：任命夜间行政首长。2003年荷兰阿姆斯特丹开创性地任命了首位“夜间市长”（NightMayor）来监督“晚九朝五”的夜间经济活动，致力于在市政府、（小）企业主和居民之间架起桥梁，建立沟通机制，提出创新的解决方案，平衡行政管理体系和实际操作中场地经营者和艺术家的需求，确保夜生活和城市生活的其他部分能够共存，而不是简单粗暴地“严格限制、关闭场所、禁止使用”。“夜间市长”由公众和专家投票产生，受雇于阿姆斯特丹夜间市长基金会，该组织的运作资金一半来自政府，一半来自夜间营业商家。目前，全球已有包括伦敦、巴黎、苏黎世在内的30多个城市采用了类似的职位或行政模式。2016年，阿姆斯特丹举办了第一届夜间市长峰会，与世界各国商讨夜间经济发展模式。

二是社会治理方面：社会多元主体参与管理。英国政府积极推动发展与社会多元主体积极参与管理。如伦敦2016年年初成立了由各种政策专家和行业领袖组成的夜间工作委员会，帮助市长拟定24小时夜间经济发展的目标，并通过与场地经营者、酒吧和餐馆工作人员、夜间消费者、消防队员、夜间通勤者对话的方式听取各方意见，平衡相关群体的利益诉求。

三是基础环境方面：延长日间设施开放时间。如荷兰阿姆斯特丹推动24小时图书馆、24小时工作空间、24小时便利店建设。英国为助推夜间经济发展，延长博物馆、图书馆、音乐厅等日间设施的开放时间。2016年8月，在伦敦市政府的推动下，正式在每周五和周六两天推出夜间地铁服务，目前伦敦11条地铁线中有5条线路在周末24小时运行。此外，伦敦交通局计划到2023年，将夜间地铁服务扩展到其他线路上，此举为减少非法出租车的使用、缓解交通拥堵、延长企业营业时间创造了条件。同时，为了保证夜间消费生活安全，伦敦市政府专门增加300万英镑预算加强治安。英国交通警察部门增加100多名警察，巡逻144个站点，保障人们夜间出行的安全。

四是创新体验方面：文化与经济深度融合。法国里昂将始于1852年，为庆祝圣母玛利亚镀金铜像落成，人们纷纷在窗前点起蜡烛并走上街头载歌载舞的一个宗教节日，变成了世界“三大灯光节”之一。法国里昂将灯光节作为发展夜间经济的策略之一，实施了《城市灯光规划》，从政策、技术、艺术等方面为该节日提供支持，灯光逐渐成为城市风景打造的一个重要组成部分，并与城市的历史文化形成链接关系，里昂打造了一项具有人文气息的国际灯光节日，每年12月8日在法国里昂举办为期4天的灯光盛会，能够吸引超过400万的游客，投资回报率达到28.6%，极大地带动了当地住宿、餐饮、娱乐等行业的发展。

2. 国内经验

一是打造一批知名“夜经济”集聚地品牌。北京市围绕不同主题集聚区，致力于打造“夜京城”知名商圈、地标、生活圈。例如，在北京的前门和大栅栏、三里屯、国贸、五棵松打造首批4个“夜京城”地标，在蓝色港湾、世贸天阶、簋街、合生汇、郎园、食宝街、荟聚、中粮·祥云小镇、奥林匹克公园等打造首批“夜京城”商圈，在上地、五道口、常营、方庄、鲁谷、梨园、永顺、回龙观、天通苑等区域培育首批“夜京城”生活圈。

二是建立夜间经济协调推进机制。北京市设立市、区、街（乡镇）三级夜间经济“掌灯人”，负责统筹协调本级夜间经济发展。鼓励“夜京城”地标、商圈和生活圈相关企业成立商会等社会组织，全面推进本区域夜间经济工作，引导行业自律发展。建立“夜京城”地标和商圈动态评估机制。上海市建立“夜间区长”和“夜生活首席执行官”制度。由各区分管区长担任“夜间区长”，统筹协调夜间经济发展。鼓励各区公开招聘具有夜间经济相关行业管理经验的人员担任“夜生活首席执行官”，协助“夜间区长”工作。

三是打造夜间消费“文化 IP”。北京市策划组织一批戏曲、相声、电影、歌剧、音乐、读书等主题鲜明的“夜京城”文化休闲活动，扶持 24 小时实体书店，鼓励有条件的博物馆、美术馆延长开放时间，对全市 3000 座以下的演出场所的营业性演出给予一定比例的低票价补贴。天津市推动街区商旅文体有机融合，深度打造“夜游海河”“夜赏津曲”“夜品津味”“夜购津货”四大品牌活动，政府规定每个街区至少要在每周末组织举办文艺演出，打造夜间消费“文化 IP”。

四是优化夜间经济企业的管理机制。成都市政府每年评选公布 100 个夜间经济示范点。成都市积极引入国内外知名零售、餐饮、文化、旅游企业，鼓励各类夜间经营主体增设 24 小时门店。成都市探索对符合条件的品牌连锁企业试行“一照多址”“一市一照”登记，强化连锁企业总部的管理责任，简化店铺投入使用、营业前消防安全检查，实行告知承诺管理。对具有示范效应的夜间消费新业态、新模式，创新审批服务方式，强化事中事后监管。为推进夜间旅游街区、购物中心的亮化改造，还鼓励商家自建、自维景观照明氛围营造，方案经审定后纳入各区（市）县管理。

三　加快发展湖南省夜间经济的对策建议

夜间经济是湖南省在消费升级、经济结构转型背景下的一次重要机遇。湖南省发展夜间经济，要重点打造以长沙市为核心、以各区域中心城市为支撑的特色湖湘夜间经济圈。

1. 培根基：完善夜间经济基础与服务

一是改善夜间照明和交通。借鉴伦敦经验，每逢周末、节假日，将省会长沙市地铁夜间运营结束时间由 23：00 延长为 24 小时运营，其他城市在夜间出行活跃度较高的商业网点、商务区等处，增加夜班公交线路，加密车次，方便市民出行。二是延长日间设施的开放时间。延长湖南省内博物馆、体育馆、图书馆、美术馆、健身馆等一批日间设施的开放时间。推动湖南省核心商圈、街区延长营业时间，推动一批24小时图书馆、24小时工作空间、24小时便利店建设。三是做好配套设施服务建设。在夜间经济核心区域实现5G、WiFi全覆盖。要在夜间文旅项目周边提供餐饮区、休息区以及停车场等配套设施，保持夜间交通与游人安全。

2. 建机制：创新夜间经济管理协调机制

一是建立夜间经济协调机制。推动设立省、市、区、街（乡镇）四级夜间经济“掌灯人”制度，鼓励相关商协会推进区域夜间经济发展，加强政府引导，引导行业自律发展。二是政府出台相应保障政策。积极鼓励和推进企业实施更加有弹性的工作制度，完善带薪休假制度，保障劳动者的权益，提高居民消费能力。同时，加强湖南省夜间安全巡逻、应急事件处理机制建设，安排市级财政和部门专项资金扶持夜间经济发展，实行夜间水费、电费优惠，实行夜场文化演出票价补贴政策等。三是优化夜间经济企业的管理机制。借鉴成都经验，每年评选公布一批夜间经济示范点。积极引入国内外知名零售、餐饮、文化、旅游企业，鼓励各类夜间经营主体增设24小时门店。建立审批绿色通道，在法律法规允许范围内降低夜间经济街区经营主体准入门槛，简化审批程序。

3. 树品牌：打造湖湘夜间经济之典范

一是打造一批核心的夜间经济商圈和地标。高起点规划建设富有湖湘地方特色的夜间经济集聚区与特色商圈，以“食、游、购、娱、体、展、演”多种形式丰富夜间经济业态。以长沙为例，重点打造“一洲一山一圈多街”（橘子洲、岳麓山、五一商圈、长沙古街等）立体夜间经济带。二是以“橘子洲”烟花为夜间核心品牌，打造湖湘夜间消费IP。借鉴“上海国际音乐烟花节”经验，丰富烟花节形态，将橘子洲烟花节作为核心的品牌，引入科技元素、音乐元素、文化元素、国际元素，打造湖湘夜间经济消费带动品牌。三是打造“湘江夜游夜读”文化品牌。围绕湘江河流、岳阳洞庭湖、常德柳叶湖、郴州东江湖等内湖，同步开发水上夜游、水秀、主题光影秀、声光电大型演出等夜游项目，将本土的花鼓戏、湘剧、长沙弹词、相声、非物质文化遗产作为夜游文化输出的重点，晚间开放岳麓书院，政府支持开设“夜间学堂”“夜间讲坛”。

4. 聚资源：数字经济 + 夜间经济深度融合

一是利用“数字经济”创新夜间传统文化。深入挖掘湖湘文化元素，以古街、博物馆、游船为载体，利用 VR、3D 动画等手段展现湖南省的文创产品。建议湖南省各地文旅部门将一批湖南特色的传统名点小吃、非遗大师手工作坊、艺术工作坊、茶馆、收藏馆纳入本地夜间打卡线上地图。二是利用“网红经济”营造夜间经济氛围。充分应用现代媒体营销湖南夜间经济，讲好夜间经济故事，推介一批网红民宿、网红店铺、网红表演，做个性化的包装，设计卡通形象，请个性鲜明的网络红人为湖湘文化代言。例如，餐饮方面可以重点推介“火宫殿小吃”“文和友龙虾”“茶颜悦色奶茶”。三是利用“互联网 +”打造线上线下不打烊的服务体验。发展夜间经济必须重视“服务 + 体验”。线上不打烊，线下体验活动配合线上。例如，引导发展夜间送药、夜间购物、夜间外卖等线上线下结合的模式。积极引入美团、叮当快药、58 到家等互联网企业总部或第二总部落户湖南。

湖南省打造国家区域医疗中心的对策建议*

湖南省人民政府发展研究中心调研组**

创建国家区域医疗中心是推进医疗服务供给侧改革、完善医疗服务体系、促进医疗资源合理分布和均衡发展的重要举措，是提升湖湘医疗品牌、建设“健康湖南”的重要抓手。为深入了解湖南省创建国家区域医疗中心的有利条件和不利因素，并对比分析外省相关动态，我中心调研组先后赴广东省、湖北省开展了专题调研，结合湖南省实际，提出了湖南省打造国家区域医疗中心的对策建议。

一　湖南打造国家区域医疗中心的基础条件

湖南医疗资源较为丰富，尤其是近年来医疗服务体系不断完善，服务能力稳步提升，以“湘雅”系列医院为首的湖湘医疗群在医、教、研、管等领域综合实力位居全国前列，医学教育和医疗大数据平台建设领跑全国，具备创建国家区域医疗中心的基础条件。

1. 区位优势明显

湖南省地处中南地区中心位置，位于东部沿海地区和中西部地区的过渡带，是长江开放经济带和沿海开放经济带的结合部，经济、社会、文化发展

---

* 本报告获得湖南省政府副省长吴桂英的肯定性批示。

** 调研组组长：谈文胜，湖南省人民政府发展研究中心党组书记、主任；调研组副组长：唐宇文，湖南省人民政府发展研究中心副主任、研究员；调研组成员：袁建四、屈莉萍、刘海涛、周亚兰，湖南省人民政府发展研究中心研究人员。

迅速；省会长沙市是联通东西、承接南北、通江达海的新兴国家级综合交通枢纽，具备辐射中南乃至全国的地域和交通优势。

2. 医疗资源总量持续增长

2018 年，全省二级以上医院为 548 家，编制床位数达到 23.3 万张，执业（助理）医师达到 77953 人，注册护士达到 120158 人。全省已经建立由医院、基层卫生健康机构、专业公共卫生机构等组成的覆盖城乡的卫生健康服务体系。

3. 医疗服务能力及区域辐射能力增强

湖南省提供的门诊服务量和住院病人手术量分别占全国总量的 3.31% 和 4.22%，每百门诊、急诊入院人数全国最高，病死率与福建省同为全国最低，高端医疗技术水平属于全国第二梯队。截至 2018 年年底，全省每万人口拥有床位数和医生数分别为 70.25 张、26.33 人，分别比 2017 年增长 7.16% 和 4.57%；医院诊疗人次、医院入院人数、住院病人手术人次数分别比 2017 年增长 6.09%、5.09% 和 9.06%。

4. 专科建设力度不断加大

全省共有国家临床医学研究中心 3 个，全国综合医院国家临床重点专科（100 强）53 个，评选出省级三级医院临床重点专科 302 个、国家重点学科 9 个，在全省建立了国家、省、市、县四个层次重点专科建设体系。

5. 医疗质量和医疗技术稳步提升

以重大疾病为切入点的专科医联体建设惠及群众，心脑血管疾病救治能力明显提升，急性胸痛患者救治效率提升 60%，急性胸痛患者住院死亡率下降到 0.9%，急性缺血卒中患者静脉溶栓率提高到 10.2%。“湖南卒中急救地图”通过高德地图上线运行。《国家医疗服务与质量安全报告（2017 年）》数据显示，湖南省二级公立医院床位使用率居全国第一位，三级公立医院住院患者总死亡率为全国第二低。

二　存在的竞争压力

创建国家区域医疗中心，当前主要有来自三个方面的压力：一是国家的支持力，二是各地的竞争压力，三是本省的自身内力。从全国范围来看，北京、上海、武汉、郑州、南京等地的交通优势、医疗实力与长沙相当甚至高于长沙。从中南片区来看，广州、武汉、郑州三地交通辐射能力优于长沙，尤其是在医疗实力上，广东、湖北很多专业实力排名在湖南省之前，如中山系列医院和同济系列医院等。

1. 优势专科不够多

湖南省仍缺乏“重量级”医疗服务项目，只有精神专科优势相对突出，排名稳居全国前三；神经专科整体实力排名靠前；全国老年医学专科竞争激烈，广东、湖南、湖北三省实力相当；全国骨科专科竞争激烈，广东、湖北两省实力相对强于湖南省；湖南省肿瘤、儿科专科竞争压力大，广东省整体实力明显强于湖南省；湖南省呼吸、心血管、妇产、传染病、口腔等专科均无优势，其他省份均有医疗机构相应专科，实力明显强于湖南省（见表1）。《国家医疗服务与质量安全报告（2017年）》数据显示，选择异地就医的患者出院科室排名前三分别为：外科（普外、骨科为主）、内科（心血管内、神内为主）、妇产科。

表1　相关专科整体实力全国排名

排序	专科类别	湖南在全国的排名	中南片区医院名称及全国排名
1	精神	3	湘雅附二医院(3)
2	神经	7	同济医院(11)、协和医院(12)、中山大学附属第一医院(6)
3	老年医学	7	广东省人民医院(5)、同济医院(6)
4	肿瘤	11	中山大学肿瘤防治中心(3)、河南省肿瘤医院(12)
5	呼吸	13	广州医科大学附属第一医院(1)、同济医院(9)
6	传染病	17	南方医科大学南方医院(3)、中山大学附属第三医院(11)、同济医院(12)
7	骨科	18	中山大学附属第一医院(16)、同济医院(17)、协和医院(20)、中山大学孙逸仙纪念医院(19)、郑州大学第一附属医院(22)
8	心血管	18	广东省人民医院(4)、协和医院(14)、同济医院(16)、中山大学附属第一医院(17)、武汉大学人民医院(20)

续表

排序	专科类别	湖南在全国的排名	中南片区医院名称及全国排名
9	妇产	20	同济医院(3)、中山大学第一附属医院(9)、中山大学孙逸仙纪念医院(14)
10	儿科	20后	广州市妇儿中心、同济医院、郑州大学第一附属医院、河南省儿童医院
11	口腔	20后	武汉大学口腔医院(5)、中山大学光华口腔医学院附属口腔医院(6)、同济大学附属口腔医院(12)、广东省口腔医院(13)
12	创伤	20后	其他未有详细排名,暂无分析

资料来源：湖南省卫健委。

2. 资源配置不合理

一是布局不合理。湖南省不同区域之间、城乡之间医疗卫生资源配置不均衡。多数公共卫生机构人员不足、设备设施落后。专科医院发展较慢，儿科、口腔等领域服务能力较为薄弱。资源要素结构失衡，全省床护比为1∶0.38，医护比为1∶0.98。公立医院机构床位占比达52.20%，没有形成多元办医格局。二是结构不合理。2018年，96家省市属医院的平均门诊数是县级医院的2.82倍多，是基层医疗卫生机构的近155倍；平均住院数是县级医院的1.79倍多，是基层医疗卫生机构的382.66倍；平均床位数是县级医院的近2.08倍，是基层医疗卫生机构的450.94倍。

3. 财政支持力度不大

2018年，全省财政卫生支出达627.1亿元，占全省GDP的1.72%，占全省一般公共预算支出的比重从2009年的7.20%提高到2018年的8.38%（同期全国财政卫生投入占一般公共预算支出的比重为7.11%），2009～2018年年均增长率达到8.33%（同期全国财政卫生投入的年均增长率约为14.63%），体现出湖南省总量不大、增速不快的鲜明特点。

4. 医学人才严重缺乏

一是高层次人才缺乏。湖南省暂无医学类两院院士，而北京有162人，上海有62人，广东有3人，差距很大。二是人才引不进、留不住现象严重。高端人才引进缺乏综合配套，目前湖南引进青年高端人才回国的政策，大部分还集中于安居乐业方面，在优质研究平台、优质研究团队配备上明显不够，发达地区优质博士毕业生的吸聚效果放大，使得湘雅毕业的相当一部分优秀博士生资源外流。三是基层人才缺乏、结构不合理、素质不高的问题突出。以衡阳市为例，需要卫技和公卫人员 13603 人，而目前全市乡镇卫生院在岗人员 10082 人，缺口达 3521 人，且临聘和非专业人员还占相当大比例，不少乡镇卫生院没有一名医生有执业资格，非专业技术人员偏多，中高级职称人才严重不足，人才断层现象十分突出。全省医院医师日均担负 4.5 诊疗人次和 2.8 住院床日，效率不高。

三　广东省相关做法

广东省委、省政府高度重视国家区域医疗中心创建工作，并明确以全省高水平医院建设为牵引积极申报，从规划、投入、服务、人才、大数据方面开展了一系列工作。2019 年 1 月，广东省政府省长主持召开加快推进高水平医院建设工作会议，广东“顶天立地”医疗卫生大格局正在加快形成。

1. 高层推动，积极创建国家区域医疗中心

主要是按照省内、区域板块内、县域内三个层级设置。一是对标国际一流，积极构建医疗卫生高地，使得疑难杂症问题能在省内解决。2018 年，广东省实施高水平医院建设“登峰计划”，三年投入 90 亿元，支持 30 家医院建设，大力发展前沿医疗技术，建设高水平临床科研平台，聚集拔尖医学人才，打造一流医学学科，推动建成国内一流、世界知名医院，争创国家医学中心和区域医疗中心，带动提升全省特别是基层医疗卫生水平，构建“强基层、建高地、登高峰”医疗卫生大格局。目前，两批 22 家单位已全面启动建设。二是科学规划，积极创建省内区域医疗中心，使得疑难杂症问题能在区域内解决。在重点高水平医院建设中，粤东粤西粤北地区 5 家医院入选，广东省财政投入 15 亿元支持，发挥其龙头带动作用，发展临床重点专科，着力提高其解决疑难复杂重症的医疗技术能力和应对突发公共卫生事件的能力。三是实现三甲医院全覆盖。目前全省 21 个地市均已实现至少有

一家三甲医院的目标，粤东粤西粤北共有三甲医院 34 家。同时全省所有县（区）均各有一家二甲以上医院。

2. 加大投入，严格资金使用管理

一是补齐基层医院发展短板。积极提升医院硬件水平。三年投入 500 亿元，实施七大类 18 个项目，包括升级建设 47 家中心卫生院为县级医院水平、改造建设 191 家县级医院、标准化建设乡镇卫生院、规范化建设 10000 间村卫生站等。二是严格高水平医院建设资金管理。每家医院 3 亿元的省财政建设资金由省财政厅直接拨付至高水平医院，由医院自主预算管理及使用。建设资金重点用于高端领军医学人才（如院士）和科研创新团队引进与培养、重点领域医疗技术研究与成果应用、先进大型医疗科研设备装备购置等。原则上不得用于基本建设、偿还贷款、支付罚款、公用经费、捐赠、赞助等支出。医院将建设资金纳入医院年度预算实行全面预算管理，确保资金支出内容符合项目建设目标要求。并要求医院将绩效目标、任务清单、支出进度等内容于每年收到省财政补助资金后 5 个工作日内报省卫健委备案。

3. 将提高县域服务能力作为建设健康广东的切入点和突破口

着力推动工作中心下移、资源下沉。加强基层医疗卫生服务能力建设，七大类 18 个基层建设项目全面推进。2019 年年底前所有基础设施建设项目要全面开工，47 家中心卫生院基本完成主体基建工程，开工建设 37 家县级中医院、67 家县人民医院、51 家县妇幼保健院，完成 27 家县级公立医院的设备配置。每年为基层培训培养全科、产科、儿科医生 7500 余名，按编制核发乡镇卫生院（社区卫生服务中心）事业费补助每人每年 1.2 万元（1 万元），将边缘县镇卫生院岗位津贴提高到每人每月 1000 元，村卫生站补助每村 2 万元。落实“公益一类财政供给、公益二类绩效管理”“人员统招统管统用”“绩效工资‘两自主一倾斜’”等政策措施，进一步激发基层医疗卫生机构积极性。

4. 加强全民健康信息化建设

一是完善区域健康信息平台建设。依托基层医疗卫生机构管理信息系统项目，实现省、市、县三级平台互联互通覆盖，完成与国家平台的对接，向国家传送五类数据。二是提升基层医疗卫生机构信息化水平。基层医疗卫生机构管理信息系统基本建成，完成13个地市全面上线和2个市的系统对接，实现了机构间的数据共享和业务协同。这是第一个由中央和省财政共同投资建设、强基层打基础的重大项目，项目建设大幅提升了基层医疗卫生机构信息化水平。三是强化医院信息化。全省二级及以上的医院基本实现了由以财务为中心的管理信息系统向以电子病历为核心的医院管理信息系统转变。

四 对策建议

抓住当前申报创建的有利时机，采取“1+4”模式加快创建国家区域医疗中心。重点是：积极申报创建国家区域医疗中心，充分突出湖南省优势专科医学地位；积极打造省内区域医疗中心，着力提升区域医疗服务能力；探索创建省内区域医疗城市，优化整合医疗卫生资源。

1. 瞄准目标，积极申报创建“1+4”国家区域医疗中心

综合来看，2019~2020年湖南省应大力支持湘雅系列医院、省人民医院、省中医附一、省儿童医院等10家医院联合申报国家区域医疗中心。“1”就是确保国家精神区域医疗中心创建成功。就中南片区而言，当前湖南省精神学科实力最强，省内应组团湘雅系医院、脑科医院等联合申报，确保一举申报成功。“4”就是争创国家神经、老年医学、骨科、中医儿科区域医疗中心。湖南省神经专科和老年医学专科整体实力排名均为全国第七，具备和广东、湖北同等竞争实力，可积极争取创建。另从中南片区情况看，骨科实力都不太强，广东、湖北与湖南排名差别不大，只有河南骨科实力稍强，因此，可把骨科作为补充专科申报；中医儿科在全国具备一定实力，心血管专科整体实力全国排名第18位，在片区内具备竞争实力，可以考虑作为补充专科申报。

2. 大力争取，建立合作共建工作机制

一是成立领导小组和工作专班。借鉴广东经验，省政府成立湖南省区域

医疗中心建设领导小组和工作专班，省领导任组长，相关部门负责人参加，省卫健委负责统筹协调，进一步做好国家区域医疗中心建设申报、评估核实、监督考核工作。二是建立委省共建工作机制。建议以省政府名义印发《湖南省建设国家区域医疗中心的实施意见》，明确建设国家区域医疗中心的各项配套建设方案及扶持政策，并上报国家卫生健康委。协调省财政安排专项资金，给予申报国家区域医疗中心的单位每年5000万元的建设资金支持。省发改委、省财政厅、省科技厅等相关部门在基础建设、信息化建设、科研等项目上给予申报医院倾斜和支持。积极利用中央预算内资金和国债贴息资金，优先安排符合支持条件的区域医疗中心建设项目。同时，建立以政府专项投资为主导的多渠道筹资机制，重点支持区域医疗中心基础设施建设、重点专科建设、重点实验室（工作站）建设、医疗设备更新、人才队伍建设、科技创新奖励、信息化建设以及重点疾病流行病学调查等，配套落实国家临床重点专科建设项目资金。三是建立委校工作机制。各申报医院所属大学全力支持附属医院争创国家区域医疗中心，通过委校共建，加大对医院的投入，特别是硬件设施和人力资源的投入（增加人员编制）；加强学科临床能力和科研能力的建设，为学科搭建平台（大数据中心）、争取科研资源（重大科研项目和重点实验室等）；加强人才培养和特殊人才的引进（在职称评审上予以倾斜）。四是省级区域医疗中心建设采取省市共建的方式进行。

3. 创新模式，健全湖南省区域医疗中心体系

一是积极构建“1 + X + Y”区域医疗中心模式。“1”指区域专科实力最强的医院，“X”指区域专科实力较强的多家医院，“Y”指外流患者较多的多家医院。以高水平医院建设为牵引，着力提升临床疑难复杂危重疾病诊疗水平、临床医学研究水平和医学人才培养能力，着眼提供更高水平的医疗卫生服务。二是突出省级区域医疗中心建设。加快推进湘东、湘南、湘西、湘北与湘中地区区域医疗中心建设。重点是做强省会长沙，加快湘南衡阳、湘西怀化、湘中邵阳、湘北常德区域医疗中心城市建设，建议依托大型三级医院重点专科优势，以区域死亡率、外转率较高的疑难复杂疾病为突破口，打造一批在全国有影响力的专科（技术）品牌。三是继续推进医联体建设。

在全省建成多层次、多形式的医联体，包含城市医疗集团、县域医共体、专科联盟、远程医疗协作等。

4. 夯实基层，加快建立分级诊疗模式

重点是推动优质资源下沉、工作重心下移。一是全面提升县医院服务水平。重点是提升县级医院服务能力和管理水平，建立健全县级公立医院现代化管理制度，突出专业能力建设，强化基层综合服务能力。二是推行区域、城乡、病种、急慢等“四个分开”。就区域分开而言，着力于积极构建医疗卫生高地，使得疑难重症问题能在省内解决。就城乡分开而言，坚持以基层为重点，全力打好加强基层医疗卫生服务能力建设攻坚战，坚持基层硬软件双提升，加快建成多层次、多形式的医联体，推动优质资源下沉到基层，努力就近满足人民群众基本医疗卫生服务需求。就病种分开而言，应着力推动重大疾病和短缺医疗资源专科能力建设。依托国家级、省级临床重点专科，建立肿瘤、心血管、儿科等多个临床专科联盟，覆盖所有县级医院。牵头医院重点指导县级医院对应专科建设，建立远程会诊、双向转诊机制。就急慢分开而言，三级医院主要提供急危重症和疑难复杂疾病的诊疗服务，逐步减少常见病、多发病、慢性病患者占比，增加手术、急危重症的诊疗占比，引导诊断明确、病情稳定的患者向下转诊。

推进湖南省医养结合全产业链养老社区建设的调研与思考

湖南省人民政府发展研究中心调研组*

湖南是人口老龄化程度较高的省份，老年高龄化、空巢化、失能化特征日益突出。调研组通过赴江苏省以及省内长沙、益阳等重点地区的调研发现，湖南省在推进医养结合过程中面临有效结合不足、供需失衡等困境，借鉴江苏常州模式，加快湖南省医养结合全产业链养老社区建设，对于推动湖南省医养结合养老服务业发展具有重要意义。

一　湖南省医养结合养老服务业发展面临的困境

截至2018年底，湖南省有60岁以上老年人1275.6万人，占总人口的比例达到18.49%；其中65岁以上老年人口达878.5万人，老龄化现象突出；而且高龄失能、半失能和失智的高风险独居、空巢老人持续增加，全省现有失能老年人口超过200万人，城乡老年空巢家庭分别达60%以上和55%以上，传统居家养老功能逐渐弱化。为满足老年人对养老和健康的需求，湖南省近年来大力推进“医疗+养老”结合养老模式，目前长沙市、湘潭市、岳阳市已被纳入全国医养结合试点，11个市州出台了市级医养结合实施办法，已有医疗资质的养老机构150所，其中64所能提供医养服务，接受签约服务老人54万人，医养结合养老服务业发展取得了较大进步；但与需求相比存在较大的差距，目前仍有约96%的60岁以上老年人没有签约

* 李学文、夏露、张诗逸，湖南省人民政府发展研究中心研究人员。

健康管理。在调研中发现，湖南省在推进医养结合养老服务业发展方面面临以下困境。

1.“医”和“养”难以真正有效结合

一是部门间统筹协调难。传统养老机构由民政部门主管，医疗机构由卫健部门主管，医养结合机构的审批和监管由两部门同时负责，而医保报销又涉及人社部门，主管部门功能交叉、责任边界不清晰，导致医养结合工作难以有效推进。二是监督和管理体系不健全。在医养结合机构监管上，存在机构建设、收费、服务等方面标准不一，市场化的行业管理与认证体系缺乏，监管职能交叉等问题；在床位管理上，普遍存在养老床位较多、医护康复服务床位少的现象，导致床位“一床难求”和“空床较多”并存，而且从养老床位转向医疗床位需要同时收取两张床位费，造成资源的浪费。三是医养结合支持政策待完善。一方面，医保政策尚未实现对医养结合机构的全覆盖；另一方面，医保报销有治疗时间限制，与老年慢性病需要长期治疗护理之间存在矛盾，而能够解决上述矛盾的长期照护险尚未在省级层面制定统一的标准和实施方案。

2.优质医养结合服务有效供给不足

一是医的资源普遍匮乏。在调研中发现，尽管市场上不断涌现出新的养老机构和养老产品，但是大部分缺少医疗属性，医疗资源的匮乏是目前医养结合中最严峻的问题，大多数医养结合机构能够提供的医疗卫生服务明显不足，绿色通道中的医疗资源难获得，老年专科医院或综合医院中的老年病科、护理医院、康复医院数量有限，难以满足医养结合对医疗卫生的需求。二是养的服务不够全面。目前，湖南省医养结合机构在养老方面仍仅侧重于保障基本生活，一方面，对老年人精神文化服务有限，难以满足越来越多老年人对精神文化、娱乐等方面的旺盛需求；另一方面，中高端医养服务和产品供给较少，尽管有诸如益阳市康雅健康产业园等中高端医养模式在不断探索，但随着老龄群体消费购买力持续提高，其对居住条件、娱乐设施、健康管理等中高端养老服务需求的增加大大超过供给能力的提升。三是护的人才严重不足。全省医养结合机构老年护理人员普遍存在年纪偏大、受教育程度较低等问题，缺乏高水平、高学历的老年医学专业人才，严重制约全省医养结合机构和服务的发展。

3. 医养结合机构普遍运营困难

一是医养结合机构投资回报率低。由于附带公益属性，养老服务业本身具有前期投资大、投资周期长、回报率偏低等特点，调研中许多机构反映，如果缺少政府的财政支持和补贴将难以维持运营，机构获利困难。二是未打通产业链导致难以形成规模效应。多数机构经营范围局限在提供普通的医疗养老服务，服务项目少，机构医疗水平也参差不齐，遇到较为复杂的病情需要转诊治疗，便利性仍显不足；同时相关的养老配套设施短缺，没有带动相关的产业联动发展，未产生规模效应。三是政府对民办医养结合机构支持力度低。目前湖南省各地在养老项目用地、税费、建设补贴、运营补助等方面差异大，现行鼓励扶持政策也未真正有效落地；在融资渠道方面，养老住宅的特殊性质使其不能用于抵押贷款，民办医养结合机构融资渠道窄、融资难；此外，国家对公办机构的补贴远超民办机构，如公立每床位补贴 6 万元以上，而民办每床位补贴几千元不等，政策扶持力度不够导致民办医养结合机构发展缓慢。

二　医养结合全产业链养老社区建设的江苏常州模式

江苏省常州市通过医疗和养老并举，探索出了集医疗、护理、康复、保健、临终关怀和养老等多种功能于一体的医养结合养老护理新模式；其中常州市金东方颐养中心采用健康服务体系、介助保障体系、医疗照护体系加社区公共配套服务体系的医养康护一体化的全产业链模式，将医养结合产业链进行有效整合，实现了医养深度融合，其发展历程和发展经验为湖南省提供了有益的借鉴。

1. “一揽子”政策红利吸引社会资本办养老机构

在普惠政策上，常州市有针对养老服务机构的房产税、土地使用税等税费减免优惠政策；对新办养老机构有床位补贴和运行补贴；对养老护理专业人才有岗位津贴和一次性奖励；对长期护理保险建立了由每人每年100元筹集，个人、政府、医保三方按3∶3∶4比例分担的多渠道筹资机制。在金东方颐养中心这一具体项目的建设中，市委市政府对土地给予了比周边地区平均拍地价格低30%～50%的优惠政策，有效带动了社会资本流入养老服务领域。

2. 创新居家、社区和机构三位一体的养老模式

社区内建有近1800户适老化住宅，实行会员管理制，不出售房屋产权，在社区内配备了生活、文化和一站式老年购物商业服务中心等设施，基本满足了老年人对生活、娱乐等多方面的需求。毗邻的金东方医院和金东方护理院同属养老配套设施，各设500张床位，生活能够自理的老人在颐养中心以社区居家养老为主，接受统一管理；需要介助、介护的失能、半失能和失智老人在专业的护理院接受照护治疗，满足老人自理、介助、介护等不同需求，形成了居家、社区和机构三位一体的现代养老社区。在具体的机构运转上，实行投资与运营分开，成立专门的颐养中心进行运营管理，收入来源一部分来自会员按月缴纳的管理服务费，另一部分是医疗护理中心、商业服务中心等设施市场化运作的收入，进而摆脱了投资的沉重负担，实现了运营的微利。

3. 持续性照料提供高品质的养老服务

一是舒适养老。全园区无障碍通行，提供入户专业保洁、楼栋管家、健康餐饮服务，建有室内外运动场所等，满足各类生活需求；家庭医生、护士等专业团队对老人进行科学、专业、系统、个性化的健康管理。二是健康养老。金东方医院使老人能够随时就近诊疗，享受便捷的医疗服务，提升了社区医疗保障水平；金东方护理院为介护老人提供全程生活照护、医疗护理、益智疗护、临终关怀等持续服务，具备完善的急救、会诊、转诊机制。三是智慧养老。使用全方位的智能化管理系统，其中智能卡通过室外无线定位，具有报警求助的功能，有效保障老年人安全；通过健康档案、饮食记录系统等大数据分析，评估老人健康风险，改善其健康状况。四是文化养老。社区内建有老年大学，教学设施齐全，开设了书法、手工等专业课程；建立了多

种娱乐活动社交平台，例如图书馆等各类文化场馆和休闲文化空间；通过自发组织茶艺、摄影等20多个协会社团，丰富了老年人休闲娱乐活动。

三　推进湖南省医养结合全产业链养老社区建设的建议

1. 政策先行：破除制约医养结合的制度障碍

一是加强统筹管理，健全监督管理体系。在省级层面建立统筹管理机制，协调医疗卫生和养老服务资源，完善医养结合配套政策。加快出台《医养结合机构服务质量基本规范》，对医养结合服务的内容、项目、收费等设置标准和质量做出明文规定，修订行业准入、行业管理等相关政策法规，规范医养结合服务市场。二是完善多层次支持政策，推动医养有效对接。制定长期照护险细则，加快推进长期照护险的试点和推广，从社会保险、财政拨款和社会捐赠多方筹集长期照护险基金，提高资金保障能力；完善医保报销制度，打通医保与养老的对接渠道，将老年病种和医疗康复项目纳入医保支付范围内，同时，在医保报销方面对“医”和“养”进行区分，防造成医疗费用的浪费。

2. 聚力社区：构建医养结合全产业链服务模式

一是推进医养结合全产业链养老社区建设。借鉴省外医养结合养老社区的建设标准、模式，在市州推进“医康养护”一体化健康产业综合体试点，以社区为着力点，“医养结合”为定位发展全产业链养老社区，推广持续性照料的医养结合服务，配套医疗、商业、文化等养老设施，促进产业融合发展，产生规模效益，实现医养结合机构自身的可持续发展。二是增强全产业链养老社区的辐射能力。加强医养社区与周边、基层和其他机构的合作，推动医养结合的医疗卫生和养老服务资源辐射到更多老年人，着力解决更多老年人居家养老的健康问题。

3. 突出品质：提升医养结合机构管理服务水平

一是完善医的服务。推进持续性医疗服务。推行家庭医生健康管理制，为老年人进行日常健康管理；依托养老社区，配套以老年病和康复治疗为主的专业医院和护理院，提供便捷完备的医疗服务；建立与当地三甲医院的合作转诊机制，同时提供日常的技术支持和指导。二是提升养的品质。创建舒适养老环境。通过完善老年营养餐厅、老年购物中心等养老配套设施，满足老年人居住、餐饮、娱乐等多层次养老需求。打造特色文化养老项目。鼓励以配套老年大学、老年研究会等形式发展老年教育，把“湖湘文化”融入文化养老产业中，突出文化特色，打造特色文化养老范本。三是提高管的水平。发展智慧养老。利用互联网、云计算、大数据、智能硬件等新一代信息技术手段，强化资源配置整合力度，以线上线下相结合的管理模式提升管理效率，推动医养结合养老服务智能化升级。

4. 加强扶持：引导社会资本广泛参与

一是加大财税支持力度。提高对民办机构的床位补贴和运营补贴标准，尽快制定用地、建设补贴、运营补贴、水电费等优惠政策的全省统一标准，让政策能有效落地。二是畅通投融资渠道。制定专门针对养老机构的政策性贷款细则，拓宽信贷抵押担保物范围，积极利用财政贴息、小额贷款等方式，加大对养老服务业的有效信贷投入；根据机构服务质量评估结果，以专项资金和各地福彩公益金以奖代补的形式进行支持；以 PPP 或加大政府购买服务力度等多样化形式，引导社会资本积极参与到湖南省全产业链养老社区建设中，让社会资本成为解决社会养老问题的主体力量。三是夯实人才基础。加大对专业全科老年大夫和护理人员的培养，支持高等院校设置老年医学、康复、护理等相关专业，加强对从业人员的继续教育；强化人才管理，将医养机构从业医护人员纳入与医疗机构同等管理和执业资格认定；强化人才激励，发放特殊行业津贴或一次性奖励，提高从业人员待遇水平，通过媒体积极宣传提升从业人员社会地位和社会认同感等。

政府如何引导社会资本参与养老服务体系建设

——以湖南为例进行的调研*

湖南省人民政府发展研究中心调研组**

目前，老龄化已成为我国一个极为严重的社会问题，而湖南的老龄化程度在全国居于前列。截至2018年底，湖南有60岁以上老年人1275.6万人，占比18.49%；其中65岁以上老年人878.5万人，占比12.73%，分别比全国平均水平高0.59个和0.83个百分点，老年人口抚养比居全国第八位。近年来，湖南省大力推动养老服务业发展，但离满足需求仍有较大差距，公办养老机构“一床难求”。2017年湖南省每千老年人口养老床位数为23.62张，不仅远落后于浙江（57.06张）、江苏（40.23张）、北京（39.58张）等发达省市，比全国平均水平（30.92张）也少7.3张，仅居全国第22位、中部第四，落后于安徽（32.04张）、湖北（31.83张）和江西（29.2张）。面对仍在加速发展的老龄化进程，政府进一步激发社会资本参与养老服务体系建设的积极性，构建健全的社会养老服务体系既关系到湖南经济发展和社会稳定，也关系到每一个家庭的幸福和谐。

一　引导社会资本参与养老服务体系建设，湖南有探索有成效

近年来，湖南将养老服务体系建设作为建设“幸福新湖南”的重要内

---

* 本报告系2016年度湖南省哲学社会科学基金项目“推进湖南社会养老服务体系建设研究”［16YBA001］的阶段性成果。

** 刘琪、黄君，湖南省人民政府发展研究中心研究人员；王蓓，保险职业学院。

容，以供给侧改革为主线，全面放开养老服务市场，社会资本正在成为湖南养老服务体系建设的重要力量。

1. 加强政策引领和支持，激发社会资本参与动力

《湖南省“十三五”老龄事业发展和养老体系建设规划》对完善全省养老服务体系做出了总体安排。2015 年出台《关于引导扶持社会力量投资举办养老服务机构的若干意见》，明确提出要完善市场机制，逐步使社会力量成为发展养老服务业的主体，到 2020 年，全省社会力量投资举办养老机构 350 所，新增养老机构床位 10 万张以上，全省社会力量投资举办养老机构床位数占养老床位总数的比例达到 30% 以上。此后，湖南又相继出台《关于信贷扶持养老服务业发展的指导意见》《关于进一步加强民办养老服务机构监督和管理的意见》《关于加快推进养老服务业放管服改革的实施意见》等系列政策文件，初步形成了涵盖引导社会资本参与养老服务业发展各个领域的政策体系。2015 年开始，全省相继推进的养老服务业综合改革试点、养老服务产业市场化试点等 7 项改革试点均要求鼓励社会力量参与。

2. 加大财政资金引导投入，撬动社会资本投入热情

一是充分发挥财政产业基金引导作用。2015 年 8 月，湖南成立全国首支省级政府引导的健康养老产业投资基金，首期募集规模 45 亿元。基金按照“政府引导、企业主导、市场运作、专业管理”原则，广泛吸纳民营资本以及银行、保险公司等金融机构出资，通过项目股权进行投资，已完成项目投资 15 个，投资总额达 6. 03 亿元，所投项目总资产 202. 39 亿元，有效推动了社会资本投入全省健康养老服务业。

二是加大财政对民办养老机构和养老服务的补贴力度。省财政养老服务投入资金从 2014 年的 2. 44 亿元涨至 2018 年的 7. 94 亿元，全省福彩公益金 65% 以上用于养老服务体系建设。从 2013 年开始，省财政每年对全省已许可设立的养老机构按实际入住人数给予运营补贴，长沙、株洲、湘潭、益阳等部分市州也建立了民办养老机构建设和运营补贴制度。2015 年建立居家养老服务补贴制度，为年满 60 周岁散居的农村五保供养对象和城市“三

无”老人等 4 类老年人，由政府购买居家养老服务。2016 年开始按照省、市县、机构 1∶1∶1 的比例共同分担保险金额的原则，每年支持养老机构购买机构责任险，提高养老机构特别是民办养老机构抵御风险能力。

3. 加强标准化建设，提升民办养老机构服务质量

一是推进养老服务标准体系建设。启动全省养老服务标准体系建设，大力推进养老服务标准化试点，强化养老服务地方标准、团体标准、企业标准制定。目前，全省共建立养老服务标准化试点 9 个，立项和发布养老服务地方标准 20 项，开展试点的养老机构共制定企业标准近 1000 项，《连锁养老机构管理服务规范》等多项地方标准填补了国内空白，在此基础上督促各民办养老机构对照标准建立健全内部管理制度。

二是搭建标准化技术平台。2018 年 10 月成立湖南省养老服务标准化技术委员会，委员会由 36 名养老服务领域内的管理与服务等方面的专业人员组成，负责为全省养老服务标准化工作提供技术支持，授权制订、修订本专业的标准，对重要标准实施成效进行评估。

三是建立社会养老孵化基地。2018 年，以省内知名养老企业为技术支撑，建立全国首个社会养老机构孵化基地，通过集中培训、现场指导、实施评价等方式，为入驻孵化基地的社会养老机构开展有针对性的辅导和培训，推动养老服务标准在每一个孵化企业的实施。

4. 积极发展新型养老服务模式，大力培育民办养老品牌

围绕“养老 + 医疗、康复、智慧、旅游、休闲、社区”等各种新型养老业态，通过省健康养老产业投资基金对重点企业进行投资、推进公办养老机构公建民营、民办公助改革等方式，培育了一批在全省乃至全国有影响力的民办养老企业和知名品牌。如以突出医养结合、全龄全护、文化养老特色的社区综合养老为主要内容的“康乃馨”品牌；以承接政府公办养老机构改革和社区嵌入式养老为主要内容的“康乐年华”品牌；以家政服务转型社区居家养老服务为主要内容的“万众和”品牌；以建立社区失能失智老人长期照护体系为主要内容的“普亲”品牌；以智慧养老和大数据服务为主要内容的“颐养在线”品牌；以医养深度融合为主要内容的“湘潭六医

院”品牌；以“医－康－养－护”一体化运营为主要内容的“益阳康雅健康产业园”品牌等。

二 社会资本参与湖南养老服务体系建设仍然有困难有障碍

目前，湖南社会资本参与养老服务体系建设的热情高涨，但总体来看，市场潜力尚未充分释放，已正式投入运营的民办养老机构大多亏本经营或微利运营。地区发展不平衡，长株潭等地民办养老机构发展较好，邵阳、湘西、怀化等经济相对落后地区则发展较慢。

1. 部分扶持政策落实落地难度大

近年来养老服务政策密集出台，但很多都是原则性、鼓励性条款，刚性不够，可操作性不强，具体落实困难。再加上部分基层政府对养老服务体系建设的重要性认识不够，认为建设养老机构不仅需要占用土地，不能创造税收，而且还需要地方财政投入资金给予补贴，所以对落实相关政策，引导社会资本参与养老服务市场动力不足。

一是民办养老机构准入难。2019 年 1 月，国家为加快养老服务业发展，降低养老机构设立门槛，取消了民政部门的养老机构设立许可。但目前来看，困扰民办养老机构设立准入的规划、消防、环评、食药监等门槛问题仍旧存在，各部门考虑到自身可能承担责任，出具证明时要求高，办理周期长，甚至以各种理由不予受理。以消防审批为例，大部分民办养老机构均为租赁既有建筑改建而成，因为房屋原有性质很难达到消防部门对养老机构的消防要求，所以通过消防审批很难。调研中，长沙市民政局的同志介绍，目前该市 89 家民办养老机构中通过消防审批的只有 40 余家，而没有通过消防审批的机构绝大多数的硬件设施、技术条件实际上均已经达到了消防要求。

二是民办养老机构用地难。虽然湖南省相关政策文件中明确要求支持社会力量投资举办养老机构所需用地，但由于各地没有将养老用地纳入城镇土地利用总体规划和城乡规划，也缺乏配套的用地细则，在当前用地紧张的背景下，调研过程当中众多民营养老机构普遍反映无论是买地还是租赁土地都很困难，据长沙市民政局的同志介绍，长沙目前仅有两家养老机构通过招拍挂程序获得用地指标。

三是民办养老机构融资难。由于非营利性养老机构属于公益事业，根据国家有关法律规定，其土地、房产不能抵押贷款，民办养老机构缺乏畅通融资渠道。调研中民办养老机构反映，除国家开发银行和国家农业发展银行有信贷支持外，其他金融机构几乎不接收养老结构的贷款申请，而国家开发银行和国家农发行不仅放款要求高，而且仅对公立养老项目提供信贷支持，把民营项目拒之门外。

2. 政策支持力度与其他省份相比仍有差距

一是长期护理保险制度试点仍未启动。根据国外经验，建立长期护理保险制度是解决失能老人群体照料问题的重要措施，也是解决社会资本进入养老服务领域后顾之忧的重要措施。2016 年我国在 15 个城市和两个重点省份开展长期护理保险制度试点工作，湖南省没有城市入围，到目前为止湖南省也基本还没有启动这项工作。2019 年，扩大长期护理保险制度试点首次进入总理政府工作报告，调研中各民办养老机构也均表示希望湖南省能尽快启动该项试点。

二是财政扶持力度与发达省份，乃至中部邻省相比有差距。比如，南京市对于民办养老机构自建和改建新增护理型床位每张分别给予 15000 元和 7500 元的一次性补贴，长沙为省内各地市中最高，也分别只有 10000 元和 5000 元，省内大部分市州还没有设立这项补贴。另外，为加强养老人才队伍建设，南京市对养老服务机构从业人员设立入职奖补和岗位津贴：其中入职奖补为对在养老服务机构连续从事养老护理岗位工作满 2 年且仍在岗的全日制本科、专科、中专毕业生分别奖补 5 万、4 万、3 万元，非全日制毕业生按照全日制的 70% 奖补。岗位津贴则是根据工作年限每人每月给予 100 ~ 800 元不等的补贴。与湖南省同处中部的郑州、武汉、合肥等地也都分别以学费补偿、入职奖补、岗位补贴等形式对符合条件的养老机构从业人员给予补贴，湖南省各市州尚没有出台类似政策。

3. 民办养老机构事中事后监管难度大

一是监管执法难。目前参与养老服务的社会组织参差不齐，社会力量举办的养老机构，尤其是中小机构，一定程度存在安全隐患治理不到位、推销保健品、侵犯老年人合法权益、服务质量亟待提升等问题，养老机构退出机制尚未建立。对民办养老机构监管执法的主体主要在区县民政部门，受编制等因素的影响，区县民政部门能够参与执法的人很少，日常监管力量缺乏导致民政部门有行政处罚权而无人执法，对养老机构的监管很难到位。

二是养老领域非法集资现象频发。一些在建或运营的养老机构为解决资金不足的问题，以“提供养老服务、销售产品、投资养老公寓”等名义吸收社会公众存款，大量老年人参与其中，此类行为涉及多个部门和行业，协调监管难度大，防范养老服务领域非法集资行为压力巨大。

4. 民办养老机构专业人才支撑滞后

养老护理人才面临“一高两大三低”（人才缺口大、流动频率高、劳动强度大、社会地位低、经济待遇低、整体素质低）的尴尬局面，绝大部分养老机构护理员来自农村或城市下岗人员，年龄集中在 40 ~ 50 岁，学历在初中以下。养老服务专业化人才稀缺已成为制约社会资本进入养老服务领域的重要瓶颈。一方面，高校和职业院校养老护理专业发展缓慢。据了解，目前全省开设有专门老年服务与管理相关专业的高职院校仅有 5 所，且大多招生较困难，生源紧张，学生就业时留在本行业的比例偏低，留在本行业的大多数也从事管理岗位，真正从事护理一线的少。另一方面，目前专门提供养老服务技能培训的机构缺乏，无法适应广大养老机构对相关人员进行专业技能培训的要求，再加上前不久国家取消养老护理员资格证后，职业的社会认同感更差。

三　坚持“四向发力”，打造湖南社会资本参与环境升级版

随着第一代独生子女的父母逐步迈入老年人行列，一对独生子女夫妻要

承担起4个老人的养老重任，无力无暇照顾老人的矛盾将日益凸显，社会对养老服务业的需求将进入井喷期。各级政府要高度重视养老服务体系建设的重要性和紧迫性，充分挖掘社会资本的力量，从加强政策支撑、要素保障、行业监管和人才供应等四个维度发力，推动社会资本参与养老服务体系建设的环境进一步优化。

1. 完善政策支撑体系

一是推动养老服务领域“一件事一次办”改革，优化社会资本准入环境。消防、环评等关键准入审批领域要根据养老服务的产业特点，制定既保障安全又方便合理的养老机构设立和管理配套办法。涉及规划、土地、消防、环评等事项需要统筹会商、建立部门协调沟通机制，由民政部门牵头实施“一事一议”。

二是积极推进养老服务相关政策的先行先试。一方面，组织省内各地市和养老企业积极申报国家发改委等部委联合推动的城企联动普惠养老专项行动试点，在争取中央预算内投资支持的同时，推动申报地市按照《地方政府支持政策推荐清单》加强政策创新支持力度。另一方面，建议借鉴山东、上海等国家首批试点省市的经验，在省本级和重点地市尽快启动长期护理保险试点，开发包括长期商业护理保险在内的多种老年护理保险产品，建立符合湖南实际的长期护理保险制度。

三是进一步健全养老服务行业标准体系。从服务对象能力、养老服务形式、养老服务内容、养老服务管理等四个维度，进一步健全各类养老设施的建设标准、设施标准、服务标准、价格标准，以及与之相配套的严密的行业管理与认证体系。

2. 提升要素保障体系

一是加大政府财政支付能力保障力度。强化财政资金的整合和统筹，加大对养老机构实行的政策扶持和资金补贴、对有服务需求的老年人提供的经济补助、日常照料等养老服务的直接投入。加大政府对养老服务的购买力度，积极探索政府购买养老服务的新模式和新途径，各级政府财政部门要把政府购买居家养老服务经费纳入年度财政预算。

二是拓宽有利于民办养老机构发展的多元化融资渠道。鼓励商业银行开发符合养老机构运行模式特点的信贷产品，将养老机构有偿取得的土地使用权、产权明晰的房产等固定资产、养老机构应收账款（收费权）、动产、知识产权、股权等其他资产纳入抵押担保物范围。有效利用政府投融资平台，采取贷款贴息与融资补贴直接支持和融资担保间接扶持相结合的办法，吸引更多信贷、保险和社会资金投向民办养老机构。支持养老项目发行养老产业专项债券，用于建设养老服务设施设备和提供养老服务。

三是全力保障养老服务业发展用地。建议各地市编制出台《养老设施布局专项规划》，将各类民办养老服务设施建设用地纳入土地利用总体规划和年度计划。加大改革力度，保障养老用地供给，本着就近养老原则，按照区域居住人口比例，参照中小学教育用地供给方式，实现就近养老土地成本最小化。

3. 强化行业监管体系

一是建立养老机构行业信用体系。借鉴北京、上海等地的成功经验，出台《湖南养老服务机构信用信息归集和使用办法》，建立省养老服务机构信用信息归集系统，并实现与省公共信用信息服务平台的信息共享；根据履行职责和管理需要，制定湖南养老服务机构基本失信信息目录，并定期根据需要动态调整，同步向社会公开；通过公开遴选方式委托信用服务机构开展信用状况统计分析、养老信用环境监测、信用协同监管等事务。

二是加强养老服务质量评估和市场监管。一方面要增强基层民政执法力量，建立跨部门联合监管机制，定期加强对养老服务设施规划、养老服务机构运营的监管，及时处理养老领域非法集资行为。另一方面要建立以政府为主导，社会第三方评估监督为核心，行业评价和媒体监督并重，公众积极参与的居家养老、机构养老服务的评估体系。

三是建立健全养老服务机构激励、惩戒和退出机制。对于连续一年以上没有监管不良记录的民办养老服务机构，给予资金支持、优先纳入评优评先范围等奖励措施。将不良记录较多的民办养老服务机构，纳入重点监管对象，给予加大抽查检查比例和频次、限制申请政府补贴资金支持等惩处措施。对于存在严重违法或失信行为的民办养老机构及从业人员，将其纳入养老服务黑名单，必要时强制退出。

4. 优化人才供应体系

一是加大养老服务专业人才培养力度。在省内有条件有基础的高等院校、职业院校大力发展老年服务与管理、健康管理、康复治疗、护理学等养老服务相关本专科专业。鼓励通过扩大招生渠道，以及国家奖助学金、社会捐助等支持，吸引学生就读养老服务相关专业。对民办养老机构与职业院校开展现代学徒制合作的给予一次性以奖代补支持，探索人才合作培养新途径。

二是加大养老服务职业培训力度。在有行业特色的职业院校、养老服务机构建立一批养老服务培训基地，开展养老护理人员岗前培训、在岗轮训，以及志愿服务人员短期培训。探索面向养老服务从业人员的教学及服务模式，发展现代远程教育，开展针对从业人员的自学指导、集中短训、技能实习和职业技能鉴定工作。

三是扩大养老服务人才来源渠道。鼓励和引导各类养老服务机构科学设置专业技术岗位，重点引进医生、护士、康复医师、康复治疗师、社会工作者等具有职业资格的专业技术人员。

四是建立养老护理人员入职补贴和岗位补助制度。借鉴江苏、湖北等地经验，对于高等院校、职业院校毕业生进入非营利性养老机构、社区养老服务驿站从事养老护理工作的，由行业主管部门给予一次性入职补贴并分年发放。以养老服务人员岗位补助作为民生领域的服务业行业试点，对养老护理人员按从业年限按月发放岗位补助。

以“五个转变”助推职业教育走产教融合之路*

湖南省人民政府发展研究中心调研组**

习近平总书记在党的十九大报告中指出，要完善职业教育和培训体系，深化产教融合、校企合作。湖南地方职业教育经费投入额长期处于全国倒数第三的位置，但得益于全面创新发展机制，湖南职业教育改革发展取得了较好成绩。近几年，教育部十多次在全国性大会上推介湖南经验，湖南是教育部2018年职业教育改革成效明显、拟予激励支持的6个省之一。为进一步推动湖南省职业教育高质量发展，实现产教有效融合，为产业发展提供有力支撑，调研组赴长沙、株洲等地考察，形成本报告。

一　湖南省职业教育围绕产教融合积极改革创新

近年来，长沙、株洲等地从专业设置、校企合作、协同创新、考核评价上大力推进职业教育产教融合改革，用技能人才培养推动“产业兴湘”。

1. 专业设置：从“大而全”到“专而精”

近年来，湖南省职业教育院校专业设置紧密对接地方产业布局，服务地方经济发展。一是精准对接产业。湖南省职业教育专业设置精准对接湖南十大千亿级产业、七大战略性新兴产业，以及地方优势、特色现代产业。2018年，根据产业发展需要对湖南省职业院校专业结构进行了战略性

---

* 本报告获得湖南省政府副省长吴桂英的肯定性批示。

** 左宏、龙花兰、李迪，湖南省人民政府发展研究中心研究人员。

调整，并启动了卓越职业院校、示范性特色专业群、农村中职攻坚计划等省级重点项目建设。二是精准调整专业。湖南省职业院校根据产业结构需求动态调整专业设置，形成了“产业引导职业教育，职业教育引领产业”的产教融合、校企合作互动格局。例如，湖南汽车工程职业学院按照“把专业（群）建在汽车产业链上”的思路，几年来，撤销了文秘等 8 个与汽车产业无关的专业，新设市场上需求量大的新能源汽车技术等 10 个汽车产业相关专业。

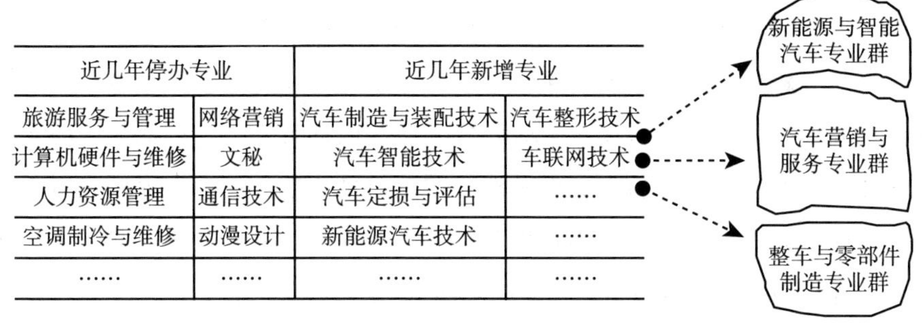

图 1　湖南汽车工程职业学院动态调整专业示意

资料来源：湖南省汽车工程职业学院。

2. 校企距离：从“校外厂”到“园中校”

湖南省引导企业深度参与职业学校、高等学校教育教学改革，促进企业需求融入学校人才培养环节，推动院校办学与企业发展深度融合。具体做法：一是在园区里布局学校。湖南省把职业教育纳入产业规划，还把学校建在开发区里。湖南省紧密对接“一核三极四带”战略，推动长沙、株洲等 6 个城市建成职教基地。湖南省级以上园区布局院校 145 所，在校生 59.6 万人，占全省总规模的 48.8%。二是推动“双主体”育人模式。畅通院校教师与企业技术管理人才双向流动渠道，例如，湖南化工职业技术学院实施企业专家进课堂的常态化机制，聘请巴陵石化、湖南海利、株洲时代新材、索菲亚、湖南湘大比德等企业 110 余名企业能工巧匠参与教学，充实了教师队伍，并在企业建立了教师流动工作站。三是共建创新研发基地。以企业需求为导向，学校围绕产业关键技术、核心工艺和共性问题开展协同创新。例如，湖南化工职业技术学院与企业共建了涂料应用技术研发与生产中心和化妆品生产与品牌推广中心，为双方开展应用技术研发与服务搭建了良好平台。

3. 职业素养：从“象牙塔”到“职场人”

湖南省重视引导职业学校学生的职业精神培养。具体做法：一是注重企业文化入校园。《湖南省职业学校校企合作促进办法》规定，注重职业精神培养，大力推进企业文化进校园。使企业文化与校园文化相互融通，将职业道德、职业规范、职业情感培养纳入课程内容和教学过程。二是协同开发课程体系。通过校企共同制定培养方案，共建课程体系和考核细则，开发教材。例如，湖南汽车工程职业学院联合北汽共同研发了适合培训北汽员工的教材和适合职校学生的教材。湖南化工职业技术学院与株洲兴隆新材料股份有限公司合作开发《化工操作岗位培训教程》，同一本教材既培训学生又培训员工。三是开展订单式培养。采取联合培养、定向培养、订单培养、现代学徒制等方式，让学生尽早熟悉企业文化和职业精神。例如，湖南外国语职业学院的“国际海乘订单培养班”，参加订单培养班的学生，可按照“准员工”身份，实现人才培养与实习就业。

二 湖南省职业教育推动产教融合仍面临五方面问题

湖南省职业教育在产教融合方面取得了积极成效，但也存在一些不容忽视的问题。

1. 管理体制：存在“管与建”多头管理的问题

湖南省职业教育呈现多元化管理体制，不同类型学校隶属于不同的主管部门。从国家层面上看，尽管 2004 年，教育部、国家发改委、财政部、人社部、劳动保障部、农业部、国务院扶贫办建立了职业教育工作部际联席会议制度，但教育部、人社部是职业教育的主要管理部门，两个部门在管理理念、管理目标、管理方式、管理方法等方面存在不同，导致职业教育统筹管理难以形成合力。从地方层面上看，有教育部门、地市政府、行业部门、国有企业等多条线管理，省级政府统筹难，市级政府对区域内职业院校和专业设置、经费投入等力不从心，造成职业院校布局不合理、专业设置不科学、重复建设等。如湖南（株洲）职业教育科技园反映，10 所职业院校，有 7 个主管部门，加大了园区“管与建”的协调难度，不利于职业教育园向职业大学城升级。

2. 教育理念：存在“重学历教育轻培训”的倾向

一是社会对技能技术人才有偏见。社会上存在“本科高于专科”的固化理念，强化了对职业教育培养的人才的偏见。同时，职业教育的评价体系沿用了“学历”教育的惯性思维，而职业教育主要是为了培养技能型人才，重视的是实践能力和动手能力，学历的评价已经跟不上新时代职业教育发展的需要。二是公办职业院校在在职培训上缺乏积极性。从发达地区的经验来看，职业院校是在职培训的主力，为企业职工提供长期培训。但湖南职业院校由于体制机制设计方面缺乏激励，对于企业人员的在职培训缺乏积极性。调研反映，2018 年铁路科技职业技术学院收入有 2 亿元，但培训收入只有 2000 万元，只占广铁集团培训支出（4 亿元）的 5%。原因之一是学校老师参加培训没有收入补贴，缺乏积极性。

3. 校企合作：存在“单行道”的风险

一是政府平台尚未搭建。产教融合的“政校企”互动平台还没有搭建，学校与行业缺少资源共享、协同育人、携手创新的交流合作平台，制约了产教深度融合发展。二是企业对校企合作有迟疑。目前校企合作存在“校热企冷”的现象。企业对职业院校培养的高端技术技能人才的实力有疑问，大型企业尤其是国有大企业参与校企合作的动力不足，企业只有等到用人紧张时，才想起去职业院校谈合作。三是校企合作长效机制不完善。促进产教融合、校企合作的系统性政策供给不到位，政府、企业、学校、行业、社会协同共进的格局尚未健全。教师到企业挂职锻炼、企业管理技术人员到学校交流任职、应用技术研发与服务等领域的合作长效机制还不够完善。

4. 扶持政策：存在投入不足不精准的问题

一是职业教育经费保障水平总体不高。从生均总经费和生均公共财政预算教育经费来看，中职与普通高中大体相当，但高职仅为普通本科学校的一半左右。从来源结构上讲，职业教育经费来源主要以财政投入和学费收入为主。二是存在重学费减免轻师资投入情况。2017 年，湖南省共免除中等职业教育学生学杂费 12.6 亿元，各级财政安排国家助学金 3.7 亿元，但对学校和师资的经费支持非常有限。多地教育部门均反映，职业教育最主要的问题在于供给质量堪忧，职教学校师资力量不够，无法提供优质的教育，即使减免再多的学杂费，也培养不出高技能的人才。湖南（株洲）职业教育科技园反映，院校师资结构不合理，高级教师、博士少，“双师型”教师缺乏，留不住人。

5. 教育主体：民办职业教育薄弱

相当部分民众始终将公办教育视为正规教育，歧视民办教育。同时，民办高职院校在征地、拆迁、建设等方面的优惠政策落实难，在职称评审、教师培训、评奖评优、科研立项方面难与公办高校比肩。根据 2018 年《广州日报》高职高专排行榜——民办院校 TOP100”的排名，前 10 名的高校中，广东省有 4 所，重庆市有 3 所。在前 100 名中，广东省民办院校有 11 所、四川省有 10 所，山东省有 9 所，上海市有 8 所。而湖南省只有 5 所，排名最好的是湖南省外国语职业学校，排第 25 位。

三　湖南省职业教育加快发展的对策建议

产业这列“火车”要跑得快、跑得好，既要“白领”“金领”等高层次人才作为“火车头”引领带动，也需要广大“蓝领”等职业技术人才作为“铁轨”来支撑。为了更好地实现职业教育产教融合、推动湖南省职业教育高质量发展，建议从五个方面下功夫。

1. 推动由园向城转变，打造岳麓山大学科技城与湖南（株洲）职业教育园的“双城记”

一是成立湖南省职教科技城领导小组，推动湖南（株洲）职业教育科技园与岳麓山国家大学科技园，一体双翼，构建覆盖长株潭、辐射全省的湖南现代高等职业教育格局。发挥中等职业教育在发展现代职业教育中的基础性作用、高等职业教育在优化高等教育结构中的重要作用，推进中等和高等职业教育紧密衔接。二是建议支持将湖南职教科技园打造成为南方国家职业教育改革基地，实行省市共建，在项目审批、政策倾斜、资金扶持、教育用地等方面给予重点支持，建设“北有天津、南有湖南”的职教新格局。

2. 推动由“学历教育”向“职业培训”转变

一是积极落实国家《职能技能提升行动方案（2019～2021）》，抢抓全国三年培训100万新型学徒的机遇，鼓励湖南省职业院校针对在职培训建立更加有效的激励机制，提高教师培训的积极性，拓展职业院校的培训功能。二是拓宽技术技能人才成长渠道。为技术技能人才搭建基于终身学习的开放体系，实行弹性学制。完善全国通行的职业教育证书制度，为高级技能人才提供更多空间。完善中等职业教育、高职专科、应用技术本科、专业学位研究生相互衔接的职业教育层次结构，形成职业教育与普通教育的良性互动。

3. 推动由“单行道”向“立交桥”转变

加强政府、企业和学校的互融互通，鼓励企业从原来“摘果子的人变为种树的人”。一是编制产教融合型企业目录。制定出台《湖南省培养产教融合型企业的实施意见》，制定产教融合型企业认证标准，将产能规模、职工人数达到一定标准，且在校企协同育人、校企共建实训基地、科研成果孵化等方面有突出成绩的企业列入产教融合型企业目录，给予“财政+金融+土地+信用”的组合式激励，并在税收方面给予优惠政策。二是建设“湖南省产教融合实训基地网络”。在全省范围内布局并建设一批资源共享，集实践教学、社会培训、企业真实生产和社会技术服务于一体的高水平专业化产教融合实训基地。重点优化配置长株潭区域职业教育资源，推动区域职业教育集群式、集约化发展。支持在湖南（株洲）职教科技园建设中南地区规模最大、标准最高的国家级现代化公共实训基地，为长株潭一体化建设提供人才保障和技术支撑。

4. 推动由“促进学”向“促进教”转变

一是要加大对职业教育在招生政策、生均拨款、项目建设、国际交流等方面的扶持力度。要从只关注学费减免向提高教学质量转变，加大师资培养、增强教学质量的支出力度。二是成立湖南省职业教育发展基金，加大政府对职业教育的推动强度，促进管理和教学主体多样化，形成以国家办学为主、其他多种社会办学主体为辅、多方教育资源互利互通的职业教育体系。

5. 推动由“以公办为主”向“公民结合”转变

一是建立政府购买制度，以公办生均经费为基准，建立政府购买民办职业院校服务的经费投入制度，对民办职业院校给以一定比例的生均经费补助。如重庆财政针对民办高等职业院校按照示范（骨干）院校和一般院校分别给予生均补助。在实施过程中，湖南省可依照省情财力，采用试点的方式分步进行，从示范（骨干）民办高职学院先行试点，再扩大至一般民办高职学院、本科学院，以减轻“一步到位”的财政压力。二是制定与公办职业院校差异化的评估指标，适当放宽民办职业院校的职称评审、教师培训、评奖评优、科研立项方面的条件。

推进湖南省“互联网 +”教育扶贫的对策研究*

湖南省人民政府发展研究中心调研组**

党的十九大报告指出，要动员全党全国全社会力量，注重扶贫同扶志、扶智相结合，深化产教融合、校企合作，让每个孩子都能享有公平而有质量的教育。教育是阻断贫困代际传递的核心举措，也是提升贫困人口自主脱贫能力的重要手段。“互联网 + 教育”有助于打破贫困地区教育帮扶的时空限制，充分利用优质教育资源，吸引更多社会力量参与，促进教育公平。湖南省作为教育部批复的全国首个教育信息化 2.0 试点省，要紧抓“互联网 + 教育”发展机遇，有效助力扶贫。

一 湖南省“互联网 +”教育扶贫概况

当前湖南省教育资源布局不均衡，贫困地区学校、教学点仍与城区存在较大差距。如何运用好“互联网 +”促进贫困地区教育资源优化，以及如何运用“互联网 + 教育”提高贫困群体自主脱贫与发展能力？处理好这两个问题意义重大。为此，湖南省高度重视教育信息化工作，并于 2018 年 12 月印发了《湖南省“互联网 + 教育”行动计划（2019 ~ 2022 年）》，各地市相继出台了系列政策，将教育信息化建设列入重点项目推进。

* 本报告获得湖南省委常委、省政府常务副省长谢建辉，湖南省政府副省长隋忠诚，湖南省政府副省长吴桂英的肯定性指示。

** 调研组成员：唐文玉、黄晶（执笔），湖南省人民政府发展研究中心研究人员。

（一）互联网 + 教育”应用基础逐渐完善

一是落实全省校园网络建设。截至 10 月底，全省 2844 个未联网教学点已经全部通网，为互联网课程提供了良好的网络基础。二是建成省级教育资源公共服务平台。整合了湖南省基础教育资源网、湖南微课网等资源，内容覆盖了从幼儿园到大学的大部分学科，为师生提供了丰富的教学资源。三是建设农村网络联校实验县。遴选了 22 个贫困县开展农村网络联校，已建成网络联校群 309 个，覆盖 1035 所中小学，开通互动、直播、专递等“互联网 +”课堂，促进优质教学资源向贫困地区传输。四是建设“一单式”信息系统。建立了省、市、县、校四级联动的建档立卡家庭经济困难学生等四类教育人口精准扶贫综合性信息服务网络体系，为精准扶贫在线教育提供精准信息。

（二）“互联网 +”义务教育成为发展重点

目前湖南省在发展“互联网 + 教育”方面，主要围绕义务教育开展，成人职业教育稍有涉及，学前教育、成人非学历教育则应用更少。调研组选取了永州、怀化两市，通过召开座谈会、深入区县乡村走访、发放调查问卷等方式进行调研，发现两市在发展“互联网 +”义务教育方面做了大量努力，并取得了一定成效。数据显示，永州、怀化两市缺技术致贫人数占贫困人口总量的比例不低，但在推动“互联网 +”职业教育方面着力较少，当前主要采取的是“雨露计划”奖助学金体系，针对的是在校学生，基于网络的非学历职业教育覆盖面不够。

（三）互联网课堂初见成效

一方面，新颖的课堂模式激发学习热情。调查问卷结果显示，对比普通传统课堂，91.9% 的学生更喜欢“互联网 +”课堂，并普遍认为这类课程对学习很有帮助，主要是能学到更多的新知识、激发自身的学习兴趣、开阔眼界与思维，并有助于提高学习成绩。另一方面，课程设置较为务实，一定程度上缓解了贫困地区开课难题。调查显示，当前义务教育阶段，“互联网+”课堂主要为语文、数学、英语三门主科，其次为音乐、美术、政治（道德）。与市区、乡镇学校建立网络直播课、专递课堂等结对帮扶关系的村小、教学点，往往师资力量不足，缺乏美术、音乐等学科的专业教师，因此，除三门主科外，互联网传输的课程中音体美、科学课占据了较大比例（见图1），缓解了贫困地区开不齐课、开不好课的问题。

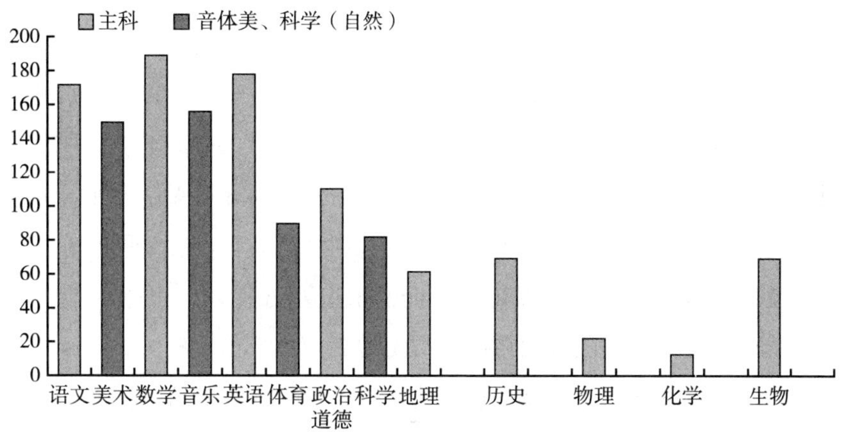

图1　“互联网+”课程数量分布

二　存在的主要问题

（一）基础设施分布不均，应用成效不显著

1. 硬件基础设备配备不均，城乡差距大

当前湖南省城区学校信息化教学硬件设备较齐全，有的甚至实现了每个教学班都配备“班班通”设备，但县乡一级学校缺乏最基本的硬件设施，村小教学点则更为突出。例如怀化市芷江县五郎溪小学，在校学生168人，建档立卡的贫困学生占比约41%，但全校没有“班班通”设备，只有一个多媒体教室，不少学生在调查问卷末尾写上了“希望学校多媒体设备多一些，这样老师就不用抢教室用了”等类似建议。当前信息技术的差异正在

形成新的数字鸿沟，或将在新层面上造成教育不公平。

2. 网络速度慢且不稳定，音质不清晰

调查问卷数据显示，设备陈旧、网速慢是“互联网 +”课程存在的主要问题之一。调研组日前在一所网速 500 兆的县级芙蓉学校旁听同步课程时，整节课出现了约 3 秒左右的延时，影响了教学效果。另外，调研组旁听时发现，课堂上还存在音响效果不好、声音不清晰，导致主教室老师与教学点学生交流不畅的现象，造成同步课堂互动不足，影响教学质量。

3. 公共数字教育资源与一线教学需求存在差距

调研发现，现有公共教育资源服务平台内虽然可选资源不少，但优质资源仍显不足，且平台服务与乡村教学的现实需求之间存在一定差距。如永州市江华县教育局为弥补公共平台不足，还与“拍翼网”“堂堂网”等其他资源网站合作，以满足当地信息化教学的需要。调查得知，根据目前市场情况，在线教育资源费用较高，对部分贫困地区而言，负担较大，直接导致其仍需面对因教育资源不足带来的教师备课难、课程内容落后等问题。

（二）信息化水平不足，课程缺乏统筹安排

1. 教师信息素养不足，专业技术人员缺乏

“互联网 + 教育”对教师的信息化操作水平要求较高。但县乡学校尤其是村小、教学点，存在教师年龄偏大、信息素养不足等现象，教师对多媒体平台业务不熟，使用率不高，导致“互联网 +”相关设备资源利用不充分。此外，大部分乡镇、村落的学校缺乏专业技术人员，硬件设备出现故障时校内无人可进行维修，不利于“互联网 + 教育”的进一步发展。

2. 缺乏制约与激励机制，教师积极性不高

“互联网 + 教育”相对于传统教学而言，对老师的要求更高，负担也更重。一方面，教师需要学习和熟练使用互联网及相关设备，同时也需要更加注重教学质量，备课时间延长，花费的精力更多。另一方面，同步课堂、专递课堂等在线课堂，需要有专员进行后台控制，包括镜头切换、音效控制等，一旦屏幕切换不及时，或将直接造成课堂的不同步，影响教学。在此情

况下，相应考核与激励机制的缺乏，导致教师使用网络教学方法和参与在线教育的积极性不高。

3. 在线课堂频次不高，课程缺乏合理统筹

当前湖南省“互联网 + 教育”尚处于探索期，在线课堂尤其是同步课堂、专递课堂等上课频次不高。例如永州市江华县的白芒营镇中心小学，利用网络联校与一所完小、两个教学点进行对接，2015 年下学期至今，主校为分校仅上同步课堂 35 节、专递课堂 22 节、名师课堂 12 节。此外，课程缺乏合理统筹安排。一方面，学情不同导致同步课堂较难开展。各校学生学习理解能力与学习进度不同，问卷调查结果显示，12.6% 的人认为“互联网 +”课程内容听不太懂，理解吃力。另一方面，当前在线课程普遍缺乏开学前的规划安排，主校根据被帮扶校的即时需求调整“互联网 +”课程，导致课表变动大，课程安排较为混乱。

（三）“互联网 +”职业非学历教育开展不足，教学质量不高

当前湖南省对贫困人口的教育扶贫较为重视，农业、科技、人社等部门组织了不少技能培训课程。但“互联网 +”非学历教育在资金投入及设施建设方面都发力较少，课程总量不多且质量不高。

1. 贫困群众主观学习意愿低

大部分贫困人口对教育助力脱贫的认识不足，参与培训的积极性较低。有些地方贫困群众看不到教育的重要性，主观上认为上课没用，浪费时间与精力，不愿意接受培训，导致参加的总是固定那些人，既没有达到培训的目的与效果，又造成资源浪费。

2. 课程内容质量不高

当前为贫困群众开设的在线技能培训课程，内容针对性不强，地域特征不明显，没有结合各地区经济发展与就业等具体情况，课上所授与贫困群众的真正需求有一定差距。课程理论教学较多，案例教学少，贫困群众普遍受教育水平低，对课程内容的理解有障碍。课程的实践指导不足，群众反映有些内容上课时理解了，但实际运用时仍然不会。

3. 学习场所不足

当前湖南省教育信息化的投入主要以义务教育阶段为主，职业非学历教育投入少，开展贫困人群在线教育的学习场所不足，贫困群众往往要去较远的、专设的培训地点上课，影响了学习效率，也不利于贫困群众充分利用“互联网＋”设备进行自主性、长期化、常态化的学习。

（四）社会力量参与度低，效果不理想

1. 参与方式单一

当前社会力量参与“互联网＋教育”扶贫的方式较为单一，仍属于“输血式”，基本上以捐赠资金与物资为主。对于贫困地区而言，资金与物资的确很重要，但单一的物资捐赠方式，会使资本不足但有意愿参与的爱心人士望之却步。

2. 公益目的不纯

互联网教育企业一般选择提供部分在线教育资源，但公益行为中往往掺杂了企业宣传、探求与学校建立合作关系等目的，致使贫困地区学校体验不佳，甚至引发反感情绪与抗拒行为。在永州市调研时发现，爱心人士及相关企业通过公益基金会对学校进行“互联网＋”教学设备等捐赠时，有的学校因之前的相关体验不佳而选择拒绝接受，好事变成了一件不受欢迎的事情。

3. 缺乏支持与激励机制

时空限制往往抑制了大部分文化人的支教意愿，而在线支教可很好地解决这一问题。2016 年有大学生在长沙发起成立在线支教大学生志愿者平台，全国多所学校的社团学生积极响应，且有公益基金、企业和知名主持人参与，更有电视节目助力宣传。但该公益行为不久后即已式微，平台网页早已停止更新。当群众自发地、创新性地参与公益时，应当有相应的支持与激励机制帮助其成长、更好地服务社会。

4. 参与时间短

一次性捐赠时间短无可厚非，但贡献智慧的爱心人士，在支教行为时间

上普遍短暂，且多为一次性行为。十年树木百年树人，教育是一件需要长时间坚持的事情，而“互联网+教育”打破了时空限制，应该有更多合理的方式，让社会力量长期、有效地参与进来，切实为贫困人群提供丰富的教育资源。

三　推进“互联网+教育”助力扶贫的建议

（一）完善基础设施建设，均衡教育资源

一是加大财政投入，加强硬件设施建设。建议设立教育信息化专项资金，夯实硬件基础，并加大向偏远贫困地区的倾斜力度，补足贫困地区的“互联网+教育”基础设备短板，缩小差距。加强网络建设，加快推进与通信企业的提速降费合作，提升网络速度及稳定性，升级音响等硬件设备，改善教学条件。二是健全教学评价体系，完善教育资源平台。建立“互联网+”课程需求及评价反馈机制，让贫困地区师生对课程资源与内容的需求、对课程的意见与建议能够及时向上反馈，并通过大数据分析，进一步丰富教育资源公共服务平台中的内容，让公共资源与乡村实际教学需求更加匹配。三是加强顶层设计，盘活现有资源。一方面，将“互联网+教育”扶贫工作纳入各级政府考核体系，强化监督与激励，从制度上助力教育信息化在扶贫领域的有效落实。另一方面，强化基础教育与成人教育间的统筹安排，整合“互联网+教育”资源，通过合理规划与管理，盘活现有资源。例如，在保障学生安全的前提下，将学校与教学点周末、工作日晚上等课余时间闲置的在线教育教室，作为周边贫困者接受“互联网+教育扶贫”培训的学习场所，实现资源利用的最大化。

（二）加强基层教师队伍建设，优化课程设置

一是加大教师信息素养培训力度，尤其是强化对村小、教学点教师的培训，内容应以实际操作为主，切实提升贫困地区教师应用互联网与实际操作

相关教学设备的水平。二是引进专业技术人员。建议出台优惠政策，在津贴补助、职称评定等方面，对基层专业技术人员予以倾斜，吸引优秀人才就职乡镇基层学校，并定点、定期帮扶对应分校，采取线上线下相结合的方式进行技术指导。三是健全约束与激励机制。建议将"互联网+教育"内容纳入教师考核指标体系，将信息化水平作为教师专业水平评价的重要指标。设立专项奖金，对"互联网+教育"中的优秀教师发放物质与精神奖励，充分调动教师参与积极性。四是优化课程设置。坚持规划先行原则，开学前完成在线课堂的需求调研，并坚持线上与线下相结合，统筹安排好课表，强化师生之间的互动交流，让"互联网+教育"更有温度、更有效率。

（三）创新内容与机制，大力发展"互联网+"职业非学历教育

一是开发特色网络课程，增强内容有效性。"互联网+"职业非学历教育，应在适合贫困群体文化水平的前提下，基于当地贫困劳动力结构特点及脱贫就业需求，结合当地产业发展情况，开发具有地域特色的网络课程，强化课程的专业性。加强对电子商务、特色农产品生产与加工、观光休闲农业课程的研发，如针对少数民族聚集区可以开设民族传统工艺制作、特色农家饮食制作与销售等课程。二是创新教学模式，建立在线长效实践指导机制。建议以县乡为单位，构建线上线下混合教育供给模式，搭建开放性在线学习与线下互动交流基地，让"互联网+教育扶贫"与终身教育相联系，为不同年龄、不同学历的贫困者提供"充电"机会。为贫困地区点对点地安排相关专家、学者，对贫困者实践中遇到的问题及时进行线上面对面的视频指导，建立长效实践指导机制。三是强化统筹协作，建立统一的管理平台。建立教育部门归口负责、各职能部门全力配合的管理机制，形成分工明确、责任到位、通力协作的工作体系。同时，建立统一的管理平台。打通数据壁垒，把分属于不同机构的扶贫培训信息进行有机整合，保持信息的动态更新，让培训情况实时共享，强化课程统筹，避免教育内容的重复或交叉，增强培训的延续性及有效性。四是加强思想引导，激发学习意愿。做好贫困群体的思想工作，通过理论与实例相结合的方式，强调教育的重要意义及对脱

贫致富的帮助，并对当前“互联网+”课程特点及内容做相应宣讲，提升贫困者学习意愿，调动参与积极性。

（四）多措并举，健全社会支持体系

一是完善相关政策法规，健全以政府为主导，高校、企业、公益组织、爱心人士积极参与的社会支持体系。建议明确和规范各社会力量在教育扶贫工作中的地位、职能和组织形式，出台配套优惠扶持办法，在信息数据及管理部门协调等方面予以支持，为相关社会公益的发展提供制度基础及政策保障。同时，制定“互联网+教育”公益行为管理办法，加强监督与管理，严格规范公益行为。二是建设“微心愿”统一发布平台，引导社会多样化参与。整合贫困地区“互联网+教育”的帮扶需求，将资金、物资、课程、教师等需求分门别类，并明确相应参与方式，经相关管理部门核验后，在官方平台统一对外发布。将总需求拆分成一个个“微心愿”，鼓励企业和爱心人士积极认领，实现社会力量参与方式的多样化。三是推进高校合力攻坚，创新企业合作与公益共赢新模式。加大高校扶贫的人才和科技服务支撑，组建成立“互联网+教育扶贫”专家人才库。加强高校间的合作与交流，结合贫困地区需求，集聚部分高校学科专业优势或匹配互补优势，提升“互联网+教育”质量。此外，将企业参与“互联网+教育”公益扶贫情况，纳入政府相关项目招标评标体系，优先考虑积极参与并取得良好成效的企业。同时，接受帮扶的学校应及时反馈使用体验，帮助企业进一步优化服务，实现双赢。四是建设在线支教平台。建立“互联网+”长期支教模式，广泛吸纳重点高校大学生人才以及社会爱心文化人，通过网络对贫困地区的孩子进行在线授课、家教，并与学生开展一对一或者一对多的在线互动答疑。一方面，对支教课程进行监管与考核，另一方面，对教学成果给予社会认可和相应的荣誉鼓励，让支教常态化、长期化。五是加大宣传力度，营造良好公益氛围。充分利用主流媒体及政府官方媒体、新媒体平台，加强对公益广告及“微心愿”公益需求平台的宣传，培育公民公益意识，倡导社会组织和个人以不同形式参与到“互联网+教育扶贫”工作中，形成“政府参与是主体，社会参与是重要补充”的工作格局。

精准施策建构高水平社会心理服务体系[*]

湖南省人民政府发展研究中心调研组[**]

心安则国安，心治则国治。习近平总书记指出，“加强社会心理服务体系建设，培育自尊自信、理性平和、积极向上的社会心态”。国家卫健委《健康中国行动（2019～2030年）》也将“心理健康促进行动”列为重大行动之一，明确提出要正确认识、识别、应对常见精神障碍和心理行为问题。心理健康状况不仅影响个人的健康水平、生活质量，还直接影响整个社会的经济效益和发展。随着经济社会的发展，心理健康问题越来越突出，也越来越受关注。

一　心理学大有可为又迫在眉睫

心理健康是健康的重要组成部分。身体问题人群往往伴随着心理健康问题。根据采集的全国除西藏外的30个省/直辖市共256625人的心理健康评估数据，慢病人群的心理问题伴发率极高，且抑郁、焦虑问题突出。以肿瘤、脑梗、心梗、糖尿病、高血压、冠心病等几种典型的慢病为样本，结果显示在慢病人群中，有一半（50.1%）的人存在不同程度的心理问题倾向，心理健康的仅有5.1%，而几乎所有肿瘤患者都处于心理亚健康状态或有心理问题倾向。

世界卫生组织报道：全球每年超过80万人自杀。也就是说，平均每过40

* 本报告获得湖南省委副书记乌兰、湖南省政府副省长吴桂英肯定性批示。

** 调研组组长：谈文胜，湖南省人民政府发展研究中心党组书记、主任；调研组副组长：唐宇文，湖南省人民政府发展研究中心副主任、研究员；调研组成员：禹向群、侯灵艺、言彦，湖南省人民政府发展研究中心研究人员。

秒，就有一个人选择结束自己的生命。自杀是15～29岁人群第二大死亡原因。自杀死亡率比战争和凶杀的总数还要多。从全国来看，我国心理健康的人仅为10.3%。《中国城镇居民心理健康白皮书》结果显示，73.6%的人处于心理亚健康状态，16.1%的人存在不同程度的心理问题，心理健康的人仅为10.3%。

湖南省心理健康问题不容忽视。从全国来看，湖南省心理健康问题阳性率中部地区位列第2。根据采集的全国除西藏外的30个省份的心理健康评估数据，发达地区的心理健康问题相比其他地区更为突出。如北京、广东、上海，均排在心理健康问题阳性率最高的前5名，湖南省心理健康问题阳性率全国第9，在中部地区仅比山西省低2.2个百分点。2018年，湖南省中南大学湘雅附属二医院心理咨询门诊12445人，这是每天限号20个的基础上产生的数据，相当于2016年的2倍。从职业来看，医护人员、程序员、教师等职业人群，呈现高压力、高焦虑、抑郁和职业倦怠的比例较高。调研发现，湖南省乡村教师职业倦怠感相对较高，50%的教师反映存在入睡难、容易醒等问题，23%的乡村教师存在失眠等问题。从年龄来看，心理健康问题发病率越来越低龄化。青少年心理健康急待重视。据不完全统计，近4年来，在湖南省脑科医院精神心理科的住院患者中，18岁以下儿童青少年接近10%，且呈增长趋势。湖南某高校新生访谈结果显示，有101人存在一定的学业压力，占总访谈人数的14.92%；124人存在情绪压力等，占总访谈人数的18.32%；在访谈中有163人流露出有过自杀意念，占总访谈人数的24.08%。

二　当前湖南省心理健康服务急需解决的三大问题

心理健康既是身体健康的重要组成部分，又是幸福指数的重要标志和基础。当前，湖南省常见精神障碍和心理行为问题逐年增多，心理健康问题已成为关系全省发展的重大公共卫生问题、民生问题和社会问题。

（一）心理健康教育意识缺乏

湖南省对于心理健康的重视还处于起步阶段，近几年来才引起人们的重视。

对于心理健康的宣传工作依然存在强度不够、普及度低的情况，对于心理健康的概念也只是刚刚接触，或者很多人只是知道心理健康，但并不了解具体内容。2017 年发布的《中国网民抑郁症调研报告》显示，在 1 万多名受访者中，硕士及以上学历人群中对抑郁症比较了解的比例只有 10%，而高中及以下学历人群，甚至不足 3%。而这里面，有将近 50% 是通过明星热点了解到抑郁症的。不少群众对于心理健康根本没有概念甚至存在偏见。社会的忽视和偏见所造成的压力，使得出现心理问题的个体无法排解，造成情况的恶化，甚至出现自杀等严重后果。2019 年的"525"心理健康日有公众号发起如何应对压力的投票，其中将近一半的人选择"硬撑着，正常生活"，只有 2% 的人选择求助于专业机构。这些数据显示出心理健康教育工作依然任重而道远。

（二）心理健康家庭教育缺失

心理健康是儿童青少年健康的重要组成部分，主要体现在智力发育正常、情绪处理得当、心理特点符合实际年龄、人际交往和谐、人格发展健全等方面。当前，随着经济社会的发展，成人世界过早介入，儿童青少年面临前所未有的环境适应、学习压力、人际关系等问题，其心理状态受到不同程度的影响。心理健康问题发病年龄变小问题普遍存在。世界卫生组织相关调查显示，15 岁到 34 岁群体中，死亡原因第一位就是抑郁症。家庭是人生的第一所学校，父母是孩子成长的第一任老师，家庭教育是一切教育的起点。家庭也是塑造个体人格的基本环境，在个体的心理健康教育中起到关键作用。家庭教育的缺乏，成人学习和成长的缓慢甚至停滞，对孩子的心理问题缺少敏感性和意识，很大程度地影响个体的心理健康。

（三）心理健康相关人才缺位

社会上专业的心理咨询机构和人员缺口较大，求助途径缺乏且单一，提供专业帮助的团体、机构较少，知名度不高，很多有心理困扰的人苦于找不到合适靠谱的帮助而发愁。心理咨询或者心理门诊费用较高，咨询、治疗时程较长，经济压力使得一部分人不愿意接受长期、完整的咨询和治疗，种种原因造成心理问题人群求助无门，缺乏合适的途径，只能自我消化。湖南省社区精神卫生专科人员极度缺乏，社区精神卫生服务水平较低，登记在册患者规律治疗率很低。严重精神障碍患者在专业医疗机构完成急性期治疗后，基本只能从家庭获得帮助，医院与社区联系松散，社区管理和服务不足，严重影响精神障碍患者后期康复回归。

三 精准施策建构高水平社会心理服务体系

1. 针对公众，大力普及全民心理健康教育服务

探索开展心理健康促进与教育行动，倡导“每个人是自己心理健康第一责任人”的理念，引导公民在日常生活中有意识地营造积极心态。将心理健康体检纳入体检常规项目。开展一次大范围的心理健康普查。建议由卫健委、教育厅等相关部门联合组织，开展一次全省大范围的心理健康普查。根据普查结果，给每人建立一份心理健康电子档案，有针对性地开展跟踪教育，持续提高全民心理健康素养。组织一次全方位的心理健康知识宣传。利用电视、广播、公众号等新媒体，从线上线下两条线全覆盖宣传心理健康知识，让心理健康的理念触达全省最广大的人群；逐步开展社会心理服务站点建设，为辖区内各种组织、各类人群提供方便、可及的心理服务。积极开展居民心理自检能力和防护能力建设，为辖区内各种组织、各类人群提供有针对性、个性化的心理服务。

2. 针对心理亚健康人群，创新拓宽心理服务网络

鼓励心理健康教育和咨询方式创新，鼓励心理服务内容和模式的创新。充分发挥“物联网 + 互联网”优势，搭建心理服务体系行业“产业链”。推广高效便捷的“互联网 + 大团体学习”模式，加快实现更高水平的全民心理健康。设立家校共育基金，大力推广家校共育模式。用于支持家校共育模式的推广和支持。学校方面，除了以课堂为主导传授系统的心理健康知识外，还要拓宽教育途径。如，以心理健康日为契机进行心理健康活动，普及心理健康知识；以社会实践为载体，引导学生进行多种多样的心理健康主题

实践。尽快推动家庭教育立法。湖南省应尽快组织相关调研，进一步强调家庭教育的针对性和有效性，深化对家庭教育的精确认识，把握家庭教育的界限和分寸，突出家庭教育的指导与培训，为家庭教育向专业化和规范化发展提供法律依据。县级以上地方人民政府依托城乡社区教育机构、青少年宫、妇女儿童活动中心等建立家庭教育服务站点，提供家庭教育服务。幼儿园、中小学、中等职业学校建立健全家庭教育指导工作制度，建立家庭教育指导工作队伍，开展家庭教育指导活动，将家庭教育指导工作纳入教职工业务培训内容。建立学校、家长联络群，定期在群内为家长普及心理健康教育知识，引导家长学会与子女正确有效沟通。针对子女的心理健康问题做出科学合理、容易接受的处理。

3. 针对重点人群，发挥优势，完善综合管理服务

关注老年人、妇女、儿童和残疾人心理健康，通过培训专兼职社会工作者和心理工作者、引入社会力量等多种途径，为空巢、丧偶、失能、失智、留守老年人、妇女、儿童、残疾人和计划生育特殊家庭提供心理辅导、情绪疏解、悲伤抚慰、家庭关系调适等心理健康服务；重视特殊人群心理健康服务，预防和减少极端案（事）件的发生；整合湘雅附一、附二、附三医院，省人民医院，省第二人民医院（脑科医院）等精神卫生优势医疗资源，促进在长（沙）精神卫生资源优势和学科优势转化为社会优势。做好严重精神障碍患者服务，规范精神障碍患者住院出院相关制度，强化综合管理。借鉴精神卫生综合管理试点工作经验，要求相关部门建立完善精神卫生综合管理机制，联合开展严重精神障碍患者登记报告、救治救助、康复服务等工作。规范发展心理危机干预和心理援助，各地要建立健全心理危机干预和心理援助机制，组建专业化心理危机干预队伍。设立由专业人员提供公益服务的心理援助热线，开展心理健康教育、咨询、危机干预等服务。针对目前各级各类医疗机构心理健康服务能力普遍不足的现状，要求各级各类医疗机构对具有心理行为问题人员提供规范的诊疗服务，对易伴发心理行为问题的躯体疾病患者开展心理支持服务，鼓励开展睡眠相关诊疗服务。建立健全精神卫生医疗机构、精神障碍社区康复机构，以及社会组织、家庭相互衔接的精

神障碍社区康复服务体系。

4. 针对心理学相关人才缺乏，健全人才培养与使用服务

鼓励心理健康第三方智库发展。做好全省心理咨询服务相关人才队伍培养，将科研课题与调查研究相结合，做好建言献策的智库功能，推动全省心理健康社会服务体系建设。整合省内科研院校、医疗系统及心理服务组织专家智力资源，组建省级社会心理服务工作人才库。搭建省级社会心理服务供需对接平台，方便各社会心理服务站点为本辖区居民提供社会化心理服务，对接服务资源。发挥专家技术指导作用，积极参与湖南省社会心理服务体系建设，为湖南省全面开展社会心理服务工作提供智力支持和人才保障，提升群众幸福感。充分利用社会资源，吸收来自学校、医疗机构、心理咨询机构的专业人才，充实到社区、学校和企事业单位的一线工作队伍。建立志愿者个人信息数据库，不断优化志愿者的进入、考核、奖惩与退出机制。加大高校对心理学相关专业学生的招考力度，支持线上教育的发展。通过高校 + 在线教育、线上 + 线下，大力培育心理学相关人才。让更多的人学心理学，让更多的人懂心理学，让心理服务为健康湖南插上腾飞的翅膀。

从茶颜悦色看湖南文化消费新热点培育*

湖南省人民政府发展研究中心调研组**

2019 年 11 月，国家出台了《关于培育建设国际消费中心城市的指导意见》。随着该意见的出台，在国内掀起了一股建设国际消费中心城市的热潮。北京、上海、成都等城市已将打造国际消费中心城市列入当地党委、政府的重要议事日程。长沙是湖南省会，其域内的茶颜悦色频频上榜各大社交平台热搜，成为长沙新的文化消费名片。我们以茶颜悦色为例，客观深入剖析了这种文化消费现象，试图为湖南文化消费热点培育提出建议。

一　茶颜悦色成为带地域标签的文化现象

“茶颜悦色”“中茶西做”夯实了文化内涵。“茶颜悦色”品牌创立于 2016 年，是地道的长沙本土原创品牌。预计到 2019 年底，直营门店将达到 200 家以上，吸收本地就业人员 2000 人左右，2020 年营业额可达 7 亿元左右，税收贡献可达 1500 万元左右。茶颜悦色主打新中式鲜茶，突出“中茶西做”，以乌龙、毛尖、绿茶、大红袍等作为茶的基底，每一杯饮品分为三层：中国特色的茶 - 淡奶油 - 不同口味的果碎、坚果、巧克力。借着“颜值经济”和“国潮”的东风，加上绝佳的口感和良好的口碑，茶颜悦色通

* 本报告获得湖南省委常委、省政府常务副省长谢建辉，湖南省委常委、省委宣传部部长张宏森的肯定性批示。

** 调研组组长：谈文胜，湖南省人民政府发展研究中心党组书记、主任；调研组副组长：唐宇文，湖南省人民政府发展研究中心副主任、研究员；调研组成员：禹向群、文必正、言彦，湖南省人民政府发展研究中心研究人员。

过社交圈在全国打响了知名度，迅速发展成为网红奶茶，不仅深受年轻人的喜爱，也赢得了资本的青睐。2019 年 3 月，茶颜悦色获天图投资数千万元 A 轮融资，8 月获元生资本（阿里巴巴参股）、源码资本的 B 轮融资。

茶颜悦色之所以成为网红，在很大程度上得益于独特的“中式情怀 + 文创”的风格。以中式文化为里子，从门店的视觉效果到产品线的拓宽，构建了一整套品牌体系。茶颜悦色门店设计如同艺术馆，每间店都以中式为主，以砖石桌、圈椅、碉楼、锦鲤等作为装饰，茶杯也文艺范十足，上面的图案来自中国传统的水墨名画和书法字体，整体视觉 VI 呈现的都是中国风。从茶饮名称来看，绿茶名为“浣沙绿”，红茶名为“红颜”，增加了坚果、巧克力等配料的奶盖茶系列被称为“豆蔻”，复古而有意境。单品名也充满诗情画意：幽兰拿铁、声声乌龙、人间烟火、烟花易冷、筝筝纸鸢、风栖绿桂、蔓越阑珊、桂花弄等，细节处处体现中式情怀。茶颜悦色的中式情怀还延伸到了文创产品中，2015 年推出的第一个文创子品牌“知乎，茶也”，2019 年 11 月又以“活字印刷”为主题开设了独栋的四层大店，打造茶饮兼容文化的创意空间。“知乎，茶也”有两种店型，纯文创店和奶茶店 + 零售于一体的复合店，产品包括茶和茶具，以及丝巾、伞、陶瓷等 100 多个品类，文创产品占整体销售额的 10%。

茶颜悦色以鲜明的文化属性风靡于年轻一代，成为年轻人愿意拿在手上、穿在身上来表达自己的文化符号。为了品控，茶颜悦色在经营上只直营不加盟，只能在长沙才能买到，反而让它成为长沙的招牌，吸引无数消费者来长沙“打卡”，提高了长沙市民的自豪感和喜爱度。茶颜悦色这种粉丝经济拥有着“让别人主动帮我宣传”的神奇魔力，带来的视觉刷屏又很容易将它与长沙这座城市捆绑起来，打上长沙的地域特色标签后，让大众对茶颜悦色形成“长沙特产”“长沙品牌”的认同感。从某种意义上来说，茶颜悦色已经成为长沙乃至全国的文化现象。

二　茶颜悦色是长沙文化消费崛起的缩影

茶颜悦色以文化赋能消费的打法，是长沙文化消费的普遍现象。长沙把文化嵌入各类消费场所，以文化引导潮流，从文化供给侧发力，将消费升级与产业提质联动，探索形成了“供给引导消费，创新驱动发展”的长沙模式。

自2016年获批为首批国家文化消费试点城市以来，长沙将文化消费作为全市经济高质量发展的新动能。当前，长沙正争创国家文化和旅游消费示范城市，向国际消费中心城市目标迈进。2018年末，长沙市常住总人口达到815.47万人，2035年规划为1200万人；其中2017年净增27万人，2018年净增28万人。新增人口中，约80%为年轻人；高端人才净流入率达7.53%，仅次于杭州、宁波，排在全国第3位。长沙的低房价、产业布局、青春活力不断吸引年轻人留下来，低房价还间接提高了居民的实际消费能力。《中国城市夜经济影响力报告》（2019）显示，长沙仅次于重庆和北京，位列中国十大夜经济影响力城市榜单第3名。长沙的“夜经济”更具休闲性、体验性和文化性，是物质消费与精神消费、经济现象与文化现象的多重叠加。2019年国庆期间，长沙夜间文旅消费达43.3亿元，同比增长18.1%，位居全国第3。长沙在加大夜间市场开放力度的同时，还注重创新服务、完善配套和加强治安防范，成立了长沙市天心区夜间经济服务中心，打造出夜间经济“升级版”。

伴随着国家中部崛起战略实施，长沙2006年起进入发展快车道。12年间经济总量从全国排名第28位跃升到排名第14位，相继赶超了福州、长春、石家庄、郑州、济南、沈阳等省会城市，14位的上升幅度，排在全国第1，成为区域经济的成功“逆袭者”。经济总量的提升，让消费基础更加坚实。2018年长沙人均GDP超过2万美元，居民人均可支配收入居中部省会城市首位，城镇居民人均消费支出36775元，其中教育文化娱乐人均消费6876元，占18.7%。消费带动产业发展，一个以旅游业、会展业为两翼，以广电、出版、报业、娱乐为四轮的文化产业航母也在全国率先崛起，成为长沙经济发展中最具活力的部分。2435家文化企业，贡献了15.9亿元的收入，其中包括了106家电影院、26家剧院和音乐厅。长沙还大力促进文化产业园区发展，共有国家级文化产业园区和基地12家、省级园区和基地19家。在长沙的国家创新创意中心蓝图中，核心着力点是打造以马栏山视频文创产业园为重点的文化创意中心，以及以岳麓山国家大学科技城为重点的科技创新中心。长沙消费型城市发展日益成熟，各种文化地标也在不断地刷新刷亮城市“颜值”，从“历史文化名城”“山水洲城”到“东亚文化之都”“世界媒体艺术之都”，一张张闪亮的文化名片让长沙建设国际消费中心城市更有自信和底气。

三　湖南培育文化消费新热点的对策建议

习近平总书记深刻指出，“个性化、多样化消费逐渐成为主流，保证产品质量安全、通过创新供给激活需求的重要性显著提升”。在经济“减速增质”时代，湖南应充分发挥文化需求、文化产业、文化消费对城市发展的推动作用，大力培育文化消费新热点。

1. 在文化消费内容上，提高文化创造和文化赋能的能力，创新文化消费供给，激活文化消费需求

不同于其他带有明显地理标签和文化属性的特色产品，新茶饮中还没有哪一个品牌与地域紧密地结合在一起。茶颜悦色将中国传统文化元素融入饮品中，打造出独具一格的中国风茶饮品牌，还赋予了中式奶茶以长沙地域属性，使其成为长沙的美食招牌之一，极大地激发了消费需求。因此，各地在推动文化消费上，没有特色的消费品类也可以通过文化创造形成特色，没有文化的传统消费也可以通过文化赋能添加文化属性。文化消费的核心是内容消费，大力推动文化与旅游、科技、体育、金融等各领域的深度融合。深挖各地别具特色的消费文化，鼓励文化文物单位开展文创产品开发，通过文化赋能创造新兴文化消费热点，实现文化要素的市场角色转化，提高文化消费供给能力。推动湖南文博系统与马栏山视频文创园深度对接，加速省内文化资源的产品化；推进文博系统体制机制改革，提高文化事业单位人员积极性。

2. 在文化消费形式上，紧跟消费群体和消费习惯变化，抓住夜间经济发展新机遇，加快经营模式转变和服务方式创新

茶颜悦色正是抓住了年轻人消费意愿强、愿意接受新事物也愿意分享自

己的喜好等特点才迅速崛起的。随着消费人群逐步年轻化，人们生活节奏加快，发展夜间经济已成为释放消费潜力、提升城市活力的重要举措。夜间经济使得消费时间和空间得到延展，不仅有助于拉动本地居民的内需，还能延长外地游客、商务办公者等的留存时间，有助于游客对当地文化的感知与生活方式的体验。发展夜间经济要提升城市公共治理水平，补齐电力、地铁、公交、公共卫生、市政管理、安全保卫、应急救援等城市基础设施和公共服务的短板。要加快培育影视、娱乐、旅游、保健、体育等服务产业，探索推动博物馆、文化馆、图书馆、科技馆、规划馆等开展夜间项目，营造更多夜间消费场景，丰富夜间消费"菜单"。发展夜间经济还要有系统思维，通过对内容、产品等整体布局、合理谋划，探索符合各自城市特点的夜间经济模式。

3. 在文化消费营销上，提高创造和推动消费趋势的能力，善于利用社交网络，推动文化消费集聚形成潮流

茶颜悦色成为潮流文化的一个重要原因是其社交营销的成功，通过建立微信公众号，与粉丝建立良好的互动，鼓励粉丝分享到朋友圈，创造消费趋势，推动形成消费潮流。年轻人喜欢以"晒"的方式来表达自己的个性，也愿意接受在网络上被"种草"，更容易被社交影响自身消费行为。随着移动互联网和社交网络的发展，内容与消费正在发生深度的融合，IP 的内容质量和影响力大大提升，来自身边同事朋友以及意见领袖的口碑分享已成为品牌的重要营销路径。营销传播正在从大众传媒向社交媒体转移，传统广告已然不是推动消费的最佳方式，口碑推荐成为影响消费者购物选择的主要因素。因此，我们需要提高创造和推动消费趋势的能力，利用互联网推动文化与更多传统消费相互渗透融合，推动基于网络平台的新型消费成长，优化线上线下协同互动的消费生态。

4. 在文化消费政策上，强化政府引导，积极扶持中小微文创企业发展壮大，推动消费型城市建设

茶颜悦色是长沙小微企业减税降费政策最大受益者之一，增值税方面享受生活性服务业增值税加计抵减优惠政策，企业所得税享受小微企业普惠性

税收减免优惠政策。以文创产品设计、开发为主营业务的小微文化企业在发展过程中往往面临着无形资产评估难、融资难、知识产权保护难、公司经营管理经验不足等问题。鼓励银行设立专门的文创专营支行或文创特色支行，打造文创信贷超市。政府对在专利申请、知识产权保护等方面有困难的小微企业提供特别支持，营造小微企业良好的成长氛围。积极发挥文化产业园区、文创服务中心等平台在为小微文化企业提供相关专业服务和配套设施等方面的积极作用。支持长沙建设国际消费中心城市，支持衡阳、岳阳等消费基础较好的城市以及怀化等消费潜力较大的城市打造区域消费中心城市。湖南内陆型城市建设国际消费中心城市，可以将文化消费作为重要突破口，培育文化消费新热点，形成文化消费集聚的局面，推动消费型城市建设。

改革探索

供给侧结构性改革：成效与展望

——聚焦“八字方针”打造供给侧结构性改革“升级版”

湖南省人民政府发展研究中心*

“十三五”以来，特别是2019年以来，湖南省坚决落实习近平总书记对湖南提出的“三个着力”重要指示，持续深化供给侧结构性改革，不断在“巩固、增强、提升、畅通”上下功夫，取得显著成效。面对经济下行压力较大、运行质量不高等突出矛盾和挑战，未来湖南省仍需坚持以供给侧结构性改革为主线不动摇，以“八字方针”打造供给侧结构性改革“升级版”，持续推动高质量发展。

一　回顾过往：三年来取得阶段性显著成效

2016年以来，湖南省在巩固“三去一降一补”成果、释放微观主体活

* 调研组组长：谈文胜，湖南省人民政府发展研究中心党组书记、主任；调研组副组长：唐宇文，湖南省人民政府发展研究中心副主任、研究员；调研组成员：左宏、闫仲勇，湖南省人民政府发展研究中心研究人员。

力、提升产业链水平、畅通经济循环等方面取得阶段性显著成效。

1. “三去一降一补”成果逐渐巩固

“去”得有力。壮士断腕去产能。近三年，压减粗钢产能50万吨，化解煤矿产能3119万吨，提前2年完成目标任务；认定“僵尸企业”64家，淘汰化工、造纸、冶炼、钢铁等规模工业企业5000多家，株洲清水塘国家老工业基地261家企业全部关停退出，湘潭等9个市州整体退出烟花爆竹生产。精准调控去库存。截至2017年底去库存任务基本完成，全省商品房库存去化周期大幅缩短至10.1个月，降至12个月以内的合理区间。多措并举去杠杆。压减政府性投资项目，推动平台公司市场化转型。2018年以来，规模以上工业企业资产负债率下降0.7个百分点，全省不良贷款率由2015年的2.26%下降到2018年的1.75%。

“降”得明显。严格落实国家降税减费政策，2017年减税779亿元，2018年新增减税125亿元，2019年上半年新增减税242.9亿元；每年减征企业养老保险费13.5亿元、失业保险费10亿元；一般工商业用电成本减负10%，2015年以来累计实现电价减负120亿元、气价减负14.4亿元；压缩整体通关时间1/3，压缩集装箱进出口环节合规成本10%。

“补”得扎实。加快补齐开放经济、基础设施、生态环境、精准脱贫等短板。2017年、2018年全省进出口总额分别达到2434亿元、3080亿元，连创历史新高，分别增长39.8%、26.5%，增速连续两年位居全国第4、中部第1。沪昆高铁、石长铁路复线等重大项目建成通车，全省高速公路、高铁通车里程分别达到6725公里和1730公里，位居全国第5和第4；8个民用机场旅客吞吐量突破3000万人次；水运通航里程1.2万公里，拥有港口泊位1865个，集装箱吞吐量超过50万标箱。长江岸线生态修复治理和洞庭湖水环境综合整治稳妥推进，“十三五”易地搬迁72万人任务全面完成。

2. 微观主体活力持续释放

营商环境出实招。聚焦实体经济发展，不断优化营商环境，推进审批服务“马上办、网上办、就近办、一次办”，“最多跑一次”改革全面推开。三年来，全省每年取消行政审批事项逾100项，企业开办的平均时间压缩至

3 个工作日内，网上可办率达到 90% 以上。

市场主体稳提升。全省市场主体连续 5 年实现 10% 以上增长，注册资本总额连续 5 年保持 20% 以上增长。截至 2019 年 6 月，全省市场主体总数首超 400 万户，达到 409.74 万户。其中，《2018 中国城市营商环境评价报告》显示长沙市每千人市场主体达 103 个，超过北京、上海，与杭州接近；长沙市每千人新增市场主体达 23 个，居全国第 8 位，这一数据上海为近 15 个，北京为近 10 个。

3. 产业链水平稳步提升

工业新兴优势产业链发展取得新突破。2018 年，全省 20 个工业新兴优势产业链实现主营业务收入 8508 亿元，同比增长 12.3%。其中，先进轨道交通装备、工程机械、化工新材料 3 条产业链年销售收入超过 1000 亿元。高加工度工业和高技术制造业增加值占规模以上工业的比重分别达到 36.3% 和 10.6%，“三新”经济占地区生产总值的比重达到 16.9%。

三大世界级产业集群基础更加巩固。拥有全国规模最大的工程机械产业基地和先进轨道交通装备研发生产基地以及全国唯一的中小航空发动机研制基地和飞机起降系统研制基地。从工程机械产业规模来看，自 2010 年起连续保持全国第 1，能够生产 12 大类 100 多个小类 400 多个型号规格的产品，占全国工程机械品种总数的 70%；电力机车、动车组、城轨等出口至 70 多个国家和地区，成为流动的国家名片；中小航空发动机、起落架系统等部分领域国内市场占有率超过 90%，用于直 9、直 10 等高端产品。

两大国家级产业集群优势更加明显。新材料领域，中南大学的有色冶金专业排名全球领先，宁乡已经成为全国新能源电池材料企业主要聚集区；电子信息领域，在集成电路高端芯片研发设计、以 IGBT 为代表的新一代功率半导体器件产业化和离子注入机等高端装备方面走在全国前列，进入国家战略布局。

4. 经济循环不断畅通

现代市场体系正在加快构建。2018 年，全省消费增长 10%，最终消费对经济增长的贡献率达 56.9%，全年电子商务交易额突破 1 万亿元，同比增长27%，限上商贸流通企业总数突破1万家，新增限额以上批零住餐企业约1800家，占全省“四上”企业新增总数的近50%。

金融服务实体经济水平明显提升。2018年末，全省存款余额、贷款余额分别达到4.9万亿元、3.64万亿元，增速分别达到4.8%、14.4%，位居全国前列；A股上市公司104家，位列全国第9、中部第1。

在看到成绩的同时，我们也必须清醒地认识到，对照高质量发展需求，湖南省在深化供给侧结构性改革方面也存在一些突出问题。“三去一降一补”方面，禁止新增产能以及防范已化解的过剩产能复产有一定压力，补齐全面小康等发展短板的压力依然很重；增强微观主体活力方面，实体企业成本依然偏高，营商环境仍需持续优化；提升产业链水平方面，20条工业新兴产业链不够聚焦，新经济生态系统急需培育；畅通国民经济循环方面，融入粤港澳大湾区等国家重大战略力度不足，军民融合体制机制瓶颈依然存在，科技成果转化率不高，金融服务实体经济能力有待提升，土地使用效率低，高层次人才和高技能人才难以满足产业发展需求。

二 展望未来：“八字方针”打造供给侧结构性改革“升级版”

新时代，湖南省要紧紧围绕“巩固、增强、提升、畅通”八字方针，持续深化改革，以更加有力的改革解决供需结构性错位问题，推动全省高质量发展。

1. 巩固：重点聚焦“三大领域”

去产能领域：一是建立过剩产能和僵尸企业预警监测系统。采用大数据等新技术建立过剩产能和僵尸企业预警监测系统，全面准确甄别产能过剩企业和僵尸企业，加强过剩产能预警信息服务，引导企业转型和资本合理流动；利用卫星遥感、大数据监测过剩产能和僵尸企业违规建设项目，严防过剩产能复产。二是以国际产能合作转移过剩产能。依托“中国－非洲经贸博览会”，探索湘非长期产能合作机制，构建对非产能合作平台，建设对非产能合作信息和项目库，精准对接非洲产能需求，转移部分过剩产能；充分利用“长沙国际工程机械展览会”“中国国际进口博览会”，对接“泛珠”区域内东盟、南亚等合作平台，积极拓展东南亚市场，通过共建工业园区等方式转移过剩产能。

全面小康补短板领域：一是推广淘宝“村播计划”。在贫困地区全面实施淘宝“村播计划”，发挥湖南省的媒体优势，采用“1＋1”的形式，即一场直播盛典＋一场配套直播活动，通过发布电商扶贫案例、经验交流、公益明星主播带货等环节，推进电商扶贫纵深发展。二是建设若干扶贫产业园。依托“135”工程升级版，重点在贫困地区建设若干标准厂房，建设一批扶贫产业园，鼓励长株潭等发达地区在贫困地区发展扶贫“飞地产业园”，通过“农户＋合作社＋基地＋龙头企业”土地流转脱贫模式、“公司＋基地＋劳务合作社”务工收入脱贫模式、“农户＋合作社＋龙头企业”股份合作脱贫模式助力脱贫攻坚。三是开展机关和国有企事业单位消费扶贫行动。开展直供食堂活动，各省直单位每年认购贫困地区农产品数量不低于年消费农产品总量的20%；开展定向采购活动，各级工会在同等条件下优先采购贫困地区产品，每年采购金额不低于本单位当年职工福利支出总额的50%（参考广西）。

基础设施补短板领域：一是布局新型基础设施。积极对接国家新型基础设施规划，准确把握国家新型基础设施投资重点，加强与国家发改委、工信部的战略合作，将5G、人工智能、工业互联网、物联网等新型基础设施列入省重点建设项目计划，围绕建设国家级人工智能产业集聚区、5G智能制造产业园区、智能化产业园、国家智能网联汽车（长沙）测试区、移动互联网产业集聚区，加强相关领域的技术推广与改造、设备更新。抢抓5G发展的窗口期，加快启动5G基站建设，将5G基站建设纳入国土空间规划及控制性详规，建设铁塔、机房等基础配套设施以及公共交通、重点场所建筑楼宇等室内分布系统，率先建成基于5G技术的新型基础设施体系。二是补齐水运短板。推进环洞庭湖经济圈与湘江、沅水经济带“一圈两带”水运发展，加快研究湘桂运河规划，尽快打通长江、珠江两大水运主干道，加快

“一纵五横十线”碍航闸坝改造步伐，推动形成以长沙、岳阳港口为中心的铁水（海）联运枢纽，重点发展集装箱铁路进港，实现与集装箱“水上巴士”无缝对接。

2. 增强：着力实施“三大工程”

实施企业减负工程：一是进一步落实减税降费政策措施。建立行政事业性收费和政府性基金目录清单制度并予以公示，目录清单之外，一律零收费。涉及小微企业的省定行政事业性收费和实行政府定价管理的经营服务收费，有上下限幅度的均按下限标准执行。二是进一步降低企业用电成本。进一步落实2019年政府工作报告提出的“一般工商业平均电价再降低10%”的任务；对不同行业实施不同的电费优惠措施，例如对于承担满足民生需求任务的服务性行业，适时取消尖峰平谷政策，不执行峰谷分时电价政策；对于高能耗工业企业，采取以奖代补等形式鼓励其进行技术升级改造，提高生产效率，降低生产能耗。三是进一步降低审批中介服务成本。将审批中介服务改革提上改革议程，尽快出台《湖南省关于全面深化投资项目审批中介服务改革的实施方案》，按照“一标准、一清单、一网站、一超市”的“四个一”基本框架和“减事项、减环节、减材料、减时间、减费用”的“五减”原则，加快建立全省统一规范、公开透明、开放竞争、便捷高效的投资项目审批中介服务市场。

实施企业合法权益保护工程：一是建立完善企业维权服务平台。建立全省统一的企业维权服务平台，并与全国企业维权服务平台对接，统一受理企业诉求，积极开展企业维权督办工作，在《湖南省营商环境投诉举报处理暂行办法》《湖南省外商投资企业投诉及处理办法》基础上，制定实施《湖南省企业投诉处理办法》。二是建立重点企业权益保护名录库。将龙头骨干企业、高新技术企业、细分行业龙头企业、隐形冠军企业、上市企业、各级政府省长质量奖获奖企业纳入重点企业保护库，定期发布重点企业保护名录库企业名单，为保护企业设定“一企一策”保护办法，通过绿色通道、快速处理，在最快时间内保护企业合法权益。三是制定重点知识产权保护清单。将易被侵权的高知名度商标、地理标志商标、专利等纳入重点知识产权保护清单，通过知识产权监测预警保护、行政执法保护、企业名称登记保护、构建便捷知识产权保护响应通道等措施，全方位加强企业知识产权保护。

实施营商环境对标工程：一是对标先进地区。对标2019年北京推出的营商环境“9+N”2.0版114个政策、上海营商环境改革3.0版、深圳“营商环境改革20条”等先进地区的经验做法，积极推广北京“一窗、一网、一门、一次”改革和上海“一窗通办、一次许可”“一口受理、一站服务”以及深圳率先推出的40余项“秒批”、300项“不见面审批”等做法，加快推进“互联网+政务服务”，在更多领域公布更多“一件事一次办”改革目录，力争营商环境更多指标进入“1时代”：开办企业精简为1个环节、办理时间减至1天、最多跑1次、1网通办、1窗通办等，支持长沙市建设国际化营商环境标杆城市。二是开展县域营商环境评价。以世界银行营商环境评价体系为参照，制定《湖南省优化营商环境条例》、营商环境评价指标体系和评价机制，以124个县市（区）为单位进行监测评价评比排名，对排名靠前及进步突出的县市（区）进行表彰奖励，对先进做法进行推广示范；定期召开营商环境座谈会，邀请湖南省企业家、外地湘籍企业家、商会等相关代表对营商环境进行点评，梳理一批突出问题，形成清单，逐一解决。

3. 提升：着重布局“两类产业链”+“两个计划”

发展“2+6”新兴优势工业产业链：一是聚焦发展人工智能（智能网联汽车）和自主可控计算机及信息安全2个产业链。人工智能（智能网联汽车）产业链：以“人工智能+”为抓手，培育以智能网联车为核心的人工智能产业链，建设完善智能系统测试区，加快建设智能系统设备检测实验室，依托湘江新区的国家级、省级园区，规划建设智能网联汽车特色产业园，全面推进智能驾驶出租车、物流车、环卫车、智慧停车场、5G－V2X示范等应用场景落地，不断增加乡村道路、隧道、桥梁、机非混行以及军民两用、园区、景区等领域的应用场景，打造全国智能网联汽车应用示范区。自主可控计算机及信息安全产业链：以长沙高新区和株洲高新区为核心，推进国家网络安全产业园区（长沙）建设，积极创建国家级功率半导体制造业创新中心，加快核心芯片研发、整机关键部件设计、安全可信管理和控制技术等核心技术攻关，重点发展高端整机产品，加快发展工控系统安全装备、新一代网络空间安全系统，延伸发展基于国产化平台的信息安全关键产品，培育“PK”①产业生态系统、车联网产业生态系统、工业互联网安全生态系统。全面开展自主可控国产化替代计划试点示范，逐步扩大市场应用规模，不断完善产业配套，加速形成集芯片设计研发、系统集成、整机制造、推广运用于一体的上下游产业链。二是统筹考虑6个其他产业链。除2个重点发展产业链外，湖南省也可考虑发展大数据及区块链产业链、特色集成电路（芯片设计和IGBT）产业链、航空航天（含北斗）产业链、3D打印及机器人产业链、先进储能材料及新能源汽车产业链、先进轨道交通装备（含磁浮）产业链。

发展“2/3现象”产业链：遴选小五金、黄金珠宝、箱包、文印、浮标、创投、农机等10～15种市场份额高、发展潜力大的产业，作为全国“隐形冠军”产业链进行重点培育。按照“20条工业新兴产业链”的做法，建立“链长制”，精准施策。一是着力推进产业升级，将“2/3现象”产业链纳入省智能化改造重点，引入第三方智能制造企业或者研究院等参与智能化改造；围绕产业链延伸，大力实施“引老乡，回故乡，建家乡”策略，依托现有龙头企业，加大以商招商、产业链招商力度，吸引和带动专业化配套企业集聚发展，形成一批“产品+配套+服务”链条完整的产业集群。二是培育具有全国影响力的地理标识和产业品牌，例如邵东小五金、娄底小农机、临湘浮标、新化文印、宁乡珠宝等精品品牌，推动品牌从低端向高端转变。三是强化政策支持。设立“2/3现象”产业链发展基金，支持相关项目建设；各市县要统筹安排使用省下达的用地计划指标，重点保障“2/3现象”产业链发展；定期组织“2/3现象”产业链与省内外高校院所开展产学研对接，结合湘商大会等开展专项推介。

① P指国产“飞腾”系列芯片，K指“麒麟”系列操作系统。

实施“新经济生态系统培育计划”：制定《湖南省新经济生态系统培育行动计划》，开展“六个配套”策略，培育新经济生态系统：一是产业链配套重点围绕新兴产业上下游开展建链、补链、强链工作，发展配套的物流、金融、贸易、信息等生产性服务业和高技术服务业；二是产学研配套重点探索自“下”而“上”的产学研协同创新路径，打造一批新产业技术创新联盟和中试平台；三是新型基础设施配套重点围绕人工智能、大数据等新产业、新业态提前布局5G基站、充电设施、物流信息平台、智能电网等智能化基础设施；四是市场配套着力构建若干应用场景，加快新技术、新产品、新模式推广应用；五是人才配套围绕重点新兴产业链培育、引进和留下一批与人工智能、3D打印、软件设计、信息安全等领域紧密相关的人才，率先在初、中、高等教育系统建立具有湖南特色的新经济人才支持培养体系；六是制度配套关键要探索出台与新经济相关的法规及政策，建立完善新经济配套协调机制。

实施“链主培育计划”：一是实施“总部企业领跑计划”。制定实施《总部（第二总部）企业认定办法》《支持总部（第二总部）企业发展实施办法》，制定对落户湖南、税收贡献大、首次评为三类500强企业的总部（第二总部）企业奖励办法，分别设立总部（第二总部）企业落户奖、总部（第二总部）企业贡献奖和总部（第二总部）企业进步奖。二是实施“瞪羚企业培育计划”。制定《湖南省瞪羚企业认定培育和奖励三年行动计划》，从建立企业档案、完善培育机制、对接金融与社会资本、建立瞪羚企业创新联盟等多个层面制定一系列培育措施，在“一企一策”、项目实施、创新计划、政策配套、人才培训等方面加大支持力度。三是实施“独角兽企业生态圈建设计划”。制定《湖南省“独角兽”企业培育行动实施方案》，明确“独角兽”培育企业遴选标准，着重在文化创意类、大健康类、交通出行类和互联网教育类培育若干“独角兽”或准“独角兽”企业；建立“独角兽”重点培育企业库，遴选一批在战略性新兴产业和未来产业等高新技术领域具有高成长性的准“独角兽”企业入库，定期发布“独角兽”培育企业名单，支持条件成熟的市州建设“独角兽”产业园；完善“独角兽”企业孵化培育发展链条，构建“众创空间—孵化器－产业园区”孵化体系，实施分类分层培育扶持，对创新孵化企业重点要降低创业企业的成本，对重点创业企业要加大研发投入的补贴比例[①]，形成面向“独角兽”培育企业的遴选、孵化、加速等一整套的运行机制和保障措施。四是构建持续有效的链主挖掘机制。建立全省统一的服务企业大数据信息平台，结合各类政策申报，建立全面的各类链主成长档案，加强潜力企业数据分析功能的建设，做到潜力企业的实时动态提醒；探索建立良好的政企沟通、服务和反馈机制，全面深入了解不同行业和不同发展阶段潜力企业需求，建立动态政策需求上报机制，对具有产业规模化的苗头性科技创新企业尽早摸清需求后反馈。

4. 畅通：重点推进五大任务

对接粤港澳大湾区：一是建设湘－粤港澳经济合作区。支持湖南省有条件的城市与粤港澳大湾区城市签署合作示范区共建协议，创建湖南 CEPA 先行先试示范基地，吸引大湾区城市通过“合建”“租借”等多种形式在湖南共建经济合作园区，建立和完善“飞地经济”产业合作区税收征管和利益分配机制。二是发展湘－粤港澳“科创飞地”。对接广深科技创新走廊，支持企业和机构在深圳、广州、佛山等创新资源集聚地设立离岸科创平台，成立粤港澳大湾区离岸创新联盟，发展“科创飞地”，加强与大湾区高校院所科技、人才合作，探索“异地研发孵化、驻地招才引智”两地协同创新模式，实现“孵化在大湾区、产业化在湖南”“研发在大湾区、生产在湖南”。三是打造湘－粤港澳产业承接带。以湘南湘西承接产业转移示范区为抓手，建设面向粤港澳大湾区的优质农产品基地、能源原材料基地、交通物流基地、旅游休闲基地和康养基地，打造湘－粤港澳产业承接带，将湘南湘西承接产业转移示范区建成粤港澳大湾区的重要产业协作区，全产业链承接大湾区日用化工、五金水暖、纺织服装、皮革玩具、照明电器、家具家装建材等消费品加工业和电子信息、生物医药等新兴产业，打造 10～20 个

① 如苏州市对纳入“独角兽”培育库的企业，自入库次年起，按照其上一年度实际发生研发费用的20%给予最高200万元的研发后补助，连续支持五年，累计不超过1000万元。

承接粤港澳大湾区全产业链园区，推动与粤港澳大湾区形成“前店后厂”的产业梯度合作格局。四是完善湘－粤港澳市场对接体系。运用好湖南与粤港澳签署落实的区域口岸通关合作协议，发挥好香港直通车等湖南供港澳农产品公路直通平台以及永州道县的供港澳农产品查验功能，借助“港洽周”“湘南湘西对接粤港澳大湾区产业发展”高峰论坛等平台，大力推进与粤港澳大湾区的区域农业交流合作和市场开拓，打造一批面向粤港澳的“菜篮子”“果园子”“米袋子”基地，建设完善农产品产地集配中心、水产品空中运输走廊、果蔬流通集散地，打造面向大湾区的特色农产品主要集散地。

打造两大创新平台：一是打造湘江西岸“创新经济走廊”。以湘江为纽带，依托中南大学、湖南大学、湖南师范大学、湘潭大学、湖南科技大学、湖南工业大学等高校的科教资源，联动长株潭八个国家级园区，整合湘江西岸科技、教育、产业和金融资源，以岳麓山大学城为核心，向南北延伸，打造北起宁乡和望城经开区，途经湖南金融中心、长沙高新区，向南联合湘潭九华经开区、湘潭大学、湖南科技大学、株洲高新区、湖南工业大学的创新经济走廊，建成具有全国影响力的区域科技创新中心、智能制造基地和国家高质量发展试验区等，集聚一批科学技术、创新人才、创新型企业、新型研发机构等创新要素。二是打造示范性中试平台。尽快启动中试基地的申报和认定工作，支持省内龙头企业围绕产业链建设一批中试基地；引进麦姆斯咨询等行业龙头公司，建立 MEMS（微机电系统）等一批省级战略性新兴产业应用创新中心和中试平台，鼓励科技成果进行中试、熟化，推进科技成果跨越从基础研发到企业产品之间的“死亡之谷”。

提升金融服务实体经济能力：一是设立中小微企业融资担保基金和贷款风险补偿资金池。鼓励有条件的市州设立 10 亿元的中小微企业融资担保基金和 10 亿元的中小微企业贷款风险补偿资金池，对融资担保机构担保的中小微企业贷款融资和债券融资业务进行再担保，对合作银行为中小微企业发放 3000 万元（含）以下规模贷款形成的不良贷款（中小微贷款评定为“次级”）实行风险补偿，补偿比例按照贷款金额分梯级设定，最高不超过不良贷款的50%（参考深圳①）。二是创新中小微企业还款方式和融资方式。推广“无还款续借”“年审制循环贷款”“期限拉长法”等创新产品，降低企业转贷续贷成本；推广“循环贷”等支持客户随借随还的短期流动性服务产品，帮助企业节约利息支出（参考浙江）；每年安排5000万元专项用于鼓励银行对符合授信条件但遇到暂时经营困难的企业继续予以资金支持；对中小微企业申请过桥资金时，按照当期基准利率计息；对中小微企业给予50%的贴息，帮助企业解决资金流动性难题（参考深圳）。

推行“亩均论英雄”改革：一是出台《湖南省“亩产论英雄”改革实施意见》，完善“亩产效益”综合评价体系。以县（市、区）为主体，全面开展企业综合评价；建议规模以上工业企业综合评价以亩均税收、亩均增加值、全员劳动生产率、单位能耗增加值、单位排放增加值、R&D经费支出占主营业务收入之比6项指标为主，规模以上服务业企业以亩均税收、亩均营业收入等指标为主，规模以下工业企业综合评价以亩均税收等指标为主；适时将企业“亩产效益”综合评价情况纳入省政府省长质量奖申报条件。二是完善差别化政策。依据企业“亩产效益”综合评价结果，构建年度用地、用能、排放等资源要素分配与市、县（市、区）“亩产效益”绩效挂钩的激励约束机制，依法依规实施用地、用电、用水、用气、排污等资源要素差别化政策，加大首档企业激励力度，倒逼末档企业提升资源要素利用效率（参考浙江）。

建设高层次和高技能“双高”人才队伍：一是参考粤港澳大湾区关于高端人才的税收政策，完善湖南省高层次人才个人所得税优惠政策，对在湖南工作的高端人才和紧缺人才，其在湖南省缴纳的个人所得税已缴税额超过其按应纳税所得额的15%计算的税额部分，由省政府给予财政补贴。二是引进培育高层次人才和高技能人才。着重实施百名青年拔尖人才开发计划、

---

① 深圳市政府2018年印发《关于强化中小微企业金融服务的若干措施》，由市财政出资设立总规模为30亿元的中小微企业融资担保基金和初始规模为20亿元的中小微企业贷款风险补偿资金池。考虑到湖南省各市州与深圳市财力的差距，报告提出有条件的市州设立10亿元的中小微企业融资担保基金和10亿元的中小微企业贷款风险补偿资金池。

百名院士引进计划、人才“双百计划”，推行“柔性引才”“以才引才”“大数据引才”，建立完善“靶向引才”机制，未来3~5年在重点产业领域培育100名青年拔尖人才，依托于承担重大项目需要，采用非全职方式聘请引进100名院士，推动人才链与产业链深度融合。持续培育“芙蓉工匠”，着重建设一批省级劳模和工匠人才创新工作室、一批国家级高技能人才培训基地和国家级技能大师工作室，支持大型骨干企业和职业院校开展“订单式”教育培训。

新时代提升湖南省应急管理能力的对策研究*

湖南省人民政府发展研究中心调研组**

应急体系建设是国家治理体系建设的重要内容。组建应急管理部门，是以习近平同志为核心的党中央站在新的历史方位的重大决策，是应对复杂安全风险挑战的重大举措。然而改革很难一蹴而就，需要不断完善和提升。2019年3月30日四川凉山森林火灾事件就对应急体系该如何完善、应急力量和能力该如何提升提出了时代之问。调研组围绕湖南省应急体系建设到省应急管理厅、长沙市等地开展调研，提出了提升应急管理能力的几点建议。

一　湖南省应急管理迈入新时代

2018年10月29日，湖南省应急管理厅正式挂牌，标志着湖南省应急管理迈入新时代。新部门的组建不是简单的改名字、换牌子，而是应急体系和应急管理模式的一次全新的再造重建、脱胎换骨。

1. 新时代对标新理念：应急管理是风险管理

新时代的应急管理任务是防范化解重大安全风险、守护人民生命财产安全。习近平总书记强调，着力防范化解重大风险要坚持底线思维，增强忧患

---

* 本报告获得湖南省委常委、省政府常务副省长谢建辉，湖南省委常委、省委秘书长张剑飞，湖南省政府副省长陈飞的肯定性批示。

** 调研组组长：谈文胜，湖南省人民政府发展研究中心党组书记、主任；调研组副组长：唐宇文，湖南省人民政府发展研究中心副主任、研究员；调研组成员：左宏、龙花兰，湖南省人民政府发展研究中心研究人员。

意识，提高防控能力。既要打好防范和抵御风险的有准备之战，也要打好化险为夷、转危为机的战略主动战。新时代的应急管理是风险管理，一方面要"防"——防范化解安全生产、自然灾害的风险，严防风险转化为事故灾害；另一方面要"救"——一旦发生灾害事故，应急救援就必须快速启动，最大限度减少损失。

2. 新时代面临新形势：公共安全形势严峻复杂

新时代应急管理风险隐患增加、诸多矛盾叠加。湖南省安全生产形势严峻和自然灾害多发频发损失大，风险管理任务重。据统计，近 5 年来湖南省年均受灾人口为 1770 万人，占全省总人口的 26.1%，直接经济损失达 1464 亿元。突发事件越来越复杂，各种风险相互交织，随着网络新媒体快速发展，网上网下相呼应，容易放大负面影响，加大了处置难度。同时，公众对政府处置突发事件、保障公共安全有了更高期望。

3. 新时代要有新要求：需要更加主动的综合应急管理

组建应急管理部门后，要加快构建统一领导、权责一致、权威高效的应急能力体系，推动形成统一指挥、专常兼备、反应灵敏、上下联动、平战结合的中国特色应急管理体制，实现应急力量的整合、优化和共享，使预防和处置更加有力有序有效。改革后的应急管理借鉴了全球先进国家和地区的做法，是更加主动的综合应急管理。应急管理要坚持以防为主、防抗救结合，坚持常态减灾和非常态救灾相统一，通过工作做"加法"，努力实现"三减"——通过强化安全监管减少安全生产事故，通过强化综合防灾减灾减轻自然灾害风险，通过强化应急救援减少人员伤亡和财产损失。

二　湖南省应急管理面临四大挑战

当前湖南省正在进行机构改革，应急管理存在"改革阵痛期"，应急管理能力与新时代严峻的公共安全形势还不相适应，主要表现在以下几方面。

1. 应急管理体制：存在"三对关系"尚未理顺的问题

应急管理是一个高度依赖于多方协作的体系，"统"与"分"、"防"

与“救”、“政府”与“社会”“三对关系”至关重要，这“三对关系”未完全理顺将影响改革效果。第一，“统”与“分”的关系。当前改革是为了解决过去“九龙治水”的弊端，建成“一方牵头，多方协同”新机制。调研发现，改革后还存在部门之间、省市县之间权责划分不精准，联动不够的情况。应急管理部门作为“统”的部门，在协调其他部门上还需要更多的抓手。同时，应急管理部门只负责“自然灾害、事故灾害”两类事件，“公共卫生”“社会安全”等尚未并入职能范围，但应急值班工作已经从政府办移交过来，对于“公共卫生”“社会安全”等突发事件，没有明确职能，也很难达到政府办值班室的协调力度。第二，“防”与“救”的关系。“防”是应急管理最重要的部分，预防做好了，就是最好的应急管理。根据职能分工，应急部门负责“综合防”，但“防”的基础工作还是在相关部门；“救”的责任由应急部门牵头，各相关部门协同。过去“防”与“救”都在同一个部门时，各部门对于“防”的主体责任意识更强，当两者分开时，可能出现“防”的意识弱化的问题。第三，“政府”与“社会”的关系。应急管理是弹性管理，不仅需要政府力量，更需要广泛动员全社会力量参与。调研反映，很多地方政府对于当地的社会救援力量底数不清，联动不够，协作机制不活。如政府对社会力量只采取了少量定额补助，政府购买等支持手段有限，社会救援力量难以成长，积极性不高。

2. 应急管理基础能力：存在“两个基础（层）”薄弱的问题

一是基层力量薄弱。湖南省应急管理基层普遍存在任务繁重与编制有限、力量薄弱等之间的矛盾。长沙市反映，市应急管理局整合了“7 + 3”职责（如民政救灾、森林防火、防汛等），但编制只增加了8个。县、乡镇（街道）应急管理机构面临边缘化的风险。这样的人员配置与防范化解重大安全风险的任务极不匹配。此外，还存在基层应急干部队伍人心不稳、怕追责的现象。二是基础工作薄弱。一方面，风险防控薄弱。湖南省风险防控尚未实现全过程、多层级覆盖，农村不设防、城市高风险和应急基础设施薄弱的局面没有根本改变。对不同灾害的风险评估手段有限，比如对森林火灾，缺乏自动监测系统，火情瞭望覆盖率仅为35.5%，远低于全国平均水平

(68.1%) 32.6 个百分点。另一方面，应急预案的实际应用性、可操作性不强。调研发现，一些部门和地区应急预案时效性、针对性、可操作性不强，动态管理滞后，演练不多，部门联动不够；新一轮机构改革后，部门职能发生了较大变化，也亟须修改完善应急预案。

3. 应急救援力量：存在“三方能力”不足的问题

应急救援能力有赖于专业队伍、半专业队伍和公众，但三方应急救援力量均不足。一是专业队伍力量不足。专业队伍主要是包括专业消防救援、矿山、危化救援等专业化队伍。湖南省现有专业队伍能力在综合应急管理、水旱灾害防治、森林防火、地质灾害防治、城乡消防等方面存在建设标准不高、人员编制不足、专业水准不够、救援能力有待提高等问题。如全省消防救援指战员仅 5405 人，每万人专业消防员配备比例约为 0.73，低于全国 1.0 的平均水平。二是半专业队伍应急能力有限。半专业队伍包括兼职队伍、其他应急救援队伍，如独立法人企业、民间组织性质的队伍。兼职队伍专业训练少、专业装备少，实战技能弱，通常只能担负一般性应急救援任务，能力十分有限；其他队伍大多处于保自身、谋生存状态。三是公众自救互救能力不高。公众应急意识薄弱，参加有组织的宣传、逃生演习活动不多。例如，火灾的黄金救援时间是事故发生后的 5 分钟，但大多数老百姓、物业公司、社区干部不知道如何开展自救，影响了救援效果。

4. 应急保障能力：存在“两大支撑”不够的问题

没有信息化就没有应急管理的现代化，缺乏物资保障就断了应急管理“粮草库”。湖南省应急保障面临信息化和物资保障“两大支撑”不够的问题。一是信息化建设滞后。应急部门反映，湖南省应急信息化建设方面比公安信息化至少落后 20 年。应急管理信息系统分散，数据资源整合与共享难。省级应急平台虽然初步建成，但功能离“上下贯通、左右联通”、智能辅助决策的要求还有较大距离。二是应急物资统筹不够。湖南省尚未建立统一的应急物资数据库，结构、品种和布局有待进一步优化，快速调运配送效率不高。技术装备不够先进，特别是危化品应急救援的装备老旧落后。应急物资的紧急生产、征用、更新政策不健全。

三　提升湖南省应急管理能力的对策建议

湖南省委书记杜家毫书记在2018年省委经济工作会议上提出，完善应急管理和防灾减灾体制机制，强化安全生产监管，坚决遏制重特大安全事故发生。新时代湖南省应急能力建设关键在于整合优化应急力量和资源，形成“立足于防，又有效处置风险”的应急管理新格局。

1. 打通“最前一公里”，进一步理顺“统”与“分”、“防”与“救”、“政府”与“社会”的关系

加强顶层设计和制度保障，发挥应急管理“最前一公里”的作用，理顺省市县三级、应急部门和相关部门、政府与社会之间的关系。一是加快出台《湖南省应急管理条例》等省级法规。加强省级立法工作，通过法律明确各级各部门责任，研究制定救援人员保险、保障抚恤、救援车辆绿色通道、巨灾风险保险、应急产业扶持等法规政策。二是完善应急管理机制。在新的“三定”方案基础上，进一步细化应急与水利、林业、自然资源、粮食和物资储备等部门的具体职责，建立各部门应急职责清单，并纳入考核范围。建立应急管理部门统筹、相关部门参加的会商研判和应急联动机制，完善信息报告、应急响应、应急联动（含军地联动）、应急处置、新闻报道、恢复重建、调查评估等工作运行机制。三是建立鼓励社会力量参与应急管理的制度体系。明确社会应急力量在应急体系中的地位，对正式注册参与应急管理的社会力量进行规范化管理，按照专业领域和特长对社会组织、社会工作者、志愿者等进行分类统计和资质认定；搭建资源信息共享平台，引导救灾需求与社会服务有效对接；采取协议、政府购买等方式给予资金、装备等支持；落实税收优惠、人身保险、装备提供、业务培训、救援车辆绿色通行等支持措施。

2. 实施风险清单管理，夯实应急管理“基层一线、基础工作”

一是绘制“湖南省应急管理风险空间分布图”。在全省开展大普查，分行业领域摸清底数，实施风险清单管理，明确责任分工。对应急风险定期进

行全面辨识评估，列明重大风险源、类别、风险程度、分布状况等内容。建立应急风险信息综合管理平台，绘制“红、橙、黄、蓝”四色等级“湖南省应急管理风险空间分布图”。建立应急管理风险分级分类动态监管机制，实行应急风险点定期排查、滚动排查制度。二是完善“1 + N + X”（总体 + 专项 + 部门）应急预案体系。借鉴国内外经验，及时修订湖南省自然灾害和事故灾难应急预案，明确各级各部门职责划分、应急救援队伍的调度使用、处置方法和保障措施等。三是提升基层应急管理水平。建议在机构改革中高度重视县市区的应急干部队伍配置，加快建立“尽职免责”的工作容错机制。进一步提升基层隐患排查、信息报告和先期处置能力。深入推进应急知识和技能教育“七进”活动，即进机关、进社区、进学校、进企业、进农村、进家庭、进网站。在乡镇街、村社区开展安全社区建设，将居民纳入安全互救自救的“朋友圈”。

3. 构筑应急救援网，促进“专业、半专业、公众”多方力量协同

一是构筑全省应急救援网。在全省开展普查，摸清现有政府和社会各类应急救援力量底数，实施清单管理，开展定期联动。构筑以消防为主力，社会救援力量为重要支撑，“四区”——园区、街区、小区、社区队伍为基础的基层应急救援网。建议以长沙为试点，在乡镇（街道）、社区（小区）内选择辖内各类专业人才、应急管理专家、应急志愿者，组建区县、园区、乡镇（街道）、村（社区、小区）四级综合应急救援队伍，充分发挥“一专多能、一队多用”的功能，及早建成基层应急网络。二是强化应急救援能力建设。加大应急救援专业培训和现代化装备应用培训力度，定期组织开展应急救援综合性演练，提高快速反应与协同能力。

4. 加大整合和共享力度，增强应急“信息化、物资”保障能力

一是建设完善高效统一的应急管理信息平台。加快各类应急管理信息平台的整合，搭建湖南省应急管理大数据中心，完成与转隶厅局底层数据整合和系统切割，进一步推进 119、110、120、122 等各类公众信息接报平台整合。加快建好全省应急信息指挥骨干网，实现省、市、县及部分重点乡镇全覆盖。搭建省级应急管理应用平台，利用云计算、大数据、物联网、人工智

能等新技术，开发建设集数据采集传输、预报预警、分析决策于一体的应急指挥决策平台，实现“数字应急、智慧应急”。二是健全物资储备制度。加快“湖南省应急物资储备大网络”建设，争取在122个县市区全部设立应急物资储备库（点）。加快整合救灾、森林防火、防汛抗旱等部门原有储备资源，实现共享。建立健全应急、财政、发改委、交通运输、民航、铁路等部门以及军队参加的救灾物资紧急调拨协同保障机制。健全应急救援装备流向管理系统，利用好中联重科、山河智能等应急救援装备生产制造企业，适量储备高精尖装备器材，构建及时高效的应急救援装备支援体系。

如何实现监察与司法的有效衔接*

湖南省人民政府发展研究中心调研组**

当前，监察体制改革进入全面实施新阶段，如何实现监察与司法的有效衔接成为深化改革的重要内容。从湖南省监察体制运行来看，监察与司法衔接整体顺畅，基本实现法法衔接，但实践中仍存在法制衔接不全、机制运转不畅、证据认识偏差、改革协调滞后等四大盲区。下一阶段，加快推进监察与司法衔接，应从“法规完善、机制健全、证据规范、监督制约、素质锤炼”等五个方面精准发力，形成监察与司法良性互动的新格局。

一 湖南省监察与司法衔接工作总体顺畅

1. 相互衔接的法律政策体系初步形成

国家层面，已初步形成以《监察法》《刑事诉讼法》为主体，有关管辖、证据、检察机关提前介入、证据收集审查及案卷移送等衔接规定配套实施的法律政策体系，基本消除了监察与司法衔接的主要法律空白。湖南省级层面，在加强监察运行实践探索、完善监司衔接政策体系方面取得较大突破。湖南省纪委监委制定出台 28 个制度性文件，省政法系统机关联合出台支持配合监察体制改革试点 9 个制度性文件，为监察运行机制的进一步优化以及监察与司法工作衔接协调奠定了法律政策基础。

---

* 本报告获得湖南省委常委、省纪委书记、省监委主任傅奎的肯定性批示。

** 调研组组长：谈文胜，湖南省人民政府发展研究中心党组书记、主任；调研组副组长：唐宇文，湖南省人民政府发展研究中心副主任、研究员；调研组成员：袁建四、屈莉萍、周亚兰，湖南省人民政府发展研究中心研究人员。

2. 分工协作的衔接协调机制基本确立

一是联合成立监司衔接工作组。根据湖南省深化国家监察体制改革试点工作小组的统一部署，由省委政法委牵头，省纪委监委有关部门及省直政法机关参加，联合成立监司衔接工作组，建立工作联席会议制度，通过案件督办协调、重大事项沟通报告等方式，有力地推动监察与司法在制度政策性问题或重大工作等方面的衔接。二是强化组织管理。各成员单位明确专门归口部门，如监委案件管理部门、检察院职务犯罪检察部门、公安法制部门，统一对口联系业务；加强职务犯罪案件组织领导，如检察院强化职务犯罪检察专门机构和办案组织建设，探索建立“捕诉一体”办案机制；法院成立以院长为组长的重大职务犯罪案件领导小组，由主要领导担任主审人或审判长。

3. 监察与司法衔接工作有序推进

总体来看，全省职务犯罪案件办理整体顺利。2018 年，全省检察机关共受理监委移送审查起诉的职务犯罪案件 381 件 482 人，决定退回补充调查 105 件 144 人，提起公诉 174 件 234 人，一审宣判 72 件 94 人；依法妥善处理检察机关职务犯罪侦查部门转隶监委后“遗留”的案件，提起公诉 355 件 445 人，不起诉 273 件 348 人。

二　监察与司法衔接存在四大盲区

1. 具体操作流程尚不健全

一是《监察法》缺乏配套实施细则。《监察法》尚未出台实施细则，导致部分衔接工作无法可依。如互涉案件管辖以监察为主调查，但未明确“为主调查”的具体方式及协作程序等；留置场所的设置、管理和监督依照国家有关规定执行，但“国家有关规定”暂未出台，现由公安机关协助留置看护工作，而有关看护队伍的组建、办公经费、责任划分等缺乏明确规定；公安机关依法配合监委协助搜查、留置、技术调查等，但对配合协作的前提条件、方式、责任等缺乏具体的操作规范。二是有关法律政策未及时修订。当前最高法、最高检均未出台最新的刑事诉讼法司法解释，部分衔接工作未明确具体流程，如异地起诉案件未明确被告人换押工作的主体责任等；试点阶段省政法机关联合出台的有关监司衔接的政策文件，由于部分内容与法律冲突，如互涉案件的管辖、补充调查的次数、不起诉决定的报批与复议等，未及时修订完善，不利于衔接工作的有效执行。

2. 未建立长效沟通协调机制

一是固定协调机制仍有局限性。监司沟通协调主要通过反腐败协调小组、监司衔接工作联席会议等方式进行，但预期效果不够理想。其中，反腐败协调小组强化宏观指导、政策落实，对衔接具体工作或个案协调的作用有限；监司衔接工作组侧重改革试点阶段的制度设计，且联席工作会议采用例会制，每半年召开一次，难以满足日常重大事项沟通协调的现实需要。二是个案临时协调缺乏规范性。目前，职务犯罪案件诸多衔接工作由监司主要负责人出面临时协调，具有较大的偶然性，工作的严谨性、规范性不强。实践中，往往因为缺乏长效沟通协调机制，导致案件线索移送不及时、协调对接难、争议事项久拖不决等。

3. 证据规则意识有待强化

一是监察调查收集证据不全面、不及时。实际中比较常见的情形主要体现在，忽视对相关物证的收集、保管及价值鉴定以及被调查人的职务身份及自首、立功等情节证据的收集，导致退回补充调查时有发生。2018 年，全省检察机关决定退回补充调查 105 件 144 人，分别占其受理移送审查起诉的职务犯罪案件数和人次的 27.6%、29.9%。二是关于涉案财物移送存在法律认识偏差①。涉案财物及清单应依法随案一并移送检察机关，而监委一般只以书面清单的形式移送，对作为证据使用的实物基本未移送，且部分移送清单不具体、不规范；对赃款赃物之外影响财产刑判罚和执行的其他已扣押物品亦未移送。这直接影响法院依法对涉案财物做出认定与处理，导致涉案

① 根据《监察法》第 45 条第 1 款第 4 项、第 46 条以及中共中央办公厅、国务院办公厅联合发布的《关于进一步规范刑事诉讼涉案财物处置工作的意见》（2015 年 1 月 24 日，中办发〔2015〕7 号）之规定，涉案财物除不宜移送的物品外，对作为证据使用的实物一般应当随案移送。

财产追缴不到位。同时，目前省以下法院检察院人财物已划归省级统一管理，职务犯罪案件涉案财物的移送也直接关系省级财政及省以下市县（区）财政收入分配。

4. 监察与有关司法改革举措衔接较滞后

一是司法鉴定机构推荐、人民监督员工作等有待理顺。目前“四大类”[①] 以外的鉴定由行业主管部门管理，关于“四大类”之外司法鉴定机构的推荐工作是否仍由司法行政机关负责值得商榷；人民监督员工作因检察机关侦查部门转隶而停滞，监委办理职务犯罪案件的过程中是否需引入人民监督员制度还不明晰；律师代理职务犯罪案件的，在检察机关退回补充调查时，律师的会见、阅卷等权利是否受限等有待明确。二是认罪认罚从宽制度适用存在障碍。刑事诉讼法修订增加了“犯罪嫌疑人认罪认罚从宽”制度，但由于缺乏统一明确的量刑规范指导意见，且部分职务犯罪案件在量刑上需报反腐败协调小组进行平衡，检察机关的量刑建议比较笼统，难以签署认罪认罚具结书，客观限制了职务犯罪嫌疑人认罪认罚从宽程序的适用。如湖南省检察院反映，2018 年对省管干部无一例适用认罪认罚从宽程序。

三　五向发力，推进监察与司法有效衔接

1. 法规完善：构建统一的衔接法规政策体系

一是健全监察法律政策体系。加快出台监察法实施细则及有关配套规定，如有关互涉案件调查协作方式、调查措施[②]规则等细则规定；出台《监察官法》，加强对监察工作人员的科学管理；建议国家监察委与最高检、最高法、公安部、司法部等联合出台《监察与司法工作衔接办法》，明确监察

① 为推进司法鉴定放管服改革，全省目前除了法医类、物证类、声像资料和环境损害等“四大类”鉴定由司法行政部门管理之外，其余的鉴定已交由行业协会管理，并对已经司法行政机关登记从事“四类外”鉴定业务的鉴定人和鉴定机构依法全部注销。

② 监察调查措施包括谈话、询问、讯问、查询、冻结、调取、查封、扣押、搜查、勘验检查、鉴定、留置等措施，必要时可以采取技术调查、限制出境等措施。

调查与侦查、审查起诉、审判等具体工作衔接的内容、方式、程序及责任等，特别是国家层面应加快出台有关公安机关配合支持监察调查工作细则规定。二是及时修订完善现行法律政策。为适应新时代反腐败工作的需要，应加快修订完善现行法律政策，确保法律政策的统一性、权威性。如修订《看守所法》，增加留置专用场所的设置、留置对象看护管理等规定；修订完善《国家赔偿法》，将留置措施适用错误、无罪判决衍生的国家赔偿列入《国家赔偿法》的调整范畴，明确监委作为赔偿义务主体；尽快出台刑事诉讼法有关司法解释，促进法法衔接无障碍运行；制定统一的《职务犯罪案件量刑指导意见》，加强量刑规范指导等。

2. 机制保障：建立长效衔接协调机制

一是强化反腐败协调小组的领导。明确反腐败协调小组职能定位，充分发挥反腐败协调小组在纪法贯通、法法衔接中的领导作用，逐级建立完善协调小组定期会议、办公室联席会议，落实反腐败协调小组的组织协调职能；强化成员单位的各自职责，不断整合资源，加强协作配合，形成统筹推进、各负其责、齐抓共管的反腐败工作良好格局。二是建设常态化的联络协调机制。完善快查快移、办案协作配合等制度，加强信息交流、经验分享、问题提示、舆情通报等，推动衔接机制长效化、常态化和规范化。如建议纪委监委建立完善职务犯罪案件跟踪机制，在案件移送检察机关审查起诉后，确定专门部门和人员负责对案件进行跟踪、协调。三是建立监司衔接信息化平台。加快推进智慧监察、智慧法院、智慧检务建设，加强大数据、云计算、人工智能的深度融合运用，在各自办案系统的基础上融合构建职务犯罪案件大数据库，形成统一的文书管理、问题线索管理、涉案财物信息管理系统，以及违反党纪政纪和被追究刑事责任人员信息档案库等，推进信息交流共享。

3. 证据约束：有效衔接刑事诉讼证据规则

一是细化监察与刑事证据规则衔接机制。监察调查应当与刑事审判关于证据的要求和标准相一致。鉴于监察法规定的调查措施规则不够全面细化，未能形成科学完整的调查措施体系，可参照刑事诉讼法有关侦查措施的规定进一步理顺调查手段和程序；监察机关应依法、全面、及时收集各类证据，做好证据移送工作，确保所有证据在案，并经庭审举证质证，如依法落实涉案财物移送制度，由法院认定犯罪所得，其余涉嫌违纪所得的依法退回监委；建立证人、鉴定人出庭作证机制，完善出庭作证费用报销和补助等配套保障制度，确保证人、鉴定人能按时出庭。二是建立证据合法性证明机制。对被告人及其辩护人提出非法证据排除申请的，监察机关应及时出具相应证明材料及取证合法性的说明，建议必要时，监察机关办案人员应出庭说明情况；健全被留置对象体检制度，将体检报告留存备查；在一定程度上可赋予辩护律师查阅监委调查录音录像的权利。

4. 内外监督：规范监察调查权运行

一是完善内部监督机制。从内部加强监督管理，让“依法监察”经得起监督。建议加强监委内部纪检监察干部监督部门和案件监督管理部门的力量，对案件办理的情况从程序和实体上经常开展执法质量检查，构建随案监督、一案一派的动态监督机制。二是优化内部职能分工。纪委监委组织机构职能及领导班子分工实行执纪监督、审查调查、案件监督管理和案件审理各环节分离，对谈话函询、初步核实、审查调查、案件审理和监督管理等关键环节的工作流程进行科学优化，形成相互制约与监督；进一步强化上级监委领导以及重大事项由监委领导班子集体决定等机制。三是强化全方位外部监督。加强人大监督、社会监督、法律监督，织造全方位的外部监督网。加快明确人大监督的具体方式，提高人大监督的主动性。创新社会监督方式，改进特约监察员工作，征求特约监察员有关党内法规文件制定的意见和建议，邀请参加纪委监委内部督导等，发挥其监督、咨询等职责；建议引入人民监督员制度，在决定是否留置等关系被调查对象切身权益时，邀请监督员评议。加强法律监督，积极探索职务犯罪案件办理中检察机关进行法律监督的具体方式。

5. 素质锤炼：提升办案队伍的专业化水准

一是坚持纪法贯通，提高政治和业务素质。提高政治站位，着眼纪法双施，既要强化对党章党规纪律规定等的学习，熟悉党纪政纪处分规定，又要加强对刑事程序法和实体法的理解和应用，充分发挥“双剑合璧”效应，如熟练运用刑法罪名认定、法条适用、量刑标准以及刑事诉讼法程序规则等。加强监察与司法在实体法维度的衔接，注重区分职务违法与职务犯罪行为。二是强化依法履职的自觉性。尊重和保障被调查对象的各项合法权益，是法治文明的体现。办案人员要严格规范调查权的适用程序，考量调查措施的使用强度与被调查对象涉嫌职务犯罪大小的相当性。目前监察与司法衔接存在的不足或漏洞，不应成为加重被调查对象诉累的负担，而应形成办案机关对调查措施谨慎适用以及对全面追求程序和实体正义的高度自觉。

以改革先行　促发展提速
对标先进找差距　高点定位谋一流

——宁乡经开区行政审批改革调研报告

湖南省人民政府发展研究中心调研组*

2018年，长沙市优化办组织的年度营商环境测评中，宁乡经开区排全市第2名；11月，宁乡市优化营商环境的典型经验得到国务院第五次大督查通报表扬。2019年5月，长沙市统计局统计的企业开办时间方面，宁乡经开区为2.03天，居全市第2名；5月7日，中央电视台新闻联播专题报道了宁乡经开区“三无园区”（“无证明城市①”“无收费园区”“无跑腿审批”）的建设情况。企业方面，格力空调全国十大生产基地的建设中，宁乡经开区基地建成投产最快。

一　宁乡行政审批改革的经验和成效

近年来，宁乡经开区以促进民营经济高质量发展为出发点，着力于打造一流营商环境；其中，经开区“三无园区”建设、“企业开办速度”、“交地即开工”等多个方面为全国首创或者全国领先。

1. 全国首创“无收费园区”，为企业省下“真金白银”

“无收费园区”是通过取消、调整或购买服务等方式，全面取消市本级

---

* 调研组组长：唐宇文，湖南省人民政府发展研究中心副主任、研究员；调研组成员：左宏、张鹏飞、闫仲勇，湖南省人民政府发展研究中心研究人员。

① “无证明城市”是指宁乡市本市范围，群众和市场主体无须再提交自己未持有、由第三方权威机构开具、针对特定事项具有举证意义的材料。

收取的政府性基金、行政事业性和服务性收费，对上级征缴的费用实行代缴，企业需要第三方机构服务的相关事项实行园区购买服务，实现工业项目建设阶段“零收费”。2019 年 3 月底，园区停止了工业项目在报建阶段需要缴纳的人防易地建设费、房产测绘服务费和水土保持补偿费等费用，3 月底至 5 月，有中伟新能源等 15 个项目享受到无收费政策，合计约为企业节约 186 万余元。按 100 万平方米建设面积测算，预计全年约为园区企业节约资金 960 万余元。

表 1　宁乡经开区减免工业项目费用项目

序号	工业项目建设阶段减免项目	减免标准或者方式	备注
1	人防易地建设费	20.48 元/㎡	代缴
2	房产测绘服务费	1.15 元/㎡	免除
3	水土保持补偿费	1 元/㎡	代缴
4	城市生活垃圾处理费 - 建筑工程类	0.04 元/㎡·天	免除
5	现状地形图	144 元/亩	免除
6	建筑物定点放线	168 元/拐点	免除
7	城市规划技术论证	0.39 元/㎡	免除
8	水土保持评估、安评、环评、技术指标复核	政府采购定价	购买服务
9	制造业项目临电架设	20 万～30 万元/个	购买服务

资料来源：调研园区提供。

2. “无跑腿审批”全国领先

“无跑腿审批”是指企业申请人办理工业项目的审批事项，全过程不见面不跑腿。一方面，利用“政务服务平台”，实现项目审批线上办结。通过“智慧园区”建设，推进园区政务服务事项“应上尽上、全程在线”和“一枚公章管审批”“见章盖章”等审批机制改革，实现园区企业办事“扫一个二维码、下载一个 App，办成所有事”。另一方面，建立了全程帮代办体系。目前园区共有全程代办员 4 人（主体园区 2 人、金玉集中区和煤炭坝门业园各 1 人），帮助、指导和代办项目从注册到施工许可全过程手续办理，2019 年共计完成代办事项 400 余批次。

3. 强力推进“2545”改革，改出全国加速度

“2545”即“企业2个工作日内注册开业、5个工作日内获得不动产权证、45个工作日内取得工业生产建设项目施工许可证”，比江苏省提出的“3550”改革目标更快捷。为此，园区简化了企业固定投资项目节能审查、环评等环节；减少了审批层级和部门，77个审批事项（占全部审批事项的65.8%）由政务服务中心一站办结；社会投资项目审批时间由原承诺的65天缩短到38天，其中，工业项目由原承诺的44天缩短到25天左右，提速43%；工商注册由法定时限15个工作日缩短到2个工作日，立项备案缩短到一个工作日并实现全程网上办结。同时，强化一次性告知制度，对反映前置条件过多、手续烦琐等事项进一步优化和流程再造，创新推出质量安全监督合并，规划方案批复、总图审批、建设用地规划许可证合并等。特别是近期推出的“交地即开工”，实行“承诺+容缺审批”，并通过模拟审批（利用项目主体报批时间完成模拟），提速了项目审批时效，有效推进项目后续审批和建设进度。

4. 全面落实“三集中、三到位”改革，集成审批事项

经开区深入落实“三集中、三到位①”改革要求，不断推进行政审批事项向政务服务中心集中。2017年9月，进一步优化政务服务中心职责，加挂“企业服务中心”牌子，原属9个局室（部门）的117项行政审批授权职权全部进驻政务服务中心；大力推进“互联网+政务服务”平台（基层工作平台）建设，完成园区网上政务服务大厅的改版、升级，确保了数据一网服务、同源发布和统一入口；启用行政审批章和全程代办制，实现“一窗受理、一章审批、一站办结”。2017年9月到2018年12月，共计受理并办结4559个审批事项，受理和办结率均达到100%。

① “三集中、三到位”改革，即行政审批服务职能向行政审批服务科集中，行政审批服务科向县政务服务中心集中，行政审批服务事项向网上集中；行政审批服务事项、人员进驻县政务服务中心到位，审批服务权限授予窗口到位，电子监察到位。

5. 推进“一网四清单[①]”建设

园区深入贯彻落实中央、省委和省政府战略部署，不断深化行政审批制度改革，提高行政效率。2016 年以来，园区编制涉企权力清单 1276 项、责任清单 114 项、流程清单 87 项以及负面清单，并实现“一网通办”。据调研，目前长沙市仅有宁乡市政务服务管理平台实现项目赋码功能，可直接通过园区政务服务平台与省市平台无缝对接。

从总体调研情况来看，宁乡经开区优良的营商环境给企业留下了深刻印象，成为招商引资的“金字招牌”。但同时，调研也发现一些问题，如机构改革和行政审批改革“两张皮”、“一网通办”的部门数据壁垒、中介服务机构不到位等制约行政审批效率的进一步提高。这些问题在全省其他地区也具有普遍性，需从更高层面统筹解决。

二　启示和建议

习近平总书记多次强调优化营商环境的重要性，指出要营造稳定公平透明的营商环境。近年来，省委、省政府打出系列组合拳直击营商环境。同期，全国多个省市也将改善营商环境作为招商引资、经济高质量发展的核心竞争力。湖南省如何在这场大比赛中获得更好名次？根据此次调研的情况，提出如下几点建议。

1. 对标先进典型，及时复制推广

建议围绕宁乡经开区的行政审批改革和优化营商环境，由省发改、编办、政务服务局牵头，聚合省、市、县三级合力，把宁乡经开区打造成为全省行政审批和营造稳定公平透明营商环境的先行区，形成一批可复制经验，分步骤分区域向全省推广。同时，梳理一批省外优化营商环境的先进典型经验，如上海浦东新区“证照分离”、辽宁大连市“双随机”联合检查等，形

① “一网四清单”，即一网通办，宁乡市政务服务系统；四清单即权力清单、责任清单、流程清单、负面清单。

成营商环境对标清单，向全省推广。通过推广典型经验发挥示范引领作用，引导各地区各有关部门深入贯彻落实中央和省委、省政府关于优化营商环境的决策部署，瞄准最高标准、最高水平，围绕“最简的审批、最宽的准入、最优的服务、最高的效率、最省的费用和最规范的监管”的目标，进一步深化“放管服”改革，打造一流营商环境。

2. 破除机构改革和行政审批改革“两张皮”，全面推行“三集中、三到位”改革

当前，湖南省机构改革和行政审批改革“两张皮”，没有形成协同，影响了行政审批改革的推进。例如，部分省市部门机构改革并没有按照国务院对省、市、县、乡四级政务服务体系“一门式、一网式”改革要求，切实推进“三集中、三到位”改革，将各厅局的审批职能集中到一个行政审批处（科），造成后续的行政审批改革很难继续推进。建议省、市政府在推进机构改革时，将行政审批改革纳入改革框架之中统筹考虑，对各级行政审批机构的规格、隶属关系、归口管理、职能配置、运行机制等各方面进行统一规范，科学配置。

3. 打破政务数据“信息孤岛”，夯实政府服务“一网通办”基础

政务信息共享是多平台联动、实现信息跨区域跨部门主动核验、业务并联审批的先决条件，是政务服务“一网通办”的基础。建议由省编办、政务服务局牵头，相关部门参与，以证照电子化为导向完善数据共享机制，从省、市、县三级层面明确相应的管理部门；同时建立自上而下的数据共享推进机制，由省级层面率先建立相应的跨部门数据共享机制，接着是市级（含国家级园区）层面，最后在县（含省级及以下园区）级层面建立数据共享协调机制；同时，明确各级各类数据的归属权、使用权和共享管理权，建立数据共享的问责机制。

4. 推行中介服务“四统一”，助力工业项目审批提速

即统一网上服务平台，建议由省发改、工商、政务服务中心牵头，各市州发改部门、政务服务中心承办，建立全省统一的网上中介机构服务平台，纳入省网上政府服务平台框架体系。积极引导中介服务机构入驻，原则上服

务报建审批周期所有事项的中介机构都应入驻网上中介服务平台。由省政务服务中心具体负责完成全省统一平台和各市州已自建的中介超市的链接，统一平台版面和功能。即统一服务承诺时间，按照服务事项分类制定承诺服务时间标准，原则上时限压缩 50% 以上；统一规范收费标准，由省发改部门牵头会同行业主管部门规范中介服务收费标准区间，公开收费依据和细则，原则上收费压缩 30% 以上；统一服务规范，全面执行中介机构的行业规章、行业标准，以及信用评价、资质资格信用档案等制度，提高服务效能。同时，建立中介服务机构考核评价机制，诚信档案和失信惩罚机制，实现中介机构"一地备案、全省公开""一地失信、处处受限"。

湘江新区推进“最多跑一次”改革经验与启示

湖南省人民政府发展研究中心调研组

湘江新区是中部地区首个国家级新区。获批四年来，湘江新区 GDP 年均增速 10.8%，固定资产投资年均增长 15.8%。2019 年第一季度，湘江新区地区生产总值、一般公共预算收入、民间投资、新登记市场主体分别达到 460 亿元、110.6 亿元、188.37 亿元、6444 家，同比增长 9.5%、17.6%、24.8%、14.8%，经济持续呈现高质量发展的良好态势。高质量发展的背后，是湘江新区在优化营商环境上的持续发力，是新区在行政审批制度改革上的不懈探索。新区从萌芽到挂牌成立以来，先后实施了 6 轮行政审批制度改革。特别是 2018 年以来，新区深入推进行政审批“最多跑一次”改革，以改革促效率，以改革强监管，以改革提服务，取得了显著成效。

一 主要做法

2018 年 5 月，湘江新区启动实施“最多跑一次”改革，紧紧围绕“四个一”（只看一张表、只上一张网、只进一个厅、最多跑一次）建设，精准发力，实现了行政审批事项“最多跑一次”全覆盖。

1. 只看一张表，明明白白办审批

一是全面梳理，分批推进。按照省、市相关文件精神，全面梳理湘江新区行政职权，逐项列明设定依据，逐条开展合法性、合理性和必要性审查，

共梳理出78项行政审批事项[①]。对78项中申报材料相对简单、涉及部门少、无须现场勘察和专家论证的69项，先行实现"最多跑一次"；对实现难度较大的9项，对照"最多跑一次"改革目标的要求，先找出原因，再实施重点突破。如政府投资项目初步设计概算审批，需进行专家评审，实现"最多跑一次"难度较大。最终通过审批分离[②]，较好地实现了"最多跑一次"改革目标。二是公布一张表。制定并公开一张表《湖南湘江新区"最多跑一次"事项目录清单（78项）》以及《湖南湘江新区政务服务办事指南》、《湖南湘江新区行政审批流程图》、《湖南湘江新区审查要素》等相关配套规定，将审批办理条件、申请材料及依据、办理程序、办理时限等审批相关情况全面公开，并要求各部门严格按指南受理、据流程审批、依要素公开，让企业明明白白办。三是强化审批监管。编制《新区经济管理权限事中事后监管清单》，涵盖职权类型、职权名称、行权部门、监管部门、监管对象、监管内容、监管依据、监管措施、处理措施等11项内容，打造覆盖全面、链条完整的监管模式。同时，依托新区"多规合一"平台和电子监察系统，实现对行政审批权力运行的全程监控，确保行政审批权力公开透明运行，让部门规规矩矩审。

2. 只上一张网，在家就能办审批

一是打通平台壁垒。2018年6月，湘江新区"多规合一"平台正式上线，新区所有审批事项在"多规合一"系统进窗登记。"多规合一"平台上线后，新区积极打通平台壁垒，在长沙市率先实现省投资项目在线审批监管平台、省"互联网+政务服务"平台与"多规合一"平台数据资源联通共享，实现全部事项网上申报办理，让企业足不出户就能办理审批。二是夯实基础，加快打造"一端一库一平台"。推动湘江新区政务服务移动客户端建

① 2019年1月，根据国务院相关文件精神取消了建筑节能设计专项审查备案、精装修奖励初审两项，并将质监、安监注册备案两项合并，新区"最多跑一次"事项进一步压缩至75项。

② 指技术审查和行政审批分离，技术审查过程限时、限次办理，行政审批过程一次办结。对于特别复杂的技术审查事项，可由审批人员提供上门办和帮代办服务。

设，方便群众和企业开展网上咨询、网上预约、网上办理、网上评价；在“多规合一”系统中，建成了入驻企业信息档案库，对企业证照信息完成整合，进一步方便办事人员调取，减少企业资料重复提交，并将湘江新区“多规合一”平台延伸至岳麓高新区管委会使用，实现建设单位首次报建信息共享，进一步扩大了企业信息来源；加快“智慧新区综合管理平台”建设，依托“智慧新区综合管理平台”，实现新区内部政务平台互联互通、核心数据共享互认。

3. 只进一个厅，一个窗口办审批

一是集中受理。通过推进“三集中、三到位”改革①，湘江新区将44项市级审批权限从12个处室（含派驻机构）集中到8个处室（含派驻机构），将与审批相关的9枚印章集中到政务服务中心统一保管使用，实现全部审批事项到政务大厅综合窗口集中进窗受理。二是创新审批机制。审批申请受理后，由综合窗口转给相应部门集成办理。审批完成后，审批结果再由综合窗口统一发出，形成了由政务中心“统一收件、按责转办、统一督办、一窗出件”的审批机制，让企业只需进政务大厅、到综合窗口就能办所有事，不再需要在部门、窗口之间来回跑。

4. 最多跑一次，轻轻松松办审批

一是优化流程环节。如，推动行政审批改备案，备案类事项增加到近20项，并将8项备案业务授权至政务大厅窗口实行即来即办；推行“多图联审”，将消防设计审核、人防设计审查等技术审查并入施工图设计文件审查；将质安监注册并入施工许可证环节办理，取消社会投资项目初步设计备案，取消工程项目施工、监理合同备案。二是创新审批服务。推进分阶段审批。按照立项用地规划许可、工程建设许可、施工许可、竣工验收四个阶段，分阶段实行“一家牵头、并联审批、限时办结”。并积极推动由按事项提供申请资料转变为按阶段提供申请资料，着力减轻企业申请资料负担。

---

① 指部门许可职能向一个科室集中，审批科室向政务大厅集中，审批事项网上办理集中，做到事项进驻大厅到位，审批授权窗口到位，电子监察到位。

推行预审代办。强化建设单位审批前的咨询指导服务与审批中的代办服务，在办理土地手续期间，提前对后续审批流程“预演”，待取得划拨决定书或土地出让合同后，通过代办服务快速完成审批，使项目一起步，就跨上审批“高速路”。开展容缺审批。对湘江新区审批范围内的重大产业项目，制定容缺审批的适用范围及具体事项清单、承诺要求，实行“边补材料边审核”，为企业开辟审批服务“绿色通道”，推动行政审批再提速。探索区域评估。研究组织第三方机构对辖内四大片区进行地震安全性评价、地质灾害危险性评估、环境影响评价、节能评价等事项的区域评估，并出具专项评估报告作为审批依据，片区内新建项目报建时可不再单独进行审查。三是优化配套服务。开通了审批结果快递免费送达服务，确保审批成果及时送达企业。通过网上办理 + 快递送达，企业甚至可以一次也不用跑就能办好审批；建立新区“帮代办”服务队伍，明确“帮代办”服务专干，并将服务实施细则和服务人员名单对外进行公示，对湘江新区重点投资或招商引资项目，安排服务专干帮办、代办；推进政府购买服务，对部分审批事项涉及的中介服务，通过政府购买服务减免审批费用，进一步减轻企业负担。

二　主要成效

湘江新区“最多跑一次”改革产生了多方面的积极效应，进一步提升了湘江新区政府治理能力和治理水平，优化了营商环境，给企业带来了实实在在的获得感。

1. 有力提升了行政审批规范度

湘江新区通过推进“最多跑一次”改革，强化对权力运行的监督制约，重构了由政务中心“统一收件、按责转办、统一督办、一窗出件”的审批运行机制，实现行政审批过程中申请受理与部门审批相分离、部门审批与出窗发证相分离，杜绝了审批过程中的暗箱操作、随意审批等不规范行为，将权力关进制度的“笼子”，做到“阳光行权”，极大地提升了行政审批行为

的规范度和透明度。

2. 有力提升了行政审批效能

一是办理时限进一步压缩。湘江新区政府类/社会类投资项目从立项/用地规划到施工许可审批时限分别优化至35个和30个工作日。从具体事项来看，大多数“最多跑一次”改革事项承诺时限较原法定时限缩减2/3以上（部分事项压缩情况见表1）。二是审批流程环节进一步优化。通过优化审批流程、合并审批环节、创新审批方式，湘江新区优化业务流程29项，总体审批环节由193个减少到161个，有效促进了审批提质增效。三是部门协同能力提升。通过集成办理，审批部门从过去的“各自为政”转为“协同作战”，促进了部门协同能力的提升。

表2　部分事项办理时限压缩情况

单位：工作日

事项名称	承诺时限	法定时限	缩减比例(%)
固定资产投资项目节能审查	3	20	85
乡(镇)村企业使用集体建设用地审批	6	20	70
建设项目环境影响报告书(表)审批	7	60	88.3
排污许可证核发	5	20	75
商品房预售许可	5	15	66.7
工程建设项目招标方式、招标组织形式和招标范围核准(公开招标)	2	20	90
重大和限制类企业投资项目核准	3	20	85
工程建设项目招标方式、招标组织形式和招标范围核准(邀请招标和不招标)	2	20	90
建设项目选址意见书核发	4	25	84
建设工程规划许可证(房建)	6	20	70
建设用地(含临时用地)规划许可证核发	1	20	95

资料来源：根据湖南湘江新区政务服务网数据整理。

3. 有力提升了企业办理审批便捷度

从调研来看，湘江新区“最多跑一次”改革总体效果较好，基本实现“四个一”目标，极大地方便了企业办理审批。企业办理审批事项，只需查看事项清单和办事指南，就能做到心中有数；只需进入湖南省政务服务网，就能申报、办理全部事项；只需跑政务大厅，在综合窗口就能办成所有事。企业跑腿次数也大幅减少。从问卷调查情况来看，在申请材料齐全、符合法定受理条件的情况下，89.13%的受访者表示，只需跑一次或一次也不用跑就能办好审批业务（见图1）。

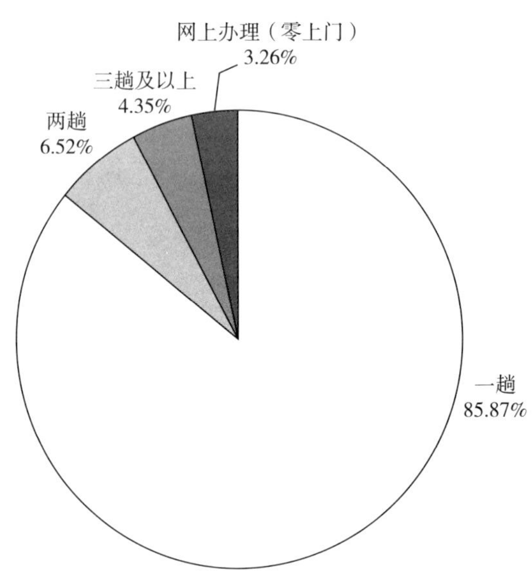

图1 企业办理审批业务跑腿次数问卷调查情况

4. 有力提升了企业获得感和满意度

一是企业获得感增强。通过政府购买审批中介服务，企业审批费用进一步降低。如施工图审查，从2018年5月启动政府购买服务，到2019年4月已为企业减免费用3354万元。二是企业满意度提升。从综合问卷调查和电话访谈情况来看，对“最多跑一次”事项办理满意或基本满意的受访者合计占比达93.3%[①]（见图2）。

① 从调研来看，企业并没有因为多跑了一两趟，而影响其对“最多跑一次”改革的好评。因为多跑或少跑一两次并不是企业最关心的，企业最关心的还是审批时效。

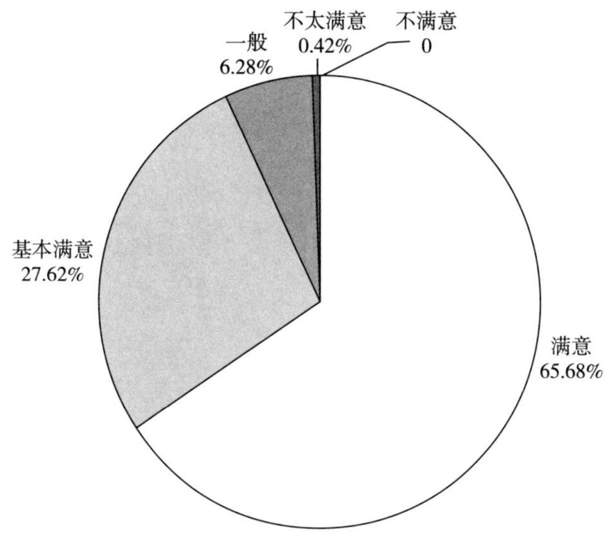

图 2　企业满意度问卷调查和电话访谈情况

三　经验启示

1. “最多跑一次”改革是坚持以人民为中心发展思想的生动实践

以人民为中心是新时代全面深化改革最根本的价值取向和目标要求。践行以人民为中心的发展思想，必然要求优化政务服务供给，提升政务服务水平，让政务服务更高效、更便捷、更透明。湘江新区针对工程项目建设审批中存在的企业办事跑多次、跑多头、审批时限长、审批不透明等难点、痛点、堵点，强力推进“四个一”建设，把办事的“窗口”作为改革的“主场”，将以往企业的“多头跑、多次跑”变为“只进一个厅，最多跑一次”，将以往的“时限长”“不透明”变为“只看一张表”，让部门规规矩矩审、企业明明白白办，将群众和企业的“一件事”落实为政务服务的“一次办”，极大地提升了政务服务供给质量，切实减轻了企业负担，给企业带来了实实在在的获得感，彰显了全面深化改革的根本价值取向，是以人民为中心的发展思想在湘江新区的生动实践。

2. 理顺政府与市场关系是“最多跑一次”改革的内在要求

“最多跑一次”改革不仅仅只是方便群众和企业办事，更是对政府与企业、政府与市场关系的进一步理顺。湘江新区的“最多跑一次”改革，通过规范审批行为，优化审批流程，提升审批效能，进一步厘清市场与政府的界限，把政府该管的管住、管好，将政府不该管也管不好的还给市场，既提高了政务服务的效率和便捷度，又激发了市场主体活力，充分调动了政府和企业两个积极性。

3. 发挥好“互联网＋政务服务”的支撑作用是深入推进“最多跑一次”改革的“关键一招”

以移动互联网、大数据、云计算等为代表的新一代信息技术释放的技术红利，将“互联网＋”运用于政务服务，为“最多跑一次”改革提供了有力支撑。湘江新区在推进“最多跑一次”改革中，充分发挥“互联网＋政务服务”的支撑、催化作用，积极打通“多规合一”等政务平台壁垒，使原本分散孤立的职能部门成为一个有机整体，有效提升了信息共享和业务协同水平，确保了“最多跑一次”改革的深入推进。

4. 分批推进与压实责任是保障“最多跑一次”改革顺利推进的有效举措

工程建设项目审批改革是一项系统性强、涉及面广的工作，不同事项审批特点也比较明显，全部事项要一次性实现“最多跑一次”目标，存在较大难度。从湘江新区推进“最多跑一次”改革过程来看，分批推进不失为一条行之有效的途径。对实现“最多跑一次”目标难度较低的事项，先行一步。对实现难度较大的事项，认真查找原因再集中突破，有助于实现“最多跑一次”的全覆盖；“最多跑一次”改革是一场面向政府自身的自我革命，必然会撬动现有部门利益格局。因此，要实现“最多跑一次”改革的顺利推进，必须要压实领导责任和岗位职责，杜绝懒政、庸政。湘江新区在推进“最多跑一次”改革中，要求各部门“一把手”对涉及本部门的“最多跑一次”改革工作亲自抓，重要方案亲自把关，关键环节亲自协调。对公示的“最多跑一次”事项，由各部门行政主要负责人对外进行公开承诺，接受社会监督，并将“最多跑一次”改革纳入年度专项督查，确保了改革举措落地落实。

作为湖南唯一的国家级新区，湘江新区肩负经济发展、社会进步和改革探索三大重任。下一步，湘江新区应继续认真贯彻落实省、市两级决策部署，积极对标“一件事一次办”改革要求，进一步深化行政审批制度改革，围绕理顺管理体制机制、优化政务平台体系、完善审批标准规范、强化事中事后监管、提升审批效能等精准施策，将“最多跑一次”改革向纵深推进，加快打造行政效率更高、服务更优、程序更透明的国家级新区。

“一件事一次办”改革工作调研报告

湖南省人民政府发展研究中心调研组*

“一件事一次办”改革是湖南深化“放管服”改革、推进行政审批服务便民化的重大举措。2019年6月5日，湖南省委书记杜家毫主持召开省委全面深化改革委员会第三次会议，听取“一件事一次办”改革等工作情况汇报，会上家毫书记强调，要坚定不移地推进“一件事一次办”改革，力争用更短时间、更快速度、更优服务把企业（个人）的事项办理好，不断提升市场主体和广大群众的获得感，真正把“一件事一次办”改革打造成湖南省优化营商环境、便民利民惠民的政务服务品牌。4月22日，省委副书记、省长许达哲在全省政务管理服务工作电视电话会议上强调，要着力推行“一件事一次办”，推进流程再造，构建规范体系，加快推进“互联网+政务服务”，确保2019年底前重点领域和办件量较大的高频事项基本实现“一件事一次办”。4月15日，湖南省政府办公厅印发《“一件事一次办”改革工作实施方案》（以下简称《改革方案》）。《改革方案》印发后，各地各部门迅速响应，积极推进相关工作。为及时把握“一件事一次办”改革进展情况，准确了解推进中的问题与制约因素，分析进一步做好改革的思路措施，我们开展了“一件事一次办”改革调研并撰写报告。

一　“一件事一次办”改革工作进展情况

自4月份改革启动后，各地各部门按照工作任务、时间节点积极推动

---

* 调研组组长：谈文胜，湖南省人民政府发展研究中心党组书记、主任；调研组副组长：蔡建河，湖南省人民政府发展研究中心党组成员、副巡视员；调研组成员：彭谷前、左宏、刘鑫浩、陈俐，湖南省人民政府发展研究中心研究人员。

《改革方案》落地。截至7月15日，已公布《改革方案》本地区实施方案的有长沙、岳阳、衡阳、郴州、邵阳、永州、益阳、娄底、怀化、张家界等10个市，还未公布的市州实施方案正在审议。各项工作已取得阶段性进展。

全省“一件事一次办”线上平台搭建完成并上线。该平台在省政府门户网站提供统一入口，通过智能导办系统提供问卷式服务，企业（个人）通过在线方式进行“一件事”申办，后端统一受理并自动分发，各审批单位协同办理。下一步，各市州将在政府网站上开通“一件事一次办”入口，这将包括两种途径：未自建平台的市州可以在省平台进行“一件事”的事项配置后，直接使用省级平台完成“一件事”办理流转；自建平台的市州，在确保“一件事”事项名称、基本编码、服务对象等要素按省里标准统一的基础上，接入省平台“一件事一次办”对应的市州站点办理。

有序推进事项梳理工作。100件事的事项梳理和流程再造加紧进行。包括三项重点：对重复材料进行删减，形成“一张清单”；对子事项的办理流程进行优化，形成“一个流程”；对各环节申报表单进行整合，生成“一次表单”。从各市州情况来看，各地推进速度有快有慢，但基本能够按照要求和时间节点完成事项梳理和流程再造工作。部分市（州）在省级事项目录的基础上，增加了本地高频办事项，如湘潭市在省级100个事项基础上，增加了湘潭市高频办事项10项。

着力提升实体大厅办事功能。为满足“一件事一次办”要求，各地着力提升政务服务大厅“一站式审批”“一次性办结”功能。比较有代表性的经验包括：设置自助受理区，为市民提供7*24小时自助办理服务，提高业务办理效率；设置综合联办窗口，根据联办事项要求，按照“前台综合受理、后台分类审批、综合窗口出件”的流程，实现综合窗口统一收件、分类审批、统一勘验、综合出件；提供帮代办服务，为有需要的企业（群众）提供导办、帮办、代办服务，如长沙县政务大厅月均帮办事项达到3.4万件、代办事项达到1.8万件。部分地区还增设无差别受理窗口，群众无论办理什么事项，都可以在任何一个无差别窗口进行。一些地区主动推动服务下沉，建设乡镇村一级便民服务中心，实现与群众生产生活密切相关的民生事项逐步在“在家门口办理”。

二 “一件事一次办”改革推进中存在的问题

“一件事一次办”是政府办事方式的创新，本质上要求政府管理制度的深度变革。改革涉及众多部门、多个层级，工作面广、线长、点多，系统性、综合性很高。客观而论，当前政府事项办理基础工作、管理体制都还存在较多薄弱环节，制约“一件事一次办”改革的推进。具体来看，事项办理标准体系、数据共享、政务大厅建设等基础工作尚未完全达标，“三集中，三到位”未完全到位，部分地区机构改革不同步，是影响“一件事一次办”工作的主要因素。

1. 事项办理标准体系不完善

事项办理标准化，是“一件事一次办”全面推进的基础工程。但当前一些重要标准和规范仍未统一，一些配套政策缺失，影响到改革推进步伐。

要素统一范围有待扩大。《改革方案》规定，“一件事一次办”改革要按照“三级四同”要求推进。目前从省级层面统一了四个要素的标准，但流程再造工作由承担事项办理的市、县两级实施，全省没有制定统一标准。这使得在市州这一层级标准不一致，同一审批事项在不同市州的办理时限、申报材料、办理流程都可能不一样，导致企业（个人）在不同地区办理类似事项需要提交不同的材料，遵循不同的流程，给办事造成不便。

事项办理个别要求无法落地。在100个事项中，有关企业开办的事项几乎全部涉及“建设工程消防设计审核”与“建设工程竣工消防验收”两个子事项，但是建设工程从立项、规划、施工到验收时间跨度长，并且存在先后顺序，一般工程施工周期短则三五个月，长则一年以上，申请对象无法一次性提交不同阶段所有的申报材料。

一些部门法律规章制约事项“一次办”。“一件事一次办”改革要求事项所涉部门整体协同、同步办理。但一些部门原有规章对企业（个人）办事有特殊规定，如果不加修改则使很多事的“一次办”难以达成。例如，根据国家税务总局的要求，涉税事项的办理需要单独进行实名认证，凡是与税务部门有关的业务需要首先去税务局进行验证后才能办理，无法在办事大厅或线上实现“一次办结”。这类事项要“一次办”就需要修正部门规章，但存在部门不好改、不愿改或不敢改的问题。

2. 数据不共享问题突出

“一件事一次办”意味着各相关办事部门需及时准确地了解企业（个人）信息。据统计，目前80%以上信息资源掌握在政府部门手中，但部门间数据不愿共享、不能共享的问题突出。由此导致部门系统与“互联网+政务服务”一体化平台之间不能互认共享，服务对象需要重复注册，同一申报材料需要重复提交，严重影响群众在“一件事一次办”改革中的获得感。

部门间数据孤岛仍大量存在。国家部委、省、市（州）三级部门都有自己的垂直网络系统、专业应用系统，很多系统之间不互通，条块分割现象严重。从省级层面来说，大部分省直部门都自建了数量不等的业务系统，各个部门信息系统数据多不能共享。具体来看，100件事主要涉及市场监管局、应急管理厅、人社厅、公安厅、烟草局、自然资源厅等11个省直部门，涉及15个主要业务系统。截至7月23日，上述15个业务系统中，10个系统（分别为湖南省企业登记全程电子化业务系统、湖南省质量技术监督局网上政务和电子监察系统、烟草行业专卖管理信息系统、湖南省房地产市场监管平台、湖南省超限运输许可管理平台、湖南公安服务平台、湖南省养老保险信息管理、湖南省本级工商保险管理信息、社会组织管理平台、湖南省本级生育医疗保险管理信息）采取单点登录方式与省政务服务门户进行对接，但未实现办件数据回传；5个系统（湖南省食品药品监督管理局行政审批、湖南省消防安全行政许可、户外广告招牌审批、湖南省生态环境厅行政审批与预警监控、湖南省自然资源厅电子政务）还未与省政务服务门户对接，无法满足“一件事一次办”建设要求。除上述省级部门业务系统外，100件事还涉及教育部、税务总局等多个国家部委的系统，同样存在数据不能共享的问题。这使目前梳理的100件事，还没有一件真正可以实现“一网通办”，这显然会影响到“一件事一次办”改革的进程。

县（市、区）数据不共享问题更为突出。根据“放管服”改革工作的要求，许多事项审批权限都已经下放到县一级政府。此次“一件事一次办”梳理的事项，90%以上是在县一级办理，而县一级数据资源主要依赖于省、市两级“互联网+政务服务”一体化平台的开放。因此，省、市两级层面上如果没有解决业务系统与一体化平台数据互通问题，在县级层面的影响将更为突出，给基层办事造成的不便更大。

线上线下数据统筹依然困难。电子材料的法律认可是确保政务服务“一网通办”和线上线下互联互通的必要条件。当前，湖南省相关部门没有出台关于电子材料有效性的相关文件，导致线上线下的数据难以统筹，加上传统的办事习惯，企业（个人）办事基本还是以提交纸质材料为主，需要经过工作人员的二次录入。同时，不同行政区域和不同部门间还存在不同的要求，一旦发生纠纷，电子材料作为证据的有效性存在争议。

3. 政务大厅建设需要提质规范

尽管各地政务大厅服务质量和办事效率逐步提升，但与“一件事一次办”改革要求相比，仍存在不小差距。

窗口人员整体专业素质有待提升。政务服务平台对接、“一件事一次办”工作专业性较强，事项梳理、实施清单填报等工作，都需要专业人员承担。但受行政编制限制，部分市（州）尤其是县（市、区）一级编制严重不足，窗口人员多为合同制聘用人员，工作强度大，流动较频繁，部分窗口人员对业务办理流程和标准不熟悉，特别是对于复杂事项的审核、把握和处理等能力需要提高。同时，此次机构改革后，部分事项办理部门调整，在工作交接期间，一些新的承办单位对事项办事流程、办事指南还不够娴熟，在具体办事时存在业务不熟练、办事效率不高的情况。

部分地区综合受理窗口建设滞后。综合受理窗口涉及的部门多、业务综合性强，在人员、布局等方面要求更高，而省级层面没有对综合窗口设置制定具体化的统一标准，使部分县（市、区）开设综合窗口工作滞后。同时，部分基层政务大厅受场地、人力等条件限制，没有能力开设“一件事一次办”综合受理窗口。

大厅设计理念需要与时俱进。各市、县级政务大厅规划较早，大部分按照传统思路进行设计建设，采用横平竖直的空间布局和柜台受理模式，大厅工作人员与办事群众间天然隔离，整体空间氛围不够亲民，在空间环境、休息座椅、信息化设备等方面设计也不够人性化，与当前“提高企业和群众办事体验感”的导向不相符合。一些地区的大厅因资金投入不足，办公设备设施简单陈旧，智能设备和自助设备缺乏，群众办事体验感更差。

4.“三集中三到位”需进一步落实

“三集中三到位”是推进“一件事一次办”“一窗办理，一次办结”的必要条件。这一工作要求已提出多年，但落实并不容易。

省级层面“三集中三到位”工作基本未开展。从省情出发，湖南省未建统一的省级政务服务大厅，省级政务服务综合窗口尚在筹建。很多有企业（个人）服务事项的省直部门，虽建立部门政务大厅或服务窗口，但内部职能整合、审批授权工作相对滞后，一个事项审批常需跑几个内部部门。

市、县两级“三集中三到位”未完全落实。一是审批职能未授权到一个科室。部分地区行政审批部门对“三集中三到位”工作不够重视，在整合规范内部审批职能上力度不足，并未将审批权限集中到某一科室。二是审批科室未向政务大厅集中，事项进驻不到位。部分地区政务大厅受场地限制，无法真正做到所有行政审批部门全部进驻；有的部门即使进驻大厅，实际上也没有把所有审批事项都覆盖。三是窗口授权未完全到位。由于内部职能没有向一个科室集中，审批权分散在部门的各个科室，进驻窗口的多是一般工作人员，导致审批权还是集中在不同科室的负责人手中，直接影响行政审批效率。四是电子监察难以实现。全程电子监察依赖于各个业务系统之间的互联互通，各系统之间存在数据壁垒，无法真正实现“一网通办”和实时电子监察。

5. 机构改革未到位影响改革进展

目前省里推进“一件事一次办”工作步伐较快，市、县两级机构改革未完全到位，对“一件事一次办”改革进度有所影响。

少数市州行政审批服务局还未成立。按照此次机构改革要求，省级成立省政务管理服务局，各市州相应成立行政审批服务局，承担本地区“一件事一次办”改革工作。但各地机构改革进展不一，怀化、邵阳等市机构改革尚未到位，仅在市、县政府办成立行政审批服务科，部分职能由原政务服务中心或者电子政务办承担，机构职能职责不明确，影响整体工作的开展。

部分市县行政审批部门改革未完成。一些市县职能部门的拆、转、并等整合工作尚未全部完成，出现改革的“空窗期”。如部分市、县住建局的“三定方案”未出台，使得由消防部门移交给住建部门的“建设工程消防设计审核或备案”和“建设工程竣工消防验收或备案”事项，直接停止业务受理，导致业务办理遇到阻碍，给企业（个人）办事造成极大不便。

三　破解政务服务难点的国内典型经验

近年来，党中央、国务院高位推动，全国政务服务水平显著提升。广东、上海徐汇区、浙江等地在行政审批服务便民化、“最多跑一次”改革中，着力化解突出的难题梗阻，形成了可复制、可推广的典型经验，可为湖南“一件事一次办”改革提供有益借鉴。

1. 政务信息共享：广东经验

2018 年 4 月，广东省省长马兴瑞调研“数字政府”改革建设进展情况。12 月底，广东省政务信息资源共享网站正式上线；各部门按职责分工负责，推动信用体系、公共资源交易、投资、价格、自然人（基础数据以及社保、民政、教育等业务数据）、法人（基础数据及业务数据）、能源（电力等）、空间地理、交通、旅游等重点领域接入省政务信息共享网站。以此为基础，广东政务服务网已经基本实现省、市、县、镇、村五级政务服务事项应上尽上、一网通办，大幅提高了办事效率。2019 年 3 月，马兴瑞主持广东省“数字政府”改革建设工作领导小组第二次会议，强调重视加强数据治理，大力推动政务数据与市场数据整合联通，逐步消灭“数据孤岛”“信息烟囱"，实现"数据上云、服务下沉"。

广东政务信息共享成功实现，得益于多方面因素。

系统推进共享开放。一是修订完善《广东省政务信息资源共享管理试行办法》及有关实施细则，推动各级政府、部门之间的跨部门、跨区域、跨层级信息资源共享。梳理省级部门政务服务事项和分析各类业务应用系统，开展政府部门数据资源清查，建立数据资源清单，编制核心数据字典和政务数据资源目录。完善"开放广东"全省政府数据统一开放平台，推进省直各部门有计划、有批次地开放各类政府数据资源。建立政府数据对外开放和鼓励社会开发利用的长效管理机制，制定政府数据开放目录体系和标准规范，促进政府数据的创新应用和增值利用。二是完善技术支撑体系。建设统一的电子政务云平台和省政务数据中心，省政务数据中心能满足未来20年政务服务大数据库建设需求；完善政务信息资源共享交换平台；建设政务服务大数据库，打造系统架构统一、省市分级建设管理、全省共建共享的政务服务大数据库技术支撑体系。三是强化工作措施。广东省政府出台多个文件，推进政府信息资源共享。包括《广东省政务信息系统整合共享工作方案》，推进解决长期以来"各自为政、条块分割"等问题；《广东省政务数据资源共享管理办法（试行）》，遵循"共享为原则，不共享为例外"，实现跨部门、跨地区、跨层级统筹共享；《广东省加快推进一体化在线政务服务平台建设工作实施方案》，推进全省政务数据服务一体化管理、"一网通享"。同时，加强政务数据资源的监督考核，将省级政务部门政务数据资源共享管理情况纳入省级政府机关绩效考核内容。

2. 升级政务大厅：上海徐汇区经验

上海徐汇区致力于打造群众办事五星级体验，科学设计和管理政务大厅，为民众提供高质量的政务服务。

打破传统办事受理模式。徐汇区行政服务中心运用亲民化设计，改变传统的柜台式受理方式，窗口和工作人员集中在大厅中央，在前岛受理窗口内设置中岛支撑办公，在岛台窗口后方设置后台办理办公，形成"无差别综合窗口+透明政务工坊"工作链，群众办事体验不断提升。创新布局政务服务新空间。徐汇区行政服务中心打造了法人事项综合受理大厅（A厅）、个人事项综合受理大厅（B厅）、24小时自助服务大厅（C厅）、城市网格管理服务大厅（D厅）和大数据治理创新实验室（E厅）五大政务服务新空间，为企业（个人）提供全天候自助办理、无差别受理服务和个人事项就近办理等服务。创造人性化办公环境。徐汇区行政服务中心加大生态元素比重，提升室内绿化比率，将绿植的分布按照空间布局进行有机组合，净化了大厅空气，提升了大厅的空间品质；采用特殊的装修材质，达到顶面吸音、地面降噪的效果，为群众提供安静的办事环境；采用皮质座椅，保持办事群众的座椅与窗口工作人员的座椅高度一致，拉近了窗口人员与群众间的距离；还设计了便民超市、茶水间等配套空间。

3. 深化“最多跑一次”改革：浙江经验

浙江率先推进“最多跑一次”改革，受到广泛瞩目，很多创新举措为各省市所借鉴。但浙江并未止步，而是以政府数字化转型为目标，继续深化“最多跑一次”改革。2018年3月，浙江省委书记车俊在网络安全和信息化领导小组会议上强调，要打破“最多跑一次”改革的信息孤岛，解决网络不通、数据不通、业务不通等问题，加快推进政府数字化转型，全面推广网上办事，努力实现“一证通办”“一网通办”。2018年12月，省长袁家军主持省政府常务会议，审议《浙江省深化“最多跑一次”改革推进政府数字化转型工作总体方案》，强调打造数据共享平台，构建业务协同模型和数据共享模型，高标准创建人民满意的数字政府。

突出四个重点推进信息共享。以“七个统一”（统一导航、统一认证、统一申报、统一查询、统一互动、统一支付、统一评价）推动政务服务系统整合、一网通办，目前已经联通550多个部门的系统；以行政权利、政务信息、网上服务、数据资源等“四个集中”打造全省五级联动政务服务平台；以问题导向、需求导向和效果导向等“三个导向”推进网上和网下融合；建设“1253”体系（建设一个大数据中心、两个平台、五大主题库、三大体系），构建全省数据共享体系。推动公共数据深度共享。在“最多跑一次”改革过程中，下大力气推进各级各部门信息系统互联、基础数据库建设和公共数据共享，推动"一次录入、大家共用"和"一个数据用到底"。加强信息化建设顶层设计，新建"一窗受理"信息平台，积极推动部门业务联办。成立浙江省数据管理中心，作为推进政府数据资源整合开放的管理机构。在省数据管理中心推动下，浙江已公布两批《省级公共数据共享清单》，共计开放57个省级单位3600项数据共享权限。在此基础上，浙江梳理各部门办事事项数据需求清单，并由省数据管理中心负责统一采集、归集数据，建立"覆盖全省、统筹利用、统一接入"的公共数据库。加大"最多跑一次"督察评估力度。"最多跑一次"改革已被纳入浙江省委经济工作目标责任制度考核、平安浙江考核。"最多跑一次"改革办公室建立了每月例行督察制度和周报告、月报告制度，跟踪督促各地做好改革落实工作。省人大、省政协、省政府督察室、各民主党派也根据自身职能有针对性地开展"最多跑一次"改革督察。浙江还引入第三方评估机构，运用多种数据采集和分析方法对"最多跑一次"改革绩效进行评判，全面客观地反映改革的实施成效与问题短板。同时，在政务服务网开通《调查评估》《改革建言》等栏目，全省群众均可评价"最多跑一次"改革实施情况，提出意见建议。

四　进一步推进"一件事一次办"改革的建议

加快推进"一件事一次办"改革，是湖南贯彻以人民为中心的发展观、促进经济高质量发展的根本任务。圆满完成这一任务，要坚持以问题为导向，针对工作中发现的不足，积极借鉴广东、上海等先进省市经验，着力夯实基础工作，强化薄弱关键环节，统筹推进各级政府机构改革，为深入推进"一件事一次办"提供强有力的保障。

1. 系统提升政务服务标准化水平

全面扩大要素统一范围。全省要在"三级四同"基础上，参照广东"十统一"的标准，进一步扩大要素统一范围，统一申请材料、办理时限、办理流程、表单内容等要素，自上而下统筹标准完善、操作和监管，由省级提供参考样本，各市州牵头，在本级统一事项办理要素，实现同城通办。

合理调整“一件事一次办”事项范畴。住建部门的“建设工程消防设计审核”与“建设工程竣工消防验收”两个事项，因时间跨度大，与一件事一次办的要求客观上存在冲突。因此，“一件事一次办”范畴应只将已建成的建筑工程纳入，需要新建的场所则不纳入，由申请人依法单独办理。

根据改革要求修订部门规章。在部门规章的要求与改革不同步的情况下，对照100件办理事项，由具体事项的行政审批部门牵头，梳理出与部门文件不相符的办理要求，依照“优化流程、精简材料”的原则，通过全省统筹明确办理标准，为市、县两级提供指导和参考。对于中央垂直管理部门设置的办理要求，积极向国家有关部门反映，争取形成合理解决方案。

2. 实现全省政务数据“互联、共享、共治”

加快政务数据枢纽建设，实现全省数据“互联”。目前，湖南省正积极建设省政务大数据中心。要以自然人信息大平台建设为基础，充分利用各级各部门现有数据资源，加大数据汇聚力度，加强部门间的合作共建。可借鉴广东“数字政府”建设经验，以群众办事涉及最多、最影响办事效率的自然人信息、法人信息数据库为突破口，建立全省统一、互联共用、安全可控的省级大数据平台。

加快数据共享平台建设，实现全省数据“共享”。要以让“数据多跑路、群众少跑腿”为原则，从省级层面入手，以省政务云平台为依托，把全省“互联网 + 政务服务”一体化平台打造成各级各部门的数据共享交换平台。一是实现部门内部数据归一。各政务服务部门对本部门开发的业务系统进行梳理，加强业务系统内部整合，将本部门所涉及的行政审批事项整合到一个系统上。二是实现省级部门数据归一。以省政府发展研究中心（省政务服务中心）为牵头单位，完善全省政务信息资源目录和政务信息资源交换标准，按照目录体系标准，对各类信息资源进行规范统一。三是实现省、市、县数据归一。按照数据交换标准，将各省级业务系统进行数据横向打通，纵向与各市州“互联网 + 政务服务”一体化平台进行系统对接。建议在全省范围内选取在数据共享、系统互通方面做得好的市（州）、县进行试点，按照“先易后难”的原则向全省进行推广复制。

加快政务数据治理建设，实现全省数据“共治”。要尽快建立一套科学、完整、高效的政府数据治理体系，借助大数据挖掘、人工智能、区块链等先进信息技术，加强数据的归集、对接、清洗、比对，进一步提升数据共享质量，确保下放到市（州）、县（市、区）的数据能真正用得上、用得好。同时要推动线上线下数据互认，从省级层面制定相关政策，有力支撑电子材料与纸质材料具有同等效力，尽快出台湖南省电子证照、电子印章管理的相关办法，为电子材料互认提供制度保障，确保线上线下数据互认。

3. 规范化建设各级政务大厅

提高窗口工作人员的专业素质。人的素质是决定办事质量的第一位因素。政务大厅是服务群众的第一窗口，工作人员素质直接影响政府服务水平和形象。针对“一件事一次办”工作中各地窗口人员存在的各种问题，应由省级层面统筹，对市、县两级进行业务指导，再由市、县两级对本地区窗口人员根据要求进行统一培训，提升办事人员专业水平，为群众提供统一规范的办事服务。

优化各级政务大厅服务模式。借鉴上海徐汇区行政服务中心经验，按照“自助服务区 + 法人事项办理区 + 个人事项办理区”三大基本政务服务空间的模式，对各级政务服务大厅有序改造。三个空间相互独立，协调管理。自助受理区提供 24 小时不打烊服务，解决群众“上班没时间办事，下班没地方办事”的难题；在法人事项办理区设置综合受理窗口，通过前台窗口统一收件受理，部门审批人员在后台提供专业支持和集中审批，真正做到收件审批分离，形成“前台综合受理、中台专业支撑、后台分类审批、统一窗口出件”的综合窗口模式；开设个人事项综合受理窗口，与街镇社区便民服务中心同步受理，基本实现个人事项就近办理。

推进体现亲民内涵的人性化设计。借鉴徐汇区模式，有序推进各级政务大厅规范化建设，从改变受理模式出发提升亲民度，采用环岛型的模式，承担前台受理、中台支撑以及后台审批人员集中在大厅中央，形成衔接有序的业务闭环，这既有利于提高工作人员办事效率，又使办事流程全程可视化，打破了工作人员与办事群众间的物理隔离感。同时，有条件的地区，可提供一些能够为办事群众提供贴心服务的设施，如在等候座椅后方设置含USB形式的充电插座，设置问询区、母婴室、阅览室、小型儿童游乐场所等服务空间，提升政务大厅的人性化体验程度，真正把政务大厅打造成让群众满意的服务场所。

4. 加快行政审批“三集中三到位”落实

各部门整合内部职能，成立行政审批处（科）。各级行政审批部门要调整内设机构和处室（科室）职能，成立专门的行政审批处（科），将本部门所有的行政审批职能和事项集中到该处（科）。行政审批处（科）承担进驻政务服务大厅的职责，代表职能部门在政务大厅窗口集中办理行政审批业务。

各部门要对行政审批处室（科室）和办事窗口充分授权。行政审批科室（处室）负责人为窗口负责人，负责窗口日常管理。各部门要完善好审批流程，充分授权给进驻窗口的行政审批处室（科室），对企业（个人）提交的办事申请，无须通过部门主要负责人和分管负责人的签字审批，由该处室（科室）负责人直接进行审批，提升办事效率。

加强行政审批服务局对进驻人员的监督管理。通过此轮机构改革，确立行政审批服务局对窗口工作的监督管理职能。完善窗口工作的考核制度，建立科学合理的绩效评估系统，结合群众满意度评价等机制，对窗口人员进行年度考核。实行部门一把手负责制，对未按要求完成工作的地区和部门加大责任追究力度，从高位推动“三集中三到位”工作落地。

以“一件事一次办”要求倒逼各地机构改革工作尽快到位。对机构改革还没有完成的各地区，要以此次“一件事一次办”改革工作为契机，加快推动本地区行政审批服务局的设立，尽快完成人员和职能的划转。对还未完成改革的职能部门，要按照机构改革要求，调整好内部职能，尽快成立行政审批处（科），利用内部调整的机会，一次性落实好“三集中三到位”。

5. 营造浓厚的“一件事一次办”改革氛围

“一件事一次办”改革推动以来，受到越来越多的企业和群众关注和欢迎。但总体来看，对哪些事项可以“一次办”，如何实现“一次办”，全社会知晓率还有待提高。为此，要积极加强“一件事一次办”工作宣传引导，促进民众支持改革、改革惠及人民。

继续做好“一件事一次办”宣传工作。在各级政务大厅醒目位置打出“一件事一次办”宣传标语和标识，利用二维码扫一扫功能，帮助群众自助了解100件事办事流程、办事指南；利用各级各部门微信、微博等新媒体，宣传“一件事一次办”改革工作及100件事，运用“互联网+政务服务”思维拓宽办事人覆盖面。

进一步打造“家门口的办事大厅”。根据推动政务服务下沉的要求，对能够下放到乡镇（街道）、村（社区）的事项要尽量下放。加强乡镇（街道）、村（社区）便民中心建设，把“办事窗口”设在老百姓的家门口，由便民服务中心的工作人员通过现场讲解、发放传单等方式对办事群众进行“一件事一次办”改革工作的宣传。

减税降费背景下平衡财政收支矛盾的对策建议*

湖南省人民政府发展研究中心调研组**

2019年上半年中央政府出台了近2万亿元的减税降费政策大礼包，这一规模相当于2019年全国一般公共预算收入的10%。2019年上半年湖南省地方财政收入同比增长仅0.2%，北京、重庆、贵州、新疆、甘肃、青海、海南等地也出现了财政收入负增长。随着大规模减税降费政策的继续实施，这项长期性制度变革对地方财政的可持续性形成考验，湖南要出台有力举措，积极应对。

一　减税降费背景下湖南省财政面临的严峻形势

湖南省2019年上半年积极落实大规模减税降费，从中短期来看，给财政收支平衡带来巨大压力。

1. 地方税收增幅下降较快

2019年上半年全省共减税213亿元，经省税务局测算，全省1～6月新增减税拉低了全省税收增速11.7个百分点。2019年上半年全省完成税收收入2162.9亿元，增幅仅0.9%，14个市州上半年有5个市州税收实现负增长。国家减税降费政策的重点是降低制造业和小微企业税收负担及非税收

* 本报告获得湖南省委书记杜家毫的肯定性批示。

** 调研组组长：谈文胜，湖南省人民政府发展研究中心党组书记、主任；调研组副组长：唐宇文，湖南省人民政府发展研究中心副主任、研究员；调研组成员：左宏、李迪，湖南省人民政府发展研究中心研究人员。

入，湖南省小微企业数量占全部企业比重达到72.7%，来自制造业和非税收入的比重分别达到38%、36.2%，三项指标均位居中部首位，导致此次大规模减税降费政策对湖南省税收影响较大。

2. 湖南省财政收支矛盾凸显

在减税降费效果持续加大背景下，湖南省财政收支面临严峻考验。从支出端来看，近年来湖南省财政支出保持快速增长，特别是用于科学技术、民生保障、生态环保等领域支出高速增长。从收入端来看，在经济增速放缓、减税降费叠加的影响下，财政收入增速逐年下滑，收支矛盾凸显。经调研组测算，纵向来看，湖南省财政自给率从最高点2014年的44.98%下滑到2019年上半年的32.52%（见表1），逐年下降趋势明显；横向来看，在2017年和2018年，湖南省财政自给率都是中部六省倒数第1，且排位在全国有下滑趋势，从2017年全国第19位滑至2018年全国第20位。

表1　2012～2019年上半年湖南省一般公共预算收入、支出及增长情况对比

年度	一般公共预算收入（亿元）	一般公共预算支出（亿元）	一般公共预算收入增速（%）	一般公共预算支出增速（%）	财政自给率（%）
2012	1776.00	4085.90	17.10	16.10	43.47
2013	2023.60	4635.50	13.50	12.50	43.65
2014	2259.90	5024.50	11.30	7.10	44.98
2015	2513.10	5684.50	11.10	13.30	44.21
2016	2697.90	6337.00	7.30	10.60	42.57
2017	2756.70	6857.70	4.90	8.20	40.20
2018	2860.68	7479.22	3.73	8.88	38.25
2019（1～6月）	1530.56	4706.60	0.20	11.47	32.52

注：财政自给率＝一般公共预算收入（本级税收＋非税收入）/一般公共预算支出，此处采用的一般公共预算收入和支出为小口径数据。

资料来源：湖南省统计局。

3. 基层财政受到影响更大

与中央和省政府有一定腾挪空间不同，市县级财政可以调用的资源相对较少。加上县区一级中小企业数量多、占比大，增值税税率下调及社保费率的调整，使得财源单一、自给率不足的县级财政收入来源更加严峻。例如，郴州市永兴县财政局测算显示，2019 年因减税降费政策导致税收减少约 2.2 亿元，相当于 2018 年全县税收收入的 13.5%，这一比例超出全省（11.4%）和全国（10.4%）。这也说明越是基层，减收压力越突出。对一些深度贫困县级地区来说，减税政策的影响更多的是“揭不揭得开锅”的问题。

二　应对财政收支矛盾的外省做法

为应对减税降费政策所带来的财政收入冲击，各地也在积极谋划，从开源和节流两方面探索了很多缓解财政收支矛盾的路径。

1. 开源方面:多渠道开源，加快预算资金下拨进度

一是清理固定资产。不少地方开始瞄准国有资产，出让厂房、行政事业单位土地等国有资产。例如，广西省财政厅处置了很多国有资产，能变卖的国有资产都变现了。黑龙江省财政厅对于长期低效运转、闲置以及超标配置的行政事业单位国有资产，督促相关单位采取多种措施予以盘活，所得收入按规定上缴财政或者纳入单位预算，统一核算管理。广东等发达地区也不例外，为了平衡财政收支预算、支持减税降费，全省各级财政加大国有资产盘活力度，广东省 2019 年上半年全省国有资产有偿使用收入完成 401.6 亿元，增长了 65.4%。

二是盘活存量资金。除了处置固定资产外，各地盘活存量资金也是开辟收入的渠道，如收回结余结转资金、加大各类资金的统筹力度。为了应对财政收支矛盾，福建省厦门市财政局对按中央要求收回结转两年以上资金的措施更积极，变为结转一年以上资金就要收回用于市委、市政府确定的重要项目。

三是提高国企上缴利润。2019 年上半年中央财政增加特定国有机构和央企上缴利润 1685 亿元，占到全国非税收入增加额的 62%，拉高非税收入增幅 13.3 个百分点。部分省份也将提高国企上缴利润作为弥补缺口的重要手段。例如，福建、黑龙江省等地，鼓励有条件的地方依法依规适度增加地

方国有金融机构和国企上缴的利润。

四是加大预算统筹力度。通过加大预算统筹力度，挖潜预算稳定调节基金和一般公共预算之外的政府性基金预算、国有资本经营预算。例如，厦门通过增加调入预算稳定调节基金、将国有资本经营预算比例从25%提高到27%，缓解财政收支矛盾。广西也加大预算统筹力度，增加土地出让金收入，将政府性基金预算调入一般公共预算的比例提高。

五是加快预算资金下拨。减税降费对很多财政实力薄弱的县、区级财政形成一定冲击。最直接有效的办法是加大上级资金转移支付。省级财政加快预算下达进度，及时下沉财力。广西省财政厅在2019年6月底，下达市县转移支付已经累计达到全年的93.8%。

2. 节流方面：压缩政府开支，优化财政支出结构

一是压缩政府公共支出。有些地区财政提出压缩一般性支出。北京、福建、江西、广西等地财政压缩一般性支出在财政部提出的5%基础上继续提高至10%。部分省份硬化预算约束，例如黑龙江省财政厅提出加强对支出政策的财政可承受能力评估，凡是评估认定不具备实施条件或存在财政风险隐患的政策或者建设项目，一律不得出台和实施。河北省财政厅建立市县自行出台民生政策或提高保障标准备案制度，加强对财政综合保障能力的评估，避免出台过高承诺、过度福利化的支出政策。

二是精简政府机构。不少地方还推动政府职能转变，裁减非在编人员。例如，内蒙古包头市提出，2019年各部门、各单位不得增加非在编人员，确需要增加需要报市政府常务会议批准，且需要在1年之内核减现有非在编人员20%以上。除有明确的政策保障要求、有空余编制或从事公益、科研等特殊岗位外，财政部门原则上不再负担其他类非在编人员经费，属保障范围的非在编人员财政补助工资标准不超过最低工资标准的130%，部门确定的原工资标准低于此标准的就低执行。

三是优化支出绩效。在优化支出结构方面，不少地方也开始更注重支出绩效管理，创新财政资金投入方式。比如，四川省探索建立“财金互动”专项，即省级财政拿出部分专项资金，这部分钱不给企业，而是对接银行等

金融机构，用以扩大信贷规模，支持“三农”企业、中小微企业、双创企业、高新产业等。通过第三方评审，核验放贷收据等环节，财政给予补贴、贴息、风险分担。比如，四川省一个项目专项资金花了13亿元，却撬动了1100亿元的信贷规模，放大了数十倍，极大地优化了支出绩效。

三　湖南省应对减税降费政策的对策建议

各省市的做法有些可以为湖南省借鉴，有些也存在不可持续的问题。为保证财政可持续，政府就要从既往的高收入、高支出、高负债模式转向低收入、低支出、低负债的模式，将更多的资源留给微观市场主体。具体有如下几点。

1. 深刻理解减税降费实质：观念上实行“三大转变”

一是再理解：减税降费实质是降成本。我国总体的税制结构是以流转税为主，70%的是流转税，并且我国90%的税收是企业交给政府。在高质量发展阶段，减税降费主要是瞄准降低企业生产成本，我们应实现向结构性减税降费、降低企业商品和服务的价格作为本轮减税降费致力追求的重要目标。

二是再认识：地方财政已进入新常态。随着经济进入新常态，财政也将进入新常态，从高速增长转为中高速增长。供给侧结构性改革背景下的减税降费立足于降低企业生产成本，是我国迈向高质量发展阶段的一项长期性的、制度性的政策变革，而不是以往以扩需求为目标导向下的短期或者周期性的政策工具。在可预见的未来，减税降费的效应也是要持续加强，财政收支矛盾问题仍将持续。

三是再定位：削减政府支出为前提。在高速度发展阶段，主要矛盾是总量问题，矛盾主要方面在需求侧，减税降费着眼点在总量调节，这种调节是短期和政策性的，政府可以通过增列赤字、增发国债的途径去实现新的平衡。而高质量发展阶段主要矛盾是结构性问题，主要矛盾在供给侧，其主要目标锁定于降成本，不能走“大水漫灌”形式的短期强刺激，而是以削减政府支出为前提的一项长期性政策，政府要树立过紧日子、“节用裕民”的思想观念。

2. 妥善处理减税与增收矛盾，行动上避免“三个误区”

一是避免走入“借债维持”的误区。有些政府在应对减税降费政策财政压力时，选择了加大债务以缓解财政矛盾，但是通过增加债务去平衡和缓解财政压力并没有改变政府的资源配置方式，今天的债终究要通过明天的纳税人税收收入来偿还。根据“财政不可能三角”定理，在减收、增支、控债三个维度上，同一时期往往只能兼顾其中的两个，而无法三个方面同时周全。特别是目前，在地方严控风险背景下，最佳的选择是减收、减支和控债。这样政府配置的资源才真正会发生变化，而不是靠债务去平衡。

二是避免走入“不可持续”的误区。许多政府在应对减税降费措施时采取的措施是一次性的，比如买卖处置国有资产、收回结余的结转资金、加快预算资金下拨。这些手段能缓解政府在近期的财政压力，但是，减税降费将是长期性的一个制度，仅靠临时性、不可持续的措施来应对减税降费终究不是长久之计。因此，在应对减税降费政策下财政收支压力时更应该思考如何能用长期性的手段去解决问题。

三是避免走入“变相征管”的误区。一方面中央在减税降费，但是另一方面地方政府为了应对财政收支矛盾，加强严征管，变相地增加税收名目和非税收入，而且力度过大，导致很多企业税负、收费负担并没有明显改善，甚至一度恶化。比如，有些地方财政因为财政赤字缺口太大，政府开始查企业的历史缴税情况，有问题的企业就征收罚款，拿罚款来弥补财政缺口。出现形式上“减负”、实质上“增收”的局面。

3. 多措并举确保财政可持续，工作上推进“三种手段”

一是收入来源要活。受供给侧改革影响，大部分国有企业盈利能力较往年好，可以考虑增加国有企业的上缴利润；依靠中部崛起战略机遇和减税降费契机，向中央政府申请加大资金转移支付力度，加大批准发行用于长江经济带、中部崛起、乡村振兴等重大战略的专项债券的力度。对于符合将专项债券用作资本金条件的重大项目，应尽可能使用专项债券充当项目资本金，缓解财政投入压力；明确微商的纳税主体身份，完善电子商务、微商税务登记和征管，加大对电子商务偷税漏税检查力度；不断完善省级综合治税平台，建立健全纳税信用管理制度和纳税信用惩戒机制。

二是支出预算要紧。树立政府过紧日子的思想观念，大力压缩一般性政府支出。坚决压减非急需、非刚性和低效支出，取消无效支出，调整标准过高的支出，不该花的钱“一毛不拔”；硬化预算约束，坚持“无预算不支出、先预算后支出”；大力调整财政支出结构，加强对现存财政补贴政策的管理，对于新增的财政补贴项目，要充分评估财政补贴的必要性、合理性、科学性。对于退出的项目，该退出的应及时退出，并给出退出时间表；加强财政暂付款项的管理，严格规范暂付款的范围、期限和审批程序，严控暂付款增量，同时全面清理消化暂付款存量。组织开展市县“三保”情况摸排，完善动态监控制度，督促市县全面落实保障责任，足额安排“三保”支出，兜实“三保”底线。

三是绩效管理要新。全面落实绩效管理要求，提高财政资金配置效率和使用效益，推动预算管理覆盖所有财政资金，延伸至基层单位和资金使用终端，做到“花钱必问效、无效必问责”。注重支出绩效管理，创新财政资金投入方式。探索通过贴息、以奖代补、设立风险补偿金和投资基金、开展PPP模式等市场化方式实行支出绩效管理。

政策评估

湖南省全面两孩政策实施效果评估报告*

湖南省人民政府发展研究中心评估组**

人口是决定经济社会发展的主要变量，党的十九大报告提出，要促进生育政策和相关经济社会政策配套衔接。为彰显以人为本的理念，保持全社会合理的劳动力数量和结构，延缓人口老龄化速度，湖南按照全国人大的决定，自2016年3月正式发文实施“全面放开二孩”政策。2019年，我中心开展了全面二孩政策的实施效果评估工作。

一 政策概况

自20世纪80年代初起，中国大力推行计划生育政策，以控制人口过快

* 本报告获得湖南省委书记杜家毫，湖南省委常委、省政府常务副省长谢建辉，湖南省政府副省长吴桂英的肯定性批示。

** 评估组组长：谈文胜，湖南省人民政府发展研究中心党组书记、主任；评估组副组长：唐宇文，湖南省人民政府发展研究中心副主任、研究员；评估组成员：唐文玉、王颖、黄晶，湖南省人民政府发展研究中心研究人员。

增长。为促进经济社会可持续健康发展，2013 年，国家卫生计生委决定适时出台完善生育政策的调整方案，实施“单独二孩”政策；2015 年 10 月，中国共产党十八届五中全会决定全面实施两孩政策；2016 年 3 月 30 日，湖南省第十二届人民代表大会常务委员会第二十一次会议审议通过了《湖南省人民代表大会常务委员会关于修改〈湖南省人口与计划生育条例〉的决定》，湖南省卫生计生委由此修改出台了《湖南省人口与计划生育条例（2016 版）》，5 月出台了《〈湖南省人口与计划生育条例（2016 版）〉应用解释》。根据上述两个文件，将湖南省全面两孩政策的关键内容汇总如下（见表 1）。

表 1　湖南省全面两孩政策主要内容汇总

内容	《湖南省人口与计划生育条例(2016 版)》	《〈湖南省人口与计划生育条例(2016 版)〉应用解释》
生育两孩的条件	1. 经设区的市、自治州或者省计划生育行政部门确定的病残儿医学鉴定组织鉴定,两个子女中一个有残疾或者第一胎系多胞胎均有残疾,不能成长为正常劳动力,医学上认为可以再生育的; 2. 再婚(不含复婚,下同)夫妻再婚前生育的子女数量合计为两个的; 3. 再婚夫妻再婚前一方无子女,另一方有一个子女,再婚后生育一个子女的。 前款所称子女,是指存活的亲生子女。收养的子女、以前婚姻形成的有抚养关系的继子女不计入子女数	“提倡一对夫妻生育两个子女”是指生育两个子女(不含收养子女或以前婚姻形成的有抚养关系的继子女。婚姻存续期间的再婚夫妻,再婚前后生育的子女数合并计算)是夫妻的基本权利,由其自主安排生育
申请二孩大致流程	依法生育的夫妻到夫妻一方工作单位所在地或者户籍所在地或者现居住地村(居)民委员会办理生育服务登记后,有关部门应当按照县级以上人民政府的规定,及时提供生育服务。提倡孕前或者孕初三个月内办理生育服务登记,尽早享受母婴保健和计划生育技术服务	依法生育的夫妻,可以到夫妻一方工作单位所在地或者户籍所在地或者现居住地村(居)民委员会办理生育服务登记。办理生育服务登记实行首接责任制。 生育第一、二个子女的夫妻办理生育服务登记后,由乡镇人民政府或者街道办事处免费发给生育服务证。 依法再生育子女的夫妻经批准取得生育证,即完成生育服务登记。 具体登记办法按照省卫生计生委相关规定执行

续表

内容	《湖南省人口与计划生育条例(2016版)》	《湖南省人口与计划生育条例(2016版)应用解释》
增加产假和护理假的理解和执行		女方除享受国家规定的产假(正常产假98天;难产假15天;生育多胞胎的,每多一个婴儿加15天)外,增加60天产假,男方享受20天护理假。增加的产假和护理假视为出勤,不影响工资、奖金和相关待遇。 对因工作需要并经本人同意,不能休完增加的产假或护理假的,所在工作单位应当给予适当货币补贴

二 评估工作基本情况

2019年6~9月，我中心成立专题评估小组，综合采用自查、问卷调查、现场座谈、数据比对等方法，对湖南全面两孩政策实施情况进行了认真细致的调研和评估：一是要求省卫健委和14个市州就政策的实施情况进行自查并提交自查报告及数据资料。二是前往常德、益阳两市进行实地调研，邀请两市卫健局、教育局、人社局、统计局及公安局等相关部门开展专题座谈，详细了解全面两孩政策实施的具体情况及在执行过程中存在的问题。三是通过湖南省人民政府门户网站开展湖南城乡居民生育意愿问卷调查。问卷从“基本信息、生育意愿及对生育政策看法”等三个维度设计22道问题，从定量角度了解育龄群体的生育意愿及对全面两孩生育政策的看法。

三 评估主要内容

（一）政策实施概况

省卫健委统计资料显示，从2015年10月中共十八届五中全会决定全面实施两孩政策至2019年5月，湖南省出生人口总数、二孩出生数分别为3216276人、1626571人，二孩出生人口占50.57%。其中，2017年为全面两孩政策实施前后的生育小高峰，出生总人口和二孩出生规模分别为971894人、516711人；2017年和2018年二孩出生数占当年出生总人口数的比例均已超过50%，分别达到53.17%、51.08%，具体情况见表2。

目前，湖南省人口态势呈现以下几个特点。

第一，总和生育率高于全国，省内呈现南高北低特征。根据湖南省全员人口库统计，2012～2018年总和生育率分别为1.78、1.76、1.74、1.77、1.75、1.85、1.65，高于目前全国1.5左右的总和生育率。湖南省东北片（长、株、潭、岳、益、常、张）总和生育率普遍低于西南片（衡、邵、郴、永、娄、怀、湘西），南高北低现象明显。

表2　湖南出生人口及育龄妇女情况

指标名称	2012年	2013年	2014年	2015年	2016年	2017年	2018年	2019年5月
出生人口总数	850361	848479	857289	884445	916371	971894	837151	490860
一孩出生人口	538583	523042	480161	455310	409517	367132	317127	187684
二孩出生人口	288238	299608	337971	383122	438578	516711	427628	243654
多孩出生人口	23540	25829	39157	46013	68276	88051	92396	59522
育龄妇女数量	19661314	19467664	19135628	18894948	18694611	18515523	17795670	17617599

备注：1. 资料来源：湖南省卫健委。2. 年度指计生年度，为上年10月至本年9月。如2016年指2015年10月至2016年9月数据，2019年5月指2018年10月至2019年5月数据。

第二，一孩出生规模持续下降，二孩出生规模呈现先扬后抑的特点，多孩出生率逐渐走高。随着育龄妇女人数、已婚育龄妇女人数、已婚一孩育龄妇女人数逐年下降，一孩出生人口规模持续减少，由2012年的538583人，直线下降到2018年的317127人。二孩出生人口逐年上升至2017年峰值后开始回落，且2017年和2018年二孩出生人口规模占比均超过50%（见图1、图2）。多孩出生规模有所增加。

第三，人口老龄化加速，性别比仍失衡。2012～2018年，65岁以上人口占总人口的比值逐年递增，截至2019年5月，全省65岁以上老龄人口达

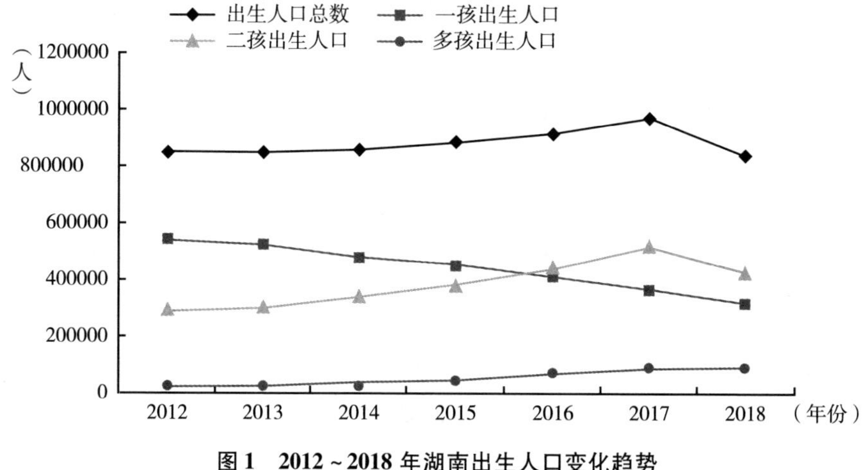

图1　2012～2018年湖南出生人口变化趋势

资料来源：湖南省卫健委。

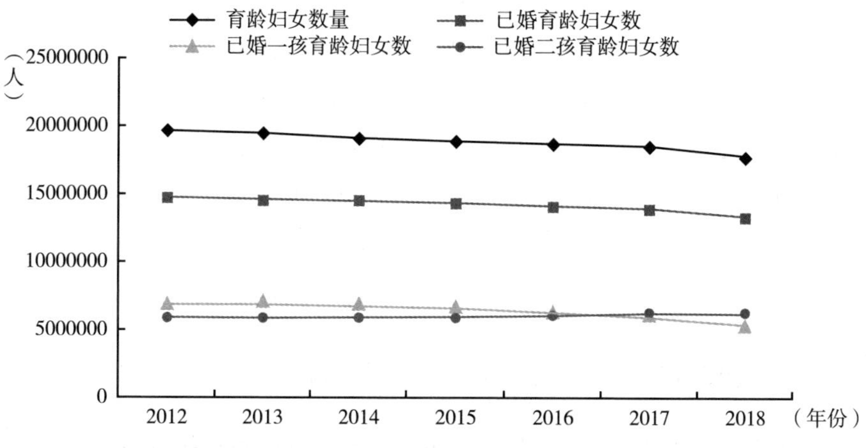

图2　2012～2018年湖南育龄妇女人口变化趋势

资料来源：湖南省卫健委。

到914万人，占总人口比的12.23%。全省总人口性别比为106.54，虽呈现逐年下降趋势，但仍处于高位，全国排名靠前。多孩出生人口性别比则一直保持140以上的高水平。

全省执行全面两孩政策的具体情况如下。

第一，加强顶层设计和宣传引导。湖南省出台了《关于实施全面两孩政策改革完善计划生育服务管理的意见》等文件，对全面两孩政策进行了细化，如完善生育奖励假、配偶护理假，调整生育保险津贴发放天数等。同时，通过多种方式加强政策宣讲，积极做好高龄人群再生育咨询、指导和服务工作，加大“两非”行为的整治力度。

第二，重视公共卫生计生服务。全省实施孕前优生检查指导、孕产期保健、产后访视、新生儿健康体检等公共卫生计生服务，落实出生缺陷综合防治措施，连续三年将产前检查、两癌筛查纳入“为民办实事”十大民生工程，成绩突出，其中长沙市针对生育二孩育龄妇女高龄高风险的现状，每年列支财政资金2亿多元，在全国率先、全省唯一实施健康民生项目，开展孕妇外周血胎儿游离DNA产前筛查等免费服务。

第三，强化母婴安全保障。制定出台了《湖南省卫生计生委关于实施全面两孩政策加强母婴安全管理的通知》等系列文件和政策措施，注重加强妇幼保健能力建设，全力保障母婴安全和儿童健康。2018年，全省孕产妇死亡率、五岁以下儿童死亡率和婴儿死亡率分别控制在10.35/10万、5.34‰和3.35‰，三项指标均低于全国平均水平。

第四，加强配套设施建设。为适应实施全面两孩政策，加强学位建设。永州市加大幼儿园和学位建设投入，目前拥有幼儿园1678所，可供使用的义务教育学位共计72万个，入园难和入园贵的问题得到有效缓解。

（二）对政策完备性、规范性、可操作性、知晓度的评估

全面两孩政策虽较规范，但在政策完备性、可操作性和知晓性方面，还有待提高。

意见主要集中在以下三个方面：一是鼓励按政策生育的配套政策不够完善，尤其是在降低养育成本、扩大教育、医疗等公共服务资源配置方面还存在完善的空间。二是特殊情况的政策还有待进一步完善和明确。如非法入境后事实婚姻下的育龄妇女如何管理、基于此情况下的生育如何进行出生统计，以及违法收养子女后申请再生育等问题，有待商榷。三是生育服务登记的便捷性不足，手续繁杂。

（三）政策实施效果

1. 部分释放民众生育意愿，短时间维持了现有生育水平

全面两孩政策实施后，一定程度上释放了生育旺盛期妇女的生育意愿，尤其是面临育龄妇女持续减少的现实情况下，全省出生人口总量于 2016 年、2017 年出现较大幅度的增长，其中 2017 年为全面两孩政策实施前后的生育小高峰，较全面两孩政策实施前的 2014 年、2015 年新生儿分别增加 11.46 万人、8.74 万人。

2. 人口结构问题有所改善，家庭结构模式更趋合理

一是缓解了性别比失衡问题。据省卫健委数据，湖南省人口性别比从 2012 年的 114.43 降至目前的 106.54，进入正常范围。二是改善了人口年龄结构。二孩出生数量增加，在很大程度上缓解了一孩出生数量减少的影响，改善了全省人口年龄结构，促进了人口均衡发展。三是改善了家庭结构模式，儿女双全的家庭有所增加，相比“4+2+1”家庭结构模式更趋合理。

3. 再婚家庭幸福指数有效提升，促进社会和谐稳定

全面两孩政策对再婚家庭的稳定尤为重要，部分再婚家庭生育第三个小孩后，重组后的家庭更趋稳定，提高了家庭幸福指数。

（四）政策实施中存在的主要问题及原因

1. 生育服务宣传有待提升，登记流程亟待改善

一是生育服务宣传效果有限。基层服务工作角色转换不到位，对于生育服务登记以及夫妻生育子女能享受的公共卫生服务缺少统一规范的宣传指导，部分医院的宣传力度不足，造成育龄妇女对政策知晓度不高。二是网上生育服务登记流程须进一步完善。网上生育服务登记资料说明欠清晰，造成办理对象难以理解，办理效率不高；生育服务登记采取的多地协审环节，与群众要求的“实时办理”存在一定差距；生育服务登记与生育服务指导的流程须进一步梳理和整合，步骤衔接的紧密性、顺畅性有待提高。

2. 工作配合不足，信息系统缺乏融合

一是市级及部门间在生育服务登记过程中协同配合不足。部分市州不按《湖南省生育登记服务与生育证管理办法》的规定，仍要求出具三级计划生育婚育纸质证明；或不按规定进行信息协查，仅以“对象不常住我地、情况掌握不明”等理由回复“不同意办理”。二是全省纵横信息系统联结不顺畅。调研发现，省市间相关系统未连通，造成省与各市州间及市州间、部门间数据未实现共享，“数据跑路”效果不明显，行政效率提升难度大。如民政部门的婚姻信息系统、公安部门的户籍信息系统未与卫健部门的全员人口信息系统相融合，不利于对流动人口实际生育情况的掌握。

3. 生育权益未得到有效保障，政策难落地到位

一是产假制度落实参差不齐。省卫健委调查数据显示，初中及以下学历的女性一般情况下没有休产假的选择机会；高中（包括中专）学历实际休产假3～6个月的女性占12%，8.5%的女性工资待遇与之前持平；大学专科及以上学历实际休产假3～6个月的女性占73.9%，50%的女性工资待遇与之前持平。二是陪护假落实难。市州反映，行政事业单位的陪护假基本能够落实到位，但县直机关、乡镇干部及企业的护理假难以落实到位。三是女职工生育保险和生育津贴执行存在诸多问题，如存在企业不办理生育保险的现象、生育保险报销标准和项目难以满足需求等。

4. 高危孕产妇母婴安全风险增加，亟待加强妇幼健康服务能力建设

自全面两孩政策实施后，高危孕产妇数量急剧增多，产科重症并发症呈上升趋势，妊娠合并严重内科疾病的比例明显上升，如何加强高危孕产妇的管理，在当前面临极大挑战。湘潭市反映，基层妇幼健康服务队伍存在数量不足、素质不高、稳定性差等问题；湘西州反映，基层医疗机构的服务能力太差，群众对免费孕前优生健康检查和孕期筛查的结果信任度不高；张家界市反映，基层妇幼机构主动服务不足，免费孕前健康优生检查项目较少，孕检结果反馈周期长，反馈结果过于简化，参考价值不高。

（五）相关法律法规政策变动及影响

湖南省根据《中共中央国务院关于实施全面两孩政策改革完善计划生育服务管理的决定》《中共中央办公厅国务院办公厅印发〈关于坚持和完善计划生育目标管理责任制的实施意见〉的通知》的精神，出台了《中共湖南省委、湖南省人民政府〈关于实施全面两孩政策改革完善计划生育服务管理的意见〉》《中共湖南省委办公厅、湖南省人民政府办公厅印发〈关于坚持和完善计划生育目标管理责任制的实施意见〉的通知》等文件，取消了一些限制性或模棱两可的规定，进一步明确了再生育子女的界定，增加了再婚夫妇的内容等，其条款更加完备，资格认定更加清晰，表述更加规范，可操作性更强，更能体现以人为本理念，便民利民。

2019 年 4 月，国家出台了《国务院办公厅关于促进 3 岁以下婴幼儿照护服务发展的指导意见》，省内相关部门也在研究出台相关的细化落实细则，这些有利于刺激育龄妇女提升生育意愿、完善公共服务体系、构建一个良好的生育环境。

（六）继续实施全面两孩政策的潜在影响

1. 全面两孩政策不能有效阻遏生育率急剧下滑的趋势

分析近年来湖南省生育相关数据后发现，自实施“全面两孩”政策后，人口出生总量在 2017 年达到峰值后，2018 年回落到 83.72 万人，比 2017 年高峰期减少 13.47 万人，回落趋势明显；到 2019 年 5 月的出生人口为 49.09 万人，折算全年数据为 73.63 万人，比 2018 年少 10.09 万人，呈持续下降趋势；2018 年人口出生率 12.19‰，降至 10 年来的最低点；已婚育龄妇女的人数及准予结婚的对数分别比 2017 年下降 5.49% 和 8.33%，创 2010 年以来的历史新低；两孩出生人口占比的上升和一孩出生人口数持续下降形成鲜明对比。这些情况表明，全面两孩政策只能短期刺激释放生育意愿，随着育龄妇女长期结构性减少、生育能力下降，公共服务配套不完善，经济压力增大，导致生育意愿严重不足，全面两孩政策不能有效阻遏湖南省出生人口数和生育率急剧下降的趋势。

2. 全面两孩政策不能延缓生育负增长的到来

湖南省卫健委数据显示，全面两孩政策实施导致生育势能释放，之后将迅速走向低生育水平。评估组认为，湖南当前的人口发展走向，基本符合中心调研组在《湖南人口老龄化的现状、发展趋势及对策研究》（《对策研究报告》2015 年第 17 期）中分析的情况：湖南将在 2021 年达到人口峰值，2060 年总人口降至峰值人口的 81.6%；预计 2021 年后，全省人口总量将进入快速负增长阶段，2021～2060 年，平均每年减少约 34 万人，人口萎缩速度极快，未来湖南人口形势极其严峻。

3. 全面两孩政策不能抑制湖南省人口老龄化

2012 年，湖南省 60 岁以上人口占总人口的比值为 15.61%，2018 年提高到 18.49%，高于全国平均水平 0.59 个百分点；65 岁以上人口占总人口的比值，从 2012 年的 9.61% 上升至 2019 年 5 月的 12.23%，其中，湘潭市、常德市 65 岁以上人口占比分别达 15.11% 和 15.09%，已进入深度老龄化阶段。按照上述《湖南人口老龄化的现状、发展趋势及对策研究》调研报告中的数据，未来一段时间，湖南老年人人口占比不断上升：2033 年，65 岁及以上老年人口占比为 20%，2056 年老年人口占比达最大值 28.2%。总之，全面两孩政策和逐步放开生育政策，虽然会在一定程度上刺激生育，但无法改变湖南省人口年龄结构持续快速老化的发展趋势。

（七）社会公众对生育政策和生育意愿的看法

通过在湖南省人民政府门户网站发布调查问卷，共收集有效问卷 435 份。具体情况如下。

第一，生育政策选择明显，被调查者倾向于出台更多的鼓励生育政策。72.41% 的被调查者认为，应全面放开生育政策，或出台更多鼓励生育政策，27.59% 的被调查者认为应继续维持全面两孩政策不变（见图 3）。

第二，生育影响因素多，经济压力、养育照料成本、职业发展等是影响再生育决策的主要因素。82.99% 的被调查者表示经济压力是生育孩子数量

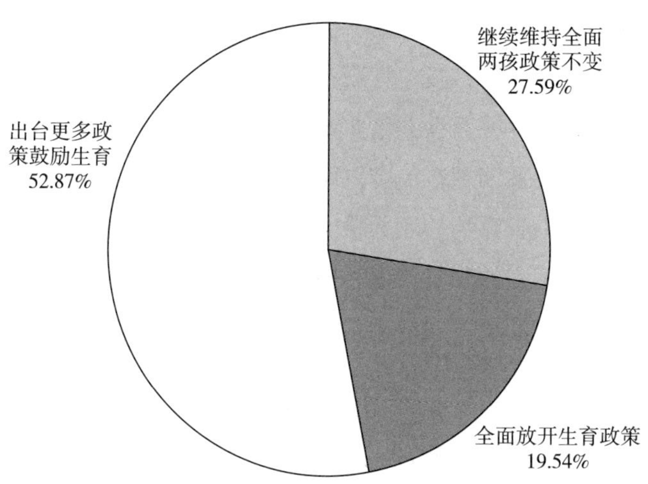

图3 对生育政策的看法

的主要影响因素，68.28%和50.8%的被调查者认为养育和照看成本问题也是影响因素之一，34.62%的被调查者认为生养孩子会影响事业发展。同时，调研中发现，女性在求职就业、职业发展中，很难与男性站在同一条起跑线上，而生育二孩增加了用人单位成本，进一步加剧了女性在职场中的弱势地位，尽管国家三令五申禁止就业歧视，但隐形歧视仍无处不在，这也是影响育龄妇女再生育的重要因素。

第三，鼓励生育举措关注度大，减轻经济压力、延长生育假期、扩大公共服务供给和增加生育期女性聘用企业优惠等建议认可度高。70.8%、69.43%的被调查者认可实行阶梯型生育金补贴政策、阶梯型托儿补助福利，75.63%和61.84%的认为要实行12年义务免费教育、为怀孕女性提供更大幅度产前检查费用免除政策，70.34%的表示实行阶梯型生育带薪假期，54.94%的认为要给予雇佣多孩生育女性的企业更多增值税和所得税方面的优惠。

四 评估结论

全面两孩政策实施以来，在政府和社会各界的共同努力下，各项工作的推进扎实有力，取得了一定的成绩，但也存在一些问题。一是政策细节有待完善。二是实施过程方面，在生育服务登记流程、工作衔接配合、生育权益保障、服务能力提升等方面存在诸多不足，亟待进一步改进。三是全面两孩政策实施效果与政策预期存在一定差距，未出现生育堆积现象，提升生育率效果有限。鉴于湖南省育龄妇女人数大幅减少，人口老龄化速度不断加快，以及当前生育意愿不高的现实情况，有必要加快出台更加宽松的生育政策，构建生育友好的社会环境，促进人口长期均衡可持续发展。

五　优化人口政策的对策建议

（一）尽快放开生育限制，优化人口生育政策

一是尽快放开生育限制。当前育龄妇女人数逐年减少，社会生育意愿普遍不足，建议湖南省高度关注人口的可持续发展，树立人口是最大潜在生产力的理念，进一步客观评估全省和全国人口形势，加强人口监测和研究，促进生育政策和相关经济社会政策配套衔接，呼吁敦请全国人大尽快全面放开生育限制，尽快修改计划生育政策，大幅度降低女性法定婚姻年龄。二是建立生育登记备案制。建议取消生育证，实行生育登记备案制。家长只需持医院开的婴儿出生证明（证明小孩与家长的关系），就可以到公安户籍部门上户口并进行生育登记。进一步完善网上生育服务登记与指导流程，提供清晰明确的资料说明，提高在线办理效率，促进生育登记的“实时办理”。加大生育服务宣传力度，加强医院及社区对生育服务登记以及夫妻生育子女能够享受的公共卫生计生服务的宣传和引导。三是推进人口信息系统的整合与共享。加强省内各市、各相关部门间的协作配合，整合全省民政部门的婚姻信息系统、公安部门的户籍信息系统及卫健部门的全员人口信息系统，实现人口信息跨部门、跨区域的业务协同和信息资源共享，建立统一的人口数据共享交换平台。四是以舆论引导重塑新型生育文化。充分发挥主流媒体和新媒体的作用，大力宣传天伦之乐温馨家庭理念，培养与新时代相适应的健康生

育文化，促进社会各界努力转变家庭结构，提倡多子女家庭，弘扬中华传统文化中“不孝有三，无后为大”、多子多福等观念中的合理因素，重塑养育子女光荣的观念，营造全社会支持生育的良好氛围，并提升公民的社会责任感，充分宣扬家庭生育的重要意义，纠正少生甚至不生孩子的错误观念。

（二）健全公共服务体系，构建良好的生育环境

一是加快建立3岁以下婴幼儿照护服务政策体系。建议尽快出台关于0～3岁婴幼儿照护服务的省级配套政策文件，协调相关部门，明确责任主体，规范行业标准，出台扶助政策，充分调动各举办主体的积极性，规范保育教育活动。二是大力推进婴幼儿托育机构建设。一方面，增大学前教育公共资源供给。增设大量针对0～3岁的公立托儿机构，鼓励幼儿园开设托幼班，加大社区对婴幼儿照护服务的支持力度，建议有条件的社区开展临时托等短时看护服务，建立公益性社区婴幼儿托育网点。继续加强公立幼儿园建设，增加公办幼儿园数量，提升办学水平。另一方面，加大对民办托育机构的补贴和扶持力度。鼓励党政机关、各类事业单位、大中型企业开设职工福利性的婴幼儿托育服务。同时，须加强对托育服务机构及相关工作人员的监督与管理，尤其是在安全及收费方面，要进行严格审查，缓解入托入园难且贵的问题。三是加强妇幼健康服务能力建设。一方面，大力加强综合医院妇产科、儿科建设，加强妇产、儿童专科医院建设，提高妇产科、儿科临床专科能力，关注高龄孕产妇的生育风险，强化孕产妇和新生儿危急重症救治能力建设。另一方面，加强出生缺陷综合防控，积极实施孕前优生健康检查、补服叶酸预防神经管缺陷、地中海贫血防控等重大公共卫生项目，组织生殖健康及重大出生缺陷防控重点专项研究，减少出生缺陷发生。四是健全收养制度。“全面两孩”政策后，存在部分想要二孩，却已经丧失生育能力，或生育存在高风险的群体，其生育意愿和实际适育状况之间存在矛盾。收养能够有效缓和这种矛盾。当前我国的收养条件较为严格，建议适当放宽收养条件，鼓励有收养意愿和能力的家庭收养孤儿，让绝大部分孤儿能在正常的家庭环境中快乐成长。

（三）保障妇女合法权益，促进男女平等就业

一是完善妇女就业保障措施。进一步完善平等就业相关法规。考虑采取举证责任倒置原则，对于不录用女性员工的行为，用人单位须提供证据证明不录用的原因具有非歧视性；建议以物质奖励和精神奖励相结合的原则，对企业积极招用女性、严格落实国家对女性职工特别保护的，可对其予以减免税收、发放津贴、贷款优先、授予荣誉、国家项目招标优惠等奖励。另外，建议政府承担一定的财政责任，设立公共生育福利基金，分担部分生育成本。二是推行生育假期制度和弹性工作制。酌情延长产假和护理假，增设育儿假，即给予父母双方每年一定时间用以照顾婴幼儿子女的弹性假期。提倡在规定时间内完成规定工作任务的前提下，允许怀孕期和幼儿小于3岁的女职工申请弹性工作地点，执行灵活的考勤制度。同时，建议劳动执法部门加强对用人单位执行生育假期情况的监察。三是加强妇女就业培训。结合当地招聘实情，为产后再就业妇女提供有针对性的专业技能培训，助其掌握一技之长，提高其工作技能和就业竞争力。拓宽妇女就业渠道，为再就业妇女提供职业介绍与指导，促进其实现体面就业。四是完善妇女维权和法律援助制度。加强对妇女权益保护相关法律法规的宣传，增强就业妇女的法律意识。免费为妇女提供就业歧视维权服务和劳动争议仲裁法律援助等服务。

（四）多措并举，综合降低养育成本

一是降低生育及医疗成本。提高孕妇、产妇、新生儿的医疗报销比率，增加报销额度，减少自费项目，提高产前检查费的支付标准，尤其是将高龄孕妇必要的产前检查项目及药品纳入生育保险报销范畴，减轻生育负担。二是降低婴幼儿抚养成本。采取多种经济补偿的方式鼓励生育，建议对所有新生儿家庭发放养育补贴，对合法生育二孩及以上的多子女家庭发放生育奖励金，加大对合法生育多子女家庭的税收抵扣力度，将养育支出列入抵扣范围。三是降低教育成本。建议对幼儿在辖区内公办托儿所、幼儿园和普惠性民办托儿所、幼儿园就读的合法生育多子女家庭，每年给予保教费补助。四

是提供住房保障。合法生育多孩的家庭，优先享受保障性住房分配，对生活困难无力承担公租房房租的，给予一定资金减免。对合法生育多子女家庭，在本省范围内租房的，给予一定金额的租房补贴，首次购买普通商品住房的，给予一定金额的购房补贴，并适当调整住房公积金购房贷款和提取政策。

湖南省人民政府《关于统筹推进县域内城乡义务教育一体化改革发展的实施意见》实施效果评估报告*

湖南省人民政府发展研究中心评估组**

推动城乡义务教育一体化发展是新时代党中央的一项重大战略部署，对缩小城乡教育差距、促进教育公平具有重要意义。按照《国务院关于统筹推进县域内城乡义务教育一体化改革发展的若干意见》（国发〔2016〕40号）文件精神，2017年6月，湖南省人民政府印发了《关于统筹推进县域内城乡义务教育一体化改革发展的实施意见》（湘政发〔2017〕20号）（以下简称《意见》）。2019年，我中心对《意见》开展了实施效果评估。

一　政策概况

《意见》包括指导思想、工作目标、工作措施、组织保障四个部分（见表1）。

表1　《意见》内容简介

主要部分	简要说明
指导思想	略

* 本报告获得湖南省政府副省长吴桂英的肯定性批示。

** 评估组组长：谈文胜，湖南省人民政府发展研究中心党组书记、主任；评估组副组长：唐宇文，湖南省人民政府发展研究中心副主任、研究员；评估组成员：袁建四、屈莉萍、胡江春、刘海涛，湖南省人民政府发展研究中心研究人员。

续表

主要部分	简要说明
工作目标	1. 城乡基本公共教育服务均等化基本实现,即“四个统一”和“两免一补”政策城乡全覆盖。2. 县域义务教育均衡发展基本实现。主要指标有:到2019年全省所有县市区全部通过国家义务教育发展基本均衡县评估验收;到2018年基本消除66人以上超大班额,到2020年基本消除56人以上大班额;全省90%以上的义务教育学校(含教学点)基本达到办学标准,九年义务教育巩固率达到98%以上
工作措施(十大计划)	1. 城乡学校建设计划。2. 学校标准化建设推进计划。3. 大班额消除计划。4. 乡村教育提质计划。5. 城乡师资统筹配置计划。6. 乡村教师待遇保障计划。7. 教育治理体系改革计划。8. 控辍保学计划。9. 随迁子女就学保障计划。10. 农村留守儿童关爱保护计划
组织保障	略

二　评估工作基本情况

本次评估旨在评价湖南省县域内城乡义务教育一体化发展成效，找出县域内城乡义务教育一体化改革发展中存在的主要问题，并提出相应的对策建议。主要做了以下工作：一是成立评估组，制定评估方案。二是向省教育厅、民政厅、人社厅、财政厅、公安厅等主要部门征集自评报告，了解工作实况。三是先后赴株洲市、耒阳市、邵阳、怀化、娄底、湘西等地开展调研，与一线工作人员交流、座谈。四是联合湖南红网开展问卷调查，共收回有效问卷721份。五是撰写评估报告。

三　评估主要内容

（一）政策总体评价

1. 完备性和规范性

《意见》结合湖南省实际制定，明确了指导思想、工作目标、工作措施、组织保障，提出城乡学校建设计划、学校标准化建设推进计划、大班额消除计划、乡村教师提质计划等十大计划，内容涵盖义务教育学校建设、师资队伍建设、学生资助等方面，内容全面，体系完备；《意见》与其他相关政策文件内容目标不存在冲突，兼容性、一致性较好，规范性强。

2. 可操作性

《意见》提出的十大计划对化解城乡义务教育一体化发展的痛点难点堵点问题有很强的针对性，目标任务明确，进度安排合理，部门分工明确，具备较好的可操作性。

3. 知晓度

从问卷调查来看，81.64%的受访者表示对《意见》内容有不同程度的了解，18.36%的受访者表示对《意见》完全不了解。从不同群体来看，在义务教育主管部门工作的受访者对《意见》知晓程度最高，达97.83%，其次为义务教育学校工作人员，知晓度为89.42%，而学生家长只有61.75%（见图1）。从了解渠道来看，通过电脑或手机上网、政府文件或宣传资料、电视广播报刊是主要途径，分别占比39.02%、29.73%、18.66%。

4. 满意度

从问卷调查来看，68.19%的受访者表示对《意见》实施效果比较满意或满意。从不同群体来看，在义务教育主管部门工作的受访者满意度最高，91.11%的受访者对政策实施效果表示满意或比较满意。78.28%的义务教育学校工作人员对实施效果表示满意或比较满意，仅45.29%的学生家长对实施效果表示满意或比较满意。

（二）工作进展及成效

湖南推进县域内城乡义务教育一体化发展成效显著。目前，全省共有107个县市区通过国家评估认定，比例达到87.7%，大幅超过国家“2018年中西部地区75%的县实现义务教育均衡发展”要求，并涌现出泸溪、炎陵等一批先进典型示范。

1. 建立健全工作机制，形成上下联动、部门协同的推进合力

2017年11月，省教育厅牵头筹备了在郴州资兴召开全省推进县域内城乡

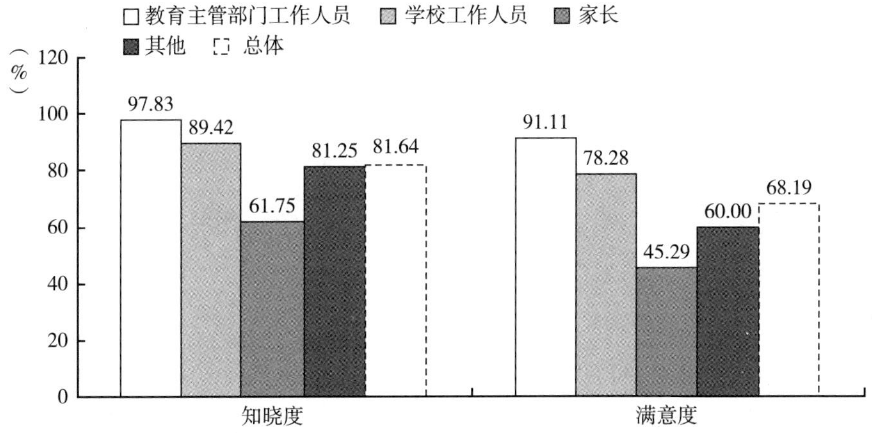

图 1　县域内城乡义务教育一体化改革发展评价

资料来源：根据问卷调查情况整理。

义务教育一体化改革发展现场会，着力推动工作部署。在推动县域内城乡义务教育一体化改革发展中，初步形成了以县为主，省市统筹，以教育部门为主，财政、发展、民政、人社、公安等多部门协同配合的工作机制。如，省财政厅会同省教育厅积极建立和完善城乡统一、重在农村的义务教育经费保障机制，省教育厅建立了消除大班额工作厅委领导联点制度，各市州和县市区政府也建立了相应的联席会议制度，市、县党委和政府的主体责任进一步夯实。

2. 加快推进“四个统一”和“两免一补”全覆盖，大力破除县域内义务教育城乡二元结构

在“四个统一”方面，2016 年以来，湖南先后出台《湖南省义务教育学校办学标准》《关于做好统一全省城乡中小学教职工编制标准工作的通知》《湖南省进一步完善城乡义务教育经费保障机制实施方案》等文件，对城乡中小学教职工编制标准、生均公用经费基准定额标准、城乡义务教育学校建设标准和基本装备配置标准进行了统一。如生均公用经费，目前是普通小学、普通初中每生每年分别为 600 元、800 元，特殊教育学校和随班就读残疾学生每生 6000 元/年。在“两免一补”方面，从 2016 年秋季学期起，全省统一了城乡义务教育学生免费教科书和家庭经济困难寄宿生生活费补助

政策，对城市家庭经济困难寄宿生给予生活费补助。从 2019 年秋季学期起，家庭经济困难学生生活补助从寄宿生扩大到四类家庭经济困难非寄宿生①，按照小学、初中每生每年分别 500 元、625 元的标准予以补助。截至 2019 年 7 月底，全省安排城乡义务教育经费保障资金 82.8 亿元，在保障学校基本运行的情况下，为 764 万义务教育学生免除学杂费、教科书费，为 123 万家庭经济困难学生补助生活费。

3. 全面补齐乡村教育短板，提升乡村教育质量

一是推进城乡对口帮扶。2015 年 10 月，省教育厅推动长沙市和怀化市试点签订了校校结对帮扶协议。截至 2019 年 7 月，全省基础教育共有校校结对帮扶学校 2284 对，其中跨市 164 对，跨县 275 对，县区内 1845 对，覆盖贫困和薄弱学校学生约 356 万人。二是推进一体化办学。一些县（市）积极创新，通过协作同盟、捆绑发展、委托管理等多种模式，推进学区制办学、集团化办学，提升乡村学校办学水平。如，永州东安县以优质学校为龙头，实行“1 + X”捆绑，以“强”带“弱”，以“大”带“小”，全县 68 所中小学按高中、初中、小学三个类别组建成 13 个教育集团，每个教育集团 3 ~ 8 所学校，成立“连锁型”的协作教育联盟。三是加强乡村教师队伍建设。2018 年招收各类农村教师公费定向师范生 11366 人，招聘特岗教师 5923 人。2016 年、2018 年分别启动了两轮义务教育学校校长教师交流轮岗试点工作，共交流轮岗校长教师 10995 人次。四是保障乡村教师待遇。明确要求县域教师平均工资水平不得低于当地公务员平均工资水平，并对全省贫困县农村中小学教师，按学校所在地不同，分别给予每月不低于 700 元、500 元、300 元的人才津贴②。2019 年又专门出台文件，进一步明确了义务教育教师与当地公务员平均工资水平计算比较口径，并要求各地对公务员按

---

① 即扩大到义务教育阶段建档立卡学生以及非建档立卡的家庭经济困难残疾学生、农村低保家庭学生和农村特困救助供养学生。

② 对边远贫困的武陵山片区和罗霄山片区农村中小学教师，按学校在自然村寨、村委会所在地和乡镇政府所在地（不含县城关镇）三类情况，分别给予每月不低于 700 元、500 元、300 元的人才津贴。2016 年起扩大到全省所有国贫县和省贫县。

规定发放奖励性补贴时应同步提高义务教育教师绩效工资。五是改善农村学校基本办学条件。2018 年起，全省实施“贫困地区中小学校建设”工程，分批支持 40 个国贫县，每县建设 1 ~ 2 所“芙蓉学校”，所需资金由省级财政按照每个项目县市 3000 万元的标准给予补助，截至 2019 年 7 月，已按工程进度拨付安排 43 所芙蓉学校建设资金 7.2 亿元。六是通过信息化技术促进优质资源共享。充分发挥“教育信息化区域运营权”的投资杠杆作用，构建形成多元化、可持续的教育信息化资金投入机制。如华容县企业参与县域整体推进教育信息化建设并取得初步成效。

4. 增加城镇教育资源供给，积极化解“大班额”难题

湖南省政府将消除大班额列为 2018 年、2019 年全省重点民生实事之一。一是挖潜扩班增加学位。学校通过调整行政或闲置用房新增教室，增加班级，增加学位。二是就地改扩建新增学位。2018 年，全省义务教育学校改扩建项目 117 个，新增教室 1500 多间，新增学位 7 万个。三是新建学校增加学位。2018 年，全省建成投入使用的新建项目学校 49 所，新增学位 8.5 万个。四是整合社会资源新增学位。一些地方积极利用调整的机关办公用房、闲置厂房等社会资源，将其改造为校舍，用于消除大班额。到 2018 年底，全省累计消除义务教育超大班额 1.8 万个，超大班额减至 859 个，比例降至 0.49%；大班额由 4.7 万个减至 2.9 万个，比例降至 17%。

5. 保障特殊群体教育权利，大力促进教育公平

一是控辍保学。通过学籍服务控辍、督查控辍、“三帮一”劝学行动以及实施建档立卡家庭子女“一单式”对比等举措，促进控辍保学工作落实到位。以建档立卡家庭子女“一单式”精准控辍为例，通过与扶贫部门数据、公安户籍数据、全国中小学生学籍信息管理系统进行整合比对，共比对出 6249 名建档立卡人口疑似失学人员。二是“一人一案”解决适龄残疾儿童少年入学问题。2019 年 4 月，省教育厅与省残联协作，将湖南省残疾人办证基础数据库中 6 ~ 15 周岁的人员名单与全省中小学生学籍信息进行比对，将 10104 名没有学籍的人员名单逐级发放到各县市区，逐一进行核实。对没有入学的，要求根据残疾类型和程度，一人一案，分别采取

随班就读、特校就读、送教到社区到康复机构或福利机构特教班学习等方式，合理安置其接受教育，同时为他们建立学籍。对于已建立学籍但中途辍学的，通过控辍保学“三帮一”制度劝返复学。三是保障随迁子女就学权益。先后出台了《湖南省进城务工就业农民子女接受义务教育实施办法》和《关于做好进城务工人员随迁子女接受义务教育后在当地参加升学考试工作实施办法》。2018 年，全省共有 56.89 万名进城务工人员随迁子女在校就读，与城镇居民平等接受义务教育。调研中，株洲市也反映已全面取消随迁子女入学门槛。四是加强农村留守儿童关爱保护。出台了《关于加强农村留守儿童关爱保护工作的实施意见》，把做好农村留守儿童关爱保护工作纳入学校日常管理内容，对农村留守儿童受教育情况实施全程动态管理，建立联系卡制度，加强任课老师与家长、受委托监护人的沟通联系，强化人身安全防范知识教育。2018 年，全省九年义务教育巩固率为 98%。

6. 深化教育治理体系改革，切实提高教育治理能力

在校车安全管理、中小学生安全教育、规范中小学办学等方面，相继出台了《湖南省实施〈校车安全管理条例〉办法》《湖南省中小学幼儿园安全教育与管理工作规程》《湖南省中小学生减负专项行动实施方案》《全省中小学校违规办学整治行动宣传方案》《2019 年全省中小学校违规办学整治行动专项督查工作方案》等多项政策措施，并进一步严格规范中小学教职工编制使用管理，严禁以任何形式挤占、挪用和截留中小学教职工编制，明确有关管理部门不得与中小学混编混岗占用教职工编制，严禁在有合格教师来源的情况下“有编不补”、长期聘用代课教师，严禁以任何形式吃空饷。

（三）面临的主要困难

湖南省县域内城乡义务教育一体化发展虽然取得显著成绩，但发展不平衡不充分的矛盾仍然突出，继续推进县域内城乡义务教育一体化还面临一些困难。

（1）义务教育“城镇挤、乡村弱”的格局仍未有效、彻底改变。城镇方面，“超大班额”已基本消除，但大班额现象还比较突出。一些城镇住宅小区配套建设中小学校幼儿园及移交情况不容乐观，城镇地区仍不同程度面临着学校建设用地、学位资源、教师资源紧缺的情况；农村方面，农村学校在教育质量、办学水平、配套设施等方面与城镇学校还存在明显差距，学校和教学点分布散乱，布局不优。一些学校特别是村小教学规模小、班额小。如耒阳全市有225个教学点，其中，50人以下的有183个，10～20人的有35个，10人以下的有87个，仅1人的有13个。

（2）财政资金投入压力大。近年来，湖南省财政教育投入总额虽然保持逐年增长，但相对于教育需求而言仍显不足。2018年全省财政教育支出1189.5亿元，占GDP的3.26%，仍不足4%①，低于全国平均水平0.32个百分点。在当前防范化解重大风险攻坚战压力下，一些地区增加财政教育投入压力较大。一是化解义务教育“大班额”和芙蓉学校建设资金压力大。湖南推进县域内城乡义务教育一体化基础差、底子薄，2017年湖南省义务教育阶段56人以上大班额占总班级数的比重为22.4%，66人以上超大班额比重为8.6%，两个比重均为全国最高。省财政计划2018～2020年筹措安排45亿元，奖补县市化解大班额，并同步安排22.5亿元启动“芙蓉学校”建设。但由于市县历史欠账多，且受国家严控地方债风险影响，建设经费缺口较大。二是教育基础设施建设投入压力大。一些经济欠发达县市，地方财政只能“保运转、保工资、保民生”，甚至还有困难，无多余财力投入教育基础设施建设。

（3）教师队伍建设问题突出。一是教师编制数量不足。由于消除超大班额、大班额急需用编，特岗教师和公费定向培养教师需要预留编制，公办幼儿园没有单独核定编制需要占用中小学教师编制以及教师病休等因素影

① 国际上衡量教育投入有一条基本线，即当人均GDP达到800～1000美元时，财政教育支出占GDP的比重要达到4.07%～4.25%，才能实现教育与经济的良性发展。湖南省人均GDP早已跨入800～1000美元行列，但财政教育支出占GDP的比重未达到4.07%～4.25%的国际标准。

响，义务教育阶段教师编制缺口较大。为了解决教师短缺问题，一些学校不得不自行聘请代课教师，如株洲市反映全市有代课教师 3683 人。二是教师队伍力量不稳、结构不优。欠发达地区的学校很难吸引优秀人才进入教师队伍，引不进、留不住的问题比较突出。学科结构上，农村学校的音体美、英语、计算机、科学教师缺乏；年龄结构上，大龄化现象严重，如怀化市农村教学点教师平均年龄达到 57 岁。三是工资待遇偏低。湖南省县一级的规范津贴补贴水平在周边省份中是比较低的（仅 2 万元）。主要是因为湖南省 2006 年工资制度改革时没有保留改革性项目，将通信补贴、防暑降温补贴等项目都进行了归并，纳入规范津贴补贴。而周边省份不仅原有改革性项目多，而且把这些项目保留下来，因此津贴补贴比湖南省高 1 万元左右。四是机关事业单位政策不均。据调研了解，2018 年县（市）对机关发放了绩效考核奖金，但大部分没有将乡镇事业单位纳入政府绩效考核范围，少数虽然将事业单位纳入考核范围，也是只给政策不给钱，未兑现到位。

（4）农村寄宿制学校发展面临困难。一是日常运转有困难。寄宿制学校生均公用经费仍是按学生人头拨付，并没有将寄宿生管理、设备购置、水电费用等方面增加的成本考虑进去，导致寄宿制学校经费总额不足，学校日常运转面临不少困难。二是配套设施不足。一些农村寄宿制学校学生用餐、用水困难，住宿条件简陋，甚至存在 20 多名学生挤在一间宿舍的情况。三是学生生活服务水平不高。大部分保安人员、宿管老师是由任课老师兼任或聘用临时工，没有医务室和专职校医，寄宿生往返家校途中存在安全隐患，这些都给学校管理提出了新的挑战。

四　评估结论

经过各级各部门的努力，全省县域内城乡义务教育一体化水平提升，实现了“四个统一”和“两免一补”全覆盖，超大班额基本消除，大班额比例降至 17%，九年义务教育巩固率、90% 以上的义务教育学校（含教育点）基本达到办学标准等重点任务完成良好（见表 2）。但从调研来看，湖南省县域内城乡义务教育发展不平衡不充分的矛盾仍然突出，与人民群众的期望还存在一定差距，应继续加大工作力度，促进县域内城乡一体化、高质量发展。

表 2　湖南县域内城乡义务教育一体化发展情况（截至 2018 年底）

指标名称	指标值	备注
“四个统一”	100%	实现城乡全覆盖
“两免一补”	100%	实现城乡全覆盖
义务教育发展基本均衡县	87.7%	目前,共有 107 个县市区通过了全国义务教育发展基本均衡县评估认定
超大班额	0.49%	2018 年全省消除超大班额 18168 个,超大班额比例降至 0.49%,低于全国平均水平
大班额	17%	2018 年底,全省有大班额 2.9 万个
九年义务教育巩固率	98%	2018 年九年义务教育巩固率为 98%
义务教育学校(含教学点)基本达到办学标准	90% 以上	2015 年,全省所有完全小学和初中学校完成合格学校建设任务

五　对策建议

（一）继续化解“城镇挤、农村弱”难题，提升县域内城乡义务教育一体化水平

强化“城镇为主、扩城优乡、以城带乡、城乡一体”的总体思路，引导各地根据办学实际需求、农业人口转移趋势和空间布局等因素，加快县域内城乡义务教育布局优化。一是要下大力气化解城镇义务教育“大班额”。城镇住宅小区学校配套建设政策是保障城镇教育资源均衡配置的治本之策。政府相关部门要强化监管，城镇已完工的住宅小区未落实配套学校建设的必须补建，否则停止开发商的建设许可；统筹好资金和资源，加快推进 100 所芙蓉学校建设，提升品质，打造品牌示范工程。二是推进适度集中办学，优化农村教育布局。从省级层面出台相关政策文件，明确细化县域内实施农村学校撤点并校的前提条件和具体要求，加大县域内农村学校撤点并校力度，

以乡镇为单元推进适度集中办学，在城区和农村之间打造一个均衡发展的“缓冲地带”，从根本上解决“农村弱、城市挤”的问题。三是强化农村寄宿制学校建设支持。引导市县将寄宿制学校建设和化解“大班额”结合起来，大力完善农村寄宿制学校食堂、学生宿舍、澡堂、厕所等基础配套设施，通过配备专职生活教师、加强医疗安保服务等措施，为学生提供高质量生活服务，努力改善办学条件。此外，对确需保留的教学点，继续支持其维修改造，保障基本办学条件特别是确保校舍安全，在此基础上探索实行远程视频教学，共享优质学校的教学资源，提升教学质量。

（二）加强教育经费保障，提高财政教育资金投入效率

一是继续增加义务教育资金投入总量。落实财政教育投入责任，在财政资金投入上优先保障义务教育。严格落实教育经费法定增长要求，继续加大资金投入，力争全省财政教育支出占 GDP 的比重达到4%，使义务教育经费保障水平同优先发展教育事业战略地位相匹配。二是突出重点，切实提高资金投入的精准度。加快形成规划科学、标准支撑、配置合理、更可持续的义务教育经费使用结构。加强基础设施建设、设备购置方面的专项投入，提高公用经费支出占比，加大农村寄宿学校的公用经费投入，为学校的日常运转提供充足的经费保障。强化学校硬件建设和师资队伍建设的资金投入，不断增强师资力量保障。三是全面增强义务教育经费管理能力。建立全覆盖、全过程、全方位的经费监管体系。健全“谁使用、谁负责”的义务教育经费使用管理责任体系，强化事前评审评估、事中监控防控、事后公开公示，将绩效管理覆盖所有财政教育资金，并深度融入预算编制、执行、监督全过程，完善细化可操作可检查的绩效管理措施办法。

（三）加强教师队伍建设，提升义务教育教学质量

一是优化教师编制管理。充分考虑乡村学校和城镇学校的不同特点以及学校内部不同岗位的配置结构，科学预测教师需求，合理规划教师结构，确定中小学教师编制配备标准，明确学前教育教师、寄宿制学校生活教师、医

务人员和各类学校员工的独立编制。进一步下放编制管理权限，改革编制管理办法，建立完善省级总量控制、市级统筹协调、县级具体管理、按需校用的动态编制管理体制，实现教师由“学校人”向“系统人”的转变。二是完善教师补充机制。健全农村中小学教师补充长效机制，结合城乡教师编制、教师减员缺额情况、学校用人需求等，制订招聘计划，招聘合格教师，及时补充农村中小学教师队伍。继续完善定向公费师范生培养机制，加大政策倾斜力度，提高定向公费师范生占教师队伍的比例，使农村义务教育师资力量得到长效补充。三是健全激励保障机制。进一步提高农村地区教师待遇，力争在2020年前将农村基层教育人才津贴实施范围由贫困县扩大到非贫困县；进一步改革中小学职称制度，适当增加中小学中级和高级职称比例，参照公务员职务与职级并行管理方法，完善职称（职务）评聘条件和程序办法；督促各地严格落实中小学教师工资待遇政策，确保中小学教师平均工资收入水平不低于当地公务员平均工资收入水平。四是加强乡村本土教师培养。根据当地乡村教育实际需求加强本土化培养，采取多种方式定向培养“一专多能”的乡村教师，稳定乡村教师队伍。

（四）加大特殊群体教育保障力度，促进教育公平发展

一是保障随迁子女就学权益。建立健全以居住证为主要依据的随迁子女入学政策，简化随迁子女入学流程和证明要求。加快县市区阳光招生平台建设，开通线上报名，提供便民服务，实现学生家长办理报名入学手续“最多跑一次”。二是加强留守儿童关爱保护。进一步完善家校联系机制，实现留守儿童家庭、学校的无缝对接。结合实际推广株洲乡村学校“少年宫”的经验做法，丰富留守儿童生活。加强学校心理咨询室建设，完善留守儿童心理辅导工作，确保留守儿童心理阳光、健康成长。三是提升特殊教育水平。严格落实残疾学生生均公用经费标准，以普通学校随班就读为主体，以特殊教育学校为骨干，以送教上门和远程教育为补充，全面推进普特融合。四是落实好困难学生资助工作。完善从学前教育到高中各个学段的资助体系，进一步加大对家庭困难学生的资助。

《湖南省物流业降本增效专项行动方案（2017 ~2020年）》实施效果评估报告*

湖南省人民政府发展研究中心评估组**

物流是国民经济的动脉，为推动全省物流业降本增效、提升发展水平，湖南省于2017年7月出台了《湖南省物流业降本增效专项行动方案（2017~2020年）》（湘政办发〔2017〕37号）（以下简称《行动方案》）。经省领导的批准和《湖南省人民政府重大决策实施效果评估办法》（湘政办发〔2017〕45号）的要求，近期我中心开展了对《行动方案》实施效果的评估工作。

一　政策概况

《行动方案》明确了5个方面行动重点、19条具体措施，并分解落实到相关部门，如表1所示。

* 本报告获得湖南省委副书记乌兰，湖南省委常委、省政府常务副省长谢建辉的肯定性批示。

** 评估组组长：谈文胜，湖南省人民政府发展研究中心党组书记、主任；评估组副组长：唐宇文，湖南省人民政府发展研究中心副主任、研究员；评估组成员：李学文、张诗逸、夏露，湖南省人民政府发展研究中心研究人员。

表 1　湖南省《行动方案》五个方面的行动重点

序号	行动重点	政策内容
（一）	强化服务功能，降低物流业运营成本	优化行业行政审批 促进通行便利 落实国家税收优惠政策 规范收费行为 加强资金和用地保障
（二）	加强载体支撑，提高物流体系运行效率	畅通物流通道 优化物流节点 提升物流园区
（三）	促进联动融合，增强物流协同服务能力	促进制造业与物流业联动发展 推动交通物流融合发展 推进商贸业与物流业融合发展
（四）	完善体系建设，引导物流业集约化发展	健全物流标准体系 构建多式联运体系 完善城乡配送体系 优化一体化服务流程
（五）	实施创新驱动战略，提升物流智能化水平	推动物流信息化建设 推进信息资源共享 推动物流业智慧化 夯实基础性工作

二　评估工作概况

评估工作主要从三个层面展开。一是收集省直部门、相关单位及 14 个市州的自评材料，评估组向省发改委、省交通厅等 19 家直接责任部门，省机场管理集团、广铁集团长沙铁路办事处、省物流与采购联合会等 7 家相关单位，以及省内 14 个市州收集落实情况和意见建议。二是面向市场主体发放调查问卷，向全省在册物流企业发送调查问卷，回收有效问卷 126 份。三是开展实地调研和座谈，前往长沙金霞保税物流中心、郴州湘南国际物流园两个国家级物流示范园，开展企业座谈会，了解园区物流企业对政策的反馈和需求。

三　评估的主要内容

（一）政策评价

1. 知晓度较高

在受访企业中，99.2%的企业表示很熟悉或了解文件的具体内容；其中通过政府工作人员知晓的比例为52.4%，通过网络知晓的比例为46.8%，既反映了政府部门对政策积极宣传，也反映了企业对本行业政策的关注。

2. 满意度较高

96%的受访企业认为政策的出台具有积极作用；42.9%的企业对当地政府落实政策的工作非常满意，44.4%的企业比较满意，3.2%的企业不满意。不够满意的主要原因集中在政策优惠力度不大，配套公共服务、设施不到位等方面（见图1）。

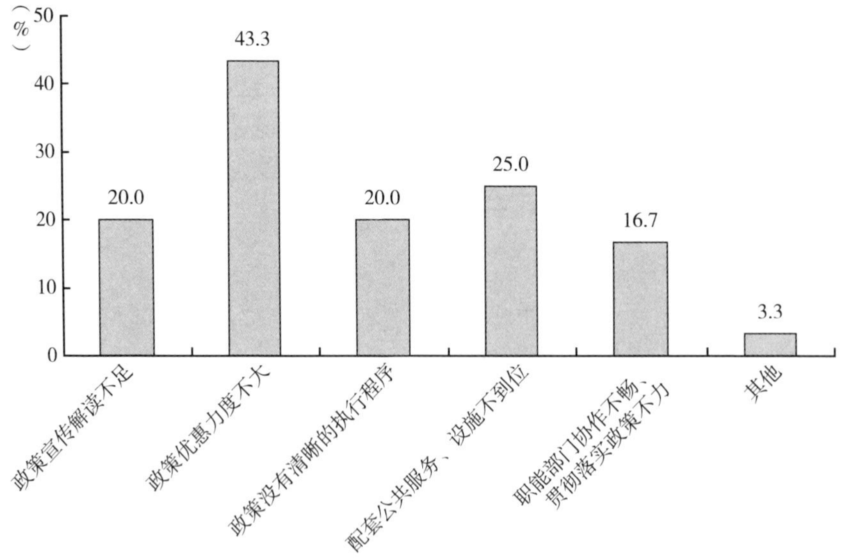

图1　企业对当地政府落实政策工作效果不够满意的主要原因

资料来源：问卷调查。

3. 完备性较好

94.4%的受访企业认为，政策设计能基本满足湖南省物流业降本增效的现实需要；97.6%的企业认为政策内容基本符合湖南省物流业降本增效需求；企业普遍反映在推动多式联运、培养物流人才、特种运输管理等方面亟须出台相关实施细则。

4. 规范性较好

企业认为政策流程公开、操作透明度方面规范性较好，但政策执行的规范性有待提升。在流程公开方面，84.9%的受访企业认为政府政策执行过程中流程公开，认为部分公开的企业占13.5%。在操作透明度方面，85.7%的企业认为政策操作流程透明，认为透明度一般的企业占14.3%。在便捷性方面，67.5%的企业认为政策执行程序便捷，认为便捷性一般的企业占31.7%。

5. 协调性有待加强

《行动方案》虽对各部门负责的任务和时间节点提出了明确要求，但对部门和地方政府在协作机制、落实效果方面没有提出具体考核指标，也缺少相应的监督和追责机制，导致实际操作中部门间合作层次不深、规划对接不畅、政策协同不强、信息共享不足，同时各市州政策落实情况也有一定差异。

6. 操作性有待增强

部门和市州政府均反映，由于对各项举措的落实没有明确的分工和要求，整体推进《行动方案》的具体落实难度较大，效果有限。59.5%的受访企业认为政策的可操作性很好，而认为可操作性不强的主要原因集中在收费高、部门配合不力、申请流程烦琐等方面（见图2）。

（二）政策落实情况

1. 强化服务功能，降低物流业运营成本

一是全面调减行业审批事项，优化各流程环节。2019年上半年，快递领域工商登记许可申请办结时间同比减少24.6天，许可变更审批办结时间

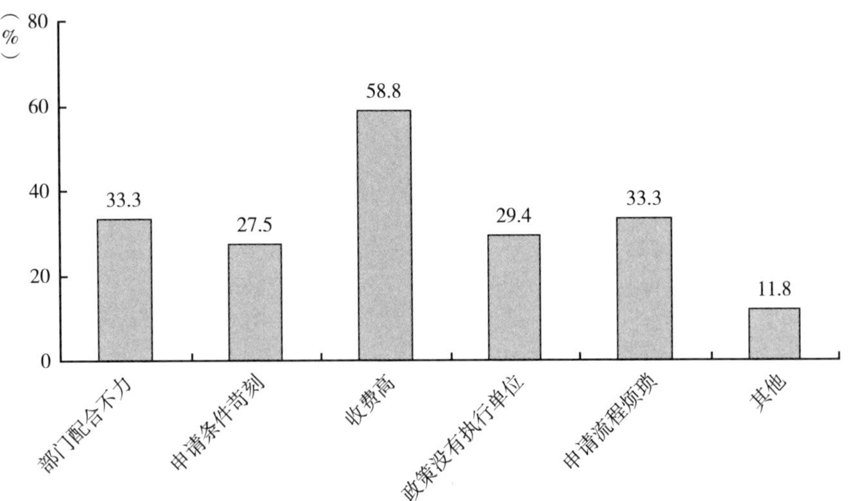

图2　企业认为政策可操作性不强的主要原因

资料来源：问卷调查。

同比减少4天。二是优化许可服务，促进通行便利。将大件运输许可中的检测、验算费等纳入财政预算管理；深入推动转关和舱单无纸化，有效缩短查验作业时间50%以上。三是全面落实物流业相关税收优惠。物流行业增值税税率从11%降低到9%，大宗商品仓储设施用地城镇土地使用税减半征收。四是规范收费行为，切实减轻物流企业负担。省电网一般工商业目录电价降低6.87分/千瓦时；协调广铁集团自2017年起取消抑尘费、自备车管理费等八项杂费，降低132项货运价格；取消口岸拖轮费和驳船取送费，政府管价口岸服务项目实现零收费，暂停转场费、平移费、熏蒸消毒费等9个项目收费。五是加强资金和用地保障。2017～2019年，省财政累计安排资金3.26亿元，用于支持全省物流园建设；明确了仓储物流行业建设用地定额标准，对物流所涉省级以上重点项目用地予以重点保障。

2. 加强载体支撑，提高物流体系运行效率

一是进一步畅通物流通道。加快“公路港”等主要货运枢纽的集疏运通道建设；加快发展中欧班列，先后开通了10条线路，物流服务覆盖达30个国家；大力发展民航货运，开通了长沙至北美、越南、泰国、菲律宾等多

条全货机航班；增强城陵矶新港龙头作用，实现港、澳水路直航，开通了至东盟、澳大利亚的海上接力航线，常态化省内支线穿梭班轮；积极支持口岸平台建设，近三年长沙黄花机场和张家界荷花机场，先后获批多个水生动物、冰鲜产品、水果、药品指定监管场地和口岸。二是优化物流节点。长沙进入首批国家物流枢纽建设名单；长沙北货场二期工程建成投产，年新增运输能力500万吨以上；完成岳阳北、娄底东、郴州北、怀化东、株洲北等货场改造；长沙金霞物流园、郴州湘南国际物流园先后获评为国家级示范物流园，全省11个综合货运枢纽（物流园区）纳入交通运输部《“十三五”规划中期评估综合交通重点推进项目库》。

3. 促进联动融合，增强物流协同服务能力

一是推进商贸业与物流业融合发展。大力发展农村电子商务，搭建区域性电子商务平台，鼓励快递企业开展产地直销、订单生产等物流服务新模式，实施“寄递＋”农产品工程，助力特色农产品出村进城。二是推动交通物流融合发展。加快机场、车站、码头快件“绿色通道”建设，促进快件高效集疏运，探索高铁物流发展模式，以“高铁＋快递”的运营新模式落实交通运输结构调整战略。三是鼓励促进制造业与物流业联动发展。积极引导工业企业特别是中小工业企业分离外包物流业务，搭建工业企业和物流企业对接合作平台；鼓励快递企业开展“入厂快递、区域性供应链服务、嵌入式电子商务服务”等服务模式创新。

4. 完善体系建设，引导物流业集约化发展

一是加快完善物流标准体系。截至2018年底，湖南省组织制定并发布《道路甩挂运输作业与组织规范》《物流园区工程项目建设用地指标》两项地方标准。怀化市物流协会制定并发布《智能物流单元化载具技术规范》《信息平台操作规范》等7项物流团体标准。二是积极推进多式联运发展。加强道路运输与铁路、水路组织衔接；岳阳城陵矶新港集装箱水公铁联运、长沙传化智联商品车及集装箱铁水公联运、怀化武陵山片区四省集装箱公铁水联运先后获批国家多式联运示范工程。三是完善城乡配送体系。形成了郴州“快递超市”、湘潭“共配平台”、株洲“醴陵抱团发展”等典型模式，

湘潭市成功获批全国城乡高效配送试点城市。四是大力推进无车承运人试点工作。共有 34 家企业获得无车承运人试点资格。

5. 推动物流信息资源共享，提升物流智能化水平

一是加强物流公共服务平台建设。重点支持了一批园区、产业集聚区物流公共服务平台，依托湖南交通物流信息共享平台，为物流从业者提供 10 套物流信息化管理云服务软件。二是加强政务信息公开和共享。建立交通运输物流信息共享机制，进一步完善重点营运车辆联网联控系统的建设和应用，加快推进货运枢纽（站场）之间物流、车流信息互通建设工程。三是加快推进企业信息化建设。积极推广通用物流软件，推动物流企业与上下游企业之间信息标准统一和系统对接。四是进一步加强社会物流统计体系建设。组织开展全省物流景气指数调查分析，物流统计成为常态化工作；长沙、湘潭、郴州、岳阳、株洲等市均已开展物流统计工作。五是推进职业教育培养物流专业人才。近年来，全省物流行业参加过物流师、采购师、仓储经理、外贸物流员和物流技能水平等级培训和认证的人员达 1.8 万余人。

（三）政策实施效果

自《行动方案》实施以来，物流企业运营环境大为改善，运营效率明显提升，物流需求规模保持稳步扩大。

1. 社会物流总额稳步增长，物流费用显著下降

2018 年，全省社会物流总额为 108576 亿元，比上年增长 8%，高于全国平均水平 1.5 个百分点；社会物流总费用为 5551.8 亿元，占 GDP 的比重为 15.2%，比 2015 年下降 1.3 个百分点；全省快递业务量完成 78932 万件，同比增长 33.4%。2019 年上半年，全省实现社会物流总额 52718.9 亿元，同比增长 7.3%。

2. 物流试点力度加大，专业化、标准化发展有所突破

在无车承运人试点方面，首批 11 家试点企业共签约注册实际承运车辆 9647 台、第三方物流公司 51 家，共整合物流企业及个体户车辆近 5 万辆，业务范围已基本覆盖全国主要城市。在物流标准化试点方面，全省共有 11

家企业及协会被列入国家商务部物流标准化试点。物流供应链创新与应用试点方面，全省有7家企业入选全国供应链创新与应用试点企业；湘潭市纳入国家供应链创新与应用试点城市；长沙市、株洲市、衡阳市获批流通领域现代供应链体系建设试点城市。

3. 物流园区建设有序推进，企业转型升级进程加快

在物流园区方面，全省共有规模以上物流园45家，其中国家级示范物流园2家、省级示范物流园6家。2018年12月，长沙市、岳阳市、衡阳市、郴州市、怀化市被选为国家物流枢纽承载城市。在物流企业方面，2018年，全省新增A级物流企业31家、5星级通用仓库13个、仓储金牌服务企业6家，新增高新技术企业15家；全省物流行业“综合实力20强企业”，在经营规模、资产实力、管理水平、人员素质等方面的水准比前几年都有不同程度的提升。

4. 物流网络不断完善，国际物流发展明显加快

到2018年末，全省公路总里程达到240059.8公里，其中高速公路通车总里程达6724.6公里；内河航道总里程达11967.7公里。2018年，长沙黄花机场国际机场开通了36条国际航线，新开通的国际全货机航线畅通了外贸空中通道，长沙黄花机场的国际货邮吞吐量达3.1万吨，同比增长130%。岳阳城陵矶国际港务集团完成集装箱吞吐量61.6万标箱，同比增长16.2%。

（四）政策实施中亟待解决的主要问题

2018年，湖南省社会物流总费用占GDP的比重高出全国平均水平0.4个百分点，高出江苏省1.3个百分点。要进一步推进湖南物流业降本增效，有四方面的问题亟待解决。

1. 物流结构亟待优化

从运输结构来看，公路占比过大、铁路和水运占比偏小。能耗大、成本高的公路运输占比常年在88%以上，载重量大、运距长、成本低的水路、铁路运输占比只占到约10%，且水路运输占比呈下滑趋势；不同运输方式

间相互衔接、运转高效的多式联运体系尚未形成，也造成了大量不必要中转费用的增加。

从市场结构来看，单边运输和运力外流造成单位成本偏高。湖南作为销地市场，进货远比出货多，目前很多外地车辆不愿到湖南来，最主要的原因就是车到了湖南，却没有货出去，据不完全统计，湖南省货运车辆平均实载率只有50%左右，平均货运单车年周转量不到25万吨公里。同时湖北、江西等周边省市针对物流企业或货车主在车辆购置、上牌办证、金融服务和税费返还等方面给予强力的政策支持，形成了比较完整的产业链，吸引了湖南省一大批个体司机和物流企业前去购车上牌落户，使得湖南省物流资源外流严重，影响物流业做大规模，导致单位成本居高不下。

2. 行业主体亟待升级

物流项目布局缺乏整体规划，物流园区、节点、网络布局上存在分散、重复建设、同质化竞争等问题。如商贸物流，长沙开福区、望城区同时布局了金桥、湾田、高岭等几个体量大的商贸物流城。又如冷库建设，目前长株潭三市已经形成50多万吨的冷库能力，但由于缺乏资源整合、统筹利用，空库率占1/3。再如信息平台，现在仅长沙市境内，规模较大的、已经上线运行的专业信息平台达28个，多数处于流量不大、客户不多、经营亏损的状态。

物流企业组织化程度偏低，“散小差弱”现象突出。湖南省现代物流企业组织发展滞后，目前全省20万道路运输物流企业中，拥有100辆以上运输车辆的企业仅有86家，个体运输经营户比重达95%，户均拥有车辆仅1.08辆，户均从业人员仅2.32人，远远低于发达省份发展水平，也低于全国平均水平。个体运输户各自为政，尤其是零担物流散、乱、差现象严重，企业丢货不赔、投诉不处理，抗风险能力差，出现意外事故后老板跑路等情况每年皆有发生，导致整个行业组织效率低、交易环节多、资源利用率不高。

3. 资源信息亟待整合

物流业相关主管部门协作水平有待提高。省直部门间的联动机制不够完善，尚未建立联席会议制度，各块工作的牵头部门不同，管理缺乏统一标准；地方政府政策落实效果存在差别，各市州政府部门的执法与监管标准和要求不尽相同，如企业反映湘南某市“营改增”财政补贴政策没有得到落实，公路运输环节“乱收费、乱罚款和乱设站卡”现象依然存在。

高效的物流信息共享平台尚未建立。横向、纵向省市各部门间信息壁垒难以打破，对内外物流信息资源的整合水平较低，如税务部门金税三期系统属于内网，工商、公安等部门信息的服务器则在省级，市州一级无法实现信息的自动抓取和传递，只能人工导入，信息化支撑能力较弱。政府部门对社会信息资源整合力度不足，各种运输工具、设施设备、信息平台衔接不畅，没有建立一体化供应链服务的信息平台，企业数字化、网络化、智能化升级步伐不快，物流信息互联互通和信息共享还存在较大障碍。

4. 配套设施亟待完善

现代物流基础设施相对落后。城市配送设施不健全，新能源货车的市场占有率较低，充电桩等设施不配套，智能化立体仓储、标准化托盘循环共用、单元化器具等应用推广力度不足，相应的资金投入和政策保障落实不到位。货站基础设施发展滞后，截至 2018 年，全省建成的道路运输物流场站有 53 个，其中一级站仅 10 个，大多货运站服务功能比较单一，仍以物业出租停车配载、仓储保管为主，能够提供公共信息、多式联运以及“一站式”服务的社会化、公共平台型站场占比很小，具备公铁水多式联运中转服务能力的物流基地仅有金霞、湘南、城陵矶等少数几家。

不同运输方式间没有实现标准化无缝对接。多式联运体系尚未健全，铁水联运配送体系建设滞后，原计划建设的长沙港及岳阳松阳湖港铁路支线暂未启动开工，而长沙、株洲、益阳、常德、衡阳地区港口均无入港铁路运输设备，铁水联运最后一公里问题未能得到解决，港口与铁路未能做到无缝衔接。

四　评估结论

综上所述，《行动方案》为湖南省推进物流降本增效指明了发展方向，给予了政策扶持和财税支持，但政策的协调性和可操作性有待提高，需尽快改进、补充和完善。要根据政策实施过程中遇到的“硬骨头”和“老大难”问题，按照24个国家部委联合出台的《关于推动物流高质量发展促进形成强大国内市场的意见》、湖南省出台的《湖南省推进运输结构调整三年行动计划实施方案》以及《湖南省推进电子商务与快递物流协同发展实施方案》等文件要求，进一步加大物流降本增效力度、扩大政策受众面，增加扶持方式和加大支持力度，强化政策可操作性和约束性，确保政策更有效地落实。

五　对策建议

结合《行动方案》评估过程中发现的问题，为进一步推进湖南省物流业降本增效、提升湖南省物业整体发展水平，提出以下几点对策建议。

（一）加大政策支持力度，狠抓政策落实

出台吸引物流资源的专项优惠政策。在增加始发货运量方面，对引进物流龙头企业总部在用地价格上给予优惠，对投资过亿物流项目、评定为国家3A级以上和省重点物流企业进行一次性奖补；对大型物流公司在省内建立分拨中心、外省货物经省内中转、省外资源来湘采购的予以一定补贴优惠政策，吸引周边省市物流企业资源来湘，盘活省内的运力资源。在降低企业运营费用方面，参照江西省对挂车减半征收车辆购置税的做法，在车辆购置税优惠政策上加大支持力度；开展高速公路差异化收费试点，降低进出港集装箱运输车辆收费标准；出台支持农村电商快递网络建设、加快推广新能源配送车辆、鼓励智能投递设施推广应用的补贴细则。在加大融资支持方面，设立现代物流产业发展投资基金，政府联合企业、银行共同打造供应链金融资金池；鼓励物流企业采用发行企业债、公司债、短期融资券、中期票据、定向工具及资产证券化等方式拓展融资渠道；支持金融机构针对应收账款、仓单质押等开展供应链金融产品和融资服务，设立现代物流产业发展基金和企

业信贷风险补偿基金。

进一步抓好政策落实落地。建议成立推进物流降本增效省级工作领导小组，协调解决发展过程中遇到的重大问题。成立由省发改委、交通、铁路、民航、邮政等部门共同参与的工作机构，使部门联席会议常态化，定期落实相关工作。由省发改委牵头组织相关部门及市州相关人员开展政策培训，确保物流降本增效工作落实落地落细。建立政策宣讲员制，组建政策宣讲员队伍，定期为企业进行政策宣讲。

（二）完善物流园区和基础设施建设，引导企业集约化发展

完善物流园区和基础设施建设。统筹规划建设和改造一批仓储、分拣、流通加工、配送、信息服务等功能齐备的物流园区，加快布局建设城市物流中心、货运站场、物流基地等枢纽，引导物流企业向规范化、标准化的园区集中。进一步优化城区物流配送通行环境，完善城市物流网络，保障物流车辆行、停、卸设施供给，解决城市物流“最后一公里”配送难题。加快完善县级物流中心、乡镇农村配送站、农村货运网点三级农村物流基础设施建设。

提升物流企业竞争力。加大企业梯队建设力度，大力培育技术水平先进、主营业务突出、核心竞争力强的大型现代物流龙头企业，加快“个转企”“微升小”“小升规”，培育一批成长性好的“小巨人”企业。加强行业规范管理，试行示范物流服务标准，鼓励企业重视品牌建设，提升物流企业整体服务水平。构筑物流供应链生态，加强物流全链路信息整合，降低库存成本；鼓励第三方物流企业紧盯制造、商贸企业供应链提供一体化物流服务，支持物流企业向供应链管理综合服务商转型；打造供应链物流枢纽，发挥制造业优势，将长沙打造成跨区域的全国和中部地区的供应链物流枢纽，推动城际供应链互联互通与高效协同。

（三）着力整合物流信息资源，提升平台服务水平

完善湖南交通物流信息共享基础平台。加快推进公路、铁路、航空、水

运、邮政、公安、工商、海关等领域相关物流数据的接入和开放共享。加快开展物流大数据应用示范，为第三方应用平台建设提供接口，给物流产业链上下游企业提供基础数据平台，打破信息孤岛，实现互通共享。

整合社会信息资源，建立应用平台。推动各市州成立物流与采购联合会，省、市物流联合会密切配合建设物流信息产业联盟，加快数据和信息共享应用。按照“政策引导、多方共建、企业参与”的原则，由政府联合产业联盟牵头整合省、市物流平台资源，依托交通物流信息共享基础平台，采用“1+N”模式强化平台的服务功能，搭建物流业企业信息共享平台、物流公共服务云平台、物流供需对接平台等具有行业特色的应用平台，打造一批集政府服务和监管、在线交易和跟踪、在线支付和结算等功能于一体的物流信息平台，实现物流企业、货主企业、第三方服务企业共享、共建、共赢。

（四）加快推进多式联运体系建设，推动运输结构升级

补齐多式联运基础设施短板。完善综合交通运输体系，推进铁路货运设备设施现代化升级，对湘江的航道进行优化改造升级，保障枯水期船舶的正常通行；完善中转联运设施，实现公、铁、水、航运输方式及城际通道与市区道路的无缝对接和高效贯通；引导大宗货源加快“公转铁”“公转水”“散改集”运输结构调整。

大力发展水铁联运、公铁联运和集装箱多式联运。鼓励发展甩挂运输、集装箱、重型、厢式运输等低能耗的运载组织方式。引导有条件的市州根据当地实际适当选择试点示范，逐步推进区域物流在运载工具、运输技术和运输组织等方面全面升级。推动建设国际多式联运监管中心，支持骨干运输企业向多式联运经营人、综合物流服务商转型。

完善支持便利通行的政策。建议对市区铁路货场集疏运车辆实行差异化管理，避开高峰；完善港口检验检疫、海关通关、集中查验等配套服务设施，加强“进出口直通”功能；进一步优化城区物流配送通行环境，指导主要城区合理设置禁行区域，最大限度地减少限行时间、限行区域、限行路段，增加停车设施。

（五）加强物流人才建设，夯实行业基础

引进急需紧缺人才。鼓励积极引进高层次和急需紧缺人才，对经认定的高层次物流科研人才、物流企业引进的国际顶尖人才、国家级领军人才、省级领军人才，分别给予一次性奖励。推进物流人才培养。加强企业与高校合作，支持以湖南现代物流职业技术学院等为基础创建物流应用技术大学，鼓励高等院校、中等职业学校增设现代物流专业，扩大招生规模，推动企业与院校合作共建物流实训基地和实验基地。加强专业培训，适时组织企业家、经营管理人员、高技能人才到专题研修班进行专业技能培训。

湖南省人民政府办公厅《关于加快推进产业园区改革和创新发展的实施意见》实施效果评估报告*

湖南省人民政府发展研究中心评估组**

产业园区是振兴实体经济和推进供给侧结构性改革的主战场，是落实创新引领开放崛起战略的有力支撑，也是实现高质量发展的主要增长极。为进一步加快产业园区改革和创新发展，湖南省政府办公厅出台了《关于加快推进产业园区改革和创新发展的实施意见》（湘政办发〔2018〕15 号）（以下简称《意见》）。经湖南省领导批准和《湖南省人民政府重大决策实施效果评估办法》（湘政办发〔2017〕45 号）要求，近期我中心对《意见》开展了实施效果评估工作。现将评估情况报告如下。

一 政策概况

（一）出台背景

产业园区是改革开放的成功实践，经过 30 多年的发展，湖南园区历经了从无到有、从小到大、由弱变强的历史性蜕变。2018 年，全省共有省级

* 本报告获得湖南省委常委、省政府常务副省长谢建辉，湖南省政府副省长陈文浩的肯定性批示。

** 评估组组长：谈文胜，湖南省人民政府发展研究中心党组书记、主任；评估组副组长：唐宇文，湖南省人民政府发展研究中心副主任、研究员；评估组成员：禹向群、李银霞、文必正、侯灵艺、言彦，湖南省人民政府发展研究中心研究人员。

及以上产业园区144家，其中经济总量过千亿元的园区8家；完成生产总值11990.79亿元，以0.51%的国土面积，产出了全省32.92%的GDP，为全省稳增长、强创新、促转型发挥了重要作用。当前，湖南省园区处于新的历史节点，一方面，全球产业格局变动、国家支持中部崛起、粤港澳大湾区和长三角一体化产业外溢等历史性机遇接踵而至；另一方面，体制机制改革滞后、要素保障不力、营商环境不优等新老问题依然存在。在此背景下，推进园区改革创新，不是可有可无的选择题，而是破釜沉舟的必答题。《意见》的出台，对助推园区跨越式发展具有重大意义。

（二）政策主要内容

《意见》从功能布局、转型升级、要素保障、体制机制四个方面，明确了园区改革创新的21项政策措施（见表1）。

表1 《意见》主要内容

政策项目	具体内容
一、优化园区功能布局	1. 准确把握功能定位;2. 实施园区优化整合;3. 合理控制园区规模;4. 创新园区开发模式
二、加快园区转型升级	1. 壮大特色主导产业;2. 发展开放型经济;3. 实施创新引领战略;4. 提升产业承载能力;5. 推动园区绿色发展
三、提升要素保障水平	1. 优化园区土地利用;2. 规范园区土地管理;3. 加大财政支持力度;4. 加强园区能源保障;5. 强化园区人才支持
四、加快体制机制创新	1. 完善园区管理体制;2. 深化行政审批制度改革;3. 加强园区规划管理;4. 规范园区设立、扩区和升级管理;5. 强化环境、资源、安全监管;6. 完善园区统计指标体系;7. 强化园区综合考评

资料来源：调研组整理。

二　评估主要内容

（一）政策综合情况

1. 完备性方面：政策框架基本完善，部分内容有所缺位

《意见》覆盖园区从规划、开发到保障全链条工作，搭建了相对完整的

政策框架，内容结构实现了三个统一，即：相互协同与独立操作的统一；前期功能布局与后期要素保障的统一；长期产业培育与近期体制机制改革的统一。从调研情况来看，部分内容体现不足，如金融紧缩背景下的园区投融资模式、园区用人制度及薪资制度改革等。

2. 规范性方面：导向性较好，责任分工需进一步细化

《意见》以高质量发展为导向，文件内容贴近实际，语言表达严谨规范，为园区工作开展提供了有力抓手。但从任务分工来看，部分条款责任划分过宽、过泛。如“多规合一”“引导产业差异化发展”“管理体制改革”等内容，涉及部门广、复杂程度高，若无任务分解表、路线图和节点目标，改革举措落地难度极大。

3. 可操作性方面：原则条款过多，缺少具体操作细则

《意见》多处采用“鼓励”“支持”“引导”“加快推动”等表达，缺乏后继操作指引，亦未配套具体的项目支撑，政策实施效果大打折扣。例如，《意见》鼓励园区优化整合，实际上，在缺乏强力推动的情况下，为维持现有管理机构和权力，园区整合意愿普遍不高。《意见》要求园区内新建道路要同步建设地下综合管廊，因缺乏操作细则引导，难以执行到位。

4. 创新性方面：基础机制健全完善，要素供给创新乏力

《意见》出台以来，协调机制、考评机制、园区公共平台等基础机制进一步健全完善，为园区协同发展、互通有无创造了良好条件。但在要素供给方面，政策创新力度不大。有关资金、用地、人才等要素保障多为已有政策的机械叠加，未有实质突破。如“园区利用存量工业用房发展生产性服务业及众创空间的，5 年内沿用原用途和土地权利类型使用土地”，为国务院文件原文；“鼓励园区实行聘任制和绩效制”等，为湖南省已有政策，园区的执行情况不如人意。

5. 知晓度方面：总体知晓度较高，对具体条款理解不深

被调研市州、园区对《意见》均表示知晓，长沙、娄底、常德、怀化等多个市州均结合各自特点，出台相关政策，推动《意见》的细化落地。但调研中同时发现，部分市州部门、园区、企业对《意见》内容理解不到

位，政策执行存在偏差。例如，部门园区对考核机制、双创土地优惠、土地弹性出让等政策的理解存在偏差。

（二）政策执行情况

《意见》出台以来，相关单位认真落实，积极作为，做了大量工作。

1. 引导了三个发展方向

一是引导园区特色化发展。出台《湖南省特色产业园区管理办法》，依托长沙高新区、长沙经开区等国家级园区，创建了19个特色产业园，布局了人工智能、工程机械、先进轨道交通等新兴优势产业链。强化园区品牌建设，引导安化经开区、邵东经开区等园区，重点发展黑茶、轻工等传统优势产业。出台《关于支持湘南湘西承接产业转移示范区发展的若干政策》，引导蓝山经开区、桂阳高新区等园区，整体承接粤港澳大湾区、长三角一体化示范区的纺织服装、家具制造等转移产业，打造新的经济增长极。二是引导园区集成化发展。启动小、散、弱园区的清理整合工作。如，长沙市按照“五统一分”原则（经济发展和建设规划、土地开发和利用、市政设施建设、产业布局、统计报表等5个方面由托管园区统一负责，具体工作由各园区分工实施），对开福区、望城区和浏阳市所辖的两个或两个以上园区管委会实行统筹管理。长沙经开区按照“七统一”模式（统一发展规划、统一开发建设、统一产业布局、统一优惠政策、统一招商引资、统一环境治理、统一管理服务），托管三个临近园区（星沙、榔梨、黄花）。郴州经开区托管鲁塘工业园，天心经开区和暮云经开区实现合并。三是引导园区协调化发展。市州间飞地经济模式破冰。共建长沙经开区汨罗产业园，是全省首个跨市州合作的飞地工业园，长沙省级以上园区与龙山工业集中区深度合作，将龙山工业园作为长沙市大中型企业的重要生产基地，湘潭经开区和慈利建立了良好的共建合作机制。积极推进湘赣、湘粤跨省共建产业园，共建跨国园区，长沙经开区与埃塞俄比亚共建埃塞－湖南工业园。

2. 强化了三大要素保障

一是优化土地利用。实施“135”工程升级版，鼓励建设多层标准厂房和原有厂房加层改造，将标厂用地作为招拍挂出让的条件。盘活存量土地资源，清理闲置土地和僵尸企业，为新兴优势企业入驻提供用地。在编制新一轮多规合一国土空间规划过程中，将重大项目及时纳入总体规划，将有限的新增用地指标优先保障园区高质量发展所需用地。出台《关于推进工业用地弹性供应有关问题的通知》，在全省范围内推行“弹性年期出让”“先租后让”“租让结合”供地模式，长沙等市州出台工业用地弹性供应的实施意见，在湘江新区开展试点。省发改委、工信厅等联合制定《关于湖南省制造业行业新增项目及分区域园区投入产出标准》，引导园区提升亩均质量效益。

二是加强能源保障。组织园区参与国家三批增量配电业务改革试点申报，共获国家批复 17 个试点，居全国第 4 位，当前已获电力业务许可证的园区 5 家（东江湖大数据产业园、白沙洲工业园、益阳高新区、湘潭经开区、株洲高新区）。支持园区屋顶分布式光伏电站项目，纳入光伏发电国家竞价补贴范围。开展非居民用天然气季节性差价改革试点、配气价格管理等改革措施，降低园区用气成本。鼓励园区废水深度处理回用，落实相关补贴政策。

三是强化人才支撑。组织各市州园区开展多种交流集训，组织赴浙江等发达地区学习园区建设管理经验，赴浙江大学进行系统培训。支持长沙人力资源产业园成功申报国家级人力资源服务产业园，为园区提供人才服务。向园区及园区企业下放职称评审权限，根据产业发展方向申请相关系列（专业）、相关层级的职称评审权。出台《联湘创新创业人才服务工作站管理办法（试行）》，支持长沙经开区等 7 家园区设立“联湘创新创业人才服务工作站”，提高园区引才能力和服务水平。坚持产教同步规划，在省级以上园区布局职教城和职业院校 145 所，在校生 59.6 万人。坚持产教同步建设，对接 20 个新兴优势产业链，建设省级卓越职业院校 49 所、示范性特色专业群 222 个。坚持产教同步发展，推动校企共建“湘”字号产业学院 5 个、省级职教集团 42 个，遴选 3 个城市、51 所院校、125 家企业开展现代学徒制试点。

3. 提升了五项竞争能力

一是集群竞争能力。组织申报国家级战略性新兴产业集群试点，将长沙智能制造装备产业集群、湘潭智能制造装备产业集群、岳阳新型功能材料产业集群、娄底先进结构材料产业集群被纳入试点范围。鼓励创建新型工业化产业示范基地，共创建 17 家国家级、47 家省级新型工业化产业示范基地（含 2 个五星级基地）。招商工作进一步聚焦核心产业链，在园区重点招商产业目录中明确：国家级开发区确定重点招商产业 2 个，省级开发区 1 个。

二是创新驱动能力。围绕双创工作制定出台 20 余项政策文件和实施细则。组织实施“湖南省高新区创新驱动发展提质升级三年行动计划”，推动高新区实现转型升级。修订《湖南省高新技术发展条例》，进一步完善高新区管理机制。首次开展高新区绩效评价工作，从知识创造和技术创新能力、产业升级与结构优化能力、开放性和参与竞争能力、可持续发展能力等 4 个方面对高新区进行评价分析。推荐申报国家再制造高新技术产业化基地、国家火炬特色产业基地和国家先进装备制造高新技术产业化基地。

三是开放引领能力。实施开放水平定期通报制度，省发展开放型经济领导小组办公室每个季度将全省省级以上开发区外资、内资、外贸情况向各园区进行通报，督促园区对标先进，查找不足，提升开放发展水平。在湖南 - 长三角经贸合作洽谈周洽谈期间，专门举办了湖南开放强省建设暨国家级园区重点产业推介会，首次集中推介国家级园区。发起成立了湖南 - 粤港澳产业转移综合服务中心，服务湘粤两地园区、企业合作取得了实质性进展，如联合祁阳县举办了“百企入园”集中签约仪式，推进郴州市承接智能通信电子电路产业、邵阳县承接皮具皮革产业链等。

四是产业承载能力。推进实施“135”工程升级版，拟建设 3000 万平米标准厂房。鼓励产城融合发展，推进国家级邵阳、岳阳产城融合示范区建设，推进 13 个省直管县省级产城融合示范区建设。推进公共服务平台建设，在省预算内设置新动能培育专项，围绕“5 个 100”和 20 个工业新兴优势产业链，支持园区公共服务平台建设。

五是绿色发展能力。支持园区环保设施建设，在重点流域水环境综合治理中央和省预算专项中，对宁乡经开区、溆浦工业集中区等园区污水处理设施等环保设施建设予以支持。支持园区循环化改造，支持松木经开区、汨罗循环高新区等开展循环化改造试点。推动第三方治理，支持水口山经开区、攸县高新区开展第三方治理试点，并积极争取国家专项资金。

4. 夯实了五大基础制度

一是完善园区管理体制。出台《湖南省产业园区体制机制创新试点工作方案》，支持浏阳高新区等 16 个园区开展标准地、市场化运营等体制机制创新试点。

二是强化规划引领制度。省园区办牵头制定《湖南省产业园“十三五”规划》，并对规划实施情况进行中期评估。

三是规范园区设立、扩区和升级制度。出台《开发区调区扩区和退出管理办法》，指导近 40 个园区开展调区扩区前期工作，批复水口山经开区、祁阳经开区等 6 个园区调区扩区方案。推进国家高新区和省级高新区创建工作，2018 年国务院批复同意怀化高新区升级为国家高新区；宁乡高新区、岳阳临港高新区等 5 家省级高新区创建国家高新区进入审批、考察和申报阶段；近两年新增 17 家省级高新区。出台《关于规范国家级开发区申报标准的函》和《湖南省升级高新技术产业开发区申报认定办法》。批复设立了开福高新区、批复筹建望城高新区、望城工业集中区。

四是强化环境、资源、安全监管制度。省生态环境厅联合省发改委下发关于加强园区环境污染治理的通知，向各市州交办园区污染治理问题清单并限期整改。形成应急、自然资源、公安、交通、住建、市场监管的联合执法，开展安全生产专项行动。出台《湖南省危险化学品产业布局（园区）规划》，明确 7 个化工园区和 14 个备选园区，推进危化品行业集聚发展。

五是完善园区统计、评价制度。印发《关于进一步加强园区统计工作的通知》，建立健全园区统计体系。成立产业园区统计工作领导小组，明确了统计职责。将省级以上的明确四至范围的园区全部纳入统计体系。实现了省、市（州）、县（市区）、园区统计四级联网直报，部分园区实行了超级汇总。建立完善了产业园区综合评价统计制度，并报国家统计局批准，成为具有法律效力的正规统计报表制度。出台了“湖南省产业园区统计工作规范”，加强产业园区数据质量控制。以“亩均效益”为导向，修订评价办法，对总排名后10名进行约谈，对后3位给予黄牌警告并要求限期整改。

（三）政策实施效果

1. 园区经济发展成效显著

2018年，全省省级以上园区实现技工贸总收入4.46万亿元，同比增长14%；规模工业增加值7047亿元，同比增长8.9%；完成产业投资6680亿元，同比增长10.7%；实现进出口总额2193亿元，同比增长33%，占全省进出口总额的比重超过70%。

2. 园区产业项目建设加快推进

全省省级及以上园区集聚了“五个100”中70%以上的重大产业项目，75%以上的重大规划科技创新项目、80%左右的重大产品创新项目，90%左右的新引进500强企业、70%左右的拟引进科技创新人才。园区重大产业项目完成投资超过全省重大产业项目完成投资总额的70%。

3. 园区开放型经济发展硕果累累

园区外贸综合服务中心总数达到58家，基本实现全省全覆盖，一批企业合作运营联盟、“湘企出海+综合服务”平台成立运营，埃塞俄比亚湖南工业园签约意向入园企业20多家，波兰工业园、墨西哥工业园建设取得实质性进展，老挝现代农业产业园、阿治曼中国城等一批特色产业项目建设稳步推进。

4. 创新驱动增强发展动力

2018年，全省省级及以上园区实现高新技术产业主营业务收入超过2万亿元，占园区技工贸收入的45%以上。新增国家级园区1个，省级高新区15个。20条工业新兴优势产业链加快成长，轨道交通、航空发动机及零部件、新材料等产业集群更加壮大，工业机器人、新能源汽车等新兴产业成倍增长，商务服务、软件信息等新兴服务业增速超过20%，移动互联网产业营业收入首次突破千亿元。

（四）政策实施过程中的主要瓶颈及原因

调研认为，当前园区发展主要面临三个瓶颈制约。

1. 管理机构：体制机制未完全理顺

园区管委既是政府派出机构，承担园区管理职能，又直面市场，逐市场而动，其体制机制需进一步优化。一是经济职能有弱化。随着园区城区化和规模扩大化，园区承担了更多的社会职能，并接受上级政府考核。园区缺乏社会事务管理的法定授权，机构设置及资源分配受限，导致园区人少事多、权责不对等矛盾突出。同时，过多的社会事务在一定程度上分散园区的经济职能，园区逐渐与普通行政区趋同。二是园政分工不明晰。在产城融合发展进程中，园区与政府存在大量职能交叉，如人才服务、创新创业政策、基本公共服务等，湖南省尚未出台园区管理条例（中部唯一，见表2），导致园政分工不明、行政审批权限下放缺乏法律依据等问题。三是人事薪酬体系不科学。部分园区的人事薪资体系机械参考公务员体系和事业单位体系，尚未建立科学合理的人事薪资管理体系，存在“上下流动难、体制内外流动难、进出流动难”等问题，薪酬体系存在“吃大锅饭、干多干少一个样儿、薪酬水平比市场均值低”等问题。四是编制管理不规范。存在编责不匹配现象，如黄花综保区 PPP 项目年涉金额 6 亿 ~7 亿元，相关财务管理仅 1 个编制，存在财务风险。园区管委会之间机构编制核定差异较大，行政编制、事业编制与编外混编混岗缺乏制度约束，部分园区聘用大量编外人员（政府雇员或合同工），身份界限带来的心理差距和待遇差距不利于发挥人才活力。

表 2　中部六省开发区条例出台情况

省份	条例	实施日期
山西	《山西省开发区条例》	2019 年 3 月施行
河南	《河南省开发区条例》	1995 年 1 月起施行，2002 年、2010 年两次修订
安徽	《安徽省省级开发区条例》	1997 年 1 月起施行，2002 年、2004 年、2016 年三次修订
湖北	《湖北省开发区条例》	2020 年 3 月起施行
江西省	《江西省开发区条例》	2019 年 10 月 1 日起施行
湖南	—	—

资料来源：调研组整理。

2. 功能平台：功能拓展与园区发展不协调

目前，大多数园区的功能平台已实现公司化，但功能发挥尚有待进一步加强。一是市场化程度不高。虽然大部分平台公司名义上是公司法人，但实际为事业体制，较多采用“一套班子、两块牌子”的组织结构。长期而言，这一体制难以支撑园区发展需求，与国家相关规定有所背离。同时，受机制限制，平台公司资产调动与投资活动受到严格控制，治理结构、运作程序、风控规程、债务准备金制度不完善，公司决策易受行政命令干扰。二是投融资功能受限。受金融政策紧缩影响，依靠政府信用背书的融资渠道基本堵死。省内已成为金融“禁区”，各种平台融资项目基本叫停。平台公司的外部信用评级和经营性资产缺乏，抵押物不足，依靠自身信用融资能力有限；缺乏优质现金流项目，降低融资成功率，存在贷后风险。三是运营能力不强。运营能力主要集中在土地运营，包括一级、二级土地开发和租金收入等；产业增值服务处于“仅投入－无回收”阶段，存在物业管理不规范、生活配套不完善、产业服务不优质等问题。金融投资服务不成熟，引进市场化专业投资机构不多。模式输出服务尚未起步，省内目前没有专业化的园区运营企业。

3. 土地要素：用地低效与用地不足危机并存

在土地指标紧缩背景下，园区同时存在用地效率过低和储备用地不足的双重困难。一是存在圈地现象。出于工业用地价格成本长期倒挂、土地退出机制缺位等原因，企业圈地现象比较严重。特别是大型企业，从 2009 年至今，湖南省制造业前 20 强企业共取得工业用地 1684 公顷，其中未动工或动工未建用地 692 公顷，占比 41%。其中湖南中烟和华菱钢铁分别为 142 公顷和 117 公顷。二是地方政府频繁调规导致园区内工业用地大幅减少。根据 2017 年国家对湖南省园区四至范围进行复核结果，湖南省园区不符合“两规”用地面积为 10875 公顷。根据自然资源厅 2018 年的调查，91 家园区发现了低效用地 279 宗，总面积 837 公顷。三是土地集约制度难以落实到位。尽管有“未动工开发满两年可无偿收回”的规定，但“动工”的标准难以确定、量化，导致规定难以执行。在招商考核压力下，单位用地投资、产出强度、容积率、建筑密度等指标约束效力低。供后管理上，监管权限分散在多个部门，难以形成合力。《入园协议》《土地出让合同》对企业的约束力不足。四是部分园区用地空间不足。部分园区用地不足情况比较严重。如长沙经开区、望城经开区、宁乡经开区、湘潭经开区、长沙高新区、株洲高新区、衡阳高新区、常德高新区、郴州高新区9个国家级园区核定范围内可供应土地面积不足100公顷。

三　评估结论

《意见》内容完备，知晓度高，政策导向性强，市州、园区的政策反馈性好。但在以下方面有待加强：一是《意见》部分条款的可操作性、创新突破性有待加强。二是督促相关责任部门出台实施细则和配套政策。三是面向园区、面向企业加强政策宣讲和政策解读。

综上，为进一步推动湖南省园区改革和创新发展，建议：借鉴国内外先进园区成功经验，结合湖南实际，进一步修订完善《意见》条款，推出更具突破性、创新性的改革举措；督促尚未出台实施细则的责任单位、部门尽快出台完善配套政策，清除政策落地的"隐形门"；加强《意见》宣讲解读，特别是将涉企政策向园区企业传达到位。

四　政策建议

调研组认为，湖南省园区发展正处于改革创新关键期，要在完善顶层制度设计、加快体制机制改革和破解要素瓶颈三方面重点发力，进一步优化完善《意见》内容。

（一）强化顶层制度设计，搭建"3＋N＋1"政策体系

"3"：制定《湖南省产业园区"十四五"规划》、《湖南省产业园区条例》和《关于加快推进产业园区改革和创新发展的实施意见》。结合园区"十四五"规划前期研究，进一步明确发展愿景，清晰战略定位，制定战略

目标，勾画未来五年湖南省园区的发展蓝图。加快《条例》可行性分析和立法论证进度，重点突出创新性和包容性。从明确园区法律地位、规范管理体制、加大支持力度等入手，营造支持改革、鼓励创新的良好环境；贯彻落实“三个区分开来”原则，合理界定容错情形和条件，细化容错纠错正面清单和负面清单，鼓励园区大胆探索，先行先试，为开发区改革创新提供强有力的法治保障。进一步补充完善《意见》条款，重点突破体制机制创新、产业培育、要素供给等瓶颈，制定专项实施方案，明确具体目标、实现路径和时间节点，建立定期调度和跟踪督查机制，推动园区高质量发展。强化《规划》、《条例》和《意见》的政策协同，形成“规划管方向，条例管保障，意见管落实”的政策合力。

“N”：形成由 N 条实施细则、实施办法和行动方案等组成的配套政策体系，扎实推动《意见》落实落地。落实执行特色园区管理办法、调区扩区和退出管理办法、体制机制创新试点工作方案、“135”工程升级版实施方案、高新区申报认定办法、加强园区统计工作的通知、推进工业用地弹性供应的通知、园区新增公共基础设施投资项目融资贴息实施细则等实施细则；加快修订“飞地经济”试点意见；将浏阳经开区“先建后验”管理模式试点、园区体制机制试点的成功经验、先进做法尽快推广至全省符合条件的所有园区，变“特惠”政策为“普惠”政策。对于《意见》中涉及，且尚无细则支撑的条款，如能源、人才等要素支撑，加快实施细则的出台进度，推动《意见》落实落地。

“1”：即 1 个落实机制，由统计指标体系、报送制度和综合评价制度三部分衔接构成。构建“哑铃形”园区统计体系，即增强园区基层统计部门和省统计局的园区统计力量，适当增加相关岗位、编制，建立园区统计台账，稳定基层统计人员队伍；减少数据中途拦截、加工，通过信息化建设确保统计质量，在省、市（州）、县（市区）、园区四级联网直报基础上，推进园区全面数据“超级汇总”。突出考评机制在园区发展中的“指挥棒”作用，进一步完善综合考评机制，结合“飞地经济”、共建园区等机制创新，就指标分成、考核权重进行制度安排。

（二）加速体制机制改革，探索“小管理 + 大平台”发展架构

实施“政企分开、政资分开”的要求，以“精行政、强平台、市场运营”为导向，推动管运分离。

建立精简高效的管理机构。一是建议在园区行政级别配置上给予更大支持，推动园区更好地协调整合各类资源，保障园区高效运作。明确省级以上园区，党工委书记列席县（市）委常委会议，管委会主任列席县（市）政府常务会议，在使用上与其他党政班子成员同等对待。对于实施“一区多园”模式的园区，强化职能归并、效能整合和资源统一调配，避免管理碎片化。二是大胆探索全员聘用制。打破公务员、事业编和聘用人员的身份界限，实行全员 KPI 考核，完善薪酬晋升通道、薪酬等级浮动调整机制，建立绩效与薪酬挂钩的薪酬制度。实施项目业绩考核，将考核结果与个人目标绩效奖挂钩，探索灵活用人机制和动态激励机制。三是剥离园区社会职能，重构精简高效的组织框架。明确园区与所在街道（乡镇）职能划分，参照山东经验，将教育、卫生、文化、市监、质监、环保等社会管理职能全部剥离划归当地部门。推行“大部制”改革，优化整合原有机构职能，将更多管理人员下沉到招商引资、服务企业等业务一线部门。四是深化行政审批制度改革。加大市州向园区下放市级审批权限力度，开展相对集中行政许可权改革试点，基本实现园区事园区办；推动“一件事一次办”、精简审批环节，打造“最多跑一次”改革升级版，实现一张表、一张网、一个厅、跑一次，“大厅之外无审批”，“只进一张门，只入一个窗”等；开展园区“多规合一”，制定“多规合一”改革工作推进方案，通过“多规合一”加强园区空间管控能力，优化行政审批流程，保障规划有效实施，实现“一张蓝图干到底”。

搭建公共化兼市场化的功能平台。以现有园区平台公司为主体，强化公共服务职能，加强市场化方向改革，不断满足园区发展的功能需求。一是通过提升自身信用、优化资产结构、丰富项目类型、创新融资工具强化融资功能。通过建立政府持续资本金投入机制、与央企等优质信用主体组建联合体、提升运营能力实现盈利等方式提升平台信用等级；通过注入优质经营性

资产、剥离或以PPP模式运营公益性资产、收购并购外部优质资产等方式，优化平台资产结构；通过专营门槛较高的政府投资项目、作为社会资本方参与跨区域PPP项目、竞争获取综合性项目，实现投资项目多元化。通过发行企业债券、公司债券、永续债等，发展期限结构相匹配的债务融资；组建产业投资基金、发展类房地产信托投资基金等开展股权融资；通过存量项目TOT转化、资产证券化、房地产信托投资基金、项目收益债进行项目融资。二是打造更加专业化的产业运营功能。重点培育3～5家专业化的省内园区运营企业。以独立法人形式行使资产经营管理权，充分参与市场竞争，从园区土地开发、产业导入培育培养、园区运营、产业企业、可持续发展等方面制定全流程、系统化、标准化的多元化价值实现模式，真正成为“自主经营、自负盈亏”的开发实体。鼓励优秀园区运营企业打造“连锁”品牌，通过跨区域合作经营“飞地园区”。引进上海临港、蛇口招商、张江高科等国内先进园区开发建设运营商，负责园区的开发、建设、经营和对外合作等事宜，提升在品牌营销、资源整合、信息共享、商务服务等方面的专业化国际化水平。重点强化增值运营服务。包括基础物业、人力资源、金融、资源共享、创新创业、开放平台和政务服务等；强化与第三方专业机构的协作服务。推动园区与院校、科研院所等创新机构共建产业对接协作平台、产业创新合作平台；推动省内园区共建产业招商联盟，构建跨区域产业合作机制；加大对行业协会赋能力度，鼓励国际知名协会设立分支机构，通过购买服务等方式支持商协会发展，在招商引资、招才引智、行业自律等方面助力园区建设。

（三）优化核心要素配置，突出“集约土地＋技能人才”比较优势

集约利用土地要素：一是增强土地管理供应的灵活性。借鉴东莞经验，在产业功能区全面推广新型产业用地（M0）制度（即产业、配套用地的土地功能混合使用模式），由省级园区先行先试，启动新型产业用地试点，提高存量用地利用效率，推动低效产业用地改造，加速引进新业态、新产业。探索“先租后让”“先租后售”等土地供应方式，租约到期后采用弹性年期

出让有条件续期方式将土地出让，或在设定指标达到条件后再行出售。对于不适合成片开发的地块，根据规划用地性质和土地用途灵活点状供应。同时，积极探索混合供地、租赁供地、分段供地等模式。二是加快盘活低效闲置资源。探索土地资源存量盘活与新增指标“增量挂钩”奖惩机制，鼓励低效用地“二次开发”。全面清查区域内闲置用地，督促园区管委会明确盘活低效用地的目标、任务、进度、实施主体，制定低效用地再开发方案。不再新增低效企业的土地供应，加强土地出让合同履约管理和转让管理，推动企业有序退出。三是合理选择土地开发模式。根据园区产业规划和产业生命周期科学选择土地开发模式，对于明确产业属性和功能的核心区域，按照“土地一级开发 + 基础设施建设 + 土地大招商”模式开发土地，采用以片区综合开发为主的开发模式。对于产业配套区域，引进成熟产业地产服务商，按照“出资拿地 + 开发建设 + 载体租售 + 运营服务”模式开发土地。对于土地功能暂时无法确定的土地，探索“灰地开发”模式，充分利用湖南省在装配式建筑上的发展优势，以短期出让或租赁的方式获得土地，在其上建设非永久性的装配可移动建筑，同时展开招商运营行为，实现土地资源的高效利用与弹性控制。

扩大高素质技能人才供给：贯彻落实《芙蓉人才行动计划》，弘扬“工匠精神”，提升技能人才幸福感与归属感，增加湖南园区的高素质技能人才供给。一是提高技能人才待遇。指导企业探索建立基于技能等级和业绩贡献的工资待遇机制，提高技能人才职业认可度。二是精准推进校企合作。鼓励园区企业与职业院校、高等学校开展校企合作，围绕园区主导产业和特色产业需求开展课程标准体系，联合培养产业所需的技能人才。三是探索建立“学分银行”终生学习管理机制。借鉴“学习强国”平台模式，由省教育厅、省人社厅牵头，开发整合线上学习培训资源，加强慕课平台建设，结合园区产业需要认定技能培训规范标准，提供技能培训课程。在此基础上，建立“学分银行”管理机制，鼓励技能工作者积极参加培训学习，累计达到一定标准后享受奖励资助政策。

《湖南省污染防治攻坚战三年行动计划（2018～2020年）》实施效果评估报告*

湖南省人民政府发展研究中心评估组**

2018 年 6 月湖南省政府出台《湖南省污染防治攻坚战三年行动计划（2018～2020 年）》（湘政发〔2018〕17 号）（以下简称《计划》），经省政府领导批准，近期我中心开展了《计划》实施效果中期评估工作。评估情况如下。

一　政策概况

《计划》围绕污染防治总目标，从推进转型升级，加快形成绿色发展方式；强化精准治污，着力解决环境突出问题；树立红线意识，加大生态系统保护力度；实施蓝天、碧水、净土保卫战；强化保障等方面，提出具体任务措施（见表 1）。

二　评估工作概况

成立由中心领导牵头的专题评估小组，综合采用自评、实地调研、座谈等方法，对《计划》实施情况进行了深入细致的评估。一是请省生态环境、

---

* 本报告获得湖南省委常委、常务副省长谢建辉的肯定性批示。

** 评估组组长：谈文胜，湖南省人民政府发展研究中心党组书记、主任；评估组副组长：唐宇文，湖南省人民政府发展研究中心副主任、研究员；评估组成员：彭蔓玲、刘琪、黄君（执笔），湖南省人民政府发展研究中心研究人员。

表 1　污染防治攻坚战主要任务和保障措施

	推进转型升级，加快形成绿色发展方式	强化精准治污，着力解决环境突出问题	树立红线意识，加大生态系统保护力度	实施蓝天、碧水、净土保卫战	强化保障措施
具体内容	1. 促进产业结构调整 2. 优化产业空间布局 3. 推进“散乱污”企业整治 4. 优化调整能源结构 5. 推动交通运输结构调整 6. 严控污染物排放增量	1. 抓好中央环保督察问题整改 2. 加强长江岸线专项整治 3. 湘江保护和治理“一号重点工程” 4. 洞庭湖生态环境整治工程 5. 长株潭等地区大气同治工程 6. 大力推进黑臭水体综合整治 7. 土壤污染综合防治先行区建设 8. 推动城市环境空气质量达标 9. 狠抓工业园区污染治理 10. 推进工业企业提标升级改造 11. 推进挥发性有机物综合治理 12. 推进机动车船污染防治 13. 加强扬尘污染治理 14. 严格控制烟花爆竹燃放 15. 推进餐饮油烟综合整治 16. 加强港口污染防治 17. 强化城镇生活污水治理 18. 推进城乡生活垃圾收集和处置 19. 加快农村环境综合整治 20. 强化畜禽水产养殖污染防治 21. 控制农业面源污染 22. 全面推行河(湖)长制 23. 加强饮用水水源地保护 24. 开展土壤污染治理与修复 25. 加强重金属风险管控 26. 加强重污染天气应对 27. 加强枯水期环境监管	1. 科学规划岸线保护开发 2. 强化国土空间用途管制 3. 严守生态保护红线 4. 编制湖南省“三线一单” 5. 打造绿色生态保护屏障 6. 加强湿地保护和修复 7. 开展土壤污染详查和第二次污染源普查 8. 实施土壤分类管理 9. 加强生态环境监测 10. 强化环境监管执法	(一)蓝天保卫战 1. 积极推进转型升级 2. 加大污染治理力度 3. 提升重污染天气防范水平 (二)碧水保卫战 1. 积极推动转型升级 2. 加大污染防治力度 3. 着力保护水生态安全 (三)净土保卫战 1. 着力加强源头预防 2. 稳步推进污染治理与修复 3. 全力保障土壤环境安全	1. 加强综合协调 2. 落实主体责任 3. 实施考核奖惩 4. 强化环保督察 5. 严格责任追究 6. 完善地方性法规 7. 深化生态环境保护体制改革 8. 加大财税支持力度 9. 深化绿色金融 10. 推进社会化生态环境治理 11. 鼓励公众参与 12. 加强基础研究 13. 推进科技创新 14. 加强对外合作

水利、农业农村、住建、发改等31个相关部门和14个市州开展自评。二是到益阳等地进行实地调研评估。三是组织召开省生态环境厅、发改委、水利厅等9个省直部门座谈会，针对《计划》落实的具体问题进行详细了解。在此基础上认真评估，形成评估报告。

三　评估主要内容

（一）《计划》阶段目标完成情况

《计划》中明确的各项目标中，2018年目标均已完成；2019年目标2项有差距，1项未进行统计，其余均达到年度目标或达到时限要求（见表2）；2020年目标中，能源结构优化、挥发性有机物排放、洞庭湖总磷排放、农村厕所污水治理和资源化利用率、重点重金属排放、污染地块及耕地利用率等暂时没有统计数据，其余指标9项提前完成、4项滞后、23项按进度推进（见表3）。

表2　2018年、2019年目标完成情况

	主要指标	2018年目标	2019年目标	2018年实际值	2019年进度
蓝天保卫战	全省PM2.5年均浓度（ug/m^3）	44	42	41	1～9月 38
	全省城市环境空气质量优良率（%）	82	82.5	84.6	1～9月 84.9
碧水保卫战	国家地表水考核断面水质优良比例（%）	86.7	88.3	90.0	1～9月 91.7
	地级城市建成区黑臭水体消除比例（%）	80	90	85.9	1～11月 90.2
	地级城市污泥无害化处理处置率（%）	80	85	82	93
	新增完成农村环境综合整治的行政村数量（个）	3000	2000	3000	1～10月 1709
净土保卫战	新增受污染耕地安全利用面积（万亩）	100	150	150	截至10月 259.9
	新增种植结构调整面积（万亩）	60	48	79.02	1～10月 28.51
	受污染耕地进行治理与修复面积（万亩）	10	51	10	还未统计

资料来源：按相关部门提供数据整理。

表 3 2020 年目标值及进展情况

	主要指标	2020 年目标	2019 年 1~9 月	进度情况
蓝天保卫战	全省空气重污染天数（天）	45	51	按进度推进
	长株潭三市 PM2.5 年均浓度（ug/m^3）	44	43	按进度推进
	长株潭三市 PM10 年均浓度（ug/m^3）	71	57	按进度推进
	长株潭三市城市环境空气质量优良率（%）	80	77.2	按进度推进
	长株潭三市城市空气质量重污染天数（天）	15	20	滞后
	传输通道城市 PM2.5 年均浓度（ug/m^3）	41	43	按进度推进
	传输通道城市 PM10 年均浓度（ug/m^3）	71	59	按进度推进
	传输通道城市环境空气质量优良率（%）	83	78.5	按进度推进
	二氧化硫排放量较 2017 年下降比例（%）	9	2018 年 8.9	按进度推进
	氮氧化物排放量较 2017 年下降比例（%）	9	2018 年 5.0	按进度推进
	单位 GDP 能耗较 2015 年下降比例（%）	16	2018 年 14.9	按进度推进
	新能源汽车推广数量占当年新增及更新汽车总量的比重（%）	2	2018 年 2.0	按进度推进
	全省非公路货物周转量比例（%）	35	2018 年 29.3	滞后
	地级城市建成区道路机械化清扫率（%）	90	截至 11 月 83	按进度推进
	县级城市建成区道路机械化清扫率（%）	80	截至 11 月 71	按进度推进
	秸秆综合利用率（%）	85	2018 年 83	按进度推进
碧水保卫战	全省重要江河湖泊水功能区水质达标率（%）	92	2018 年 97.6	完成
	除总磷≤0.1mg/L 外，洞庭湖湖体其他指标达到Ⅲ类水质监测断面所占比例（%）	100	100	完成
	国家地表水考核断面劣Ⅴ水质比例（%）	0	0	完成
	县级城市建成区黑臭水体消除比例（%）	95	截至 11 月 41	滞后
	化学需氧量排放量较 2015 年下降（%）	10.1	2018 年 5.0	按进度推进

续表

	主要指标	2020年目标	2019年1～9月	进度情况
	氨氮排放量较2015年下降(%)	10.1	2018年13.0	完成
	地级城市集中式饮用水水源水质达到或优于Ⅲ类比例(%)	96.4	93.1	按进度推进
	设市城市生活污水处置率(%)	95	截至11月95.5	完成
	县级城市生活污水处理率(%)	90	截至11月93	完成
	建制镇生活污水处理率(%)	70	50	滞后
	农作物病虫害统防统治覆盖率(%)	40	2018年35.1	按进度推进
	累计升级改造洞庭湖区精养鱼塘面积(万亩)	70	61.2	按进度推进
	洞庭湖区湿地累计修复面积(万亩)	54.74	54.82	完成
	全省湿地保护率(%)	72	75.77	完成
	年度达标评估分数达到95分的重要饮用水水源地个数比例(%)	80	2018年72.1	按进度推进
净土保卫战	测土配方施肥覆盖率(%)	90	90.9	完成
	主要农作物肥料利用率(%)	40	预计39	按进度推进
	废弃农膜回收率(%)	80	2018年76	按进度推进
	规模化养殖场(小区)配套建设粪便污水储存、处理、利用设施比例(%)	95	87.4	按进度推进
	畜禽粪污资源化利用率(%)	80	77.4	按进度推进

资料来源：根据相关部门提供数据整理。

（二）《计划》任务落实情况

大部分任务进展顺利，超前或按时序推进，但少部分事项未达时序要求。

1. 未完成或未达时序要求事项

责任落实不到位、推进力度不足、目标过高、责任与职能不对等原因，导致部分任务未落实到位（见表4）。

表 4　《计划》、夏季攻势、环保督察任务未完成情况（截至 2019 年 9 月底）

	未完成或未达到时序要求事项
《计划》任务	1. 县级城市黑臭水体治理 2. 2018 年底前长沙市、株洲市、湘潭市、益阳市、常德市、岳阳市城市建成区，2019 年底前其他地级城市建成区餐饮服务单位全部安装高效油烟净化设施 3. 乡镇生活污水处理设施建设 4. 雨污分流改造 5. 推进公路运输逐步转向铁路、水路和航空运输
夏季攻势任务	6. 长江经济带生态环境问题整改 7. 省级以上工业园区整治 8. 禁养区畜禽养殖场退养 9. 大型规模养殖场粪污处理设施改造 10. 城市建成区建筑施工工地扬尘治理 11. 锅炉、窑炉提标改造 12. 自然保护区突出生态环境问题整治
环保督察任务（不包括与夏季攻势重复任务）	13. 资江水源地锑超标 14. 洞庭湖水质 15. 岳阳市生活污水直排 16. 常德珊珀湖水质长期为劣Ⅴ类 17. 重金属监测断面部分年均浓度超标 18. 娄底市重金属废渣简易堆放 19. 危险废物超期储存 20. 永州市、郴州市重污染企业淘汰 21. 大通湖水质 22. “绿心”地区违法违规建设项目 23. 危险废物处置设施建设滞后

资料来源：根据相关部门提供情况整理。

2. 落实情况较好事项

（1）转型升级不断推进。一是落后产能加速淘汰。6 家重点高耗能行业企业被要求整改，2 家水泥企业被停产，4 家钢制品生产企业被关闭；2018 年环洞庭湖地区制浆造纸产能全部退出。二是推动危险企业搬迁改造。出台《湖南省危险化学品产业发展布局规划》《湖南省沿江化工企业搬迁改造实施方案》，化工企业搬迁改造不断推进。三是推动能源结构优化。鼓励园区通过天然气冷热电三联供、分布式可再生能源和能源智能微网等方式实现多能互补和协同供应。

（2）污染防治力度不断加大。一是环保督察问题整改有序推进。截至9月底，完成中央环保督察整改任务55项，环保督察“回头看”整改任务8项；长江经济带突出生态环境警示片披露的18个突出问题完成整治8个；完成省级环保督察整改任务388项。二是重点区域环境保护和治理工程持续开展。出台《湖南省贯彻落实长江保护修复攻坚战行动计划实施方案》，推动开展饮用水水源地专项整治、固体废物排查整改等八大专项行动；湘江流域株洲清水塘工业区企业全部关停到位，湘潭竹埠港地区重化工企业已整体退出；启动实施洞庭湖五大专项行动和十大重点领域污染整治；召开长株潭大气污染联防联控工作联席会议，签订长株潭三市合作框架协议。三是重点领域治理稳步推进。出台《湖南省城市黑臭水体治理攻坚战实施方案》；截至9月，全省944处水源保护区完成保护区方案编制和评审；出台《湖南省重污染天气应急预案》；建成船舶污染物收集点25个；淘汰2582辆高排放公交车，出台《湖南省柴油货车污染治理攻坚战实施方案》。四是污染物处理基础不断夯实。省级及以上工业园区全部建成污水处理设施；一级A以上排放标准污水处理厂处理能力达到污水处理总能力的70.5%；六大重点行业31家企业完成清洁化改造；全省新建扩建17个生活垃圾焚烧处理项目；在102个县启动实施畜禽粪污资源化利用整县推进。

（3）生态系统保护不断强化。一是生态保护边界进一步明确。构建了“一张图”信息系统，实施多审合一、多规合一管理机制；出台《湖南省生态保护红线》，并正在开展红线的评估工作。二是生态资源保护修改工作不断推进。完成营造林3080.62万亩，长江岸线湖南段崩岸河段整治已完成95%，全省湿地保护面积达1158万亩。三是生态环境监测能力增强。水质方面，设置省控断面419个，其中省控评价考核断面345个，趋势科研断面74个；空气质量方面，共设置了78个国控城市环境空气质量监测点位，99个省控城镇环境空气质量监测点位。四是监管执法能力不断提升。构建生态环境厅与公、检、法等部门的联合执法和司法衔接机制，2018年，全省立案处罚环境违法案件4378宗。

（4）组织领导能力不断增强。一是综合协调能力不断提升。由省生环委及办公室统筹《计划》各项任务并进行考核的工作机制正逐步形成。二是考核奖惩机制进一步完善。出台《湖南省污染防治攻坚战考核办法（暂行）》和考核细则，将污染防治攻坚战纳入市州和省直相关部门绩效考核和省政府激励措施范畴。三是环保督察和追责制度不断强化。成立了整改督导组、案件查处组、宣传报道组三个专项工作组开展环保督察等工作；出台《湖南省环境保护工作责任规定》和《湖南省重大环境问题（事件）责任追究办法》。

（5）政策法规体系不断完善。一是法制建设不断推进。修订了《湖南省环境保护条例》《湖南省湘江保护条例》《湖南省长株潭城市群生态绿心地区保护条例》，制定了《湖南省实施〈中华人民共和国固体废物污染环境防治法〉办法》《湖南省饮用水水源保护条例》。二是财税政策支持力度不断加大。财政方面，2019 年 1 ~9 月累计下达中央和省级生态环保类资金 149.9 亿元，发布 PPP 项目 59 个，吸引社会投资逾 3000 亿元；税收方面，2018 年绿色税收政策共减免企业所得税 6.71 亿元。三是绿色金融不断发力。截至 6 月末，全省绿色贷款余额 2461.5 亿元；截至 9 月末，全省绿色金融债券余额 85 亿元。四是社会化生态环境治理机制不断完善。建立了排污权交易制度；出台《湖南省流域生态补偿机制实施方案（试行）》；建立生态环境损害赔偿专家库，成立了省级生态环境损害司法鉴定评估机构。

（6）科技支撑能力不断提升。一是环保标准体系建设不断推进。制定并发布 5 项环保地方标准，其中 4 项能耗限额、污染物排放地方标准，1 项治理标准。二是科技创新能力不断增强。发布环保实用技术目录，累计推广环境保护实用技术 61 项；2018 年全省生态环保产业产值达 2601.2 亿元，从业单位 1311 家，综合排名位居全国前列。三是国内国际科技合作不断加强。与湖北、江西等长江经济带周边省份开展长江经济带生态保护科技创新合作；与俄罗斯、泰国在农业典型污染生态修复等方面开展科技创新合作。

（三）政策实施效果

1. 空气质量总体达标

2019 年 1 ~9 月，全省城市环境空气质量优良率为 84.9%，14 个市州政

府所在地城市 PM2.5 年平均浓度为 38μg/m³，PM10 年平均浓度为 56μg/m³，均达到了年度考核目标；郴州、湘西、张家界和怀化 4 个市州所在城市 6 项主要污染物均达到了环境空气质量二级标准。

2. 水质稳中向好

2019 年 1～9 月，60 个“水十条”考核断面 58 个达到考核目标，Ⅰ～Ⅲ类水质比例 91.67%，较上年上升 3.3 个百分点，大通湖断面基本消除劣Ⅴ类；洞庭湖总磷浓度降到 0.061mg/L，较上年同期下降 11.6%；29 个地市级饮用水水源地水质达标率 93.1%。

3. 一批工作走在全国前列

水污染防治工作在全国生态环境保护工作会议上做先进典型发言；在全国率先完成县级及以上饮用水水源地环境问题整治；“夏季攻势”成为湖南省生态环境保护一大特色和品牌。

（四）存在的主要问题及原因

1. 空气环境质量出现反弹

2019 年 1～9 月，全省城市环境空气质量优良天数比例较上年同期下降 4.4 个百分点，PM2.5 浓度均值上升 8.6%，臭氧浓度均值上升 18%，重污染天数增加 33 天。主要原因，一是目前对主要空气污染源成分分析处在起步阶段，不能更有针对性地应对空气污染；二是应对特殊天气的能力较弱，缺乏应急手段和设备；三是餐饮油烟、工地道路扬尘等污染防治工作滞后；四是环境监测的信息化手段不足。

2. 水质需进一步改善

2019 年 1～9 月，国控断面中有 6 个未达到Ⅲ类水质；洞庭湖 3 个断面、大通湖短期内难以达标；地级城市饮用水水源地重金属超标现象还存在，如大科石埠坝锑超标、山河水库锰超标。洞庭湖和大通湖水质主要影响因素是周边畜禽水产养殖污染物排放，饮用水水源地重金属超标的主要原因是重金属历史遗留问题还未得到有效解决。

3. 自然保护区生态环境问题整治、“绿心”地区工业项目退出力度不足

自然保护区违规采矿或偷采现象还存在，绿心地区工矿企业退出速度偏慢。其原因：一是部分地区环保意识不强；二是功能区划定过程中与当地实际以及原有规划结合不够；三是执法力量不足且缺乏有效的监管手段；四是矿权、企业、小水电退出等补偿标准偏低，缺乏财力支持。

4. 优化能源结构任务重

2019 年第一季度，六大高耗能行业综合能源消费量占全省规模工业综合能源消费量的 83%，同比提高 2 个百分点；同时，以燃煤为主的火电发电量，约占湖南省电力发电量的一半，“一煤独大”的能源结构短期内难以改变。首先，主要是由于产业转型推动慢，地方对传统产业的依赖还较大，落后产能淘汰力度还不够；其次，由于湖南省是能源输入省，能源结构受上游市场影响较大。

5. 污水处理设施建设滞后

农村（乡镇）生活污染治理相对滞后，全省乡镇集中式污水处理设施覆盖率仅 20%，工业园区污水处理设施配套管网不完善，洞庭湖地区污水处理设施建设推进缓慢。主要原因，一是污水处理设施建设及配套管网建设和改造所需资金量大，在财政资金有限的情况下，社会资本参与的积极性不高；二是乡镇污水处理厂污水收集制度、收费制度不健全，难以实现盈利；三是园区对完善管网、提高污水收集处理效率不重视。

6. 水生态保护等任务在机构改革后进展趋缓

由于本轮机构改革后，部分职能发生调整，如生态环境厅新增“减排”“地下水污水防治”“水功能区编制”“流域水环境保护”等职能，“能源结构调整”全部由发改委承担，但是在职能划转过程中，大部分并没有进行人员划转，新部门需要重新熟悉相关业务，导致相关任务进度减缓。

7. 部分任务推进中存在底数不清或缺乏标准和技术指导情况

部分任务缺乏底数，离任务目标差距不明确，如挥发性有机物排放、洞庭湖总磷排放、污染地块及耕地安全利用率等。部分任务缺乏标准支撑，推进存在困难，如农村生活污水治理、水产养殖污染物排放等。部分整治项目

缺乏技术指导，需要反复摸索，如益阳宏安矿业整治方案进行了几次修改才最终确定，造成资源浪费。

8.《计划》中部分条款与形势变化不相适应

一是机构改革后部分事项责任单位缺乏处罚手段。如《计划》中“加强生活面源整治”由住建厅和公安厅牵头，“严禁秸秆露天焚烧”由农业农村厅牵头，但相应处罚一般由生态环境部门依据《中华人民共和国大气污染防治法》实施，责任单位缺乏有效手段。二是部分目标设置标准偏高。《计划》要求“到2020年，全省地级城市建成区、县级城市建成区和乡镇黑臭水体消除比例达到95%”，而国家仅对地级城市建成区黑臭水体整治提出目标要求。

四　评估结论

《湖南省污染防治攻坚战三年行动计划（2018～2020年）》在促进环境质量改善、推动绿色发展等方面产生了明显的成效。但《计划》实施过程中还存在一些突出问题，主要有：空气环境质量出现反弹，水质还需进一步改善、自然保护区和绿心保护不足、优化能源结构任务重、污水处理设施建设滞后、水生态保护等任务在机构改革后进展趋缓、部分任务推进中存在底数不清及缺乏标准和技术指导情况等问题。下阶段，建议根据《关于全面加强生态环境保护坚决打好污染防治攻坚战的意见》和湖南省高质量发展新要求，以及本轮机构改革，出台补充条款，调整部分任务职责分工和目标，完善治理措施，并在拓宽资金渠道、强化科技支撑、完善配套措施等方面加大工作力度。

五　政策建议

（一）根据机构改革和新形势，对《计划》部分内容进行适当调整

一是根据本轮机构改革对部分任务责任单位进行适当调整。将应对气候

变化和减排、监督防止地下水污水防治、编制水功能区、排污口设置管理、流域水环境保护、监督指导农业面源污染牵头单位调整为生态环境厅，将优化能源结构责任单位调整为全部由发改委负责，并对《环境保护责任规定》和《较大环境问题责任追究办法》等进行相应调整。二是对个别任务目标进行适当调整。按照国家对污染防治攻坚战考核要求，将黑臭水体治理目标调整为“到2020年底地级城市建成区黑臭水体消除比例达到90%以上，长沙市保持长制久清”，对县级及乡镇建成区黑臭水体不提具体目标任务要求。三是将“设立湖南省绿色发展基金”调整为“积极参与长江绿色发展投资基金”。

（二）拓宽资金渠道，加强资金统筹，保障任务落实

一是加强财政资金统筹。出台环保资金使用管理办法，统筹各部门环保相关资金，由生态环境部门统一对资金使用进行指导，按照优先重点难点任务的原则立项和投资，优先污水处理设施建设、矿山改造、自然保护区生态治理等项目的投入。二是推进绿色金融创新发展。研发以排污权、用能权、水权等为抵质押的金融产品，不断创新抵质押物扩大金融支持污染防治和绿色发展方式；加强与世界银行、国家开发银行以及其他地方银行合作，通过重点项目贷款方式，扩大绿色信贷规模。三是进一步加大污染防治PPP项目支持力度。针对污染防治各项任务中资金需求较大的项目，加大这类项目以PPP方式吸引社会资本的支持力度，重点对乡镇污水处理设施、园区及城市建成区管网改造、黑臭水体治理等领域PPP项目进行支持。四是提高补偿工作力度。推进县级流域生态补偿协议签订，完善流域生态补偿机制；加大对矿权、淘汰企业和小水电的补偿支持力度。

（三）强化科技支撑，提高任务落实效率

一是加强技术研发。通过加强国际国内合作，加快国省级实验室、企业技术研发中心建设等方式，提升创新能力，针对湖库富营养化治理、土壤污染防治等难点问题开展基础性研究和治理技术改进。二是加大对基层技术指

导。支持地方性环保企业发展，支持企业根据当地主要污染问题和治理项目开展技术研发；通过人才交流的形式引导环保科研机构人员到基层进行技术宣传和指导；引导基层环保项目开展治理前技术论证。三是推进技术对外合作。加强与长江沿线省市技术合作，针对水污染防治中的污染物减排、石煤矿治理等重点任务开展合作研究；进一步加强与“一带一路”地区合作，针对土壤污染、耕地修复等问题开展研究；重点在黑臭水体治理、节能减排等领域加强国外技术引进。四是加快污染物统计等基础性工作。加速开展大气污染物来源统计及分析，针对性开展治理；推进重金属污染、污染物排放等相关数据统计，用数据指导治理进度。

（四）针对难点问题完善配套措施

一是完善治理标准体系。推动农村生活污水处理设施水污染物排放、水产养殖尾水污染物排放等地方标准制定。二是进一步完善相关法规体系。推动《湖南省土壤污染防治条例》《湖南省洞庭湖保护条例》《湖南省河道管理条例》《湖南省国土空间规划条例》等地方法规的制定。三是完善部门协调机制。针对加强长江岸线专项整治、推进湘江保护和治理“一号重点工程”、洞庭湖生态环境整治工程、长株潭等地区大气同治工程等重大区域环境整治工程，进一步完善部门协调和市州联动机制；推进环保数据共享，加快完善环保大数据系统。四是进一步落实责任。针对建筑工地“六个100%”、园区污染治理、畜禽养殖污染治理、锅炉窑炉提标改造等落实不到位的任务，进一步落实主体责任，强化督导和责任追究机制；针对餐厨污染治理任务，督促地方政府明确监管执法部门；加快乡镇环境执法部门建立，将禁止秸秆焚烧任务落实到乡镇。

《湖南省促进科技成果转移转化实施方案》实施效果评估报告*

湖南省人民政府发展研究中心评估组**

加快科技成果转移转化是经济高质量发展“优存量”“拓增量”的重要抓手，对湖南省实施创新崛起战略有重要意义。2017 年 4 月，湖南省出台了《湖南省促进科技成果转移转化实施方案》（湘政办发〔2017〕18 号）（以下简称《方案》），这一方案的实施对于湖南建立创新型省份意义重大。根据省领导指示和《湖南省人民政府重大决策实施效果评估办法》（湘政办发〔2017〕45 号），近期我中心开展了对《方案》实施效果的评估工作。现将评估情况汇报如下。

一 政策概况

《方案》是根据《中华人民共和国促进科技成果转化法》《国务院办公厅关于印发〈促进科技成果转移转化行动方案〉的通知》（国办发〔2016〕28 号）并结合湖南省实际制定。《方案》在贯彻国家政策的基础上，立足省情实际，有针对性地提出了“十三五”期间 7 个方面 11 项“标志性”主要指标和科技成果信息汇交和发布、产学研协同创新、构建新型技术转移服务体系等 7 个方面共 22 条具体任务，且明确了责任部门、重点任务分工及进度要求。

* 本报告获得湖南省政府副省长陈飞的肯定性批示。

** 评估组组长：谈文胜，湖南省人民政府发展研究中心党组书记、主任；评估组副组长：唐宇文，湖南省人民政府发展研究中心副主任、研究员；评估组成员：左宏、张鹏飞、龙花兰、闫仲勇，湖南省人民政府发展研究中心研究人员。

二　评估工作基本情况

为准确评估《方案》落实情况和实施效果，我们重点开展了四个方面的工作。一是成立由我中心领导牵头的评估工作小组。二是制定评估方案。明确评估目的、评估对象、评估内容、评估标准和评估方法。三是征集自评报告。评估组向25个相关省直部门、14个市州、5家国家级高新区所发函征集自评报告。四是开展实地调研。评估组赴湘江新区、益阳高新区等重点科技成果转化载体及企业进行了实地调研，实地调研主要采取召开座谈会、现场调研等方式。

三　评估主要内容

（一）政策总体评价

1. 完备性方面：基本完备，部分问题在法律层面得到明确

《方案》基本覆盖了促进科技成果转化的重点环节和重点方面，形成了完备的政策体系。各条款间层次分明、逻辑清晰、架构合理。自《方案》实施以来，提高了湖南省科研人员创新创业的积极性，促进了科技成果转化。2019年9月28日，《湖南省实施〈中华人民共和国促进科技成果转化法〉办法》（2019年修订）（以下简称《办法》）出台。《方案》中涉及的一些重难点问题从法律层面得以明确，《办法》实施后，将和《方案》一起形成较为完备的政策体系。

2. 规范性方面:导向性较好，但责任部门确定不够严谨

《方案》为湖南省贯彻落实国务院《促进科技成果转移转化行动方案》的实施意见，所界定的政策范围、政策类别、政策执行主体以及政策流程严谨规范，规定的具体措施对相关省直部门、市州政府、园区、企业进行科技成果转移转化提供了行动指南。但从评估情况来看，存在责任部门确定不严

谨的问题。一是有部门对被列为责任部门不认同。如,《方案》将省监察厅(省纪委)列为责任部门,但省监察厅(并入省纪委)反映,制定《方案》的时候已经明确表示不同意列入责任部门,且从职能来看,省监察厅作为责任部门也是不合适的。二是部分条款责任部门过多。如,有些条款涉及的责任部门有十多个,使得责权界定不够清晰,影响政策落实。

3. 可操作性方面:较好,但个别条款可操作性仍有待提高

《方案》明确了重点任务和发展目标,具有较强的可操作性。但从调研来看,仍有部门和市州表示部分条款难以执行。如,反映第 4 条、第 6 条、第 10 条、第 17 条部分内容难以执行。主要原因有:市州科技主管部门整合科技创新资源有难度、财政资金投入难以满足需求、部门责权界定不清晰、部分高校对开展“三权”改革积极性不高等条款可操作性不强,影响政策落实。

4. 有效性方面:针对性强,有力促进了科技成果转化

随着《方案》重点任务的落实和相关指标的完成,其主要目标已基本实现,特别是在推进产学研协同创新、技术转移服务体系构建和大众创新万众创业等方面取得了突破性进展,有力促进了全省科技成果的转移转化。《方案》各项条款的针对性和有效性在实践过程中得到了充分的验证,也为《办法》的修订提供了较强的参考。

5. 知晓度方面:较高,基本做到全覆盖

《方案》出台后,省政府门户网站、省科技厅网站、相关职能部门等立即对《方案》全文进行了公布,第一时间开辟了各部门、各单位和相关人员了解《方案》、熟悉政策的通道。同时,通过多种形式在全省科技创新管理、技术合同认定登记业务、技术经理人等培训中开展宣贯,基本做到了对全省科技系统、高校、科研单位及相关人员的全覆盖。

(二)政策落实情况

从总体上来看,落实情况较好。

一是建立了较完备的制度体系。《方案》出台后,全省各部门各单位围绕科技成果转化出台了一系列配套政策措施。省政府有关部门制定了省级科

研项目经费管理“二十条”等多个规范性文件；省科技厅设立科技成果转移转化示范县建设专项，支撑县域经济发展，助力精准扶贫等；各市州积极探索改革措施，出台了促进科技成果转移转化实施细则、专利资助办法、加快科技服务业发展意见等文件；部分高校、科研院所及高新技术企业依法建立和完善了科技成果转化相关配套制度。同时，依托科技活动周、知识产权活动周、创新创业大赛等重大活动对《方案》进行大力宣传，社会公众尤其是企业，科技创新意识明显增强，技术创新和成果转化运用的愿望更加迫切。

二是转化平台、载体建设成效显著。一方面，技术交易市场建设初见规模。潇湘科技要素市场自 2018 年筹建以来，围绕“打平台、聚资源、链服务、新机制、促转化”，聚集了 80 余家科技服务机构、80 余家金融机构及券商、律所、会所中介服务机构和 60 余家科技企业孵化器服务机构，发布企业需求 143 项、成果专利 5381 项、各类科技服务产品 60 项、入库专家人才 1170 名，有序推进市州二级市场筹建，有力促进了科技成果转移转化。另一方面，科技成果转化服务载体建设稳步推进。目前，全省拥有国家级高新区 8 家，积极推进宁乡高新区、岳阳临港申报国家高新区工作。根据《国家高新区创新能力评价报告（2018）》，湖南国家高新区创新能力总指标增长率居全国第 2 位。推进湘阴等 15 个科技成果转移转化示范县，湘阴县、资兴市、浏阳市获评国家科技部首批创新型县（市）。目前，已建设科技企业孵化器、众创空间、星创天地、大学科技园等双创服务载体 400 余个，在孵企业 14500 余家，近三年累计孵化科技型企业 2300 多家。

三是推进科技与金融有效结合。省科技厅持续开展“科技金融志愿者服务”活动，通过融资需求调查、现场调研对接、融资问题诊断等方式，增进金企双方互信、增强金融投放信心。积极推进投贷联动试点工作，支持长沙银行、浦发银行等创新“投贷联动”金融产品，为科技型企业提供“股债结合”的融资服务。支持金融机构在全省设立 8 家科技支行，为科技型企业提供专属融资服务。积极推动科技企业上市，建立了由 106 家高新技术企业组成的科创板上市后备企业库，向上交所推荐了 50 家重点企业，威胜信息成为科创板中部地区第一家IPO过会企业。加快对接上海证券交易所科创板和深圳证券交易所创业板，力推科技创新专板建设，2019年11月，省地方金融监管局、省科技厅等五厅局联合发布《湖南省区域性股权市场设立科技创新专板工作方案》（湘金监发〔2019〕52号），科技创新专板开板工作稳步推进。省产业技术协同创新公司联合社会资本设立总规模50亿元的军民融合科技成果转化投资基金。湘江新区设立全省首支天使投资引导基金（湘江新区本级财政10年内累计出资10亿元——首期出资1亿元，通过募集社会资本，有望达到25亿~30亿元的基金规模）。

四是积极引进和培育科技、成果转化人才。高层次科技人才培养、引进支持体系逐步完备。以芙蓉人才行动计划为牵引，深入实施省“百人计划”“湖湘青年英才支持计划”等，建立了体系完备、定位清晰的高层次科技人才培养、引进服务支持体系。同时加大技术转移专业人才队伍建设，自2017年以来，共计举办了13期1300余人次的技术经理（经纪）人培训。

（三）政策实施效果评估

1. 科技成果转化速度加快

2018年，湖南省共登记技术合同6044项，较2014年的4879项增加了23.88%（见图1）；实现技术合同交易额281.67亿元，较2014年的97.93亿元增加了1.88倍（见图2）。从地区来看，长株潭地区继续保持湖南省技术市场领先地位，三市全年实现技术合同交易总额234.52亿元，占全省的83.26%，其中长沙市145.18亿元、株洲市55.67亿元、湘潭市33.67亿元。从增速来看，排名前3位的分别是常德市、株洲市和岳阳市，分别同比增长77.17%、58.13%和49.68%。从高校方面来看，全省高校技术合同交易额7.80亿元，比去年增长6.72%，交易额排名前3位的高校分别是中南大学、湖南大学和长沙理工大学，金额分别为2.08亿元、1.97亿元和1.13亿元。从技术领域来看，成交额居前3位的分别是环境保护与资源综合利用、新能源与高效节能和先进制造。

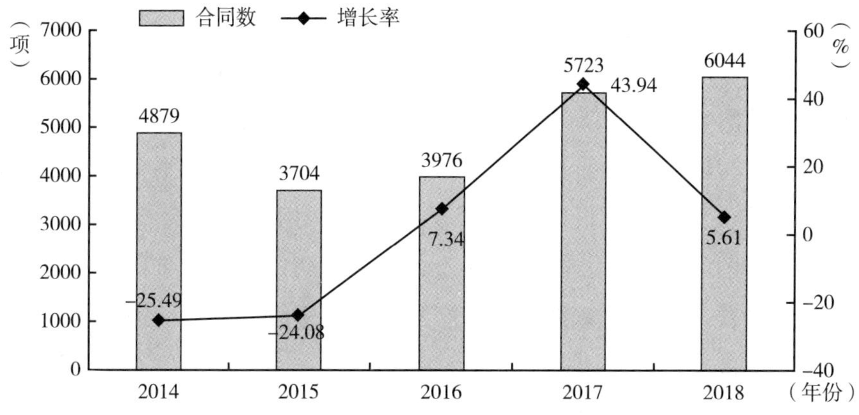

图 1　2014～2018 年技术合同登记数趋势

资料来源：省科技厅。

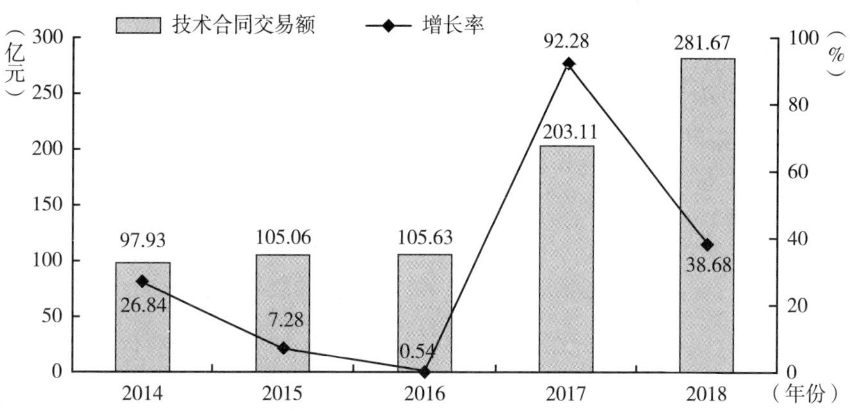

图 2　2014～2018 年技术合同交易额趋势

资料来源：省科技厅。

2. 技术转移服务体系日趋健全

截至 2018 年 6 月底，湖南省共有中科院湖南技术转移中心、中南大学技术转移中心等 9 家国家级技术转移示范机构和湖南省科技信息所、湘潭生产力中心等 3 家中国创新驿站区域站点与基层站点；有生产力促进中心 70 家，其中国家示范中心 7 家；众创空间 53 家，其中国家级 30 家；科技企业孵化器48家，其中国家级16家；经科技部认定的国家级国际科技合作基地18家；建有湖南大学国家大学科技园、岳麓山国家大学科技园、中南大学科技园、湖南省大学科技产业园、湖南工业大学科技园等5家省级以上大学科技园。2017年整合省科技成果转化网、专利公共服务平台、专利信息集成服务平台、竞争情报网、大型仪器协作共用网等平台，搭建立足全省、面向全国的科技成果转化和技术交易工作载体——湖南科技成果转化公共服务平台。目前，潇湘科技要素大市场已建成，市州二级分市场建设正在有序推进。

3. 创新综合实力稳步提升

研发投入实现较大幅度增长。2018年，全省研发经费达到658.3亿元，居全国第10位，较上年增加89.8亿元；全社会研发经费投入强度达到1.81%，较2017年提高0.13个百分点；预计2019年研发投入强度将增至2.19%。高新技术企业培育成效突出。2018年全省高新技术企业达到4660家，2019年拟认定1600家，预计年内将突破6000家，提前完成“十三五”4800家的任务目标。

4. 科研人员积极性增强

《方案》聚焦了技术转移体系的薄弱环节和转移转化中的关键症结，部署实施一批有针对性的举措和具体任务，着力消除科技成果信息汇交、产学研协同等科技成果转移转化体系的薄弱环节，补齐技术转移短板，完善技术转移链条，持续调动各类创新主体和技术转移载体积极性及创造性，进一步打通科技成果转移转化通道，加速科技成果转化为现实生产力。

（四）政策实施中存在的主要问题及困难

1. 政策法规体系日趋完善，但贯彻落实仍需加强

党的十八大以来，为推动科技成果转化工作，湖南省颁布实施了《湖南省促进高等院校科研院所科技成果转化实施办法》（湘政办发〔2016〕9号）、《湖南省促进科技成果转移转化实施方案》（湘政办发〔2017〕18号）等政策文件，2019年，又修订出台了《湖南省实施〈中华人民共和国促进

科技成果转化法〉办法》，围绕科技成果转化的各个方面，基本形成了衔接配套的政策体系。但是在推进政策落实的过程中，各个部门尤其是高校院所重视程度不一、政策界线把握不一的现象仍然存在，不同单位的落实情况差异较大。

2. 创新综合实力整体提升，但区域发展不平衡的现象仍然突出

从创新平台、人才与团队方面来看，全省 60% 左右的创新资源主要集中在长株潭，长株潭中 60% 主要集中在长沙。从技术合同交易额方面来看，区域差距巨大。2018 年，排名最末的湘西州技术合同交易额仅为 4291. 71 万元，为第 1 名长沙市的 0. 3%；长株潭三市技术合同交易总额为 234. 52 亿元，占全省的 83. 26%（见表 1）。国家高新区建设方面，与国家高新区“十三五”规划“推动国家高新区在全国大部分地级市布局”的要求还有较大差距，全省 14 个市州中有 6 个没有国家级高新区，有的市甚至没有一个国家级园区。

表 1　2018 年度湖南省市州技术合同登记数据

序号	地区	合同数（项）	成交总额（万元）	增长率（%）
1	长沙市	3814	1451821. 96	41. 60
2	株洲市	385	556663. 80	58. 13
3	湘潭市	439	336700. 13	28. 17
4	衡阳市	145	73296. 77	27. 39
5	益阳市	284	42498. 60	19. 18
6	常德市	160	152407. 55	77. 17
7	岳阳市	298	48924. 30	49. 68
8	邵阳市	32	43260. 70	33. 11
9	郴州市	146	22386. 99	-69. 29
10	娄底市	21	15540. 25	22. 15
11	永州市	15	16418. 99	23. 00
12	怀化市	266	46200. 45	21. 38
13	张家界市	16	6251. 40	-1. 00
14	湘西州	23	4291. 71	27. 23
合计		6044	2816663. 60	38. 67

资料来源：省科技厅。

3. 科技中介服务机构和专业人才队伍初具规模，但服务质量和人才专业水平有待提升

一方面，经过几年发展，湖南省科技中介服务机构数量虽然有了一定的规模，但小、散、弱的现象还很突出，完全依靠市场化运行来实现自我发展还比较困难，尤其缺少权威且专业化水平较高的风险评估、技术评价、技术定价等服务机构，没有形成一批有一定规模并有较强服务能力的服务机构。另一方面，近年来湖南省先后培育了千余名技术经纪人，但由于缺乏对技术转移人才的专项职称认定、评审等激励政策，导致专业技术转移人员从业愿望不高，熟悉技术转移业务的跨学科、高素质的复合型服务人才严重缺乏，技术转移从业人员整体素质不能满足湖南省技术市场快速发展的需求。

4. 科研导向体系逐步优化，但科技成果应用价值低

高校作为前沿技术研发的主体，但在现行的管理制度和职称评定制度中，量化考核指标仍偏重于科研人员公开发表文章的质量和数量。这就导致了科研工作者把精力专注于论文、著作发表的数量和获得的奖励上，而对课题选择、科研成果是否符合市场需求、是否能转化为现实生产力关注不够。虽然省教育厅科学研究项目管理办法对不同研究类型的科研课题实行分类评价，部分高校也已出台文件将成果转化情况作为科研人员岗位考核、职称评定和评优评先的依据，但在具体落实中，因评价过于简单等因素，重论文、重发表，轻市场、轻应用的科研格局并未得到根本扭转。2017 年湖南省高等院校专利授权数为 5177 项，而专利出售合同数仅 75 项，占比为 1.45%，比全国 3.33% 的平均水平低近 2 个百分点。

5. 科技与金融融合发展初见成效，但金融机构支持成果转化的内生动力仍显不足

科技型中小企业是科技成果转化的重要载体，实现科技成果产业化需要金融资本的有力支持，这类企业具有研发投入高、非线性高成长、不确定性高、抵押物不足、风险大等特点。在现行的金融制度、技术条件下，金融机构缺乏与其有效沟通的桥梁和对行业领域分析判别的能力，造成资金供需双

方信息不对称，科技型中小企业融资难融资贵问题普遍存在。同时，由于金融监管部门对金融机构面向科技型中小企业融资缺乏针对性强、有效的监管手段，政府和市场相结合的风险分担机制不完善等，进一步制约了金融机构对科技型中小企业的融资投放信心和力度。

6. 中试等转化环节落后，造成许多科研成果“沉睡”在实验室

成果产业化是系统工程，中试阶段是衔接科技成果与产业化的主要环节，研发机构的项目经费一般不覆盖中试开发等后续费用，而企业也不愿意承担中试阶段的开发风险。高校、院所科技成果相当一部分是小试成果（实验室成果），实现商业化转化还需要继续投入研发经费进行中试，以提高技术成熟度。但是，由于高校、院所自身中试熟化条件十分有限，投资商和企业对尚未完成产品化开发的成果投资意愿较低，导致科技成果在向市场转化的过程中，存在关键环节投入不够甚至缺位。

四　评估结论

综上所述，自《方案》实施以来，围绕科技成果转移转化，省直各相关部门、市州政府、高校科研院所高度重视，积极作为，政策环境进一步优化、市场主体活力增强，科技成果转化取得显著成效，《方案》目标基本实现（指标完成情况见附件 1，任务完成情况见附件 2），为湖南省建设创新型省份、实施“创新引领开放崛起”战略，打下坚实基础。但从评估情况来看，《方案》还存在一些不足，主要体现在：一是政策制定严谨性有待进一步提高。如涉及的责任部门责任与职能不匹配、个别条款责任部分过多但责权不清晰等问题。二是约束力有待提高。《方案》的落实在各个部门、市州之间差异较大。科技成果转化是一项专业性强、涉及面广的系统化事情，建议进一步提高科技成果转移转化相关政策的约束力，相关职能部门根据政策评估情况和湖南省科技成果转化的新情况，出台实施细则，进一步畅通科技成果转化渠道。同时，加强统筹协调，增强考核力度。

五 政策建议

（一）抓好政策文件的落地

贯彻落实《中华人民共和国促进科技成果转化法》及新修订的《湖南省实施〈中华人民共和国促进科技成果转化法〉办法》，进一步促进科技成果转化法律制度的完善和有效实施。建议省教育厅、省财政厅、省国资委作为主管部门，进一步加大支持力度、完善配套政策，督促指导高校、科研院所和企业建立健全相关的成果转化实施细则，依法落实科技成果转化激励举措，充分调动科技成果归属者、转化者的积极性。

（二）健全成果转化服务体系

着力聚焦创新资源，在前沿技术与颠覆性技术研究上找准重大突破方向，打通市场需求导入科研系统路径，建立科研成果与市场需求对接机制，为产业转型升级提供高质量成果供给，努力抢占新一轮全球产业技术革命制高点。采取政府主导、社会参与、市场化运作模式，加快构建要素集聚、功能完备的技术转移服务体系。综合运用政府购买服务、绩效后补助等方式，加大对中介服务机构的支持。聚焦产业创新发展，促进产学研用深度融合，加快建设一批新型研发机构、科技成果中试及产业化载体等。推进技术转移人才职称评审改革，完善专业技术转移人才评聘制度，激发从业人员干事创业的活力。依托行业协会和学会，加强技术转移人才培训，打造高质量的专业服务队伍。

（三）进一步提高全社会研发投入

加大对财政资金的整合统筹力度，解决财政科技投入多头管理和碎片化使用等问题。引导企业增加研发投入，确保高新技术企业研发投入占上年销售总额的5%以上，其他企业研发投入占上年销售总额的1.5%以上。加强科技与金融的结合，探索建立“以财政投入为引导、以企业投入为主体、金融资本和民间资本竞相跟进”的多元化投入机制，合力提高全社会研发投入在GDP中的比重，力争实现“十三五”末全社会研发经费投入占地区生产总值比重2.5%的总体目标。

（四）推进科技与金融的深度融合

持续开展“科技金融志愿者服务”等公益性、专业化融资服务活动，不断增进金企双方互信，打破融资供需之间的信息屏障，不断促进金企的信息对等；建议金融监管部门实行基于客户群体的分类监管，支持银行创新优化科技贷款审贷标准，对于发放给科技型中小企业的贷款给予更高风险容忍度等宽松政策；各级财政部门加大对中小企业贷款、创业投资的风险补偿和绩效激励支持力度，引导银行、投资等机构增加对科技成果转化的债权融资、股权融资规模；金融机构要协同创新产品和服务，运用区块链、云计算、大数据、人工智能等新兴技术，开发推广灵活便利多元的复合型金融产品，集成不同机构的风险辨识、承载、防控能力，实现风险分担和增加资金投放规模。

（五）优化科研导向体系

一是发挥市场在高校科研项目选题立项、技术研发方向、成果考核等的导向作用，探索和建立重大科技成果产出导向的评价体系，引导高校科研人员在课题立项时进行充分的市场调研。二是建议省人社厅、省教育厅等部门要研究将科技人员参与科技成果转化的实际贡献作为职称评聘的重要指标，对科技人员承担的研发类横向科研项目与政府科技计划项目同等对待，切实提高实施成果转化在评价指标中的权重。三是组织动员学会、行业协会、研究会等智力资源服务企业转型升级，探索建立学会、行业协会、研究会等联系企业的长效机制，实现科技成果转移转化供给端与需求端的精准对接。四是将技术合同成交额等纳入对高等院校“双一流”建设的考评指标，鼓励高校与企业建立联合开发中心、工程技术中心、新型研发机构等，并对科技成果转移转化绩效突出的相关单位给予资金支持。